Heribert Mühlen

Kirche wächst von innen

Heribert Mühlen

Kirche wächst von innen

Weg zu einer glaubensgeschichtlich neuen Gestalt der Kirche

Neubestimmung des Verhältnisses von Kirche und Gesellschaft

BONIFATIUS
Druck · Buch · Verlag
PADERBORN

Imprimatur. Paderbornae, d. 16. m. Novembris 1995
Nr. A 58-21.00.2 / 404.
Vicarius Generalis i. V. Dr. Schmitz

Die Deutsche Bibliothek – CIP-Einheitsaufnahme

Mühlen, Heribert:
Kirche wächst von innen: Weg zu einer glaubensgeschichtlich neuen Gestalt der Kirche; Neubestimmung des Verhältnisses von Kirche und Gesellschaft/Heribert Mühlen. – Paderborn:
Bonifatius, 1996
ISBN 3-87088-902-0

Titelfoto:
Taufszene; Stuck in der Dreifaltigkeitskapelle des Paderborner Doms.
Foto: Ansgar Hoffmann, 1996.

Alle übrigen Fotos sind entnommen der Videokassette
„Kirche wächst neu von innen". Telepublic Münster/Westfalen

ISBN 3-87088-902-0

Gesamtherstellung:
Bonifatius GmbH Druck · Buch · Verlag Paderborn

Inhalt

B.
Die Differenz zwischen „Bund“ und „Reich Gottes“

C.
Neubestimmung des Verhältnisses von Kirche und Gesellschaft

Zweites Buch
Pastorale und liturgische Grundlegung

A.
Die Entdeckung einer neuen Bezeugung des Evangeliums

B.
Auf dem Weg nach innen

C.
Die Entstehung einer neuen gläubigen Praxis in und durch Weg-Gemeinschaften

Drittes Buch
Dokumentation

A.
Der erste diözesane Reformgottesdienst

B.
Der zweite diözesane Reformgottesdienst

Anhang

I.
Die ort- und jetztlose Gegenwart des Auferstandenen in der Kirche

Hemeisologische Grundlegung

II.
Das Gebet um Heilung der Erinnerungen und Erwartungen

III.
Vorlage zu einer Reformliturgie während der Eucharistiefeier mit Papst Johannes Paul II. am 22. Juni 1996 in Paderborn

Abkürzungen

AA	Apostolicam actuositatem. Zweites Vatikanisches Konzil. Dekret über das Laienapostolat. 1965.
AAS	Acta Apostolicae Sedis. Rom 1909ff.
Benediktionale	Benediktionale. Studienausgabe, hg. v. den Liturgischen Instituten Salzburg, Trier, Zürich. Einsiedeln u. a. 1981. Zitiert nach Seitenzahlen.
BKV	Bibliothek der Kirchenväter, hg. v. O. Bardenhewer, Th. Schermann u. C. Weyman, 83 Bde. Kempten 1911-38.
CT	Catechesi tradendae. Johannes Paul II.: Apostolisches Schreiben über die Katechese in unserer Zeit. 1979.
DEV	Dominum et vivificantem. Johannes Paul II.: Enzyklika über den Heiligen Geist im Leben der Kirche und der Welt. 1986.
DH	H. Denzinger: Kompendium der Glaubensbekenntnisse und Lehrentscheidungen. Lateinisch-deutsch, übers. und hg. v. P. Hünermann. Freiburg, Br. ^{37}1991.
DV	Dei Verbum. Zweites Vatikanisches Konzil. Dogmatische Konstitution über die göttliche Offenbarung. 1965.
E	Einladung zum Reformgottesdienst am 9. Oktober 1995. Abgedruckt im dritten Buch A/I,2b.
EIK	Die Feier der Eingliederung Erwachsener in die Kirche nach dem neuen Rituale Romanum, hg. von den Liturgischen Instituten Salzburg-Trier-Zürich. Freiburg, Br. ^{2}1986. Zitiert nach Seitenzahlen.
EN	Evangelii nuntiandi. Paul VI.: Apostolisches Schreiben über die Evangelisierung in der Welt von heute. 1975.
GCS	Die griechichen christlichen Schriftsteller der ersten drei Jahrhunderte. Leipzig 1897ff.
GGB	Geschichtliche Grundbegriffe. Historisches Lexikon zur politisch-sozialen Sprache in Deutschland, hg. v. O. Brunner u. a., Bd. 1ff. Stuttgart 1972ff.
GL	Gotteslob. Katholisches Gebet- und Gesangbuch, hg. v. den Bischöfen Deutschlands und Österreichs und der Bistümer Bozen-Brixen und Lüttich. Stammausgabe. Stuttgart 1975. Zitiert nach der Numerierung.
GS	Gaudium et spes. Zweites Vatikanisches Konzil. Pastorale Konstitution über die Kirche in der Welt von heute. 1965.
HWP	Historisches Wörterbuch der Philosophie, hg. v. J. Ritter u. a. Basel 1971ff.

KSL	Katholisches Soziallexikon, hg. v. A. Klose u. a. Innsbruck ^{2}1980.
LG	Lumen gentium. Zweites Vatikanisches Konzil. Dogmatische Konstitution über die Kirche. 1964.
LThK $^{2.3}$	Lexikon für Theologie und Kirche. Begr. von M. Buchberger. Freiburg, Br. ^{2}1957ff, ^{3}1993ff.
NHThG	Neues Handbuch theologischer Grundbegriffe, hg. v. P. Eicher, München 1984f.
NMG	H. Mühlen: Neu mit Gott. Einübung in christliches Leben und Zeugnis. Freiburg, Br. ^{3}1992. Zitiert nach Seitenzahlen.
PD	Schreiben der Deutschen Bischöfe über den priesterlichen Dienst, hg. v. Sekretariat der Deutschen Bischofskonferenz. 1992. Zitiert nach Seitenzahlen.
PO	Presbyterorum Ordinis. Zweites Vatikanisches Konzil. Dekret über Dienst und Leben der Priester. 1965.
RAC	Reallexikon für Antike und Christentum, hg. v. Th. Klauser u. a. Stuttgart 1941 (1950)ff.
SC	Sacrosanctum Concilium. Zweites Vatikanisches Konzil. Konstitution über die heilige Liturgie. 1963.
SM	Sacramentum Mundi. Theologisches Lexikon für die Praxis, hg. v. K. Rahner u. A. Darlap, 4 Bde. Freiburg, Br. 1967-69.
SP	Sakramentenpastoral im Wandel. Erklärung der Pastoralkommission der Deutschen Bischofskonferenz, hg. vom Sekretariat der Deutschen Bischofskonferenz. 1993. Zitiert nach Seitenzahlen.
StL	Staatslexikon, hg. v. der Görres-Gesellschaft, 7 Bde. Freiburg, Br. ^{7}1985-93.
THAT	Theologisches Handwörterbuch zum Alten Testament, hg. v. E. Jenni u. C. Westermann. 2 Bde. München-Zürich 1971-76.
ThGl	Theologie und Glaube. Paderborn 1909ff.
ThWAT	Theologisches Wörterbuch zum Alten Testament, hg. v. G. J. Botterweck, H. Ringgren u. H. J. Fabry. Stuttgart 1970ff.
ThWNT	Theologisches Wörterbuch zum Neuen Testament, begr. v. G. Kittel, hg. v. G. Friedrich, 10 Bde. Stuttgart 1933-79.
TRE	Theologische Realenzyklopädie, hg. v. G. Krause u. G. Müller. Berlin – New York 1976ff.
WSoz	Wörterbuch der Soziologie, hg. v. G. Endruweit u. G. Trommsdorff, 3 Bde. Stuttgart 1989.

Vorwort

„Wie oft waren gerade Schwierigkeiten, die als unüberwindlich galten, Anlaß, eine neue, der jeweiligen Zeit besser entsprechende Gestalt gläubiger Praxis zu entdecken! Wir dürfen damit rechnen, daß Gott auch in solchen Situationen und gerade durch sie Neues und Unerwartetes wirken kann." (Die Deutschen Bischöfe: Schreiben über den priesterlichen Dienst [1992] S. 9)

Die vorliegende Veröffentlichung möchte in einem guten Sinn provozieren: herausrufen aus dem Gewesenen, um es in eine mögliche, glaubensgeschichtlich neue gläubige Praxis zu integrieren. Diese Integration muß das bewahren, was im Sinne des verbindlichen Wortes Gottes und der Lehre Kirche unaufgebbar ist, zugleich aber auch das sich zeigende Neue zur Sprache bringen. Sie versteht sich nicht als „Entwurf", sondern als Reflexion und Dokumentation einer Praxis, die sich bereits anfanghaft bewährt hat und zur allgemeinen spirituellen Prüfung vorgelegt werden soll.

Ein Kernproblem jener „Gestalt" der Kirche, die sich unhintergehbar ihrem epochalen Ende nähert, ist die Entleiblichung des Glaubens, insofern er primär „weitergegeben" wurde durch die Weitergabe von Glaubenswahrheiten, zusammen mit Sozialisations-, Kontroll- und Regelmechanismen. Wenn heute gesagt wird, man könne über Gott nur noch im Modus seiner Abwesenheit reden, dann ist dies auch ein Endprodukt dieser Entwicklung. Sie hat mittlerweile zu der Parole geführt: „Vielleicht irgendeine Religion – ein persönlich handelnder Gott nein". Natürlich muß dies alles auch theologisch aufgearbeitet werden, aber: vor allem neuen Reden über Gott – wenn er denn wirklich in die Geschichte hinein „gesprochen" hat – ist er bereits leibhaft auf uns zugekommen: in seinem Wort, in der Menschwerdung seines Wortes, in den Sakramenten, in den Charismen als einem leibhaften Wirken des Geistes Christi. Diese leibhafte Weise, in der Gott auf uns zukommt, befähigt uns zu einer leibhaften Antwort (vgl. GL 41). Da der Mensch durch und durch leibhafter Geist ist, kann wirklich menschliches Verhalten – auch Gott gegenüber – nur da gegeben sein, wo der Mensch als ganzer beteiligt ist. Der Verlust leibhaften Ausdrucks oder der Verzicht darauf sind nicht Verinnerlichung, sondern Gefährdung der Beziehung zu Gott. Die Verleiblichung dieser Beziehung dagegen bleibt „nicht ohne Rückwirkung auf unseren inneren Mitvollzug" (GL 41,2).

Eine neue „Gestalt" gläubiger Praxis wird deshalb nicht dadurch entdeckt, daß man lediglich endlos über sie diskutiert. Wenn denn wirklich Gott immer noch der für uns Da-seiende ist (Ex 3,14), käme es auf den

„Versuch“ und die Bereitschaft an, sich ihm persönlich-leibhaft neu anzuvertrauen. Der eigentliche – auch theologische – Entdeckungszusammenhang sind deshalb liturgische Vollzüge, in denen das „Neue und Unerwartete“, das Gott vielleicht in unsere Resignation hinein wirken will, sich verleiblichen kann.

Die im zweiten Buch dieser Veröffentlichung (C/V) vorgelegte Reformliturgie ist deshalb der Kern aller auf sie hinführenden und sie entfaltenden Überlegungen. Sie ist zentriert um die ganz persönlich-leibhafte, vertiefte Annahme des Bundes, den Gott mit seinem ganzen Volk geschlossen und jedem einzelnen für immer in der Taufe angeboten hat. Diese Annahme schließt eine neue, wohltuend-befreiende innere Freiheit ein, da sie nicht eine (u. U. auch angstbesetzte) „Forderung“ an den einzelnen ist, sondern freie Antwort auf die befreiende Zuwendung Gottes. Hier geschieht im Grunde etwas sehr Einfaches und Schlichtes: In einem leibhaften Schritt sich auf Gott hin loslassen, sich ihm anvertrauen. „Diese Verleiblichung der Beziehung zu Gott in der Gemeinschaft der Glaubenden ist deshalb nicht etwas völlig Neues, sondern wir tun nur das auf eine persönlichere Weise, was die Kirche im Angebot der Tauf- und Firmerneuerung zu tun empfiehlt.“ (E 6-7) Es geht also im Prinzip um nichts anderes als um eine Verpersönlichung der Beziehung zu Gott, die erwachsen ist aus der klassischen katechumenalen Praxis und der kirchlichen Lehre von den Sakramenten und den Charismen. So wird aus einem von außen übernommenen Glauben ein persönlicher Glaube. Die Kindestaufe ist damit keineswegs in Frage gestellt, sondern kommt so erst zu ihrer vollen lebensgeschichtlichen Auswirkung, wie sich genauer ergeben wird. In ihrer Grundstruktur hat diese Reformliturgie auch ökumenische Bedeutung, da hinsichtlich des Taufgeschehens keine kirchentrennenden Hindernisse bestehen (vgl. zweites Buch, C/V, Exkurs).

Allerdings: Bereits das Angebot, sich Gott leibhaft anzuvertrauen, stößt bei vielen – auch Amtsträgern und „Hauptamtlichen“ – auf erhebliche Abwehrreaktionen. Der Weg vom Kopf bis zu den Füßen ist offenbar noch immer sehr weit. Dies wird eingehender zu reflektieren sein (vgl. drittes Buch: A/II,6: Woher kommt das Unbehagen an leibhaften Glaubensschritten?).

Die vorgelegte Reformliturgie ist zugleich in einer neuen Hörsituation auch ein glaubensgeschichtlicher Entdeckungszusammenhang. In den Veröffentlichungen zur Neu-Evangelisierung[1] wird fast völlig überse-

[1] Die europäischen Bischöfe und die Neu-Evangelisierung Europas. Stimmen der Weltkirche 32, hg. vom Sekretariat der Deutschen Bischofskonferenz und dem CCEE Sekretariat, Bonn/ St. Gallen 1991. M. Ebertz: „Neu-Evangelisierung Europas“? Religionspoliti-

hen, daß Jesus seine Verkündigung des „Evangeliums Gottes" nicht mit der Darlegung von Wahrheiten und Werten begonnen hat (deren Bedeutung hier natürlich nicht bestritten werden soll), nicht mit einer Antrittspredigt (vgl. Lk 4,16-30), ja, nicht einmal mit der Auswahl seiner Jünger, sondern: er ließ sich „zusammen mit dem ganzen Volk" von Johannes taufen (Lk 3,21f). In der Taufe, die Johannes vollzog, kündigte sich damals das Neue und Unerwartete an, das Gott wirken will, denn sie war in dieser ausgeprägten Form in der jüdischen Tradition nicht vorgegeben (vgl. Mt 3,15; zweites Buch B/II,2). Indem Jesus diese Liturgie an sich geschehen ließ, hat er sich in einem konkret-leibhaften Schritt in einmaliger Direktheit Gott anvertraut, wurde er mit der Kraft des Geistes Gottes „erfüllt" (Lk 3,14; 4,1). Auch die apostolische Ur-Evangelisierung begann mit dem Hinweis auf eben dieses prophetische Zeichen Jesu (Apg 10,37ff), und diese Verkündigung war so geartet, daß durch sie das

---

sche und religionssoziologische Thesen, in: Pastoraltheologische Informationen 13 (1993) 67ff. G. Eder: Ansätze für eine Neuevangelisierung Europas, in: Theologisch-Praktische Quartalschrift 138 (1990) 57-60. C. Floristán: Die Neu-Evangelisierung Europas. Eine pastorale Herausforderung an die Kirchen, in: Informationes theologiae Europae 2 (1993) 227-242. O. Fuchs: Was ist Neuevangelisierung?, in: Stimmen der Zeit 210 (1992) 465-472. E. B. Heim: Neuevangelisierung. Leben nach dem Evangelium. Stein am Rhein 1993. Internationale Katholische Zeitschrift „Communio" 21 (1992) 291-339 (mit Beiträgen von H.-B. Gerl, J. Kerkhofs, E. Straub, K. Lehmann, St. Puhl, M. Figura). W. Kasper: Evangelisierung und Neuevangelisierung. Überlegungen zu einer neuen pastoralen Perspektive, in: P. Neuner, H. Wagner (Hgg): In Verantwortung für den Glauben. Für Heinrich Fries, Freiburg/Br. 1992, 231-244. W. Kaspar: Kirche – wohin gehst du? Die bleibende Bedeutung des II. Vatikanischen Konzils. Paderborn, 3. veränd. Aufl. 1994, 35-47 (Drei Prioritäten für die Zukunft). K. Koch: Kirche ohne Zukunft? Plädoyer für neue Wege der Glaubensvermittlung. Freiburg/Br. 1993, 40-56 (Ist „Neu-Evangelisierung" das Allheilmittel?). H. Moll: Der „Katechismus der katholischen Kirche" – ein Instrument zur Neuevangelisierung, in: Internationale Katholische Zeitschrift„Communio" 23 (1994) 67-81. J. Müller (Hg): Neuevangelisierung Europas. Chancen und Versuchungen. Freiburg/Schw. 1993. Neue Wege zur Wiedergewinnung lebendigen Christentums: Neuevangelisierung. Referate der Theologischen Sommerakademie 1989 des Linzer Priesterkreises. St. Ottilien 1990. J. G. Piepke: Den Glauben inkulturieren. Die Neuevangelisierung Lateinamerikas in Santo Domingo, in: Theologie der Gegenwart 39 (1996) 128-144. J. Kard. Ratzinger: Evangelisierung, Katechese und Katechismus, Paderborn 1994. K. J. Rivinius: Neuevangelisierung in Europa. Von „nachchristlichen" Gesellschaften unter multikulturellen Bedingungen, in: Theologie der Gegenwart 36 (1993) 252-271. R. Schunck: Aufwertung der Ehevorbereitung. Ein Ansatz zur Neuevangelisierung, in: Forum Katholische Theologie 8 (1992) 304-310. Th. Sorg: Römische Synode. „Neu Evangelisierung Europas", in: Materialdienst des Konfessionskundlichen Instituts Bensheim 43 (1992) 2-4. W. Zauner: Evangelisierung und Neu-Evangelisierung, in: Theologisch-Praktische Quartalschrift 138 (1990) 49-56.

geschieht, was in ihr bezeugt wird: „Noch während Petrus predigte, kam der Heilige Geist auf alle herab, die das Wort hörten." (Apg 10,44; vgl. 11,15f)

Die „Erst-Evangelisierung" Europas war dann die Hinführung Ungetaufter zur Taufe. Damit begann zugleich die europäische Symbiose von Christentum und Gesellschaft, die rasch zunehmend ihrem Ende zugeht, und deren Problematik in der vorliegenden Untersuchung eingehend reflektiert werden soll. Es wird sich zeigen daß eine „Neu-Evangelisierung" nicht eine Wiederholung dieser „Erst-Evangelisierung" sein kann. Wenn der „Anfang" (Apg 10,37) dessen, was wir heute „Kirche" nennen, der liturgisch-prophetische Schritt Jesu war, bei dem er die Zuwendung Gottes an sich geschehen ließ, dann wird eine neue Evangelisierung unter gewandelten gesellschaftlichen und kirchlichen Bedingungen hier wieder ansetzen müssen, also bei einer vertieften, leibhaft-liturgischen Annahme jener zeichenhaft-„bundesgemäßen" Zuwendung Gottes, die für den einzelnen mit seiner Taufe begonnen hat. Es wird sich zeigen: Eine glaubensgeschichtlich neue Verleiblichung der Beziehung zu Gott in der Gemeinschaft der Glaubenden und die damit aufbrechende, bundesgemäße innere Freiheit des Sich-Gott-Anvertrauens hätte weittragende Folgen für eine „neue" Evangelisierung innerhalb der Kirche. Da diese Verleiblichung zugleich die Bereitschaftserklärung ist, sich in Kirche und Gesellschaft von Gott in Dienst nehmen zu lassen (vgl. Röm 12,1.6-8), schließt sie die Entstehung neuer Strukturen aus der Kraft der Charismen ein, ja, eine Neubestimmung des Verhältnisses von Kirche und Gesellschaft.

Natürlich ist eine „neue" gläubige Praxis nicht auf liturgische Elemente beschränkt, aber: bleibt die seit etwa 10 Jahren immer wieder zur Sprache gebrachte Dringlichkeit einer „Neu-Evangelisierung" ohne eine entsprechende Reformliturgie nicht doch ein mehr oder weniger abstrakter Appell, vor allem dann, wenn nicht im einzelnen gesagt wird, wie sie in den noch bestehenden Gemeinden geschehen kann, wenn vielmehr global von einer Neu-Evangelisierung „Europas" gesprochen wird, von einer mehr oder weniger intellektuellen Besinnung auf die Werte des „christlichen Abendlandes"?

In diesem Zusammenhang sei auch darauf hingewiesen: Da „Neu-Evangelisierung" ein Akzent des dritten Pastoralbesuches von Johannes Paul II. in Deutschland (21./22. Juni 1996) sein sollte, wurde eine entsprechende liturgische Vorlage (persönliche Tauferneuerung, Bekräftigung des Ehebundes und der Bereitschaftserklärung zum priesterlichen Dienst) für die Papstmesse in Paderborn ausgearbeitet und vom Erzbischof von Paderborn den für die Liturgie zuständigen römischen Stellen vorgelegt. Sie ist in Anhang III abgedruckt. Da jedoch dieser Anstoß in

Rom unbekannt und die Zeit zu einer eingehenden Prüfung zu kurz war, konnte er nicht verwirklicht werden. Dies wäre ein erneuter Anlaß zu einem kritisch-spirituellen Prüfungsprozeß, zu dem die folgende Untersuchung einladen und auffordern möchte.

Einleitung

1. Adressaten

Das vorliegende Buch enthält drei Hauptteile, die jeweils wiederum als „Buch“ bezeichnet werden. Damit ist angedeutet, daß diese Hauptteile jeweils eine Einheit sind und auch je für sich gelesen werden können. Dazu seien zunächst einige Hinweise gegeben.

Zum dritten Buch: Dokumentation. Anlaß und Ursprung der Gesamtveröffentlichung ist das in Reformgottesdiensten sich zeigende Geschehen. Neben der Dokumentation dieser Gottesdienste enthält das dritte Buch darauf bezügliche Interviews, Stellungnahmen, Zeitungsartikel, Presseberichte. Sie sind auch für theologisch nicht geschulte Leser eine Hilfe, sich zunächst einmal relativ problemlos – wie in einem „Lesebuch“ – über die zur Prüfung vorgelegte Praxis zu informieren. Man kann überall „einsteigen“, denn aus jedem Blickwinkel zeigen sich dic Umrisse einer neuen „Gestalt“ der Kirche.
Allerdings: „Gestalt“ meint nicht, das dokumentierte Geschehen sei „von außen“ her anschaubar. Es kann *als* Geschehen nur zureichend erfaßt werden, *während* es geschieht. Es „spricht“ zunächst einmal durch und für sich selbst und ist von einzelnen Personen und Interpretationen unabhängig. Zum Nach- und Mitvollzug sowie zur spirituellen Prüfung steht eine Videokassette mit der Dokumentation eines diözesanen Reformgottesdienstes zur Verfügung: „Kirche wächst neu von innen.“[1] Wer schnell und gezielt einen ersten Einblick in die hier dokumentierte Praxis nehmen möchte, möge zunächst den Abschnitt „Der rituelle Vollzug der Reformliturgie“ lesen (zweites Buch: C/V). Diese Liturgie hat eine Bedeutung in sich selbst, die unabhängig ist von theologischen und glaubensgeschichtlichen Interpretationen und Reflexionen. Falls diese unzutreffend sind, ist die innere Dynamik der liturgischen Vollzüge dadurch nicht in Frage gestellt. Sie müßte dann eben anders ausgelegt und interpretiert werden.

---

[1] Die Video-Kassette des Reformgottesdienstes: „Kirche wächst neu von innen“ (Telepublic, 48155 Münster) kann zum Preis von DM 16, 00 bezogen werden über den Bonifatius-Verlag, Karl-Schurz-Str. 26, 33100 Paderborn. Mitgeliefert wird die Einladung „Ich bin mit dir“ (drittes Buch: A/I, 2b) sowie das Begleitheft zum Gottesdienst mit Liedern und spirituellen Anregungen.
Hinweis: Der zentrale Anstoß zu einer Reform der Kirche von innen ist im mittleren Abschnitt des Video-Bandes dokumentiert (persönliche Annahme des Taufbundes – Erneuerung des Eheversprechens). Er ist als Teil B. (Segnungen) gekennzeichnet.

Zum zweiten Buch: Pastorale und liturgische Grundlegung. Die primären Adressaten der vorliegenden Veröffentlichung sind die für die Seelsorge Verantwortlichen. Deshalb sind im zweiten Buch auf einer ersten Reflexionsstufe pastorale und liturgische Überlegungen der Dokumentation vorangestellt. Sie haben nicht rein theoretischen Charakter, sondern sind eine Reflexion und Thematisierung von Entdeckungen und vielgestaltigen Prozessen in Gruppen und Gemeinden: Die dokumentierten diözesanen Reformgottesdienste waren und sind nicht ein einmaliges, punktuelles Ereignis, sondern Schritte in einem Langzeitprozeß, der vorher in Gemeinden und Weg-Gemeinschaften begonnen und nachher zum Angebot von Weg-Seminaren geführt hat, in denen die Annahme des Taufbundes zentrales Lebenselement ist. Daraus entstanden Hauskirchen und missionarisch gesinnte Gemeindegruppen.
Die dokumentierten diözesanen Feiern sind zwar in ihrer *liturgischen* Gestalt Wort- und Segnungsgottesdienste, haben zugleich aber in sich selbst den Grundcharakter von Reformgottesdiensten: In ihnen kündigt sich so etwas wie eine *bundesgemäße Bewußtseinsänderung* in der Kirche und damit auch eine Gesamtreform *von innen her* an.

Zum ersten Buch: Theologisch-kritische Grundlegung. Eine neue gläubige Praxis erfordert auch wissenschaftliche und methodisch-kritische Reflexionen, wenn sie begründet und verantwortet geprüft, korrigiert, entfaltet werden soll. Das erste Buch enthält deshalb nach einer Erschließung der Grundlagen spiritueller Kritik soziologische, geschichtskritische, philosophische und bibel-theologische Reflexionen, die vor allem für theologisch und philosophisch geschulte Leser verfaßt sind. Die sich ergebenden Anstöße und Perspektiven bedürfen jedoch weiterer Reflexionen.
Dokumentation und Reflexion interpretieren einander wechselseitig, sind im Prinzip aber unabhängig voneinander. Am Anfang des zu beschreibenden Weges stand nicht eine Theorie oder ein pastoraler Ent-

---

A. Ansprachen und persönliche Zeugnisse (48 Minuten):
Einführung von Erzbischof Degenhardt – Predigt Prof. Mühlen – Persönliche Zeugnisse: Student, Gemeindereferentin, zwei Ehepaare.
B. Segnungen (23 Minuten):
Freuden und Nöte des Alltags – persönliche Annahme des Taufbundes – Erneuerung des Firmversprechens – Erneuerung des Eheversprechens.
C. Interviews (56 Minuten):
Pastorale Erfahrungen mit persönlichen Glaubensschritten (Pfarrer Johann Koller, Wien) – spirituelle und theologische Aspekte einer Reform der Kirche von innen. (Prof. Mühlen).

wurf, sondern eine spirituelle, gemeindebezogene Praxis. Sie ist als geschehendes Geschehen nie restlos einholbar, von einzelnen Personen und deren Vermittlung unabhängig und somit offen für unterschiedliche Interpretationen. Selbst die im zweiten Buch vorgelegte Beschreibung des Weges, der in und durch Weg-Gemeinschaften zu dieser Praxis geführt hat und führt, bleibt sekundär. Dies gilt auch für die Auslegungen, Deutungen, kritischen Reflexionen des ersten Teils. Sie müssen dem vorausgesetzten Kritikbegriff entsprechend nochmals selbstkritisch kritisiert werden und sind deshalb zur Prüfung vorgelegt.

Insgesamt versteht sich die Gesamtveröffentlichung als Schritt zu einer glaubensgeschichtlich neuen *Thematisierung* des alles einschließenden und umfassenden Bundesangebotes Gottes, das er nie aufgekündigt hat und das in Jesus Christus endgültig offenbar geworden ist. Für den einzelnen konkretisiert sich diese Thematisierung im leibhaften Freiheitsgeschehen der Annahme von Gottes sakramentalen und charismalen[2] Energien, die zu einem bundesgemäß-geschwisterlichen Gemeinde-Aufbau führt und auch entsprechende ekklesiale Strukturen aus sich entläßt. Der Bund erwacht in den Herzen der Gläubigen, der Priester, Diakone, MitarbeiterInnen in der Seelsorge – und auch der Bischöfe: so könnte man den Durchbruch zu einer neuen Gestalt gläubiger Praxis als ganzen umschreiben. In ihm eingeschlossen sind auch Revisionen und Änderungen von Strukturen, die nicht zum innersten Wesen der Kirche gehören, sondern in der gewesenen Sozialgestalt der Kirche gründen. „Kirche wächst von innen" meint von da her: Eine Reform der Kirche von „unten", von „oben", von „rechts", von „links": Diese Teilaspekte können das Gesamtgeschehen der Kirche und ihrer sich konkret ankündigenden Reform nicht zureichend erfassen. Wenn Kirche neu wachsen soll, dann nur *von innen her und nach innen*, in einer wirgemäßen Solidarität.

Dabei sind alle gefragt, nicht zuletzt die „Hirten" und die hauptamtlichen MitarbeiterInnen im pastoralen Dienst. Viele nehmen mit Kompetenz und Engagement ihre Funktion in der Gesellschaft wahr. Aber: Wenn nicht bald (etwa nach einem „Sozialhirtenbrief") auch spirituel-

---

[2] Da das Wort „charismatisch" sowohl im allgemein-soziologischen als auch im (frei-) kirchlichen Gebrauch der „Charismatiker" nicht selten in einem unbiblischen Sinn die Bedeutungen „außer-gewöhnlich", „emotional intensiv" erhalten hat, ersetzen wir es durch „charismal". Die lat. Endung -(a)lis bezeichnet die Zugehörigkeit (personalis = zur Person gehörig, medicinalis = zur Medizin gehörig). „Charismal" ist die Weise, in der Gott Charismen zuteilt und der Mensch sie ausübt. Dabei geht es nicht primär um die damit u. U. gegebene menschliche „Erfahrung", sondern um die je besondere Zuwendung Gottes.

le Impulse, „prophetische Interventionen" in die Kirche hinein ergehen, besteht durchaus die Gefahr, daß sie nun doch zu einer gesellschaftlichen Großgruppe neben anderen wird. Unter diesem Aspekt darf hinzugefügt werden: Das Bundesangebot Gottes kann durchaus vergessen und verfehlt werden. Deshalb gab es in der Geschichte des Volkes Gottes immer wieder Prozesse und Akte einer „Bundeserneuerung" (vgl. Ex 33,7-34,35; Dtn 9,9-10,11; 2 Kön 23,3; 2 Chr 34,29-33; Jer 11,1-17; Hos 2,18-25), und eben eine solche ist vielleicht oder sogar ganz offenbar ein Anruf Gottes in die gegenwärtige Ratlosigkeit und Resignation hinein.

2. Grundthesen

Da diese Veröffentlichung sich auf sehr unterschiedlichen Reflexionsstufen bewegt, seien hier zunächst die Grundthesen in einem zusammenfassenden Überblick genannt.

(1) Glaubensgeschichtliche Thesen:

(a) Die gegenwärtige Tradierungskrise des Christseins ist als Gotteskrise zutiefst eine Bundeskrise. Der Grundansatz des Glaubensbekenntnisses und der klassischen Theologie bei dem „Allmächtigen" hat verhindert, daß das Bundesangebot Gottes die gläubige Praxis prägt und bestimmt. Das Verhältnis von Schöpfung und Bund muß deshalb neu gelebt und reflektiert werden.

In der vorliegenden Darstellung geht es primär um die Entdeckung und Reflexion einer neuen gläubigen *Praxis* und nicht um einen theologischen Entwurf. Im gut paulinischen Sinn geht die (spirituelle) Glaubens-Praxis jeder (rationalen) Glaubens-Theorie voraus. Allerdings müssen theologisch begründete *Behinderungen* dieser Praxis bewußt gemacht und reflektiert werden. Zu diesen Behinderungen gehört auch der fast ausschließliche Ansatz bei Gott als dem Schöpfer. Er hat faktisch dazu geführt, daß der von Gott angebotene und nie gekündigte Bund in der klassischen und lehramtlichen Theologie nicht zu einem theologischen Grundansatz wurde und auch die gläubige Praxis nicht geprägt hat. Aber: Gott als der Schöpfer ist weder der ursprüngliche Ansatz der atl noch das Zentrum der ntl Verkündigung (vgl. erstes Buch: A/IV,1a). Hinzu kommt, daß „Bund" als Antwortgeschehen auf das Angebot Gottes in der Idee eines Bundes zwischen Imperium und Christenheit keinen Platz haben konnte. Von da her muß zunächst einmal eine hinterfragende Kritik der Tradierungskrise des Glaubens ansetzen (vgl. erstes Buch: A/IV,1). Erst dann kann zureichend über eine Reform kirchlicher

Strukturen gesprochen werden, insofern sie in einem nicht bundes- und wirgemäßen Grundansatz gründen.
Deshalb werden in der folgenden Untersuchung auch die mit der menschlichen Sexualität im weitesten Sinne zusammenhängenden Fragen zurückgestellt, die nicht nur in den Medien, sondern vorgängig dazu in der Kirche im Vordergrund stehen. Sie werden weitgehend monokausal von einer nicht bundesgemäßen Schöpfungstheologie her beantwortet und bedürfen deshalb einer Integration in das von Gott ausgehende und zu ihm zurückführende Bundesgeschehen. Von ihm her sind neue Fragen und neue Antworten zu erwarten. Eine durchgreifende Reflexion des Verhältnisses von Schöpfung und Bund ist aber nicht zentrales Thema dieser Veröffentlichung und kann nur vorgreifend angemahnt werden.

(b) Die in Auflösung begriffene Sozialgestalt der Kirche war bestimmt von der Idee des Reiches Gottes auf Erden. Die neue, sich anfanghaft zeigende, innere Gestalt der Kirche wird bestimmt sein von dem Bund, den Gott nie aufgekündigt hat.

Der fortschreitende Abbau der Symbiose von Kirche und Gesellschaft ist auch das Ende ihrer äußeren Sozialgestalt, genauer: der seit dem 4. Jahrhundert wirksamen Idee eines politischen „Reiches Gottes *auf Erden*". Damit ist das immer zukünftig gewesene und immer zukünftig bleibende „Reich Gottes", Zentrum der Verkündigung Jesu, keineswegs in Frage gestellt; vielmehr zeigt es sich nunmehr deutlicher in seinem spirituellen Grundcharakter, der wiederum mitbestimmt ist durch die alles einschließende Bundeszusage Gottes. Auch das Verhältnis von „Bund" und „Reich Gottes" bedarf deshalb dringend einer Klärung und glaubensgeschichtlich neuen Thematisierung.

(c) Die folgenschwerste Entscheidung der Kirche war nicht die Entscheidung zur Kindestaufe als solche, sondern die Zustimmung zur Praxis der ersten christlichen Kaiser, die Taufe zum Mittel ihrer Reichs- und Einheitspolitik zu machen: Der tiefste menschliche Freiheitsakt wurde zur Voraussetzung für die Ausübung der bürgerlichen Rechte.

Der Empfang der Taufe wurde aufgrund der Religionsgesetze und Taufdekrete der ersten christlichen Kaiser (Theodosius I., Justinian, Karl der Große) zur pflichtgemäßen Unterordnung unter das „Reich Gottes auf Erden" und aus Gründen der Einheit von jedem Bürger dieses Reiches gefordert, genauer: mit staatlichen Rechtsmitteln durchgesetzt. Die in der kirchliche Lehre von den Sakramenten fundierte Notwendigkeit, nach der Kindestaufe den „Taufbund" in einem je eigenen, ich- und zugleich ekklesial-wirgemäßen Antwortgeschehen anzunehmen, wurde

unter diesen Voraussetzungen nicht thematisiert. Die „Weitergabe" des Christseins geschah nach den ersten Taufen Erwachsener vielmehr durch kirchlich-gesellschaftliche Sozialisationsprozesse, genauer: durch eine von der Gesellschaft erwartete, *selbstverständliche* Übernahme christlicher Normen, Verhaltensweisen, Werte aus einer „christlich" gewordenen Kultur als einer „bekehrten Öffentlichkeit".
Dabei ist es im Grunde bis heute geblieben. Kardinal Hume hat einmal im Hinblick auf die gegenwärtige Situation gesagt: „Viele Katholiken haben die Sakramente empfangen, aber nie eine persönliche Hingabe an Christus vollzogen. Wir drücken das auf englisch manchmal so aus: Zu viele Menschen wurden ‚sakramentalisiert', aber nicht ‚evangelisiert'."[3] Damit ist wohl zutreffend ein zentraler Grund für den gegenwärtigen Abbruch der Weitergabe des Glaubens genannt. Hinzu kommt, daß mit „Glauben" primär die Glaubenswahrheiten gemeint sind, denn nur sie können „weitergegeben" werden. Die persönliche, direkte Taufbeziehung des/der einzelnen zu Gott kann nicht an andere weitergegeben, sondern nur einladend bezeugt werden.

(d) Der innerste Kern einer glaubensgeschichtlich neuen Gestalt gläubiger Praxis zeigt sich im Durchbruch zu einer bundesgemäßen Freiheit.

Die Zugehörigkeit zu einem politischen Reich Gottes auf Erden kann erzwungen oder von außen her gesteuert werden. Zum innersten Wesen eines Bundes aber gehört die Freiheit des Angebotes und die Freiheit der Annahme. *Ein erzwungener Bund ist kein Bund.* Die Thematisierung des von Gott für alle Zeiten verheißenen Bundes macht allererst die Tiefe jener Freiheit offenbar, zu der Christus uns befreit hat (Gal 5,1): Sich in der Gemeinschaft der Glaubenden Gott ganz und gar anzuvertrauen, ist der tiefste menschliche Freiheitsakt. Da er gleichursprünglich ich- und wirgemäß ist, erwachsen aus einer solchen bundesgemäßen Freiheit *von innen her* neue Strukturen kirchlichen Zusammenlebens und pastoraler Verantwortung.

(e) Die kritische Neubestimmung des Verhältnisses von Kirche und Gesellschaft erfordert die Ausarbeitung einer integrativen Wir-Philosophie (Hemeisologie).

Das Im-Wir-sein ist die Kirche und Gesellschaft einschließende, nicht mehr hinterfragbare Grund-Faktizität des menschlichen Daseins. Die

---

[3] Eröffnungsansprache zum Symposium „Die kollegiale Verantwortung der Bischöfe und Bischofskonferenzen in der Evangelisierung des Kontinents". Rom 4.-8.10. 1982, in: Stimmen der Weltkirche 32, hg. vom Sekretariat der Deutschen Bischofskonferenz und dem CCEE Sekretariat, Bonn/ St. Gallen 1991, 88-99: hier 92.

Kirchen könnten von ihrem ur-eigensten Ursprung her einen wesentlichen Beitrag zu einer neuen Solidarität in der Gesellschaft geben – wenn und insofern sie das menschliche Bemühungen übersteigende, geistgewirkte Im-Wir-sein leben und in entsprechende Strukturen umsetzen würden.

(2) Pastorale Thesen:

(a) „Es wird keine neue Menschheit geben, wenn nicht zuerst die Menschen erneuert sind durch die Erneuerung aus der Taufe und ein Leben nach dem Evangelium" (EN 18). Diese Erneuerung geschieht durch die Annahme des Taufbundes. Sie ist der bewußte und freie Ich-Einschluß eines/einer jeden einzelnen in den Bund, den Gott in Jesus Christus neu mit seinem ganzen Volk geschlossen hat.

Es gibt keinen zentraleren Ansatz zu einer neuen Bezeugung des Evangeliums innerhalb der Kirche und in die Gesellschaft hinein als das Grundsakrament der Taufe, aus dem alles kirchliche Leben erwächst. „Erneuerung aus der Taufe" geschieht jedoch nicht primär im Kopf oder durch die Ausarbeitung einer neuen Tauftheologie, auch nicht nur durch Appelle, ein neues Tauf-„Bewußtsein" zu entwickeln, sondern durch leibhaft-ichgemäße, liturgische Schritte. Die entsprechende Reformliturgie (zweites Buch: B/IV und V) hat jedoch nicht einen isoliert ichgemäßen, sondern gleichursprünglich einen ekklesial-wirgemäßen Charakter. Es wird sich zeigen, daß die vom Zweiten Vatikanischen Konzil angeordnete Revision des Ritus der Kindestaufe (zweites Buch: B/I,3) die Grundlegung für eine neue liturgische Praxis der „späteren" Annahme des Taufbundes ist.

(b) Die vom Zweiten Vatikanischen Konzil angestrebte Gesamtreform der Kirche ist nur möglich, wenn jede(r) einzelne bereit ist, die ihm jeweils von Gott angebotenen Charismen und Gaben in einer freien und bewußten Selbst-Gabe an Gott von ihm anzunehmen.

Durch die Charismen „macht Gott die Gläubigen geeignet und bereit, für die *Erneuerung* (renovatio) und den gedeihlichen Aufbau der Kirche verschiedene Werke und Dienste zu übernehmen ... Sie müssen mit Freude und Dank *angenommen* (cum gratiarum actione ac consolatione accipienda sunt) werden, da sie den Nöten der Kirche besonders angepaßt und nützlich sind." (LG 12)[4]

---

[4] Vgl. PO 9; AA 3. 30; GS 32; Dekret über die Missionstätigkeit der Kirche 4. 28.

Mit der Taufe teilt der Geist Gottes jedem seine „besondere Gnadengabe“ zu (1 Kor 12,11), er gibt sie aber je und je neu und anders auch in die geschichtlichen Nöte seiner Kirche hinein. Zu ihnen gehören in Krisenzeiten vor allem die Gaben kritischer Unterscheidung und spirituell fundierter Leitung. Diese „Zuteilung“ hat den Charakter eines *Angebotes*, und deshalb betont das Konzil: sie müssen mit Freude und Dank *angenommen* werden. Gott gibt die Charismen nicht ein für alle Mal, gleichsam als ständigen „Besitz“, sie sind nicht immer schon „vorhanden“, der Selbstverfügung des/der einzelnen unterstellt, sondern Angebote Gottes in die jeweilige glaubensgeschichtliche Not der Kirche hinein, das den einzelnen zu einer je eigenen Antwort herausfordert: Charismen sind *ereignishafte und situationsbezogene* Wirkungen des Geistes Gottes in Kirche und Gesellschaft und können nur in jeweils aktueller Hingabe an Gott empfangen und ausgeübt werden.

Zu den Charismen gehört auch das Charisma kritischer Unterscheidung (vgl. 1 Kor 12,10; 14,29; 1 Joh 4,1-6; 1 Thess 5,19-22). Durch diese Gabe will der Geist Gottes psychologische und soziologische Kenntnisse läutern, intensivieren und in den Dienst eines spirituellen Urteils über neue Entwicklungen in der Kirche stellen. Es wird eine Schicksalsfrage für die Zukunft der Kirche sein, ob es auf allen Ebenen kirchlicher Gremien zu einem gemeinschaftlichen Prozeß einer solchen Prüfung kommt (vgl. erstes Buch: A II).

Wenn also jemand von sich sagt, er lebe aus der Taufe und sehe für sich keinen Anlaß, den Taufbund neu und vertieft anzunehmen, bleibt die Annahme der ihm von Gottes Geist zugeteilten Charismen in einem tiefen Geschehen der Selbst-Auslieferung an ihn ein bleibender, persönlicher Anruf, und zwar je und je neu, entsprechend der jeweiligen Situation.

Anmerkung zum Kirchenvolksbegehren:

Diese Initiative ist sicherlich für viele eine Möglichkeit, ihre tiefe Sorge über den Reformstau in der Kirche zu verdeutlichen und Ausdruck einer tiefen Enttäuschung über ausbleibende Reformen. Das Kirchenvolksbegehren will einen „Zugang zum Kern der christlichen Botschaft und zur Kirche auch im kommenden Jahrtausend“ ermöglichen und soll „die vorhandenen Dialogprozesse und Initiativen zusammenführen, unterstützen und voranbringen“. Ist dieser Anspruch nicht zu hoch? Wo bleibt zum Beispiel eine neue gläubige und sich auch liturgisch äußernde Praxis, deren Boden die Taufe ist und bleibt? Ohne eine solche neue Praxis kann es keine Struktur- oder gar Gesamtreform der Kirche geben. Die Initiative versteht sich selbst als „Kirche in Bewegung“ bzw. als

„Bewegung" im kirchensoziologischen Sinn. Versteht sie sich also dementsprechend auch als *eine Bewegung unter anderen*? Ist sie also bereit, in einen „geschwisterlichen" Dialog mit anderen Bewegungen und Initiativen einzutreten und sich von ihnen bereichern zu lassen? Oder versteht sie sich nun doch als *die* Erneuerung der Kirche?

Wahr und unaufgebbar ist: Die Charismen haben in der Kirche eine eigenständige, unabhängige, erweckende und auch kritische Funktion. Dies zeigt sich zum Beispiel deutlich an den Ordensgründungen, die nicht selten auch gesamtkirchliche spirituelle Reformen zur Folge hatten. Aber: Die in einer *spirituellen* Reform eingeschlossenen Strukturreformen können nicht vorherig aus ihr herausgebrochen und isoliert für sich angestrebt werden. Primär kirchensoziologisch geforderte Strukturreformen enthalten oder erzeugen von sich selbst her noch nicht eine neue spirituelle Dynamik in der Kirche, geben ihr nicht ein neues Gesamtprofil: Strukturen sollen geistliches Leben bewahren und ordnen, können es aber nicht in Gang setzen. Eine neu aufbrechende und zugelassene spirituelle Dynamik hingegen, die erneute und vertiefte Annahme des Bundes Gottes, schließt von sich selbst her auch Strukturänderungen ein, denn: alles geistliche Leben hat als solches und von sich selbst her eine innere Struktur.

Die Verfasser berufen sich auf die jedem Christen gegebenen Charismen, um die Kluft zwischen Klerus und Laien zu überwinden. Nur so könne die Vielfalt der Begabungen und Charismen wieder voll zur Wirkung kommen. Dem hier ausgesprochenen Impuls kann man im Prinzip zustimmen. Nur: Wird durch diese Initiative auch deutlich, wie Charismen entstehen? Keiner hat alle Charismen und nicht jede(r) hat dieselben Charismen wie andere (vgl. zweites Buch: B/IV,5). Eine allgemein-globale Berufung auf „Charismen" genügt nicht. Ist jedem/jeder einzelnen, die ein Kreuz auf ein Papier zeichnet, bewußt, welche Charismen ihm/ihr persönlich gegeben sind? Ist jeder/jede bereit, sie in bewußten Glaubensschritten von Gott je und je neu anzunehmen – oder sind sie nun doch immer schon „vorhanden"?

Und woran erkennt man ihre Echtheit? Nicht nur in den „Forderungen" des Kirchenvolksbegehrens, sondern in der ganzen Kirche ist das Grundproblem der Mangel an Kriterien und Maßstäben der spirituellen Unterscheidung: Woran erkennt man, ob eine Forderung oder Handlung etwas mit den Charismen, also mit dem Geist Gottes zu tun hat? Das „Urteil" über die Echtheit gehört zum innersten Wesen der Charismen, denn: Wenn in der Gemeindeversammlung ein Prophet redet, sollen die anderen „urteilen" (1 Kor 12,29). Dieses „Urteilen" ist selbst wiederum ein Charisma, nämlich das Charisma der Unterscheidung zwischen dem, was in Worten, Impulsen, Handlungen *primär* aus dem Men-

schen selbst kommt oder *primär* aus Gottes Geist oder gar *primär* aus gegen-göttlichen und damit auch gegen-menschlichen Quellen (vgl. erstes Buch: A/II,2: Grundformen spiritueller Kritik). Eine letzte und adäquate Unterscheidung ist nicht möglich, aber eben deshalb brauchten wir dringend gremiale Formen einer *gemeinschaftlichen* Prüfung dessen, was in der Kirche geschieht.
Wir beschränken uns hier auf diese Anmerkung zur ersten und grundlegenden Forderung des Kirchenvolksbegehrens. Eine differenzierte Stellungnahme zu den übrigen Forderungen setzt eine vorherige Kritik der traditionellen, nicht bundes- und wirgemäßen Gotteslehre voraus, die auch strukturelle Konsequenzen einschließt, innerhalb dieser Untersuchung aber nicht geleistet werden kann: Das Grundproblem ist nicht lediglich eine Strukturkrise, sondern eine Gottes- bzw. Bundeskrise.

3. Spirituelle Prüfung

Die Grundthesen sind deutlich herausgestellt, damit sie im Sinne der „Unterscheidung der Geister" geprüft und korrigiert werden können. Auch müßte endlich einmal ein Streit darüber entstehen, was *konkret* mit „Neu-Evangelisierung" gemeint ist, damit der Prozeß einer konziliarspirituellen Auseinandersetzung in Gang kommen kann.
Vorbild dazu sind die „große Aufregung" und die „heftigen Auseinandersetzungen" während des sogenannten Apostelkonzils (Apg 15,2) über die Notwendigkeit der Beschneidung. Man setzte sich nicht zusammen, um in einem unbestimmten Suchen und Fragen immer neue Entwürfe zu erstellen, sondern es wurde Praxis mit Praxis verglichen und vom Wirken des Geistes her geprüft (Apg 15,4.8-12). Als Ergebnis wurde mitgeteilt: „Der Heilige Geist und wir haben beschlossen", den Heiden die jahrhundertealte Praxis der Beschneidung nicht aufzuerlegen (Apg 15,28). An ihre Stelle tritt nunmehr die Taufe. Diese wirgemäß gefundene Entscheidung eröffnete einen für alle gangbaren Weg und damit die Möglichkeit zu einer Bezeugung des Evangeliums „bis an die Grenzen der Erde" (vgl. Apg 1,8). Zugleich war sie ein struktureller „Kompromiß", denn nunmehr wurden „gemischte Gemeinden" möglich, in denen in großer innerer Freiheit und Toleranz Christen, die vorher Heiden waren, zusammenlebten mit Christen, die vorher Juden waren.
Zu einer ähnlichen Auseinandersetzung über die gewesene Glaubenspraxis und zu deren spiritueller Prüfung möchte die folgende Veröffentlichung insgesamt anregen, auffordern und beitragen (vgl. erstes Buch: A/II,2).

4. Die neue Gemeinde-Normalität

Im Titel des vorliegenden Bandes ist von „einer" neuen Gestalt gläubiger Praxis die Rede. Es wird also nicht der Anspruch erhoben, den einzig möglichen Weg einer neuen Bezeugung des Evangeliums zu beschreiben, aber: er gründet in der allen Christen gemeinsamen Taufe, ist konkret, theologisch fundiert, pastoral gemeindebezogen. Es hat sich erwiesen, daß er für alle gangbar ist. Deshalb kann und muß nun allerdings auch der Anspruch verdeutlicht werden, daß diese Praxis nicht eine bestimmte, selektive „Richtung" innerhalb der Kirche ist, sondern: In ihrer Konkretheit vergegenwärtigt sie zugleich die *„bundesgemäße" Tauf- und Grund-Spiritualität der ganzen Kirche und aller pastoralen Dienste.* Die konkrete Gestalt dieser Praxis ist so allgemein, daß alle Mitglieder einer Gemeinde sich mit ihr identifizieren und alle sie vollziehen können.

Allerdings: Eine neue gläubige Praxis entsteht nicht gleichzeitig in der ganzen Kirche und kann auch nicht von heute auf morgen eine ganze Gemeinde erfassen. Es wird somit „Mischgemeinden" geben müssen, in denen in großer Toleranz und innerer Weite jeder seinen Weg zu Gott finden kann: Gemeinde muß von ihrem Auftrag her offen sein für eine Vielfalt geistlicher Wege und Erfahrungen, für Intensivgruppen ebenso wie für Fernstehende. Sie darf nicht von einem bestimmten Frömmigkeitsstil geprägt sein; niemand darf ausgegrenzt werden (vgl. NMG 31).

Aber: es sollte auch die Möglichkeit gegeben werden, im Sinne einer *Reformpastoral* in innerer Freiheit sich in persönlichen Glaubensschritten Gott neu anzuvertrauen. Dazu bedarf es einer pastoral einfühlsamen Hinführung zu dieser Freiheit, aber auch und gleichzeitig zu einer Toleranz, in der jeder offen ist für verschiedene Weisen der Glaubensäußerung, in der alle die Glaubensnot und den Glauben der anderen mittragen. Es gibt genügend Beispiele dafür, daß eine solche Toleranz gelingt, die Gemeinde bereichert wird und es nicht zu Ausgrenzungen kommt.

In der Einladung zu den Reformgottesdiensten heißt es in diesem Sinne: „Wer solche Schritte vollzieht, tut damit nicht etwas Besonderes. *Nicht jeder muß sie vollziehen,* aber wer sie vollzieht, tut etwas *ganz Normales*: Die leibhafte Weise, in der Gott in Jesus Christus, in seinem Wort und in den Sakramenten auf uns zukommt, befähigt uns zu einer leibhaften Antwort (vgl. GL Nr. 41)" (E 6f) „In Zukunft wird es – wie zur Zeit des Neuen Testamentes – deshalb ganz *normal* sein, daß jeder einzelne die Möglichkeit hat, die Gnade der Sakramente und die Geistesgaben in persönlichen, leibhaften Glaubensschritten von Gott anzunehmen." (E 8)

Es geht jetzt nicht um die Frage, ob früher oder heute einzelne auf ganz persönlichen Wegen zu einer persönlichen Begegnung mit Gott gefunden haben, sondern um die allgemeine pastorale Situation und Praxis:

„Die schwindende Selbstverständlichkeit kontinuierlicher religiöser Sozialisationsprozesse vom Kindesalter an macht es Heranwachsenden immer schwerer, zu einer persönlichen Glaubensentscheidung zu kommen. Häufig ist die Firmung für die Heranwachsenden das ‚Abschiedsfest' (!) von der Kirche." (SP 48f) Wenn etwa 80 % der Jugendlichen nach der Firmung dem Gemeindeleben fernbleiben, obwohl sie doch alle vor der Firmung ihr Taufversprechen „erneuert" haben, dann kann hier etwas nicht bzw. nicht mehr stimmen. Damit ist das Problem einer traditionell-„volkskirchlichen" Weitergabe des Christseins deutlich. Paul VI. drückt dies so aus: Ohne eine lebendige Wortverkündigung kommt es dazu, daß Christen die Sakramente „passiv empfangen oder *über sich ergehen lassen.*" (EN 47)

Nicht nur bei Jugendlichen, sondern ganz allgemein entspricht dem selbstverständlichen Hineinwachsen in die Kirche ein ebenso selbstverständliches, fast unmerkliches Herauswachsen, das sich über einen längeren Zeitraum hinzieht. „Volkskirche" im ntl Sinne dagegen ist nicht durch die gegenseitige Durchdringung von Kirche und Gesellschaft bestimmt, sondern hat aufgrund der freien Entscheidung zum Christsein einen bundesgemäßen Grundcharakter (vgl. drittes Buch: A/II,3).

Die so verstandene „neue" gläubige Praxis ist – mit einem Wort gesagt – im Grunde nichts anderes als eine *Verleiblichung* und damit auch *Verpersönlichung* der Beziehung zu Gott: „Diese Verleiblichung der Beziehung zu Gott in der Gemeinschaft der Glaubenden ist nicht etwas völlig Neues, sondern wir tun nur das auf eine *persönlichere* Weise, was die Kirche im Angebot der Tauf- Firm- Weiheerneuerung und des Eheversprechens zu tun empfiehlt" (E 6). Die Praxis in der gewesenen Epoche der Glaubensgeschichte hat im Vergleich dazu den Charakter einer *Entpersönlichung* des Christwerdens aufgrund von außen her erwarteter, pflichtgemäßer Sozialisationsprozesse. Allerdings: Gegen eine Verpersönlichung und Verleiblichung der Beziehung zu Gott bestehen – zumeist nicht ausgesprochene – intellektuelle und emotionale Vorbehalte und Behinderungen (vgl. drittes Buch: A/II,6), nicht zuletzt auch angesichts einer „Gotteskrise", aufgrund deren eine mögliche Beziehung zu Gott (der primär als Schöpfer- und nicht als Bundes-Gott verstanden ist) immer indirekter wird.

Die traditionellen Formen der gemeinschaftlichen „Tauferneuerung" vor der Erstkommunion, vor der Firmung, in der Osternacht dürfen und sollen nicht prinzipiell in Frage gestellt werden. Es ist jedoch angesichts der Notwendigkeit einer „neuen" Gestalt gläubiger Praxis angemessen, wenn auch die liturgische Möglichkeit zu den erwähnten je eigenen persönlichen Glaubensschritten *zusätzlich* angeboten wird: „Sollen wir die so notwendige geistliche Erneuerung des Tauf- und Firmversprechens und des Eheversprechens geistlichen Gemeinschaften und Bewegungen überlassen und nicht besser versuchen, diese auch im Leben der Pfarrgemeinden heimisch zu machen? Die Bedeutung solch bewußter Erneuerung ist unbestreitbar. Konkret: Ist es richtig, in der Osternacht die ganze Gemeinde zu fragen: ‚Widersagt ihr ... Glaubt ihr ...?‘ Wäre es nicht sinnvoller, darüber nachzudenken: Wie kann die österliche Vorbereitungszeit für kleine Gruppen in der Gemeinde eine echte ‚Exerzitienzeit‘ werden? Und nur diese kleinen Gruppen erneuern in der Osternacht vor der Gemeinde Tauf- und Firmversprechen. Was kann durch die [liturgische] Kommission geschehen, solche Schritte geistlicher Erneuerung im Ablauf des liturgischen Jahres zu fördern und in die liturgischen Feiern der Gemeinde zu integrieren?“[5] Hier ist nochmals deutlich ausgesprochen, daß in jeder Gemeinde die bisherige und eine „neue“ gläubige Praxis durchaus friedlich nebeneinander bestehen können – unter Voraussetzung einer einfühlsamen pastoralen Vermittlung.

5. Der glaubens- und freiheitsgeschichtliche Gesamtzusammenhang (Differenz zu den neuen geistlichen Bewegungen)

In der oben formulierten These 1 kommt zum Ausdruck, daß die „neue Gestalt“ gläubiger Praxis in einem glaubensgeschichtlichen Gesamtzusammenhang gründet und auch von da her entstanden ist.[6] „Gestalt“ meint hier eine Vielfalt spiritueller, theologischer, liturgischer, diakonischer, struktureller Momente, die insgesamt ein untrennbares, „bundesgemäßes“ Ganzes sind: Der Urgrund, das Prinzip, aus dem diese neue Gestalt erwächst, ist nicht mehr die Politisierung der ntl Lehre vom „Reich Gottes“, also die Idee der Ausbreitung eines schon – bei aller Vorläufigkeit – verwirklichten Reiches Gottes „auf Erden“ und damit die Symbiose von Kirche und Gesellschaft, sondern der von Gott nie aufgekündigte Bund. Näherhin geht es um den epochalen Schritt von der Selbstverständlichkeit „selbstverständlicher“, gesellschaftlich-kirchlicher, von außen her erwarteter Sozialisationsprozesse zur je eigenen, von außen und innen her freien Annahme des direkten, ganz und gar

---

[5] E. Nübold (Leiter des Deutschen Liturgischen Instituts in Trier), in: Gottesdienst, Information und Handreichung der Liturgischen Institute Deutschlands, Österreichs und der Schweiz 29 (6. Juli 1995) 97-99; hier: 99.

[6] Vgl. auch H. Mühlen: Entsakralisierung. Ein epochales Schlagwort in seiner Bedeutung für die Zukunft der christlichen Kirchen. Paderborn [2]1971. Allerdings könnte ich nach dem Durchgang durch eine neue gläubige Praxis einige Passagen heute so nicht mehr verfassen und müßte sie in Retractationes korrigieren.

unselbstverständlichen Bundesangebotes Gottes in der Gemeinschaft der Glaubenden. Der Schritt von der gesellschaftlichen Selbstverständlichkeit zur bundesgemäßen Unselbstverständlichkeit ist zugleich ein Schritt zu größerer *Freiheit*, zu jener Freiheit, zu der Christus uns befreit hat (Gal 5,1) und die auch insgeheim die verborgene Triebkraft der neuzeitlichen Freiheitsidee war. Diese auf das menschliche Ich (auf die Subjektivität des Subjektes) bezogene Idee wird in der Annahme des Bundesangebotes Gottes integriert in das Wir der Kirche. Sie ist der freie und bewußte Ich-Einschluß des einzelnen in den Bund, den Gott für immer mit seinem ganzen Volk geschlossen hat. Neu an der hier vorgelegten neuen Gestalt gläubiger Praxis sind somit vor allem zwei Innenaspekte:
(1) Sie gründet in einer neuen Entdeckung und Thematisierung dessen, was die Taufe immer schon war und immer bleiben wird: Ur-Zeichen und leibhafter Ausdruck des neuen Bundes, Anfang und bleibende Voraussetzung aller kirchlichen Vollzüge.
(2) Der bundesgemäße Vollzug der Taufe (auch nach dem Empfang der Kindestaufe) ist zugleich die gnadenhaft geschenkte Freisetzung der innersten Freiheit der Zustimmung zum Bundesangebot Gottes, die zum innersten Wesen der Taufe selbst gehört.
(3) Die neue gläubige Praxis ist nicht radikal neu, sondern eine aus ihren eigenen ntl Wurzeln erneuerte Praxis: sie ist eine *bundesgemäße Verpersönlichung* der Beziehung zu Gott, in die zugleich die „neuzeitliche" Freiheitsgeschichte integriert ist und das innerkirchliche Freiheitspotential freigesetzt wird (vgl. erstes Buch A/IV,3b; B/IV,1; zweites Buch B/III; drittes Buch: Einleitende Hinweise zur Praxis: Entspannte Freiheit).

Die Neuheit dieser unserer Zeit (und vielleicht sogar der zukünftigen Kirche) „besser entsprechende" (PD 9) Praxis kann deshalb nur in einem sehr weiten glaubens- und freiheitsgeschichtlichen Rahmen angemessen erfaßt werden. Von da her sei hervorgehoben: Die Reformliturgie, in der diese Praxis ihren konkreten Ausdruck findet (zweites Buch C/V), ist ein vielgestaltiger, alles kirchliche Geschehen einschließender liturgischer *Grundvollzug* der Kirche *als* Kirche. In ihm zeigt sich die *Grundspiritualität* der ganzen Kirche und aller pastoralen Dienste, eine *Basis-Spiritualität*, mit der jede(r) einzelne sich identifizieren kann, wo immer er/sie darüber hinaus spirituell beheimatet ist. Genauer: Die allen Mitgliedern der Kirche bzw. allen Christen *gemeinsame* Taufspiritualität, die in der Feier der Eucharistie zu ihrer vollen Auswirkung kommt, ist die Ur-Verwirklichung von Kirche *als* Kirche, aus der sie von innen her neu wachsen kann und erwächst. Damit ist diese Taufspiritualität zugleich Ursprung, Basis und Ermöglichung für jede weitere *spirituell geprägte* Verwirklichung von Kirche, zum Beispiel in Ordensgemeinschaften und in den neuen geistlichen Bewegungen.

Diese Differenz zwischen der Basis-Spiritualität der ganzen Kirche und ihren jeweils besonderen Ausprägungen ist für eine angemessene Prüfung und Beurteilung der im zweiten Buch (C/V) erläuterten Reformliturgie von erhöhter Bedeutung. Um es zunächst ganz konkret zu sagen: Wenn jemand in der vorgeschlagenen und praktizierten Form den Tauf- und Firmbund neu annimmt, wenn Ehepaare ihr Eheversprechen oder Priester ihre Bereitschaftserklärung zum priesterlichen Dienst bekräftigen und erneuern, dann werden sie damit nicht Mitglied einer neuen „Bewegung" oder Repräsentanten einer neuen „Richtung" in der Kirche. Diese Vollzüge sind eine Form der zum fruchtbaren Empfang der Sakramente vorausgesetzten Mitwirkung mit der Zuwendung Gottes in der Kraft dieser Zuwendung (vgl. zweites Buch C/II,2c) und gehören somit zum innersten Wesen der Sakramente selbst und als solchen. Sie sind nicht Eigengut einer bestimmten Bewegung, sondern: „wir tun nur das auf eine *persönlichere* Weise, was die Kirche im Angebot der Tauf- Firm- Weiheerneuerung und des Eheversprechens zu tun empfiehlt." (E 6)
Also: Die Lehre der Kirche von der Notwendigkeit einer freien und zugleich geschenkten Annahme der Gnade Gottes gehört zu innersten Identität der *ganzen* Kirche und ist jeglicher besonderen Spiritualität vorgeordnet. Aber: Die seit der Mitte unseres Jahrhunderts aufgebrochenen neuen geistlichen Bewegungen machen in der gegenwärtigen Krise der Kirche kontrafaktisch auf Defizite in der Praxis aufmerksam und haben eigene Formen der Mitwirkung mit der Zuwendung Gottes entwickelt. Gemeinsam ist ihnen nämlich: ein kontrafaktischer Durchbruch zu einer entschiedenen, direkten, vertrauenden Beziehung zu Gott; die Hinführung zur persönlichen Hingabe an Gott in Kursen, Glaubensseminaren, Exerzitien; eine neue Leibhaftigkeit der Bindung an Gott in der Kirche (Versprechen, Weihegebete, Feiern der Zugehörigkeit zur jeweiligen Bewegung); neue Formen christlichen Gemeinschaftslebens in Gruppen, Hauskirchen, Aktionsgemeinschaften; jeweils ausgeprägte Charismen (Geistesgaben) entsprechend der jeweiligen Entstehungsgeschichte und spirituellen Eigenart; Impulse zu einer neuen Bezeugung des Evangeliums in Kirche und Gesellschaft (NMG 30).[7]

---

[7] Vgl. auch K. Lehmann: Neuere geistliche Gemeinschaften und Bewegungen im Leben der Kirche, in: Fr. Valentin / A. Schmitt (Hg): Lebendige Kirche. Neue geistliche Bewegungen. Mainz 1988, 15-29. Lehmann nennt folgende Gemeinsamkeiten: Glaubenserfahrung – Evangelisation und Katechese – geschwisterliche Gemeinschaft – Weltauftrag – neues Verhältnis von Laien und Amtsträgern. Vgl. außerdem: Fl. Kuntner u. a.: Erneuerung aus dem Geist Gottes, Mainz 1987,168f; P. J. Cordes: Den Geist nicht auslöschen. Charismen und Neuevangelisierung. Freiburg, Br. 1990; LthK³, Bd. 4,386-389 (Lit).

Diese Strukturmomente sind jeweils geprägt vom Charisma eines Gründers, einer Gründerin und/oder einer als normativ angesehenen Anfangserfahrung. So kommt es zur Ausformung unterschiedlicher Zielsetzungen, Frömmigkeitsstile, Leitungsstrukturen. In dieser Vielfalt zeigt sich der auf Zukunft hin offene innere spirituelle Reichtum der Kirche: Nicht *eine* geistliche Bewegung ist in der krisenhaften Umbruchsituation unseres Jahrhunderts aufgebrochen; vielmehr ist jede dieser Bewegungen ein nicht ersetzbarer Beitrag zur *Pluralität* des Ganzen, nicht anders als die klassischen Orden. Allerdings: jede geistliche Bewegung ist eine jeweils geprägte und in sich begrenzte Verwirklichung von Kirche; keine repräsentiert das Ganze der Kirche als solches, in keiner sind alle Charismen verwirklicht, keine ist die Kirche als solche.
Geistliche Bewegungen sind in der Tradition der Kirche nicht bereits enthalten, sondern haben zunächst einmal eine *vorübergehende*, glaubensgeschichtlich bedingte, kontrafaktisch-kritische Funktion: Bewegungen kommen und gehen; sie sind Ausdruck der kritischen Vitalität der Kirche. Daß alle heute tätigen „neuen" geistlichen Bewegungen im kommenden Jahrhundert weiterbestehen werden, ist eher unwahrscheinlich. Geistliche Bewegungen sind keine statischen Gebilde, sondern prozeßhafte Entwicklungsverläufe. Ihre innere Dynamik ist tiefgreifend bestimmt durch die Interaktionen zwischen ihnen und der traditionell verfaßten Kirche. Die Verfestigung einer Bewegung zur Institution innerhalb kirchlicher Institutionen dagegen ist zugleich ihr Ende: Sie wird damit Teil des vom jeweiligen Gründungscharisma kritisierten, geschichtlich bedingten Zustandes der Kirche. Eine Bewegung muß in Bewegung bleiben, um weiterhin Bewegung zu sein. Nur: Geistliche Bewegungen geben unverzichtbare Anstöße, sind aber in ihrer jeweiligen Prägung nicht ein für *alle* gangbarer Weg.
Deshalb muß das Verhältnis der neuen geistlichen Bewegungen zur Basis-Spiritualität der ganzen Kirche auch ganz nüchtern kirchensoziologisch gesehen werden.[8] Unter diesem Aspekt können geistliche Bewegungen „definiert" werden als mobilisierende Gruppierungen, die mit einer gewissen Kontinuität auf der Grundlage hoher Identifikation ihrer Mitglieder mit der jeweiligen spirituellen Besonderheit und geringer Rollenspezifikation mittels variabler Organisations- und Aktionsformen das Ziel verfolgen, der Erneuerung der Kirche zu dienen. Soziologisch ist vor allem die Identifikation mit den Zielen und Besonderheiten der

---

[8] Vgl. J. Raschke: Soziale Bewegungen. Ein historisch-systematischer Grundriß. Frankfurt/a. M. – New York 1985; M. M. Zwick: Neue soziale Bewegungen als politische Subkultur. Frankfurt/a. M. – New York 1990.

jeweiligen Bewegung von Bedeutung, die durch jeweils geprägte Sozialisationsprozesse in Kursen, Einführungsseminaren, Exerzitien erreicht wird. Daraus erwächst ein auf kollektiver Identität beruhendes Handlungssystem, dem die Mitglieder sich subjektiv zurechnen, sowie ein „Wir-Bewußtsein" aufgrund gemeinsamer Rituale und Zeremonien, Erlebnisse und Aktionen. Dieses Wir-Bewußtsein äußert sich im Abbau von Gefühlen der Fremdheit, der Andersartigkeit und der Konkurrenz innerhalb der jeweiligen Gruppierung und führt so in einer tendentiell anonymen Gesellschaft zu einer Beheimatung in der Kirche. Einschlußweise ergibt sich allerdings auch eine Abgrenzung „nach außen": Es kommt zu einer Binnenmentalität und -sprache, zu einem elitären Bewußtsein, nun *die* Erneuerung der Kirche zu sein, zur Gefahr einer Flucht in die Intimität der kleinen Gruppe, zu einer ritualisierten Emotionalität, mit der sich keineswegs jeder identifizieren kann. So sehr dies alles auch soziologisch verständlich ist: Gemeinde muß von ihrem Auftrag her offen sein und bleiben für eine Vielfalt geistlicher Wege und Erfahrungen, für Intensivgruppen ebenso wie für Fernstehende. Sie darf nicht von der Eigenart oder vom Frömmigkeitsstil einer geistlichen Bewegung geprägt sein.

Bei der Suche nach einer glaubensgeschichtlich neuen Basis-Spiritualität wurden unter anderem auch Anstöße und Elemente aus den neuen geistlichen Bewegungen übernommen. Dabei wurde eingehend und in kritischer Solidarisierung geprüft, ob und inwiefern sie im Sinne einer Reformpastoral in das „normale" Gemeindeleben integrierbar sind – oder auch nicht. Aus diesem Prozeß sind die aus den einzelnen geistlichen Bewegungen jeweils übernommenen Elemente gewandelt hervorgegangen. Sie sind so zu einer neuen „bundesgemäßen" Basis-Spiritualität zusammengewachsen, daß sie aus ihr nicht herausgelöst und in die jeweilige Bewegung wieder eingefügt werden könnten. Der Rahmen, in den hinein diese Integration geschah, ist die communio-Ekklesiologie des Zweiten Vatikanischen Konzils.

Eben deshalb können auch Mitglieder der neuen geistlichen Bewegungen die unten beschriebene Reformliturgie (zweites Buch: C/V) mitvollziehen und in die Gemeinden hinein vermitteln, ohne dabei ihre jeweils besondere Spiritualität verleugnen zu müssen. Bei den im dritten Buch dokumentierten diözesanen Reformgottesdiensten haben nahezu alle neuen geistlichen Bewegungen engagiert mitgewirkt. Unter den kleinen Teams von Laien und Priestern, die sich an den 36 „Segnungsorten" im Dom und in einer Nachbarkirche zum Dienst der Segnung bereithielten, waren auch solche aus der Cursillo-Bewegung, der Fokolar-Bewegung, der Charismatischen Erneuerung, der Gemeinschaft Charles de Foucauld, aus den marianischen Bewegungen und den Bewegungen zur

Erneuerung von Ehe und Familie. Darin zeigt sich die Basis-Funktion dieser Liturgie, ihre übergreifende innere Weite und ihre Stärke, unterschiedliche Intentionen und Gruppierungen miteinander zu vernetzen. Es ist überaus frustrierend und unergiebig, nun feststellen zu wollen, welche Elemente einer neuen gläubigen Praxis aus welchen geistlichen Bewegungen stammen, um so nachweisen zu wollen, daß sie nicht etwas „für jeden“ sei. An dieser Stelle darf auch einmal gesagt werden: Solche Feststellungen erwachsen nicht selten aus einer objektiv nicht begründeten Angst vor einer persönlichen, direkten, leibhaften Bindung an Gott, von der nicht so sehr die Laien befallen sind, als vielmehr Amtsträger und hauptamtliche MitarbeiterInnen. Viele befürchten für sich persönlich das Schlimmste, wenn sie sich Gott leibhaft-persönlich anvertrauen (was wird er jetzt noch alles von mir fordern?), oder halten solche Schritte für zu „naiv“, um sie vor der „neuzeitlichen“ Vernunft verantworten zu können. Ob sie wissen, welche befreienden Freiheiten sie verpassen, wenn sie sich gegen sie abschirmen?

6. Die Notwendigkeit einer Neubestimmung des Verhältnisses von Kirche und Gesellschaft

„Kirche wächst neu von innen“ meint nicht den Rückzug in eine geschichtslos-unkritische „Innerlichkeit“, sondern enthält tiefgreifende gesellschaftliche und politische Implikationen. Es geht also nicht lediglich um andere oder neue Gottesdienste, sondern um eine „bundesgemäße“ Gesamtreform der Kirche mit möglichen Auswirkungen auf eine „bundesgemäße“ Solidarität innerhalb der Gesellschaft (E 10). Eine neue Bezeugung des Evangeliums in die Gesellschaft hinein setzt jedoch zunächst eine neue *innerkirchliche* Reform voraus: eine „Erneuerung aus der Taufe“ (EN 18).

Im Hinblick darauf muß genauer unterschieden werden zwischen „Kirche“ im eigentlichen Sinne und „Christentum“. Kirche entsteht nur durch die bundesgemäße Ich-Ihr-Beziehung Gottes zu seinem Volk und kann als solche nicht Ergebnis religiöser Bemühungen sein. Mit „Christentum“ in einem religiös-gesellschaftlichen Verständnis dagegen ist ganz allgemein lediglich die religiöse *Außenansicht* der Kirche gemeint, die äußere gesellschaftliche Erscheinungsform der christlichen Religion, also: der Gott der Christen, ihre von außen her zu beobachtende Gemeinschaft sowie sie prägende dogmatische und ethische Lehrgehalte. Das Verhältnis von Kirche und Gesellschaft muß also neu bestimmt werden:

(a) Nach der Auflösung der Symbiose von Kirche und Gesellschaft in Europa kann die Kirche ihre ureigenste Identität nur wiederfinden und

ein gesellschaftliches Profil zeigen im wirgemäßen *Gegenüber* zur Gesellschaft: durch die Integration gesellschaftlicher Strukturmomente in ihre eigene gesellschaftliche Verfaßtheit.
(b) Eine neue Inkulturation des Evangeliums in die freiheitlich-demokratische Kultur hinein ist nur möglich ohne neue imperiale Tendenzen: im *Miteinander* mit den gesellschaftlichen Kräften, das u. U. kontrafaktische Interventionen keineswegs ausschließt.
Diese Neubestimmung bedarf angesichts der selektiven Individualisierung des gesamten Lebens und eines weltweit neu aufbrechenden wirlosen Nationalismus dringend einer neuen philosophischen Grundlegung. Diese kann innerhalb der vorliegenden Untersuchung jedoch nur angedeutet werden (vgl. erstes Buch: A/IV,3)[9].
Die Wiederentdeckung der Taufe als *Bundesgeschehen* eröffnet zugleich auch ein tieferes Verständnis dafür, daß „Bund" eine menschliche Grundwirklichkeit ist und Demokratie nach außen (Europa als Staatenbund) und innen („Bündnis für Arbeit") aus Bündnissen lebt (vgl. erstes Buch: B/IV). Die vorrangige Aufgabe der Kirche wäre von da her, die Strukturmomente der Gesellschaft in ihr bundes- und wirgemäßes Eigenleben zu *integrieren*, so daß zunächst in ihr selbst die „Werte" (Freiheit, Toleranz, Solidarität aufgrund des freien Ich-Einschlusses in das Ganze usw.) gelebt werden, die sie dann in die Gesellschaft hinein vermitteln kann.

---

[9] Vgl. die Vorstudien: H. Mühlen: Die neue Weltordnung als Wir-Ordnung, in: ThGl 83 (1993) 282-309; Die Wir-Philosophie als dritte Thematisierungsstufe in der abendländischen Denkgeschichte, in: ThGl 84 (1994) 1-36; Der direkte Zugang zum Wir-Geschehen. Hemeisologische Grundlegung der Wir-Philosophie, in: ThGl 85 (1995) 433-457; Die ort- und jetztlose Gegenwart des Auferstandenen in der Kirche, in: J. Ernst u. St. Leimgruber (Hgg.), Surrexit Dominus vere (Festschrift für Erzbischof J. J. Degenhardt), Paderborn 1995, 35-53 (abgedruckt im Anhang I).

Erstes Buch

Kritische soziologisch-theologische Grundlegung

Einführung

1. Der Abbruch des selbstverständlichen Hineinwachsens in die Kirche

Die Frage, wie Kirche neu von innen her wachsen kann, setzt eine kritische Gegenwartsanalyse voraus. Wir halten uns dabei zunächst an ein amtliches Schreiben der Deutschen Bischöfe vom Jahre 1992 (PD).[1] Es enthält bewußt keine neuen Perspektiven, sondern fordert immer wieder eindringlich dazu auf, nach einer neuen „Gestalt" der Kirche zu fragen (PD 8.10.24.27.35). Es hat keinen „prophetischen", dafür aber einen um so bedeutsameren analytischen Charakter: Nunmehr läßt sich nicht mehr umgehen, „daß wir uns *der Geschichte stellen*" und „die Krise in der Kirche ohne Verharmlosung wahrnehmen" (PD 7.9). Das Schreiben wurde vor nunmehr vier Jahren veröffentlicht. Um so drängender wird die Frage, was sich seitdem geändert hat.

„Krise" meint hier den Höhe- und Wendepunkt einer glaubensgeschichtlichen Entwicklung, der nicht mehr verdrängt werden kann und kommt nahe an den ntl Begriff kairos = entscheidendes Jetzt heran, das nicht mehr wiederkehrt, wenn es verpaßt ist (vgl. Lk 12,56). Denn: Wenn „eine bestimmte Form von kirchlichem Leben eine Ablösung erfährt, ohne daß schon eine neue, überzeugende Gestalt am Horizont erscheint" (PD 4), dann werden in Europa „jetzt", gegen Ende des 20. Jahrhunderts, Unterscheidungen und Entscheidungen notwendig, die nach menschlichem Ermessen so oder so die weitere Glaubensgeschichte bestimmen werden.

Das in ihm Gesagte hat eine übergreifende epochal-glaubensgeschichtliche Bedeutung und ist zutreffend nicht nur für die deutsche, sondern für die gesamte europäische Situation: Die „konkrete Gestalt" der Kirche ist „allem Anschein nach mit der Gesellschaft, in der sie eingebettet ist, in einem *grundlegenden Wandel* begriffen ... Denn die kontinuierliche Weitergabe des Glaubens und der Prozeß des *selbstverständlichen* (!) Hineinwachsens in die Kirche ist, wie der Blick auf die in unseren Gemeinden zu einem großen Teil fehlenden bzw. wegbleibenden Kinder und Jugendlichen zeigt, *in hohem Maße unterbrochen*. Die Neuevangelisierung Europas, zu der der Papst aufruft, kann keine Wiederholung der

[1] Dieses Schreiben hat auch insofern einen besonderen Stellenwert, als es ein Lehrschreiben der Deutschen Bischöfe über das priesterliche Amt aus dem Jahre 1969 ergänzt und zum Teil ablöst, denn nunmehr geht es nicht mehr primär um theologische Fragestellungen, sondern um die „kommende Gestalt" der Kirche (PD 8).

Erstevangelisierung sein, bei der sich (zumindest in unserem Land) ganze Völker der Kirche anschlossen. Ein neues Interesse am christlichen Glauben wird *unter heutigen gesellschaftlichen Bedingungen* vermutlich besonders die einzelnen, bestenfalls viele einzelne und überschaubare Gruppierungen erfassen." (PD 22f) Mit dem geschichtlichen Abbruch des selbstverständlichen Hineinwachsens in die Kirche „verändert sich jene *Gestalt* von Kirche, nach der sie mit der umgebenden Gesellschaft mehr oder weniger *deckungsgleich* war und in welcher sie einen bedeutenden, ja bestimmenden Faktor darstellte." (PD 23)

Es wäre eine verhängnisvolle Selbstbeschwichtigung, darauf hinzuweisen, daß das „selbstverständliche Hineinwachsen in die Kirche" hier und da noch lebendig ist, denn der beschriebene Wandel „geschieht nicht synchron an allen Orten gleich. Auf dem Lande, im dörflichen Milieu, wird er sich vielleicht weniger schnell vollziehen als in den Städten; in traditionsgebundenen Regionen wird er anders vor sich gehen als in industrialisierten Zonen. Aber der Prozeß des Umbruchs wird mit einiger Sicherheit in wenigen Jahrzehnten wohl alle Regionen erfaßt haben" (PD 22), denn: „Eine bestimmte Form von kirchlichem Leben erfährt eine *Ablösung, ohne daß schon eine neue, überzeugende Gestalt am Horizont erscheint.*" Außerdem sind in Deutschland durch die Wiedervereinigung etwa 10 Millionen nicht getaufter Menschen in unsere Gesellschaft hinzugekommen. „Zusammen mit dem latenten Unglauben des Westens könnten sie nochmals einen *massiven Säkularisierungsstoß* bewirken." (PD 4f) Diese Texte erfordern eine kurze terminologische Zwischenbesinnung.

(a) Mit „Gestalt der Kirche" ist in diesem Zusammenhang ihre konkrete „äußere Gestalt" (PD 27) gemeint, ihre „Sozialgestalt", die „im Wandel begriffen ist" und „sich ändert" (PD 22f.27), eine „bestimmte Form von kirchlichem Leben" (PD 4), also sowohl „überkommene Formen der Seelsorge" (PD 27) als auch das mögliche „künftige Bild von Kirche und christlicher Existenz" (PD 24). Wir können aber nicht genau wissen, „wie die künftige Gestalt der Seelsorge aussehen wird" (PD 22). Mit der „äußeren Sozialgestalt" ist näherhin eine Vielfalt spiritueller, theologischer, liturgischer, diakonischer, struktureller Momente gemeint. Sie sind insgesamt ein untrennbares Ganzes, das bestimmt ist durch eine bereits im 4. Jahrhundert grundgelegte „Symbiose" von „Kirche" und Gesellschaft – wie es in einem der folgenden Texte heißt.

(b) „Symbiose" ist ein der Biologie entnommener Begriff und meint das „Zusammenleben" von Lebewesen verschiedener Art zu gegenseitigem Nutzen. In Analogie dazu hat sich in der Zeit zwischen dem 4. und 9. Jahrhundert (von Kaiser Konstantin bis zu Karl dem Großen) ein „Zusammenleben" von Kirche und Gesellschaft herausgebildet, aufgrund dessen die Gesellschaft christianisiert und das Christwerden vergesellschaftet wurde, wie sich noch genauer zeigen wird. Diese gegenseitige Durchdringung von Kirche und Staat führte auf der Interaktionsebene zu kirchlich-gesellschaftlichen Sozialisationsprozessen, an deren innerer Struktur sich bis heute prinzipiell nichts geändert hat.

(c) Von der *äußeren Sozialgestalt* der Kirche ist zu unterscheiden ihre eigentliche Identität, ihr *inneres Profil*: „Die Aufgabe der Evangelisierung ist die *primäre und wesentliche Sendung* (missio primaria naturalisque), die eigentliche Gnade und Berufung der Kirche (gratia ac vocatio Ecclesiae propria) und bringt ihren *wahrsten Charakter* zum Ausdruck (verissimam eius indolem exprimit). Die Kirche existiert um der Evangelisierung willen (ecclesia evangelizandi causa exstat)." (EN 14) Es fällt auf, daß 20 Jahre nach der Enzyklika Pauls VI. „über die Evangelisierung *in der Welt von heute*" (1975) diese innerste Identität der Kirche im Schreiben der Deutschen Bischöfe mit keinem Wort erwähnt wird. Vielmehr heißt es (wir zitieren den Text wegen seiner Bedeutung in voller Länge):

„Wenn eine kleine entschiedene Schar von Jesus-Jüngern damals eine Ausstrahlungskraft für die ganze Welt besaß, warum sollte es uns, wenn *auch unter anderen Bedingungen* und in anderer Gestalt, nicht möglich sein, den Glauben bei vielen neu einzupflanzen? Freilich stellen sich hierzu sofort (!) eine Reihe tiefgreifender Fragen. Es läßt sich kaum leugnen, daß bei nicht wenigen von uns eine *große Ratlosigkeit* darüber herrscht, wie denn unter den Bedingungen unserer heutigen Welt und Gesellschaft ein überzeugendes, vom Evangelium geprägtes Leben aussehen kann und soll. Der Pluralismus und die Komplexität gegenwärtigen Lebens sowie das allmähliche Auseinanderbrechen der lange bestehenden *Symbiose von Kirche und Gesellschaft* läßt viele bisherige Formen, das Evangelium zu verwirklichen, *fragwürdig oder unwirksam oder gar unwirklich* erscheinen. Dies gilt für den persönlich-privaten Bereich so gut wie für den öffentlich-rechtlichen. Vom Glauben geprägtes kirchliches und alltägliches Leben, gläubige Weltsicht und gesellschaftliche Erfordernisse und Zwänge klaffen weit auseinander. Wie also sieht heute das Leben eines Christen aus, der sich mitten in der Welt am Evangelium orientieren möchte? Vielleicht finden wir eine Antwort, wenn wir Priester und Bischöfe gemeinsam mit den übrigen Mitchristen auf die Suche gehen, damit wir auch konkrete Zielvorstellungen für den Aufbau einer Gemeinde und für die Schwerpunkte unserer seelsorglichen Tätigkeit aufstellen." (PD 23f)

Warum – so muß kritisch gefragt werden – stellen sich nach dem Hinweis auf die Bezeugung des Evangeliums durch die kleine entschiedene Schar der Jesus-Jünger aber auch sofort „tiefgreifende" Fragen hinsichtlich der gegenwärtigen gesellschaftlichen Bedingungen des Christseins? Warum werden die zentralen Aussagen Pauls VI. über die „Evangelisierung in der Welt von heute“ nicht analysiert oder wenigstens erwähnt? Warum sind diese Fragen derart tiefgreifend, daß man nicht mehr ins Neue Testament hineinschaut und fragt, wie denn Jesus selbst unter den damaligen gesellschaftlichen Bedingungen das Evangelium vom kommenden Reich Gottes (Mk 1,15) verkündet hat? Jesus hat die Direktheit seiner Beziehung zu Gott und die Umsetzung seines Rufes zur direkten Umkehr keineswegs von „gesellschaftlichen Bedingungen“ abhängig gemacht, die damals von den Hohenpriestern und Schriftgelehrten repräsentiert wurden. Er hat vielmehr prophetisch-kontrafaktisch gegen diese Bedingungen gepredigt und gehandelt! Warum wird die jähe Ratlosigkeit für die Verfasser des Schreibens nicht Anlaß zu der Frage, was an der vergehenden Sozialgestalt der Kirche geschichtlich, kulturell, politisch, soziologisch bedingt ist und was zu ihrem geistgewirkten Erbe, zu ihrem unaufgebbaren inneren Profil gehört?

Der sich gegenwärtig vollziehende Geschichtseinschnitt wird in einem Dokument der Pastoralkommission der Deutschen Bischofskonferenz nochmals geschildert: „Über Jahrhunderte hin lebten Christen in unserem Land in einer überwiegend *volkskirchlich* geprägten Situation. Die Zugehörigkeit zu einer konkret verfaßten Gesellschaft brachte für viele *fast von selbst* die Mitgliedschaft in der Kirche mit sich. Die Gesellschaft war *beinahe selbstverständlich* (!) durch christliche Normen, Werte und Glaubensinhalte geprägt. Durch diese Vorgegebenheiten wurde das Verhalten beinahe aller Mitglieder in der Gesellschaft bestimmt. *Mitglied der Kirche wurde man durch die Kindertaufe, durch die religiöse Erziehung* in Elternhaus, Schule, Pfarrei und Öffentlichkeit, die ein bestimmtes ‚Milieu‘ förderte ... Dieser volkskirchliche Gesamtzusammenhang erfaßte *alle und alles*. Die Sakramente, also auch die Kleinkindertaufe, die Feier der Erstkommunion, die Firmung waren darin *selbstverständliche* Verdichtungen und Höhepunkte.“ (SP 9)

Nunmehr aber zeigt sich: „Die *schwindende Selbstverständlichkeit* (!) kontinuierlicher religiöser Sozialisationsprozesse vom Kindesalter an macht es Heranwachsenden immer schwerer, zu einer persönlichen Glaubensentscheidung zu kommen. Häufig ist die Firmung für die Heranwachsenden das ‚Abschiedsfest‘ von der Kirche.“ (SP 48f) „Das Christwerden des Einzelnen geschieht im Bezug zur Gemeinschaft der Glaubenden. Die Eingliederung (Initiation) ist also ein *sozialer* Vorgang.“ (SP 50) Aber, so muß bereits jetzt gefragt werden: Wenn etwa 80 % der Jugendlichen nach der Firmung dem Gemeindeleben fernbleiben, obwohl sie doch alle vor der Firmung gemeinschaftlich-sozial ihr Taufversprechen „erneuert“ haben, also im Zuge eines religiösen Sozialisierungsprozesses, dann kann hier etwas nicht bzw. nicht mehr stimmen: Nicht nur bei Jugendlichen, sondern ganz allgemein entspricht dem selbstverständlichen Hineinwachsen in die Kirche ein ebenso selbstverständliches, fast unmerkliches Herauswachsen, das sich über einen längeren Zeitraum hinzieht.

Daraus erwächst als Rest eines volkskirchlichen Lebens eine diffuse Religiosität ohne Verbindlichkeit: „Wenn nicht alles täuscht und eine ganz unvorhergesehene Wende eintritt, wird sich für die Kirche in unserem Land die Situation der Diaspora vermehren. Wie sich allerdings der Trend zu einer allgemeinen ‚Religiosität ohne Verbindlichkeit' auswirken wird, bleibt noch *völlig offen*." (PD 23) „Müssen wir nicht das religiöse Bedürfnis der Menschen aufgreifen und diesem wenigstens eine Richtung auf Jesus Christus hin geben? Gehört es also nicht auch zur Präsenz und Sendung der Kirche in der Welt, daß sie sich der ‚diffusen Religiosität' annimmt und dieser etwa durch Segnungen, Sakramentalien und religiösen Zuspruch entgegenkommt?" (PD 26) Nur: Mittlerweile ist die Entwicklung weiter fortgeschritten: Die Parole: „Jesus ja – Kirche nein" ist abgelöst durch die Formel: „Vielleicht irgendeine Religion – ein persönlich handelnder Gott nein". Alle Religionen – dahin geht der Trend – enthalten nur einen Teil der ganzen Wahrheit. Jeder könne sich das heraussuchen, was seinen persönlichen Bedürfnissen entspricht. Was also ist zu tun?

Folgende Forderungen werden im Hinblick auf ein „künftiges Bild von Kirche" nochmals genannt, obwohl sie bereits seit Jahren in Synoden und Gremien erörtert werden: „Wir müssen in der Gemeinde *lebendige Zellen* formen und Menschen zusammenführen, die suchen und fragen, wie sie das Evangelium leben können", so daß „Menschen in unseren Gemeinden *Erfahrungsräume des Christlichen* finden, wo sie mitleben und mitarbeiten können, um so im Vollzug gelebten Glaubens auch Zugang zu dessen Mysterien zu haben". Die Priester sollen Charismen und Befähigungen entdecken und „*Glaubenserfahrungen initiieren*." Die Erörterung dieser Fragen hat allerdings „bisher noch zu keinen eindeutigen Ergebnissen geführt", und eben deshalb sollten erneut „alle miteinander sprechen" und dabei „nach neuen Wegen Ausschau halten". (PD 24.26)

2. Die Kirche als eine gesellschaftliche Großgruppe neben anderen?

Im Sinne einer Problemanzeige sei darauf hingewiesen: Die gegenwärtige Situation der Kirche wird versuchsweise mit primär *soziologischen* Denkmustern verständlich gemacht: „Vieles von dem, was wir in der

Kirche so bitter als *Krise* erfahren, muß, soll es *richtig eingeschätzt* werden, in Relation zu gesamtgesellschaftlichen Umschichtungen und Entwicklungsprozessen gesehen werden. So haben auch *andere* (!) *gesellschaftliche Großgruppen* wie Parteien, Gewerkschaften und Verbände, *analoge Probleme* mit schwindenden Mitgliedszahlen, abnehmender Identifizierung und fehlendem Führungspersonal wie auch die Kirche... Politiker und Führungspersönlichkeiten, welchen heute die Aufgabe von ‚Generalisten' zugewiesen wird, haben mit vergleichbaren Problemen zu kämpfen wie wir. Es stellt sich allerdings auch die Frage, was wir *von ihnen lernen können*. Die Feststellung solcher Problemähnlichkeiten löst zwar noch keine der uns bedrängenden kirchlichen Schwierigkeiten. Es kann sich aber vieles, was manchen als spezifische *Glaubensanfechtung* in der Kirche erscheint, auch als *Konsequenz gesamtgesellschaftlicher Umschichtungen* herausstellen." (PD 4.11)

Sicherlich ist die Kirche nach ihrer Ausdifferenzierung aus der „Gesellschaft" (dieser Prozeß hat bereits im 11. Jahrhundert mit dem sogenannten „Investiturstreit" begonnen!)[2] von dieser her betrachtet soziologisch eine Großgruppe *innerhalb* der Gesellschaft. Diese Sicht der Kirche von außen her ist jedoch durchaus selektiv und kann sie nicht als Ganzes erfassen, unter Einschluß ihrer konstitutiv spirituellen („geistgewirkten") Existenzgründe, die der Kirche selbst vorgegeben sind. Als solche sind sie nicht aus der Gesellschaft ableitbar und nicht von den jeweils gegebenen gesellschaftlichen Bedingungen abhängig. Von ihr selbst her gesehen ist die Kirche deshalb nicht lediglich eine gesellschaftliche Großgruppe neben anderen. Nachdem die „lange bestehende Symbiose von Kirche und Gesellschaft" seit der Mitte unseres Jahrhunderts unbezweifelbar und unhintergehbar auseinandergebrochen ist, muß sie sich nunmehr innerhalb der Gesamtgesellschaft in einem differenzierten *Gegenüber* zu ihr neu auf ihre eigenen Ursprünge und Lebensenergien besinnen, auf das, „was uns von Gott geschenkt worden ist" (1 Kor 2,11).

Es ist offenbar, daß dieses sehr differenzierte und komplexe In-sein der Kirche in der Gesellschaft und das In-sein wechselnder gesellschaftlicher Systeme in der Kirche weder empirisch noch rein soziologisch faßbar ist. Das Verhältnis von Kirche und Gesellschaft bedarf dringend einer denkgeschichtlich neuen *philosophisch-kritischen* Neubestimmung, die zunächst mit philosophischer Methodik anzugehen ist (vgl. A/IV,3). Sie

---

[2] Durch diesen Streit wurde die „Einweisung" in das geistliche Amt getrennt von der Verleihung „weltlicher" Güter und somit ein strukturelles Gleichgewicht zwischen geistlicher und weltlicher potestas erreicht. Vgl. LThK[2] Bd. 5 (1960) 741-746; F. X. Kaufmann: Religion und Modernität. Tübingen 1989, 77ff.98.124.

wird dann aber auch Auswirkungen auf die Entstehung einer neuen Gestalt gläubiger Praxis haben.
Die Notwendigkeit einer solchen Neubestimmung wird noch deutlicher in dem folgenden Text: „Waren die christlichen Kirchen wenigstens im Westen bis vor wenigen Jahren noch bestimmende Kräfte des gesellschaftlichen Lebens, so wird diese Stellung derzeit mehr und mehr erschüttert ... Dies hat Auswirkungen für alle im öffentlichen Leben engagierten Christen, besonders aber für die, welche in der Kirche ein Amt ausüben. Denn es bedeutet *Amtsträger* (!) *einer gesellschaftlichen Gruppe* (!) zu sein, die nicht mehr von der allgemeinen Anerkennung getragen ist, sondern auf Gleichgültigkeit oder sogar aggressive Ablehnung stößt. Der damit gegebene Bedeutungs- und Autoritätsverlust, auf den viele Mitbrüder nicht vorbereitet sind (!), kann leicht die Versuchung mit sich bringen, in einen kleinen, überschaubaren Raum fliehen zu wollen, wo man diese Bedeutung und Autorität noch erfährt." (PD 4f)
Natürlich ist die Kirche auch eine gesellschaftliche Großgruppe und deshalb auch mitbestimmt durch die jeweiligen gesellschaftlichen Bedingungen. Ja, man muß sogar kritisch sagen, daß viele Christen sich zu wenig gesellschaftlich engagieren und sich dem Leidensdruck gesellschaftlicher Veränderungen ins Private hinein entziehen. Aber: Eben deshalb bedarf es nach der Auflösung der Symbiose von Kirche bzw. Christentum und Gesellschaft dringend einer *Neubestimmung* ihres Verhältnisses zueinander. Im Schlußbericht der außerordentlichen Bischofssynode vom 9. Dezember 1985 heißt es: „Wir können die falsche, einseitig nur *hierarchische* Sicht der Kirche nicht durch eine neue, ebenfalls einseitige *soziologische* Konzeption ersetzen" (II/A/3). Ist aber nicht gerade dies angesichts der zitierten Texte eine naheliegende Gefahr und Versuchung? Muß man nicht geradezu von einer Gefangenschaft der Kirche in soziologischen Denkmustern sprechen, die fast geschichtslos der gewesenen Symbiose von Kirche und Gesellschaft entnommen sind und erkennen lassen, wie sehr man ihr nachtrauert? Ja, es kann, darf und muß gefragt werden, ob es nicht geradezu rückschrittlich im Sinne einer Rückkehr zu der gewesenen symbiotischen „Gestalt" der Kirche ist, wenn der korrigierend-prophetisch-kontrafaktische Dienst der Amtsträger *innerhalb* der Kirche fast nicht wahrnehmbar ist.
Unter rein soziologischem Aspekt wäre es immerhin noch tragbar, von Amtsträgern *in* einer gesellschaftlichen Gruppe zu sprechen. Dieser Unterschied ist nicht ohne Bedeutung: Die Kirche ist durchaus ein „soziales Gefüge" (vgl. LG 8), aber ihr *spirituelles* Eigen-Profil läßt sich nicht aus ihrem In-sein in der Gesellschaft ableiten. Das Drama der

gegenwärtigen Krise ist nicht lediglich das *„Auseinanderbrechen"* von Kirche und Gesellschaft, sondern deren mangelnde *Unterscheidung*, denn nunmehr wandelt sich die Symbiose von Kirche und Gesellschaft zu einem distanzierten, dialogisch-wirgemäßen *Gegenüber.*
Im Hinblick darauf sei erinnert an die Aussagen des Zweiten Vatikanischen Konzils über die Kirche: Sie ist „eine einzige komplexe Wirklichkeit, die aus menschlichem und göttlichem Element zusammenwächst". Das Menschliche in der Kirche ist ihr soziales Gefüge (compago socialis), und das Göttliche der Geist Christi, der es belebt (LG 8,1). Die im Text durchgeführte „Analogie" zur Menschwerdung des göttlichen Wortes macht offenbar: Diese beiden Wirklichkeiten müssen unterschieden werden, denn sie sind nicht miteinander „vermischt", sie sind aber auch „ungetrennt" voneinander: Der Geist Christi ist trotz aller Sünde (vgl. LG 8,3) und Fehlentwicklungen und durch sie hindurch von Anfang an in der Geschichte der Kirche gegenwärtig und ermöglicht zugleich von Gott, von „oben" her, die „pfingstliche" Direktheit, durch die Gott das „Herz" eines jeden einzelnen trifft und „berührt" (vgl. Apg 2,37; DH 1525).
Deshalb muß die Differenz zwischen der „äußeren" geschichtlich variablen Sozialgestalt der Kirche und ihrer *innere*n unaufgebbaren Gestalt deutlich thematisiert werden. Diese innere Gestalt zeigt sich in den Grundwirkungen des Geistes in der Kirche. Zu ihnen gehören im traditionellen Verständnis: die Verkündigung des Wortes Gottes, die Sakramente, die Charismen, das kirchliche Amt als Hirtendienst (vgl. PD 20). In diesen, im Auftrag Jesu gründenden Grundwirkungen zeigt sich die innerste Identität der Kirche, ihr geschichtlich sich durchhaltendes Wesen, das unabhängig ist von den jeweiligen gesellschaftlichen Bedingungen. Da der Geist Christi der eine Ursprung dieser Grundmerkmale der Kirche ist, bedingen und tragen sie einander und sind insgesamt ein unauflösbares Ganzes: Die von den jeweiligen gesellschaftlichen Bedingungen mitbestimmte Sozialität der Kirche und die Direktheit der bundesgemäßen Beziehung Gottes zu ihr und in ihr zu jedem einzelnen Christen (vgl. LG 9) sind zwei unterscheidbare, aber nicht trennbare Merkmale des ekklesialen Gesamtgeschehens.
Dies zeigt sich deutlich bei der Taufe: In ihr ereignet sich die bundesgemäße Beziehung Gottes zu seinem ganzen Volk und schließt der einzelne sich in diese Beziehung ein: Die Taufe ist die nicht delegierbare, *direkte* Beziehung „eines jeden" zu Gott (Apg 2,38), denn sie ist ein einmaliger Lebenseinschnitt, an den der einzelne sich „erinnern" kann (Eph 2,11-13; vgl. Eph 5,8; Gal 4,8). Diese Direktheit steht nicht in Gegensatz zu kirchlichen Sozialisierungsprozessen, sondern ermöglicht sie, denn die Taufe ist gleichursprünglich die Eingliederung in die Gemeinschaft

der Glaubenden (Apg 2,41): Kirche als ein einziges komplexes Geschehen ereignet sich immer *gleichursprünglich* im Schnittpunkt einer geschichtlichen, „horizontalen" Überlieferung dessen, was als das „anvertraute Gut" bewahrt werden muß (vgl. 2 Tim 1,14) und der „vertikalen", durch alle Vermittlungen hindurch vermittelten und in eben dieser geschichtlichen Überlieferung gegenwärtigen Direktheit des Handelns Gottes „von oben".[3]

Diese „vertikale" Dimension der Kirche zeigt sich in der pfingstlichen „Kraft aus der Höhe" (Lk 24,49), die nicht zu den inneren Strukturmomenten der Gesellschaft gehört, die deshalb auch in kirchlich-gesellschaftlichen Sozialisationsprozessen nicht „weitergegeben" wird, sondern nur je persönlich angenommen und bezeugt werden kann. Wenn diese Direktheit ausgeblendet wird, bleibt es bei rein soziologischen Denkmustern, kann eine Reform der Kirche *von innen her* nicht in Gang kommen.

Es ist wichtig, daß katholische und evangelische Bischöfe und Kirchenleitungen sich hartnäckig und kompetent zu gesellschaftlichen Fragen äußern, etwa in einem gemeinsamen Wort zur wirtschaftlichen und sozialen Lage in Deutschland. Aber: Wann geben die Bischöfe inmitten der „Ratlosigkeit", wie es denn überhaupt mit den Kirchen in Deutschland weitergehen soll (vgl. PD 23f), mit ihrer *ureigensten* Kompetenz, die Repräsentanten „anderer gesellschaftlicher Großgruppen" (PD 11) eben nicht haben, auch neue und signalhafte, konkrete spirituelle Impulse, prophetische Interventionen, in die Kirchen hinein? Eine neu aufbrechende Erfahrung der Kirche als *Bundesvolk* Gottes brächte auch ganz neuartige Anstöße zur Mitarbeit an einer solidarischen Gesellschaft in einer „Bundes-Republik", die von den Ländern, Gemeinden und Bürgern Bundes-Treue einfordert (vgl. E 10).

3. Anfragen

Aus den zitierten Texten ergeben sich folgende Grundfragen:

- Inwiefern kann der einzelne „selbstverständlich" in die Kirche hineinwachsen, durch „selbstverständliche" Sozialisationsprozesse? Warum ist angesichts des Schwindens dieser Selbstverständlichkeit die „Wei-

---

[3] „Von oben" und „vertikal" meinen hier nicht eine räumliche Distanz im Sinne der kosmischen Räumlichkeit, sondern die ort- und jetztlose Direktheit des Handelns Gottes. Vgl. H. Mühlen: Die ort- und jetztlose Gegenwart des Auferstandenen in der Kirche (s. Anhang I).

tergabe des Glaubens“ in hohem Maße unterbrochen? Was ist hier mit „Glauben“ gemeint?

- Wie kam es dazu, daß innerhalb eines „volkskirchlichen“ Milieus die Sakramente, also auch die Kleinkindertaufe, die Feier der Erstkommunion, die Firmung „selbstverständliche“ Verdichtungen und Höhepunkte waren?
- Was ist unter der lange bestehenden „Symbiose“ von Kirche und Gesellschaft zu verstehen? Wann hat sie begonnen? Warum erwächst aus dem Auseinanderbrechen dieser Symbiose und dem Schwinden der mit ihr gegebenen Selbstverständlichkeiten jählings und „unvorbereitet“ eine „große Ratlosigkeit“ und Resignation?

Aus diesen Grundfragen ergeben sich folgende kritische Hinweise:

(1) Mit „Glaube“ sind in der Rede von der „Weitergabe“ des Glaubens „christliche, Normen, Werte und Glaubens*inhalte*“ gemeint, „kirchlich geprägte Verhaltens- und Orientierungsformen“. Sie sind „vorgegeben“ und werden durch Kindertaufe und „religiöse“ Erziehung weitergegeben, durch „kontinuierliche Sozialisationsprozesse“ vom Kindesalter an. Christsein vollzieht sich in einem christlichen „Milieu“, in dem die Sozialkontrolle nicht erlaubt, nicht getauft zu sein. Dann wäre „Glaube“ hier also verstanden als das In-sein in einem System von christlichen Normen, Werten und Wahrheiten, die durch Sozialisationsprozesse weitergegeben werden und von da her geradezu abhängig von diesen Prozessen und der sie tragenden „öffentlichen Meinung“?

(2) Glaubenswahrheiten, das geschriebene und überlieferte Wort Gottes, sakramentale Riten und auch das kirchliche Amt werden in der Kirche tradiert, von Generation zu Generation vermittelt und „weitergegeben“. Aber: Wo bleibt in der Frage nach einer neuen „Sozialgestalt“ der Kirche ihre *vertikale* Dimension von „oben“ und nach „oben“? Die durch alle menschlichen Vermittlungen hindurch vermittelte Direktheit der (Tauf-) Beziehung Gottes zu jedem einzelnen ist ganz und gar *unselbstverständlich*. Sie ist in Sozialisationsprozessen nicht eingeschlossen, ergibt sich nicht „von selbst“ aus ihnen, sondern kann nur in der je eigenen, ichgemäßen und nicht an die Gesellschaft oder Bezugspersonen delegierbaren *inneren Freiheit* angenommen werden: Ich kann die direkte Beziehung Gottes zu mir nicht an andere „weitergeben“, sondern nur *bezeugen* und so andere dazu ermutigen, sich auch Gott direkt und persönlich anzuvertrauen.

(3) Diese Direktheit zeigt sich sehr deutlich auch an der Art und Weise, wie Charismen entstehen. Sie werden vom Geist Gottes einem jeden einzelnen je besonders zugeteilt (1 Kor 12,11), können nur in jeweils neuer,

aktueller Hingabe an Gott empfangen und ausgeübt (vgl. Röm 12,1) und deshalb nicht „weitergegeben" werden. Sie sind auch nicht in der Tradition bereits „enthalten", sondern haben nicht selten ihr gegenüber eine kritische Funktion, wie sich zum Beispiel an den Ordensgründungen und anderen geistlichen Aufbrüchen zeigt. Geistesgaben sind *vertikale* Einbrüche des Geistes Gottes (durch alle Vermittlungen hindurch vermittelt) in die Geschichte der Kirche und in die Lebensgeschichte des einzelnen hinein. Wo also bleibt die unselbstverständliche, u. U. auch kritisch-kontrafaktische Direktkeit der Charismen angesichts eines „selbstverständlichen" Hineinwachsens in die Kirche?

(4) Und wie geht das dann: dem religiösen „Bedürfnis" und einer diffusen Religiosität ohne Verbindlichkeit wenigstens und irgendwie eine „Richtung" auf Jesus Christus hin zu geben? Sicher ist in der Kirche und einer Gemeinde Raum für alle, auch und gerade für die Distanzierten und solche, die in einer „vagen religiösen Sehnsucht" eine nur lockere Verbindung mit der Kirche suchen oder nur noch bei bestimmten Anlässen einen „religiösen Service" (PD 4) von ihr erwarten. Jesus hat niemanden ausgegrenzt, und jedes rigorose Entweder-Oder entspricht nicht der Sendung der Kirche in eine Gesellschaft hinein, in der noch Überreste einer gewesenen Glaubensgeschichte wirksam sind. Aber: Wie sollen *wir* dem religiösen „Bedürfnis" eine Richtung auf Christus hin geben, wenn die traditionelle „Weitergabe des Glaubens" unterbrochen ist?

(5) Deshalb nochmals genauer: Wodurch unterscheidet sich das „selbstverständliche Hineinwachsen" in die Kirche von dem gleichfalls selbstverständlichen Hineinwachsen in irgendeine andere Gesellschaft, in denen „atheistische" Normen „weitergegeben" werden? Die Zugehörigkeit zu der konkret verfaßten Gesellschaft in der ehemaligen DDR zum Beispiel führte für viele „fast von selbst" dazu, daß sie in eine innere und äußere Distanz zu allem hineinwuchsen, was mit Gott und Christsein zu tun hat. Im Prinzip kann alles Mögliche durch Sozialisationsprozesse weitergegeben werden, die von außen her, durch die Gesellschaft, durch das System, erwartet und kontrolliert werden.
Mit diesen Hinweisen ist zugleich auch das Problem einer „volkskirchlichen" Weitergabe des Christseins thematisiert. Ohne hier einleitend auf die weitläufige Diskussion des Begriffes „Volkskirche" eingehen zu können, halten wir zunächst fest: Dieser im 19. Jahrhundert geprägte Begriff meint im Prinzip die Kirche als eine „öffentliche Gesellschaft göttlichen Rechts", hat aber zwei durchaus unterschiedene Bedeutungsgehalte:
(a) Mit dem Missionsbefehl Jesu (Mt 28,18ff) wird der rechtliche Anspruch der Kirche auf alle Glieder eines Volkes theologisch „legitimiert". Daraus ergeben sich aus der Kindertaufe abgeleitete staatliche

Rechtswirkungen: Das „Volk“, mit dem die Kirchen eine „Lebensgemeinschaft“ eingegangen sind, galt bis ins 19. Jahrhundert hinein als rechtlich organisierter „Untertanenverband“.
(b) Die Zugehörigkeit zu einem bestimmten Volk schließt die selbstverständliche Zugehörigkeit zu einer bestimmten Kirche ein und umgekehrt. Sie ist durch Herkunft und Sitte weitgehend *normale* Situation und im voraus zu einer persönlichen Entscheidung mehr oder weniger festgelegt durch die geltende öffentliche Meinung: Der einzelne wird in die Kirche (bzw. Konfession seiner Eltern) hineingeboren und durch die Kindertaufe Mitglied in ihr.
Der Zusammenbruch dieses Systems ist nicht nur in der Tendenz zur strukturellen Ausdifferenzierung in den modernen Gesellschaften und damit in der Tendenz zu einer Trennung von Kirche, Staat und Religion begründet. Diese Tendenz, die sich in allen kulturellen Bereichen zeigt, deckt vielmehr allererst ein primär soziologisch bedingtes Verständnis der Kindertaufe auf. Man muß sogar davon ausgehen, daß die heute nachwachsende Generation nicht mehr „volkskirchlich“ geprägt ist.
Ratlosigkeit ist der Zustand, in dem die Angst vor dem Neuen ebenso groß ist wie die Angst, eine erstorbene, nicht zum Wesen der Kirche gehörende Praxis hinter sich zu lassen. Deshalb sind durchgreifende, spirituelle Unterscheidungsprozesse das Gebot der Stunde. Dazu bedarf es zunächst der Ausarbeitung eines spirituell-kritischen Instrumentariums.

A.

Ohne spirituelle Kritik keine neue Gestalt gläubiger Praxis

I.
Die Notwendigkeit spiritueller Kritik

1. Der Mangel gemeinschaftlicher Prüfungsprozesse in der Kirche

Im Jahre 1985 hat Johannes Paul II. eine bemerkenswerte, glaubensgeschichtlich orientierte Ansprache an die Teilnehmer des VI. Symposiums der katholischen Bischöfe über die Notwendigkeit einer Neu-Evangelisierung Europas gehalten (wir werden später den Begriff „Neu-Evangelisierung" kritisch hinterfragen), in der es heißt:
„Europa hat derartige und so viele kulturelle, politische, soziale und wirtschaftliche Wandlungen durchgemacht, daß sich das Problem der Evangelisierung *in völlig neuen Begriffen* stellt ... Europa stellt das Christentum und die Kirche vor die radikalste Herausforderung, die die Geschichte bisher gekannt hat." ... Daraus ergibt sich die „Dringlichkeit einer Neu-Evangelisierung des alten Kontinents", einer „neuartigen Evangelisierung, die es versteht, dem heutigen Menschen die bleibende Heilsbotschaft in überzeugenden Formen neu vorzulegen ... Es gilt also, mit der Evangelisierung zu beginnen, indem wir um den Geist bitten und suchen, wo er weht (vgl. Joh 3,8). Manche Zeichen solchen Wirkens des Geistes sind zweifellos im heutigen Europa gegeben. Um sie zu finden, zu stärken und zu entwickeln, *wird man bisweilen erstorbene Schemata aufgeben müssen* (bisognerà talvolta lasciare schemi atrofizzati), um dorthin zu gehen, wo das Leben beginnt, wo wir Früchte des Lebens ‚nach dem Geist' (vgl. Röm 8) sehen."[4]
Was ist aus diesen bemerkenswerten Hinweisen und Impulsen von Johannes Paul II. zu einem „neuen Zeitalter der Evangelisierung" geworden? Mittlerweile sind 10 Jahre vergangen. Welche erstorbenen

[4] Johannes Paul II.: Ansprache an die Teilnehmer des VI. Symposium (11. Oktober 1985), in: Die europäischen Bischöfe und die Neu-Evangelisierung Europas. Stimmen der Weltkirche 32, hg. vom Sekretariat der Deutschen Bischofskonferenz und dem CCEE Sekretariat, Bonn/ St. Gallen 1991, 237-247. Vgl. den Text der in italienisch gehaltenen Ansprache in: AAS 79 (1986) 178-189.

Schemata, Modelle, Paradigmen von Kirche, nicht mehr lebensfähige Formen der „Weitergabe des Glaubens" und kirchliche Verhaltensweisen sind denn nun aufgegeben worden? Es ist kaum daran vorbeizukommen: Die Angst vor dem Neuen ist sogar noch gewachsen, so daß 30 Jahre nach dem Konzil die Tendenz, zu vorkonziliaren Schemata zurückzukehren oder doch wenigstens am bewährten Alten festzuhalten, weitaus stärker ist als die Bereitschaft, sich auf das Neue konkret einzulassen. Warum? Weil eine gemeinschaftliche Praxis der spirituellen Prüfung sowohl des Gewesenen als auch des Neuen auf allen Ebenen kirchlicher Gremien nicht ausgebildet ist: Zeigen sich in erstorbenen Schemata vielleicht „Schemata dieser Welt" (Röm 12,2: me sys-chematizete to aioni touto) oder sogar gegengöttliche und damit auch gegenmenschliche Kräfte, die sich der menschlichen Verfügung entziehen?

Diese kritische Prüfung wäre um so wichtiger, als nach geschichtlich bedeutsamen Reformkonzilien sich schon bald ein Rückschlag zeigt: Das neu Aufgebrochene ist noch nicht erprobt, ausreichend reflektiert und kritisch geprüft, so daß die Angst vor dem Neuen die gegenläufige Angst zur Folge hat, nicht mehr lebensfähige geschichtlich bedingte und nicht zum innersten Wesen der Kirche gehörende Schemata aufzugeben. So kommt es zu unguten Polarisierungen – oder auch zu Ratlosigkeit und Frustration. Die katholische Kirche befindet sich 30 Jahre nach dem Zweiten Vatikanischen Konzil ganz offenbar in dieser Zwischenphase. In ihr ist nichts dringlicher als eine Schärfung des geistlich-kritischen Bewußtseins.

Das Wort „Kritik" ist abgeleitet von dem griechischen Verbum krinein (= scheiden, trennen, auswählen, unterscheiden). Es bezeichnet ursprünglich die Vorgehensweise in einem Gerichtsverfahren und zwar sowohl die Anklage, den Streitvorfall, als auch das ergangene Urteil. Diese Verwendung in der Rechtssprache hat zu den weiteren Bedeutungen urteilen, entscheiden, anklagen, streiten geführt. *Spirituelle* Kritik wird im Neuen Testament als „Unterscheidung der Geister" (dia-krisis ton pneumaton) bezeichnet (1 Kor 12,10; 14,29; vgl. 1 Joh 4,1-6). Mit diesem Wort bedeutungsverwandt ist dokimazein = prüfen, erproben. Dia-krino meint wörtlich: auseinander-sondern, unterscheiden, beurteilen. Das Medium diakrinomai bedeutet kämpfen oder zweifeln. Diese Bedeutung ist vor dem NT nicht nachweisbar.[5]

Wenn die Frage nach einer neuen Gestalt gläubiger Praxis zu *spirituell* begründeten Ergebnissen führen soll – und nur sie berechtigen dazu,

---

[5] Vgl. ThWNT Bd. 3, 921f; Bd. 3, 259f; GGB Bd. 3 (1982) 651-675; hier: 651f.

erstorbene Schemata aufzugeben –, dann wäre jetzt ein gemeinsamer, spiritueller Prozeß der Scheidung und Unterscheidung in Gruppen und Gemeinden notwendig, und zwar mit Hilfe *spiritueller* Kriterien, wie sie im Zeugnis der Offenbarung und in der Tradition der Kirche enthalten sind. Die Kirche ist nicht lediglich eine gesellschaftliche Großgruppe neben anderen, sondern lebt aus spirituellen Ursprüngen, die ihr selbst vorgegeben sind. Eine Schicksalsfrage im Hinblick auf ihren weiteren Dienst an den Menschen ist deshalb, ob eine solcher Unterscheidungsprozeß bald in Gang kommt. Näherhin müßte geprüft werden:

1. Was an der europäischen „Gestalt" der Kirche ist geschichtlich, kulturell, politisch, soziologisch bedingt, gehört nicht zu ihrem unaufgebbaren geistgewirkten Erbe? Wenn das „selbstverständliche Hineinwachsen in die Kirche" unterbrochen ist, wie die Deutschen Bischöfe sagen (PD 23), wenn bestimmte Formen der „Weitergabe des Glaubens" nicht mehr lebensfähig sind, dann bedarf es einer kritischen Prüfung des Ursprungs dieser Praktiken.

Sie hat primär den Charakter einer *spirituellen Kritik historischer Fakten,* insofern sie in menschlichen Freiheitsentscheidungen gründen. So war zum Beispiel die Christianisierung Europas zugleich eine Vergesellschaftung des Christseins. Dies ist deutlich an dem Faktum ablesbar, daß durch die Taufdekrete Kaiser Justinians im 6. Jahrhundert und Karls des Großen im 8. Jahrhundert die Taufe instrumentalisiert wurde zur Herstellung der Einheit des „Reiches" und durch Reichsgesetze zur Voraussetzung für die Ausübung der bürgerlichen Rechte gemacht wurde. Wie sich zeigen wird, hat dieser anfängliche Sozialisierungsprozeß bis in unser Jahrhundert hinein erhebliche Auswirkungen auf die jetzt in Auflösung begriffene Sozialgestalt der Kirche gehabt.

2. Woran erkennt man die Echtheit konkreter Weisen einer „neuen" Evangelisierung, soweit sie überhaupt bereits in Erscheinung treten? Wie unterscheidet man das, „was uns von Gott geschenkt worden ist", von menschlicher Klugheit und Weisheit (vgl. 1 Kor 2,12f), also von primär menschlichen Bemühungen, Entwürfen, Strategien? Woran erkennt man, ob neue Impulse in der Kirche vom Geist Gottes kommen – oder nicht? Nach welchen Begründungskriterien kann man sich ihnen überlassen?

Diese Fragen müssen zunächst einmal skeptisch-negierend gestellt werden, damit das Wahre und Gute an dem Neuen sich im Prozeß der Prüfung als solches erweisen kann. Nur wenn mit kritischer Radikalität über diese Fragen eine innere spirituelle Gewißheit zu erreichen ist, kann es zu einer *Korrektur von innen* kommen und damit zu einer konsensfähigen neuen Praxis. Solange dieser *spirituelle* Prozeß in den kirchlichen Gremien nicht in Gang gekommen ist, wird weiterhin auf einer primär mensch-

lichen Ebene unkritisch behauptet, festgestellt, gefordert, polarisiert – ohne greifbares Ergebnis.
Im Vergleich zur „neuzeitlichen“ bzw. ichzeitlichen[6] Vernunftkritik ist die ntl „Unterscheidung der Geister“ wesentlich differenzierter und komplexer. In ihr geht es nicht nur um die rationale Unterscheidung des Wahren vom Falschen, des Guten vom Bösen, sondern um die differenzierende Wahrnehmung der in und zwischen uns wirksamen Energien, in dem begriffliche Unterscheidungen gründen und sie allererst ermöglichen.
Bevor wir darauf näher eingehen, ist zunächst das Selbstverständnis der neuzeitlich-vernunftgemäßen Kritik zu erörtern, um zu fragen, was von ihr im Hinblick auf eine spirituelle Geschichtskritik zu lernen ist. „Neuzeitliche“ Vernunft versteht sich als ihre eigene, unhintergehbare Selbstbezüglichkeit: Die Reflexion kann nicht reflektierend aus sich selbst aussteigen. Ihr Verhältnis zur ntl „Unterscheidung der Geister“ bedarf dringend einer kritischen Klärung. Diese kann hier nicht umfassend geleistet werden. Es kann nur darum gehen, den Boden für eine angstfreie und das Neue begründende spirituelle Prüfung vorzubereiten.

2. Der skeptische Grundcharakter kritischer Vernunft

Das Wort „Kritik“, abgeleitet von dem griechischen Verbum krinein „scheiden, trennen, auswählen, unterscheiden“, bezeichnet ursprünglich die Vorgehensweise in einem Gerichtsverfahren, und zwar sowohl die Anklage als auch das ergangene Urteil. Diese Verwendung in der Rechtssprache hat zu den weiteren Bedeutungen „anklagen, streiten, urteilen, entscheiden“ geführt.
„Neuzeitliche“ Vernunftkritik steht einem dem Gerichtsverfahren entstammenden Verständnis sehr nahe: Die menschliche Vernunft ist die selbst nicht kritisierbare, regulative, öffentliche Instanz, der „innere Gerichtshof“, dem sich alles unterwerfen muß. Dieses heute weithin generalisierte Verständnis von Kritik wurde von I. Kant wie folgt formuliert: „Unser Zeitalter ist das eigentliche Zeitalter der Kritik, der sich *alles unterwerfen muß*. Religion, durch ihre Heiligkeit, und Gesetzgebung, durch ihre Majestät, wollen sich gemeiniglich derselben entziehen.

---

[6] Wir differenzieren hier zunächst nicht zwischen „Neuzeit“, „Moderne“ oder „Postmoderne“, da der hiermit gemeinte Gesamtprozeß sich vom Grundansatz einer Wir-Philosophie her als „ichzeitlich“ erweist: Jedes vernünftig denkende und handelnde Subjekt bzw. Ich versteht sich von sich selbst her als Repräsentant aller anderen Vernunftsubjekte. Vgl. H. Mühlen: Der direkte Zugang zum Wir-Geschehen, in: ThGl 85 (1995) 433-457; hier: 454.

Aber alsdann erregen sie gerechten Verdacht wider sich und können auf unverstellte Achtung nicht Anspruch machen, die die Vernunft nur demjenigen bewilligt, was ihre freie und öffentliche Prüfung hat aushalten können."[7] Ihre Vollform erreicht Kritik erst dann, wenn sie rückbezüglich (reflexiv) ist, wenn also das kritisierende Subjekt bzw. Ich seine eigenen Einstellungen und Handlungen sowie seine Kritik vor dem inneren Gerichtshof der Vernunft nochmals selbstkritisch prüft. Die so verstandene Kritik ist also nur dann legitim, wenn sie sich selbstkritisch an ihre eigenen Grenzen hält und sich selbst nochmals skeptisch hinterfragt: Das kritisierende Subjekt stellt seine Kritik nochmals vor sich hin und zu sich her, macht sie zu ihrem eigenen „Objekt" und befragt seine negierende Kritik nochmals in einer skeptischen Grundeinstellung. „Vernunftgemäße" Kritik als der Vollzug der negierenden Vernünftigkeit der Vernunft ist somit in sich selbst reflexiv, auf sich selbst zurückbezogen, strukturell *primär* negierend.

Darin ist begründet, daß sie nicht beanspruchen kann, das Ganze der Wirklichkeit zu erfassen und selbst das Wahre, Rechte und Gute als solches hervorbringen zu können: Sie ist nur möglich unter der *Voraussetzung* der von ihr nicht her-stellbaren allgemeinen Wahrheit, Gerechtigkeit, Gutheit. Wir würden nicht tadeln, streiten, dieses für wahr und jenes für falsch halten, wenn in aller Kritik nicht (ungesagt) die Geltung von Wahrheit, Gerechtigkeit, Gutheit vorausgesetzt wäre. Eben deshalb aber hat Kritik lediglich eine in sich selbst begrenzte, vorbereitende, propädeutische Funktion. Sie stellt das Vorgegebene vor sich und auf sich hin mit dem *methodisch begrenzten* Ziel, es unter dem Aspekt möglicher Mängel, Defizite, Widersprüche zu betrachten. Kritik hinterfragt angebliche Beweisgründe und deckt Grenzen auf, ist aber nicht selbst produktiv. Sie ist die Voraussetzung für Veränderung, aber nicht diese selbst.

In der Gesellschaft legitimiert ist jemand nur dann, wenn er bereit und fähig ist, Kritik zu üben und auch selbst zu ertragen. Kritik hat von da her den Charakter einer primär skeptischen und negierenden Beurteilung: Es gilt, mit wachem Verstand vorgegebene Zustände und menschliche Handlungen nach präzisen Maßstäben gewissenhaft zu prüfen und zu beurteilen. Von da her ist „Kritik" in der Regel die prüfende Beurteilung der Rechtmäßigkeit und Angemessenheit einer Handlung sowie die entsprechende beurteilende Äußerung. Kritik geschieht deshalb immer unter der Voraussetzung der menschlichen Freiheit. Das von der Freiheit Unabhängige und schlechthin Vorgegebene, also etwa die Faktizität der

[7] Kritik der reinen Vernunft, A XI, Anm.

eigenen Existenz und der Umwelt ist nicht kritisierbar. Dasselbe gilt natürlich für alles, was sich außerhalb der Grenzen der menschlichen Vernunft ereignen mag, also ein Handeln oder gar „Sprechen" Gottes. Wenn Vernunft sich an ihre von ihr selbst gesetzten Grenzen hält, dann wird sie nicht den Anspruch erheben, das „Übersinnliche" erkennen oder beurteilen zu wollen.

Öffentliche Kritik hat fast ausschließlich diesen Charakter der Beanstandung und des Tadels. Sie ist die Stellungnahme zu Fehlern und Versäumnissen von Machtinstanzen und Institutionen und wird so zum Anwalt derer, denen gegenüber Macht ausgeübt wird, zur Gegen-Macht der Betroffenen. Durch sie sollen gesellschaftliche, politische, ökonomische Weiterentwicklungen durchgesetzt werden: Alles, was in der Gesellschaft geschieht, soll im Dienst weiteren gesellschaftlichen Fortschritts auf Defizite und Mängel hin befragt werden. Jegliche Form von Machtausübung muß sich vor denen als vernunftgemäß legitimieren, über die sie ausgeübt wird. Im sozialen und politischen Bereich tritt Kritik als Anwalt derer auf, die benachteiligt, unterdrückt, verachtet sind. Öffentliche Kritik wird so zu einem Dauergeschehen. Sie setzt das Bestehende als gegeben voraus, um es theoretisch und praktisch zu negieren und durch kritische Hinterfragung zu legitimieren. Genauer: Ein durch menschliches Handeln gesetztes Faktum ist nur dann legitim, wenn es kritisierbar ist und nur insofern vorläufig gerechtfertigt, als es kritisierbar bleibt. Ohne diese kritische Grundeinstellung wäre Demokratie nicht möglich.

Kritik ist jedoch nicht von vornherein und als solche negierend, sondern setzt zunächst einmal voraus, daß an dem jeweils Vorgegebenen auch etwas Wahres und Gutes ist. Kritik schließt deshalb das „Positive" an dem zu Beurteilenden nicht prinzipiell aus. Der *Begriff* der Kritik erfordert keineswegs eine *prinzipiell* negative Beurteilung, denn dann schlösse er von vornherein jedes Lob aus. Aber: die primäre kritische Grundeinstellung ist *vorherrschend* skeptisch. Kritik ist der Versuch, Wahres von Falschem, Recht von Unrecht, Gutes von Schlechtem und Bösem zu *unterscheiden*, um das Negative zu negieren. Auf diese Weise schafft sie die Voraussetzungen dafür, daß das Wahre, Rechte, Gute *geschützt* wird.[8]

Die Forderung nach „positiver" Kritik zielt im Grunde auf die anerkennend geäußerte, bejahende Beurteilung, die man jemandem, seinem Tun,

---

[8] Kant vergleicht diesen Dienst der Kritik deshalb mit der Hauptaufgabe der Polizei, die Bürger vor Gewalttätigkeit zu beschützen (a.a.O., B XXV). Vgl. HWP Bd. 4, 1249-1282; GGB Bd. 3 (1982) 651-675; Europäische Enzyklopädie zu Philosophie und Wissenschaften, hg. v. J. Sandkühler, Bd. 2, Hamburg 1990, 889-898.

Verhalten usw. zuteil werden läßt und die „Lob“ genannt wird. Dieses „positive“ Urteil ist die Grundform des bejahenden Sich-Zuwendens. Lob wird „gespendet“, es bestätigt, ermutigt, baut auf – über alles Negative hinweg. Lob ist primär eine Bejahung von Personen und erst sekundär die positive Anerkennung der von ihnen gesetzten objektiven Fakten. Das Negative wird im Lob nicht aufgehoben oder rückgängig gemacht, sondern auf das immer noch größere Wahre und Gute hin *überstiegen*. Das Lob ist deshalb nicht lediglich undialektisch die andere, „positive“ Seite der Kritik, so als ob jede beurteilende Äußerung in jedem Falle teilweise Kritik und teilweise Lob enthalten müsse. Das Lob schließt vielmehr die Grundhaltung der Skepsis so ein, daß sie diese übersteigt, und ist in diesem Überstieg umfassender als die in sich selbst skeptische Kritik.[9]

Insofern die Kirche von der Gesellschaft her gesehen eine gesellschaftliche Großgruppe ist, werden diese Prinzipien öffentlicher Kritik von außen her auch auf sie angewandt und haben auch innerhalb der Kirche *als* einer Großgruppe neben anderen ihr Recht. Nur: Kritische Vernunft hat aufgrund ihrer konstitutiven Selbstbezüglichkeit einen *selektiven* Grundcharakter und kann nicht die letzte Instanz zu einer Beurteilung dessen sein, „was uns von Gott geschenkt worden ist“ (1 Kor 2,11). Spirituelle Kritik schließt Vernunftkritik ein, hat ihren Ursprung aber nicht in sich selbst. Der „übersinnliche“ Ursprung dieser Kritik könnte von

[9] Allerdings: auch das Lob muß sich kritisch auf sich selbst zurückwenden. Es kann ja auch intentional vereinnahmen, jemandem schmeicheln, das Wahre und Gute verschleiern und in diesem Sinne unecht sein. Lob und Kritik schließen einander ein, aber: die skeptische Grundeinstellung der Kritik sich selbst gegenüber *enthält* zwar ein *mögliches* Lob, transzendiert sich selbst also auf das vorausgesetzte *allgemeine* Wahre und Gute hin, kann es aber in den Zuständen und Personen, gegen die es sich wendet, nicht hervorbringen. Das primär Personen geltende Lob dagegen schließt eben diese Kritik so ein, daß sie das jeweils *konkrete* Wahre und Gute in ihnen weckt. Lob ist nicht nur die Voraussetzung für Veränderungen, sondern kann sie auch erwirken und hervorrufen.
Die Vorherrschaft des Negativen in der Gesellschaft, in den Medien und eben auch in der Kirche gründet in der fast uneingeschränkten Geltung der neuzeitlich-kritischen Vernunft und in der daraus folgenden Unfähigkeit, öffentlich das Lobenswerte auch anerkennend zu loben, nicht nur Kritik, sondern auch Lob zu „üben“: Eine schlechte, Kritik und Negation hervorrufende Nachricht ist eine „gute“ Nachricht, während das Gute und Lobenswerte, das irgendwo in der Welt geschieht, keinen sonderlichen Informationswert hat. Diese von der Wahrnehmung des Positiven isolierte Vorherrschaft negierender Kritik ist nicht selbst und als solche eine Veränderung zum Besseren, sondern verfestigt und bestätigt das Negative. Lobende Anerkennung und informative Verbreitung des Wahren und Guten dagegen, die in *diesem* Sinne eine „gute Nachricht“ wäre, baut auf, ermutigt, fördert das Wahre und Gute, ja, bringt es hervor. Diese Zusammenhänge sind für ein umfassendes Verständnis spiritueller Kritik von zentraler Bedeutung.

der menschlichen Vernunft als solcher gedacht, aber nicht „erkannt" werden.

II.
Der inklusive Prozeß spiritueller Kritik

1. Der in der Gemeinde gegenwärtige Geist Gottes als letzte Instanz kritischer Beurteilung

Eines der größten Verhängnisse für die Kirche ist: Der Ursprung und die Kriterien spiritueller Unterscheidung und Kritik gehören nicht zu den klassischen Themen der kirchlichen Lehre. Die entsprechende Praxis ist in die individuelle Spiritualität abgedrängt und auf die Entscheidungsfindung des einzelnen zentriert: Was will Gott in einer konkreten Situation von mir?[10] Ohne eine *spirituelle* Kritik der gewesenen Gestalt der Kirche auf allen Ebenen der kirchlichen Gremien wird jedoch ein Konsens über eine mögliche neue Gestalt gläubiger Praxis nicht möglich sein. Versuchen wir deshalb zunächst, die im NT vorgegebenen Anweisungen näher zu erschließen.

In Verbindung mit „Unterscheidungen" (diakriseis; 1 Kor 12,10) bezeichnet das Wort „Geist" (pneuma) drei Wirklichkeiten:

- den menschlichen Geist, der auch Sitz der menschlichen Vernunft und Urteilskraft ist (vgl. 1 Kor 5,3f);
- den Heiligen Geist Gottes, der auch „Geist der Wahrheit" genannt wird (Joh 14,17; 15,26; 1 Joh 4,6) und
- den gegen-göttlichen und damit auch gegen-menschlichen, in den „falschen Propheten" wirksamen „Geist des Irrtums" (1 Joh 4,1.6) und der Bosheit (vgl. Eph 6,12).

Diese drei Energien sind immer *gleichzeitig* in und zwischen uns wirksam: Die Einwirkungen des Geistes Gottes und die Selbst-Steigerung des

---

10 Mit „Geist" sind in diesem Zusammenhang innere Antriebe und „Bewegungen" der Seele gemeint, die Entscheidungen und Handlungen in eine bestimmte „Richtung" drängen: kommen sie durch alle welthaft-menschlichen Vermittlungen hindurch vom „guten", Heiligen Geist oder von den Unheilsmächten des Bösen? Diese Frage soll nach den „Regeln der Unterscheidung der Geister" kritisch geprüft werden. Vgl. die Artikel „Unterscheidung der Geister", in: Lexikon der Spiritualität, LThK, SM, Mysterium Salutis usw. In unserem Zusammenhang geht es nicht um diese auf den Heilsweg des einzelnen Subjektes bezogene Fragestellung, sondern um die kritische Prüfung dessen, was in der christlichen Gemeinde als ganzer bzw. in der Kirche geschieht sowie um die Ausarbeitung eines auf die Geschichte bezogenen Kritikbegriffs.

Negativen geschehen *in und an* unserer Selbst- und Gemeinschaftserfahrung, immer und überall, auch in kirchlichen Gremien, auch in jeglicher, sich noch so sehr als „gläubig“ verstehenden Praxis. Dies ist ein Anlaß zu größter spiritueller Nüchternheit und Ehrlichkeit. An sich und in ihrem Ursprung sind göttlicher, gegengöttlich-negativer und menschlicher „Geist“ ganz und gar voneinander unterschieden. Aber: Weder im Lebensvollzug noch in einem Prozeß der spirituellen Prüfung lassen sich diese Energien mit letzter *Sicherheit* unterscheiden oder gar säuberlich voneinander trennen. In einem gemeinschaftlichen Prüfungsprozeß (wenn Propheten in der Gemeindeversammlung reden, sollen die anderen, die Adressaten, „beurteilen“; 1 Kor 14,29) kann es also immer nur zu einem bedingten Urteil darüber kommen, welche Energien *primär* unser Denken, Tun und Lassen bestimmen.

Daraus ergibt sich, daß der Prozeß *spiritueller* Unterscheidung weitaus differenzierter und komplexer ist als die bloße Vernunftkritik: Das „Übersinnliche“ – und dazu gehört auch Gottes Geist und alles Widergöttliche – übersteigt alle „vernunftgemäße“ Erfahrungserkenntnis. Es kann zwar als von uns unabhängig gedacht, aber nicht erkannt werden. Die praktische Vernunft führt lediglich zu „Postulaten“, die dem Übersinnlichen Geltung für das sittliche Handeln verleihen. Im Sinne des NT ist jedoch das „Übersinnliche“ so in und zwischen uns gegenwärtig, daß wir seine Wirkungen durchaus wahrnehmen und „erfahren“ (vgl. Gal 3,3-5; 5,13-26; Eph 3,9.20; 1 Joh 1,1-3 u. ö.). Eine tiefer gehende Auseinandersetzung mit dem neuzeitlichen „Vernunftglauben“ ist hier nicht möglich und muß später nachgeholt werden. Wir setzen zunächst einmal die biblischen Aussagen als vorgegeben voraus.

Das in ihnen gebrauchte Wort „Geist“ hat eine Grundbedeutung, die nicht ohne weiteres mit dem „neuzeitlichen“ oder besser: ichzeitlichen Verständnis von „Geist“ als der auf sich selbst zurückbezogenen „Vernunft“ übereinstimmt. Das mit „Geist“ übersetzte griechische Wort pneuma (von pneo= hauchen, atmen) enthält folgende Bedeutungsstufen: Hauch – Luft in Bewegung – Atem – Leben – Lebensprinzip – Geist. Es meint ursprünglich – ebenso wie das entsprechende hebräische Wort ruach – die *Lebensenergie*, die sinnenhaft im Atem erfahren wird, und von da her dann das den Körper belebende Prinzip, den Sitz der Empfindungen, der geistigen Funktionen und des Willens.[11] Erst sehr viel

[11] Dem Wort pneuma „wohnt eine – sei es sichtbar oder unsichtbar – wirkende, richtungsbestimmte *Kraftgeladenheit* inne, die es ... der in der Wurzel *pneF- enthaltenen *energetischen* Grundvorstellung verdankt“ (ThWNT Bd. 6, 333,7ff). Auch das hebräische Wort, das mit „Geist“ übersetzt wird (ruach), hat durchgängig eine *energetische* Grundbedeutung (a.a.O., 357-366). Vgl. HWP Bd. 3, 154-167.

später, vor allem in der Neuzeit, wird „Geist“ dann als die Fähigkeit zur Sicherung des Selbstbewußtseins verstanden, als die sich selbst reflektierende Reflexion.

Das pneuma Gottes ist im Sinne der energetischen Grundbedeutung dieses Wortes die göttliche Energie in und zwischen uns: die „Kraft des Höchsten“ (dynamis hypsistou, Lk 1,35), die „Kraft aus der Höhe“ (dynamis ex hypsous, Lk 24,49). „Geist“ und „dynamis“ sind hier austauschbare Vokabeln. Wir können uns diese Kraft nicht nehmen, anzielen, sondern nur empfangen, wir werden mit ihr „getauft“, sie wird über uns „ausgegossen“. (Apg 1,5; 2,33) Der Verfasser des Epheserbriefes wünscht uns, daß wir erkennen, „wie überragend groß Gottes Macht (dynamis) sich an uns erweist durch die Energie (energeia) seiner Kraft und Stärke.“ (1,19) Ihm dient er dank der Gnade, die ihm geschenkt wurde gemäß der Wirksamkeit (energeia) seiner Kraft (dynamis) (3,7). Er wünscht uns, daß wir „in unserem Inneren durch seinen Geist mit Kraft (dynamis) gestärkt werden“ (3,16). Paulus ruft uns zu: „Christus ist unter euch“ und fährt fort: „Dafür kämpfe ich unter vielen Mühen; denn seine Energie (energeia) wirkt (energei) mit großer Kraft (dynamis) in mir.“ (Kol 1,27) „Mit Christus wurdet ihr in der Taufe begraben, mit ihm auch auferweckt, durch den Glauben an die Wirkkraft (energeia) Gottes, der ihn von den Toten auferweckt hat.“ (Kol 2,12) Die apostolische Verkündigung geschieht nicht durch Überredung in gewandten und klugen Worten, sondern „im Erweis von Geist und Kraft“ (en apodeixei pneumatos kai dynameos; 1 Kor 2,4f).

Paulus bezeichnet die Geistesgaben, die Charismen auch als „Kraftwirkungen“ (energemata), als in der Gemeinde wirksame „Energien“ Gottes, der durch seinen Geist alles in allen bewirkt (energei; 1 Kor 12,6.11). In der Selbststeigerung des Negativen in der menschlichen Geschichte und im einzelnen sind nach biblischer Auffassung die pneumata tes ponerias wirksam (Eph 6,12), die Geister bzw. Energien der Bosheit. Im menschlichen „Geist“, in seinen Energien, vollzieht sich ein ständiger Kampf zwischen den göttlichen und den gegen-göttlichen Energien (Gal 5,16-26).

Die göttliche Energie wird bei Paulus auch als göttliches Selbstbewußtsein interpretiert: „Der Geist [Gottes] erforscht (erauna) alles, auch die Tiefen Gottes. Wer kennt (oiden) den Menschen, wenn nicht der Geist (pneuma) des Menschen, der in ihm ist? So hat auch keiner Gott erkannt

---

Das griechische Wort energeia ist die Substantivierung von energos = en ergo einai. Der Ausgangsbereich für diesen Begriff ist das menschliche ergon = Werk, so daß „Energie“ wörtlich das „Im-Werk-sein“ als Im-Wirken-sein bezeichnet (vgl. ThWNT Bd. 2, 632.649f). Auch von daher ist es angemessen, „Geist“ mit „Energie“ wiederzugeben.

(egnoken) – nur der Geist Gottes." (1 Kor 2,10f) Der Geist Gottes wird hier verstanden als das sich selbst erforschende und erkennende Verhältnis Gottes zu sich selbst. Verstehenshilfe dazu ist das menschliche Selbstbewußtsein, das um sich selbst wissende Wissen des Menschen um sich selbst. Von da her ergibt sich eine Beziehung zur „Vernunft" und ihrer Urteilskraft im neuzeitlichen Verständnis. Sie ist für Paulus jedoch vom göttlichen Geist geleitet und gestärkt: In der Kirche sind Energien von Gott her wirksam, die sich nicht aus der Vernunft *ableiten* lassen und auch letztlich von ihr nicht zu beurteilen sind: Der „irdisch gesinnte Mensch", der nur das zuläßt, was vom menschlichen Geist erfaßbar ist, kann das von Gott Geschenkte nicht „verstehen", weil es „nur in der Kraft des Geistes *beurteilt* werden kann. Der geisterfüllte Mensch urteilt über alles, ihn aber vermag niemand zu beurteilen" (1 Kor 2,14f).

Spirituelle Kritik erfaßt den ganzen Menschen, geschieht auch im Gebet und ist vor allem ein gemeinschaftlicher, ein Wir-Prozeß. Die regulative Instanz ist nicht lediglich die in allen Vernunftsubjekten gegenwärtige menschliche Vernunft als solche, sondern der in der Gemeinde gegenwärtige Geist Gottes. Die Integration der „neuzeitlichen" Vernunftkritik in dieses spirituelle Gesamtgeschehen aufgrund des In-seins der Kirche in der „modernen" Gesellschaft ist ein weithin noch unbewältigter Lernprozeß. Im Hinblick auf eine Kritik an dem gewesenen und gegenwärtigen Verhältnis von Kirche und Gesellschaft sollen dazu weitere vorbereitende Schritte getan werden.

2. Grundformen spiritueller Kritik

Der umfassende Charakter spiritueller Kritik zeigt sich in der Differenz zwischen bestätigender und einer auf die Veränderung von Fakten und Einstellungen zielenden, negierenden Kritik. Die *bestätigende* Kritik bezieht sich auf Vorgänge und Fakten, die möglicherweise geistgewirkt sind. Die *negierende* Kritik bezieht sich auf Vorgänge und Fakten, die offenkundig nicht mit dem übereinstimmen können, was uns von Gott geschenkt ist. Diese beiden Formen sind dann auch von Bedeutung für eine spirituelle Kritik historischer Fakten, der unser vorrangiges Interesse gilt.

a) Bestätigende Kritik

Beginnen wir mit dem ältesten Text dieser Art, der zugleich zu den ältesten des NT überhaupt gehört: „Dankt für alles, denn das will Gott von euch, die ihr Christus Jesus gehört. Löscht den Geist nicht aus! Verachtet prophetisches Reden nicht! *Prüft alles (panta dokimazete), und behaltet das Gute!* Meidet das Böse in jeder Gestalt!" (1 Thess 5,19-22). Die Mahnung: „Löscht den Geist nicht aus!" ist bei der kritischen Prüfung von Vorgängen, die als geistgewirkt interpretiert werden können, von entscheidender Bedeutung: Sie kann, darf und muß zunächst einmal voraussetzen, daß Gottes Geist überhaupt in der Gemeinde wirksam ist und geschieht deshalb in einer positiven Grunderwartung. Das Ergebnis der Prüfung darf deshalb nicht vorweggenommen werden, sondern muß offen bleiben. Genauer: von vornherein wird *nicht* vorausgesetzt, daß in ihnen nicht der Geist Gottes, sondern gegen-göttliche Kräfte wirksam sind.

Als Wirken des Geistes Gottes hebt Paulus besonders „prophetisches Reden" hervor, das für ihn der Prototyp der übrigen Charismen ist. Damit ist nicht eine Vorhersage der Zukunft gemeint, sondern: wer prophetisch redet, „redet *von Gott her* zu den Menschen, er baut auf, ermutigt, spendet Trost" (1 Kor 14,3), deckt innere Widerstände gegen Gott auf (1 Kor 14,25), führt hin zum gemeinsamen Prüfen (dokimazein) des Wesentlichen (Phil 1,10). Deshalb soll dieser Dienst nicht beiseite geschoben, „verachtet" werden. Allerdings: Die Gemeinde soll auch nicht alles, was im Gottesdienst „von Gott her" gesagt wird, unkritisch als „Wort Gottes" hinnehmen. Deshalb schärft Paulus ein: die „anderen", also die Adressaten dieses Sprechens, sollen es „beurteilen" (diakrinein; 1 Kor 14,29).

Warum soll prüfend beurteilt werden? Weil hier zunächst einmal ein Mensch sich äußert, muß gefragt werden: Redet er mit gewandten und klugen Worten aus sich selbst? Ist in ihm primär der „Geist des Menschen" wirksam, der mit „von menschlicher Weisheit gelehrten Worten" redet (vgl. 1 Kor 2,4.11.13)? In dieser Frage ist vorausgesetzt, daß spirituelle Impulse und Antriebe zwar direkt „aus Gott", aber zugleich menschlich *vermittelt* sind. Gott handelt in den Charismen nicht in gänzlich unvermittelter Unmittelbarkeit, sondern durch menschliche Selbst- und Gemeinschaftserfahrung hindurch.[12] Deshalb muß geprüft

[12] Für die Charismen gilt analog, was das Zweite Vatikanische Konzil vom biblischen Wort Gottes sagt: „Da Gott in der Heiligen Schrift *durch Menschen nach Menschenart* gesprochen hat, muß der Erklärer, um zu erfassen, was Gott uns mitteilen wollte, sorgsam erforschen, was die biblischen Schriftsteller wirklich zu sagen beabsichtigten und was Gott mit ihren Worten kundtun wollte." Um ihre Aussageabsicht zu ermitteln, muß man deshalb auf die „Bedingungen" der jeweiligen Zeit und Kultur, auf die „vorgegebenen umweltbedingten Denk- und Sprachformen" achten. (DV 12; DH 4217f) Um zu erkennen, was Gott mitteilen wollte, muß also (mit Hilfe der historisch-kritischen Methode) das Menschliche an diesem Wort erforscht werden.

werden, was aus ihr selbst kommt und was in und an ihr von Gott her kommt. Göttliches und Menschliches sind in spirituellen Vorgängen weder identisch noch schlechthin nicht-identisch, sie sind „unvermischt“, aber auch nicht restlos „trennbar“. An sich und in sich ist das, was aus Gott kommt, klar und eindeutig, aber aufgrund der menschlichen Vermittlung läßt sich das von Gott her Geschehende nicht *genau* und mit letzter Sicherheit vom Geschehen in und zwischen Menschen trennen. Diese Untrennbarkeit schließt nicht aus, daß alles Menschliche in spirituellen Vorgängen *geprüft* werden kann und muß, um das im Prozeß der Prüfung sich zeigende „Gute“, das zu Gott hinführt, festzuhalten und in das Gemeindeleben aufzunehmen. Grundkriterium für die Echtheit spiritueller Geschehnisse ist das in ihnen offenbar werdende Bekenntnis zu Jesus Christus und der Aufbau der Gemeinde (1 Kor 12,3; 14,12).

Die Aufforderung: prüft alles! hat für die Gemeinde deshalb *Verpflichtungscharakter*. Wird in dieser Prüfung nämlich offenbar, daß ein Reden oder Tun von Gott wegführt, daß es also „böse“ ist, muß es gemieden und aus dem Gemeindeleben ausgeschieden werden (vgl. 1 Thess 5,21f). Wird aber offenbar, daß ein Reden oder Tun von Gott her kommt, dann ist die bestätigende Reaktion der Gemeinde der dankbare Lobpreis Gottes (vgl. Kol 3,15ff): Die Charismen müssen mit Dank und Freude angenommen werden, da sie den Nöten der Kirche besonders angepaßt und dienlich sind. (vgl. LG 12)

Im ersten Johannesbrief wird dann noch deutlicher, daß in der menschlichen Selbst- und Gemeinschaftserfahrung auch gegen-göttliche und damit auch gegen-menschliche Energien wirksam sein können. Sie müssen deshalb in den Prüfungsprozeß mit einbezogen werden: „Liebe Brüder, traut nicht jedem Geist, sondern prüft (dokimazete) die Geister, ob sie aus Gott sind; viele falsche Propheten sind in die Welt hinausgezogen. Daran erkennt man *den Geist Gottes*: Jeder [menschliche] Geist, der bekennt, Jesus Christus sei im Fleisch gekommen, ist aus Gott. Und jeder [menschliche] Geist, der Jesus nicht bekennt, ist nicht aus Gott. Das ist der *Geist des Antichrists* ... Daran erkennen wir den Geist der Wahrheit und den Geist des Irrtums.“ (1 Joh 4,1-3.6) Der Briefschreiber richtet sich gegen die Leugnung der umfassenden Bedeutung der Menschwerdung des „Sohnes Gottes“ durch „falsche“ Propheten, die sich als Sprecher Gottes ausgeben. Die zu prüfenden „Geister“ sind deshalb nicht überweltliche, für sich existierende Geistesmächte, sondern im Menschen wirkende göttliche und gegen-göttliche Energien. Welche dieser Kräfte in der Verkündigung wirksam sind, erkennt man an einem inhaltlichen *Grundkriterium*: am Bekenntnis zur Leibhaftigkeit des Heilshandelns Gottes in Jesus Christus.

b) Verändernde Kritik

Im Hinblick auf die Frage nach möglichen „Fehlentwicklungen“ in der Glaubensgeschichte sei nun auf einen exemplarischen Text hingewiesen, in dem es nicht um eine bestätigend lobende, sondern um eine auf Veränderung hinzielende Kritik an Defiziten und Mißbräuchen geht. Paulus schreibt an die Korinther: „Ich kann *nicht loben*, daß ihr nicht zum Besseren, sondern zum Schlechteren zusammenkommt. Zunächst höre ich, daß es Spaltungen unter euch gibt, wenn ihr als Gemeinde zusammenkommt; zum Teil glaube ich das auch. Denn es muß Parteiungen (haireseis) unter euch geben, damit die Bewährten (hoi dokimoi) unter euch offenbar werden. Was ihr bei euren Zusammenkünften tut, ist keine Feier des Herrenmahles mehr; denn jeder verzehrt sogleich seine eigenen Speisen, und dann hungert der eine, während der andere schon betrunken ist. Könnt ihr denn nicht zu Hause essen und trinken? Oder verachtet ihr die Gemeinde Gottes? Wollt ihr jene demütigen, die nichts haben? Was soll ich dazu sagen? Soll ich euch etwa loben? In diesem Fall kann ich euch *nicht loben* ... [Es folgt der Bericht über die Einsetzung des Abendmahles durch Jesus] ... Jeder soll *sich selbst prüfen* (dokimazeto heauton); erst dann soll er von dem Brot essen und aus dem Kelch trinken. Denn wer davon ißt und trinkt, ohne den Leib des Herrn zu unterscheiden (me diakrinon to soma), der zieht sich das Gericht (krima) zu, indem er ißt und trinkt.“ (1 Kor 11,17-29)
Die Praxis der Gemeinde, die Feier des Herrenmahles mit einem vorangehenden Sättigungsmahl zu verbinden, führt zu Spaltungen in der Gemeinde, weil die Wohlhabenderen die von ihnen mitgebrachten Speisen und Getränke selbst verzehren. Daran übt Paulus mit einer Serie von harten Fragen scharfe Kritik, die Defizite aufdecken und Mißstände ändern will. Sie geht aus von dem zweifelsfrei vorgegebenen Unterschied zwischen einer profanen und der eucharistischen Versammlung: Dieser Unterschied muß nicht auf dem Wege der „Unterscheidung der Geister“ allererst erschlossen werden, denn er ergibt sich aus der vorgegebenen „Einsetzung“ des Abendmahls durch Jesus selbst. Die Faktizität dieses Faktums bedarf keiner „Prüfung“ und kann erst recht nicht kritisiert werden. Sie wird in der Kritik vorausgesetzt, ist deren Ursprung und macht sie notwendig: Wer bei der Zusammenkunft der Gemeinde die Armen demütigt und beschämt, der unterscheidet nicht den „Leib des Herrn“. „Leib“ hat hier zwei Bedeutungen: die eucharistischen Gaben und die Gemeinde als „Leib Christi“. Wer also die eucharistischen Gaben nicht von „profaner“ Speise und eben deshalb auch die Gemeindeversammlung nicht von einer „profanen“ Versammlung unterscheidet, der zieht sich das Gericht (krima) Gottes zu.

Deshalb soll jeder sich *selbstkritisch* prüfen, ob er bei den Zusammenkünften diesen vorgegebenen Unterschied auch beachtet. Diese Selbstprüfung ist nicht ein das Ergebnis zunächst offen lassender Prozeß, aus dem sich allererst die Differenz zwischen einer „profanen" und der eucharistischen Versammlung ergeben würde, sondern: diese Differenz ist ein vorgegebenes Faktum, und Paulus kritisiert den *Mangel an Selbstkritik* in bezug auf dieses Faktum. Aus ihr ergibt sich dann die in V. 19 genannte Differenz („Parteiung") zwischen den „Bewährten" (dokimoi), die sich selbst geprüft haben, von den übrigen Anwesenden.
Die negierende Kritik des Paulus ist einschneidend und hart; sie enthält – wie Paulus mehrmals betont – keinerlei „Lob", durch das die Härte der Kritik neutralisiert würde. Paulus „lobt" die Gemeinde, wenn und insofern sie an dem festhält, was er ihr „übergeben" hat (1 Kor 11,2), aber eben deshalb kann er sie in bezug auf die Feier des Herrenmahles nicht loben, sondern sieht sich dazu veranlaßt, einen fundamentalen Selbst-Widerspruch aufzudecken: Obwohl die Korinther als „Gemeinde Gottes" zusammenkommen, zeigen sie durch das von ihnen geduldete Verhalten, daß sie dabei zugleich die Gemeinde Gottes „verachten" (VV. 18.22). „Was ihr tut, ist keine Feier des Herrenmahles mehr" (V. 20). Damit wird deutlich: Es geht hier entweder um die Selbst-Auflösung oder die Weiterexistenz der Gemeinde. Deshalb sagt Paulus nicht: Was ihr tut, ist teilweise gut, aber ihr müßt noch besser auf den Unterschied zwischen einer alltäglichen Mahlzeit und dem Herrenmahl achten. Seine Kritik ist ganz und gar verneinend, sie ist in sich selbst und für sich genommen nicht zugleich auch verständnisvoll entschuldigend, sondern enthält sogar die Konsequenz: „Wer Hunger hat, soll zu Hause essen; sonst wird euch die Zusammenkunft zum Gericht." (V. 34) Weil und insofern Gott selbst der Urteilende und Richtende ist, enthält die Versammlung selbst und als solche bereits ein mögliches negatives Urteil.
Für die Kritik des Paulus an der Gemeinde ist die letzte, nicht mehr kritisierbare Instanz Jesus Christus, denn er selbst hat der Gemeindeversammlung seine Heilsordnung eingestiftet (V. 25). An diesem vorgegebenen Faktum muß sich die Gemeindeversammlung messen lassen: die Nicht-Übereinstimmung mit ihm ist das Grundkriterium der negierenden Kritik des Paulus. Also nicht die Vernunft als solche ist hier die nicht kritisierbare, regulative Instanz, der sich alles unterwerfen muß, sondern Jesus Christus. Aber: die urteilende spirituelle Kritik aufgrund der Überlieferung, die er selbst empfangen hat, schließt die menschliche Fähigkeit ein, überhaupt zu urteilen und damit auch die kritische Rückbezüglichkeit der Urteilskraft auf sich selbst. Die Energie der negierenden Kritik des Paulus kommt jedoch nicht aus ihm selbst, sondern vom Geist Jesu:

Der geisterfüllte Mensch urteilt über alles, ihn aber vermag niemand zu beurteilen (vgl. 1 Kor 2,14f). Er beruft sich für seine spirituelle Kritik nicht auf seine menschliche Urteilskraft, denn sie ist aus ihr nicht ableitbar, sondern auf die vorgegebene überlieferte Wahrheit und damit auf den „Geist, der aus Gott stammt" (1 Kor 2,12). Daraus erwächst seine Gewißheit, daß er die Zusammenkünfte der Gemeinde „nicht loben" kann. Das Gute, das uns „von Gott geschenkt worden ist" (1 Kor 2,12), ist in seiner Kritik als *vorgegeben* vorausgesetzt und soll durch sie so deutlich sichtbar werden, daß Mißstände und Mißbrauch beseitigt werden. „Positiv" ist diese Kritik in ihren Vorausetzungen und in ihren möglichen Folgen, aber eben deshalb darf und muß sie in sich selbst negierend und verändernd sein.
Dasselbe gilt bezüglich der von Paulus geforderten Selbstkritik. Wer sich ihr verweigert, und sich selbst nicht prüft, ob er das Bundesgeschehen der Herrenmahles von einer profanen Versammlung unterscheidet, zieht sich das Gericht zu, indem er ißt und trinkt. Auch die Selbstkritik kann in dieser zentralen Frage nur negierend sein, denn nur so kann es zu einer grundlegenden Korrektur der von Paulus kritisierten Praxis kommen.

c) Kritik historischer Fakten

Der gegenwärtige Geschichtseinschnitt geht bis an die kulturellen Wurzeln des „christlichen Abendlandes" zurück. Wenn eine „jahrhundertelange" Symbiose von Kirche und Gesellschaft zu Ende geht, muß deshalb gefragt werden, wie diese Sozialgestalt der Kirche entstanden ist und welche Gründe zu ihrer Auflösung vielleicht schon in diesem Anfang eingeschlossen waren: Der Anfang ist der geschichtliche „Ort", an dem sich die Komplexität der Gegenwart in ihren einfachsten Grundstrukturen zeigt, so daß auch hier am ehesten eindeutige Unterscheidungen und eine kritische Prüfung möglich werden. Eine solche Rekonstruktion des Anfangs muß zunächst und vor allem die historischen Fakten sichern, die immer auch in menschlichen Freiheitsentscheidungen gründen und deshalb grundsätzlich kritisierbar sind.
In einer solchen Fakten-Kritik kann es allerdings nicht darum gehen, zugleich auch die Motive und Grundeinstellungen zu prüfen, aufgrund deren diese Fakten gesetzt wurden. Dies wäre allenfalls den Zeitgenossen möglich, die ein geschehendes Geschehen prüfen könnten. Wir aber sind nicht „dabei gewesen" und auf eine Vielzahl unterschiedlicher Berichte angewiesen. Die ersten christlichen Kaiser (vor allem Konstantin, Justinian, Karl der Große) berufen sich in diesen Berichten zwar auf göttliche „Eingebungen" für ihr Handeln, aber deren Echtheit läßt sich heute nicht mehr nachprüfen. Nicht nur wegen der komplizierten Quellenlage,

sondern: Die spirituell angemessene Prüfung eines Sprach- und Handlungsgeschehens, unter Einbeziehung des unthematisch Mit-Ausgesagten und Mit-Getanen, ist nur im verstehenden und reflektierenden *Mitvollzug* möglich und setzt somit persönliche Anwesenheit voraus. Geschichtskritisch können deshalb nur historische *Fakten* und deren Wirkungsgeschichte geprüft werden, nicht aber die Freiheitsentscheidungen, Motive und Intentionen, in denen sie gründen. Natürlich gibt es keine pure Faktenbeschreibung ohne eine Kenntnisnahme des Umfeldes, in dem sie wurzeln; erst recht kann nicht die Faktizität von Fakten *als solche* kritisiert werden. Die später zitierten Texte sind jedoch in sich selbst und wirkungsgeschichtlich so eindeutig, daß sie eine kritische Stellungnahme zulassen. Ob die Fakten-Kritik dann bestätigend oder negierend ist, muß zunächst offen bleiben. Wenn sich herausstellt, daß sie negierend sein muß, wird sie zur diagnostischen Anamnese der „Pathologie" der Gegenwart. Diese wird um so heilsamer sein, je schonungsloser sie ist, ohne beschwichtigende Verharmlosung, denn: sie macht den Weg frei für das Neue, indem sie das Erstorbene in seinem geschichtlichen Ursprung aufdeckt.

d) Kriterien für die Echtheit spirituellen Geschehens

Die bisherigen Überlegungen sind ein Grundansatz zu einer kritischen Sichtung der Frage nach einer neuen Gestalt gläubiger Praxis. Der Prozeß einer Prüfung erfordert zusätzliche, einzelne Kriterien, die sich immer auch aus dem jeweiligen Zusammenhang ergeben. Je mehr Kriterien zusammenkommen und je größer ihr Gewicht ist, um so eher kann man zu einer Gewißheit über die spirituelle Echtheit oder Unechtheit von Vorgängen oder Fakten kommen. Eine letzte Sicherheit, die jeden Zweifel ausschließt, ist jedoch nicht möglich, da die menschlichen, göttlichen und gegen-göttlichen Energien zwar an sich selbst deutlich unterschieden, im konkreten Lebensvollzug aber nicht adäquat unterscheidbar sind.

Wie schon erwähnt, muß sich eine spirituelle Kritik historischer Fakten auf diese Fakten selbst beschränken. Die beiden ersten Formen spiritueller Kritik schließen ein, daß eine Prüfung nur möglich ist, *während* die in Frage stehenden Worte oder Handlungen geschehen. Paulus ermahnt: „Auch zwei oder drei Propheten sollen zu Wort kommen, die anderen [die Adressaten und Zuhörer] sollen beurteilen" (diakrinetosan; 1 Kor 14,29). Ob Worte prophetischen Charakter haben, also „von Gott her" gesprochen sind, erkennt man nicht nur am Inhalt des Sprechens, sondern auch an den im Sprechvorgang ungesagt wirksamen Ausdrucksformen und Absichten (die neuere Sprachwissenschaft nennt sie „illokuti-

ve“ bzw. „perlokutive“ Akte). Sie können nur *während* des Sprechvorganges zuhörend und mitvollziehend erfaßt werden, nicht vorher und nicht nachher. Ähnliches gilt in bezug auf Handlungen, die möglicherweise geistgewirkt sind: Zu prüfen sind nicht nur die Konsequenzen dieses Handelns, sondern auch die Art und Weise, in der es geschieht.
Nennen wir einige Beispiele, die keineswegs insgesamt ein vollständiger Kriterienkatalog sind, aber doch die Richtung angeben, in der gefragt werden kann und muß (vgl. NMG 232-234). Es ist offenbar, daß die beiden hier genannten, auf die Mitarbeit in der Gesellschaft bezogenen Kriterien auch unabhängig von der Zugehörigkeit zu einer kirchlichen Gemeinschaft gelten und allgemein-wirgemäße, gesellschaftliche Bedeutung haben.
Führen Antriebe, Worte, Handlungen zur glaubenden, hoffenden und liebenden Hingabe an Gott (Mt 7,21) – oder erzeugen sie Angst und Mißtrauen gegen Gott (1 Joh 4,18)?
Geschehen sie nach dem Vorbild Jesu in aktueller Abhängigkeit von Gott (Joh 5,19.30) - oder mehr im Vertrauen auf die eigenen Fähigkeiten und Methoden?
Dienen sie dem Aufbau der Gemeinde (1 Kor 14,26.33.40) – oder führen sie zu feindseliger Polarisierung und zu Spaltungen (1 Kor 1,10f)?
Wird in notwendiger Kritik eine innere Hinordnung auf die gegenwärtige und zukünftige Kirche spürbar – oder innere Verletztheit, Resignation, Rechthaberei, Geltungsstreben?
Sind Zusammenkünfte getragen von der Verkündigung der Frohen Botschaft, von Gebet, missionarischen und diakonischen Impulsen – oder überwiegen persönliche Sympathien, menschliches Zusammengehörigkeitsgefühl, Gruppendynamik, menschliche Spannungen?
Lassen Antriebe, Worte oder Handlungen die Art und Dienstgesinnung des Herrn erkennen (Mk 10,45) – oder wird in ihnen die Tendenz spürbar, sich selbst zur Schau zu stellen (Mk 1,31-45; Mt 6,2)?
Wecken sie das Gespür für das Unrecht, das anderen geschieht (Mt 25,35f. 42f.; Röm 12,15) – oder verstärken sie die Blindheit für ihre Last?
Motivieren sie zur Mitarbeit an einer gerechteren Gesellschaftsordnung und zum Kampf gegen Unrecht und Unterdrückung – oder verführen sie zum Rückzug in eine selbstgenügsame Privatheit?
Lösen Erfahrungen, die auf das Wirken des Heiligen Geistes zurückgeführt werden, lediglich seelische Bewegtheit und oberflächliche Gefühle aus – oder erwächst aus ihnen bleibende Frucht (Mt 7,16-20) und die Fähigkeit zum nüchternen und treuen Dienst im Alltag?
Wirken sie sich mehr und mehr in alle Lebensbereiche hinein aus – oder führen sie zu einem geschlossenen Milieu innerhalb der Gruppe, zur Trennung von Alltag und „religiösem Bereich“?

Lösen Antriebe, Worte oder Handlungen bei mir und bei anderen Gelassenheit, Klarheit, Betroffenheit, Befreiung, Frieden und geistliche Freude aus – oder stiften sie Unruhe, Verwirrung, Verkrampfung, Lähmung, Bedrückung und Niedergeschlagenheit?
Bevor wir mit Hilfe der bisher erörterten Prinzipien tiefer in eine spirituelle Kritik der gewesenen Sozialgestalt der Kirche einsteigen, sind zunächst die historischen Fakten zu beschreiben, die zu ihrer Entstehung geführt haben.

III.
Die Entstehung des Strukturganzen aus Christentum und Gesellschaft

Der Begriff „Struktur" (von lat. struere = aufbauen, ordnen) bedarf einer kurzen Erläuterung. Er meint in der Soziologie den „erkennbaren, sich nur allmählich verändernden Wirkungszusammenhang sozialer Kräfte in der Gesellschaft", „den durch das Netzwerk der Beziehungen zwischen den sozialen Elementen vermittelten bzw. bewirkten Zusammenhang des gesellschaftlichen Ganzen."[13] Da „Element" einen Bestandteil meint, der mit anderen Bestandteilen zusammengesetzt ist, bevorzugen wir den Ausdruck „Moment" (aus movimentum, von movere = bewegen, in Bewegung setzen). „Moment" kann nur als Geschehen innerhalb eines in sich bewegten Ganzen verstanden werden, das nur innerhalb dieses Ganzen „ist" und es in Bewegung hält. Die einzelnen Strukturmomente bestehen nicht je für sich, sondern verhalten sich *relational* zueinander, und zwar so, daß sie einander durchdringen, tragen und konstituieren. Diese Relationalität eines Strukturmomentes auf ein anderes kann auch als „Funktion" bzw. Gegenfunktion bezeichnet werden. Ein Moment ist nicht „Fundament" oder „Träger" einer Relation, sondern wird nur durch die Gegenfunktion anderer Momente bestimmt.[14]
So sind etwa die ökonomischen, technologischen, politischen, sozialen und kulturellen „Kräfte" in der Gesellschaft nicht „Elemente", die auch je für sich sinnvoll und wirksam wären und nachträglich zu ihrer Konstitution in Beziehung zueinander träten; sie schließen vielmehr allseitig einander ein: Politisches Handeln steht in Beziehung zur sozialen Ord-

---

[13] Vgl. WSoz Bd. 3, 647
[14] Vgl. H. Mühlen: Der direkte Zugang zum Wirgeschehen, in: ThGl 85 (1995) 433-457; hier: 450; H. Rombach: Strukturontologie, [2]1988, 25.

nung, zu wirtschaftlichen und kulturellen Zusammenhängen usw.; wirtschaftliches Handeln ist abhängig und gesteuert von politischen und sozialen Konstellationen usw. Auch Religion im weitesten Sinn gehört (bisher noch) zu den inneren Strukturmomenten von „Gesellschaft".
Die Rede von einer „Symbiose" zwischen „Kirche" und Gesellschaft ist zwar begrifflich unscharf (wir werden später noch zeigen, warum im Hinblick auf diese Symbiose „Kirche" durch „Christentum" ersetzt werden sollte), bringt aber einen wesentlichen Aspekt der traditionellen Sozialgestalt der Kirche zum Ausdruck: Kirche und Gesellschaft sind Momente eines Strukturganzen, innerhalb dessen sie einander durchdringen und tragen, und zwar zunächst durchaus zum gegenseitigen „Nutzen". Von da her waren auch die Sozialisationsprozesse bestimmt, die jahrhundertelang die europäische Geschichte bestimmt haben.
„Sozialisation" gehört zunächst unter allen gesellschaftlichen Bedingungen unaufgebbar zur äußeren und inneren „Sozialgestalt" der Kirche, insofern sie „in dieser Welt als Gesellschaft (societas) verfaßt und geordnet ist" (LG 8). Die geschichtlich gewachsenen und bedingten Formen einer „selbstverständlichen", gesellschaftlich-kirchlichen Sozialisation schließen jedoch nicht eine Hinführung zu einer *direkten* Annahme des Bundesangebotes Gottes ein. Und vor allem: Diese Direktheit kann aus Sozialisationsprozessen nicht abgeleitet werden, so daß deren Annahme ein je eigenes, durchaus unselbstverständliches Freiheitsgeschehen ist. Eine Reflexion des Verhältnisses von Sozialisation und Freiheit gehört deshalb zum Kern der gesamtem Untersuchung. Von da her werden wir im folgenden Abschnitt (IV) auch unsere Kritik an der Tradierungskrise des Glaubens vortragen.

1. Sozialisation als inneres Moment von Gesellschaft

Das Wort „Sozialisation" hat im Deutschen erst zwischen 1950 und 1970 allgemeine Verbreitung gefunden und ist die Wiedergabe des seit dem 17. Jahrhundert nachgewiesenen Ausdrucks „Vergesellschaftung". Zwischen beiden Begriffen muß jedoch deutlich unterschieden werden.
(I) Gesellschaft im weitesten Sinne ist „das jeweils *umfassendste* System menschlichen Zusammenlebens." Über weitere einschränkende Merkmale besteht kein Einverständnis. Der Gesellschaftsbegriff ist immer Teil einer Theorie des menschlichen Zusammenlebens, als theoretischer Begriff immer abhängig von der sozialen Realität der Gesellschaft als Praxis."[15] Da die vorliegende Untersuchung sich nicht thematisch mit

[15] Lexikon zur Soziologie, hg. v. E. Fuchs u. a., Opladen 1973, 235.

den verschiedenen Gesellschaftstheorien auseinandersetzt, sei zunächst der gängige Befund referiert.

(1) Der *etymologische* Befund ist nicht ohne Bedeutung für eine angemessene Verwendung des Begriffs: „Gesellschaft, etymologisch verwandt mit ahd. sal (‚Raum'), selida (‚Wohnung'), mhd. geselle (‚Saal- und Hausgenosse'), davon abgeleitet mhd. gesellec (‚zugestellt, verbunden') und gesellen (‚vereinigen, verbinden'), bezeichnet allgemein eine durch Rede (Sprache) und Handlung bewirkte *Verbindung* zwischen Menschen, die Gesamtheit miteinander sprechender und zusammen handelnder Individuen, und zugleich den Zustand des Verbundenseins, die im Handlungszusammenhang von Bedürfnis, Arbeit und Herrschaft entstehende und an bestimmte Rede- und Handlungsnormen geknüpfte Verbindung selbst, den sozialen *Verband*. Das Wort besagt also zweierlei:

– den Inbegriff aktuell-sozialen Handelns *und*

– ein soziales Handlungsschema (z. B. Familie, Staat, Betrieb, Schule), das in Institutionen, Gruppen, Verbänden usw. geschichtlich aktualisiert wird."[16]

Dieser ursprüngliche Bedeutungsgehalt gründet darin, daß seit Anfang der Menschheitsgeschichte die Menschen in Horden und Klans, in erweiterten Familiengruppen und Stammesorganisationen zusammenlebten, die sich durch Kultur und Geschichtlichkeit deutlich von der tierischen Sozialität unterscheiden. Daran hat sich bis heute im Prinzip nichts geändert, auch wenn das Zusammenleben sich zunehmend in hochkomplexen gesellschaftlichen Systemen, multinationalen Verflechtungen und damit zugleich in anonymer Vereinzelung ereignet.

Halten wir deshalb nochmals fest: „Gesellschaft bedeutet wörtlich den Inbegriff räumlich vereint lebender oder vorübergehend auf einen Raum vereinter Personen"[17] und war ursprünglich „ein am räumlichen Beisammensein orientierter Begriff, der den Kreis der Mitmenschen umschloß, mit denen unmittelbarer Kontakt aus einem gegebenen Anlaß möglich

---

[16] M. Riedel: Gesellschaft, Gemeinschaft, in: GGB Bd. 2 (1975) 801-862; hier: 801f. Dieselbe Grundbedeutung hat auch das Wort „*Gemeinschaft*", abgeleitet von mhd. „gemeine" (zusammengehörig, gemeinsam, allgemein), mit der Grundbedeutung „mehreren (= gemeinsam) bzw. allen (= allgemein) in gleicher Weise zukommend". Das Wort bezeichnet gleichfalls

– die durch gemeinsames Sprechen und Handeln bewirkte personale Verbindung zwischen Menschen,

– den Zustand des Verbundenseins als soziales Handlungsschema, das der Aktualisierung bedarf (Beispiele: Ehe-, Berufs-, Betriebs-, Religionsgemeinschaft usw.) Vgl. a.a.O., 801f.

[17] T. Geiger: Gesellschaft, in: Handwörterbuch der Soziologie, hg. v. A. Vierkandt, 1931, 202.

war."[18] Von da her meint „Gesellschaft" das jeweils konkrete, im Umgang miteinander erfahrene mitmenschliche Beziehungsgefüge.

(2) Der *linguistische* Befund verdeutlicht den ursprünglich räumlichen Charakter von „Gesellschaft". Jedes soziale Beziehungsgefüge kann sich nämlich sprachlich in einem „wir" vergegenwärtigen: „Wir, die Familie N."; „wir, die Gewerkschaft N."; „wir Deutsche" usw. Diese Einbeziehung des linguistischen Befundes ist zwar in der Soziologie nicht allgemein üblich, verhilft aber dazu, im Hinblick auf den Sozialisationsprozeß das Problem des Verhältnisses von „Subjekt" und „Gesellschaft" genauer zu reflektieren.[19]

Die Wörterbücher geben folgende Auskunft: „Wir" steht „für den engeren oder weiteren Kreis, zu dem sich der Sprechende oder Schreibende rechnet", „für mehrere Personen, zu der die eigene gehört, für einen Kreis von Menschen, in den die eigene Person eingeschlossen ist."[20] „Wir" enthält also drei Grundelemente: Ich, Kreis von Mitmenschen und Eingeschlossen-sein in diesen Kreis. Der Personenkreis, der im Aussprechen von „wir" gegenwärtig wird, kann als das jeweilige *Wir* bezeichnet werden, und das Eingeschlossen-sein in ihn als *In-sein* in einem Wir.

Die Räumlichkeit dieses In-seins ist deutlich unterschieden von dem Insein in einem „Saal", vom Beisammensein an einem bestimmten Dingort. Es ist gänzlich unanschaulich und hat ontologischen Rang: Jeder Mensch wird aus einem Wir in ein Wir hineingeboren und befindet sich lebenslang „in" irgendeinem Wir. Niemand kann aus jeglichem Wir aussteigen: Sobald ich mich aus einem Wir ausgliedere, befinde ich mich „von selbst" in irgendeinem anderen Wir.[21] Der jeweilige Personenkreis, das jeweilige soziale Gefüge, in dem der einzelne lebt, kann als das jeweilige *konvivale Wir* bezeichnet werden. „Konvival" meint: zum Zusammenleben gehörig und weist darauf hin, daß die Urform von „Gesellschaft" ein am

---

18 G. Fürstenberg: Was heißt Gesellschaft? in: E. Bodzenta (Hg): Soziologie und Soziologiestudium. Wien / New York 1966, 7. Auf diese räumliche Grundbedeutung weist auch die Herkunft von „sozial" = „die menschliche Gemeinschaft oder Gesellschaft betreffend" aus dem Stamm sequi = „folgen, begleiten" hin. Vgl. HWP Bd. 3, 460; StL Bd. 2, 966.

19 Vgl. vor allem D. Geulen: Das vergesellschaftete Subjekt. Zur Grundlegung der Sozialisationstheorie. Frankfurt / M. 1989. Wir werden in einem wir-philosophischen Zusammenhang darauf zurückkommen.

20 J. und W. Grimm: Deutsches Wörterbuch, Bd. 14/2, Leipzig 1960, 524; Duden. Das große Wörterbuch der deutschen Sprache. Mannheim-Wien-Zürich 1981, Bd. 6, 2888; Duden, Bd. 10: Das Bedeutungswörterbuch ²1985, 758.

21 Vgl. H. Mühlen: Der direkte Zugang zum Wir-Geschehen. Hemeisologische Grundlegung der Wir-Philosophie, in: ThGl 85 (1995) 433-457.

räumlichen Beisammensein orientierter Begriff ist und sich in direkten Kontakten miteinander ereignet.
Das In-sein in irgendeinem Wir ist eine unhintergehbare Faktizität, ja, die menschliche Grundbefindlichkeit schlechthin. Diese philosophische Vertiefung des etymologischen und linguistischen Befundes ist von entscheidender Bedeutung für das Verständnis von „Sozialisation", wie sich ergeben wird.
(3) In der neueren Soziologie werden folgende Konzeptionen referiert:
(a) Gesellschaft ist ein Netzwerk sozialer Beziehungen von Individuen, die miteinander in Kontakt und Interaktion stehen. M. Weber bezeichnet diese Interaktionen als soziales Handeln. Es ist dadurch gekennzeichnet, daß sein vom Handelnden gemeinter Sinn immer *auf das Handeln anderer bezogen ist* und durch diese Orientierung *gesteuert* wird.
(b) Die soziale Systemtheorie (T. Parsons) versteht in der Nachfolge M. Webers Gesellschaft als ein soziales System mit gemeinschaftlicher Wertorientierung und Handlungsfähigkeit, das alle erhaltungsnotwendigen Funktionen in sich erfüllen kann (Autarkie). Die kleinsten Einheiten der Gesellschaft bestehen nicht aus Individuen, sondern aus „sozialen Interaktionen". Die daraus entstehenden organisierten Teilsysteme, zu denen dann auch die Kirchen gehören, sind in komplexer Weise miteinander verflochten, so daß sich ihre Anforderungen und Angebote überlagern und gegenseitig beeinflussen (N. Luhmann).
(c) In kulturanthropologischen Theorien wird Gesellschaft als Gruppe von Individuen definiert, die sich durch eine gesonderte Kultur (Wertsystem, Tradition) auszeichnet und unabhängig von anderen Gruppierungen ist (nicht Untergruppe einer anderen Gruppe). Bestimmend für die sozialen Beziehungen ist das *Hineinwachsen des einzelnen in die durch die Kultur angebotenen Orientierungen und Handlungsformen.*[22]

II. „Sozialisation" meint dieses Hineinwachsen von einzelnen und Gruppen in die Gesellschaft. In den verschiedenen Sozialisationstheorien finden sich folgende Aspekte von Gesellschaft wieder:
- Gesellschaft als System, in dem der einzelne Mensch Orientierung und eine bestimmte Ordnung findet;
- Gesteuert-werden des eigenen Handelns durch das Handeln anderer;
- Hineinwachsen des einzelnen in die durch die Kultur angebotenen Orientierungen und Handlungsformen.

Sozialisation ist näherhin „der Prozeß der Aneignung von und Auseinandersetzung mit gesellschaftlichen Werten, Normen und Handlungs-

[22] Vgl. Lexikon zur Soziologie, a.a.O., 236; „Gesellschaft" in: HWP Bd. 3 (1974) 459-465; hier: 464f.

mustern, in dessen Verlauf ein Gesellschaftsmitglied die soziale Handlungsfähigkeit erwirbt und/oder aufrechterhält." So kommt es zur Entstehung und Entwicklung der psycho-sozialen „Persönlichkeit" als eines je eigenen Gefüges von Merkmalen, Eigenschaften, Einstellungen und Handlungskompetenzen.[23] Sozialisation ist von da her die „Gesamtheit der Lernvorgänge, durch welche die psychischen Dispositionen zum sozialen Erleben und Verhalten gemäß den Normen der für die eigene Gruppe spezifischen Kultur erworben werden." Dieser Prozeß wird auch als „sozio-kultureller Beeinflussungsvorgang" bezeichnet.[24]

Zur Verdeutlichung von Sozialisationsprozessen müssen nun drei einander durchdringende, relational aufeinander bezogene „Ebenen" der *Sozialisationsbedingungen* unterschieden werden.[25]

(1) Der alles einschließende Ursprung von Sozialisationsprozessen sind die ökonomischen, technologischen, politischen, sozialen und kulturellen Strukturmomente der Gesellschaft als der umfassendsten Form menschlichen Zusammenlebens. Diese Strukturmomente sind ein in sich bewegtes Ganzes, so daß der Prozeß der Aneignung von Werten, Normen, Handlungsmustern durch dieses Ganze gesamtgesellschaftlicher Strukturmomente *„überformt"* ist.[26]

(2) Sie konkretisieren sich auf der *Institutionsebene* zu sozialen Organisationen, die auch als *Sozialisationsinstanzen* fungieren. Zu ihnen gehören öffentliche Einrichtungen, (bisher noch) die Kirchen als gesellschaftliche Großgruppen, Betriebe, Instanzen sozialer Kontrolle, Schulen, Interessenverbände, Massenmedien.

(3) Die wichtigste Bedingung zur Ausbildung der psychischen Disposition zum sozialen Erleben und Verhalten ist die *Interaktionsebene*, also der konkrete, direkte Umgang miteinander im Lebenszusammenhang von Arbeitswelt, Familien und Kleingruppen. Zu ihnen gehören innerhalb der Kirchen die jeweiligen Ortsgemeinden und andere kirchliche Gruppierungen.

III. Das Verb „sozialisieren" wird in der soziologischen Literatur weniger verwendet. Es hat jedoch nicht nur eine wirtschaftspolitische (etwa

---

23 WSoz Bd. 3, 604-607; hier: 604. Vgl. StL[7] Bd. 5 (1989) 4.

24 „Sozialisation" in: HWP Bd. 9 (1995) 1160-1166, hier: 1163, 1165 (W. Brezinka). Der Begriff „Sozialisation" bezieht sich „ausdrücklich auf die *Gesellschaftsbezogenheit* der Persönlichkeitsentwicklung", während „Erziehung" nur einen Teil derjenigen gesellschaftlich vermittelten Einflüsse auf die Persönlichkeitsentwicklung bezeichnet, die unter den Oberbegriff „Sozialisation" fallen, nämlich der bewußten und geplanten Einflußnahmen. Vgl. WSoz Bd. 3, 604; HWP Bd. 9, 1164.

25 Vgl. das Strukturmodell in: WSoz Bd. 3, 608.

26 WSoz Bd. 3, 607.

im Sinne von „verstaatlichen"), sondern auch eine gesamtgesellschaftliche Bedeutung und kann, ebenso wie das ältere „vergesellschaften"[27], transitiv und reflexiv gebraucht werden: jemanden sozialisieren, sich sozialisieren. Wir führen diese Differenz hier ein, da sie im Hinblick auf die „religiöse Sozialisation" von erheblicher Bedeutung ist.

(1) Primär im Sinne von *„jemanden sozialisieren"* ist die von der jeweiligen sozialen Mitwelt gesteuerte, *vorbewußte* Formung des psychischen Dispositionsgefüges, die dazu befähigt, in der jeweiligen sozialen Mitwelt in Kommunikation mit anderen zu handeln. Dieser Prozeß ist nicht auf die Kindheits- und Jugendphase beschränkt; vielmehr ist jedes Erlernen von sozialen Rollen und jede Eingliederung in eine Gruppe zunächst ein vorbewußtes, vor-reflexes Geschehen. Wenn dieser Prozeß dazu führt, daß der einzelne „die betreffenden Verhaltensstandards, Werte, Überzeugungen, Einstellungen usw. als seine ‚eigenen' bzw. als ‚Selbstverständlichkeiten' empfindet, spricht man von einer *Internalisierung* derselben."[28]

(2) Das bewußte und freie *„Sich-sozialisieren"* ist ein Sozialisationsprozeß im sekundären, erweiterten Sinn. Damit meint man zum Beispiel die „Lern- und Anpassungsprozesse, die vor, während oder nach der Entscheidung für eine politische Organisationszugehörigkeit diese Entscheidung im einzelnen durch Verinnerlichung der neuen Orientierungen, Werte und Verhaltensweisen absichern."[29] Der Beitritt zu einer politischen Organisation ist nicht lediglich ein vorbewußtes Hineinwachsen in deren Orientierungen und Verhaltensweisen, sondern im Prozeß der Verinnerlichung zugleich die bewußte und freie Aneignung von und Auseinandersetzung mit ihnen. Dies gilt dann auch für die „religiöse Sozialisation".

(3) Durch die primäre und sekundäre Übernahme der von der Kultur einer Gesellschaft geprägten Werte, Normen und Verhaltensweisen wird zugleich diese Kultur *tradiert*. Gesellschaft ist ständig in Bewegung und in ihrem Fortbestand auf diese Tradierungsprozesse angewiesen.

„Sozialisation" bezeichnet das Hineinwachsen von einzelnen und Gruppen in die Gesellschaft. „Vergesellschaftung" reservieren wir für den Versuch, der Gesamtgesellschaft bestimmte Normen und Verhaltensweisen verbindlich so vorzuschreiben, daß sie zu gesellschaftlichen Strukturprinzipien und somit auch zu Sozialisationsbedingungen werden. Dies geschah, wie sich zeigen wird, bei der Entstehung der Symbio-

---

[27] Vgl. HWP Bd. 9 (1995) 1161.

[28] Lexikon zur Soziologie, hg. v. E. Fuchs u. a., Opladen 1973, 622.

[29] Katholisches Soziallexikon, hg. v. A. Klose u. a., Innsbruck-Wien-München, 2694.

se von Christentum und Gesellschaft bzw. der Christianisierung Europas im 4.-9. Jahrhundert.

2. Rekonstruktion der Anfänge einer Symbiose von Christentum und Gesellschaft

a) Die innere Dynamik glaubensgeschichtlicher Epochen

Nach diesen Vorüberlegungen kann nun eine spirituelle Kritik von historischen Fakten in Angriff genommen werden, die von bestimmendem Einfluß auf die traditionelle kirchliche Sozialisationspraxis waren. Denn: die *Selbstverständlichkeit* des Hineinwachsen in die Kirche (PD 22) aufgrund *selbstverständlicher* Sozialisationsprozesse kann nicht zum unaufgebbaren innersten Wesen der Kirche gehören. Mit dem Abbruch dieser Prozesse ist ja zugleich auch die traditionelle „Weitergabe des Glaubens" unterbrochen und damit die Weiterexistenz der Kirchen in Europa grundsätzlich in Frage gestellt.

Bevor wir auf die Fakten zu sprechen kommen, in denen die Selbstverständlichkeit des Hineinwachsens in die Kirche gründet, sei auf die Aussage des Zweiten Vatikanischen Konzils hingewiesen: „Heute steht die Menschheit in einer *neuen Epoche* ihrer Geschichte (in nova historiae suae aetate versatur)." „Die Lebensbedingungen des modernen Menschen sind in gesellschaftlicher und kultureller Hinsicht zutiefst verändert, so daß man von einer *neuen Epoche* der Menschheitsgeschichte sprechen darf (ita ut de nova historiae humanae aetate loqui liceat)". (GS 4.54) Dies wirkt sich auch auf das religiöse Leben aus: „Einerseits läutert eine deutlicher ausgebildete kritische Kraft (acrior diiudicandi facultas) das religiöse Leben von einem magischen Weltverständnis und von noch vorhandenen abergläubischen Elementen und fordert mehr und mehr eine *ausdrücklicher personal vollzogene Glaubensbindung* (personalem et actuosam adhaesionem fidei), so daß nicht wenige zu einer *lebendigeren Gotteserfahrung* kommen (ad vividiorem sensum Dei). Andererseits geben breite Volksmassen das religiöse Leben praktisch auf." (GS 6.7) Mit „personal" ist hier ein „persönlicherer Vollzug der Freiheit" (magis personale libertatis exercitium) gemeint, so daß die kommende Epoche der Glaubensgeschichte bestimmt sein wird von einem intensiveren Freiheitsvollzug in der persönlichen Beziehung des einzelnen zu Gott inmitten der Gemeinschaft der Glaubenden.

Das Konzil sagt nicht, wann die gewesene Epoche begonnen hat. Es ist jedoch davon auszugehen, daß auch die gewesene Epoche einen Anfang hat, genauer: Wenn die im NT nicht vorgegebene, „lange bestehende Symbiose von Kirche und Gesellschaft" nunmehr auseinanderbricht

(PD 23), dann muß sie einen Anfang haben und muß sich durchgehalten haben. Deshalb ist zunächst eine Besinnung auf die innere Dynamik glaubensgeschichtlicher Epochen erforderlich: Wenn „eine bestimmte Form von kirchlichem Leben eine Ablösung erfährt, ohne daß schon eine neue, überzeugende Gestalt am Horizont erscheint" (PD 4), dann kann die Entdeckung einer „neuen" gläubigen Praxis sich zureichend nur unter Einbeziehung dieser Ablösung vollziehen, schließt also die gewesene Glaubensgeschichte kritisch ein: Eine „neue" Praxis fängt nicht ganz von vorne an, ist aber auch nicht ein geschichtsloser Rücksprung in das Neue Testament oder eine nur leicht variierte Reproduktion der gewesenen Praxis. Eine Kritik kirchlicher Sozialisationsprozesse wäre auch direkt, ohne Rückgriff auf „epochale" Zusammenhänge möglich. Eine glaubensgeschichtliche Begründung dieser Kritik erfordert jedoch den Versuch, den epochalen Anfang der gewesenen Sozialgestalt der Kirche zu rekonstruieren.

Das deutsche Lehnwort „Epoche" (über mlt. epocha aus griech. epoche) meint wörtlich „das Anhalten".[30] Eine Epoche ist also zunächst das Anhalten oder auch Aufhören der je vorangegangenen Entwicklung, ein Einschnitt, und damit zugleich der Anfang von etwas Neuem. Eben dieses Anhalten, dieses Aufhören, wird in dem oben erwähnten Schreiben der Deutschen Bischöfe (PD) deutlich zum Thema. Es bewegt sich innerhalb eines epochalen Einschnittes, im gleichsam leeren Zwischenraum zwischen dem nun unhintergehbar offenbar gewordenen Aufhören einer jahrhundertelangen Entwicklung und dem noch nicht deutlich erkennbaren Neubeginn.

Mit „Epoche" ist jedoch nicht nur der Einschnitt als solcher gemeint, sondern auch die ganze nachfolgende Zeit, die von ihm bleibend bestimmt und charakterisiert ist. Der umfassende Begriff von Epoche meint also die prozeßhafte Explikation ihres eigenen, bleibenden Anfangs, so daß sie im geschichtlichen Rückblick als ein Ganzes erscheint. Dieses Ganze zeigt sich in sich durchhaltenden Weisen des Empfindens, Denkens und Handelns. Am Anfang einer Epoche ist dieser umgreifende Zug noch nicht oder nur ganz anfänglich thematisierbar und noch nicht reflex ausformuliert. Da die Denk- und Handlungsschritte innerhalb einer Epoche jedoch vorwiegend explikativer Natur sind und so der epochale Anfang sich immer deutlicher als solcher zeigt, kann er am Ende einer Epoche oder in einer neuen Epoche, das heißt aus

---

[30] Vgl. zur philosophischen Diskussion über den *„Begriff"* von „Epoche" H. Mühlen, Die Wir-Philosophie als dritte Thematisierungsstufe in der abendländischen Denkgeschichte, ThGl 84 (1994) 1-36; hier: 3-8.

geschichtlichem Abstand, bis zu einem gewissen Grade reflektiert und so nachträglich *als* Anfang erkannt werden.
Die innere Dynamik des menschlichen Denkens und Handelns bringt es mit sich, daß eine Epoche den Charakter einer aufsteigenden und abfallenden Intensitätskurve hat. Die Anfänge sind erschütternd, ergreifend, fesselnd und bringen Erfahrungen zur Sprache, die nur in Jahrhunderten durchreflektiert werden und Gestalt annehmen können. (Die gewesene Epoche war geprägt von der „faszinierenden" Idee eines „heiligen römischen Reiches": Sacrum Imperium Romanum, wie später dargestellt werden soll.) Die Selbst-Explikation des epochalen Anfangs geschieht mit ansteigender Intensität, erreicht einen Höhepunkt, in dem das Ganze sich gleichsam sammelt, und verflacht dann wieder, bis der epochale Ansatz nichts mehr hergibt oder sich als unzureichend erweist: In dem Maße als die faszinierende Anfangserfahrung durchlebt, durchdacht, verbraucht ist, verliert sie ihre Anziehungskraft.
Die über das Gewesene hinausweisenden Anfänge einer neuen Epoche werden von den unmittelbar in einem epochalen Umbruch Lebenden dann als etwas „Neues" erfahren, so daß das Bewußtsein der Diskontinuität stärker ist als das der Kontinuität mit dem Gewesenen. Bei näherem Zusehen zeigt sich jedoch, daß die neue Epoche sich im Fortgang der gewesenen schon mehr oder weniger deutlich angekündigt hat und daß die gewesene Epoche in der neuen als verwandelte anwesend bleibt. Das epochal Neue ist jedoch nicht in jedem Fall ein „Fortschritt" zum Besseren. Deshalb treten innerhalb einer neuen Epoche immer wieder Gegenbewegungen gegen den „Zeitgeist" auf, die Empfindungs-, Denk- und Handlungsweisen einer gewesenen Epoche nicht als vergangen, sondern als immer noch gegenwärtig ansehen und unverwandelt durchzuhalten versuchen. Die gilt im Prinzip auch hinsichtlich der bis heute andauernden kirchlichen Sozialisationspraxis.
In den folgenden Überlegungen geht es deshalb primär um die Frage nach dem geschichtlichen Ursprung und Anfang dieser Praxis. Dies ist um so eher möglich, als sich der Anfang einer Epoche *als* Anfang erst im Rückblick auf seine Wirkungsgeschichte zeigt. Er ist jedoch nicht auf ein Datum fixierbar, sondern immer ein Gesamtgefüge, ein Netz mehrerer Anfänge. Näherhin ist der geschichtliche Anfang kirchlicher Sozialisationsprozesse in Europa durch folgende Anfänge bestimmt:
- Christianisierung des römischen Imperiums bei gleichzeitiger Imperialisierung der Kirche (Konstantin);
- Imperialisierung des Glaubensbekenntnisses (Theodosius I.);
- Imperialisierung der Taufe (Justinian I., Karl der Große).

Auf diese Weise wurden zunächst ganz allgemein die christliche Religion, dann das Glaubensbekenntnis und schließlich der Empfang der

Taufe in das Ganze der gesellschaftlich-imperialen Struktur eingefügt und so zu inneren Strukturmomenten des Sacrum Imperium Romanum. Im folgenden geht es um eine Rekonstruktion dieses *Anfangs*, denn hier zeigt sich die Komplexität der Gegenwart in ihren einfachsten Grundstrukturen. Dabei kann es nicht darum gehen, den gesamten historischen Befund auszubreiten. Diese Rekonstruktion geschieht vielmehr aufgrund heutiger Fragestellungen und mit Hilfe von heute vorliegenden soziologischen und philosophischen Forschungsergebnissen. Es geht also im folgenden nicht um einen „von vorne" beginnenden Nachvollzug geschichtlicher Entwicklungsgänge, sondern um eine fragende Rückschau vom Ende einer Entwicklung her auf den Anfang. Auch stellen wir nicht die Frage, ob die Kirche sich gegen die Religionspolitik der ersten christlichen Kaiser hätte wehren müssen oder überhaupt hätte wehren können. Wir gehen lediglich von den in Texten sich zeigenden Fakten aus, die im 4.-9. Jahrhundert (von Konstantin bis zu Karl dem Großen) wirkungsgeschichtlich zu einem Strukturganzen aus römischem Imperium und Christentum geführt haben.

b) Terminologische Besinnung

Der Versuch der Rekonstruktion eines epochalen Anfangs setzt an beim Ende einer Entwicklung. Von da her ist eine angemessene Begrifflichkeit von hoher Bedeutung, da sie unhintergehbar den Gang der Rückfrage bestimmt. Wir entnehmen diese Begrifflichkeit zunächst der Vorstellung „Sacrum Imperium Romanum" („Heiliges Römisches Reich"). Sie ist seit 1254 die offizielle Bezeichnung für den Herrschaftsbereich des abendländischen römischen Kaisers (seit dem 15. Jahrhundert: „Heiliges Römisches Reich Deutscher Nation"). Dieses „Reich" zerbrach durch viele Wandlungsstufen hindurch erst 1806, aber das Ineinander von Christentum und Gesellschaft war damit keineswegs erloschen: Bis in das vorige Jahrhundert hinein war in den europäischen Staaten, „welche das Christentum als Grundlage der Staatsverfassung genommen haben, die Taufe die *Bedingung* zum vollen Genusse der bürgerlichen Rechte und zur vollen bürgerlichen Rechtsfähigkeit."[31]

Man kann sicherlich nicht von einer unverändert sich durchhaltenden, einheitlichen „Reichsidee" sprechen, aber: Diese Idee war ein mit innerer Dynamik erfüllter, epochal wirksamer Begriff, eine je nach geschichtlicher Situation abgewandelte Leitvorstellung, nach der die gesellschaft-

---

[31] J. Helfert: Darstellung der Rechte, welche in Ansehung der heiligen Handlungen, dann der heiligen und religiösen Sachen sowohl nach kirchlichen, als nach Österreichisch-bürgerlichen Gesetzen Statt finden. Prag 1826, 18.

lich-politische Wirklichkeit gestaltet wurde. Sie hat eine faszinative Kraft dadurch erhalten, daß sie als „heilig" und somit als theologisch legitimiert und unantastbar galt. So wurde sie zum geschichtsmächtigen, „epochalen" Transformator einer bestimmten spannungsgeladenen Form kirchlichen Lebens, deren fortschreitende Auflösung wir später genauer beschreiben werden.

Wie oben gezeigt, meint „Gesellschaft" im weitesten Sinne das jeweils umfassendste System menschlichen Zusammenlebens. Die neueren Darstellungen des Verständnisses von Gesellschaft in der Antike gehen vom aristotelischen Begriff der koinonia aus. Er bezeichnet das „Vergesellschaftetsein im elementaren Sinne"[32] und umfaßt noch ungeschieden alle Momente, die sich später dann ausdifferenziert haben: Staat, Politik, Gemeinschaft, Religion. Der Begriff „Gesellschaft" ist jedoch viel zu weit gefaßt, wenn man die nun zu beschreibende Entwicklung zureichend erfassen will.

Zum Verständnis der römischen und spätantiken Staatsauffassung ist zunächst der imperiale Charakter der Gesellschaft von zentraler Bedeutung. Die „Gesellschaft" (societas civilis) hat ihr Zentrum in der monarchischen Herrschaftsform, im rex (die idg. Wurzel ist reg-: „aufrichten, lenken, führen, herrschen") und seinem „imperium" = „Befehl", „Anordnung", „Befehlsgewalt" (von imperare, befehlen, anordnen).[33] Bereits seit Cicero wurde dieser Begriff dann verräumlicht, so daß „imperium" identisch wurde mit dem Erdkreis als einem räumlich und zeitlich nicht begrenzten Reich. „Die ethische Rechtfertigung römischer Herrschaft, mit Ideen von Frieden und Gerechtigkeit zu einem Sendungsbewußtsein gesteigert, ist fortan vom römischen Reichsbegriff unablösbar"[34] und auch für Konstantin, den ersten christlichen Kaiser, maßgebend.

Von höchster Bedeutung für den späteren Prozeß der „Säkularisierung" ist das Faktum, daß die so entstehende „Gesellschaft" einen durch und durch *imperialen* (= zum Imperium gehörigen) Charakter hat, so daß man von einer *monokratischen Imperialisierung* der „Gesellschaft" sprechen muß, und zwar in einem doppelten Sinne:
– sie untersteht dem imperium, der Befehlsgewalt des Kaisers, und zwar
– innerhalb des *einen*, räumlich und zeitlich unbegrenzten Herrschaftsgebietes des christlichen Kaisers, das ebenfalls „Imperium" genannt wird.

---

32 Gesellschaft, Gemeinschaft, in: GGB Bd. 2 (1975) 804.

33 Vgl. Reich, in: GGB, Bd. 5 (1984) 423-508; hier: 425.

34 AaO., 426.

Hier zeigt sich ein unübersehbarer Unterschied zum „modernen“ bzw. „postmodernen“ Verständnis von Gesellschaft als einem tendentiell *anonymen*, relativ *bindungsfreien* Zusammenleben von vielen einzelnen (entstanden aus der „bürgerlichen Gesellschaft“ des 17./18. Jahrhunderts).[35] Diese Differenz kann terminologisch nicht ohne weiteres beseitigt werden, muß aber im Blick bleiben.
Die Rede von einer Symbiose zwischen Gesellschaft und „Kirche“ kann und muß jedoch korrigiert werden. Kirche ist biblisch das neue „Volk Gottes“ und gründet in der atl Bundesverheißung: „Ich bin euer Gott und ihr seid mein Volk“ (Gen 17,7f; Ex 6,7; Lev 26,12; Dt 26,17f; 29,12f u. ö.). Alle Initiative geht dabei von Gott aus. Kirche ist nur deshalb „Volk Gottes“, weil Gott ihr eine bundesgemäße Ich-Ihr-Beziehung angeboten hat und weiterhin anbietet: Kirche hat ihren eigentlichen und letzten Ursprung nicht in gesellschaftlichen Kräften, sondern im Bundesangebot Gottes, in der Selbsterschließung seines bundesgemäßen Mit-seins. Die Kirche ist zwar soziologisch auch eine gesellschaftliche Großgruppe innerhalb der jeweiligen Gesellschaft, wird aber nie mit ihr deckungsgleich, da ihre eigene gesellschaftliche Verfaßtheit eben auch und primär *spirituelle* Urgründe hat (der Geist Christi ist im kirchlichen Selbstverständnis das „unerschaffene“ principium unitatis; vgl. LG 8). Dies gilt letztlich auch von der Kirche als institutioneller Ordnung der Gemeinschaft der Christen, wie auch immer sie im einzelnen ausgeprägt ist: Die sichtbare Versammlung und die geistliche Gemeinschaft sind eine einzige komplexe Wirklichkeit (LG 8), und zwar auch dann, wenn die institutionelle Kirche keine bundesgemäßen (kollegialen) Strukturen ausbildet und sich weder Gott noch der Gesellschaft gegenüber „bundesgemäß“ verhält. Wir reservieren deshalb terminologisch „Kirche“ für dieses ihr eigenes Selbstverständnis, wenngleich es in dem in Frage stehenden epochalen Anfang ebenfalls nur anfanghaft ausgeprägt ist.
Die mit Kaiser Konstantin entstehende „Reichskirche“ kann von da her nicht als „Kirche“ im eigentlichen Sinn bezeichnet werden. Sie hat vielmehr die Sozialgestalt einer vom Kaiser hergestellten und zunächst in seiner Person sich vollziehenden Synthese von „Christentum“ und Imperium. Diese Terminologie ist auch der Kirchengeschichtsschreibung geläufig. Der abstrakte Ausdruck „Christentum“ hat eine weitläufige Begriffsgeschichte.[36] Eusebius, der Biograph Kaiser Konstantins, „setzt das Christentum als eine kaine kai alethes theosophia (eine neue und wahrheitsgemäße Gottesweisheit) dem Heidentum (Hellenismos)

[35] Vgl. dazu auch die Grundbedeutungen von „Gesellschaft“, in: NHThG Bd. 2, 67f.
[36] Vgl. HWP Bd. 1, 1008-1016.

und Judentum entgegen."[37] Das Wort dient hier zur Unterscheidung der christlichen „Religion" von der heidnischen und jüdischen. „Christentum" meint zur Zeit Kaiser Konstantins somit ganz allgemein die religiöse *Außenansicht*, die äußere gesellschaftliche Erscheinung der christlichen Religion, also den Gott der Christen, ihre Gemeinschaft sowie den sie prägenden dogmatischen und ethischen Lehrgehalt. Wir gebrauchen das Wort „Christentum" deshalb im folgenden ebenfalls in diesem religiös-gesellschaftlichen Verständnis. Aber: Die bundesgemäße Ich-Ihr-Beziehung Gottes zu seinem Volk ist nicht Ergebnis religiöser Bemühungen und kann deshalb auch nicht aus der gesellschaftlichen Außenansicht der Gemeinschaft der Christen abgeleitet werden.

Die mit Kaiser Konstantin beginnende Entfaltung der Idee einer „Reichskirche" ist von da her nicht eine Synthese des innersten, spirituellen Ursprungs der *Kirche* mit dem römischen Imperium, sondern eine Synthese von Imperium und *Christentum* bzw. christlicher Religion. Kirche als das neue Bundesvolk, das *als* Antwort auf das Bundesangebot Gottes existiert (oder als dessen Verweigerung, aber dann immer noch von diesem Angebot Gottes her!), kommt in dieser vom römischen Imperator hergestellten Synthese nicht vor. Sie ist vielmehr eine (nicht bundesgemäße) *Christianisierung des römischen Imperiums* und gleichursprünglich eine *Imperialisierung des Christentums.*

„Christianisierung" meint hier nicht die Hinführung einzelner zu Umkehr, Taufe, Geistempfang, Annahme des von Gott angebotenen Bundes, sondern lediglich die nunmehr öffentliche Anerkennung und Geltung des Christentums als einer staatstragenden Religion, wie sich genauer ergeben wird. Man könnte auch von einer allgemeinen „Vergesellschaftung" des Christentums sprechen. „Imperialisierung" ist jedoch eindeutiger, denn „imperium" hat die zweifache Bedeutung von „Reich" und „Befehlsgewalt":

– Im römischen Reich (Imperium) erhalten nunmehr Monotheismus und Kult des Christentums die politische Funktion der alten Religion, die salus publica, die allgemeine Wohlfahrt, zu gewährleisten.

– Das Christentum wird (noch) nicht mit Zwangsmaßnahmen eingeführt, aber doch auf kaiserlichen Befehl (imperium) hin durch Vergünstigungen usw.

Diese zweifache Bedeutung ist in geschichtlich abgewandelter Form bis in unser Jahrhundert hinein maßgeblich geblieben für gesellschaftlich-kirchliche („volkskirchliche") Sozialisationsprozesse (vgl. SP 9f.48): Die Aneignung christlicher Wahrheiten, Normen, Werte, Verhaltensweisen

---

[37] Praeparatio evangelica 5; vgl. HWP, a.a.O., 1009.

wird von *allen* Mitgliedern einer konkret verfaßten Gesellschaft, eines „Reiches“, erwartet, und zwar als selbstverständliche staatsbürgerliche „Pflicht“. In dieser Pflichtgemäßheit des Christwerdens zeigt sich der letzte Rest staatlicher „Anordnung“ im Sinne von „imperium“.

c) Die allgemeine Christianisierung des römischen Imperiums (Konstantin I.)

Während der Verfolgungszeit der beiden ersten Jahrhunderte war der Gegensatz zwischen Kirche und „Welt“ vorherrschend. Die kirchliche Sozialisierung geschah in einem Katechumenat mit verschiedenen Stufen des Hineinwachsens in die Kirche, also durch Selbst-Sozialisierung. Diese war keineswegs „selbstverständlich“, sondern u. U. sogar mit dem Risiko von staatlicher Verfolgung bis hin zum Martyrium verbunden.
Dies änderte sich fast schlagartig mit Kaiser Konstantin: Das römische Imperium beansprucht nunmehr das Christentum anstelle des alten Kultes der vielen Götter zur Gewährleistung der *salus publica*,[38] und zwar durchaus auch aufgrund eines politischen Kalküls: Konstantin hat „die Nützlichkeit der kirchlichen Organisation erkannt und für die staatliche Bestandssicherung konsequent eingesetzt.“[39] Die Analogie zur biologischen „Symbiose“ (= „Zusammenleben von Lebewesen verschiedener Art *zu gegenseitigem Nutzen*“) ist hier durchaus zutreffend.
Wie Eusebius berichtet, hat nämlich Konstantin den Gott der Christen in der berühmten Schlacht bei der Milvischen Brücke in Rom als seinen „Bundesgenossen“ erfahren: „Als Konstantin … den Krieg nach dem Gesetz begonnen hatte und Gott auf eine ganz unerwartete Weise *mitkämpfte* (theou symmachountos), fiel Maxentius bei Rom durch Konstantin … Er rief durch Gebete den himmlischen Gott und seinen Logos, Jesus Christus, den Retter von allen Menschen, als *Bundesgenossen* (symmachon) an, dann ging er mit dem ganzen Heer voran … Der

---

[38] „Bei Konstantin verschmilzt *das politische Heil* mit dem himmlischen, das zeitliche mit dem ewigen, das staatliche mit dem kirchlichen Heil. Das ‚allgemeine Heil‘ ist die ‚salus publica‘. Hier sind grundsätzlich bereits die Grenzen zwischen Kirche und Staat durchbrochen: Das ‚christliche Imperium‘ tritt in seinen ersten Umrissen hervor. Da jede Handlung des Kaisers zum ‚allgemeinen Heil‘ dient, erhält sie Heilscharakter, ist sie dem eigentlich Profanen entnommen. Damit erreicht die Sakralisierung des Politischen eine im Heidentum kaum erreichte Intensität und Kraft.“ A. Hernegger: Macht ohne Auftrag. Die Entstehung der Staats- und Volkskirche. Olten u. Freiburg, Br. 1963, 167.

[39] W.-D. Hauschild: Lehrbuch der Kirchen- und Dogmengeschichte, Bd. 1, Gütersloh 1995, 135.

Kaiser aber, im Vertrauen auf die *Bundesgenossenschaft Gottes* (theou symmachias) ging gegen die erste und zweite und dritte Ordnung des Tyrannen vor ...“[40]
Dieser Anruf Gottes als „Bundesgenossen“ hatte religiös-imperialen Charakter und war keineswegs die Annahme des allein von Gott ausgehenden Bundesangebotes. Der Text zeigt vielmehr, daß Konstantin sein persönliches Verhältnis zu diesem allmächtigen Gott im Sinne eines *Schutzbundes* verstanden hat, der einer Stabilisierung des nunmehr christlichen Imperiums dient. Von einer „Bekehrung“ im Sinne eines grundlegenden Wandels wird man aber nicht ausgehen können (er ließ sich erst auf seinem Sterbelager 337 taufen): Der Übergang von der Verehrung des unbesiegten Sonnengottes (sol invictus) zum christlichen Gott als einer Schutzmacht war fast bruchlos. „Konstantin selber war der Meinung, den Gott, zu dem er betete, nie gewechselt zu haben“.[41] Von da her kann man nicht von einem epochalen Einschnitt sprechen. Wir übernehmen deshalb auch nicht die ideologiekritische Rede von der „konstantinischen Wende“ bzw. Epoche.[42] Eher könnte man von einem beginnenden *Bündnis* zwischen Römischem Imperium und Christentum sprechen, vom „konstantinischen Bund“ zwischen christlicher Religion und Imperium. Die in höchstem Maße wirkungsgeschichtliche, politische Grundidee dabei war: *Ein Gott – ein Reich – ein Kaiser.*[43]
Mit Kaiser Konstantin beginnt die Entwicklung der Idee einer „Reichskirche“ im Sinne eines umfassenden, imperialen Herrschafts- und Ordnungsgefüges. Diese Idee ist bei Konstantin aber noch keineswegs ausgeprägt. Sie zeigt sich zunächst in der Überzeugung Konstantins von seiner

---

[40] Eusebius: Kirchengeschichte, Bd. IX, 9, 1-5 (Bericht über die Schlacht Konstantins an der Milvischen Brücke); vgl. V. Keil (Hg): Quellensammlung zur Religionspolitik Konstantins des Großen. Darmstadt 1989, 44-47.

[41] A. Hernegger, a.a.O., 137.

[42] Zur Problematik dieses Begriffes vgl. TRE Bd. 19, 501ff.

[43] A. Hernegger, a.a.O., 136f; vgl. E. Peterson: Der Monotheismus als politisches Problem, in: ders.: Theologische Traktate, hg. v. B. Nichtweiß, Würzburg 1994, Bd. 1, 23-81; hier: 50f. Vgl. Eusebius: Vita Constantini 2,65: „Fürs erste wollte ich aller Völker Sinnen und Trachten, soweit es sich auf Gott hinrichtet, *gleichförmig machen und vereinen*, dann aber den Körper des ganzen Erdkreises, der gleichsam an einer schweren Wunde litt, erquicken und verbinden. Diese Ziele vor mir, schaute ich auf das eine mit dem geheimen Auge der Erkenntnis, und das andere suchte ich durch ein mächtiges Heer glücklich zu erreichen, in der Überzeugung, wenn ich unter allen Dienern Gottes meinen Wünschen gemäß *eine allgemeine Eintracht herstellen* könnte, würde *auch* die Verwaltung des Staatswesens eine glückliche, der frommen Gesinnung aller entsprechende Umwandlung erleben.“

persönlichen Erwählung.[44] „Mit durchdringender Stimme bezeugte und kündete er [Konstantin] ihnen an, daß sie Gott Rechenschaft geben müßten für ihre Handlungen; ihm [Konstantin] habe nämlich der höchste Gott *die Herrschaft über alle Bewohner der Erde verliehen (epi panton ton epi ges ten basileian paraschein).*"[45]
Eusebius interpretiert dieses Verhältnis zwischen Gott und dem Kaiser im Sinne der platonischen bzw. mittelplatonischen Urbild-Abbild-Theorie: Konstantin ist „Abbild" (eikon) und „Nachahmung" (mimesis) des himmlischen Kaisers: Die Ordnung der Welt ist eine imperial-monokratische Hierarchie, deren Stufenfolge Gott-Christus-Kaiser ist. Der eine Gott kann nur in dem einen Kaiser sein Abbild haben. In Nachahmung des Mächtigeren führt er das Steuer aller Dinge *auf Erden* (epi ges), denn es gibt nur einen einzigen gottgeliebten Herrscher *auf Erden* (epi ges).[46] Dieses Urbild-Abbild-Verhältnis zwischen dem göttlichen als imperial verstandenen All-Kaiser und dem menschlichen Kaiser schließt die imperiale Herrschaft (basileia) des menschlichen Kaisers „auf Erden" (epi ges) ein, so daß die so entstehende „Reichskirche" mehr und mehr zum „Gottesreich auf Erden" wird, „das durch die ordnende Kraft von Gottes Willen zustande kommt."[47] Damit hat Konstantin wie nur wenige Gestalten auf epochale Weise die weitere Geschichte der Kirche bestimmt: Fortan schützt jahrhundertelang der imperiale Staat die Kirche, und die Kirche unterstützt die Politik des Imperiums. Unter Konstantin wird das Christentum zum gesellschaftsfähigen corpus christian-

---

[44] „Konstantin aber, der durch die lauterste Tugend der Gottesfurcht ausgezeichnete Kaiser, der Siegreiche (denn diesen Beinamen hatte er sich mit vollstem Rechte wegen des ihm von Gott [!] über alle Gegner und Feinde geschenkten Sieges genommen), Konstantin bekam wieder den Osten und brachte das römische Reich ganz und ungeteilt, wie es früher gewesen war, an sich, um sofort allen die Botschaft von *Gott, dem einzigen Herrscher*, zu bringen, als *einziger Herrscher im mächtigen römischen Reiche* aber auch selbst die gesamte Welt zu leiten." (Eusebius: Leben Konstantins, Bd. II, 19; BKV Eusebius, Bd. I [1913], 62).

[45] Eusebius: Leben Konstantins, Bd. IV, 29; BKV Eusebius, Bd. I, 163; GCS Eusebius Bd. I, 129, 9.

[46] „Von dem Logos und durch ihn (tou theou logos, par' hou kai di' hou) trägt der gottgeliebte Kaiser das *Abbild des obersten Königtums* (tes anotato basileias ten eikona pheron), lenkt und führt in *Nachahmung* des Mächtigeren (kata mimesin tou kreittonos) das Steuer aller Dinge *auf Erden* (ton epi ges hapanton)." (Eusebius: Laus Constantini [hier: Tricennatsrede] 1, 6; GCS, Eusebius Bd. I, 199, 1-3.) Vgl. A. Hernegger, a.a.O., 228.
„Und sie rufen laut *einen einzigen Gott* über allen an (hena ... ton epi panton theon).. wie sie auch einen einzigen gottgeliebten Herrscher *auf Erden* kundtun (hena de kai ton epi ges ... basilea ... theophileis)". Eusebius: Laus Constantini 10, 6; GCS Eusebius Bd. I, 223, 9f.

[47] A. Hernegger, a.a.O., 171.

orum, die Kirche zu einer öffentlichen Körperschaft göttlichen Rechts. Die politische Reichsidee wurde dann zum Transformator der Religionsgesetze der Kaiser Theodosius und Justinian, aufgrund deren das Christentum zur *verbindlichen* Reichsreligion wurde.
Im Hinblick darauf ist hervorzuheben: Das in „Reichskirche“ enthaltene Wort „Kirche“ meint nicht die Gemeinschaft derer, die sich durch Umkehr, Taufe, Geistempfang Gott persönlich-bundesgemäß anvertraut haben, sondern die von der Institution Kirche geduldete und geförderte, äußere Einstiftung des Christentums (der christlichen „Religion“) in die imperiale Gesellschaft. „Kirche“ meint in diesem Zusammenhang also lediglich die gesellschaftlich-funktionelle *Außenansicht* des Christentums: den Gott der Christen, ihren Kult, den diese Religion prägenden dogmatischen und ethischen Lehrgehalt.
Die Vorläufigkeit des Reiches Gottes auf Erden wurde bei der Entstehung der Idee einer Reichskirche nicht radikal geleugnet. Wir brauchen deshalb hier nicht näher auf die These einzugehen, ob in dieser Idee die Botschaft Jesu vom kommenden Reich Gottes „enteschatologisiert“ wurde.[48] Der Begriff „Eschatologie“ wurde erst Ende des 17. Jahrhunderts eingeführt[49] und bedarf noch einer umfassenden Klärung, bevor er in weiter zurückliegende Texte eingetragen wird (er enthält- wie der Ausdruck „Naherwartung“ zeigt – nicht selten die Vorstellung von hintereinandergeordneten Zeitstücken). Wir müssen uns jetzt hier nicht auf eine Diskussion dieser differenzierten Problematik einlassen. Richtig ist in jedem Falle, daß in der Reichstheologie des Eusebius „der *Bund zwischen Kirche und Kaiser* nicht nur tatsächlich, sondern bewußt geschlossen und bejaht“[50] ist und er von einer *Immanenz* des als imperial verstandenen Gottesreiches im römischen Weltreich ausgeht. Es sei

---

48 „Das endzeitliche Geschehen wird in der Geschichte bereits vorweggenommen, so daß das verheißene Eschaton, das Eusebius nicht in Abrede stellt, ... als das Offenbarwerden der ewigen Vorsehung in der Zeit begriffen wird ... Der entscheidendste Aspekt der eusebianischen Ideologie ist ohne Zweifel die Transponierung der eschatologischen Heilszeit in die Geschichte, genauer in die Geschichte des Römischen Reiches, und die damit verbundene Verwischung aller Grenzen zwischen Heilsgeschehen und politischem Geschehen,“ so daß man von einer „Vergeschichtlichung oder Verzeitlichung der Eschatologie“ sprechen muß. A. Hernegger, a.a.O., 238-242.

49 Vgl. HWP Bd. 2, 740. „Eschatologie“ meint wörtlich: Lehre vom Äußersten, Letzten, von den letzten Dingen. Bei diesem Reden über das Letzte wird dieses notwendig vorgestellt, objektiviert und Zeit entsprechend in Zeitstücken gedacht. Damit aber kann Zeit als geschehendes Geschehen nicht erfaßt werden. Deshalb vermeiden wird diesen Ausdruck. Eine Auseinandersetzung mit dem biblischen oder modernen Zeitbegriff ist hier nicht möglich. Vgl. den Ansatz dazu in dem im Anhang I veröffentlichten Aufsatz.

50 A. Hernegger, a.a.O., 242.

nochmals betont, daß „imperium“ die Grundbedeutung von „Befehlsgewalt“ hat, so daß man hinsichtlich der *ausdrücklichen Absicht* Kaiser Konstantins eher von einer „Imperialisierung“ der biblischen Verheißung des Reiches Gottes sprechen muß als von einer „Enteschatologisierung“.
Es wird sich später genauer zeigen, daß dieser allererste Anfang auch für die Sozialisationspraxis der Kirche von kaum zu überschätzender Bedeutung wurde: Von nun an gilt es, in diese menschlich hergestellte Synthese zwischen dem römischen Imperium und dem Christentum hineinzuwachsen (zur Zeit Karls des Großen wird die Treue zum Kaiser zur Treue Gott gegenüber). Die das christliche Leben grundlegende, persönliche Annahme des einzig und allein von Gott ausgehenden, nicht-imperialen Bundes in der Taufe bzw. der Ich-Einschluß in diesen Bund, wird überdeckt, genauer: einfach vergessen – bis heute.

d) Die Vergesellschaftung des Glaubensbekenntnisses (Theodosius I.)

Kaiser Konstantin hatte alle Reichsbewohner implizit zur Konversion aufgefordert, indem er Begünstigungen für die rechte Religionsausübung verhieß, jedoch im Zuge seiner Toleranzpolitik noch keinen Zwang angekündigt.[51] Dies wird anders unter Kaiser Theodosius I. In dem von ihm erlassenen Edikt „De fide catholica“ (Cunctos populos) vom 28. Februar 380 verordnet er der damaligen, imperial strukturierten Gesamtgesellschaft (allen Völkern des Römischen Imperiums) unter Androhung göttlicher und kaiserlicher Strafen die Aneignung des christlichen (nizänischen) Glaubensbekenntnisses. Auf diese Weise hat er es erstmalig zum inneren Strukturmoment des christlichen Imperiums gemacht, und hier beginnen dann auch erste Sozialisationszwänge:
„Alle Völker (cunctos populos), die unserer gnädigen Milde Leitung regiert, sollen, das ist unser Wille (volumus), in dem Glauben verharren, den der heilige Apostel Petrus den Römern überliefert hat, wie bis heute der von ihm verkündete Glaube zeigt, und dem auch Papst Damasus folgt und Petrus, der Bischof von Alexandria, ein Mann von apostolischer Heiligkeit. *Wir glauben* (credamus) nämlich gemäß der apostolischen Unterweisung und der evangelischen Lehre an die *eine* Gottheit des Vaters und des Sohnes und Heiligen Geistes in gleicher Erhabenheit und in heiliger Dreieinigkeit.
Wir befehlen (iubemus), daß diejenigen, die diesem Gesetz folgen, den Namen ‚katholische Christen‘ annehmen; die übrigen dagegen, nach

---

51 Vgl. W.-D. Hauschild: Lehrbuch der Kirchen- und Dogmengeschichte, Bd. 1, Gütersloh 1995, 139.

unserem Urteil Unsinnige und Verrückte, sollen der Schande der Häresie unterworfen sein. Ihre Zusammenkünfte dürfen sich nicht als ‚Kirchen‘ bezeichnen. Sie sollen zuerst durch das göttliche Gericht, dann aber auch gemäß unserer Entscheidung, die wir aus dem himmlischen Ratschluß schöpfen wollen, bestraft werden.“[52]

Das Edikt zeigt deutlich, daß in ihm eine „Imperialisierung“ des christlichen Glaubens im zweifachen Sinn vorliegt: In „cunctos populos“ kommt zum Ausdruck, daß es für das ganze römisch-christliche Imperium gilt (es wurde zudem auch von den westlichen Kaisern Gratianus und Valentinianus II. unterschrieben). Zugleich zeigt sich in „iubemus“, daß mit „Befehlsgewalt“ (imperium) das Glaubensbekenntnis des Konzils von Nikaia (325), das zugleich das Taufbekenntnis ist, allen Völkern zur Pflicht gemacht wird. Das Edikt ist in erster Linie gegen die „Häretiker“ gerichtet, vor allem gegen die Arianer in Konstantinopel. Wir können hier offen lassen, ob es dem Wortlaut oder der Intention nach auch für Nichtchristen gilt.

Uns interessiert primär der gesellschaftlich-soziologische Aspekt. Theodosius schließt sich mit einem „credamus“ mit denen zusammen, die allein aufgrund der Anerkennung des nizänischen Glaubensbekenntnisses berechtigt sind, sich „katholisch“ zu nennen. Die in ihm enthaltenen Glaubenswahrheiten werden nun unter Strafandrohung zur allgemein verbindlichen religiös-gesellschaftlichen Norm, zur „Staatsreligion“ des christlichen Imperiums. Zu beachten ist, daß dieses Edikt eine kaiserliche Wil-

---

52 Imppp. Gr(ati)anus, Val(entini)anus et The(o)d(osius) aaa. edictum ad populum urb(is) Constantinop(olitanae).

Cunctos populos, quos clementiae nostrae regit temperamentum, in tali volumus religione versari, quam divinum Petrum apostolum tradidisse Romanis religio usque ad nunc ab ipso insinuata declarat quamque pontificem Damasum sequi claret et Petrum Alexandriae episcopum virum apostolicae sanctitatis, hoc est, ut secundum apostolicam disciplinam euangelicamque doctrinam patris et filii et spiritus sancti unam deitatem sub parili maiestate et sub pia trinitate credamus. Hanc legem sequentes Christianorum catholicorum nomen iubemus amplecti, reliquos vero dementes vesanosque iudicantes haeretici dogmatis infamiam sustinere <nec conciliabula eorum ecclesiarum nomen accipere>, divina primum vindicta, post etiam motus nostri, quem ex caelesti arbitrio sumpserimus, ultione plectendos.

Dat. III Kal. Mar. Thessal(onicae) Gr(ati)ano a. v et Theod(osio) a. i conss.

Codex Theodosianus, Bd. XVI, 1, 2 (= Codex Justinianus, Bd. 1, 1, 1); zitiert nach: Th. Mommsen (Hg): Theodosiani libri XVI cum constitutionibus Sirmondianis, Berlin ^{2}1954, Bd. 1, 2. Teil, 833; vgl. P. Krueger (Hg): Corpus Iuris Civilis, Bd. 2, Berlin ^{9}1915, 5. Der Text ist neu übersetzt, da die vorliegenden Übersetzungen zum Teil grob und ungenau sind. Vgl. C. E. Otto u. a.: Das Corpus Juris Civilis, Bd. 5, Leipzig 1832, 13; E. Enßlin, Die Religionspolitik des Kaisers Theodosius d. Gr., Sitzungsberichte der Bayrischen Akademie der Wissenschaften 53, Heft 2, München 1953, 16; A. Hernegger, a.a.O., 370.

lensäußerung mit Gesetzeskraft ist, „die sich in keiner Weise von anderen Kaisererlassen unterscheidet ... So können wir mit Recht behaupten, der Erlaß vom 28. Februar 380 ist ein gesetzgeberischer Akt des Kaisers in Glaubenssachen, gegründet allein auf eine Äußerung des kaiserlichen Willens, ohne daß zuvor zu der darin behandelten Frage ein Konzilsbeschluß gefaßt worden wäre und ohne vorherige Mitwirkung von Bischöfen als Vertretern der Kirche." Darin zeigt sich der Wille des Kaisers, „die Kircheneinheit zum tragenden Fundament der Reichseinheit zu machen."[53]
Theodosius wollte zunächst nur den Abfall vom Christentum zum Heidentum aufhalten. „Er spricht darum in zwei Gesetzen den Abgefallenen die Testierfähigkeit und das Erbrecht ab"[54], macht also bereits den wahren Glauben zur Voraussetzung für die Ausübung bürgerlicher Rechte. Unter Theodosius wurden zwar noch nicht (wie unter Kaiser Justinian) alle Staatsbürger gezwungen, Christen zu werden, aber die Androhung von Strafen galt nicht nur den Christen, die vom wahren Glauben abgefallen waren, sondern auch den Nichtkatholiken. Hier wird deutlich, daß der Kaiser sich als Haupt des in den beiden Institutionen Kirche und Staat geeinten Gottesvolkes versteht. In seinem Erlaß von 380 wird zum ersten Mal die Symbiose von Christentum und Gesellschaft *in Form eines staatlichen Gesetzes* greifbar: Das Glaubensbekenntnis, das ja zugleich das Taufbekenntnis ist, wurde nunmehr mit Gesetzeskraft in das Strukturganze der Gesellschaft eingefügt und so zur maßgebenden Norm des gesellschaftlichen Lebens erklärt.
Unter soziologischem Aspekt handelt der Kaiser primär auf den zwei „obersten" Ebenen der Sozialisationsbedingungen. Oben haben wir differenziert: Unter „Vergesellschaftung" verstehen wir den Versuch, der Gesamtgesellschaft bestimmte Normen und Verhaltensweisen verbindlich so vorzuschreiben, daß sie zu Momenten des gesellschaftlichen Strukturganzen und somit auch zu Sozialisationsbedingungen werden. „Sozialisation" dagegen ist der Prozeß der Aneignung durch *einzelne* (oder kleine Gruppen). Halten wir fest:
(1) Die Imperialisierung des christlichen Bekenntnisses ist ein wirkungsgeschichtlich „epochaler" Einschnitt. Dieses Bekenntnis wird nunmehr zur einzigen, maßgebenden, obersten Bedingung gesellschaftlich-kirchlicher Sozialisationsprozesse.
(2) Auf der *institutionellen* Ebene tritt Theodosius bereits als gesellschaftliche *Sozialisations- und Kontrollinstanz* auf, die Sozialisationsprozesse vermittelt und beeinflußt. Theodosius befiehlt noch nicht (wie

[53] E. Enßlin, a.a.O., 23ff.
[54] Gesetze vom 2. Mai 381 und 20. Mai 383; Cod. Theod., Bd. XVI, 7, 1 und 2.

dann etwa 150 Jahre später Kaiser Justinian I.) jedem Staatsbürger, sich taufen zu lassen und so sich selbst in die Kirche hinein zu sozialisieren, aber: prinzipiell gilt nur die christliche Religion als Staatsreligion und damit auch als die einzige allgemeine Strukturvorgabe für Sozialisationsprozesse. Das zunehmend schärfere Verbot, die heidnische Religion auszuüben, hatte den Abbau von Prozessen mit anderen Sozialisationsvorgaben zur Folge. „Religionsfreiheit" im Sinne des Zweiten Vatikanischen Konzils, die jeglichen äußeren oder inneren Zwang ausschließt, gab es noch nicht.

Zu beachten ist, daß die je eigene, persönliche Beziehung des einzelnen zu Gott oder gar der Bund Gottes mit seinem Volk außerhalb dieses Sozialisationsprozesses lagen: Es ging primär um die *Einheit* des Reiches aufgrund der Symbiose, genauer: des Bundes zwischen Imperium und Christenheit.

(3) In bezug auf die Heiden handelt Theodosius aber auch bereits auf der Interaktionsebene: „In immer strengeren Verordnungen bis zum schließlichen Verbot jeder Ausübung des heidnischen Kults, sei er öffentlich oder privat, im Jahre 392, wird die alte heidnische Religion langsam abgewürgt, aber ohne unmittelbaren Erfolg."[55] „In diesem einschneidendsten aller Gesetze gegen das Heidentum werden alle Arten der heidnischen Religionsausübung einzeln aufgezählt und streng verboten. Nicht allein der öffentliche Kultus, sondern auch selbst jede *private Ausübung* der Religion im geheimsten Winkel des Hauses wird unter Strafe gestellt; es wird demnach nicht allein das Heidentum als solches, in seiner äußeren sichtbaren Erscheinung proskribiert und für völlig rechtlos erklärt, sondern es wird auch die *persönliche Überzeugung* verfemt."[56] Diese Gesetze verweisen bereits auf die Sozialisationsforderungen Kaiser Justinians, die allen Heiden eine gänzliche Internalisierung nicht nur der christlichen Glaubenswahrheiten, sondern auch des Taufgeschehens vorschreiben.

e) Die Vergesellschaftung der Taufe

Justinian I.

Die Religionspolitik Kaiser Justinians ist der Höhepunkt und Abschluß der Gesetzgebung gegen Heiden und Häretiker. In seinem „Bürgerlichen Gesetzbuch" vom Jahre 529, das mit dem Gesetz des Theodosius von 380

[55] A. Hernegger, a.a.O., 371; vgl. RAC Bd. 12, 1160.

[56] V. Sesan: Kirche und Staat im römisch-byzantinischen Reiche seit Konstantin dem Großen und bis zum Falle Konstantinopels. Czernowitz 1911, 316-32.

beginnt, erließ er nicht nur die Gesetze, sondern sorgte auch für ihre strenge Durchführung. Von besonderer Bedeutung ist sein Schritt über Theodosius hinaus, die Heiden auch *als Einzelpersonen* weitgehend zu entrechten[57] und sie unter Androhung des Entzuges der bürgerlichen Rechte zu zwingen, sich taufen zu lassen und sich die kirchlichen Normen und Verhaltensweisen zu eigen zu machen, sich also kirchlich zu sozialisieren. Da der entsprechende Gesetzestext aus dem Codex Justinianus 1,11,10 in seinem vollen Wortlaut kaum bekannt und nur schwer zugänglich ist, zitieren wir ihn in einer zusammenfassenden Übersetzung[58]:

„Wir haben diejenigen, die nach dem Empfang der Taufe die Anbetung des wahren und einzigen Gottes aufgegeben, Götzenbildern geopfert und Feste voller Gottlosigkeit gefeiert haben, (bisher) einer milden Strafe unterworfen. Aber für die Zukunft *verkünden wir allen durch dieses Gesetz* (per praesentem legem omnibus edicimus): Diejenigen, die Christen geworden sind und der Taufe für würdig befunden wurden, werden mit der höchsten Strafe [= mit dem Tod] bestraft, wenn sie weiterhin im Irrtum der Heiden verharren.

(1) Diejenigen aber, welche *noch nicht getauft* sind, müssen sich zusammen mit ihren Frauen und Kindern und ihrer ganzen Dienerschaft zu den allerheiligsten Kirchen begeben und im wahren Glauben der Christen gründlich unterrichtet werden (veram Christianorum fidem doceri). Wenn sie gänzlich ihren früheren Irrtum abgelegt haben, sollen sie die Taufe empfangen. Falls sie diese geringschätzen [= die Taufe nicht empfangen], sollen sie an allem, was unseren Staat betrifft, nicht teilhaben (se omnium quae ad rem publicam nostram pertinent expertes fore) und weder bewegliches noch unbewegliches Eigentum besitzen dürfen. Sie werden nicht nur angemessen bestraft, sondern auch der Armut preisgegeben.

(2) Wir verbieten außerdem, daß *Heiden irgendwelchen Unterricht* erteilen und die Seelen ihrer Schüler verderben. Sie sollen kein Jahresgehalt aus der Staatskasse erhalten, da sie nicht die Erlaubnis haben, durch kaiserliche Urkunden oder durch Rechtsgutachten für sich selbst irgendeinen Anspruch in dieser Hinsicht geltend machen zu können.

(3) Wenn ein *heidnischer Lehrer* sich nicht – wie gesagt – mit seiner Frau und seinen Kindern zu unseren allerheiligsten Kirchen begibt [und sich taufen läßt], wird er den oben genannten Strafen unterworfen, und die Staatskasse wird ihre Güter einziehen. Sie selbst aber werden ins Exil verbannt werden.

---

[57] Vgl. Heidenverfolgung, in: RAC Bd. 12, 1149-1190; hier: 1169.

[58] Eine grobe und unvollständige Übersetzung findet sich bei C. E. Otto u. a.: Das Corpus Juris Civilis, Bd. 5, Leipzig 1832, 163.

(4) Wenn aber in unserem Staat jemand dabei ertappt wird, heimlich die (alten Staats-) Opfer oder auch einen (sonstigen) *Götzenkult* gefeiert zu haben, soll er mit den höchsten Strafen [= der Todesstrafe] belegt werden.
(5) Außerdem setzen wir als heilig und unverbrüchlich fest (sancimus), daß die *Kinder der Heiden*, wenn sie in zartem Alter sind, sogleich und ohne Aufschub die heilbringende Taufe empfangen sollen. Ältere Kinder aber sollen die allerheiligsten Kirchen besuchen und in den heiligen Schriften unterrichtet werden. Sie sollen sich einer echten Reue (paenitentia; im griech. Text steht hier metanoia = Umkehr) hingeben und, nachdem sie den früheren Irrtum abgelegt haben, die ehrwürdige Taufe empfangen. Auf diese Weise sollen sie den wahren Glauben der Orthodoxen fest und dauerhaft (firmiter) empfangen und nicht wieder in den früheren Irrtum zurückfallen.
(6) Diejenigen, die die Taufe lediglich *zum Schein* empfangen oder empfangen wollen, um ein Amt, eine Würde oder Güter zu erhalten, Frauen, Kinder und die übrigen Hausgenossen aber im Irrtum der Heiden lassen, deren Güter sollen eingezogen werden. Wir befehlen (iubemus), daß sie überhaupt nicht an unserem Staat teilhaben (nostrae rei publicae plane expertes esse). Auch sie werden bestraft, da offenbar ist, daß sie die heilige Taufe *nicht aufrichtigen Glaubens empfangen haben* (cum manifestum sit eos non sincera fide sanctum baptisma accepisse).“[59]

---

[59] „Quoniam nonnulli inventi sunt, qui impiorum ac sceleratorum paganorum errore imbuti ea faciunt, quae clementem deum ad iustam iram movent, ne ea quidem quae ad hos pertinent inordinata relinquere passi sumus, sed scientes eos deserta veri et solius dei adoratione simulacris insano errore sacrificia obtulisse et sollemnitates omni impietate refertos celebrasse, eos quidem, qui iam, postquam sancto baptismate digni habiti sunt, haec commiserint, congruae delictis quorum convicti sunt animadversioni, et hoc quidem benignius subiecimus: in futurum autem per praesentem legem omnibus edicimus eos, qui Christiani facti et sancto salutarique baptismate quoque tempore digni habiti sunt, si adhuc in paganorum errore eos remansisse apparuerit, ultimo supplicio subiectum iri.
(1) Qui vero nondum venerando baptismate dignati sunt, eos manifestare se oportet, sive in hac regia urbe sive in provinciis commorentur, et sacrosanctas ecclesias cum uxoribus liberisque et omni domo sub ipsis constituto adire et veram Christianorum fidem doceri, ita vero edoctos priori errore prorsus abiecto salubre baptisma accipere, vel scire, si ea parvi aestiment, se omnium quae ad rem publicam nostram pertinent expertes fore neque eis permitti, ut ullius rei mobilis vel immobilis domini fiant, sed omni re exutos in penuria relinquendos fore, praeterquam quod et competentibus poenis subicientur.
(2) Prohibemus autem, quominus ab iis qui paganorum insania laborant ulla doctrina doceatur, ne hac ratione simulent se eos qui miserabiliter eos frequentant instruere, re vera autem animas discipulorum corrumpant: sed nec ullam annonam a fisco accipiant, cum ne ex sacris quidem litteris vel pragmaticis formis ad eiusmodi aliquid sibi vindicandum admittantur.

In diesem wohl bedeutendsten Religionsgesetz Kaiser Justinians wird deutlich: Es geht jetzt nicht mehr lediglich um eine äußere Einstiftung der christlichen Religion in die imperiale Gesellschaft. Der Text zeigt vielmehr, „daß es Justinian bei Heiden (und Manichäern) auf *Gesinnungsänderung* ankam, die notfalls durch Zwangstaufe erreicht werden sollte, obwohl der Kaiser wußte, daß es mit dem äußeren Taufakt allein nicht getan war. In dem genannten Erlaß drohte solchen Getauften, die dem heidnischen Glauben *im Innern* verhaftet blieben (wie auch immer dies kontrollierbar sein mochte), eine ‚angemessene' Strafe, in Zukunft aber der Tod. Die noch Ungetauften sollen mit der ganzen Familie und Dienerschaft zur Kirche kommen, um sich taufen zu lassen. Anderenfalls verloren sie ihren gesamten Besitz und mußten in Armut leben (ebd. I.3) ... Für die unmündigen Kinder von Heiden ordnete Justinian die sofortige Taufe an, für Ältere eine vorherige Unterweisung in der christlichen Glaubenslehre, um Rückfälle ins Heidentum zu vermeiden. Wer sich nur aus äußeren (Zwangs-)Gründen taufen ließ, um etwa ein bestimmtes Amt zu erhalten, dessen Familie aber heidnisch blieb, der verlor das Amt samt seinem Vermögen, verbunden mit einer nicht näher spezifizierten Strafe (ebd. 6). Heiden durften ferner keine Kinder mehr unterrichten, der Lehrstoff war dabei unerheblich; als Lehrer erhielten sie keine staatliche Besoldung mehr; auf heimliche Opfer und Bilderverehrung stand die Todesstrafe (ebd. 2.4). Weitere gesetzliche Beschränkungen für Heiden durch Justinian I. waren: Erneuerung des Verbotes, in den Staats-

---

(3) Sive enim hic aliquis sive in provinciis talis esse probatus fuerit neque ad sacrosanctas ecclesias nostras cum suis, ut dictum est, liberis et uxore festinet, supra memoratis poenis subiacebit et substantias eorum fiscus vindicabit, ipsi autem in exilium mittentur.
(4) Si quis autem in re publica nostra se occultans sacrificia vel etiam simulacrorum cultum celebrasse deprehendetur, is ultimis suppliciis percelletur, quae Manichaei et, quod idem est, Borboritae merito subeunt: nam et hos similes illis esse iudicamus.
(5) Illud quoque sancimus, ut liberi eorum tenerae aetatis statim et sine dilatione salubre baptisma accipiant, illi vero, qui primam aetatem iam excesserunt, sacrosanctas ecclesias frquentent et in sacris scripturis instituantur et sic sincerae paenitentiae se dedant et pristino errore reiecto venerabile baptisma accipiant: hoc enim modo firmiter veram orthodoxorum fidem suscipiant neque rursus in pristinum errorem recident.
(6) Qui vero ideo militiae dignitatis bonorumve retinendorum gratia ipsi quidem simulate ad salubre baptisma accesserunt vel accesserint, uxores autem vel liberos vel reliquos, qui in eorum domo sunt, in paganorum errore reliquerint, eos bonis exui et nostrae rei publicae plane expertes esse iubemus neque non quibus digni sunt poenis subici, cum manifestum sit eos non sincera fide sanctum baptisma acceppisse.
(7) Haec igitur adversus sceleratos paganos et Manichaeos, quorum Manichaeorum partem et Borboritas esse ostensum est, sancimus."
Cod. Just., Bd. I, 11, 10 (zit. nach: Corpus Iuris Civilis, Bd. 2: Codex Justinianus, hg. v. P. Krueger, Berlin [9]1915, 63f).

dienst zu treten, das Verbot, vor Gericht als Zeuge aufzutreten, das Verbot, christliche Sklaven zu besitzen .... Kinder aus Mischehen waren nur erbberechtigt, wenn sie orthodox waren."[60]

Diese Anordnungen machen deutlich: Justinian versteht sich als „das Haupt des in beiden Institutionen Kirche und Staat organisierten Gottesvolkes."[61] Durch die Beseitigung der Reste des Heidentums bis in die Gesinnung hinein soll nun die Kirche als ganze imperialisiert werden. Dies geschieht vor allem dadurch, daß nunmehr *der Empfang der Taufe* zur Voraussetzungen für die gesamte Teilnahme am öffentlichen (politischen, kulturellen, gesellschaftlichen) Leben wird. Der tiefste und das ganze Leben prägende Freiheitsvollzug der Taufbeziehung zu Gott und damit das Hineinwachsen in die Kirche (!) wird generell zur Voraussetzung für die Ausübung der bürgerlichen Rechte! Dieses Hineinwachsen soll bis in das Innerste des Taufgeschehens hinein staatlich kontrolliert und überwacht werden: Wer sich zum Beispiel nur zum Schein taufen läßt, um ein staatliches Amt zu erhalten und somit offenbar die Taufe nicht mit „aufrichtigem Glauben" (sincera fide) empfangen hat, soll dafür bestraft werden.

Justinian ist nicht lediglich die oberste gesellschaftliche Institution, die Sozialisationsprozesse vermittelt und steuert, sondern er greift mit seinen Gesetzen nunmehr auch in Interaktionen des täglichen Zusammenlebens ein: Alle Mitglieder einer Familie bzw. alle Hausbewohner müssen sich taufen lassen – oder sie werden bestraft, verlieren ihren gesamten Besitz und werden aus dem öffentlichen Leben ausgeschlossen.

Der Empfang der Taufe wurde somit zur pflichtgemäßen Selbst-Sozialisation in das „Reich" (Gottes auf Erden) und aus Gründen der Einheit dieses Reiches mit staatlichem und von der Kirche geduldetem und gefördertem Zwang durchgesetzt. Begründung für diese Instrumentalisierung der Taufe ist die Amtspflicht des Kaisers, als Abbild des Allherrschers (pantokrator) Christus und als Stellvertreter Gottes den Bestand des Reiches zu sichern. Damit wurde zugleich der tiefste menschliche Freiheitsakt, sich in der Taufe Gott persönlich anzuvertrauen, zu einem allgemeinen und zugleich *verbindlichen* inneren Strukturmoment des (oströmischen) Imperiums.

Justinian strebte also eine äußerste und letzte „Imperialisierung" des *innersten Geschehens* der Taufe an, um die Kirche endgültig zur Staatskirche zu machen. Der Empfang der Taufe „in aufrichtigem Gauben" wird allen Untertanen im römischen Imperium zur Pflicht gemacht und

---

[60] RAC Bd. 12, 1169f.

[61] W.-D. Hauschild, a.a.O., 151.

unter Strafandrohung befohlen. Diese Instrumentalisierung der Taufe war die wirkungsgeschichtlich entscheidende Aufgipfelung der Idee: Ein Gott – ein Kaiser – ein Reich, die nach dem Untergang des weströmischen Reiches dann unter Karl dem Großen neu aufbrach. (Das byzantinische Christentum war bis zum Fall Konstantinopels 1453 durch die „Symphonie" von Kirche und Gesellschaft geprägt, die dann im russischen Zarenreich fortdauerte.)

Karl der Große

Der von Karl dem Großen nach dem Untergang des weströmischen Reiches (426) errichtete Großstaat in Westeuropa gilt als die Grundlegung des „christlichen Abendlandes". Die Fortdauer der Imperialisierung des Christentums zeigt sich bei Karl dem Großen darin, daß er es ebenfalls „als Stabilisierungsfaktor der öffentlichen Ordnung einsetzt." Die Christianisierung der Sachsen, der Slawen und Awaren – in der Regel durch Massentaufen – sind „religionspolitisches Korrelat" der Einverleibung in das sacrum imperium.[62]

Hinzu kommt als neues Strukturmoment der Gesellschaft der Begriff der Gefolgschaftstreue, der soziologisch im ausgeprägten Stammesbewußtsein der Germanen gründet. Da bei ihrer Christianisierung in der Regel ganze Stämme (zumeist aus politischen Gründen) zum Christentum übertraten, war eine Entscheidung des einzelnen zur Taufe und eine entsprechende Zeit der Vorbereitung (Katechumenat) in der Regel nicht möglich. Der Glaube wurde hier noch mehr als in der oströmischen Welt durch *vorbewußte* Sozialisationsprozesse vermittelt. Die höchste Sozialisationsinstanz war – wie auch in Ostrom – der Kaiser. Nunmehr aber kommt als weitere Instanz der ganze Stamm hinzu. Die Gefolgschaftstreue dem Stammesführer bzw. König gegenüber wurde sakralisiert zur Treue Gott gegenüber.

Dies zeigt sich an der neuen rechtlichen Formulierung „christiani et fideles regis" (die Christen und Treuen des Königs) bzw. „fideles Dei et regis". In ihr zeigt sich, daß in karolingischer Zeit Staats-angehörigkeit und Religions-zugehörigkeit weitgehend identisch sind.[63] Die Lage änderte sich auch nicht nach erneuten Aufständen der Sachsen in den 80er Jahren des 8. Jahrhunderts: „Gegnerschaft gegen das Christentum ... war für Karl den Großen gleichbedeutend mit Auflehnung gegen seine Herrschaft und gegen den fränkischen Staat, denn noch immer waren

---

[62] Vgl. W.-D. Hauschild, a.a.O., 371-374.

[63] H. Helbig: Fideles Dei et regis. Zur Bedeutung von Glaube und Treue im hohen Mittelalter, in: Archiv für Kulturgeschichte 33 (1951) 275-306; hier: 291.

christianitas und fidelitas regis im Denken des Frankenkönigs gleichbedeutend."[64]

Daß Christlichkeit und Staatsbürgerlichkeit im Reiche Karls des Großen ein und dasselbe bedeuteten – damit also der Heide oder Nichtchrist grundsätzlich von einer vollen rechtlichen Position ausgeschlossen war –, dafür spricht vor allem die Tatsache, daß es Karl bei der Bekehrung der Sachsen zugleich um die Einverleibung der Sachsen in sein Reich ging. Die Taufe (ohne vorherige Unterweisung) war – insbesondere bei der Sachsenmission – zugleich der Eintritt des Stammesmitglieds in das Reich.[65] Glaube an Gott ist zugleich Treue gegen den König. Untreue gegen den König ist Untreue gegen Gott. Religiöse, kulturelle und politische Strukturmomente der Gesellschaft sind zu einer einzigen Sozialisationsbedingung verschmolzen.

Von erheblicher wirkungsgeschichtlicher Bedeutung wurden vor allem die Anordnungen Karls des Großen über die Einführung des Christentums bei den Sachsen vom Jahre 782: „Wenn jemand im Volk der Sachsen fortan ungetauft sich verstecken will und sich weigert, zur Taufe zu kommen, in der Absicht, Heide zu bleiben, der soll mit dem Tode bestraft werden".[66] Ebenso beschloß man, in diese Satzungen aufzunehmen, daß alle Kinder innerhalb eines Jahres getauft werden sollen: „Auch das bestimmen wir, wenn es jemand unterläßt, sein Kind im Laufe eines Jahres zur Taufe zu bringen ohne Wissen und Erlaubnis des Priesters", soll er mit einer Geldbuße bestraft werden.[67]

Nach dieser „ersten" Evangelisierung von Erwachsenen wurde seit Karl dem Großen das Christsein weitergegeben und gleichsam „vererbt" durch die Kindertaufe und eine christliche Erziehung. An die Stelle eines umfassenden Katechumenates für *Ungetaufte* trat die Unterweisung der Kinder *nach der Taufe*. Ein Jahr vor dem Tod Karls des Großen bestimmt die Synode von Arles im Jahre 813: „Die Eltern und die Taufpaten sollen sich nach Kräften bemühen, die Kinder zu unterrichten, die Eltern, weil sie die Kinder gezeugt haben und weil sie ihnen von Gott gegeben sind, die Taufpaten, weil sie für die Kinder als Bürgen (fideius-

---

[64] Vgl. H. Büttner: Mission und Kirchenorganisation des Frankenreiches bis zum Tode Karls des Großen, in: W. Braunfels (Hg): Karl der Große, Bd. 1, Düsseldorf ^{3}1967, 454-87; hier: 470.

[65] H. Helbig, a.a.O., 288f.

[66] Si quis deinceps in gente Saxorum inter eos latens non baptizatus se abscondere voluerit et ad baptismum venire comtempserit paganusque permanere voluerit, morte moriatur. (Monumenta Germaniae Historica. Legum II. Hannover 1883, 69).

[67] AaO., 69.

sores) eintreten." (can 19)[68] Die kirchliche Sozialisation nach der befohlenen Kindestaufe geschah also primär im Zusammenleben der Familie. Dabei lag der Nachdruck auf der „Lehre", auf der Aneignung der Glaubenswahrheiten sowie der christlichen Normen und Werte zur praktischen Lebensführung.

Nach der ersten, mit staatlichen Gesetzen und Strafandrohungen zwangsweise durchgesetzten Aneignung der Glaubenswahrheiten, der kirchlichen Normen, Werte und Verhaltensweisen wurde der christliche Glaube an die nachfolgenden Generationen durch Kindestaufe und christliche Erziehung, also durch weitere Sozialisationsprozesse, vermittelt. Die zunächst *befohlene* Sozialisation wurde so zur Gewohnheit, zum „selbstverständlichen" Hineinwachsen in die Kirche. Diese abendländische Selbstverständlichkeit ist also nicht „von selbst" entstanden, sondern hat sich aus der Imperialisierung des Christentums ergeben und aus einer daraus erwachsenen „christlichen" Kultur und „bekehrten Öffentlichkeit". Die öffentliche Meinung, die von jedem Staatsbürger erwartet, daß er getauft ist, ist der anonyme Rest des im 4.-9. Jahrhundert entstandenen Strukturganzen aus Christentum und Imperium.

Dieses Strukturganze ließ keinen Raum für das Freiheitsgeschehen der je eigenen Annahme des Taufbundes: Das von der Gesellschaft erwartete Hineinwachsen in die Kirche schloß ein, daß es für den als Kleinkind Getauften keine liturgischen Angebote gab, in einer späteren persönlichen Glaubensentscheidung den Taufbund *als einzelne(r)* in einem *persönlichen* „ichgemäßen" Schritt anzunehmen. Was man als die „erste" Evangelisierung bezeichnet, war zugleich auch die „letzte", denn eine *fortdauernde*, zur Taufantwort hinführende innerkirchliche „Evangelisierung" gab es nicht. Da Gottesvolk und Reichsvolk nahezu identisch waren, erübrigte sich – so wird in dem Begriff „Erst-Evangelisierung" vorausgesetzt – eine weitere.

---

[68] Ut parentes filios suos et patrini eos, quos de fonte lavacri suscipiunt, erudire summopere studeant, illi, quia eos genuerunt et eis a Domino dati sunt, isti, quia pro eis fideiussores existunt. (AaO., 252)
Vgl. P. Brown: Die Entstehung des christlichen Europa, München 1996, 334: „Allen Christen mußte die genaue Bedeutung ihrer Taufgelübde vollkommen klargemacht werden und also das Maß, in dem diese Gelübde sie an Gott und seine Kirche banden. In der Praxis lief das darauf hinaus, daß die Paten für ihre Patenkinder bürgten. Sie lernten im Namen des Kindes das Glaubensbekenntnis und das Vaterunser auswendig und sprachen beide. Die Taufpaten umstanden den Bischof oder Priester, jeder ein Patenkind im rechten Arm, wenn es sich um größere Kinder handelte, stand jedes auf dem rechten Fuß seines Taufpaten. Heiden zur Taufe zu nötigen, ohne sie vorher auch nur im mindesten zu unterrichten – wie es im Falle der Sachsen und der Awaren geschehen war –, war eine von Männern wie Alcuin zutiefst mißbilligte Praxis."

Nur: Die Taufe als das „Sakrament des Glaubens“ erfordert eine persönlich-ichgemäße Antwort und „Mitwirkung“ durch den Getauften (vgl. DH 1529) und somit auch eine fortdauernde Verkündigung *innerhalb* der Kirche, die bei der Praxis der Kindestaufe den einzelnen zu dieser ich- und bundesgemäßen Antwort ermutigt. Wenn auch heute noch vor der Erstkommunion, vor der Firmung, in der Osternacht, die „Tauferneuerung“ *im Chor* gesprochen wird, dann ist diese Vergesellschaftung eine Kompromißlösung, die nur solange einigermaßen sinnvoll bleibt, als der Glaube von außen her, von der Gesellschaft, mitgetragen wird.

Es ist aufschlußreich, nach der Rekonstruktion des Anfangs dieser Sozialgestalt nochmals den Text der Pastoralkommission der Deutschen Bischofskonferenz zu vergleichen: „Über Jahrhunderte hin lebten Christen in unserem Land in einer überwiegend volkskirchlich geprägten Situation. Die Zugehörigkeit zu einer konkret verfaßten Gesellschaft brachte für viele *fast von selbst* die Mitgliedschaft in der Kirche mit sich. Die Gesellschaft war *beinahe selbstverständlich* (!) durch christliche Normen, Werte und Glaubensinhalte geprägt. Durch diese Vorgegebenheiten wurde das Verhalten beinahe aller Mitglieder in der Gesellschaft bestimmt. *Mitglied der Kirche wurde man durch die Kindertaufe, durch die religiöse Erziehung* in Elternhaus, Schule, Pfarrei und Öffentlichkeit, die ein bestimmtes ‚Milieu‘ förderte ... Dieser volkskirchliche Gesamtzusammenhang erfaßte *alle und alles.* Die Sakramente, also auch die Kleinkindertaufe, die Feier der Erstkommunion, die Firmung waren darin *selbstverständliche* Verdichtungen und Höhepunkte“. (SP 9) Nunmehr aber zeigt sich: „Die *schwindende Selbstverständlichkeit* (!) kontinuierlicher religiöser Sozialisationsprozesse vom Kindesalter an macht es Heranwachsenden immer schwerer, zu einer persönlichen Glaubensentscheidung zu kommen. Häufig ist die Firmung für die Heranwachsenden das ‚Abschiedsfest‘ von der Kirche.“ (SP 48f)

Daraus ergibt sich, daß die fraglose, geschichtlich bedingte Selbstverständlichkeit des Christseins keineswegs mehr selbstverständlich und die Suche nach einer neuen Gestalt gläubiger Praxis unhintergehbar geworden ist. Deshalb muß nunmehr gefragt werden, wie und warum die seit Jahrhunderten wirksam gewesene Sozialgestalt der Kirche sich aufgelöst hat und ganz offenbar nicht mehr wiederhergestellt werden kann.

3. Der Prozeß der Ausdifferenzierung des Strukturganzen aus Christentum und Gesellschaft

Oben wurde gesagt, daß soziologisch erfaßbare Strukturmomente eines Strukturganzen sich relational zueinander verhalten, und zwar so, daß sie einander durchdringen, tragen und konstituieren. Dies schließt nicht aus, daß unter anderen oder neuen geschichtlichen Bedingungen die Differenzen innerhalb dieses Beziehungsgefüges deutlicher in Erscheinung treten. Solche Differenzierungsprozesse vollziehen sich langfristig in epochalen Schüben. Wir nennen im folgenden nur die signifikanten Prozesse, die schließlich zur Auflösung des zwischen dem 4. und 9. Jahrhundert entstandenen Strukturganzen aus Christentum und Imperium geführt haben.

(1) In diesem Ganzen war von Anfang an eine Spannung zwischen imperium und sacerdotium, zwischen weltlicher und geistlicher „Macht" vorgegeben. Der Streit um die Investitur (Besitzeinweisung und Amtseinsetzung) der Bischöfe im 11. Jahrhundert machte diese innerhalb der Einheitskultur des „Reiches" immer schon bestehende Differenz vollends offenbar. Das Wormser Konkordat von 1122 brachte eine deutliche strukturelle Trennung zwischen der Verleihung weltlicher Güter durch den König und der Amtseinsetzung durch den Repräsentanten der Kirche, den Metropoliten.[69] Diese erste Differenzierung von Kirche und Gesellschaft und die damit beginnende „Entsakralisierung" der politischen Ordnung setzte eine weittragende Dialektik zwischen weltlich und geistlich frei: Die weltliche Herrschaft wurde sich zunehmend ihrer Eigengesetzlichkeit bewußt, bis zur Ausbildung der Staatssouveränität. So programmierte dieser Streit den Konflikt, der für die „neuzeitliche" politische Theoriebildung grundlegend geworden ist.

(2) Als Folge der Reformation des 16. Jahrhunderts kam es zunächst zur Differenzierung der Gesellschaft in konfessionelle Milieus bzw. Teilsysteme: Die seit dem 4. Jahrhundert staatstragende Idee der Religionseinheit des „Reiches" wurde aufgegeben und auf die einzelnen Territorien und Territorialherren beschränkt: Der Fürst bestimmt die Religionszugehörigkeit seiner Untertanen. (Augsburger Religionsfrieden 1555). Diese Differenzierung war eine erste, folgenreiche „Freistellung der Religion".

(3) Seit Ende des 17. Jahrhunderts kam es dann zu einer Differenzierung von „bürgerlicher" Gesellschaft und Staat. Während in der älteren Tradition die bürgerliche Gesellschaft mit der politischen Herrschaftsform, dem „Staat", gleichbedeutend war, bezeichnet „bürgerliche Gesellschaft" nunmehr „den staatsfreien und politikfernen Raum jener Gesellschaft bürgerlicher Privateigentümer, in der statt politischer Herrschaft von Menschen über Menschen nur noch die ökonomische über Sachen

---

[69] Vgl. LThK² Bd. 5 (1960) 741-746; F.-X. Kaufmann: Religion und Modernität. Tübingen 1989, 77ff.98.124.

(nach dem Prinzip der Freiheit von Person und Eigentum) zulässig ist."[70]
(4) Für den Wandel der gesellschaftlichen Sozialisationsbedingungen ist von besonderer Bedeutung die Differenzierung von „bürgerlicher Gesellschaft" und „Zivilreligion". Bei J. J. Rousseau sind die explizit formulierten Glaubensartikel der Zivilreligion (Glaube an Gott als Urheber des Sittengesetzes, an ein Leben nach dem Tod) noch bekenntnispflichtig. Andere, für den Staat nicht bedeutsame Glaubensinhalte unterliegen dem Gebot der Toleranz.[71] Volle religionspolitische Aufklärung führte dann zu der Überzeugung, daß konstituierte religiöse Bekenntnispflicht als Mittel zur Beförderung bürgerlicher Moral weder nötig noch tauglich ist. Diese Einsicht „erlaubt dann im Resultat, Bürgerrechte von Bekenntnispflichten definitiv abzukoppeln."[72]
Hinzu kommt: Wenn man unter „Religion" das versteht, was zu den gemeinsamen Überzeugungen, Werten, Normen einer Gesellschaft gehört und sie zusammenhält, dann muß sie ihrem expliziten religiösen Aussagegehalt nach extrem minimalisiert sein. Genauer: „der Differenziertheitsgrad dessen, was in einem kulturellen und politischen System als Universalkonsens funktionsfähig bleiben soll, muß mit zunehmender Differenzierung dieses Systems abnehmen."[73]
Zu den heutigen gesellschaftlichen „Bedingungen" einer kirchlichen Sozialisation gehören somit eben diese Privatisierung und Minimalisierung der Religion sowie ihr selektiver Gebrauch. Es ist offenbar, daß der Staat oder die Gesellschaft als ganze nur noch in einer minimalisierten Weise als „religiöse" Sozialisationsinstanzen fungieren.
(5) Das „moderne" bzw. „postmoderne" Verständnis von Gesellschaft zeigt sich in einem tendentiell *anonymen*, relativ bindungsfreien Zusammenleben von vielen einzelnen. Dies hat zur Folge, daß auch „Religion" nun unhintergehbar zur „Privatsache" wird. Zum erstenmal in der abendländischen Kulturgeschichte kann jeder einzelne ohne soziale Kontrollen und Zwänge zwischen verschiedenen Wertangeboten und Religionen wählen und sich bindungsfrei das selektieren, was seinen Erwartungen und Bedürfnissen entspricht.
Dies hat zur Folge, daß auch die Familien als Interaktionsfelder zur Vermittlung sakramentalen Geschehens und christlicher Verhaltensnormen

---

70 GGB Bd. 2 (1975) 720; vgl. HWP Bd. 3, 461f.

71 Vgl. StL Bd. 5, 1169.

72 H. Lübbe: Staat und Zivilreligion. Ein Aspekt politischer Legitimität, in: H. Kleger, A. Müller (Hg): Religion des Bürgers. Zivilreligion in Amerika und Europa. München 1986, 195-220; hier: 196f.

73 Vgl. H. Lübbe a.a.O., 197f.

weitgehend ausfallen. „Die Auflösung der subkulturellen Milieus und das Durchschlagen eines pluralistischen, weitgehend anonymisierten und in seinen Wertorientierungen individualistischen Kulturangebotes – nicht nur in den Medien, sondern zunehmend auch in den Schulen – bringt die elterlichen Erziehungsintentionen in die Vereinzelung.“[74]

(6) Bereits mit der langsamen Auflösung konfessionshomogener Sozialmilieus nach dem zweiten Weltkrieg war in beiden Konfessionen Kirche immer mehr als „Amtskirche“ ins öffentliche Bewußtsein getreten.[75] Als kirchliche Sozialisationsinstanz ist heute fast nur noch übrig geblieben die auf „Amtskirche“ reduzierte Kirche. Auf ihr liegt nunmehr die ganze Last der „Weitergabe des Glaubens“. Die „Amtskirche“ aber kann als solche die schwindende Selbstverständlichkeit kirchlicher Sozialisationsprozesse nicht ersetzen oder gar auf der Interaktionsebene selbst leisten.

Dieser Überblick zeigt: Das Strukturganze, das der justinianisch-karolingischen Sozialisationspraxis zugrundeliegt, ist unhintergehbar auseinandergebrochen. Dennoch setzt die kirchliche Sozialisationspraxis im Prinzip und implizit – und zwar trotz erheblicher geschichtlicher Wandlungen – *bis heute* immer noch ein kirchlich-gesellschaftliches Strukturganzes voraus. Zum mindesten trauert man ihm nach. Die daraus erwachsende Überforderung ist eine der Ursachen für die persönliche „Amtskrise“, für Resignation und Ratlosigkeit vieler Amtsträger und hauptamtlichen MitarbeiterInnen in den beiden Großkirchen. Diese Situation fordert nunmehr zu einer durchgreifenden Kritik der traditionellen Sozialgestalt der Kirche heraus.

---

[74] F.-X. Kaufmann: Religion und Modernität. Tübingen 1989, 222.

[75] Vgl. F.-X. Kaufmann, a.a.O., 6.226.

B.

Die Differenz zwischen „Bund“ und „Reich Gottes“

In den bisherigen Überlegungen hat sich eine Differenz zwischen einem politischen „Reich Gottes“ und dem von Gott angebotenen Bund ergeben. Sie ist nun näher zu begründen und auszuarbeiten. Dabei kann es nicht darum gehen, den gesamten exegetischen und historischen Befund auszubreiten. Wir stellen vielmehr in einem geschichtlichen *Rückblick*, von der gegenwärtigen glaubensgeschichtlichen Situation her, Fragen an die Bibel, die uns nach einer fast 2000-jährigen Geschichte des Christentums aufgegeben sind. Die *Beantwortung* dieser Fragen muß sich dann allerdings methodisch an die Ergebnisse der exegetischen Forschung halten.

Von vornherein ist davon auszugehen, daß „Bund“ und „Reich Gottes“ unterschiedene und zugleich identische Weisen des Mit-seins Gottes sind, die einander einschließen und ergänzen, denn: eine *einzelne* menschliche Rede von Gott her kann niemals das Mit-sein Gottes in seiner Fülle und Ganzheit zur Aussage bringen. Allerdings: Eine glaubensgeschichtlich neue und vertiefte Thematisierung des Bundesangebotes Gottes wird die Differenz zwischen diesen beiden Weisen des Mit-seins Gottes deutlicher herausarbeiten müssen.

Hinzu kommt: Bis heute sehen drei große Weltreligionen: Judentum, Islam und Christentum im „Bund“ Gottes mit Abraham eine geschichtliche Wurzel ihrer jeweiligen Gemeinschaft, und vielleicht stoßen wir durch eine Thematisierung dieses *inneren* Geschehens in Tiefen des Mitseins Gottes vor, die auch ein neues Gespräch mit anderen Religionen ermöglichen. Dabei ist der Weg vom atl Mit-sein zum ntl In-sein Gottes nochmals von besonderer Bedeutung.

I.

Kritik des vorstellenden und objektivierenden Denkens

Bevor wir auf das Verständnis von „Bund“ näher eingehen, ist zunächst hervorzuheben: Das entsprechende hebräische Wort berit und seine Übertragung in die griechische Übersetzung des AT (diatheke = Testament, Verfügung) sind derart vieldeutig und aus der menschlichen Erfahrung fast analogielos auf das Verhältnis Gott – Mensch „übertragen“, daß in ihnen das Mit-sein des mitziehenden und vorüberziehenden, geschichtsmächtigen Gottes kaum noch wahrnehmbar bleibt. „Bund“ ist ein *inneres* geschehendes Geschehen zwischen und in den Mitgliedern des Volkes Gottes, das nicht anschaubar ist. Wir müssen alles vorstellende, objektivierende Denken hinter uns lassen, wenn wir zureichend vom „Bund“ sprechen wollen.

Dies gilt bereits im Hinblick auf einen Bund, für Liebe und Treue zwischen Menschen. Dieses Geschehen ist nicht anschaubar wie Dinge anschaubar sind. Liebe können wir nicht mit den leiblichen Augen sehen, nicht mit Händen greifen, und doch ist sie die Urkraft, die *zwischen* Menschen wirksam ist und sie einander zuführt: Liebende denken nicht nur aneinander, man hat ihnen auch nicht nur gesagt, daß sie einander lieben, sondern sie nehmen ihre gegenseitige Liebe direkt wahr. Sie sind in ihrem Herzen voneinander betroffen und „angerührt“. Wenn sie einander sehen, hören, betasten, geschieht deshalb zugleich eine gegenseitige *innere Berührung,* die die sinnliche Wahrnehmung übersteigt: Sie nehmen *in ihrem Herzen* wahr, daß sie einander zugewandt sind und drücken dies etwa in dem Wort aus: „Mein Herz gehört dir.“ Sie *wissen* um diese gegenseitige „geistige“ Berührung und bezeugen deshalb ihre Liebe aus der „Erfahrung“, die sie im Umgang miteinander gemacht haben.

Natürlich kann man auch über Liebe, Treue, Bund reden, aber dieses Reden über ... ist nicht als solches das geschehende Geschehen. Auch kann es nicht wie ein Ding vergegenständlicht und begrifflich erfaßt werden. Dies gilt dann erst recht für die biblische Bezeugung der Liebe, des Erbarmens, des Bundesangebotes Gottes: Eine neue gläubige Praxis wird ein *Weg nach innen* sein.

Daraus ergibt sich: Eine glaubensgeschichtlich neue Thematisierung des Bundesgeschehens muß versuchen, das herauszuarbeiten, was die biblischen Schriftsteller sagen *wollten*, aber mit den ihnen zur Verfügung stehenden Denk- und Sprechweisen noch nicht sagen *konnten*, also ihre intentio profundior. Dabei wäre zugleich die Analogie als Ur-Prinzip des Redens von Gott her zu beachten: *Die Unähnlichkeit zwischen dem Bund Gottes mit dem Menschen ist immer noch größer als die noch so große Ähnlichkeit dieses Bundes mit einem Bund zwischen Menschen.*

Deshalb sei zunächst darauf hingewiesen: Zur Erschließung dessen, was im biblischen Verständnis „Bund“ meint, genügt es nicht, dieses Wort bzw. diesen Begriff zu analysieren und dann zu fragen, wie er auf das Verhältnis zwischen Gott und seinem Volk „übertragbar“ ist. Vielmehr zeigt sich das bundesgemäße Mit-sein Gottes bereits darin, daß er *überhaupt* zu uns spricht, – unabhängig vom jeweiligen Inhalt dieses Sprechens. Wenn wir nach wie vor davon ausgehen, daß Gott in der biblischen Wort-Offenbarung „durch Menschen nach Menschenart *gespro-*

chen hat" (DV 12; vgl. DH 4217), dann zeigt sich das Mit-sein Gottes primär im verkündeten und gehörten Wort Gottes, also in einem *Sprecher-Hörer-Geschehen*, in dem Gott durch menschliche Sprecher und alle Vermittlungen hindurch dieses sein Mit-sein offenbar macht: Gottes Wort im Menschenwort ist *in sich selbst und als solches* bereits Ausdruck seines Mit-seins und damit seines Bundes.
Die zwar nicht traditionsgeschichtlich, aber im Text erste Stelle ist die Zusage an Abraham: „Dies ist mein Bund mit dir: Du wirst Stammvater einer Menge von Völkern" (Gen 17,4). In der Formulierung „mit dir" kommt zum Ausdruck: „Bund" ist eine Grundweise des nicht vor-stellbaren *Mit-seins Gottes* und nicht ein zum Wortgeschehen der Offenbarung hinzukommendes Geschehen. Das Sprechen Gottes in menschlicher Sprache und durch sie hindurch ist bereits selbst und als solches die einzig und allein von ihm ausgehende *Bundesbeziehung* zu seinem Volk. Genauer: Das sich im Wort offenbarende Mit-sein Gottes ist in sich selbst *bundesgemäß* und befähigt uns zu einer diesem Bund gemäßen, freien Antwort. Das bundesgemäße Wort-Geschehen schließt deshalb *vorgängig* zu allen biblischen Einzelaussagen die gesamte Wort-Offenbarung ein. „Bund" ist primär nicht ein Begriff, sondern eingeschlossen im Sprecher-Hörer-Geschehen der Zusage Gottes, „mit" seinem Volk zu sein. „Bund" als jeweils jetzt und in der Heilsgeschichte durchgängig geschehendes Geschehen kann nicht durch objektivierende Begriffe festgestellt und vor-gestellt werden.
„Ich bin mit dir (euch)" (vgl. Ex 3,12 u. ö.) ist deshalb als Zusage von Gottes Mit-sein die biblische Grund-Aus-Sage schlechthin. Sie verdeutlicht sich im Namen Gottes: „Ich bin der ‚Ich-bin-da'" (Ex 3,14). (Es ist eine der größten Verformungen, aus dieser Zusage des geschehenden Mit-seins Gottes den abstrakten Begriff eines ens a se herauszulösen). Das biblisch bezeugte Da-sein Gottes ist nicht ein Dasein an sich und für sich, sondern immer gleichursprünglich das geschichtliche Dasein Gottes für sein Volk: Jahwe ist der mitziehende und geleitende Gott, er ist „in Israels Mitte".[76]
Dieses ungegenständliche, nicht objektivierbare Mit-sein Gottes wird sehr deutlich in der Ex 33,7-34,35 beschriebenen Bundeserneuerung. Dieser Text enthält eine der tiefsten Aussagen des Mit-seins Gottes: „Der Herr und Mose redeten miteinander Auge in Auge, wie Menschen miteinander reden" (Ex 33,11; vgl. Dt 34,10). Moses erhält für den weiteren Weg in das verheißene Land die Zusage: „Mein Angesicht wird mit-

---

[76] Vgl. Gn 46,4; Ex 3,8.17; 13,17.21; 14,19; 23,20ff; 33,2f.5.15f; 34,5.9; Lev 26,13; Num 14,42; Dt 1,30.42; 4,37; 20,1.4; 26,8; 31,6.8; 32,12; Ri 4,14; 5,13; Ps 24,7ff; 106,9; Jes 58,11; 63,12f.

gehen“ (V.14). „Angesicht“ meint hier die Direktheit und Unvermitteltheit des Mit-seins Gottes: Nicht ein Mensch wird den Weg zeigen, nicht einmal ein „Engel“ (Ex 32,34; 33,2), sondern Gott selbst wird mitziehen. Diese Direktheit zeigt sich weiterhin daran, daß Moses „sehen“ darf, was für den Menschen an Gott erfahrbar ist: seine „Herrlichkeit“ und „Schönheit“, die in die Worte gefaßt sind: „Ich gewähre Gnade, wem ich will, und ich schenke Erbarmen, wem ich will“ (Ex 33,19) und dann noch einmal beim „Vorübergang“ Gottes: „Jahwe ist ein barmherziger und gnädiger Gott, langmütig, reich an Huld und Treue“ (Ex 34,6). Bei diesem Vorübergang läßt Gott nicht sein „Angesicht“ sehen, sondern seinen „Rücken“ (Ex 33,23).
In dieser urtümlichen Aussage wird offenbar: Das gnädige Mit-sein Gottes, sein Erbarmen und seine Treue, sind nicht greifbar und begreifbar, können nicht in fest-stellenden Begriffen erfaßt, von außen angeschaut und objektiviert werden. Das Mit-sein Gottes ist ein ständig vorübergehendes geschehendes Geschehen, das nur im *Mitvollzug* erfaßbar ist, also während es geschieht, und dann auch nur von seiner „Rückseite“. Wir können das Mit-sein Gottes nicht frontal vor uns hin und auf uns zu stellen, um aus ihm eine Anschauung, einen Begriff zu abstrahieren, denn damit würden wir *unser* „Bild“, das wir uns von Gott gemacht haben, in dieses Mit-sein hineinlegen: Es bleibt gänzlich unanschaulich, so daß kein Begriff, keine Fest-stellung es zureichend zur Aussage bringen kann.
Das Mit-sein Gottes mit seinem Volk kann also nicht von außerhalb seiner selbst „betrachtet“ und zu einem Begriff objektiviert werden. Genauer: Im Reden *über* dieses Mit-sein Gottes machen wir es zum Objekt unseres Nachdenkens, stellen es vor uns hin und befinden uns dann notwendig außerhalb dieses Geschehens. Es ist nicht zu umgehen, daß wir dabei die bereits in uns vorhandenen Vorstellungen in dieses Geschehen eintragen und es so nicht als solches mit-vollziehen können. Deshalb ist eine angemessene Reflexion von Gottes Wort nur möglich im zuhörenden Mit-Vollzug dieses Wortgeschehens. Das aus diesem Mit-Vollzug erwachsende, reflektierende Reden *über* das innerlich Gehörte erfordert eine äußerst selbstkritische Grundeinstellung zu Begriffen und Vorstellungen, die wir von woandersher bereits mitbringen. Das traditionelle, *vorstellende* Reden über Gott (Theologie als sermo Deo) ist nämlich der Grund dafür, daß das geschichtliche Mit-sein Gottes, das sich als „Bund“ geoffenbart hat, nie zum Grundansatz der Theologie werden konnte, obwohl doch zum mindesten in der nachbiblischen Reflexion „Bund“ die alle Einzelaussagen der Bibel umfassende Klammer ist: „Bund“ ist nicht anschaubar, sondern geschieht in und zwischen uns.

Es kommt nicht darauf an, wie oft statistisch das Wort „Bund“ in der Bibel vorkommt, sondern: Das gesprochene und gehörte Wort Gottes, dieser logos tou theou, *ist* selbst und als solcher die wirksame Gegenwart seines Mit-seins und damit seines Bundes, bis hin zur Menschwerdung dieses Wortes. In Jesus Christus als dem leibhaften logos tou theou (Joh 1,14) geschieht dieses bundesgemäße Mit-sein Gottes auf end- und letztgültige Weise: Jesus Christus ist der Emmanuel = „Gott ist mit uns“ (Mt 1,23). Seine gesamte Existenz ist das leibhafte Mit-sein Gottes, denn Gott war „mit ihm“ (Apg 10,38), und er ist „mit uns“ bis zum Ende der Welt (Mt 28,20).

II.
Auf dem Weg zu einer glaubensgeschichtlich neuen Thematisierung des bleibenden Bundesangebotes Gottes

1. Die Selbstverpflichtung Gottes zum bundesgemäßen Mit-sein mit seinem Volk

Seit den 60er Jahren dieses Jahrhunderts ist eine Diskussion des Begriffes „Bund“ in Gang gekommen, die belastet war durch zum Teil unangemessene, von außen her in die biblischen Texte eingetragene Vorstellungen.[77] Es gebe kein „Gegenüber“ zwischen Gott und dem Menschen mit

---

[77] Herrschte von den 30er bis weit in die 60er Jahre hinein eine Art „Bundesinflation“, in der der Begriff zu pauschal gebraucht wurde, da man in ihm auch den Zentralbegriff atl Theologie sah (besonders einflußreich war hier W. Eichrodt; vgl. weiterhin: E. Zenger: Die Bundestheologie – ein derzeit vernachlässigtes Thema der Bibelwissenschaft und ein wichtiges Thema für das Verhältnis Israel – Kirche, in: ders. [Hg]: Der Neue Bund im Alten. Freiburg/Br. u. a. 1993, 13-49; hier: 16), so begann ab 1967 eine kritische Phase mit den Arbeiten von E. Kutsch, der im Anschluß an J. Begrich und A. Jepsen vehement für eine Eliminierung des Begriffs „Bund“ aus der biblischen Theologie eintrat. Kutsch vertrat die Auffassung, „daß das Alte Testament und damit der Glaube der Israeliten für das *Gegenüber von Gott und Mensch eine wechselseitige berît mit gegenseitig einklagbaren Verpflichtungen nicht kennt.*“ (E. Kutsch: Verheißung, Verheißung und Gesetz. Untersuchungen zum sogenannten ‚Bund‘ im Alten Testament. Berlin / New York 1973, 154f.) Die von Hieronymus herstammende und durch Luther eingebürgerte Übersetzung „Bund“ sei falsch. Auch diatheke heiße nicht „Bund“. Berit ist als *Selbstverpflichtung* Jahwes zu verstehen. Statt vom „Neuen Bund“ sei von „neuer *Setzung*“ zu sprechen: „So geben wir auch dem damit gemeinten Gnadenhandeln Gottes die Ehre.“ (E. Kutsch: Neues Testament – Neuer Bund? Eine Fehlübersetzung wird korrigiert. Neukirchen-Vluyn 1978, 168) Nach den Arbeiten von Kutsch sprachen jetzt viele Autoren nur noch von der „Treue“ Gottes, wo sie früher vom „Bund“ gesprochen hätten.
Noch einflußreicher für das Zurücktreten des Interesses am Bund wurde dann Lothar

gegenseitig einklagbaren Verpflichtungen, keine „Partnerschaft" zwischen Gott und Mensch. Seiner Herkunft nach lasse sich der Begriff „Bund" nicht einlinig ableiten und verlange eine nach vielen Seiten hin offene Übersetzung. Wir müssen deshalb grundlegender ansetzen und fassen den exegetischen Befund wie folgt zusammen:
(1) Das hebräische Wort berit wird am besten mit „Selbstverpflichtung, Zusage" übersetzt. „Bund" ist von Gott her seine „Selbstverpflichtung" und „Selbstbestimmung"[78] zum gnädigen, wirksamen Mit-sein, in dessen Kraft das Volk und jeder einzelne diesen Bund annimmt. Er macht die Durchführung dieser Zusage von der Erfüllung bestimmter Bedingungen abhängig (Dtn 7,9; 1 Kön 8,23; Ex 19,5; Ps 132,12), „aber der Mensch kann nicht durch die Erfüllung dieser Bedingungen Gott zur Einhaltung seiner Zusage verpflichten."[79] Das AT kennt weder ein gleichrangiges Gegenüber noch so etwas wie eine „Partnerschaft" von Gott und Mensch, sondern: Gott verpflichtet sich in unergründlicher Freiheit „für immer" zur Liebe und Treue seinem Volk gegenüber.
Deshalb ist die Übersetzung „bundesgemäße Selbstbestimmung" angemessener. Sie ergibt sich aus der Grundbedeutung des hebräischen Wortes chesed,[80] das nicht nur die „Güte" Gottes zum Ausdruck bringt, sondern sein bundesgemäßes Sich-Verhalten. Dieses Wort meint zugleich aber auch das bundesgemäße Sich-Verhalten des Volkes, das sich in der Befolgung der Gebote Gottes zeigt, in der Liebe zu Gott „mit ganzem Herzen, mit ganzer Seele und mit ganzer Kraft." (Dt 6,4) Daraus wird

---

Perlitts Bundestheologie. (L. Perlitt: Bundestheologie im Alten Testament. Neukirchen-Vluyn 1969; vgl. E. Zenger, a.a.O., 19-21) Die Berit-Theologie ist nach Perlitt nicht – wie man früher annahm – eine Konstante der atl Theologie, sondern eine späte Schöpfung der deuteronomischen Theologie des 7. Jahrhunderts, entstanden im Kampf gegen die fremden Götter. Damit kehrt Perlitt zu Wellhausen zurück, der schon die Bundesschließung als unabhängig vom Sinai angesehen hatte. Mit dieser Auffassung löste Perlitt einen Schock aus und ist so neben Kutsch einer der Hauptverantwortlichen für das „Bundesschweigen" der 70er und 80er Jahre. Vgl. auch den zusammenfassenden Forschungsbericht in TRE Bd. 7, 398.

[78] So heißt es bei H. Spieckermann zu Dtn 7,9f: Diese Verheißung gelte tausend Geschlechtern, daher sei der Gott des chesed „nicht leicht zu beschränken ... weil die *Selbstbestimmung* zur Gnade sein Wesen ist." Ähnlich zu Jona 3, 8-10: Jahwe kehrt von seinem Zorn auf Ninive um und läßt sich des Unheils gereuen, „und zwar nicht allein aus einem ‚Zugzwang' heraus, sondern ... aus seiner *Selbstbestimmung* zur Barmherzigkeit heraus, die Jona in 4, 2 unter Berufung auf die Gnadenformel Gott zum entscheidenden Vorwurf macht." („Barmherzig und gnädig ist der Herr ...", in: ZAW 102 [1990] 1-18; hier: 6f.15)

[79] THAT Bd. 1, 350. TRE Bd. 7, 397ff. Vgl. H. Frankemölle: Jahwebund und Kirche. Münster / W 1974, 31f.

[80] Vgl. ThWAT Bd. 2, 48-71; THAT Bd. 1, 600-621; ThWNT Bd. 9, 372-377.

deutlich, daß der Bund Gottes mit seinem Volk der *Annahme* bedarf. Dieser Aspekt ist für eine glaubensgeschichtlich neue Thematisierung des Bundesgeschehens von erhöhter Bedeutung: Gottes Selbstbestimmung zum Bund ist zugleich die Freisetzung der menschlichen Freiheit: „Gott offenbart seine höchste Souveränität gerade darin, daß er den Menschen nicht nur Objekt seines Heilshandelns und Adressaten seiner Verfügungen sein läßt, sondern ihn zu seinem Gegenüber, zum Subjekt macht, dergestalt, daß der Mensch auch über sein Verhältnis zu Gott entscheiden, es frei annehmen oder ablehnen kann.“[81]
Um die Vorstellung einer irgendwie gleichgeordneten „Partnerschaft“ auszuschließen, kann das bundesgemäße Verhalten Gottes auch als rein *sich selbst bestimmende Selbstbestimmung* zum Mit-sein, zur Zuwendung, zur Treue bezeichnet werden. Die Annahme und Bejahung dieses Mitseins Gottes ist dann die „bundesgemäße Selbstbestimmung“ des Menschen, die nur in der Kraft des Mit-seins Gottes geschieht und somit eine von Gott selbst *ermöglichte und geschenkte* Antwort auf sein Bundesangebot ist.
(2) Der von Gott angebotene Bund hat die Struktur des Mit-seins in einer Ich-Ihr-Beziehung, wie in der „Zugehörigkeitsformel“ deutlich wird: „Ich bin euer Gott und ihr seid mein Volk“ (Gen 17,7f; Ex 6,7; Lev 26,12; Dt 26,17f; 29,12f u. ö.). Alle Initiative geht dabei von Gott aus. Er schließt sich mit dem Volk nicht zu einem „wir“ zusammen, nirgendwo in der Bibel heißt es: Ich und ihr, wir schließen einen Bund. Darin wird nochmals deutlich, daß die Rede von einer „Partnerschaft“ zwischen Gott und seinem Volk gänzlich irreführend ist. Vielmehr wird in dieser allein von Gott ausgehenden Beziehung das Volk allererst zum Wir (vgl. Ps 100,3), und zwar so, daß dieses bundesgemäße Wir durch die Geschichte hindurch andauert: „Nicht mit unseren Vätern hat der Herr diesen Bund geschlossen, sondern mit *uns*, die wir *heute* (hajjom) hier stehen, mit *uns allen*, mit den Lebenden (chajjim)“ (Dt 5,3; vgl. 29,9-14.19; 2 Kön 23,3; 2 Chron 34,29-33). An den zitierten Stellen ist „die Gleichzeitigkeit der Generationen innerhalb des Bundesschlusses“ betont.[82] Die Anwesenden sind also eingeladen, sich in das gewesene, jetzt gegenwärtige und bis in fernste Zukunft hinein andauernde menschlich-wirgemäße Bundesgeschehen bewußt *einzuschließen*, denn: „wir alle“, die jetzt Lebenden, waren ja „von Anfang an“ in dem schon

---

[81] H. Lubsczyk: Der Bund als Gemeinschaft mit Gott. Erwägungen zur Diskussion über den Begriff ‚berit‘ im Alten Testament, in: ders.: Die Einheit der Schrift. Gesammelte Aufsätze, Leipzig 1989, 185-220.

[82] H. Preuß: Theologie des Alten Testaments. Stuttgart 1991, 256. „Heute“ findet sich im Deuteronomium etwa 70mal.

immer, von Generation zu Generation zukünftig gewesenen, „ewigen Bund“ mit-eingeschlossen (vgl. Gen 17,7).
(3) „Umkehr“ ist die menschliche, von der Bundesgnade Gottes ermöglichte und getragene Antwort des Menschen: „Kehre uns, Herr, zu dir, dann können wir uns zu dir bekehren“ (Klgl 5,21). Genauer: Umkehr ist der Wir-Einschluß des Volkes in den von Gott angebotenen Bund, der nochmals den Ich-Einschluß eines jeden einzelnen in diesen Bund einschließt. Von Gott her bleibt der Bund als sein „ewiges“ Angebot immer bestehen, das in neuen geschichtlichen Situationen einer erneuten Annahme bedarf, denn: das Volk Gottes ist von sich aus nicht fähig, den Bund zu halten. Deshalb gibt es im AT immer wieder Zeiten der Umkehr zu Gott und Feste der Bundeserneuerung (vgl. Ex 33,7-34,5; Dtn 5,3; 9,9-10,11; Apg 3,25). „Das ganze Volk trat dem Bund bei“, heißt es nach der Auffindung des Bundesbuches im Tempel unter König Joschija (2 Kön 23,3).
(4) In der gegenwärtigen glaubensgeschichtlichen Situation ist von höchster Bedeutung, daß Gott seinen Bund nie aufgekündigt hat, daß er sein Volk aber nicht zwingt, ihn anzunehmen. Gottes Bundesangebot ist die ursprünglichste Freisetzung der menschlichen Freiheit zur Antwort: Der Verkündigung der 10 Gebote geht die Antwort des Volkes voraus: „Jetzt aber, wenn ihr auf meine Stimme hört und meinen *Bund* haltet, werdet ihr unter allen Völkern mein besonderes Eigentum sein. ... Mose ging und rief die Ältesten des Volkes zusammen. Er legte ihnen alles vor, was der Herr ihm aufgetragen hatte. Das ganze Volk *antwortete* einstimmig und erklärte: Alles, was der Herr gesagt hat, wollen wir tun. Mose überbrachte dem Herrn die *Antwort* des Volkes.“ (Ex 19,5f.8f; vgl. 24,3.7) Die Propheten kritisieren mit heftigen Worten die Antwort-Verweigerung des Volkes Gottes: „Ihr gabt keine Antwort, als ich euch rief, als ich zu euch redete, hörtet ihr nicht, sondern ihr habt getan, was mir mißfällt, und habt euch für das entschieden, was ich nicht will.“ (Jes 65,12) „Warum sagt mein Volk: Wir wollen frei umherschweifen, wir kommen nicht mehr zu dir. Mein Volk hat mich *vergessen*, seit ungezählten Tagen.“ (Jer 2,31f) Dieses Antwortgeschehen ist keineswegs einbahnig: Der Gott des Bundes ist der redende und antwortende Gott: „Der Herr ist dir gnädig, wenn du um Hilfe schreist; er wird dir antworten, sobald er dich hört.“ (Jes 30,19) Wenn von Gott her keine Antwort kommt, dann ist die Enttäuschung darüber eine Anzeige dafür, daß sie dem Bund gemäß erwartet wird (vgl. Ijob 9,16; 31,35; Ps 18,42). Die selbstgemachten Götter dagegen werden nicht antworten. (Jes 46,7)
(5) Von da her ist dann auch der Neue Bund zu verstehen. Zentral sind hier die Abendmahlsworte: „Das ist mein Blut, das Blut des Bundes, das für viele vergossen wird zur Vergebung der Sünden“ (Mt 26,28; Mk

14,24). „Dieser Kelch ist der neue Bund in meinem Blut, das für euch vergossen wird“ (Lk 22,20; 1 Kor 11,25). Jesus selbst *ist* in seiner Person der neue Bund! Auch hier ist eine einseitige Setzung, Zuwendung, Verfügung Jesu Christi gemeint, der auf Seiten des Menschen keinerlei Bedingungen vorausgehen: Jesus selbst nimmt durch seine Hingabe an Gott alle Menschen mit hinein in seine Beziehung zu ihm und lädt alle Menschen ein, in ihm, mit ihm und durch ihn sich Gott zuzuwenden. Anfang und Ende allen Christwerdens ist deshalb diese Hinwendung Jesu Christi zu Gott. Sie hat sich grundlegend bei seiner Taufe im Jordan gezeigt, die der Beginn seines Weges zur „Todestaufe“ (Mk 10,38) ist und endgültig offenbar wird im Pfingstereignis, bei dem er die Anwesenden „mit dem Heiligen Geist tauft“ (Apg 1,5; 11,16).

2. Der neue Bund als das geschichtliche In-sein Gottes in allen Völkern

Bis heute fehlt eine alle Schriften des NT einbeziehende Erforschung dessen, was „neuer Bund“ meint.[83] Im Hinblick auf eine neue Gestalt gläubiger Praxis sei hier jedoch auf die Differenz zwischen dem ersten und dem neuen Bund hingewiesen, die sich im Wandel vom Mit-sein zum In-sein Gottes zeigt.

(1) „Mein Bund mit dir“ (Gen 17,4) lautet in der „Septuaginta“, der griechischen Übersetzung des hebräischen Textes: he diatheke mou meta sou.[84] Von daher stellt sich die Frage, ob die unscheinbare Wendung „mit euch, mit dir“ auch im NT die Bundeszusage Gottes einschließt. Deutliche Ansätze zur Beantwortung dieser Frage finden sich bei Matthäus: Das Volk Jesu (Mt 1,21b), das neue Bundesvolk *aus allen Völkern* (vgl. Mt 28,19), wird Jesus den Emmanuel nennen, „das heißt übersetzt: Gott ist mit uns (met’ hymon ho theos)“ (Mt 1,23).[85] In dieser Formu-

---

[83] Vgl. die Vorarbeiten dazu in den Veröffentlichungen von K. Backhaus: Gottes nicht bereuter Bund. Alter und Neuer Bund in der Sicht des Frühchristentums, in: Ekklesiologie des Neuen Testaments. Für K. Kertelge, hg. v. R. Kampling u. Th. Söding, Freiburg / Br. 1996, 33-55; ders.: Der Neue Bund und das Werden der Kirche. Die diatheke-Deutung des Hebräerbriefs im Rahmen der frühchristlichen Theologiegeschichte, Münster 1996.

[84] ThWNT Bd. 7, 774: Die Zusage Gottes: „Ich bin mit dir, ich bin mit euch“ wird in der Septuaginta, „stets durch meta mit Genitiv wiedergegeben und im Neuen Testament in der gleichen Weise übernommen.“ Vgl. die zahlreichen weiteren Texte, die unter diesem Aspekt des bundesgemäßen Mit-seins Gottes zitiert werden (a. a. O., 774-779).

[85] „Wie der Name ‚Jesus‘ 1, 22 von Mt in seiner Funktionalität als Erlöser des Volkes gedeutet wird, so wird auch der Name ‚Emmanuel‘ 1, 23 als geschichtlich wirkende *Bundestreue* funktional interpretiert; denn in der Wendung met’hymon ho theos sind

lierung ist für Mt „die gesamte Bundesterminologie impliziert", genauer: In der Geburt Jesu (V. 16c) zeigt sich, daß dieser Mensch der leibhafte „Gott-mit-uns" ist, der Bund in Person. Da der Name für die Person steht, „vermittelt" er nicht wie ein menschlicher Mittler zwischen Bundes-Partnern, sondern: er ist in seiner Person der Bund selbst und als solcher.

Damit eröffnet der Evangelist die biblische Grundperspektive aller Bezeugung des Evangeliums: das von Gott nie aufgekündigte Bundesgeschehen zwischen ihm und uns. Diese Perspektive wird nochmals besonders deutlich in der Anweisung Jesu: „Geht zu allen Völkern und macht alle Menschen zu meinen Jüngern, indem ihr sie tauft auf den Namen des Vaters und des Sohnes und des Heiligen Geistes, und indem ihr sie lehrt, alles zu befolgen, was ich euch geboten habe. Seid gewiß: Ich bin mit euch (ego met' hymon eimi) bis zum Ende der Welt" (Mt 28,19f). Dieser Text ist im Verständnis des Evangelisten „die Bundesbestätigung Gottes durch Jesus für sein Volk," so daß die Taufe als Zeichen des bleibenden Mit-seins Jesu mit *seinem* neuen Volk zugleich den Charakter einer „Bundeserneuerung" durch Gott selbst hat.[86]

(2) Höchst aufschlußreich ist weiterhin, daß Johannes das bundesgemäße Mit-sein Gottes als „In-sein" und „In-bleiben" versteht. Im Hinblick auf eine geschichtlich neue Thematisierungsstufe des Bundes Gottes mit seinem Volk, die zugleich ein epochaler *Weg nach innen* ist, wird diese Vertiefung der Bundestheologie durch Johannes von wegweisender Bedeutung. Er unterscheidet zwischen dem Mit-sein Jesu mit seinen Jüngern *während seines irdischen Lebens* (met' hymon einai: 13,33; 14,9; 16,4; 17,12; vgl. Mt 28,20), und der neuen Weise seiner Gegenwart *nach seiner Erhöhung* (Tod, Auferstehung, Geistmitteilung), die er als In-sein und

---

Gott und (neues) Bundesvolk aufeinander bezogen ... Auf die kürzeste Formel gebracht, ist bei met' hymon ho theos im atl, nicht weniger aber im mt Kontext die gesamte Bundesterminologie impliziert." H. Frankemölle: Jahwebund und Kirche Christi. Studien zur Form- und Traditionsgeschichte des „Evangeliums" nach Matthäus. Münster 1974, 18.

[86] H. Frankemölle, a.a.O., 60f; vgl. a.a.O., 70: „Das Offenbarungswort von der ständigen Gegenwart des erhöhten Herrn ist für die Theologie des Mt bezeichnend, ja es ist die Sinnspitze der Aussage in 28, 18-20 ... Die Wendung met' hymon ist kennzeichnender Hinweis dieser ntl orientierten Bundestheologie, in der Jesus die Funktionen Jahwes für seine Gemeinde ... übernimmt ... Die mit diesem Beistandswort met' hymon eimi verbundenen Vorstellungen sind gut atl, sie umschreiben den Kern der atl Bundestheologie und können nur von dort her voll gewürdigt werden, wenn sie auch faktisch die Gemeinschaft Jesu mit den Jüngern voraussetzen."

In-Bleiben (einai en und menein en) bezeichnet.[87] Dieser Wechsel wird gegen Ende des Johannes-Evangeliums sehr deutlich: Während es 17,12 noch heißt: „Solange ich bei ihnen (met' auton) war, bewahrte ich sie in deinem Namen", wird dieses Mit-sein in den folgenden Versen zu einem mehrgestaltigen In-sein von Gott, Jesus und seinen Jüngern: „Alle sollen eins sein: Wie du, Vater, in mir bist und ich in dir bin, sollen auch sie in uns sein" (V.21) ... "denn sie sollen eins sein, wie wir eins sind, ich in ihnen und du in mir" (V. 22f). „Bund" wird hier ausgelegt als: Du in mir – ich in dir – ich in ihnen – sie in uns.

„Obwohl das Wort ‚Bund' im ersten Johannesbrief oder im Johannesevangelium nicht vorkommt, so ist doch die religiöse Erfahrung, von der Johannes in diesen beiden Werken spricht, im strengen Sinne die dem neuen Bund eigentümliche Gemeinschaft mit Gott und untereinander."[88] Genauer: Die atl Bundes- bzw. Zugehörigkeitsformel „Ich will euer Gott sein, und ihr sollt mein Volk sein" wird bei Johannes vertieft und verinnerlicht durch die Grundaussage: „Gott ist Liebe, und wer in der Liebe bleibt (ho menon en te agape), bleibt in Gott (en to theo menei), und Gott bleibt in ihm (en auto menei)" (1 Joh 4,16b).[89] Das bundesgemäße Mit-sein Gottes mit seinem Volk wird nunmehr als *In-sein und In-Bleiben* verstanden: Der Bund ist jene einzigartige Gemeinschaft (koinonia), aufgrund deren Gott in uns ist und bleibt und wir in ihm sind und bleiben, weil er uns von seinem Geist gegeben hat. (4,13; vgl. 3,24) Dieses Bleiben in der Liebe ist zugleich die koinonia, die Gemeinschaft der Glaubenden untereinander (4,20).[90]

---

[87] „The usage of the Fourth Gospel distinguishes between the presence of Jesus during His ministry on this earth (met' hymon einai: 13, 33; 14, 9; 16, 4; 17, 12; comp. Mt 28, 20), and the new form of presence which the disciples will enjoy after Jesus' departure from this earth (einai en and menein en). This change shows us that the interiorization proper to the New Covenant is prepared for by the Pascal Mystery of Jesus." E. Malatesta: Interiority and Covenant. A Study of einai en and menein en in the First Letter of Saint John (Analecta Biblica 69), Rom 1978, 26.

[88] E. Malatesta, a.a.O., 4.

[89] Vgl. E. Malatesta, a.a.O., 23f: „Our study attempts to show how in his Letter John uses the interiority expressions as an especially apt manner of describing the interior nature of New Covenant communion. Indeed we believe that these expressions when in personal, reciprocal form, serve as the Johannine equivalent of the Covenant formula: ‚I will be your God, and you shall be my people' has become ‚God is love, and he who remains in love remains in God, and God remains in him' (4, 16; see 3, 24; 4, 13.15)."

[90] Die Untersuchung von Malatesta wird betätigt durch A. Dalbesio: „Angesichts des Tatsache, daß das Thema des ‚neuen Bundes', *auch wenn es nicht ausdrücklich genannt wird*, dem gesamten theologischen Diskurs des Briefes zugrundeliegt, nehmen wir uns als Leitfaden dieser Zusammenfassung für das AT die Kategorie des ‚Bundes' und für das NT die des ‚neuen Bundes', indem wir dabei der Gabe des Geistes besondere Aufmerk-

In dem nun folgenden Text werden diese Zusammenhänge nochmals deutlicher. Er ist zugleich die Magna Charta aller Verkündigung, weil er dessen End-Ziel verdeutlicht. Zu beachten ist auch die betonte Serie von Wir-Aussagen: „Was von Anfang an war, was wir gehört haben, was wir mit unseren Augen gesehen, was wir geschaut und was unsere Hände berührt haben, das verkünden wir: das Wort des Lebens. Denn das Leben ist erschienen; wir haben gesehen und bezeugen und verkünden (martyroumen kai apaggellomen) euch das ewige Leben, das beim Vater war und uns erschienen ist. Was wir gesehen und gehört haben, das verkünden wir (apaggellomen) auch euch, damit auch ihr Gemeinschaft mit uns (koinonian met hymon) habt. Gemeinschaft mit uns aber (he koinonia de he hemetera) ist Gemeinschaft mit dem Vater und mit seinem Sohn Jesus Christus. Wir schreiben euch dies, damit unsere (Verkündiger-) Freude vervollkommnet sei." (1 Joh 1,1-3) Wir haben diesen Text bereits in einem anderen Zusammenhang eingehender interpretiert[91] und fassen den erhobenen Befund hier wie folgt zusammen:
Mit dem Wort „Gemeinschaft" (koinonia) wird hier ein dreifaches In-sein umschrieben: (1) Die Verkünder haben Gemeinschaft miteinander (vgl. V. 7). (2) Sie haben Gemeinschaft mit Gott und seinem Sohn Jesus Christus. (3) Sie laden die Adressaten ein, sich in ihre Gemeinschaft einzuschließen und so auch Gemeinschaft mit Gott zu haben: Wer Gemeinschaft hat mit den Ur-Zeugen des Lebens Jesu, hat dadurch ohne einen neuen Schritt seinerseits auch Gemeinschaft mit Gott, und zwar durch Jesus Christus, der ihnen als das ewige Leben „erschienen" ist, offenbart wurde. In der streng durchgehaltenen Wir-Ihr-Differenz ist vorausgesetzt, daß die Adressaten nicht die gleichen Wahrnehmungen haben können oder haben werden wie die Ur-Zeugen. Diese ihre Glaubenserfahrung bezeugen die Ur-Zeugen *als* eine nicht wiederholbare Wir-Erfahrung.

---

samkeit schenken." (Quello che abbiamo udito e veduto. L'esperienza cristiana nella Prima lettera di Giovanni [Supplementi alla Rivista Biblica 22], Bologna 1990, 17; vgl. 31-64 [Excursus: Il tema della nuova alleanza nella 1 Gv] sowie 61.96-97 [Lit.]). „Die exegetische Forschung der letzten Jahre hat die ... Gegenwart des Themas ‚Bund' in 1 Joh herausgestellt, das in die ntl Schau aufgenommen und *als Verwirklichung der Verheißungen des neuen Bundes verstanden wurde.* In der Tat weist 1 Joh die bekannten Aspekte der theologischen Botschaft des Bundes auf, wie die ‚Erkenntnis Gottes', die gegenseitige ‚Immanenz' zwischen Gott und dem Gläubigen, die durch die Formeln ‚sein in' und ‚bleiben in' ... ausgedrückt werden, das Gebot der ‚agape', allgemein verstanden als ‚Beobachtung der Gesetze' in untrennbarem Zusammenhang mit der ‚Erkenntnis Gottes'." (A. Dalbesio, a.a.O., 31f)

[91] Die ort- und jetztlose Gegenwart des Auferstandenen in der Kirche, Anhang I; I, 4.

Dieser Zusammenhang steht durchaus in Beziehung zur johanneischen Bundestheologie[92] und ist zugleich ein einzigartiger Verweis auf die zeugnishafte, geschichtliche Ausbreitung der Bundes-Erfahrung. Sie geschieht dadurch, daß wir uns im Hören des Zeugnisses der Urzeugen in ihre – uns selbst nicht in der gleichen Weise gegebene – Erfahrung einschließen und eben so auch in jenes bundesgemäße In-sein in Gott aufgenommen werden, das konstitutiver Anfang und zugleich Ziel aller Bezeugung des Evangeliums ist. Kirche entsteht also nicht lediglich je und je neu „von oben", sondern aus der Wir-Ihr-Differenz zwischen den Ur-Zeugen der Auferstehung Jesu und „uns".

(3) Von dieser vertiefenden Erfahrung und Sicht her wird deutlich, daß alles vorstellende und objektivierende Reden über das Mit-sein Gottes in analogen Begriffen ganz und gar unzureichend ist. Das „In-sein" Gottes in seinem Volk durch Jesus Christus in seinem Heiligen Geist, unser In-sein in ihm und unser so ermöglichtes In-sein im Wir des neuen Bundesvolkes geschieht nicht innerhalb eines dinglich vorstellbaren Raumes, sondern in einem geistgewirkten Innen-Raum: Das bundesgemäße und unsere Freiheit freisetzende Mit-sein Gottes geschieht *innen*, ist ein nicht vorstellbares, nicht anschaubares *Geschehen* im Innersten des menschlichen Herzens. Die im ersten Bund offenbar gewordene Selbstverpflichtung Gottes, als der mitziehend-gegenwärtige Gott „mit" seinem Volk zu sein, zeigt sich im neuen Bund als seine Zusage, durch den Geist seines Sohnes „in" und zwischen denen gegenwärtig zu bleiben, die an ihn glauben und die so auch *einander* seine Gegenwart vermitteln.

III.
Das „Reich Gottes" als die unhintergehbar „kommende" Welt

1. Die ort-und jetztlose Gegenwart des Reiches Gottes in der Person Jesu Christi

Eine Reflexion der Differenz zwischen „Bund" und „Reich Gottes" ist angesichts der in der gewesenen Epoche vorherrschenden Idee eines politisierten „Reiches Gottes" ein dringendes Desiderat. Dazu wäre eine eindringliche Reflexion des Raum-Zeitverständnisses erforderlich, das in den diesbezüglichen ntl Aussagen wirksam ist. Wir können sie im fol-

---

[92] Vgl. E. Malatesta, a.a.O., 22.

genden nicht im einzelnen vorlegen und müssen auf den im Anhang I abgedruckten Aufsatz über die Ort- und Jetztlosigkeit der Auferstehung Jesu verweisen. Die in den folgenden Texten sich zeigende Zurückweisung einer dinghaft-räumlichen und jetzthaft-zeitlichen Interpretation der Gegenwart des Reiches Gottes sind jedoch so eindeutig, daß sie eine spirituelle Kritik an der gewesenen Sozialgestalt der Kirche einschließen.
(1) Das mit „Reich“ übersetzte griech. Wort basileia (von basileios = königlich) hat die primäre Bedeutung von: Sein, Wesen, Würde, Herrschaft des Königs im Sinne von Königtum, und meint davon abgeleitet dann auch das vom König beherrschte Gebiet bzw. eine Vielheit von Personen, die dem König untersteht.[93] Dies zu beachten ist im Hinblick auf die spätere Politisierung von „Reich Gottes“ von höchster Bedeutung. „Reich Gottes“ meint im NT weder ein „Gebiet Gottes“ und ist auch nicht identisch mit „Volk“ Gottes. Denn: der Ausdruck „in das Reich eingehen“ (Mt 5,20; 7,21; 18,3; 19,32ff) ist gleichbedeutend mit „in das zukünftige Leben eingehen“ (Mt 18,8; 19,7) und meint nichts anderes als die Teilhabe an den Heilsgütern, die Gott der *zukünftigen* Welt vorbehalten hat. Um es nochmals deutlicher zu sagen: „Reich Gottes“ ist sachlich identisch mit „die kommende Welt“ (= der kommende Äon), und zwar in einem nicht einzuholenden, nicht hintergehbaren oder auflösbaren Gegensatz zur jetzt bestehenden Welt (vgl. Lk 16,8; 20,34f), wie sich im Zusammenhang mit der Säkularisierungsthese zeigen wird.
(2) Im Hinblick auf die im 4. Jahrhundert anhebende Idee eines gesellschaftlich-politischen „Reiches Gottes auf Erden“ muß deutlich hervorgehoben werden: Das von Jesus verheißene Reich Gottes ist unter keiner Hinsicht ein „irdisches“, politisches Reich, das von Menschen geschaffen werden kann. Jesus hat keine Diener, die für ihn kämpfen würden, sein Reich ist „nicht von dieser Welt“ (Joh 18,36), nicht „von hier, von da, von dort“ (ouk estin enteuthen; Joh 18,36). „Hier, da, dort“ sind eine Verdeutlichung von „Welt“ und betonen: Reich und Königtum Jesu haben ihren Ursprung nicht an einem „Ort“, von wo aus ..., auf den man innerhalb der kosmischen Räumlichkeit und Zeitlichkeit mit dem Finger zeigen kann. Das Reich Jesu hat nicht in der politisch-gesellschaftlichen Geschichte nochmals selbst eine Geschichte, es „entwickelt“ sich nicht in den verschiedenen „Epochen“ der Menschheitsgeschichte, in entsprechenden Durchbrüchen und Abbrüchen.
(3) Auf die Frage der Pharisäer: „Wann kommt das Reich Gottes?“ antwortet Jesus: „Das Reich Gottes kommt nicht mit Beobachtung (meta paratereseos = so daß man es beobachten könnte). Man wird auch nicht

---

[93] Vgl. ThWNT Bd. 1, 579f.

sagen können: Siehe hier! oder: dort!" (Lk 17,20f). Man kann es nicht beobachten wie ein Ding, das sich an einem bestimmten „Ort" befindet: es ist auf eine nicht hintergehbare Weise hierlos und dortlos, also *ortlos*.
(4) Der lukanische Jesus lehnt auch die Frage nach der nach Tagen und Stunden meßbaren Ankunft dieses Reiches ausdrücklich ab: Auf die Frage der Jünger: „Herr, stellst du in dieser Zeit (en to chrono touto) das Reich für Israel wieder her?" antwortet Jesus: „Es ist nicht eure Sache, Zeiten oder Fristen (chronous e kairous) zu wissen, die der Vater in seiner Macht festgesetzt hat." (Apg 1,6f) Chronos meint hier einen bestimmten und im voraus wißbaren „Zeitpunkt"[94]: Das Reich Gottes kommt nicht innerhalb der jetzt erfahrenen Zeitlichkeit, in der meß- und vorstellbare Zeitpunkte einander folgen, jedes Jetzt das vorangegangene aufhebt. Es kommt nicht „sofort" oder innerhalb eines berechenbaren Zeitraumes (Mk 13,32; Lk 19,11; Apg 1,7). Das Reich Gottes ist somit nicht nur ortlos, sondern es kommt auch *jetztlos*, genauer: es ist als das *Ende der Geschichte* (Lk 17,24; vgl. 8,11; 25,34) jetztlos gegenwärtig in den Jetztfolgen der kosmischen, meßbaren Jetztzeit.
Es ist von zentraler Bedeutung, dieses von Jesus abgelehnte Zeitverständnis genauer zu analysieren: Es enthält die ständige Versuchung zu einer Vergeschichtlichung des „Reiches Gottes" und ist der Ursprung der Etablierung eines Reiches Gottes „auf Erden" und damit „in dieser Zeit".
(5) Nur in der Person Jesu und in seinem Heiligen Geist ist das kommende Reich Gottes bereits „nahe" herangekommen (Mk 1,15; Mt 12,28), „mitten unter euch" (Lk 17,20) gegenwärtig. In den Gleichnissen Jesu vom Himmelreich (Mt 13, 1-53) zeigen sich „Geheimnisse" (mysteria; Mt 13,11), in denen vorausgesetzt ist, daß in der Person und im Wirken Jesu, in seinen Worten und Taten, in der Austreibung von Dämonen, in seinen Heilungen das „von oben" kommende Reich in einer nicht vordergründig zu fassenden Weise anwesend ist. Dies zeigt sich letztlich an der ort- und jetztlosen Gegenwart des Auferstandenen in der Kirche.
Das kommende „Reich Gottes" hat nicht den Charakter eines In-seins in der Geschichte des Volkes Gottes, sondern des In-seins in der einzigartigen Person Jesu. Nur „hier" ist das kommende Reich innerhalb der kosmischen Raumzeitlichkeit „jetzt" schon anwesend. „Hier" meint nicht einen „Dingort" und „jetzt" nicht eine vergehende Jetztfolge der kosmischen, meßbaren Zeit, sondern die ort- und jetztlose Gegenwart des „ewigen" (vgl. Hebr 9,15) Geistes Jesu an jedem Ort und zu jeder Zeit.

---

[94] Vgl. ThWNT Bd. 9, 587.

Das Kommen dieses Reiches steht deshalb „jederzeit" und „jederorts" direkt und unvermittelt bevor.
(6) Eben deshalb verkündet Jesus die Heilsbotschaft von der Umkehr zum *kommenden* Reich Gottes (Mk 1,15). Diese Umkehr kann nur von jedem einzelnen als Geschenk von Gott „empfangen" werden (Mk 10,15), und zwar in der Taufe als der sakramentalen Form dieser radikalen Hinkehr zu Gott (Apg 11,16; Joh 3,3.5). Es ist von höchster geschichtskritischer Bedeutung, daß die Taufe als der „Anfang" des Christwerdens innerhalb des von hier, von da, von dort (enteuthen) eine „neue" Geburt „von oben" (anothen) ist, eine direkte, nicht durch die menschliche Geschichte oder Sozialisationsprozesse „vermittelte" Ausstattung mit der „Kraft aus der Höhe" (Lk 24,49), ein nicht ableitbares „Getauft-werden" mit dem Heiligen Geist (Apg 1,5; 11,16), das an einem bestimmten „Ort" in die zum Gebet Versammelten einbricht, und zwar „von oben" (Apg 2,1f). Durch die Taufe geht der Getaufte an einem bestimmten Ort, zu einer bestimmten Stunde, ein in die Ort- und Jetztlosigkeit des Reiches Gottes (vgl. 1 Kor 15,50-55). Der in unser Herz gegebene Geist Jesu ist die Vorwegnahme, das „Angeld" (arrabon) dieses Reiches (2 Kor 1,22; 5,5; Eph 1,14). Es ist in der Tiefe unseres Herzens (und nicht etwa in einem politischen Reich) gegenwärtig, hierlos und ortlos anwesend. „Das Reich Gottes ist nicht Essen und Trinken, es ist Gerechtigkeit, Friede und Freude *im Heiligen Geist*." (Röm 14,17)

2. Der Bund als die Vorbereitung auf das kommende Reich Gottes

Jesus hat „Bund" nicht ins Zentrum seiner thematischen Verkündigung gestellt, weil die damit gemeinte Verheißung und Wirklichkeit für ihn als Juden und für die jüdischen Adressaten seiner Verkündigung ebenso selbstverständlich war wie die Aussagen der Schrift von Gott als dem Schöpfer. Vor allem aber: Innerhalb des zeitgenössischen Verständnisses vom „Gesetz" wäre die Verkündigung Jesu von einem „neuen" Bund mißverstanden worden. In ähnlicher Weise hat Jesus ja auch die Selbstbezeichnung „Messias" vermieden: Sie wäre in einem politischen Sinne umgedeutet worden.
Im entscheidenden Zusammenhang der Einsetzung des Abendmahls aber stehen „Bund" und „Reich Gottes" in engster Beziehung zueinander: Jesus wird das Paschamahl nicht mehr essen, bis es „seine Erfüllung findet im Reich Gottes ... bis das Reich Gottes kommt." (Lk 22,16.18) Das Kelchwort: „Dieser Kelch (ist) der neue Bund in meinem Blut, das für euch vergossen wird" (V. 20) macht offenbar, daß Jesus in seiner Person selbst und als solcher der neue Bund ist, in den „wir alle" einge-

schlossen sind. Genauer: Als der „Mittler des Neuen Bundes" (Hebr 8,6.13; 9,16), als der Bund „in Person", ist Jesus zugleich der *Anfang* des Reiches Gottes. Dieser Anfang ist in unserer kosmischen Geschichts-Zeit nirgendwo anders „greifbar" als eben in seiner Person. Von da her ist auch die Zusage Jesu zu verstehen: „Seid gewiß: Ich bin mit euch bis zum Ende der Zeit" (Mt 28,19f). Sie ist eine signifikante Integration der atl Bundestheologie in den „Taufbefehl" Jesu, die es sogar nahelegt, von einer „Bundeserneuerung durch Jesus" zu sprechen und vom Geist Jesu als dem „Geist des Bundes".[95]

(1) Halten wir zunächst nochmals fest: Die alles einschließende biblische Grundaussage ist: „Ich bin mit dir", „ich bin mit euch", also die Verheißung von Gottes Mit-sein. „Bund" und „Reich Gottes" sind von da her *Ausprägungen* dieses Mit-seins Gottes. Es ist jedoch offenbar, daß die Offenbarungsgeschichte nicht *beginnt* mit der Verheißung des kommenden „Reiches", so daß diese in der Zusage des bleibenden Bundes *eingeschlossen* ist. „Bund" ist und bleibt die *grundlegende* Selbstoffenbarung Gottes im „ersten" und im „neuen" Bund und nach wie vor der *zentrale* Ausdruck des geschichtlichen Mit-seins Gottes bzw. dessen umfassendste Deutung. Der von Gott angebotene Bund fordert in jeder neuen geschichtlichen und gesellschaftlichen Situation auch zu einer neuen bundesgemäßen Antwort in einer von Gott geschenkten freien Selbstbestimmung heraus.

(2) Das Bundesangebot Gottes ist „von Generation zu Generation" in der Geschichte des Volkes Gottes wirksam und hat in dieser Geschichte selbst nochmals eine Geschichte, die sich in je und je anderen und „neuen" geschichtlichen Ausformungen und „Gestalten" zeigt, im Bruch dieses Bundes und in Bundeserneuerungen. Das unhintergehbar *kommende* Reich Gottes dagegen hat in der Geschichte des Volkes Gottes nicht selbst nochmals eine Geschichte, es kann nicht aufgekündigt und „erneuert" werden, ist weder im Volk Gottes noch in der Kirche bereits „verwirklicht", auch nicht anfanghaft, da es schon immer das kommende gewesen ist: Es drängt nahe heran, bleibt dabei aber das vom Ende der Geschichte her auf uns zukommende End-Geschehen, das nicht vorweggenommen werden kann.

(3) In der vertiefenden johanneischen Sicht und Erfahrung kommt die Grunddimension des neuen Bundes zum Ausdruck in dem Satz: „Gott ist die Liebe, und wer in der Liebe bleibt, bleibt in Gott und Gott bleibt

---

[95] Vgl. H. Frankemölle: „Auf die kürzeste Formel gebracht, ist bei met hymon ho theos im atl, nicht weniger als im mt Kontext die gesamte Bundesterminologie und Bundestheologie impliziert." (Jahwebund und Kirche Christi. Studien zur Form- und Traditionsgeschichte des „Evangeliums" nach Matthäus. Münster 1974, 18.42-72).

in ihm" (1 Joh 4,16b; vgl. 3,24; 4,13.15). Das bundesgemäße geschichtliche Mit-sein Gottes mit seinem Volk wird nach der Auferstehung Jesu zum bundesgemäßen *In-sein und In-Bleiben* Gottes in der Gemeinschaft und Geschichte seines Volkes, weil er uns den Geist des Auferstandenen gegeben hat.

(4) Bund ist die Weise, wie Gott selbst sein Volk auf die neue Welt *vorbereitet*, in der Christus der „Herrscher der Könige" ist und offenbar wird, daß er uns zu einem „Königreich gemacht hat", zu „Priestern für Gott" (Offb 1,6). Der „erste" Himmel und die „erste" Erde sind dann „gewesen" (Offb 21,1), und in den nun gänzlich anderen „Bedingungen" des Daseins der JüngerInnen Jesu wird Gott „in ihrer Mitte wohnen, und sie werden seine Völker sein; und er, Gott, wird bei ihnen sein als ihr Gott ... Der Tod wird nicht mehr sein, keine Trauer, keine Klage, keine Mühsal. Denn das Erste ist gewesen." (Offb 21,3f). Am Ende der Geschichte hat die in der Bundesformel ausgesprochene Verheißung sich „erfüllt": „Wer siegt, wird dies als Anteil erhalten: Ich werde sein Gott sein, und er wird mein Sohn sein." (Offb 21,6) Das Mit-sein Gottes, das sich in der jetzt erfahrenen Geschichtszeit als „Bund" zeigt, wandelt sich im nachgeschichtlichen „Jetzt" zur „Herrschaft (basileia) unseres Gottes" (Offb 12,10; vgl. 22,5).

Vom Ende der Geschichte her schließt somit „Bund" das kommende „Reich Gottes" ein (!) – und wenn dieses Ende gekommen ist, wird das „in die Ewigkeiten der Ewigkeiten" (Offb 22,5) fort-dauernde „Reich Gottes" den gewesenen Bund *als* einen zur Voll-Endung gekommenen einschließen. „Bund" gehört somit nicht zur unvergänglichen Weltlichkeit der kommenden, sondern zur vergehenden Weltlichkeit dieser jetzt erfahrenen Welt und Geschichtszeit: Von da her ist „Bund" das *Grundprofil* der Kirche, das ihr auch in ihrem Verhältnis zur Gesellschaft von Gott eingestiftet ist.

(5) Im Zusammenhang mit einer Kritik der gängigen Säkularisierungsthese wird sich noch ergeben, daß nach dem Zusammenbruch der abendländischen Reichsidee im Bundesangebot Gottes nicht nur ein neuer glaubensgeschichtlicher Ansatz, sondern auch eine Neubestimmung des Verhältnisses zwischen dem „Volk Gottes" bzw. der Kirche und der Gesellschaft vorgegeben ist. Dieses Angebot ist durch die ganze Geschichte des Gottesvolkes hindurch wirksam, und auch seine Antwort hat in Abbrüchen, Durchbrüchen und Bundeserneuerungen eine geschichtliche Dimension: Bund ereignet sich in der jetzt erfahrenen Welt und Geschichtszeit. Der Bund kann deshalb nicht aus der kommenden in die jeweils jetzige Welt hinein „säkularisiert" werden, weil er sich in „dieser Welt" ereignet. Auch entzieht sich das bundesgemäße Ich-Ihr-Verhältnis Gottes zu seinem Volk jeglicher „Verweltlichung", da es

einzig und allein in der Initiative Gottes selbst gründet. Gottes Bundesangebot kann somit nicht einmal versuchsweise – wie „Reich Gottes" – in einer unangemessenen Weise vergeschichtlicht werden, da es in sich selbst bereits geschichtlich ist und bleibt.

(6) Allerdings: Wenn Kirche neu von innen her wachsen soll, muß theologisch auch ein „epochaler" Schritt zu einem Denken vollzogen werden, das nicht in der äußeren oder inneren „Anschauung" verharrt, sondern diese übersteigt. „Bund" ist nicht wie das „Reich Gottes auf Erden" hier oder dort greifbar, anschaubar, man kann sich von ihm kein „Bild" machen. Von da her ist auch die Rede von einer neuen „Gestalt" gläubiger Praxis problematisch: Die mögliche zukünftige „Gestalt" der Kirche kann nicht „von außen" angeschaut werden, etwa in dem Sinne: Wir stellen die Kirche in ihrer jetzigen Gestalt vor uns und auf uns hin und fragen, wie wir uns ihre Zukunft in Europa vor-stellen können. Wir bemerken kaum, daß wir in diesem vor-stellenden Vor-uns-Hinstellen die Kirche methodisch zum *Objekt*, zum Gegen-stand unseres Nachdenkens machen und uns dadurch letztlich *außerhalb* des ekklesialen Geschehens befinden, das *als* Geschehen nicht begrifflich fest-stellbar ist. Genauer: Beim vorstellenden Reden *über* die Kirche haben wir das „Bild" oder den „Begriff" von Kirche aus dem Wortgeschehen der biblischen Verkündigung: „Ich bin in euch und ihr seid in mir" herausgelöst und versuchen nun, „abstrakt" über unsere Vor-stellungen zu reflektieren, die wir uns davon machen. Noch genauer: Wenn wir versuchen, uns aufgrund von theologischen, pastoralen, soziologischen Prinzipien ein „Bild" von einer zukünftigen „Gestalt" der Kirche zu machen, dann ist dies unausweichlich bereits ein *Entwurf* dieser möglichen Gestalt, und dann kann im Nach-denken über die so im voraus entworfene Kirche immer nur der eigene Entwurf eingeholt werden.

„Gestalt" kann deshalb nur das *innere* Profil der Kirche meinen, genauer: das Strukturganze der Kirche, das durch das bundesgemäße In-sein Gottes in der Gemeinschaft der Glaubenden strukturiert ist. „Neue" Gestalt meint dann: das allein von Gott ausgehende Bundesgeschehen ist das innere Strukturprinzip der Kirche, durch das die einzelnen Strukturmomente eine neue Zuordnung zueinander erhalten, so daß sich auch neue institutionelle Strukturen herausbilden. Von da her ist dann auch eine Integration der „neuzeitlichen" Idee der Freiheit in das kirchliche Leben möglich und geboten.

IV.
Kritik der Tradierungskrise des Glaubens

1. Theologische Kritik

a) Der faktische Ausschluß des von Gott angebotenen Bundes

Die Tradierungskrise des Glaubens ist nicht primär eine Kirchen- Struktur- oder Sozialisationskrise, sondern eine Gotteskrise, genauer: eine Bundeskrise. Es ist gänzlich unmöglich, innerhalb dieser Untersuchung ihre Entstehung im einzelnen zu analysieren. Die Nicht-Thematisierung des alles einschließenden Bundesgeschehens ist jedoch ein nicht zu übersehendes Faktum. Die folgenden Überlegungen möchten dazu anstoßen, es eingehender zu reflektieren.

Unthematischer Ausschluß

Zu den inneren und tragenden Strukturmomenten der sich auflösenden Sozialgestalt der Kirche gehört nicht der von Gott angebotene und nie aufgekündigte Bund. Er wird zwar nicht thematisch, reflex oder radikal ausgeschlossen, aber: Im traditionellen Bündnis zwischen Christentum und Gesellschaft hat die mit dem Bundesangebot Gottes gegebene Freisetzung der menschlichen Freiheit keinen Platz. Der „Bund" zwischen Imperium (= Befehlsgewalt) und Christentum hat *ganz von selbst* verhindert, daß das Bundesangebot Gottes zum Zentrum des Christwerdens und Christseins wurde, es wurde einfach „vergessen". (Es hätte ja auch die Pflichtgemäßheit des Taufempfangs und die fraglose Selbstverständlichkeit der geforderten Sozialisationsprozesse durchaus in Frage gestellt).
Allerdings: Erst auf einer neuen Stufe der Thematisierung sowohl des Bundesangebotes Gottes als auch der menschlichen Freiheit tritt dieser *selektive* Charakter der traditionellen Sozialgestalt der Kirche in das Bewußtsein ein. Deshalb sei zunächst hervorgehoben: *Jede* nachbiblische Epoche der Glaubensgeschichte und *jede* „Gestalt" gläubiger Praxis ist unhintergehbar geschichtlich bedingt, in der Ausgestaltung des Christseins begrenzt und einseitig: Alle nachbiblischen Epochen ereignen sich *innerhalb* der mit der Geburt Jesu beginnenden neubundlichen „Epoche des Geistes" (vgl. Lk 1,35; 3,21f; 2 Kor 3,4-11). Der Neue Bund, der im Abendmahlsgeschehen seinen bleibenden Ausdruck gefunden hat, wird erst im kommenden Reich Gottes seine „Erfüllung" finden (Lk 22,16). Die im Neuen Testament niedergelegten Erfahrungen werden deshalb bis zum Ende der Geschichte nicht eingeholt sein. Jede nachbiblische Epoche kann immer nur eine „Seite" an dem ganzen Geheimnis

Christi entdecken und verwirklichen. Jede Epoche ist auf der Suche nach der Ganzheit des Christseins, aber keine kann sie voll verwirklichen. Die nachbiblische Glaubensgeschichte ist somit immer nur *Aneignungs- und Thematisierungsgeschichte* dessen, was im Neuen Testament end-gültig zum Ausdruck gekommen ist.

Deshalb wird auch eine „neue Gestalt" gläubiger Praxis nicht das Ganze des Christusgeheimnisses zur Erscheinung bringen können. „Neu" kann nur bedeuten: Die Botschaft Jesu bleibt so neu, daß sie unhintergehbar unterschiedliche geschichtliche Ausprägungen hat. Dies schließt ein, daß in einer neuen geschichtlichen Hörsituation bestimmte Aussagen der Bibel eine neue Leuchtkraft erhalten und daß deren Thematisierung eine geschichtlich bestimmte Antwort auf die jeweils jetzigen Fragen ist. Glaubensgeschichtliche Epochen sind deshalb immer auch Thematisierungsstufen biblischer Grundaussagen.

Es ist nun offenbar, daß das Strukturganze aus Imperium und Christentum nicht die einzig mögliche geschichtliche Sozialgestalt der Kirche sein kann. Wir fragen jetzt noch nicht nach dem Gesamtverhältnis von „Reich Gottes" und „Bund" in der Bibel, auch nicht, warum (angeblich) „Bund" nicht das thematische Zentrum der ntl Verkündigung war. Uns interessiert im Augenblick auch noch nicht, ob man in bezug auf die christliche, konstantinisch-karolingische Reichsidee von einer „Enteschatologisierung" der biblischen Botschaft vom kommenden Reich Gottes sprechen kann. Entscheidend ist zunächst nur: Die biblische Grundverheißung eines bleibenden Bundes Gottes mit seinem Volk – bzw. im Sinne des NT mit allen Völkern – gehört nicht zu den inneren Strukturmomenten der justinianisch-karolingischen Sozialgestalt der Kirche, so daß bis heute (!) die verschiedenen Weisen der Sozialisation nicht die Hinführung zu einer freien, je eigenen, persönlichen Annahme dieses Bundes einschließen.

Der von Gott angebotene Bund hat – wie sich genauer ergeben wird – den Charakter eines souveränen *Angebotes*, das einer freien und bewußten *Annahme* bedarf: Der Bund kann gehalten, gebrochen oder auch ganz einfach vergessen werden. Der Verkündigung der 10 Gebote geht die Antwort des Volkes voraus: „Das ganze Volk *antwortete* einstimmig und erklärte: Alles, was der Herr gesagt hat, wollen wir tun. Mose überbrachte dem Herrn die *Antwort* des Volkes." (Ex 19,5f.8f; vgl. 24,3.7)

Das Zentrum des neuen Bundes, das Abendmahlsgeschehen, hat ganz ausdrücklich die Struktur von Angebot und Annahme: „Nehmt und eßt – trinkt alle daraus" (Mt 26,26-29) ist die Einladung, das Angebot Jesu anzunehmen, mit ihm und untereinander Gemeinschaft zu haben. Jesus zwingt diese Bundesgemeinschaft niemandem auf. Sein Angebot ist vielmehr die intensivste Freisetzung der menschlichen Freiheit. Diese

Gemeinschaft geschieht je jetzt, indem die Anwesenden Jesu Leib essen und das „Blut des Bundes“ trinken, aber – und dies ist für unseren Zusammenhang von besonderer Bedeutung: sie ist nicht identisch mit dem kommenden „Reich Gottes“: „Von jetzt an werde ich nicht mehr von der Frucht des Weinstocks trinken, bis zu dem Tag, an dem ich von neuem davon trinke im Reich meines Vaters.“ (Mt 26,29) Dies ist eine der deutlichsten Differenzierungen zwischen der Gegenwärtigkeit des Bundes und dem vom Ende der Geschichte her auf uns zukommenden und somit immer zukommend-zukünftig bleibenden Reich Gottes.

Auch die urkirchliche Taufpraxis hat den Charakter einer bundesgemäßen Freisetzung der menschlichen Freiheit: Taufe setzt die Bereitschaft zur je eigenen Umkehr voraus, und nur diejenigen, die das Wort der Verkündigung „annahmen“ (hoi apodexamenoi ton logon autou), also keineswegs alle, ließen sich taufen bzw. wurden getauft und in die Gemeinschaft der Glaubenden aufgenommen (Apg 2,38.42). Dieser Charakter der Annahme wird noch deutlicher bei den Berichten über die urkirchliche „Evangelisierung“: Während Petrus die Heilskraft der Taufe Jesu, seines Wirkens und seiner Auferstehung bezeugt, „kam der Heilige Geist auf alle herab, die das Wort hörten“ (Apg 10,44.48), und wurden „mit dem Heiligen Geist getauft“ (11,16). Daraufhin ordnete er an, sie im Namen Jesu auch mit Wasser zu taufen (10,48; 11,17). Das Taufgeschehen ist somit ein „vertikaler“ Einbruch des Geistes Gottes „von oben“, ein Erfülltwerden mit der „Kraft aus der Höhe“ (Lk 24,49). Es kann als solches nicht herbeigeführt oder gar angeordnet, sondern nur „von oben her“ angenommen werden. Dieses Geschehen kann deshalb nicht in Sozialisationsprozessen irgendwie „enthalten“ sein oder als Selbstverständlichkeit stellvertretend von einem anderen vollzogen werden. Es kann überhaupt nicht „weitergegeben“ werden, sondern ist ein bundesgemäßes, ganz und gar unselbstverständliches Angebot Gottes, das einer ebenso unselbstverständlichen, freien Annahme bedarf.

Es ist offenbar, daß „Bund“ als Antwortgeschehen auf das Angebot Gottes in der Idee eines Bundes zwischen Imperium und Christenheit keinen Platz haben kann. „Imperium“ meint ursprünglich nicht ein räumlich und zeitlich unbegrenztes Gebiet, sondern die Befehlsgewalt des Herrschers. In sie wird man hineingeboren und damit ungefragt zum „Untertanen“. „Reich“ im Verständnis der Taufdekrete der christlichen Kaiser (Justinian, Karl der Große) hat keinen Angebotscharakter. Die Zugehörigkeit zu seinem „Reich“ bedarf keiner vorherigen freien Zustimmung, sondern erfordert Einordnung bis hin zur Unterwerfung. Wer sich nicht einordnen will, wird bestraft oder kann allenfalls auswandern. Der christliche „Herrscher“ lädt nicht dazu ein, sein Angebot anzunehmen, seinem Reich zugehören zu wollen, denn er weiß sich von

Gott zu seinem Herrscheramt berufen, erwählt und eingesetzt. Erst recht bietet er nicht seinem ganzen „Volk“ und jedem einzelnen Untertanen einen „Bund“ an, der dann ja annahmebedürftig wäre[96] (allenfalls übernimmt er – auch wiederum ungefragt – eine Schutzverpflichtung).
Dieses gesellschaftliche Strukturmoment von „imperium“ wird verstärkt, wenn die Reichsidee zusätzlich dem Heiligen (sacrum) zugeordnet, also „sakralisiert“ wird. In der Grundformel: „Ein Gott, ein Reich, ein Kaiser“ geht die Denkrichtung einbahnig von „oben“ nach „unten“. Wenn also der Kaiser die Taufe zu einem Instrument der Einheit des Reiches macht und durch staatliche Gesetze anordnet, dann wird die Taufe primär zu einer staatsbürgerlichen Pflicht. Wenn der Kaiser dann weiter anordnet, daß alle kleinen Kinder innerhalb eines Jahres zu taufen und danach von den Eltern in die sittlichen Normen und Erwartungen der „Gesellschaft“ einzuführen sind, dann ist dies ein für alle Mal die ungefragte Einordnung des Kindes in den Bund zwischen Kaiser und Kirche – und eben nicht die Voraussetzung für die spätere, ichgemäß-persönliche Annahme des Bundes, den Gott mit seinem ganzen Volk geschlossen hat: Das die menschliche Freiheit freisetzende, bundesgemäße Mit-sein Gottes mit seinem Volk und die bundesgemäße menschliche (Tauf-)Antwort sind umgedeutet zur Unterwerfung aller unter das Taufdekret des Kaisers, der den Einheitswillen Gottes repräsentiert – soziologisch gesehen: unter das *eine* Strukturganze aus Imperium und Christentum. Wenn also Sozialisationsprozesse innerhalb dieses Strukturganzen nicht zum Eigentlichen, Wesentlichen, Umfassenden der biblischen Botschaft hinführen, ist höchste kritische Aufmerksamkeit geboten.
Wie auch immer die historischen Fakten begründet und zu deuten sind: Was hätte zum Beispiel Paulus gesagt, wenn er zur Zeit Justinians oder Karls des Großen gelebt hätte? Es geht jetzt hier nicht um irgendeine Schuldzuweisung, auch nicht um die Frage, ob die Kirche sich gegen die Instrumentalisierung der Taufe hätte wehren müssen oder überhaupt hätte wehren können. Sinn der folgenden Fragen ist lediglich, die Rekonstruktion des Anfangs in einer spirituellen Kritik zu vertiefen: Der Unterschied zwischen dem Reich Gottes und einem politischen Reich muß nicht auf dem Wege der „Unterscheidung der Geister“ allererst erschlossen werden, er ist im NT zweifelsfrei vorgegeben. Die Faktizität dieses Faktums bedarf keiner „Prüfung“ und kann erst recht nicht kritisiert werden. Sie wird in der Kritik vorausgesetzt, ist deren Ursprung und macht sie notwendig.
Wenn also Paulus damals gelebt hätte: wäre seine Frage nicht auch gewe-

[96] Ein „Bund“ oder „Vertrag“ zwischen König und Volk wird zwar im AT erwähnt (vgl. 2 Sam 3, 21; 2 Kön 11, 4.17; Hos 10, 4), ist im christlichen Abendland aber unbekannt.

sen: „Was soll ich dazu sagen? Soll ich euch etwa loben? In diesem Fall kann ich euch *nicht loben.*" (vgl. 1 Kor 11,22) Könnt ihr denn die Einheit des Reiches nicht anders herstellen? Wißt ihr nicht, daß *Gottes Güte* zur Umkehr treibt (vgl. Röm 2,4) und nicht euer Gesetz? Und hätte er nicht hinzugefügt: Wer das Getauft-werden mit dem Heiligem Geist nicht unterscheidet vom Eintritt in die Gesellschaft und die Taufe zur Voraussetzung für die Ausübung der bürgerlichen Rechte macht, der handelt nicht recht. Wer die Zugehörigkeit zur Kirche, dem „Leib Christi", nicht unterscheidet von der Zugehörigkeit zu einem bestimmten Staatsgefüge, macht sich schuldig an diesem Leib Christi.
Was also wäre heute in einer spirituellen Geschichtskritik zu sagen? Kann man die Vergesellschaftung der Taufe durch die Taufdekrete der ersten christlichen Kaiser wenigstens teilweise loben, da aus ihnen ja in lang andauernden Sozialisationsprozessen immerhin das „christliche Abendland" entstanden ist? Oder müßte man heute nicht doch in Analogie zur negierenden Kritik des Paulus an der Abendmahlspraxis der Gemeinde von Korinth daran festhalten: Wer die Taufe zu einem Mittel politischen Einheits- und Machtwillens macht, der unterscheidet nicht zwischen dem „Reich" und der „Königsherrschaft" Gottes und einem politischen Reich, der macht sich schuldig an dem tiefsten und innersten *Freiheitsvollzug* eines jeden einzelnen in der Gemeinschaft der Glaubenden? Wenn der Getaufte in und durch Christus den Bund mit Gott eingeht, wenn die Annahme dieses Bundes ein ganz *persönlicher* Akt des Täuflings ist, der weder angeordnet noch von einem anderen stellvertretend vollzogen werden kann: Muß man dann nicht in negierender Kritik von einem *Mißbrauch* der Taufe zu politischen Zwecken sprechen? Wird die Taufe als das Bundeszeichen des Neuen Bundes (Apg 15,1.28) hier nicht zu einem erzwungenen Zeichen der Staatszugehörigkeit, der Anerkennung des Bundes zwischen Kirche und Staat? Macht sich nicht schuldig an der Berührung des menschlichen Herzen durch die zur Taufe hinführende Umkehrgnade (vgl. DH 1525), wer die Taufe zur äußeren Bedingung für die Ausübung der bürgerlichen Rechte erklärt und damit die freie persönlich-leibhafte Antwort des Menschen auf das Bundesangebot Gottes unterdrückt? Wir lassen diese Fragen hier so stehen. Sie bedürfen weiterhin einer eingehenden spirituellen Prüfung.

Methodischer Ausschluß

Da die gegenwärtige Tradierungskrise primär eine „Gotteskrise", genauer: eine Krise der Beziehung zu Gott ist, muß vordringlich gefragt werden, warum „Bund" nie zum Grundansatz der wissenschaftlichen Theologie wurde, obwohl doch spätestens seit dem vierten Jahrhundert (Hierony-

mus) mit diesem Wort die gesamte biblische Botschaft zusammengefaßt wird. Wir müssen uns hier damit begnügen, auf die *methodischen* Gründe hinzuweisen, die einen solchen Grundansatz verhindert haben. Zu ihnen gehört vor allem der Grundansatz bei der Schöpfungslehre. Bevor wir darauf eingehen, sei zunächst auf den biblischen Befund hingewiesen:
Der atl Kanon begann ursprünglich mit der Abrahams-Geschichte, so daß sowohl die Ur-Geschichte als auch der Schöpfungsbericht nachträgliche „Vorbauten" sind. „Die äußere Stellung der Schöpfungsgeschichte am Anfang unserer Bibel hat oft zu dem Mißverständnis geführt, als sei die ‚Lehre' von der Schöpfung ein zentraler Gegenstand des alttestamentlichen Glaubens. Das ist aber nicht der Fall. Weder hier, noch bei Deuterojesaja geschieht die Bezeugung der Schöpfung um ihrer selbst willen. Der Schöpfungsglaube ist weder der Standort noch der Zielpunkt der Aussagen in 1. Mose 1 und 2. Vielmehr stehen sowohl Jahwist wie Priesterschrift grundsätzlich im Heils- und Erwählungsglauben. Sie unterbauen aber diesen Glauben durch das Zeugnis, daß dieser Jahwe des Abraham- und Sinaibundes auch der Schöpfer der Welt ist."[97] Auch im NT steht der Schöpfungsglaube nicht im Zentrum, sondern wird vom AT her vorausgesetzt.
Es ist nun offenbar, daß „Bund" *nicht* das den weiteren methodischen Gang bestimmende primäre Erkenntnisziel der Theologie ist, was auch immer sonst noch als ein solches Ziel gilt. Hier ist eine durchgreifende

[97] G. von Rad: Das erste Buch Mose / Genesis (ATD 2/4), Göttingen [11]1981, 12f. 27.
J. B. Bauer stellt sich die Frage: „Woher hat nun ... der Autor sein Wissen um die Geschehnisse vom Anfang?" und antwortet: „Es ist dem jahrhundertelangen Nachdenken Israels auf Grund seiner Erfahrung mit dem Bundesgott entsprungen." (Israels Schau in die Vorgeschichte [Gen 1-11], in: J. Schreiner [Hg]: Wort und Botschaft. Eine theologische und kritische Einführung in die Probleme des Alten Testaments. Würzburg 1967, 74-87; hier: 76).
Dieselbe Relation von Schöpfung und Bund sieht W. H. Schmidt. In Israel „wird nicht von der Natur auf das Heil geschlossen, vielmehr von den Glaubenserfahrungen in der Geschichte her die Welt als Schöpfung gedeutet und damit der Glaube – über das Leben der Gemeinschaft und des einzelnen hinaus – mit Rückgriff auf den ‚Anfang' in einen universalen Rahmen gestellt." (Einführung in das Alte Testament. Berlin u. a. 1989[4], 351-54; hier: 351).
Auch für H. D. Preuß zeigt sich, „daß der JHWH-Glaube dort, wo er in eigener Gestaltung bzw. Umgestaltung Schöpfungsaussagen tätigt, dies nicht in isolierter Schöpfungstheologie tut, sondern im Ineinander von Schöpfung und Geschichte, von Schöpfungswirken und Heilswirken argumentiert. Schöpfungstheologie soll stützen, bereichern, ausweiten, unterbauen. Schöpfung wird als Beginn von Geschichte der Heilsgeschichte vorgeordnet, ja ihr integriert, und die Volksgeschichte wird in der Urgeschichte mitverankert." (Theologie des Alten Testaments, Bd. 1: JHWHs erwählendes und verpflichtendes Handeln, Stuttgart 1991, 269-74; hier: 269).

Korrektur dringend geboten. Insofern Theologie sich nämlich als „Wissenschaft“ versteht, muß sie methodisch vorgehen. „Methode“ meint wörtlich „Nachweg“ (von griech. hodos = Weg und meta = hinterher, nach) und bezeichnet das Verfahren „wissenschaftlichen“ Vorgehens zur Erreichung vorgegebener Ziele. Dies hervorzuheben ist um so wichtiger, als auch der geschichtliche Fortgang theologischer Reflexion methodisch bestimmt blieb vom ersten Satz des nizänischen Glaubensbekenntnisses. Es beginnt bekanntlich mit den Worten: „Wir glauben an den einen Gott, den Vater, den Allherrscher (pantokratora), den Schöpfer alles Sichtbaren und Unsichtbaren.“ (DH 125) Damit ist eine entscheidende Weiche für die weitere theologische Entwicklung gestellt: Aus hier nicht näher zu erörternden Gründen (Reaktion auf die schöpfungstheologischen Thesen des Arius) beginnt das bis heute maßgebende Glaubensbekenntnis nicht mit dem Lobpreis des von Gott nicht aufgekündigten Bundes, seiner Liebe und Treue, sondern eben mit dem Bekenntnis zu seiner Allmacht, wie sie sich in der *Schöpfung* zeigt. Es kommt alles darauf an, womit der Glaube *anfängt*, denn es entspricht der menschlichen Vernunft, daß in den einmal gesetzten Anfang alles weitere integriert wird.

Entscheidend ist weiterhin: Im Zusammenhang mit dem Bekenntnis, daß der Sohn dem Vater „wesensgleich“ (homoousios) ist, wird dieses Wesen als „unveränderlich“ verstanden, und zwar unter Berufung auf Ex 3,14: ego eimi ho on. Damit ist eine weitere Weichenstellung vollzogen: Gott ist vor allem anderen „der Seiende“. Dieses „Sein“ Gottes wird nicht auch als geschichtlich wirksames Mit-sein ausgelegt, sondern *ausschließlich* als ewig-zeitenthobenes Für-sich-sein – ohne inneren Geschichtsbezug, denn dieser würde ihn „verändern“.[98]

Die Gottes-„Vorstellung“, innerhalb deren die ersten christologischen Dogmen formuliert wurden, war somit nicht der mit-seiende und in die Geschichte seines Volkes hinein sich entäußernde Bundes-Gott, sondern der aus und für sich seiende, „unveränderliche“ Schöpfer-Gott. Dieser Grundansatz von der Schöpfung her hat weittragende Folgen. Er hat ganz „von selbst“ verhindert, daß „Bund“ als Ausdruck der Selbst-Offenbarung des geschichtlichen Mit-seins Gottes zum methodischen Grundansatz der christlichen Theologie wurde.

Diese Auffassung hat auch die weiteren lehramtlichen Aussagen über die Menschwerdung und das Leiden Jesu beeinflußt. In einem dogmatischen Brief Papst Leos I. vom Jahre 449 heißt es in einem selektiv schöpfungs-

[98] Zum Ganzen und mit einzelnen Belegen vgl. H. Mühlen: Die Veränderlichkeit Gottes als Horizont einer zukünftigen Christologie, in: Catholica 23 (1969) 205-239; W. Maas: Die Unveränderlichkeit Gottes. Paderborn 1974.

theologischen Sinn: „Der Herr des Alls (universitatis Dominus) ... der *leidensunfähige Gott* (impassibilis Deus) hat es nicht verschmäht, ein leidender Mensch zu sein ... *Gott wird durch sein Erbarmen nicht verändert* (Deus non mutatur miseratione)." (DH 294) Das vierte Laterankonzil (1215) führt aus: Der Sohn Gottes Jesus Christus „ist der Gottheit nach unsterblich und *leidensunfähig* (impassibilis) und ist der Menschheit nach leidensfähig und sterblich geworden" (DH 801).[99]
Die biblischen Stellen, die man in der traditionellen Theologie für die schöpfungstheologischen Aussagen über die „Leidensunfähigkeit" und Unveränderlichkeit Gottes anführt (Ex 3,14; Mal 3,6; Ps 102,28; Jak 1,17), sprechen jedoch von der Unveränderlichkeit der *Bundestreue* Gottes: Auch wenn das Volk sich von Gott abwendet, bleibt er ihm unveränderlich zugewandt! Mal 3,6 enthält sogar ausdrücklich die Zusage einer „Änderung" des Verhaltens Gottes: „Kehrt euch zu mir, dann kehre ich mich euch zu." In dieselbe Richtung weisen die alttestamentlichen Aussagen über die Reue Gottes (1 Sam 15,35; 1 Chr 21,15; Ps 106,45; Am 7,3.6).[100]
Die Hervorhebung der Allmacht und Unveränderlichkeit Gottes prägte durch die Jahrhunderte hindurch die Theologie und weitgehend auch die Frömmigkeit. Die mittelalterlichen Theologen lehrten übereinstimmend: Die Beziehung Gottes zur Welt ist nur eine von uns *gedachte* (relatio rationis), denn eine „reale", wirkliche Beziehung des Schöpfer-Gottes zur Welt, das heißt, zu den geschaffenen „Dingen", würde ihn verändern.[101] Die Frage, ob und wie Gott auf die menschliche Freiheit „reagiert", blieb ungeklärt. Im 16. und 17. Jahrhundert rückt der Schöpfer-

---

[99] Die „Leidensunfähigkeit" Gottes wird begründet mit der philosophischen Lehre von der Unteilbarkeit und Unveränderlichkeit Gottes (DH 297.800.805.3001). Aus ihr ergebe sich, daß Jesus Christus nur als Mensch, nicht aber als der ewige Sohn Gottes gelitten habe (DH 166.263.401.423.432). Vgl. zum Ganzen vor allem J. Moltmann: Der gekreuzigte Gott. München 1972, 184-267.

[100] Vgl. W. Maas: Die Unveränderlichkeit Gottes. Paderborn 1974, 22-32.

[101] Bei Thomas von Aquin heißt es: „Nun steht Gott außerhalb der gesamten geschöpflichen Ordnung und doch sind alle Geschöpfe auf ihn hingeordnet, nicht umgekehrt; daher haben die Geschöpfe offenbar eine natur-wirkliche Beziehung zu Gott. In Gott aber gibt es keine reale Beziehung (realis relatio eius ad creaturas) zu den Geschöpfen, sondern bloß eine gedachte, (secundum rationem tantum), insofern die Geschöpfe zu ihm eine Beziehung haben." (Sth I, q.13, a.7) Die Veränderungen in den „Dingen" gehen zwar von Gott aus, treffen aber in keiner Weise ihn selbst. Sie beruhen nicht auf neuen Entschlüssen Gottes, sondern die Dinge werden zu einem neuen „Ziel" des unveränderlichen göttlichen Ratschlusses. (vgl. Sth I, q.16, a.6 ad2; q.19, a.7)

Gott in immer größere Ferne: Er habe die Welt erschaffen, greife aber nicht in die Naturgesetze ein. So entstand die Vorstellung von einem Gott, der den Gang der Welt lediglich von außen her *beobachtet*.
Wir müssen uns im Rahmen dieser Untersuchung mit diesen kurzen Hinweisen begnügen und weisen nur noch hin auf die Aussagen des Ersten Vatikanischen Konzils, da sie die theologiegeschichtlich letzten diesbezüglichen lehramtlichen Aussagen sind und eine jahrhundertelange Entwicklung zusammenfassen. In ihnen wird nämlich sehr deutlich, daß aus *methodischen* Gründen „Bund" nicht der allererste Ansatz der Theologie ist, in den dann auch die Schöpfungstheologie zu integrieren wäre.
In der dogmatischen Konstitution „Dei Filius" über den katholischen Glauben vom 24. April 1870 heißt es: „Die heilige, katholische apostolische Römische Kirche glaubt und bekennt, daß *ein* wahrer und lebendiger Gott ist, *Schöpfer und Herr des Himmels und der Erde*, allmächtig, ewig, unermeßlich, unbegreiflich, an Verstand und Willen sowie jeglicher Vollkommenheit unendlich; da er eine einzige, gänzlich einfache und *unveränderliche geistige Substanz* ist (simplex omnino et incommutabilis substantia spiritualis), ist er zu verkünden (praedicandus est) als der Sache und dem Wesen nach von der Welt verschieden (re et essentia a mundo distinctus)." (DH 3001) An diesen Begründungszusammenhang sind bereits eindringliche Fragen zu stellen: *Weil* Gott eine unveränderliche Substanz ist, muß er „verkündet" werden als von der Welt „real" verschieden. Inwiefern kann die Verkündigung der Unterschiedenheit Gottes von der Welt *gründen* in dem philosophisch-schöpfungstheologischen Begriff einer „unveränderlichen Substanz"? Dieser Begriff findet sich ja zweifellos nicht in der Bibel.
Er gehört vielmehr zu den sogenannten „praeambula fidei". Damit ist das gemeint, was praeambulum, also „vorausgehend" und apriorisch ist. Ambulare meint: sich in Bewegung setzen, umhergehen und prae-ambulare: im voraus umhergehen, voran-gehen. Das „natürliche" Weltverständnis, das Gott als „Ursprung und Ziel aller Dinge" (DH 3004) erkennt, ist der „Raum", in den hinein die Offenbarung „gesprochen", von dem her sie (in einer apologetischen, vor der Vernunft sich rechtfertigenden Intention) gehört wird.
Natürlich ist der primäre *Inhalt* der Verkündigung nicht Gott als „unveränderliche Substanz", aber hier ist aus methodisch-apologetischen Gründen eine apriorische Vorentscheidung über das getroffen, was zu „verkünden" ist. Deshalb sind hier radikal kritische Fragen zu stellen: Hat innerhalb dieses Vor-Raumes einer als unveränderlich erkannten göttlichen „Substanz" der geschichtlich handelnde und reagierende Gott des Bundes, dessen „Herz" für sein Volk schlägt (vgl. Jer

31,20), überhaupt noch Platz? Diese Frage ist um so dringlicher, als für eine methodisch geleitete wissenschaftliche Theologie der *allererste* Ansatz schlechthin entscheidend ist.
Natürlich bleibt wahr, daß Gott *als* der Schöpfer radikal außerhalb jeglicher geschöpflichen Ordnung existiert und deshalb keine „reale", sondern nur eine von uns „gedachte" Beziehung zur Schöpfung *als* Schöpfung hat, aber: Wenn „Offenbarung" zur *Lehre* über Gott als Schöpfer (sermo de Deo) verkürzt ist und wenn dabei auch noch das „natürliche" Weltverständnis den biblischen Aussagen über den Bund Gottes mit seinem Volk a priori und somit bestimmend *vorgeordnet* wird, dann kann Gott keinen inneren, auf die menschliche Freiheitsgeschichte reagierenden Geschichtsbezug haben, dann wäre auch „Bund" eine nur von uns „gedachte" Beziehung Gottes zu uns! Deshalb ist eine grundlegende Revision der „systematischen" Theologie, insofern sie mit dem Schöpfer-Gott beginnt und die biblische Bundestheologie einklammert bzw. a priori unter den Begriff einer philosophisch erschlossenen „Unveränderlichkeit" Gottes stellt, dringend geboten. Eine Auseinandersetzung mit der Bundestheologie Karl Barths wird hier wesentlich weiterhelfen.[102]

b) Kritik der Säkularisierungsthese

Die biblisch bezeugte Differenz zwischen „Reich Gottes" und „Bund" veranlaßt nunmehr auch zu einer Kritik der gängigen theologischen Säkularisierungsthesen. Das lat. Ursprungswort „saeculum" meint das Geschlecht, die Generation und im übertragenen Sinn das Menschengeschlecht, Welt im Sinne von: die zu einer bestimmten Zeit lebenden Menschen. „Säkularisierung" ist abgeleitet von „saecularis" in der Bedeutung „weltlich", „zeitlich". Das Wort wurde im 20. Jahrhundert zu einem kulturdiagnostischen Schlüsselbegriff, mit dessen Hilfe vor allem das Verhältnis von „Neuzeit" und Christentum reflektiert wird.[103] Theologisch

---

[102] Seine Grundthesen gewinnen angesichts des epochalen, glaubensgeschichtlichen Umbruchs neue Aktualität: „Die Urgeschichte ist die Voraussetzung des Bundes. Der Bund ist das Ziel der Urgeschichte." In anderer Formulierung: „Die Schöpfung ist der äußere Grund des Bundes. Der Bund ist der innere Grund der Schöpfung." Die Kirchliche Dogmatik, Bd. III/1, 103-377. Vgl. H. U. v. Balthasar: Karl Barth. Darstellung und Deutung seiner Theologie. Köln ²1962, 131-136. Zur reformierten „Föderaltheologie" vgl. TRE Bd. XI, 246-252. Eine Auseinandersetzung mit ihr muß auf eine spätere Veröffentlichung verschoben werden.

[103] Vgl. vor allem StL Bd. 4, 995ff sowie SM Bd. 4, 368-372; LThK² Bd. 9, 253f.; NHThG Bd. 4, 88ff; HWP Bd. 8, 1133-1161.

werden dabei im Prinzip zwei gegenläufige Thesen vertreten: Die Entstehung der neuzeitlichen Kultur wird verstanden

– als bereits im Hochmittelalter einsetzende, fortschreitende Loslösung fast aller Lebensbereiche aus dem Herrschaftsbereich der Kirche, als antikirchliche oder antichristliche Abfallsbewegung, als Prozeß, in dem die Eigengesetzlichkeit zentraler gesellschaftlicher Bereiche gegen die Kirche und ihr Selbstverständnis durchgesetzt wurde.

– als Folge der Grundintentionen des christlichen Glaubens selbst und als solchem. Er habe bereits in der Auseinandersetzung mit dem heidnischen Pantheismus die Welt entgöttlicht und somit zugleich die Welt als von Gott unterschiedene Schöpfung erkannt. Die Entgöttlichung der Welt sei zugleich ihre Verweltlichung, durch die sie in ihre relative Eigenständigkeit eingesetzt werde.

Diese beiden Grundthesen gehen aus von den Gegensätzen Kirche – Welt bzw. Schöpfergott – Welt, sind in dieser Form aber selektiv, insofern sie weder die Differenz zwischen „Reich Gottes“ und „Bund“ noch die Auflösung des imperialen Strukturganzen aus Christentum und Gesellschaft bedenken. Im folgenden sei demgegenüber gezeigt, daß der Ursprung jeder Säkularisierung die *vorherige* Säkularisierung des Reiches Gottes als der kommenden Welt ist und daß eben diese in den verschiedenen Säkularisierungsschüben wieder rückgängig gemacht wird.

„Säkularisierung“, „Verweltlichung“ im theologischen Sinn verweist auf den biblischen Begriff kosmos = „Welt“. Die Bedeutungsgehalte dieses Begriffes sind im NT: Weltall, Inbegriff des Geschaffenen – die Menschenwelt, Menschheit – die sich Gott entgegensetzende, heilsgeschichtlich bestimmte, unerlöste, sündige Welt. Für unseren Zusammenhang ist der komplementäre Begriff „Äon“ von besonderer Bedeutung. Er enthält die nicht einzuholende, nicht hintergehbare oder auflösbare Spannung zwischen „dieser Welt“ (Mt 12,32; Lk 16,8; Röm 12,2; 1 Kor 1,20 usw.) und der „kommenden Welt“ (Mt 12,32; Mk 10,30; Eph 1,21). Äon meint jedoch nicht die Aufeinanderfolge von Tagen und Jahren, also die datierbare, kosmische Jetzt-Zeit, in der jedes Jetzt das vorherige aufhebt, sondern das fortdauernde In-sein in der geschichtlichen Welt, die durch prägende Ereignisse oder Grundhaltungen bestimmt ist. Die kommende Welt kommt deshalb nicht wie ein vorgestelltes Zeitstück „nach“ einem jetzigen Zeitstück. Sie kommt vielmehr vom Ende der Geschichte her auf uns zu, und zwar so, daß sie jederzeit und jederorts in die jetzige Welt einbrechen kann. In diesem Sinne unterscheiden wir im folgenden zwischen der auf uns zukommenden, zu-künftigen Welt und der von ihr bestimmten, als geschehendes Geschehen erfahrenen, „jetzigen“, geschichtlichen Welt. „Diese Welt“ meint zwar an vielen ntl Stellen die von Gott abgewandte, sündige Welt, kann aber auch ohne wertende

Akzentuierung zunächst im Sinne von kosmos = „Menschenwelt" verstanden werden.[104]

Im Hinblick auf unsere These ist weiterhin das ntl Verständnis von „Reich Gottes" zu klären. Weisen wir zunächst darauf hin, daß Mt das „Reich Gottes" bevorzugt als „Reich der Himmel" bezeichnet (32mal). Dieser Ausdruck ist nicht nur eine Umschreibung des Namens Gottes, sondern auch ein Hinweis darauf, daß dieses Reich nicht ein irdisch-politisches ist, sondern „von oben" kommt, als Reich des „Menschensohnes" (vgl. Dan 7,18.22.27). Die Verkündigung Jesu vom Reich Gottes steht in einer polemischen Spannung zum Reich des Satans (Mt 12,26), den Reichen der Welt mit ihrer Pracht (Mt 4,8) und den politischen Reichen, deren Machthaber sich Gott widersetzen (Mt 2,1ff. Lk 1,5ff; Mk 6,14ff) und von Jesus als „Könige auf Erden" (basileis tes ges; Mt 17,25; vgl. 10,18; Mk 13,9) bezeichnet werden.[105] In dem von Jesus verheißenen „Reich Gottes" aber werden „die Könige der Erde (hoi basileis tes ges) ihre Herrlichkeit (doxa) in die Stadt bringen" (Offb 21,24). Sie ist „die Wohnung Gottes unter den Menschen. Er wird in ihrer Mitte wohnen, und *sie werden seine Völker sein*; und er, Gott, wird bei ihnen sein als ihr Gott ... Der Tod wird nicht mehr sein, keine Trauer, keine Klage, keine Mühsal. Denn das Erste ist gewesen." (Offb 21,3f)

Die Gleichnisse und Symbole Jesu sind *Vorbereitung* auf die Ankunft dieses kommenden Reiches, aber nur in seiner Person, in dem von ihm ausgehenden Heilungsgeschehen, in seinem Heiligen Geist als dem „Angeld" (2 Kor 1,22; 5,5; Eph 1,14), ist es „jetzt" schon gegenwärtig, vor allem in der jetzt- und ortlosen Gegenwart des Auferstandenen (vgl. Anhang I). Es ist nicht hier oder dort greifbar (vgl. Lk 17,21) und hat in der Geschichte des Volkes Gottes nicht selbst nochmals eine Geschichte. Das Reich Gottes ist die Grundwirklichkeit nicht in dieser, sondern in der kommenden, jetzt- und zeitlosen, „himmlischen" Welt.

„Verweltlichung" dieses auch „Himmelreich" genannten Reiches meint dann den Versuch, es seiner Jetzt- und Zeitlosigkeit zu berauben, es seiner Eigentlichkeit zu enteignen und als Reich Gottes „auf Erden" zu errichten. Ein „Himmelreich auf Erden" ist jedoch nicht nur ganz und gar un-denkbar, sondern kann auch nicht, nicht einmal vor-läufig, in „dieser Welt" politisch verwirklicht werden. Deshalb muß der Versuch seiner Säkularisierung scheitern, da es immer zukünftig gewesen ist und zukünftig bleibt, also niemals *als solches* in „dieser Welt" als ein politi-

---

[104] Vgl. ThWNT Bd. 1, 197-209; Bd. 3, 867-896 sowie K. Erlemann: Naherwartung und Parusieverzögerung im Neuen Testament. Ein Beitrag zur Frage religiöser Zeiterfahrung. Tübingen u. a. 1995.

[105] Vgl. ThWNT Bd. 1, 576f.

sches Reich, als Imperium, vorkommen kann. Das Reich Gottes entzieht sich von sich selbst her jeder Verweltlichung und „Säkularisierung".
Allerdings: Dieser Versuch einer Ver-Weltlichung des kommenden Reiches Gottes schlägt auf ungeahnte Weise dialektisch um in die Ent-Weltlichung von Schöpfung und Gesellschaft, also „dieser Welt": Die Verminderung der Distanz zwischen dem „oberen" Reich Gottes und der „irdischen" Welt im Sinne der platonischen Urbild-Abbild-Theorie hatte zur Folge, daß die Eigengesetzlichkeit der einzelnen menschlichen Lebensbereiche gleichsam aufgesogen wurde vom Sacrum Imperium und deshalb nicht in Erscheinung trat. Außerhalb dieses Imperiums gab es keine eigenständige „Welt", hier verstanden als die Gesamtheit der politischen, sozialen, kulturellen, ökonomischen Strukturmomente des menschlichen Zusammenlebens. Alle menschlichen Lebensbereiche hatten für das Reich Gottes „auf Erden", für das Imperium und seine Ausbreitung, dazusein. Mit der Imperialisierung des Christentums wurde nicht nur das kommende Reich Gottes seiner unvergänglich-himmlischen, sondern auch die jetzt erfahrene Welt ihrer irdisch-eigengesetzlichen Weltlichkeit beraubt. Diese Beraubung und Ent-eignung geschah gleichursprünglich-dialektisch, ohne ausdrückliche Absicht. Man kann hier auch von einer „Ent-eschatologisierung" sprechen, und zwar in dem Sinne, daß die Spannung zwischen der auf uns zu-kommenden, zu-künftigen und der jetzigen Welt weitgehend aufgehoben ist. Dazu verführt hat offenbar auch die Identifikation von „imperium" mit dem biblischen Begriff „Reich". Die angemessene Übersetzung von basileia tou theou ist jedoch nicht „imperium Dei", sondern „regnum Dei"!
Im Hinblick auf die Tradierungskrise des Glaubens ist nun zunächst festzuhalten: Die *erste* aller Säkularisierungen, nämlich die Synthese zwischen dem immer schon zukünftig gewesenen Reich Gottes und dem „Heiligen Römischen Reich", ist die Voraus-setzung jeder späteren Säkularisierung. Beim fortschreitenden Zerfall dieser im voraus gesetzten Synthese wurde synchron und fast „von selbst" die Eigengesetzlichkeit und Selbständigkeit der „irdischen" Welt offenbar. „Säkularisierung" ist somit eine *Folge* des Zerfalls der Idee eines Reiches Gottes „auf Erden", des Strukturganzen aus Christentum und Imperium, das die Eigengesetzlichkeit der als geschehendes Geschehen erfahrenen, geschichtlichen Welt (Schöpfung und Gesellschaft) nicht in Erscheinung treten ließ. Implizit wurde dadurch auch die Säkularisierung des kommenden Reiches Gottes rückgängig gemacht.
Dieser Prozeß ist schöpfungstheologisch und soziologisch nicht nur legitim, sondern notwendig und positiv, denn: er entspricht der nicht von Menschen gemachten relativen Autonomie der geschöpflichen Kräfte. Dazu sagt das Zweite Vatikanische Konzil: „Wenn wir unter Autono-

mie der irdischen Wirklichkeiten verstehen, daß die geschaffenen Dinge und auch die Gesellschaften ihre eigenen Gesetze und Werte haben, die der Mensch schrittweise erkennen, gebrauchen und gestalten muß, dann ist es durchaus berechtigt, diese Autonomie zu fordern. Das ist nicht nur eine Forderung der Menschen unserer Zeit, sondern entspricht auch dem Willen des Schöpfers."[106] Deshalb werden nunmehr ausdrücklich Geisteshaltungen „unter Christen" bedauert, die kein Verständnis für diese legitime Autonomie hatten. (GS 36)

Sicher gilt dies auch für die instutionelle Kirche, wie der mittlerweile revidierte „Fall Galilei" zeigt, aber in einer vertiefenden ekklesiologischen und geschichtskritischen Reflexion wird deutlich: Christentum und das innerste Wesen der Kirche sind keineswegs identisch, und „Säkularisierung" gründet *letztlich* in einer vorherigen Synthese zwischen *Christentum* und Imperium. Ohne die vorherige Imperialisierung des Christentums gäbe es zum mindesten in Europa nicht so etwas wie Säkularisierung. Sie ist von da her zunächst einmal ein Prozeß der Ent-Imperialisierung des Christentums und in Folge davon auch der Kirche. Bei diesem Prozeß geht jedoch nicht die Kirche *als solche* zugrunde, sondern eine geschichtlich bedingte, menschlich hergestellte Synthese, die abendländische Reichsidee, die mittlerweile zu den „erstorbenen Schemata" gehört.

So ist ein Leer-Raum entstanden, ein Vakuum, in das neue, tragende Ideen einfließen. Innerhalb der emanzipierten Gesellschaft ist an die Stelle der christlichen Reichsidee die Idee der Freiheit als „vernünftige Selbstbestimmung" getreten, sowie *„das moralische Reich Gottes auf Erden"*. Sie ist nunmehr das neue „Schema", wie I. Kant ausführt.[107] Die

---

[106] Man bezeichnet diesen Prozeß auch als „Emanzipation". Das Wort ist abgeleitet von mancipo (aus manus und capio = mit der Hand ergreifen, zum Eigentum übergeben); emancipo meint dann: einen Sohn aus der väterlichen Gewalt entlassen, für selbständig erklären. Im heutigen Sprachgebrauch meint das Verb „emanzipieren": jemanden, etwas oder sich selbst aus einer bestehenden Abhängigkeit lösen und Emanzipation: Befreiung aus einem Zustand der Abhängigkeit und Unselbständigkeit. Dieser Prozeß ist vor allem Kennzeichen der sogenannten „Neuzeit".

[107] „Die wahre (sichtbare) Kirche ist diejenige, welche das (moralische) *Reich Gottes auf Erden*, soviel es durch Menschen geschehen kann, darstellt." (I. Kant: Die Religion innerhalb der Grenzen der bloßen Vernunft, B 142) Die „jetzige" Zeit ist in der Lage, den Keim des „wahren Religionsglaubens" sich entwickeln zu lassen, „um davon eine kontinuierliche Annäherung zu derjenigen, alle Menschen auf immer vereinigenden Kirche zu erwarten, die die unsichtbare Vorstellung (das Schema) eines *unsichtbaren Reichs Gottes auf Erden* ausmacht." (a.a.O., B 198) Vgl. HWP Bd. 8, 524ff mit weiteren, aufschlußreichen Texten aus der „neuzeitlichen" philosophischen Literatur. Für Kant ist Reich Gottes auf Erden identisch mit dem „Reich der Tugend", das wiederum das „Reich der Zwecke" einschließt.

entscheidende Frage in unserem Zusammenhang ist nun: Was trat *inner-kirchlich* an die Stelle der abendländischen Reichsidee? Die Antwort wird sein müssen: nichts – falls man nicht vergeblich versucht, die „christliche Reichsidee" wiederherzustellen. Die Kirchen in Europa bewegen sich ganz offenbar in einem glaubensgeschichtlichen Vakuum, und dies ist mit ein Grund für die gegenwärtige Ratlosigkeit. Die in dieser Veröffentlichung zur Prüfung vorgelegte These lautet: Der Beginn des dritten Jahrtausends könnte innerkirchlich bestimmt sein von der alles einschließenden Bundesverheißung Gottes, die dazu befähigt, die jederzeit und jederorts bevorstehende Ankunft des Reiches Gottes auszuhalten: Das Reich Gottes „auf Erden" mußte vergehen, damit der Bund Gottes mit seinem Volk wiederaufleben kann. Wir werden nach der Erörterung der entsprechenden biblischen Aussagen darauf zurückkommen.
Ein glaubensgeschichtlich neuer Ansatz beim Bundesangebot Gottes wird tiefgreifende Auswirkungen auch auf die kirchliche Sozialisationspraxis haben. Dies soll nun zunächst näher erörtert werden.

2. Spirituelle Kritik

a) Die unselbstverständliche Direktheit des bundesgemäßen Mit-seins Gottes

Mit „Sozialisation" als Weitergabe, Aneignung und Internalisierung von „religiösen" Werten, Normen und Handlungsmustern ist zunächst nur die gesellschaftliche, sozial-„horizontale" Dimension der Kirche im Blick. Die durch alle Vermittlungen hindurch sich ereignende, *direkte*, bundesgemäße Beziehung Gottes zu seinem ganzen Volk und des einzelnen zu Gott ist im Strukturganzen der Gesellschaft als solchem nicht eingeschlossen und deshalb auch nicht aus ihm ableitbar. Da sich in einer religiös indifferenten Kultur „ein immer indirekteres Gottesverhältnis" herausgebildet hat (man spricht nicht mehr zu Gott und von ihm her, sondern fast nur noch über ihn als einen Abwesenden)[108], zeigt sich hier ein Kernproblem unserer gesamten Untersuchung: Das Bundesangebot Gottes und die bundesgemäße menschliche Antwort sind ganz und gar *unselbstverständlich und direkt!*
Schon Sozialisationsprozesse als solche haben auf der Ebene der Interaktion ein Moment selbstverständlicher Direktheit. Sozialisationsinstanzen *vermitteln* das Strukturganze bzw. die Strukturmomente der Gesellschaft. Der den einzelnen prägende Aneignungsprozeß aber geschieht im

[108] Vgl. F.-X. Kaufmann: Religion und Modernität. Tübingen 1989, 196ff.

konkreten, direkten Umgang miteinander, im Lebenszusammenhang von Arbeitswelt, Familien und Kleingruppen, also aufgrund eigener Wahrnehmung innerhalb eines konkreten Wir. Die Direktheit dieser Wahrnehmung zeigt sich darin, daß sie nicht durch Mittelspersonen vermittelt ist, sondern sich ohne einen solchen „Umweg" ereignet. Das begriffliche Gegensatzpaar direkt (von lat. directus = gerade, ausgerichtet) – indirekt ist nur aus diesem Gegensatz heraus verständlich. Wenn zum Beispiel zwei Menschen nur und stets über eine „dritte" Person miteinander in Beziehung treten, dann wissen sie voneinander nur aus den Berichten dieser Mittelsperson, also indirekt, nicht aber aufgrund eigener Wahrnehmung und „Erfahrung". Im alltäglichen Umgang hat diese Direktheit den Charakter fragloser Selbstverständlichkeit, da sie sich „von selbst" ergibt, ohne unser Zutun. Sie gehört zum alltäglichen Umgang selbst und als solchem.

Für die weiteren Überlegungen ist von hoher Bedeutung, daß in Sozialisationsprozessen soziale Verhaltensmuster weitergegeben und angeeignet werden, und zu diesen gehört auch die *Offenheit* für einen konkreten, direkten Umgang miteinander. Diese Offenheit ist die *Bedingung* für die immer auch durch die eigene Sinnlichkeit vermittelte, direkte Wahrnehmung meiner mitmenschlichen Lebenswelt. Ohne sie wären ja bereits interaktive Sozialisationsprozesse als solche gar nicht möglich. Aber: Diese Offenheit ist nicht die je eigene Wahrnehmung meiner Mitmenschen selbst und als solche, denn ich übernehme meine eigene Wahrnehmung des Umgangs *mit* ihnen nicht zugleich auch *von* ihnen, sie ist mir vielmehr so eigen, daß auch ich selbst sie nicht „weitergeben" kann. Sozialisationsprozesse können somit das psychische Dispositionsgefüge disponieren und öffnen für die Direktheit weiterer personaler Beziehungen, aber diese Direktheit selbst und als solche ist in ihnen nicht eingeschlossen oder mitgegeben. Sie wird durch die Aneignung sozialer Verhaltensmuster weder hergestellt noch ersetzt.

Im Hinblick auf die „religiöse" Sozialisation ist dies von erhöhter Bedeutung. Wenn Gott überhaupt jemals durch Menschen nach Menschenart „gesprochen" und in diesem Sprecher-Hörer-Geschehen sein bundesgemäßes Mit-sein geoffenbart hat, dann gehört dieses Geschehen als solches nicht zu den inneren Strukturmomenten der Gesellschaft. Wie sich später genauer zeigen wird, meint „Bund" Gottes souveräne Selbstverpflichtung und Selbstbestimmung zum gnädigen, wirksamen Mit-sein (vgl. Hos 2,21f), zur Zuwendung und zur bleibenden Treue. Das Konzil von Trient beschreibt dieses bundesgemäße Sich-Verhalten Gottes mit den Worten: „Gott *berührt* das Herz des Menschen durch die Erleuchtung seines Heiligen Geistes" (tangente Deo cor hominis per Spiritus Sancti illuminationem: DH 1525). Dieses innere Geschehen ist im strengsten Sinne vorherig, denn es geht der näheren Vorbereitung auf die Taufe (Annahme der Glaubenswahrheiten, Bußakte usw.; vgl. DH 1526) *zeitlich voraus* und zielt auf den sakramentalen Vorgang der Taufe hin. Sie ist die Bedingung der Möglichkeit dafür, daß der Mensch überhaupt das Wort Gottes *als göttliches* Wort hören und die Taufe *als* leibhaftes Zeichen der Zuwendung Gottes erkennen und wahrnehmen kann, wie wir in anderem Zusammenhang genauer dargestellt haben.[109]

Diese Berührung des menschlichen Herzens durch Gott geht als sein „Ruf", als seine gratia praeveniens (DH 1525), *allem* menschlichen Tun voraus, somit auch allen Interaktionen und Sozialisationsprozessen: Gott macht seine Zuwendung von ihnen nicht abhängig. Diese im strengste Sinne vorherige, „apriorische" Direktheit des bundesgemäßen Handelns Gottes kann durch menschliche Vermittlung nicht vermittelt, „weitergegeben" oder zugeeignet werden. Ihr entspricht die Direktheit der von Gott selbst geschenkten Antwort des einzelnen: Gott macht unsere Beziehung zu ihm von menschlichen Vermittlungen und den damit gegebenen Behinderungen nicht *abhängig*: Er ruft uns auch *gegen* diese Behinderungen und über sie hinweg in die von ihm befreite Freiheit der Annahme seines Angebotes zum Mit-sein. Zu diesen Behinderungen gehören dann eben auch kirchliche Sozialisationsforderungen, insofern sie sich als „selbstverständlich" geben und aufgrund dieser pflichtgemäßen Selbstverständlichkeit die nicht delegierbare Freiheit des einzelnen unterdrücken, sich Gott persönlich anzuvertrauen. Wenn in kirchlichen Sozialisationsprozessen nicht ausdrücklich und thematisch zur Offenheit für die ganz und gar *unselbstverständliche*, Freiheit ermöglichende und freisetzende, von Gott her kommende bundesgemäße Direktheit hingeführt wird, bleibt sie verdeckt, überlagert, vergessen.

Wenn allerdings bei dieser Hinführung lediglich über diese Direktheit *gesprochen* wird, kann sie nochmals verdeckt werden. Es kommt darauf an, den Freiraum freizugeben, in dem sie von jedem einzelnen in einem persönlichen (leibhaften) Glaubensschritt *angenommen* wird – auch und gerade nach der Kindestaufe. Kirchliche Sozialisation kann *disponieren* zu einer Offenheit für dieses Geschehen, aber im direkten, interaktiven Umgang miteinander in der Gemeinschaft der Kirche bzw. der Glaubenden wird dieses Geschehen nicht gleichsam „von selbst" mitgegeben und angeeignet. Die unselbstverständliche Direktheit der „bundesgemäßen" Beziehung Gottes zu seinem Volk bzw. zu allen Völkern ist als solche in

[109] Vgl. dazu ausführlicher H. Mühlen: Das Verhältnis von ‚innerer Taufe' und Taufsakrament. Gehört das persönliche Taufbekenntnis zum Wesen der Taufe?, in: ThGl 79 (1989) 552-567.

keiner Hinsicht in den gesellschaftlichen Strukturen, Werten und Tradierungsprozessen bereits eingeschlossen. Das Bundesangebot Gottes ist zwar auch durch Gottes Wort im Menschenwort vermittelt, zugleich aber „über-gesellschaftlich", aus der Gesellschaft als solcher nicht ableitbar. Auch die menschliche Antwort hat durch alle Vermittlungen hindurch einen diese transzendierenden, direkten Charakter.

b) Selbstkritische Prüfung des inneren Widerspruchs der vergehenden Sozialgestalt der Kirche

Spirituelle Kritik schließt immer auch Selbstkritik ein. Der/die Kritisierende wendet sich auf sich selbst zurück, um die Kritik an und in der Kirche oder Gesellschaft nochmals kritisch zu prüfen. In diesem Sinne sei nun ein Rückstieg in die Ursprünge der Ratlosigkeit versucht, die sich aus dem Abbruch des selbstverständlichen Hineinwachsens in die Kirche ergeben hat. Dieser Rückstieg könnte Anlaß einer tieferen Offenheit für eine neue Gestalt der Kirche sein. Der folgende Text richtet sich vor allem an die Amtsträger und hauptamtlichen MitarbeiterInnen, denn vor allem auf ihnen liegt ja nunmehr die ganze Last kirchlicher Sozialisation: Sie spüren *„am eigenen Leib*, daß eine bestimmte Form von kirchlichem Leben eine Ablösung erfährt, ohne daß schon eine neue, überzeugende Gestalt am Horizont erscheint." (PD 4) Es geht nunmehr also um die Frage: Inwiefern bin ich in meinem Dienst in der und für die Kirche von der gegenwärtigen Situation ganz persönlich betroffen? In welchem Maße lasse ich sie in mich hinein und was geht angesichts des gegenwärtigen Umbruchs in mir selbst vor?

„Die Kirche ist das Werk Jesu Christi. Letztlich bewegen nicht wir die Menschen zu Glaube, Hoffnung und Liebe; nicht wir machen Gemeinde; nicht wir stellen ihre Einheit her; nicht wir wecken geistliche Aufbrüche; nicht wir stimulieren zu geistlichen Berufen.

Als Theologen wissen wir das. Da aber in den letzten Jahren das kirchliche Leben trotz unseres Einsatzes abnimmt, wird uns diese Wahrheit handgreiflich und anschaulich vor Augen gestellt. Und obwohl wir sie wissen, tun wir uns schwer damit.

Viele ficht wegen dieser Situation der Zweifel an. Wenn Christus schon das Entscheidende tut, warum geht es dann mit der Kirche in unserem Land abwärts? Manche suchen in die Bresche zu springen und geben damit *ihrem eigenen Tun das Hauptgewicht*. Sie organisieren alle möglichen Aktionen und Veranstaltungen, suchen den Bestand von Institutionen, Gruppen und Vereinen zu erhalten, planen und bauen.

Nicht als ob all dies in sich gesehen schlecht oder im einzelnen nicht auch notwendig wäre ... Doch ist dabei stets die Gefahr gegeben, den Akzent

der seelsorglichen Tätigkeit auf das von uns *Machbare und Organisierbare* zu legen, auf das, was Erfolg bringt, auf das, was wir zählen und vorzeigen können.
Wir müssen deutlich sehen, daß wir in diesem Punkt alle Kinder unserer Zeit sind, die wesentlich geprägt ist vom Machbarkeitspathos und Effizienzdenken. Doch diese Form des Denkens paßt nicht zu unserem Glauben, wonach das eigentliche, die Begegnung mit Gott im Christ- und Kirche-sein gerade nicht effizient herstellbar und administrierbar ist und sich allem meßbaren Erfolg entzieht.“ (PD 11f)

Dieser Text steht unter der Überschrift: „Jesus Christus – Herr seiner Kirche. Seelsorge als ‚Darstellung‘ des Wirkens Christi“ (PD 11). Er leitet dazu an, folgende innere Widersprüche in uns selbst aufzudecken:

(1) *Als Theologen* halten wir *theoretisch* daran fest, daß die Kirche Werk Christi ist, daß nicht wir nur durch unsere eigenen Anstrengungen die Kirche neu beleben können. Aber: Obwohl trotz unseres unermüdlichen persönlichen Einsatzes das kirchliche Leben abnimmt, tun wir uns in der seelsorglichen Praxis weiterhin schwer mit dieser Wahrheit.

(2) Viele (oder wir alle?) versuchen, „in die Bresche zu springen“ und durch alle möglichen Aktionen und Veranstaltungen wenigstens den noch vorhandenen Bestand von Institutionen, Gruppen und Vereinen zu erhalten. Im Widerspruch zu der erkannten Wahrheit legen wir also nun doch wieder den Akzent unserer seelsorglichen Tätigkeit auf das von uns Machbare und Organisierbare.

Der grundlegende Widerspruch zeigt sich zwischen der von uns theoretisch gewußten Wahrheit über die Kirche und der Vergeblichkeit unserer praktischen Bemühungen, den Abwärtstrend in der Kirche mit eigenen Kräften aufzuhalten. Der zweite Widerspruch ergibt sich aus diesem ersten, nämlich daß wir trotz dieser Vergeblichkeit weiterhin auf das von uns Machbare und Organisierbare vertrauen. Damit ist die ausweglose Problematik der noch vorhandenen Sozialgestalt der Kirche deutlich gekennzeichnet, insofern sie sich weitgehend mit der Sozialgestalt der Gesellschaft deckt.

In einem kommunikativen „wir“ schließen die Bischöfe hier nicht nur sich selbst ein, sondern setzen auch ein Fragezeichen hinter eine bestimmte theologische Ausbildung, die sie vielleicht auch selbst erfahren haben: „Als Theologen“, also so, wie wir von den Hochschulen und Ausbildungsstätten in die Praxis entlassen worden sind, wissen wir die in unserem Glauben vorgegebene Wahrheit: Die Kirche ist das „Werk Christi“, wir können sie nicht einfach von uns her bauen, erneuern, zu neuem Leben erwecken. Gleichermaßen wissen wir, daß „das eigentliche, die Begegnung mit Gott im Christ- und Kirche-sein“ von uns nicht herstellbar ist.

Mit „Wahrheit" ist hier zunächst im klassischen Sinne die „Übereinstimmung von Denken und Sache" (adaequatio intellectus et rei) gemeint. Die „Sache" ist die uns in unserem Glauben vorgegebene und deshalb aus soziologischen Zusammenhängen nicht ableitbare Wirklichkeit der Kirche als Werk Christi und der Begegnung mit Gott in ihr. „Übereinstimmung" meint dann, daß wir diese Wahrheiten glauben, so wie sie uns von der Kirche vorgelegt werden, daß wir sie als wahr anerkennen. Wir haben sie im Studium relativ problemlos übernommen, sie waren und sind *als solche* für uns nicht primär ein intellektuelles Problem.
Also: „Als Theologen" wissen wir diese Wahrheit. Da aber in den letzten Jahren das kirchliche Leben trotz unseres Einsatzes abnimmt, wird uns diese Wahrheit handgreiflich und anschaulich vor Augen gestellt, und zwar durch unsere gläubige Praxis selbst und als solche. „Anschaulich" und „handgreiflich" meint nicht, daß *wir* uns diese Wahrheit veranschaulichen und vergegenwärtigen, sie vor uns hinstellen, um gleichsam nach ihr greifen und sie be-greifen zu können, denn sie ist eine „Glaubenswahrheit", die nie von uns begriffen werden kann. Vielmehr: Durch die Vergeblichkeit unseres intensiven Einsatzes für die Kirche und die damit verbundenen Frustrationen wird aus einer in der Erinnerung aufbewahrten eine auf uns zukommende, *gegenwärtige* Wahrheit. Nicht wir stellen sie vor uns hin und auf uns zu, um erneut über sie nachzudenken und in folgenlosen Diskussionen über sie zu reden, sondern: die Wahrheit, daß die Kirche Werk Christi und seines Geistes ist, wird uns nunmehr durch unsere *Praxis* vor Augen gestellt, wir werden ohne unser Zutun schmerzlich mit ihr *konfrontiert.* Nicht wir greifen nach ihr, sondern sie als eine nunmehr offenbar gewordene greift nach uns, sie greift uns an, stellt uns in Frage: Durch unser *vergebliches* Bemühen darum, daß das kirchliche Leben *nicht* abnimmt, wird offenbar: die Wahrheit, daß sie Werk Christi ist, steht uns entgegen, wir sind ohne unser Zutun in einen nun offenkundigen *Widerspruch* zu ihr hineingeraten, aber: wir können ihn weder durch weitere Diskussionen und Reflexionen noch durch einen um so intensiveren Einsatz für die Kirche auflösen, beseitigen. Wir haben ihn nicht in der Hand, wir sind ihm ausgeliefert.
Ist dieses Ausgeliefert-sein an den Widerspruch zur theoretisch festgehaltenen Wahrheit der Grund dafür, daß wir uns nunmehr mit ihr so schwertun: Wir, die wir so viel über Gott und seine Kirche wissen und reden, sind gewohnt, die Abnahme des kirchlichen Lebens zunächst einmal theoretisch anzugehen, durch Diskussionen, „runde Tische", Synoden, Entwürfe, Beschlüsse. Aber dies alles nützt jetzt offenbar nichts mehr: Wenn zu den zeitlichen und pastoralen Überlastungen „noch hinzukommt, daß im priesterlichen Dienst der sichtbare Erfolg weithin ausbleibt oder gar sich ins Gegenteil verkehrt, so geraten viele Mitbrüder in

eine immer größere pastorale Hektik, die sie innerlich ausbrennt, oder in eine depressive Trägheit, die sie – da man ja ohnehin ‚nichts machen kann' – nur noch das Notwendigste tun läßt. Wenn aufgrund dieser Erfolglosigkeit die für jeden Menschen notwendige Bestätigung fehlt, besteht die Gefahr, daß Mitbrüder seelisch krank werden und zur Selbstbestätigung in Aktivitäten flüchten, die von ihrem Auftrag weit entfernt sind." (PD 4)

Die immer schon *theoretisch* gewußte Wahrheit über Gott und seine Kirche zeigt sich uns jetzt als eine unsere ganze Existenz erfassende, *existentielle* Wahrheit: Wir wissen sie jetzt nicht mehr so, wie man Lehrsätze im Kopf haben kann, ohne ihren Gehalt an sich heranlassen zu müssen; wir sind vielmehr durch die Erfolglosigkeit unseres Einsatzes mit ihrer *Faktizität* konfrontiert worden, wir haben jetzt mit dieser Wahrheit unsere Erfahrung gemacht. „Gemacht" heißt nicht, daß wir diese Erfahrung selbst bewirkt, hergestellt, produziert hätten. Wir haben sie vielmehr *durchgemacht*, erlitten, sie ist über uns gekommen und uns widerfahren, sie hat uns getroffen und umgeworfen, ja, sie hat unseren Einsatz in Frage gestellt und einen uns beunruhigenden und uns störenden Widerspruch aufgedeckt – bis hinein in unsere seelische Befindlichkeit.

Dieser Widerspruch kann jetzt nicht mehr überspielt, verdeckt, verschwiegen werden. Er ist sogar herausfordernd dialektisch: Je mehr wir die Nicht-Übereinstimmung unseres Handelns mit der Wahrheit im Vollzug dieses Handelns existentiell erfahren, um so mehr wird uns die uns unabweisbar vorgegebene Wahrheit bewußt – und je mehr sie uns bewußt wird, um so mehr steigert sich die praktische Erfahrung unserer Nicht-Übereinstimmung mit ihr. Theoretisches Wissen und existentielle Erfahrung unseres ihm entgegenstehenden Tuns steigern sich gegenseitig: Im Durchgang durch die existentielle Erfahrung unserer Nicht-Übereinstimmung mit der Wahrheit bestätigt sie sich nochmals selbst. In fortschreitender Aufdeckung zeigt sich also: Nicht nur *obwohl* wir die Wahrheit wissen, tun wir uns schwer mit ihr, sondern *weil* wir sie nun *unabweisbar* wissen.

Unser Handeln selbst enthält also ganz offenbar ein „Urteil" über uns, wird zur negierenden Kritik an uns selbst, die uns ändern, zur „Umkehr" bringen will. Indem wir uns als den Ursprung unseres freien Handelns wahrnehmen, wird uns zugleich jählings bewußt, daß wir uns schwertun mit uns selbst: Nunmehr wird uns bewußt, daß wir nicht nur intellektuell, sondern je als diese bestimmte Person nicht mit der Wahrheit übereinstimmen. Unser Handeln bestätigt uns nicht, sondern stellt uns personal-existentiell in Frage, ja, ist selbst eine negierende Kritik an uns als den handelnden Personen. Das zuzugeben, fällt uns nicht leicht.

Allerdings: Letzte Instanz für ein Urteil über die Herkunft dieser „Störungen“ und Widersprüche ist nicht lediglich unsere kritische Vernunft, sondern: Wir dürfen davon ausgehen, daß die innere Logik dieses Widerspruches etwas mit dem Geist Christi zu tun hat: „Es wäre zu wenig, sich mit den bereitstehenden traditionellen Formen der Seelsorge zufriedenzugeben. Vielmehr gilt es, ständig auf den Geist zu hören und ein Gespür dafür zu entfalten, was unter seinem Drängen in der jeweiligen Lage hier und heute am besten zu tun ist. Die Befähigung, den jeweils nächsten Schritt tun zu können, gehört zur spezifischen Logik der Führung durch den Heiligen Geist, der immerfort ‚in die ganze Wahrheit‘ *einführt* (Joh 16,13)“ (PD 10). Dies geschieht dadurch, daß er „aufdeckt, was im Herzen verborgen ist“ (1 Kor 14,25; vgl. Joh 16,8). Was deckt er auf? Die Ursprünge von Antrieben, Impulsen, Irrtümern, Störungen.
Wie bereits erwähnt, muß im Sinne des NT unterschieden werden zwischen
- den aus uns selbst kommenden geschöpflichen Energien und Strebungen (Wille, Vernunft, Gefühl und deren Leibhaftigkeit);
- den als „Charismen“ oder auch „Geistwirkungen“ (energemata, 1 Kor 12,6.10) bezeichneten göttlichen Energien in und zwischen uns;
- den gegen-göttlichen und damit auch gegen-menschlichen Energien in und zwischen uns, die sich in der Erfahrung zeigen als eine nicht nur aus uns selbst kommende Selbst-Steigerung und Logik des Negativen.

Diese drei Energien sind immer *gleichzeitig* in unserer Selbst- und Gemeinschaftserfahrung wirksam, auch in kirchlichen Gremien, auch in jeglicher, sich noch so sehr als „gläubig“ verstehenden Praxis. Sie lassen sich weder im Lebensvollzug noch in einem Prozeß der spirituellen Prüfung mit letzter *Sicherheit* unterscheiden oder gar säuberlich voneinander trennen. Deshalb kann es immer nur zu einem bedingten Urteil darüber kommen, welche Energien *vorherrschend* unser Denken, Tun und Lassen bestimmen. Somit sind drei Fragen zu stellen:
(1) Kommen die Störungen unserer Beziehung zur Wahrheit über Gott und seine Kirche und zu uns selbst primär aus uns selbst? Aus unserer menschlichen Trauer über unseren „Bedeutungs- und Autoritätsverlust“, den „gesellschaftlichen Kompetenzverlust der Kirche“ (PD 5), auf den wir alle „nicht vorbereitet“ sind? Aus einer menschlichen Angst vor dem Neuen oder auch aus der Angst, erstorbene Schemata aufzugeben? Berufen wir uns für ein Festhalten an diesen Ängsten nicht alle vorschnell auf das Wort Jesu von der „kleinen Herde“ (Lk 12,32) oder darauf, daß eine Vergeblichkeit ja zu jedem Engagement in der Kirche gehört und wir bei all unserem Tun immer „unnütze Knechte“ (Lk 17,10) bleiben?

Oder ziehen nicht wir alle, die in der Kirche und für sie engagiert sind, eher die Konsequenz: Wenn ganz offenbar Christus schon das Entscheidende *nicht* tut, dann müssen eben *wir* „in die Bresche springen“, durch noch mehr Einsatz die „Lücke“ ausfüllen? Verlassen wir uns nicht doch lieber auf unsere psychologischen, soziologischen, kulturanthropologischen Kenntnisse, schließen zwar nicht ganz aus, „daß Gott in solchen Situationen und gerade durch sie Neues und Unerwartetes wirken kann und will“ (PD 9), verdoppeln aber zunächst einmal in immer neuem Suchen und Fragen nach immer neuen pastoralen Entwürfen (deren Notwendigkeit hier nicht generell bestritten werden soll) – und warten insgeheim in fortdauerndem Selbstmitleid auf neue Entmutigungen und Frustrationen. Paulus nennt eine solche Grundhaltung: Mit vorgestrecktem Kopf einen unbestimmten Ausgang ängstlich erwarten (apokaradokia, Röm 8,19).[110]
Ist bei uns allen nicht „stets die Gefahr gegeben, den Akzent der seelsorglichen Tätigkeit auf das von uns Machbare und Organisierbare zu legen, auf das, was Erfolg bringt, auf das, was wir zählen und vorzeigen können“? Sind wir in diesem Punkt nicht alle „Kinder unserer Zeit, die wesentlich geprägt ist vom Machbarkeitspathos und Effizienzdenken“ (PD 12)? Und führt die *daraus* erwachsende Frage: Was mache ich falsch? Bin ich ein Versager? nicht nur tiefer in das Machen und Richtig-Machen hinein und damit auch tiefer in neue Enttäuschungen? Denn: „das eigentliche, die Begegnung mit Gott im Christ- und Kirche-sein, ist gerade nicht effizient herstellbar und administrierbar.“
Im Hinblick darauf wird nun eine Unterscheidung eingeführt, „die uns die neuzeitliche Philosophie vermittelt: Es gibt herstellendes und darstellendes Handeln … In der *herstellenden* Praxis sucht der Mensch die ihm vorgegebene Wirklichkeit zu verändern, die Welt seinen Vorstellungen und Zielen untertan zu machen und so sich selbst als Subjekt seines Könnens zu bestätigen.“ *Darstellendes* Handeln meint demgegenüber, „etwas Sich-Gebendes zur Darstellung bringen … Indem wir das Tun Gottes verleiblichen und darstellen, machen wir es unter den Menschen zeichenhaft gegenwärtig und lassen es zur Auswirkung kommen.“ (PD 12)
Hier wird also zunächst mit Hilfe einer philosophischen Unterscheidung lediglich die *Einsicht* in das der Begegnung mit Gott angemessene „darstellende“ Handeln vermittelt. Aber reicht diese nun auch wieder begriff-

---

[110] Vgl. G. Schläger: Das ängstliche Harren der Kreatur, in: Nieuw Theologisch Tijdschrift 19 (1930) 353-360.

liche Unterscheidung aus, um eine neue Gestalt gläubiger Praxis zu entdecken? Wir *wissen* jetzt – wiederum „als Theologen" –, daß wir die Grundhaltung überwinden müssen, in unserem Handeln uns selbst als Subjekte unseres Könnens bestätigen zu wollen. Aber: kommen wir lediglich durch eine neue *Einsicht* aus dieser falschen Grundhaltung, aus der existenziellen Unwahrheit unseres pastoralen Handelns heraus? Ganz sicher gibt es viele Priester und Laien, die aufgrund ihrer Spiritualität anders handeln, die *als* einzelne transparent sind für das Wirken Christi, für die Energien seines Geistes. Aber es geht jetzt nicht um die Spiritualität des einzelnen, auch nicht darum, daß in einzelnen Gemeinden viel Gutes geschieht, neue Wege sich eröffnen, sondern um die noch immer wirksame, geschichtlich gewordene, *allgemeine Sozialgestalt der Kirche*, die ja auch die Spiritualität des einzelnen trägt – oder behindert. Wer von uns ist denn ganz frei von einer „herstellenden" Praxis, von der Tendenz, sich selbst als Subjekt seines Könnens bestätigen zu wollen?

Sicherlich können wir uns durchaus darauf berufen, daß Planen und Organisieren *als solche und in sich selbst* nicht schlecht oder verwerflich, sondern je nach Situation notwendig sind. Gott will durch sein energetisches Handeln unsere geschöpflichen Energien, die er uns ja selbst gegeben hat, unsere Freiheit und Eigentätigkeit, nicht außer Kraft setzen. Aber: Der Widerspruch zu den göttlichen Energien beginnt dann, wenn wir einem möglichen Handeln Gottes *begrenzte* Erwartungen entgegensetzen, wenn wir es theologisch für unwahrscheinlich halten, daß Gott überhaupt einen inneren Geschichtsbezug hat, daß er selbst Neues und Unerwartetes wirken kann.

Dies ist die Grundthese einer heute weit verbreiteten, popularisierten Auffassung von Gott, die auch „Deismus" genannt wird: Gott schafft nur am Anfang. Er hat die Weltmaschine in Gang gesetzt, aber dann überläßt er sie sich selbst und ihren eigenen Gesetzmäßigkeiten. Christus hat am „Anfang" die Kirche gestiftet, sie dann aber ihren soziologischen Gesetzmäßigkeiten und unserem menschlichen Einsatz überlassen: Tätiges Subjekt des Heilshandelns ist nicht Christus, sondern der Mensch als Inhaber des kirchlichen Amtes. Daraus ergibt sich die Grundhaltung: Gott handelt ja nicht, also müssen wir alles selbst machen! Folglich bleiben wir dabei, daß jeder sich im Einsatz für die Kirche auf seine Eigentätigkeit verläßt, ihr mehr vertraut als einem im Grunde doch nicht erwarteten Handeln Gottes. Ist nicht eben dieses *selbstsicher-überbetonende* Vertrauen auf uns selbst der tiefere Grund für die Ergebnislosigkeit kirchlicher Aktivitäten? Theologische Wissenschaft ist gut, pastorale Planung ist gut, Verwaltungstechniken sind gut, aber das übertriebene *Vertrauen* darauf führt trotz unseres Einsatzes für die Kirche zur Abnahme des kirchlichen Lebens und trennt letztlich von Gott: Die Kirche wird zu einer gesellschaftlichen Großgruppe neben anderen. Deshalb nochmals: Setzen wir nicht doch einem möglichen, unerwarteten Handeln Gottes *begrenzte Erwartungen* entgegen?

(2) Oder kommen diese Störungen, Begrenzungen, Frustrationen *nicht* primär aus uns selbst? Ist vielleicht eine sich steigernde Logik des Negativen in uns wirksam, die aus gegen-menschlichen, gegen-göttlichen, gegen-kirchlichen Quellen kommt? Die Nicht-Übereinstimmung unserer besten Absichten und unseres Handelns mit der Wahrheit geht ja nicht auf einen Willensentschluß oder Beschlüsse in Beschlußgremien zurück. Es geht in dieser Frage nicht um eine persönliche Schuld, für die wir persönlich verantwortlich wären: Wir wollen den Widerspruch zwischen unserem theoretischen Wissen und unserem Handeln ja gar nicht, wir sind vielmehr in einer *uns entzogenen* Weise in ihn hineingeraten, er ist jählings über uns gekommen, ohne und gegen uns, ohne unser Zutun. Diese bestimmte Form kirchlichen Lebens, deren Auflösung wir „am eigenen Leib erfahren", ist ja nicht unser Werk, sie war vor uns da, jahrhundertelang. Wir erleiden in unserem Einsatz für die Kirche einen Widerspruch, den wir selbst nicht verschuldet haben. Weil wir ihn als negativ empfinden, weil er uns als die handelnden Personen negiert, widersprechen wir ihm, ja, wir erheben vor uns selbst und vor Gott Einspruch gegen diesen Widerspruch! Auch um der Kirche willen.

Aber: Je mehr wir diesem Widerspruch von uns selbst her widersprechen, um so mehr geraten wir in eine Spirale des Negativen: In dem Maße als wir diesem Widerspruch widersprechen, bedrängt er uns, bestätigt er nochmals sich selbst: Er ist ganz offenbar unserem direkten Zugriff entzogen, wir können ihn nicht von uns selbst her einfach aufheben und beseitigen, durch einen einfachen Willensentschluß oder gemeinsame Beschlüsse korrigieren. Und vor allem: Je mehr wir die Wahrheit unseres Handelns mit eigenen Kräften wiederherstellen wollen, um so mehr kommen wir ja wieder in jenes Herstellen und Selber-Machen hinein, das ganz offenbar einer möglichen Initiative des göttlichen Heilshandeln widerspricht.

Daraus ergibt sich die Frage: Wenn heute „viele bisherige Formen, das Evangelium zu verwirklichen, fragwürdig oder unwirksam oder unwirklich erscheinen" (PD 23), und wenn es nicht nur trotz, sondern sogar *infolge* unseres Einsatzes für die Kirche in einer uns *entzogenen* Weise mit dieser Kirche nochmals weiter abwärts geht: Waren dann in der nunmehr in Auflösung begriffenen Sozialgestalt der Kirche nicht auch gegen-göttliche und gegen-kirchliche Kräfte wirksam? Die überlieferte Erfahrung und Lehre einer „Unterscheidung der Geister" geht ja davon aus: Wenn aus unseren besten Absichten in einer uns *entzogenen* Weise negative Folgen entstehen, wenn also zum Beispiel infolge unseres noch

so gut gemeinten menschlichen Einsatzes das kirchliche Leben abnimmt, dann ist eine Dynamik wider-göttlicher Kräfte zu vermuten.
(3) Aber: In unserer Selbst- und Gemeinschaftserfahrung ist immer auch der Geist Gottes selbst wirksam. Er selbst stört uns, entbirgt in uns die Wahrheit der *Un-Wahrheit* unseres Handelns. In seinem Licht nehmen wir deutlicher die Wahrheit wahr, daß wir eben *nicht* mit der Wahrheit übereinstimmen, daß eine Bewältigung der gegenwärtigen „Verdunstung des Glaubens“ *nicht* Ergebnis unseres Einsatzes sein kann, der in der Verlängerung des Bisherigen liegt. Der Geist Jesu deckt diese unsere Nicht-Übereinstimmung als existentielle *Un-Wahrheit* auf und ermutigt uns dazu, dies auch ganz offen vor uns selbst und vor Gott zuzugeben. Er selbst erwirkt in geschichtlichen Umbruchsituationen in uns jene Widersprüche, die ohne ihn verdeckt, verdrängt, verborgen blieben, damit sie für uns Anlaß werden, über sie hinauszufragen, neue Wege zu entdecken, die wir aus uns selbst nicht finden könnten. Er selbst gibt uns den sensus fidei, jenes gläubige Gespür für sein Wirken, durch das wir „immer tiefer in den Glauben eindringen und im Leben voller anwenden.“ (LG 12) Denn: „Wie oft waren gerade Schwierigkeiten, die als unüberwindlich galten, Anlaß, eine neue, der jeweiligen Zeit besser entsprechende Gestalt gläubiger Praxis zu entdecken! Wir dürfen damit rechnen, daß Gott auch in solchen Situationen und gerade durch sie Neues und Unerwartetes wirken kann.“ (PD 9)
Unter diesem Aspekt sei nochmals auf den eingangs bereits zitierte Text hingewiesen: „Wenn eine kleine entschiedene Schar von Jesus-Jüngern damals eine Ausstrahlungskraft für die ganze Welt besaß, warum sollte es uns, wenn auch unter anderen Bedingungen und in anderer Gestalt, nicht möglich sein, den Glauben bei vielen neu einzupflanzen? Freilich stellen sich hierzu sofort (!) eine Reihe tiefgreifender Fragen. Es läßt sich kaum leugnen, daß bei nicht wenigen von uns eine *große Ratlosigkeit* darüber herrscht, wie denn unter den Bedingungen unserer heutigen Welt und Gesellschaft ein überzeugendes, vom Evangelium geprägtes Leben aussehen kann und soll.“ (PD 23)
In Fortsetzung der bisherigen selbstkritischen Analyse muß nunmehr auch festgehalten werden: Als die Apostel nach der Pfingstpredigt des Petrus gefragt wurden: „Was sollen wir tun“? haben sie nicht geantwortet: „Wir wissen das so genau auch nicht und möchten deshalb ein Gespräch eröffnen. Setzt euch zusammen, sucht und fragt, vielleicht findet ihr irgendeine Antwort, und wenn ihr sie gefunden habt, dann sagt sie uns, damit wir dann konkrete Zielvorstellungen für den Aufbau einer Gemeinde aufstellen.“ Sie wußten vielmehr mit aller Bestimmtheit und Gewißheit, was zu tun ist: „Kehrt um, und jeder von euch lasse sich auf den Namen Jesu Christi taufen zur Vergebung seiner Sünden; dann wer-

det ihr die Gabe des Heiligen Geistes empfangen.“ (Apg 2,38) Dies war im Sinne des Lukas der konkrete Beginn der Kirche. Gilt diese Auskunft „unter den Bedingungen unserer heutigen Welt und Gesellschaft“ nicht mehr? Oder sind die „damaligen“ Weisen der Bezeugung des Evangeliums in einem anderen geschichtlichen Kontext nicht mehr zu verwirklichen? Um diese Frage angemessen beantworten zu können, wären die kritischen Fragen:

- Welche Bedeutung hat für mich das Faktum, daß Jesus sein Wirken nicht mit pastoralen Überlegungen und Strategien begonnen hat, sondern mit einem „leibhaften“ Schritt: „Zusammen mit dem ganzen Volk ließ auch Jesus sich taufen“ (Lk 3,21f)?
- Wäre ich bereit, dem Vorbild Jesu entsprechend in einem leibhaft-persönlichen Schritt erneut und vertieft die Zuwendung Gottes und die Gaben seines Geistes anzunehmen, die er mir bei meiner Taufe für immer zugesagt hat?
- Welche Bedeutung hat für mich der Bund, den Gott seinem ganzen Volk angeboten hat? Welche Wege sehe ich für eine neue gläubige Praxis, die sich auch auf die von mir zu begleitenden Sozialisationsprozesse auswirkt, etwa im Sinne einer Hinführung der als kleine Kinder Getauften zu ich- und zugleich wirgemäßen Glaubensschritten, die der Tiefe und dem Ernst der Taufe Erwachsener entsprechen?

Wer einmal miterlebt hat, welche Freude und Gemeinschaft im Geist bei solchen Schritten aufbricht, kann getrost Ratlosigkeit und Resignation hinter sich lassen!

C.

Neubestimmung des Verhältnisses von Kirche und Gesellschaft

1. Die unhintergehbare Faktizität des In-seins in der Gesellschaft

Die folgenden Überlegungen sind nur scheinbar ein Sprung: Die Tradierungskrise des Glaubens bedarf nicht nur einer spirituellen, sondern auch einer philosophischen Kritik. Im Zusammenhang mit der Erörterung der unselbstverständlichen Direktheit des bundesgemäßen Mitseins Gottes hat sich ergeben: Wenn in kirchlichen Sozialisationsprozessen nicht ausdrücklich und thematisch zur Offenheit für eine leibhaftichgemäße, freie Annahme des Bundes Gottes hingeführt wird, bleibt die Direktheit dieses Angebotes verdeckt, überlagert, vergessen. Diese Annahme geschieht in einem freien und bewußten Ich-Einschluß in den Bund, den Gott seinem ganzen Volk angeboten hat. Deshalb ist das Verhältnis zwischen dem In-sein im kirchlichen Wir und entsprechenden Sozialisationsprozessen zum Ich-Einschluß in den Bund ein zentrales Thema dieser Untersuchung. Es erfordert nunmehr eine Analyse auf der Reflexionsstufe kritischer Vernunft. Sie ist unter Einbeziehung soziologischer und anthropologischer Forschungsergebnisse philosophischer Natur und muß deshalb auch streng methodisch so vorgehen, daß theologische Fragestellungen ausgeklammert bleiben. Die Analyse des Inseins in der Gesellschaft kann relativ knapp geschehen, da sie unbestritten ist. Das eigentliche, noch kaum reflektierte Problem ist der prinzipiell unhintergehbare *Ich-Einschluß* in irgendein gesellschaftliches Wir.[111]

Wie der linguistische Befund ergeben hat, kann das In-sein in der Gesellschaft auch als Im-Wir-sein bezeichnet werden: Das In-sein in der Gesellschaft als dem jeweils umfassendsten System menschlichen Zusammenlebens ist die bestimmende menschliche *Grundbefindlichkeit*. Sie hat den Charakter unhintergehbarer *Faktizität*, so daß Sozialisationsprozesse zunächst einmal ganz und gar „selbstverständlich“ sind.

Faktisch (von lat. factum = gemacht, getan, hervorgebracht, bewirkt, geschehen) ist das Im-Wir-sein in dem *allgemeinen* Sinne, daß es schon immer geschehen ist, daß es dem „sein“ und „leben“ einer jeden Gesellschaft und eines jeden einzelnen schon immer und schlechthin vorgesetzt, vor-gegeben war. Wir alle finden uns ungefragt in ihm vor als

---

[111] Vgl. den Abschnitt: „Der Zugang zum Wir-Geschehen“ in dem im Anhang I abgedruckten Aufsatz II, 1.

einem Faktum, das immer schon geschehen, immer schon vor-gegeben und zukünftig gewesen ist. Dieses Faktum des Im-Wir-seins wurde und wird von niemandem in freier Selbstbestimmung, Spontaneität und Souveränität gewollt, geplant, entworfen, konstituiert. Es ist nicht „machbar“ und kann deshalb auch nicht abgeschafft werden. Diese Tatsächlichkeit des Im-Wir-seins bezeichnen wir als seine *Faktizität.* Da sie schlechthin vorgegeben ist, hat sie einen *seinshaften* Charakter: Die Gesellschaft schließt jeden einzelnen nicht nur *zeitweise* ein, sondern vom Anfang bis zum Ende seines Daseins; es schließt nicht nur einige ein, sondern ohne Ausnahme *uns alle.*

Niemand kann aus jeglichem gesellschaftlichen System aussteigen, um als „absolutes“, zeitenthobenes Subjekt alle diese Systeme insgesamt von außerhalb ihrer selbst zu betrachten. Alles Denken, Wollen und Fühlen, alle menschlichen Vollzüge, geschehen unhintergehbar *innerhalb* irgendeiner Gesellschaft als einem Wir-Ganzen. Das Eingeschlossen-sein in die Gesellschaft geht deshalb auch jeder Freiheitsentscheidung und Selbstbestimmung voraus. Es ist im strengsten Sinne *vorherig, allgemein und notwendig.* Das Gegenteil, der Selbst-Ausschluß eines einzelnen oder einer Gruppe (Nation) aus jeglichem gesellschaftlichen Beziehungsgefüge, ist nicht möglich. Diese Vorherigkeit ist die Bedingung der Möglichkeit dafür, daß der einzelne in einem Wir Lebensraum und Orientierung findet, so sehr auch Wirstörungen in einem bestimmten, konkreten Wir dies verhindern mögen.

Alles, was innerhalb eines konkreten gesellschaftlichen Wir geschieht, hat die nicht-dingliche Seinsart dieses Wir, ist *wirhaft.* Dieses Adjektiv bezeichnet die Art und Weise, in der das Geschehen innerhalb eines Wir sich *durchgängig* vollzieht. „Wirhaft“ meint nicht eine zum Im-Wir-sein hin und wieder oder in zeitlicher Begrenzung *hinzukommende* Eigenschaft oder Bestimmung des menschlichen Daseins. Alles Menschliche ereignet sich *innerhalb* irgendeines gesellschaftlichen Wir, ist konstitutiv wirhaft. Nichts, was zwischen uns geschieht, ist nicht wirhaft. Deshalb existiert der einzelne niemals gänzlich wirlos in losgelöster, „absoluter“ Vereinzelung. Selbst Wirstörungen sind in ihrer Widerständigkeit und Negativität wirhaft, da sie ein Modus von Wir-Erfahrung sind.

2. Der Ich-Einschluß in ein Wir als Voraussetzung wir- und zugleich ich-gemäßer Sozialisation

Da das Eingeschlossen-sein eines jeden einzelnen in irgendein Wir jeder Freiheitsentscheidung und Selbstbestimmung in jeder Hinsicht vorausgeht, entsteht die Frage, wie dieses Faktum zu vereinbaren ist mit der individuellen Selbstbestimmung.

Es gehört zu den großen Entdeckungen der in einer Reflexion der menschlichen Subjektivität gründenden europäisch-neuzeitlichen Philosophie, daß Freiheit vernunftgemäße Selbstbestimmung ist. Dieses Verständnis von Freiheit wurde weitgehend von Kant übernommen und ist bis heute wirksam. Seit Kant wird Freiheit negativ als Unabhängigkeit und positiv als Autonomie verstanden. Freiheit ist nicht nur die Fähigkeit, zwischen verschiedenen Möglichkeiten zu wählen, nicht nur die Unabhängigkeit des handelnden Willens von der „Naturkausalität" oder vom Zwang zu einer nicht selbst gewählten Handlungsweise, sondern die Autonomie der Vernunft, die sich keinem allgemeinen Gesetz unterwirft, das sie sich nicht selbst gegeben hat.[112] Selbstbestimmung geschieht also nicht nur im Verhältnis zur Natur oder zu anderen, sondern im Verhältnis der Selbstbestimmung zu sich selbst: Sie ist *sich selbst bestimmende* Selbstbestimmung. Der Wille soll nur von „innen" her, durch die (praktische) Vernunft als der Quelle der absoluten Normen und des absoluten Sollens bestimmt sein, nicht von „außen" her. Die Vernunft soll in jedem Falle – auch in überindividuellen Zusammenhängen – die maß-gebende Instanz rationalen Urteilens und Handelns bleiben, so daß vernünftige Selbstbestimmung stets sich selbst zu bestimmen hat. Vernunft begreift sich selbst als Freiheit: sie ist bestimmend, selbst aber nicht bestimmbar.

Es ist offenbar, daß Sozialisationsprozesse durch dieses Verständnis von Freiheit nicht erfaßt werden können: Der einzelne bestimmt nicht sich selbst in abstrakt-autonomer Selbstbestimmung zu diesen Prozessen. Auch die „Erweiterung" dieses Subjektbegriffes zur Inter-Subjektivität ist noch nicht ausreichend. Denn: Die *vorherige Ermöglichung* von Sozialisationsprozessen ist das In-sein jeglicher Inter-Subjektivität und Inter-Aktion in einem gesellschaftlichen Wir.

Die Faktizität dieses In-seins ist nicht die pure Faktizität eines Vorhandenen. Wenn dies so wäre, dann wäre jegliche Form der Sozialisation faktisch und schlechthin vorgegeben und vorprogrammiert, dann vollzöge sie sich zwangsläufig und könnte nur *als* zwanghaft sich vollziehend akzeptiert werden. Es bliebe kein Raum für Freiheit, Entscheidung, Gestaltung und Veränderung. Deshalb muß deutlich unterschieden werden zwischen der geschichtlichen *Faktizität* und dem jeweils gegenwärtigen *Vollzug* des Im-Wir-seins. Als Faktum ist es immer schon geschehen und kann als solches nicht abgeschafft, beseitigt, übergangen werden. Diese Faktizität ist aber lediglich die vorgegebene *Bedingung* von Sozialisation. Wir haben oben unterschieden zwischen der vorbewußten

---

112 Vgl. I. Kant: Grundlegung zur Metaphysik der Sitten, BA 77.

und der bewußt-freien Sozialisation. Die letztere ist nach dem Erwachen des Selbstbewußtseins durch Freiheitsentscheidungen *vermittelt*, so daß Aneignung von gesellschaftliche Normen, Orientierungen, Verhaltensweisen auch eine Stellungnahme zu ihnen einschließt und in Freiheit *gestaltet* werden muß. Das Sich-sozialisieren des Erwachsenen ist deshalb immer auch produktive Realitätsverarbeitung, genauer: die Dialektik zwischen den in den gesellschaftlichen Strukturen vorgegebenen Sozialisationsbedingungen und der ihrer selbst bewußten Freiheit ist somit in sich selbst individuelle Freiheitsgeschichte. Nochmals genauer: Die zeitlich, faktisch und logisch *vorherige* Faktizität des In-seins in der Gesellschaft schließt auch die Faktizität der je eigenen Freiheit ein.
Bevor wir von da her den bewußten und freien Sozialisationsprozeß reflektieren, ist zunächst das Verhältnis von Ich und Wir genauer zu erschließen. Der linguistische Befund ist auch hier erhellend.
(a) Wenn ich in stimmlicher Verlautbarung „ich" sage, dann gehe ich ein in diese meine Selbst-Aus-Sage, mache ich mich selbst als dieses leibhafte Ich gegenwärtig. Schon die Leibhaftigkeit dieses Sprecher-Hörer-Geschehens macht offenbar: Niemand kann meine Selbst-Aus-Sage „ich" an meiner Stelle vollziehen. In meinem „ich"-Sagen bin ich selbst *als* ich selbst gegenwärtig, „ich" kann ich selbst nur von mir selbst her sagen. In dieser meiner Selbst-Aus-Sage vergegenwärtige ich meine einmalige, unvertretbare Ich-Identität und damit zugleich meine Nicht-Identität mit allen anderen Ichen. Deshalb kann niemand mich in *sein* „ich"-Sagen einschließen oder an meiner Stelle im Sprecher-Hörer-Geschehen „ich" sagen und so mein Subjekt-sein, meine Ich-Identität vergegenwärtigen (außer bei einer rein juridischen Stellvertretung).[113] Im

---

[113] Die mit Descartes einsetzende Ich-Philosophie geht nicht vom linguistischen Befund aus, sondern abstrahiert von der Leibhaftigkeit des Ich: Descartes hat seine große Entdeckung: „ich bin, solange ich denke" gemacht, nachdem er im methodischen Experiment des totalen Zweifels alles außerhalb seiner selbst weggedacht und ausgeschlossen hatte, also alle Inhalte seines Bewußtseins, die er „von außen" aufgenommen hat. Er hat versucht sein Ich zu denken unter der methodischen Voraussetzung, daß es keinen Himmel und keine Erde gebe, keine Körper – und auch keine anderen Menschen („nulla mentes"; Meditationes de prima philosophia I, 12; II, 3, hg. v. Lüder Gäbe, Hamburg [2]1977; vgl. Discours IV, 2).
Die Grundintention des Descartes war es sicherlich nicht, sich bewußt aus seinem In-sein in einem Wir herauszureflektieren, aber dies war die nicht zu umgehende Voraussetzung und Folge seines Experimentes. Wenn ich mich der Entdeckung des Descartes schlicht anschließen würde, wäre mein In-sein in einem Wir nicht notwendig zur Selbstvergewisserung meiner selbst; dann käme mein In-einem-Wir-sein irgendwie zu meinem Ich-sein hinzu, wäre für dieses aber nicht konstitutiv. Die Voraussetzung, daß ein vernünftig handelndes Subjekt sich als Repräsentant aller anderen vernünftigen Subjekte versteht, ist von da her unzureichend und mit ein Grund für die Wirlosigkeit der moder-

meinem „ich“-Sagen wird eine letzte, unhintergehbare Einsamkeit meines Ich offenbar: Meine Selbst-Aus-Sage „ich“ ist radikal exklusiv.
(b) Wenn ich dagegen innerhalb einer Gruppe „wir“ sage, schließe ich mich selbst und die Anwesenden in dieses Sprecher-Hörer-Geschehen ein. In ihm mache ich nicht nur mich selbst gegenwärtig als dieses bestimmte leibhafte Ich, sondern gleichursprünglich und „von selbst“ auch die Anwesenden, genauer: Im Sprechakt „wir“ schließe ich mich selbst ein in das Wir, in dem ich mich jetzt befinde, und repräsentiere *gleichursprünglich* dieses Wir als ein Ganzes. „Wir“ hat von sich selbst her die Funktion, Ich-Identitäten und damit auch die mit ihnen gegebenen Nicht-Identitäten einzuschließen. Das Sprecher-Hörer-Geschehen „wir“ ist somit von sich selbst her *inklusiv*, mich selbst und die Anwesenden einschließend, und zwar nicht als eine Summe zusammenzählbarer Iche, sondern als dieses bestimmte Wirgefüge, das eingeschlossen ist in eine innere, nicht anschaubare Wir-Grenze und somit ein wirhaftes Ganzes ist.
Für die weiteren Überlegungen entscheidend ist nun: Das Eingeschlossensein in ein Wir ist nicht ein rein passiv hingenommenes; vielmehr schließe ich in meinem „wir“-Sagen nochmals *mich selbst* ein in das Wir, in dem ich mich zur Zeit dieses Sprechens befinde: Das Wort „wir“ enthält von sich selbst her und „von selbst“ meinen *Ich-Einschluß* in das jeweilige Wir. Wenn ich mich selbst nicht in dieses Wir einschließen will, darf ich nicht „wir“ sagen. Darin zeigt sich zugleich, daß mein Ich-Einschluß in ein Wir nicht zwangsweise geschieht, sondern meine Freiheit herausfordert, ja, mein innerster und tiefster Freiheitsakt ist. Selbstverständliches In-sein in einem Wir und freier Ich-Einschluß in ein Wir sind untrennbar, ja, gleichursprünglich. Dieser *selbstverständliche* und gleichursprünglich *freie* Ich-Einschluß in ein Wir ist die Grundstruktur des Im-Wir-seins. Sie gehört zu den zentralen Grundeinsichten der Wir-Philosophie.
Sie ermöglicht auch ein ich- und zugleich wirgemäßes Verständnis von Sozialisationsprozessen. „Neuere Vorstellungen zielen auf ein (Sozialisations)-Modell, das die Entwicklung des menschlichen Subjekts in einem sozialen und ökologischen Kontext beschreibt, der subjektiv aufgenommen, verarbeitet und zugleich verändert wird.“[114] Dieses Verhältnis von Subjektivität bzw. Freiheit und Sozialisation sei in zwei Schritten näher erschlossen. Versuchen wir zunächst, Freiheit als Freiheit zu thematisieren, um dann nach ihrem Gesellschaftsbezug zu fragen.

---

nen Subjektivität. Vgl. H. Mühlen: Der direkte Zugang zum Wir-Geschehen, in: ThGl 85 (1995) 433-457; hier: 453f; ders.: Die Wir-Philosophie als dritte Thematisierungsstufe in der abendländischen Denkgeschichte, in: ThGl 84 (1994) 1-36; hier: 30-34.

[114] WSoz Bd. 3, 606.

(1) Freiheit als Willensfreiheit kann nicht darin bestehen, die Faktizität des In-seins in der Gesellschaft beseitigen zu wollen, um an die Stelle dieses „Notwendigkeitssystems" die eigene Willkür zu setzen, aber: Vorherig zu jedem Selbsteinschluß in ein Wir hat sie sich schon immer in ein Verhältnis zu sich selbst gesetzt, hat sie sich selbst bejaht. Selbsteinschluß meint ja gerade, daß *ich mich selbst* in ein Wir einschließe und mein Eingeschlossen-sein in ein Wir nicht lediglich passiv hinnehme.

In einem (transzendentalen) Rückstieg nach innen zeigt sich genauer: Freiheit ist zunächst einmal der Wille, sich selbst zu wollen, die Freiheit zur Freiheit. Freiheit besteht nicht darin, Freiheit nicht zu wollen, genauer: Der Wille kann nicht wollen, sich selbst nicht zu wollen, denn wenn er dies wollte, dann wäre das Wollen des Sich-selbst-nicht-Wollens ja in sich selbst wiederum ein Wollen. Willensfreiheit ist somit in sich selbst rückbezüglich, *gegensatzlose Bejahung ihrer selbst*, der keine Negation gleichwertig gegenübersteht. Freiheit kann sich selbst nicht aufheben oder vernichten, sie ist in ihrer vorgegebenen Faktizität unhintergehbar auf sich selbst zurückverwiesen. Sie bestimmt sich selbst dazu, sich selbst zu wollen und ist somit in sich selbst – Selbstbestimmung als Selbstbejahung.[115]

Aus dieser reflexiven Struktur der Willensfreiheit, aus dem Sich-selbst-Wollen des Willens, ergibt sich, daß Freiheit immer unvertretbar *meine* Freiheit, *meine* Selbstbejahung ist. Auch geschieht sie nicht hin und wieder oder nur zeitweise, sondern durchgängig. In allen meinen Lebensvollzügen bejahe ich selbst mich selbst. Ich *bin* meine eigene Selbstbejahung, in ihr zeigt sich mein je einmaliges Ich-sein. Dieses Ich-sein kann niemand an meiner Stelle vollziehen, in ihm bin ich ganz und gar ich selbst.

(2) Diese meine sich durchgängig vollziehende innere Selbstbejahung geschieht unhintergehbar *innerhalb* irgendeines sozialen Gefüges und somit innerhalb der Gesamtgesellschaft. Meine Selbstbejahung ist somit immer mit-bestimmt von meinem In-sein in einem Wir, und zwar nicht aufgrund einer neuen und weiteren Freiheitsentscheidung, sondern durchgängig, immer und überall. Mein Ich-sein ist immer mitbestimmt

---

[115] Dieses transzendentale Verständnis von Freiheit ist formal und vorherig und gilt unabhängig von dem, was in einem einzelnen Willensakt gewollt oder bezweckt wird. Hinsichtlich des jeweils *einzelnen*, empirisch Vorgegebenen kann und muß der Wille wählen. Er kann zum Beispiel das In-sein in einer Gruppe oder faktische politische Konstellationen akzeptieren oder auch nicht, er kann dem Bestimmt-Faktischen kontrafaktische Alternativen entgegensetzen. Hinsichtlich der Faktizität seiner Selbstbestimmung zur Selbstbejahung kann der Freiheitsvollzug niemals kontrafaktisch sein, wohl aber hinsichtlich eines einzelnen empirisch Vorgegebenen.

von meinem Im-Wir-sein, und zwar vorgängig zu jedem einzelnen Freiheitsakt. Anders gesagt: mein Ich-sein ist nicht ablösbar von meinem Im-Wir-sein, und deshalb ist auch meine Selbstbestimmung nicht „absolut" im Sinne einer isoliert sich selbst bestimmenden Selbstbestimmung, sondern: meine Selbstbejahung und Selbstbestimmung ist von ihrem allerersten Vollzug an (a priori) *gesellschaftsbezogen*. Dies ist die innere „subjektive" Bedingung jeder Form von Sozialisation.

Sozialisation wurde bestimmt als die Gesamtheit der Lernvorgänge, durch welche die psychischen Dispositionen zum sozialen Erleben und Verhalten *gemäß den Normen* der für die eigene Gruppe spezifischen Kultur erworben werden. Er ist somit auch ein „sozio-kultureller Beeinflussungsvorgang". Dem Gesagten zufolge muß genauer gefragt werden nach dem Verhältnis der von außen her gesteuerten und erwarteten Aneignung von gesellschaftlichen Werten, Normen, Handlungsmustern und der freien Stellungnahme zu ihnen. Falls eine solche, u. U. auch kritische, Stellungnahme prinzipiell ausgeschlossen oder unterdrückt würde, käme es zu einer nicht ichgemäßen Determination der „psychosozialen Persönlichkeit".

Bei der primären, *vorbewußten* Sozialisation der Kinder ist eine bewußte Auseinandersetzung, Verarbeitung und Stellungnahme noch nicht möglich. Der Sozialisationsprozeß geschieht zunächst *gemäß den Normen* der für die eigene Gruppe spezifischen Kultur. Die vorbewußte Formung des psychischen Dispositionsgefüges darf jedoch nicht lediglich gesellschaftsbezogen, sie muß auch ichbezogen sein. Das meint: Der Sozialisationsprozeß muß einschließen die Offenheit für eine *spätere*, ichgemäße Auseinandersetzung mit den zur Aneignung vorgegebenen Normen und entsprechende Dispositionen dazu vermitteln. Der soziokulturelle Beeinflussungsvorgang von Kindern durch die Sozialisationsinstanzen muß gleichursprünglich zur Verinnerlichung der gesellschaftlichen Normen, Werte, Handlungsmuster befähigen *und* zur deren späterer, ichgemäß freien und bewußten Verarbeitung hinführen, die eine kritische Stellungnahme einschließt. Kurz gesagt: Der Sozialisationsprozeß kommt erst dann zur Übereinstimmung mit der Gleichursprünglichkeit von Ich-sein und Im-Wir-sein, wenn er von der Gesellschaft her ichbezogen und vom einzelnen Ich her gesellschaftsbezogen ist.

Für das Verständnis des bewußten Sich-Sozialisierens ist diese Gleichursprünglichkeit von In-sein in einem Wir und Ich-Einschluß in dieses Wir von zentraler Bedeutung. Sie ist die „subjektive" Bedingung für jedes kommunikative Handeln und für jede sich selbst sozialisierende Interaktion: Das bewußte und freie „Sich-sozialisieren" des Erwachsenen – etwa bei der Übernahme von Normen und Werten einer gesellschaftlichen (oder kirchlichen) Klein- oder Großgruppe oder bestimm-

ter Rollen in ihr – hat zur Bedingung den freien Ich-Einschluß in das jeweilige Wir und ist somit von sich selbst her gleichursprünglich ichgemäß und wirbezogen.
Daraus ergibt sich eine unaufhebbare Dialektik von Im-Wir-sein und Ich-sein: Je intensiver der sozio-kulturelle Beeinflussungsvorgang ist, um so eingehender muß auch die „subjektive" Auseinandersetzung und Stellungnahme dazu sein. Je intensiver jemand sich die Normen und Werte einer gesellschaftlichen Gruppe aneignet und gleichsam in ihnen aufgeht, um so mehr müssen die Sozialisationsinstanzen den Anstoß zu einer ichgemäßen Auseinandersetzung und Stellungnahme geben. Jede determinierende Außenlenkung und jede zwanghafte Sozialisation widerspricht der Freiheit des Ich-Einschlusses in ein Wir.
Deshalb muß deutlich unterschieden werden zwischen den äußeren und inneren *Bedingungen* von Sozialisation und dem Sozialisationsprozeß als solchem.

- Zu den *äußeren*, wirbezogenen Bedingungen gehören: (a) die ökonomische, technologische, politische, soziale und kulturelle Struktur der Gesellschaft, (b) die institutionellen Sozialisationsinstanzen, (c) der konkrete, direkte, interaktive Umgang miteinander im Lebenszusammenhang von Arbeitswelt, Familien und Kleingruppen.
- Die *innere*, ichgemäße Bedingung ist die *Fähigkeit* der Aneignung von vorgegebenen Werten, Normen, Verhaltensmustern. Die Fähigkeit zur bewußten und freien Aneignung ist in *vorbewußten* Sozialisationsprozessen noch unentfaltet eingeschlossen, zu ihrer späteren Ausbildung muß in ihnen jedoch hingeführt werden.

Die Rede von „selbstverständlichen" und damit auch passiv hingenommenen Sozialisationsprozessen ist von da her unzureichend. In ihr wird die innerste Freiheit unterschlagen, die ja zentral zum psychischen Dispositionsgefüge gehört. Dies muß im Hinblick auf kirchliche Sozialisationsprozesse nochmals deutlicher betont werden. Sie sollen ja gerade disponieren zur (späteren) Annahme des gänzlich unselbstverständlichen und aus ihnen nicht ableitbaren Mit-seins Gottes, das sich primär in seinem Bundesangebot geoffenbart hat. Darauf ist nun näher einzugehen.

3. Integration der neuzeitlichen Idee der Freiheit

Die sogenannte „Neuzeit" war geprägt durch eine fortschreitende Differenzierung von Kirche und Gesellschaft und damit zugleich durch die Entdeckung der Freiheit des Individuums, seiner Fähigkeit zur „Selbstbestimmung". Sie hatte zweifellos in fast allen Bereichen außerordentliche Auswirkungen (Entwicklung zu Demokratie, freiheitlichem Rechts-

und Sozialstaat, Ausformulierung der Menschen- und freiheitlichen Grundrechte, Liberalisierung des Wirtschaftsrechts, Freiheit der Forschung und des künstlerischen Schaffens usw.). Diese Idee der Freiheit und eine entsprechende Subjektphilosophie hatte und hat noch immer eine Zentrierung von Freiheit auf das einzelne Individuum zur Folge, auf die selektiv *sich selbst bestimmende* Selbstbestimmung bis hin zur Privatisierung des gesamten Lebens, deren Folgen bis heute in einer im Prinzip wirlosen Ego-Gesellschaft spürbar sind.

Demgegenüber ist die im biblischen Sinne „bundesgemäße" Freiheit der freie Ich-Einschluß des einzelnen in den Bund, den Gott mit seinem ganzen Volk geschlossen hat und damit gleichursprünglich der Ich-Einschluß in die Gemeinschaft der Glaubenden. Diese Freiheit hat einen betont wirhaften, wirgemäßen Charakter und ist damit zugleich eine Korrektur einer wirlosen individuellen (und nationalen) Selbstbestimmung. Der bundesgemäße Ich-Einschluß in das Wir der Glaubenden ist keineswegs ein Verzicht auf Selbst-Verwirklichung, sondern deren ungeahnte Steigerung. „Freiheit" meint zunächst jene Freiheit, zu der Christus uns befreit hat (Gal 5,1). Sie ereignet sich im Innersten eines jeden und zugleich im Wir der Kirche, ist also „ichgemäß" als Vollzug der eigenen und nicht delegierbaren Selbstbestimmung und *gleichursprünglich* „wirgemäß", denn sie ist mitgetragen und ermöglicht durch die Gemeinschaft der Kirche.

Freiheit ist also nicht lediglich verstanden als „vernünftige Selbstbestimmung" des einzelnen Ich im Sinne der „neuzeitlichen" Idee autonomer Freiheit, die sich nur dem Gesetz unterwirft, das sie sich selbst gegeben hat, sondern: die in der Annahme des Bundes von Gott intensivierte ichgemäße Freiheit schließt sich zugleich ein in das „soziale" Wir der Kirche: „Indem wir uns diesem Bund gemäß in *freier Selbstbestimmung* gemeinsam Gott anvertrauen und von ihm abhängig machen, wächst von innen her Kirche als solidarische Gemeinschaft, in der wir uns mitverantwortlich wissen für den Glauben der Mitchristen. In der gemeinsamen Beziehung zu Gott lernen wir: *Die höchste Form der Selbstverwirklichung ist die Mitwirkung an der Selbstverwirklichung anderer.*" (E 10)
Eine Intensivierung der Solidarität *innerhalb* der Kirche kann dann auch ein Beitrag werden zur Integration der im Prinzip wirlosen Idee „subjektiver" Freiheit in die dem politisch-gesellschaftlichen Bund gemäße, also wir- und bundesgemäße Solidarität in einer „Bundes"-Republik oder analogen politischen Strukturen: „Zugleich werden wir auch fähig, zu einer neuen und von innen kommenden Solidarität in der Gesellschaft beizutragen. Unsere Bundes-Republik lebt von der Mitwirkung eines jeden Bundes-Bürgers, nicht nur bei Wahlen, sondern auch in einem Gesamtverhalten, das dem politisch-gesellschaftlichen Bund gemäß ist:

Wir kommen los vom Prinzip des privaten Nutzens und von der weit verbreiteten Grundhaltung: Ich bin von niemandem abhängig außer von mir selbst. In freier Selbstbestimmung machen wir uns abhängig von den Erfordernissen im Ganzen unserer Gesellschaft und werden so auch wieder fähig, die Grundwerte des Menschseins in sie hinein zu vermitteln." (E 10)

4. Bund als gesellschaftliche Grundwirklichkeit

Das deutsche Wort „Bund" geht zurück auf eine idg. Wurzel mit der Bedeutung „binden" und hat die Grundbedeutung „Bindendes", „Gebundenes".[116] „Bund" ist also sowohl das, was bindet und verbindet als auch das Ergebnis, das Gebundene. Das Wort meint deshalb in seiner aktiven Bedeutung: einen Bund schließen, also das Geschehen des Sichzusammenschließens und Sichverbindens, und in seiner passiven Bedeutung das Ergebnis des Zusammenschlusses. Ein Bund entsteht also nicht „von selbst", ist nicht Ergebnis eines „selbstverständlichen" Hineinwachsens in eine Beziehung aufgrund von Sozialisationsprozessen, sondern wird ausdrücklich „geschlossen", er wird angeboten und bedarf der Annahme. „Bund" ist deshalb nicht identisch mit dem gesellschaftlichem Zusammenleben als solchem, auch nicht mit „Gemeinschaft", die durch Umgang miteinander entsteht. Letztlich gründet ein Bund vielmehr in einem Ich-Einschluß in das so entstehende Wir bzw. in einem Wir-Einschluß von ganzen Gruppen, etwa Nationen, in ein umfassendes Wir bzw. in ein Bündnis-System: Bund ist die in einem freien Selbst-Einschluß gründende, verbindliche Zugehörigkeit zu einem sozialen Ganzen, zu einem Wir. „Bund" erweckt im alltäglichen Sprachgebrauch keinerlei Störungsgefühle. Im Gegenteil: in ihm kommen menschliche Urerfahrungen und Urbedürfnisse zum Ausdruck, die tief im menschlichen Sozialverhalten gründen.
In diesem Sinne ist auch die Bundes-Republik Deutschland ein Zusammenschluß von Ländern mit je eigenen rechtlichen Grundordnungen zu einem „föderativen" Bundesstaat mit einer Bundesregierung und zahl-

---

[116] Vgl. Duden, Bd. 7 (Herkunftswörterbuch der deutschen Sprache), Mannheim ²1989, 105; GGB Bd. 1, 583. Hervorzuheben ist in diesem Zusammenhang, daß „Reich" und „Bund" im politischen Sinn einander keineswegs ausschließen: „In gewisser Hinsicht läßt sich die Geschichte des Reiches nur erklären, wenn berücksichtigt wird, wie sehr Einungen, Föderationen und Allianzen das Reich zugleich ausgezehrt und erhalten haben, – bis das Reich vollends in den Nachfolgeformationen eines Deutschen Bundes 1815 aufging, der seinerseits durch den Bundesschluß von 1871 abgelöst wurde." (GGB, a.a.O., 583).

reichen Bundesorganen. Die Eigenstaatlichkeit der Gliedstaaten schließt das „Prinzip der Bundestreue" ein. Dieses ungeschriebene Prinzip ist ein Gebot, das zu einem „bundesfreundlichen Verhalten" verpflichtet. Es „prägt das wechselseitige Verhältnis von Bund und Ländern und die Beziehung der Gliedstaaten zueinander."[117] Im staatlich-gesellschaftlichen Bereich ist es also keineswegs ungewöhnlich, von „Bundestreue" und einem „bundesgemäßen" Verhalten zu sprechen, und zwar nicht nur in Bezug auf die Bundesländer, sondern: jeder einzelne ist aufgrund seiner Zugehörigkeit zur Bundesrepublik Deutschland zu einem „bundesgemäßen" Verhalten aufgerufen, nicht nur bei der Wahrnehmung seines Wahlrechtes, sondern auch in der Mitwirkung bei gesellschaftlichen Bündnissen („Bündnis für Arbeit" usw.).
Ähnliches gilt für die internationale Ebene: Europa soll zu einem Staaten-Bund zusammenwachsen, und die UNO ist eine den „Völker-Bund" ablösende Verbindung aller Völker und Nationen zu einem internationalen Wir (ihre Präambel ist geprägt durch die Formulierung: „Wir, die Völker der Vereinten Nationen ... haben beschlossen, ... zusammenzuwirken"). Nur ein Wir-Einschluß aller Völker und Nationen in dieses Ganze wird eine Reform der UNO möglich machen: Die höchste Form nationaler Selbstverwirklichung ist die Mitwirkung an der Selbstverwirklichung der anderen Nationen. Oder, um den kategorischen Imperativ neu und wirgemäß zu formulieren: Handelt stets so, daß eure Selbstbestimmung und Souveränität *eingeschlossen* bleibt in das gegenwärtige und zukünftige Wir-Ganze (Europas, der Weltgemeinschaft)! Oder: Schließt euch selbst und die anderen Staaten so in die zusammenwachsende Weltgemeinschaft ein, daß die anderen Staaten euren Staat und sich selbst in gleicher Weise in dieses eine Ganze einschließen können![118] Dieser Imperativ könnte gleichlautend auch im Hinblick auf nationale, ethnische, kulturelle, sprachliche, religiöse Wir-Identitäten formuliert werden. Wäre er vielleicht sogar geeignet als Grundlage einer „neuen Weltordnung", die alle Nationen, Kulturen und Religionen einschließt, und zwar so, daß sie ihre jeweilige Wir-Identität in die eine globale Wir-Welt einbringen?
Welchen Beitrag können die Kirchen von ureigensten Bundes-Erfahrungen her dazu geben? Ihre vorrangige Aufgabe wäre es, in einem dialogalen Gegenüber zur Gesellschaft zunächst einmal deren Strukturmomente – unter Wahrung ihrer relativen Autonomie – in ihr bundes- und wirgemäßes Eigenleben zu *integrieren*, so daß zunächst in ihr selbst die

---

[117] StL Bd. 1, 995.
[118] Vgl. H. Mühlen: Der Zugang zum Wir-Geschehen, in: ThGl 85 (1995) 465.

Werte (Freiheit, Toleranz, Solidarität aufgrund des freien Ich-Einschlusses in das Ganze usw.) gelebt werden. So können die Kirchen dann auch diese Werte in die Gesellschaft hinein vermitteln und dazu beitragen, daß es in ihr zu solidarischen Bündnis-Strukturen kommt. Dies schließt u. U. auch Anstöße zu Korrekturen nicht-wirgemäßen Verhaltens oder nicht-wirgemäßer Strukturen in der Gesellschaft ein – wenn, ja wenn die Kirchen von Gott her zu einem bundesgemäßen Profil und Eigenleben gefunden haben. Daraus ergibt sich die Frage: Wird im kommenden Jahrhundert der „vergessene" Bund im biblischen Sinn das Strukturprinzip einer neuen Gestalt der Kirche *als* Kirche sein, so daß sie dann auch beitragen kann zur Entstehung einer bundesgemäß-solidarischen Weltgesellschaft? Bis dahin ist noch ein weiter Weg ...

Zweites Buch

Pastorale und liturgische Grundlegung

Einführung

Die primären Adressaten der vorliegenden Veröffentlichung sind die für die Seelsorge Verantwortlichen. Deshalb werden nunmehr glaubensgeschichtlich fundierte pastorale und liturgische Überlegungen vorgelegt, die zugleich eine Reflexion und Thematisierung von Entdeckungen und vielgestaltigen Prozessen in Gruppen und Gemeinden sind und zu den im dritten Buch dokumentierten Reformgottesdiensten geführt haben. Die soziologischen, geschichtskritischen, philosophischen und bibeltheologischen Überlegungen des ersten Teils sind *nachträgliche* Reflexionen. Sie enthalten Begründungen und kritische Vergewisserungen der pastoralen Praxis, sind aber für eine Durcharbeitung des zweiten Teils nicht vorausgesetzt.

Die bisher erschlossene Differenz zwischen „Bund" und „Reich Gottes" ist nicht nur führend bei der Entdeckung einer neuen gläubigen Praxis, sondern auch im Hinblick auf eine durch sie ermöglichte neue „Evangelisierung" bzw. Bezeugung des Evangeliums (A). Da Gottes „Bund" sich im NT letztlich als In-sein der Liebe Gottes in der Gemeinschaft der Glaubenden zeigt, schließt eine glaubensgeschichtlich neue gläubige Praxis einen Weg nach innen ein, in die Tiefe des menschlichen Herzens. Dabei wird die Taufe als grundlegendes Bundesgeschehen neu entdeckt und damit zugleich die innere Freiheit der menschlichen Antwort (B). Diese Entdeckungen sind maßgebend für Weg-Seminare in Gruppen und Gemeinden und für die Ausgestaltung einer Reformliturgie (C).

A.

Die Entdeckung einer neuen Bezeugung des Evangeliums

I.
Terminologische Besinnung zum Wort „Evangelisierung“

Die Appelle des Papstes und der europäischen Bischofskonferenz zu einer „Neu-Evangelisierung“ sind weitgehend folgenlos geblieben. Ein Grund dafür ist schon dieses Wort als solches, wie die folgende terminologische Besinnung ausweist.

I. Das Verb „evangelisieren“ (franz. évangéliser, engl. evangelize) ist entstanden aus dem kirchenlateinischen evangelizare, der Übersetzung von griech. euaggelizesthai = eine gute Botschaft bringen, Erfreuliches verkünden.[1] Das Ursprungswort ist griech. aggelos, Bote, „Engel“, und da die Botschaft Gottes in sich selbst erfreut und befreit, ist der Bote euaggelos = gute und frohe Botschaft bringend, also ein „Gutbote“. Er sagt nicht – weil er eben ein Bote ist – was er selbst erforscht und erkannt hat oder meint, sondern er verkündet „von her ...“, von dem her, der ihn gesandt hat. Deshalb können auch die von Gott her sprechenden Propheten den Titel aggelos erhalten.[2] In einem Zitat aus Jes 52,7 heißt es Röm 10,15: „Wie willkommen sind die Füße derer, die Gutbotschaften (hoi podes ton euaggelizomenon ta agatha).“ Der Bote „botschaftet“, und da seine Botschaft Gutes (ta agatha) bringt, müßte man euaggelizesthai ganz wörtlich übersetzen mit „gutbotschaften“[3]: *„Evangelisieren“ ist ein erfreuendes, befreiendes Sprecher-Hörer-Geschehen von Gott her.* In ihm wird das geschichtliche Mit-sein Gottes *als* Gut-sein je und je gegenwärtig. Dies schließt nicht aus, daß diese von Gott her kommende Gutbotschaft auch Grenzen, den Menschen vor sich selbst schützende Gebote und prophetische Kritik einschließt.

(1) Da „evangelisieren“ wörtlich meint: „gutbotschaften“, Freude botschaften, ist es bereits *als* Wortgeschehen frohmachend, befreiend, Furcht nehmend, Frieden schaffend. In diesem Botschaften ist die göttliche Energie des Heiligen Geistes wirksam und wird nur dann angemes-

---

[1] Vgl. ThWNT Bd. 2, 705.
[2] ThWNT Bd. 1, 58, 10
[3] Vgl. ThWNT Bd. 2, 705.

sen vollzogen, wenn Gott sich durch alle Vermittlungen hindurch den Hörern direkt gegenwärtig machen kann.

(2) Gutbotschaften ist ein Wortgeschehen von Gott und Jesus Christus her. In ihm *geschieht* das, wovon die Rede ist, und kann deshalb *als* Geschehen nur wahrgenommen werden, *während* es geschieht, nicht vorher und nicht nachher. In ihm ereignet sich Gottes Mit-sein mit den jetzt Hörenden. Insofern „Bund“ die Grundweise des Mit-seins Gottes ist, hat gutbotschaften einen bundesgemäßen Grundcharakter, genauer: In diesem Sprecher-Hörer-Geschehen ereignet sich je jetzt das Bundesangebot Gottes. Es kommt deshalb nicht darauf an, wie oft das *Wort* „Bund“ in diesem Geschehen vorkommt: Gottes Wort, das Faktum, daß er überhaupt durch alle menschlichen Vermittlungen hindurch „spricht“, ist selbst und als solches Ausdruck seines Bundes.

(3) Gutbotschaften ist von da her nicht irgendeine kirchliche Tätigkeit neben anderen, sondern das alle Inhalte der Heilsbotschaft einschließende ekklesiale Grundgeschehen. Aber: Die Grundfunktion von gutbotschaften ist nicht die „Weitergabe“ begrifflich erfaßbarer Glaubenswahrheiten, sondern der direkte Ruf zur bundesgemäßen Umkehr, der erst in einer *nachträglichen* Reflexion auch begrifflich erfaßbare Glaubenswahrheiten einschließt.

(4) Das Wort hat im NT niemals die aggressive und vereinnahmende Bedeutung von: jemanden evangelisieren, jemanden zum Evangelium bekehren.[4] Das Evangelium ist eine Gutbotschaft, deren befreiender Charakter nur einladend bezeugt werden kann und eben deshalb niemals vereinnahmt.

II. Das Substantiv „euaggelion“ kommt im NT ausschließlich im Singular vor und hat zwei Bedeutungsgehalte, deren Beziehung zueinander von zentraler Bedeutung ist.[5]

(1) Als nomen actionis, als Wort, das eine Tätigkeit ausdrückt, ist euaggelion das *geschehende Geschehen* der Verkündigung als solches: „Der Herr hat für die das Evangelium Verkündenden (to euaggelion kataggelousin) angeordnet, vom Evangelium zu leben.“ (1 Kor 9,14) Zusam-

---

[4] Mit der lat. Übersetzung evangelizare beginnt bereits der Weg zu einer möglichen Verbiegung des Wortinhaltes. Die lat. Endung -tare (-sare) bezeichnet 1. ein nachdrückliches, angespanntes Tun (verba intensiva: iactare = heftig werfen, schleudern); 2. ein wiederholtes, häufiges Tun (verba frequentiva: habitare = gewöhnlich innehaben, wohnen). Wenn evangelizare, „evangelisieren“, als eine nachdrücklich-angespannte und wiederholte Verkündigung des Evangeliums verstanden wird, könnte ein aggressiver und vereinnahmender Unterton mitschwingen. Hinzu kommt, daß auch franz. évangéliser und engl. evangelize ganz im Sinne der europäischen Missionsgeschichte die transitive Grundbedeutung haben: jemanden bzw. die Kultur zum Evangelium bekehren.

[5] Vgl. H. Frankemölle, LThK^3, Bd. 3, 1058-1063 (Lit.).

men mit Titus hat Paulus einen Bruder geschickt, der wegen seiner Verkündigung des Evangeliums (en to euaggelio) in allen Gemeinden Anerkennung findet." (2 Kor 8,18) Den Anfang des Verkündigens bezeichnet Paulus ohne Angabe eines Inhalts als arche tou euaggeliou (Phil 4,15).

(2) „Evangelium" und „evangelisieren" sind dann aber auch ein die *Inhalte* der Heilsbotschaft einschließendes Geschehen: Jesus Christus und seine „Herrlichkeit" (Röm 1,3; 15,19; 1 Kor 9,12; 2 Kor 2,12; 9,13; 10,14; Gal 1,7; Phil 1,27; 1 Thess 3,2; 2 Kor 4,4; 1 Tim 1,11), Reich Gottes (Mt 4,23; 9,35; 24,14), Auferstehung Jesu (Apg 17,18; 13,32f), Geheimnis (Eph 6,19; Phil 1,7.12.16; Offb 10,7), Freude (Lk 2,10), Umkehr (Apg 11,14.15; 17,30), Wahrheit (Gal 2,5.14; Kol 1,5), Hoffnung (Kol 1,23), Glaube (Gal 1,23: Phil 1,27; 1 Thess 3,6), Gnade (Apg 20,24), Frieden (Eph 6,15), Rettung (Eph 1,13).

(3) Diese beiden Bedeutungsgehalte durchdringen einander so, daß sie nicht trennbar sind. Der „Anfang des Evangeliums von Jesus Christus" (Mk 1,1) meint nicht die Vorrede zu einer Zusammenstellung von Glaubenswahrheiten, sondern den Anfang des jetzt im hörenden Aufnehmen geschehenden Geschehens, dessen Ursprung und Inhalt Jesus Christus ist: Paulus weiß sich ausgesondert „zur Verkündigung des Evangeliums Gottes (eis euaggelion theou) ... von seinem Sohn (peri tou hyiou autou)" (Röm 1,1.3). „Evangelium" meint hier und im ganzen NT nicht eine Summe von inhaltlichen Wahrheiten, sondern primär das die Hörer direkt ansprechende geschehende Geschehen des Verkündens, dessen *Inhalt* dann Gottes Sohn ist. „Evangelium" ist weder inhaltleere und damit beliebige Bezeugung von irgendetwas, noch lediglich objektivierende Rede *über* eine offenbarte Wahrheit. „Evangelium" als Vorgang, als Sprecher-Hörer-Geschehen, und der Inhalt dieses Geschehens sind derart untrennbar, daß der im logos tou eingeschlossene Inhalt nur angemessen wahrgenommen werden kann, *während* dieser logos geschieht und gehört wird.

Da ein entsprechendes Adjektiv fehlt, leiten wir es von „Evangelium" ab und fassen es terminologisch als „evangelisal" = zum Evangelium gehörig (vgl. die lat. Endung -alis in „personalis" = zur Person gehörig; medicinalis = zur Medizin gehörig).

III. Das von „evangelisieren" abgeleitete Substantiv „Evangelisierung" hat im NT keine Entsprechung und ist als Substantivierung eines Geschehens höchst problematisch. Während in dem Verb „evangelisieren" immerhin noch ein von Gott her geschehendes *Geschehen* zur Aussage kommt, ist „Evangelisierung" bzw. „Evangelisation" ein *Begriff*, mit dem objektivierend von außen her *über* dieses Geschehen Feststellungen gemacht werden, so daß der Geschehenscharakter fast gänzlich verloren geht. Bei der Erschließung und Vermittlung dieses Geschehens läßt sich nicht jegliche Substantivierung vermeiden, aber: Es muß deutlich bleiben, daß in einem Sprecher-Hörer-Geschehen mehr geschieht, als begrifflich erfaßt werden kann. Wir bevorzugen deshalb sprachlich das Verb, ohne es zu substantivieren: „das evangelisieren" oder „das gutbotschaften".

IV. Bezüglich der Wortgebrauchs von „Evangelisierung" ergeben sich folgende Unterscheidungen:

(1) Die Verkündigung Jesu und deren Fortdauer in der Verkündigung der Apostel und ersten JüngerInnen Jesu bezeichnen wir als das normative *Ur-Zeugnis*. Die Präposition „ur" (= aus, von – her) zeigt an: der Ruf Jesu zur Umkehr und er allein ist der bleibende, normative Ursprung jedes späteren „evangelisierens". Es betrifft nicht irgendeinen Aspekt des Lebens, sondern spricht immer den einzelnen in seiner Ganzheit und Tiefe an und ist zugleich der bleibende, sich durchhaltende „Anfang" der Kirche.

(2) Unter *„Erst-Evangelisierung"* versteht man dann die nach-neutestamentliche Hinführung Ungetaufter zur Taufe. Sie begann in Europa im 4.-9. Jahrhundert und in den Kolonialländern zu Beginn der Neuzeit. Das Wort ist geprägt von der Idee eines „Reiches Gottes auf Erden", das „ausgebreitet" werden soll und verrät eine Grundhaltung, die nicht eine freie *Antwort* auf die Verkündigung voraussetzt. Das Wort hat von da her nicht selten einen aggressiven und vereinnahmenden Unterton. Ein auf die Taufe vorbereitendes Katechumenat ist in der Regel auf einen Restbestand zusammengeschrumpft oder entfällt ganz.

(3) Das seit den 80er Jahren gängig gewordene Wort *„Neu-Evangelisierung"* ist in seinem Bedeutungsgehalt weitgehend unklar geblieben.[6] Es ist zumeist vordergründig auf die „Erst"-Evangelisierung bezogen, und zwar mit dem Hinweis, Neu-Evangelisierung könne nicht deren Wiederholung sein (PD 23). Wie ein Pfarrer in seiner Gemeinde praktisch neu evangelisieren soll, wird auch im Schreiben der Deutschen Bischöfe über den priesterlichen Dienst vom Jahre 1992 nicht gesagt. Da wir uns in pastoral-theologischen Überlegungen nicht mit dem *Begriff* „Neu-Evangelisierung" auseinandersetzen wollen, ersetzen wir ihn durch: *Neue Bezeugung des Evangeliums.*

---

[6] Einige globale und appellative Hinweise finden sich in dem Sammelband: Die europäischen Bischöfe über die Neu-Evangelisierung Europas, Stimmen der Weltkirche 32, hg. vom Sekretariat der Deutschen Bischofskonferenz und dem CCEE Sekretariat, Bonn/ St. Gallen 1991). Vgl. vor allem die Ausführungen von Kardinal Danneels, S. 216-226 und Kardinal Hume, S. 227-236. Eine konkrete neue Gestalt gläubiger Praxis, die sich in den Gemeinden anfanghaft bewährt hätte, ist jedoch in die Überlegungen nicht einbezogen.

II.
Evangelisieren als Gutbotschaften

1. Das die ganze Heilsbotschaft einschließende Sprecher-Hörer-Geschehen

Beginnen wir zur genaueren Erschließung der ntl Bedeutung von „evangelisieren" mit einem Text des Lukas, der zugleich als Schlüssel für jegliche Form einer Bezeugung des Evangeliums angesehen werden kann: Der „Engel" (aggelos = Bote, Gesandter) stellte sich zu den Hirten auf dem Feld bei Bethlehem „und die Herrlichkeit (doxa) des Herrn umleuchtete sie. Sie fürchteten sich sehr, der Engel aber sagte zu ihnen: *Fürchtet euch nicht, denn ich verkünde euch (euaggelizomai hemin) eine große Freude,* welche dem ganzen Volk zuteil werden soll: Heute ist euch in der Stadt Davids der Retter geboren." (Lk 2,9ff)
Der „Bote" Gottes, der „Engel", ist zunächst Lukas selbst, denn der Text will nicht ein vergangenes und nie mehr wiederkehrendes Ereignis erzählen, das ich lediglich zur Kenntnis nehmen kann, sondern: indem ich diese Botschaft jetzt höre und wahrnehme, spricht der „Evangelist" Lukas zu mir, zu uns heute. In diesem Sprechen ist der Anspruch enthalten, daß es von Gott her kommt, daß es etwas mit Gott selbst zu tun hat, wie auch immer die Vermittlung dieses Sprechens durch den menschlichen Boten bzw. Verkünder zu denken ist. Dieser Anspruch wird unterstrichen durch das Umleuchtet-werden der Hirten von der Herrlichkeit des Herrn. Dieses ist bereits in sich selbst die zunächst furchterregende Ankündigung, daß Gott jetzt ganz nahe, durch seinen Boten mit und bei uns ist, daß also auch mir, der ich diesen Text jetzt „höre", eine wichtige Botschaft zuteil werden soll. „Evangelisieren" meint also nicht: ich evangelisiere euch, sondern: Jetzt *geschieht* das, wovon die Rede ist.
Bleiben wir zunächst noch bei der Formulierung: „der Engel sagte". Es ist keineswegs selbstverständlich, daß Gott durch seinen Boten „spricht", und es ist heute keineswegs mehr allgemein anerkannt, daß Gott als er selbst überhaupt jemals „gesprochen" hat. Diese Voraussetzung für jede Bezeugung des „Evangeliums Gottes" (Mk 1,14) kann mit rationalen Gründen nicht „bewiesen" werden, aber eine redliche und „vernünftige" Sprachwissenschaft wird zunächst einmal bereit sein, sich dem Anspruch dieses Sprechens zu stellen, um die ungesagten (illokutiven) und im Hörer u. U. wirksamen (perlokutiven) Energien dieses Geschehens überhaupt als solche erfassen zu können.
Wenn wir also zunächst einmal annehmen, daß Gott überhaupt „gesprochen" hat und daß er jetzt zu uns als den Hörenden „spricht", dann ist dieses Wortgeschehen bereits ein Signal, ein Zeichen, eine „Botschaft",

nämlich die Botschaft, daß Gott mit uns ist. Das Mit-sein Gottes ist nicht lediglich „Gegenstand" der Verkündigung, es muß nicht ständig verbalisiert werden, sondern: allein das Faktum, daß Gott überhaupt durch seine Boten „spricht", *ist* sein Mit-sein und damit die Grundweise des *Bundesgeschehens* von ihm her. Es besteht kein Anlaß zu der Vermutung, daß dieses Mitsein Gottes bedrohlich, ängstigend, erniedrigend ist, Bedrückung, Zwänge und unerfüllbare „Forderungen" zur Folge hat, denn die Botschaft des Boten beginnt mit der Aufforderung: „Fürchtet euch nicht!"

Evangelisieren meint wörtlich „gutbotschaften", Freude botschaften, und ist deshalb bereits *als* Wortgeschehen, in sich selbst frohmachend, befreiend, Furcht nehmend, Frieden schaffend. „Große Freude" ist deshalb eine Verstärkung des „gut" in „gutbotschaften", und zwar *unabhängig vom jeweils verkündeten Inhalt*: Im Gutbotschaften als einem jetzt geschehenden Geschehen will Gott sich uns durch alle Vermittlungen hindurch als der *Mitseiende* zeigen, der bundesgemäß für, mit und in uns ist. Diese Ansage des zur Antwort einladenden und befähigenden Mitseins Gottes ist die befreiende *Grundbotschaft* aller Verkündigung. Inhaltlich würde nichts fehlen, wenn Lk 2,10f lediglich stünde: „Ich verkünde euch: Heute ist euch in der Stadt Davids der Retter geboren." „Freude" meint hier also nicht primär das Ereignis, das Freude hervorruft (die Geburt Jesu), aber auch nicht ein subjektives Gefühl. Freude ist vielmehr der heilshafte *Grundgehalt* von „gutbotschaften", der immer *ungesagt* gegenwärtig ist: Das verkündende Wort ist nicht Rede *über* Gott, auch nicht Rede *über* die Freude; in dieser durch den Boten vermittelten Selbst-Vergegenwärtigung Gottes *geschieht* vielmehr sein Mitsein, und dieses jetzt geschehende Mitsein Gottes *als solches* ist das Ereignis, das Freude bringt. Genauer: die Tatsache, das Faktum, daß Gott überhaupt zu uns spricht, das von Gott her kommende Sprachereignis als solches, ist bereits das Freude auslösende Geschehen. Deshalb *geschieht* die Freude, von der die Rede ist, im Wortgeschehen selbst und als solchem, *wirkt* das Wortgeschehen von Gott her Freude in allen, die es in sich aufnehmen.[7]

---

[7] Die neuere Sprachphilosophie bestätigt auf überraschende Weise den erhobenen Befund, denn sie hat den Unterschied zwischen „Denkakt" und „Sprechakt" deutlich hervorgehoben und Sprechen als „Sprachhandlung" erschlossen. Die Grundfrage lautet also: Was tun wir, wenn wir sprechen? Sprechen ist nicht primär ein begriffliches, objektivierendes Sprechen *über* etwas, sondern ein Sprecher-Hörer-Verhalten, in dem das geschieht, was Inhalt des Sprechens ist.

Wenn zum Beispiel jemand zu mir sagt: „Ich verspreche dir meine Hilfe", dann gibt er nicht einen Bericht über ein gegebenes Versprechen, sondern: er vollzieht dieses Versprechen, indem er spricht. Der Inhalt des Sprechens, das Versprechen, geschieht *während*

Auch der *Inhalt* der Botschaft hat Geschehenscharakter, denn in ihm wird das geschehene Ereignis (to rhema to gegonos, V. 15) der Geburt Christi so gegenwärtig, daß die direkte Antwort der Lobpreis Gottes ist (V. 14.20). Dieses Ereignis ist also nicht ein „Gegenstand", *über* den der Bote spricht, und der dann aus dem Wortgeschehen als ein Erkenntnis- und Gesprächsgegenstand herauslösbar ist, sondern: zunächst einmal wird dieses Geschehen im Wort-Geschehen selbst und als solchem so anwesend, daß es als ein *Zeichen (semeion) von Gott her* (V. 12) aufgenommen und verstanden werden kann.

Deshalb sei im Hinblick auf eine „neue" Bezeugung des Evangeliums besonders hervorgehoben: Die Grundfunktion von „evangelisieren" ist im NT nicht die „Weitergabe" begrifflich erfaßbarer, aus dem Wortgeschehen abstrahierter Glaubenswahrheiten, sondern die direkte Anrede von Gott her als Ruf zur Umkehr, und zwar im Sinne des atl Verständnisses prophetischer Verkündigung[8], also ein jeweils jetzt *geschehendes Geschehen*, in dem das geschieht, wovon gesprochen wird: Indem zum Beispiel Jesus das Reich Gottes verkündet, ist es bereits in seiner Person gegenwärtig anwesend (Mk 10,29; Mt 19,29; Lk 17,21; 18,29). Bezeugung des Evangeliums Gottes ist somit nicht ein Reden oder Reflektieren *über* Umkehr, Freude, Hoffnung, Glaube usw., sondern dies alles wird im Wortgeschehen gegenwärtig. Das von Gott her kommende Wort ist wirkmächtig, so daß es die Hörer direkt „mitten ins Herz trifft" (Apg 2,37). Eine Trennung von Wortgeschehen und Begriff, eine abstrahierende Herauslösung des begrifflichen Gehaltes aus dem geschehenden Geschehen des Wortes im Sinne der griechischen Philosophie (und damit auch der Theologie als einem Reden *über* Gott: sermo de Deo) ist eine folgenschwere Verkürzung des biblischen „Wortes".[9]

---

des Sprechens, nicht vorher und nicht nachher. Deshalb kann ich diesen Inhalt auch nur wahrnehmen, indem ich zuhöre, *während* der andere spricht. Nur so kann ich sein Versprechen entgegennehmen. Ich kann natürlich nachher über diesen Vorgang nachdenken, mit anderen darüber sprechen, aber das Sprechen *über* das Versprechen ist nicht das Versprechen selbst.

[8] Vgl. ThWNT Bd. 2, 706f. 723f.

[9] „Es ist eine der allerschwersten Verirrungen, die es überhaupt geben kann, wenn aus diesem logos tou theou ein Begriff und eine Abstraktion gemacht wird ... Alle christliche Theologie und Spekulation wie alle Unterweisung hat ihre Norm – ten asphaleian – an der Treue der Wiedergabe und Weitergabe des *geschehenen Geschehens*, des von Gott aufgerichteten und in dem Geschehen gesprochenen ‚Wortes'." ThWNT Bd. 4, 121; vgl. a.a.O., 78f. Dies hat weittragende Folgen für ein glaubensgeschichtlich neues Verständnis von „Theologie": Sie ist nicht lediglich objektivierend fest-stellendes Reden *über* Gott (logos *peri* tou theou – sermo de Deo), sondern reflektierender Mitvollzug des verkündeten und sinnlich gehörten logos tou theou. Dieser ist die ursprüngliche und jedes gutbotschaften entspringen lassende Theo-logie.

Dies zeigt sich daran, daß das primäre Subjekt der Bezeugung des Evangeliums durch alle Vermittlungen hindurch Gott selbst ist: Das Evangelium ist als Botschaft *von Gott her* immer auch das „Evangelium Gottes" (gen. subj.),[10] so daß er selbst sich im Wort der Verkündigung gegenwärtig macht. Signifikativ ist vor allem die Predigt des Petrus im Hause des Heiden Kornelius: „Gott hat das Wort den Israeliten gesandt, indem er den Frieden verkündete (euaggelizomenos) durch Jesus Christus; dieser ist der Herr aller" (Apg 10,36). *Gott selbst ist der „Evangelisierende"*, indem er durch Jesus Christus den Frieden verkündet. Von da her ist auch die „Evangelisierung" Jesu zu verstehen, die Markus so zusammenfaßt: „Er verkündete das *Evangelium Gottes* und sprach: Die Zeit ist erfüllt, das Reich Gottes ist nahe. Kehrt um und glaubt an das Evangelium" (Mk 1,14f; wir müssen jedoch offen lassen, ob Jesus selbst die Formulierung „Evangelium Gottes" gebraucht hat). „Ich muß das Evangelium vom Reich Gottes verkünden (euaggelisasthai), denn dazu bin ich gesandt worden" (Lk 4,43). „Predigend und als Frohbotschaft das Reich Gottes verkündend (euaggelizomenos)" wanderte er von Stadt zu Stadt (Lk 8,1). Die gesamte Wirksamkeit Jesu in Wort und Tat, nicht nur seine Predigt, wird mit „evangelisieren" bezeichnet, ebenso wie Eph 2,17: „Er kam und verkündete (euaggelisato) den Frieden", der er selbst *ist* (V. 14). Diese Texte zeigen die enge Beziehung von „evangelisieren" zu den entsprechenden atl Aussagen. Bei Lk 4,18 zitiert Jesus in seiner Antrittspredigt in der Synagoge von Nazareth den Text Jes 61,1: „Der Geist des Herrn ruht auf mir, denn er hat mich gesalbt, er hat mich gesandt, den Armen eine frohe Botschaft zu verkünden (euaggelisasthai)." Der Prophet ist hier der Freudenbote, der „Evangelisierende" (das zugrundeliegende, ins griechische übersetzte hebräische Wort ist substantiviertes Partizip). Nach Lukas hat Jesus seine Sendung in diesem Sinne verstanden (vgl. 4,43; 13,33). Sicher ist, daß er schon in den frühesten Schichten des NT als der „neue Prophet" angesehen wurde (vgl. Mk 6,15; 8,28; Mt 21,11.46; Lk 7,16.39; 24,19), und Johannes präzisiert: Er redet nicht aus sich selbst, sondern was er *von Gott her hört* (Joh 8,26.28; 15,15). Natürlich ist er als das fleischgewordene Wort Gottes (Joh 1,14) mehr als ein

[10] Natürlich ist das Evangelium immer auch ein *menschliches* Reden von Gott her und schließt somit immer auch ein Reden von Gott oder über Gott ein. Man kann „Evangelium Gottes" deshalb auch als gen. objekt. verstehen (vgl. W. Schenk: Evangelium – Evangelien – Evangeliologie. München 1983, 39f). Dies bedeutet jedoch nicht ohne weiteres, daß hier nicht ein „Offenbarungsbegriff" gemeint sei, denn: „Offenbarung" schließt von sich selbst die unausweichlich „objektivierende" Rede von bzw. über Gott ein, kann jedoch darauf nicht begrenzt und eingeschränkt werden.

Prophet, so daß die Direktheit seines Redens von Gott her, seines Evangelisierens, gänzlich einmalig ist.
Halten wir zusammenfassend fest: „Evangelium" (euaggelion) ist im Neuen Testament nicht primär ein aufgeschriebener Text, sondern das gesprochene, in stimmlicher Verlautbarung verkündete Wort, eine Sprachhandlung von Gott her, der *Akt der Verkündigung*, der alles einschließt, was von Gott her gesprochen wird. Es ist deshalb zutreffend, daß im angelsächsischen Sprachraum „Evangelium" mit gospel = „Gottes Wort" wiedergegeben wird. Wenn wir heute vier Bücher des NT als „Evangelien" bezeichnen, dann ist dies eine späte nachbiblische Entwicklung.[11]
Diese innere Weite von „Evangelium" zeigt sich auch im Selbstverständnis des Paulus: Er weiß sich „auserwählt für das Evangelium Gottes, das er durch seine Propheten im voraus verheißen hat", und dieses Evangelium Gottes ist die Menschwerdung seines Sohnes (Röm 1,1; 15,16; 2 Kor 11,7; 1 Thess 2,2.8.9; 1 Petr 4,17). „Gott" ist hier nicht der „Inhalt" der Verkündigung, sondern der Verkündigende. Auch Christus ist nicht nur Inhalt der Verkündigung, sondern der selbst als „Subjekt" in der Verkündigung Anwesende (Röm 15,18; 2 Kor 5,20; 2 Kor 13,3). Diese *Direktheit* der Verkündigung von Gott bzw. Jesus Christus her eröffnet auch einen neuen Zugang zur gesamten atl Offenbarung, die mit dem Wort „Propheten" zusammengefaßt wird (meist in der Formel „Gesetz und Propheten": Mt 5,17; 7,12; 22,40; Lk 24,27.44). Für jegliche prophetische Verkündigung gilt: „Nie wurde ein prophetisches Wort ausgesprochen, weil ein Mensch es wollte, sondern vom Heiligen Geist getrieben haben Menschen *von Gott her geredet.*" (2 Petr 1,21)
Im Hinblick auf eine „neue" Bezeugung des Evangeliums ist von zentraler Bedeutung: Die im Reden von Gott und Jesus Christus her wirkende „Energie" ist der Geist Gottes und Jesu: „Meine Botschaft und Verkündigung war nicht Überredung durch gewandte und kluge Worte, sondern geschah im Erweis von Geist und Kraft (en apodeixei pneumatos kai dynameos), damit sich euer Glaube nicht auf Menschenweisheit stützte, sondern auf die Kraft (dynamis) Gottes" (1 Kor 2,4f). Diese göttliche „Dynamik", diese „Kraft aus der Höhe" (Lk 1,35; 24,49; Apg 1,8), überfährt und unterdrückt nicht, sondern befähigt den einzelnen dazu, die Botschaft in Freiheit anzunehmen (1 Kor 15,1.11), in sich aufzunehmen.[12] Diese Aufnahme geschieht „mit der Freude, die der Heilige Geist gibt" (1 Thess 1,6), und deshalb *wirkt* (energeitai) das Wort Gottes in

---

[11] Vgl. ThWNT Bd. 2, 723.733f.
[12] Vgl. den Art. dechomai, in: ThWNT Bd. 2, 52f.

denen, die gläubig geworden sind. Der Heilige Geist ist die *eine göttliche Energie*, die in denen wirksam ist, die das Evangelium verkünden (vgl. Kol 1,29) und in denen, die es als Wort Gottes aufnehmen. Wenn „Evangelisierung“ Zwänge enthält oder auslöst, wenn sie bedroht, bedrückt, beängstigt, dann ist sie nicht ein Gutbotschaften, sondern menschliche Überredung, „Menschenwort“ (1 Thess 2,13).

Der bisher erhobene Befund zeigt, daß von der Offenbarungsurkunde her in einer neuen geschichtlichen Hörsituation ein expansiver Gebrauch von „evangelisieren“ durchaus gerechtfertigt ist. Er zeigt sich auch im Schreiben „Evangelii nuntiandi“ von Paul VI.: Das Selbstzeugnis Jesu „Ich muß das Evangelium vom Reich Gottes verkünden, denn dazu bin ich gesandt worden“ (Lk 4,43), „erklärt mit *einem Wort die ganze Sendung Jesu* ... Alle Aspekte seines Mysteriums – die Menschwerdung selbst, die Wunder, die Unterweisungen, die Sammlung von Jüngern, die Aussendung der Zwölf, das Kreuz, die Auferstehung, das Verbleiben seiner Gegenwart inmitten der Seinigen – zielen auf diese *vorrangige* Tätigkeit: die Verkündigung der Frohbotschaft (spectaverunt ad ipsam Evangelii nuntiandi actionem).“ (EN 6) Damit ist im Prinzip die innere Weite des biblischen Verständnisses von „evangelisieren“ erreicht.

Ein expansiver Sprachgebrauch zeigt sich in dem erwähnten Schreiben Pauls VI. auch in der Vielfalt der Weisen und Wege der Evangelisierung: Zeugnis ohne Worte, das durch das Wort-Zeugnis vereindeutigt wird (21f.41), Mitteilung persönlicher Glaubenserfahrung (46), Zustimmung der Herzens, die sich in leibhaften Zeichen konkretisiert (23), lebendige Predigt (42), Wortliturgie (43), Katechese (44), Hinführung zu einer personalen Annahme der sakramentalen Gnade Gottes (47), und zwar unter Einbeziehung der Volksfrömmigkeit (48). Allerdings: In einer „neuen Periode der menschlichen Geschichte“ besagt evangelisieren *„vor allem*, auf einfache und *direkte* Weise Zeugnis zu geben von Gott, der sich durch Jesus Christus im Heiligen Geist geoffenbart hat.“ (EN 26. 41)

Alles andere ist dieser zentralen Direktheit nachgeordnet: „Die Evangelisierung wird immer – als Grundlage, Zentrum und zugleich Höhepunkt ihrer gesamten *Dynamik* (totius suae dynamicae virtutis) – die klare und nachdrückliche Versicherung einschließen (continebit claram hanc asseverationem), daß in Jesus Christus ... das Heil einem jeden Menschen *angeboten* (salutem offerri uniquique homini) ist als Geschenk der Gnade und des Erbarmens Gottes selbst.“ Dieses Heil ist ein „die geschöpfliche Wirklichkeit übersteigendes, transzendentes, eschatologisches Heil (rerum naturam transcendens et eschatologica), das seinen Anfang gewiß schon in diesem Leben hat, sich aber erst in der Ewigkeit vollendet.“ (EN 27) Gutbotschaften ist somit nicht lediglich die Bewahrung des Bestehenden, sondern: Anfang, Zentrum und Höhepunkt aller Bezeugung des Evangeliums ist vorrangig eine innere *Dynamik* auf Zukunft hin. In ihr wird offenbar, daß das in Jesus Christus gegenwärtige Heil und Erbarmen Gottes den Charakter eines *Angebotes* hat.

2. Die innerste Identität und das Profil der Kirche

Wir haben oben unterschieden zwischen der vergehenden, *äußeren*, variablen Sozialgestalt der Kirche, die seit Jahrhunderten eine Symbiose von Kirche und Gesellschaft war, und der bleibenden *inneren* Gestalt der Kirche. Darauf ist nun nochmals genauer einzugehen.

Bei der Entdeckung einer „neuen“ Gestalt gläubiger Praxis ist von vorne herein davon auszugehen, daß das Ganze der inneren Gestalt der Kirche unter den jeweiligen geschichtlichen „Bedingungen“ nicht *als* Ganzes in Erscheinung treten und verwirklicht werden kann. Diese innere Gestalt ist vorgegeben in den Grundwirkungen des Geistes Christi: Das Wort Gottes, die Sakramente, das Amt und die Charismen. Sie bedingen, tragen und konstituieren einander und sind ein unauflösbares Ganzes.[13] Jede Epoche der Glaubensgeschichte schließt jedoch aufgrund der jeweiligen gesellschaftlichen Bedingungen unausweichlich Begrenzungen ein, so daß einige Grundmerkmale der inneren Gestalt der Kirche deutlicher in den Vordergrund treten als andere. Genauer: Der Neue Bund ist immer so neu, daß die mit ihm gegebenen Geistwirkungen sich nie in ihrer Fülle und Ganzheit auswirken können. Für die Frage nach einer „neuen“ Gestalt der Kirche ist von höchster Bedeutung, diese unausweichliche geschichtliche Begrenztheit der Verwirklichung von Kirche zu thematisieren. Während in der gewesenen Epoche der Glaubensgeschichte die Sakramente und das kirchliche Amt eine Priorität hatten, wird nunmehr deutlich, daß der *Angebotscharakter* des Wortes Gottes, der Sakramente, der Charismen und deren *antwortende, freie Annahme* nicht weniger zu den geistgewirkten Grundmerkmalen der Kirche gehören.

Das Zweite Vatikanische Konzil hat erstmalig lehramtlich herausgestellt: Die Charismen dienen der Erneuerung (renovatio) und dem Aufbau der Kirche und „müssen mit Freude und Dank *angenommen* werden (accipienda sunt), da sie den Nöten der Kirche jeweils entsprechen.“ (LG 12) Zu diesen Charismen gehört im NT auch das verkündigende (prophetische), Gottes Mit-sein bezeugende, „evangelisierende“ Sprechen von Gott her (Röm 1,11; 12,6; 1 Kor 1,6f: 1 Kor 12,9; 13,2; 14,29f; 1 Petr

[13] Vgl. F. Kuntner, J. Stimpfle, O. Wüst: Erneuerung aus dem Geist Gottes. Mainz 1987, 48-52.

4,10f). Paul VI. hat dann in einem geschichtlich neuen Entdeckungszusammenhang und einer entsprechend neuen Hörsituation betont: Das *Grundcharisma* der Kirche ist die „Evangelisierung". Es ist ihr innerstes Wesen, ja ihre eigentliche Identität: „Die Aufgabe der Evangelisierung ist die primäre und wesentliche Sendung (missio primaria naturalisque) der Kirche, die eigentliche Gnade und Berufung der Kirche (gratia ac vocatio Ecclesiae propria) und bringt ihren wahrsten Charakter zum Ausdruck (verissimam eius indolem exprimit). Die Kirche existiert um der Evangelisierung willen (ecclesia evangelizandi causa exstat)." (EN 14) Hier wird deutlich, was bisher lehramtlich so noch nie gesagt worden ist: Der wahre Grundcharakter der Kirche, ihre eigentliche Identität und damit ihre innere *Grundgestalt*, ist das Charisma der Evangelisierung, oder besser: das Gutbotschaften von Gott her. Sie zeigt sich *zunächst* darin, daß sie sich selbst „durch eine ständige Bekehrung und Erneuerung selbst unter das Evangelium stellt" (EN 15), in dem Bewußtsein, daß sie einer fortdauernden Reform bedarf. Gutbotschaften ist also zunächst ein fortdauernder Prozeß *innerhalb* der Kirche, die ihr eigene, „angeborene" Grundgabe (indoles), aufgrund deren sie überhaupt da ist, in der alle anderen Merkmale der Kirche gründen. In diesem primären Existenzgrund der Kirche sind die traditionell genannten inneren Grundmerkmale der Kirche *eingeschlossen* und durchgängig von ihm her bestimmt. Sie müssen folglich nunmehr in ihn re-integriert werden: Die Verkündigung des Wortes Gottes, die Sakramente, die Charismen, das kirchliche Amt als Hirtendienst sind Weisen, wie Gott selbst sein *bundesgemäßes* Mitsein durch alle Vermittlungen hindurch *direkt* gegenwärtig machen will.
Die Kirche ist von ihrem Ursprung her dann auch und gleichursprünglich die in die Gesellschaft hinein das Evangelium bezeugende Gemeinschaft des neubundlichen Volkes Gottes: Angesichts der glaubensgeschichtlich „neuen", aber immer schon in ihr angelegten dialogalen („wirgemäßen") Differenz zur Gesellschaft wird nunmehr deutlich: Gutbotschaften ist das *innere Profil* der Kirche, durch das sie als eine „soziale Körperschaft" von allen „anderen" gesellschaftlichen Gruppen unhintergehbar unterschieden ist. Die Kirche ist nicht lediglich eine „Großgruppe" neben anderen: Ihre spirituelle Eigenprägung kann aus gesellschaftlichen Systemen nicht abgeleitet werden, sondern gründet in der in ihr wirksamen göttlichen Energie Jesu. Eine neue Gestalt gläubiger Praxis kann nur entdeckt und aufgedeckt werden, wenn möglichst zutreffend die Handlungs- und Denkweisen sowie die Strukturen jener „Gesellschaft" charakterisiert sind, innerhalb deren Kirche neu von innen her wächst.
Während die Kirche aufgrund ihrer Symbiose mit der Gesellschaft kein eigenes „Profil" ihr gegenüber hatte, ist im 20. Jahrhundert nunmehr

unhintergehbar offenbar geworden: Ohne ein solches Profil kann die Kirche nicht in einen Dialog mit den gesellschaftlichen Kräften eintreten. „Profil“ meint hier nicht ihr äußeres Erscheinungsbild, ihre variable gesellschaftliche Eigenprägung und Sozialgestalt, sondern ihr *inneres*, geistgewirktes Profil, das ihr selbst vorgegeben ist, ihre invariable, sich durchhaltende *Identität*. Es zeigt sich in der *Verwirklichung* ihrer inneren Gestalt unter den jeweiligen äußeren gesellschaftlichen „Bedingungen“ ihrer Existenz, die es ihr ermöglicht, in einem dialogalen Gegenüber von ihren ur-eigenen Erfahrungen her zum gesellschaftlichen Fortschritt beizutragen.

III.
Der Vorrang einer „Erneuerung aus der Taufe“

Angesichts einer fast 1600-jährigen Symbiose von Christentum und Gesellschaft ist nicht verwunderlich, daß Reste eines aggressiv-vereinnahmenden Untertons von „evangelisieren“ im Sinne von „jemanden“ bzw. eine ganze Kultur evangelisieren sich auch in neueren lehramtlichen Dokumenten finden, selbst wenn dabei vorausgesetzt wird, daß hier Gott selbst am Werke ist. Natürlich ist eine Bezeugung des Evangeliums nicht möglich ohne eine „Inkulturation“ und Einstiftung in die jeweiligen gesellschaftlichen und kulturellen Bedingungen, von denen der einzelne jeweils bestimmt ist, aber: in den neueren lehramtlichen Dokumenten zeigen sich zwei zum Teil gegenläufige Aussagereihen: (1) *innerkirchliche* Hinführung des *einzelnen* zu einer freien Annahme des (Tauf-) Bundes in der Gemeinschaft der Glaubenden, die auch als „Selbst-Evangelisierung der Getauften“ bezeichnet wird; (2) abstraktutopische Appelle zu einer Neu-Evangelisierung der gesamten Kultur, und zwar durch Umstürzung von Werten und Denkgewohnheiten, die dem Heilsplan Gottes entgegenstehen.

1. Die Kirche selbst bedarf einer neuen Bezeugung des Evangeliums

a) Die Kirche wächst neu von innen und nach innen

„Evangelisierung besagt für die Kirche, die Frohbotschaft in alle Bereiche der Menschheit zu tragen und sie durch deren Kraft *von innen her* (intrinsecus) zu durchdringen ... Aber: Es wird keine neue Menschheit geben, wenn nicht *zuerst* (prius) die Menschen erneuert sind *durch die Erneuerung aus der Taufe* und ein Leben nach dem Evangelium.“ (EN

18) Es gilt, die Kulturen mit dem Evangelium zu durchdringen. „Dabei soll man aber immer *von der menschlichen Person selbst ausgehen* und dann zu den Beziehungen der Personen *untereinander* und mit Gott fortschreiten“ (EN 20) Damit ist gemeint: Voraussetzung für eine neue Bezeugung des Evangeliums ist die „totale innere *Umkehr* eines jeden einzelnen, die das Evangelium mit dem Namen ‚metanoia‘ bezeichnet, durch eine radikale *Bekehrung* (per totius hominis conversionem), durch die sein Herz und seine Gesinnung zutiefst verwandelt wird (vgl. Mt 4,17).“ (EN 10)

Dies gilt dann aber auch für die ganze Kirche: „Als Gemeinschaft von Gläubigen ... muß die Kirche unablässig selbst vernehmen, was ihr zu glauben vorgegeben ist .... Die Kirche muß immer wieder die Großtaten Gottes *hören*, die sie zum Herrn *bekehrt* haben, von neuem von ihm gerufen und geeint werden. Das will mit einem Wort heißen: *Die Kirche selbst muß evangelisiert werden* (ecclesia semper evangelizanda est), wenn sie ihre Lebendigkeit, ihren Schwung und ihre Stärke bewahren will, um das Evangelium zu verkünden ... Durch eine ständige Bekehrung und Erneuerung *evangelisiert die Kirche sich selbst* (per suam non intermissem conversionem et renovationem se ipsam evangelizante), um glaubwürdig die Welt evangelisieren zu können.“ (EN 15)

Die außerordentliche Bischofssynode vom Jahre 1985 hat in einer historisch hochbedeutsamen Weise hinzugefügt: „Die Evangelisierung ist nicht nur für die Bischöfe die erste Aufgabe, sondern auch für Priester und Diakone, ja für alle Gläubigen ... Ein neuer Anstoß zur Evangelisierung und zu integraler und systematischer Katechese ist ein Gebot der Stunde. Evangelisierung meint nicht nur Mission in einfachem Sinne, d. h. im Sinne der Heidenmission. Denn die Evangelisierung der Nichtgläubigen setzt die *Selbstevangelisierung* (autoevangelizationem) *der Getauften* voraus, ja sogar in einem gewissen Sinne die der Diakone, Priester und Bischöfe selbst.“[14]

„Selbst-Evangelisierung“ meint nicht die „einfache Mission“ nach „außen“ im Sinne von „Heidenmission“, sondern *nach innen und von innen*. Diese Unterscheidung ist auf dem Boden der gewesenen Epoche der Glaubensgeschichte erwachsen: „Evangelisierung“ war identisch mit „Heidenmission“ als einer Evangelisierung *nach außen*, als Fremd-Evan-

[14] Schlußdokument der Außerordentlichen Bischofssynode 1985 und Botschaft an die Christen in der Welt, Verlautbarungen des Apostolischen Stuhls 68, hg. vom Sekretariat der Deutschen Bischofskonferenz, B. a.2 (S. 11). Der lateinische Text ist abgedruckt in: L'Osservatore Romano, 10. Dezember 1985: Evangelizatio enim non credentium praesupponit autoevangelizationem baptizatorum, sed etiam, aliquo sensu, ipsorum diaconorum, sacerdotum, et episcoporum.

gelisierung außerhalb der Stammländer des Christentums, also die Hinführung Ungetaufter zu Umkehr und Taufe. In dem Ausdruck „Selbst-Evangelisierung" kündigt sich eine epochale Differenzierung und Wende an: eine neue Umkehrpraxis *innerhalb der Kirche.* Eine vertiefte gegenseitige Hinführung zur Umkehr und zur Annahme des Taufbundes wurde nach der anfänglichen Christianisierung Europas als nicht notwendig angesehen, da die in ihnen lebenden Christen als prinzipiell „evangelisiert" galten. Wenn nunmehr von „Selbst-Evangelisierung der Getauften" gesprochen wird, dann ist dies ein biblisch nicht gedecktes Wortungetüm, aber „evangelisieren" verliert hier den aggressiven und vereinnahmenden Unterton.

Nunmehr also wird offenbar: Eine neue Bezeugung des Evangeliums ist ein auf die Kirche selbst *rückbezügliches* Geschehen. Damit ist nicht gemeint, daß die Kirche sich primär mit sich selbst beschäftigt, etwa in endlosen Strukturdebatten, sondern: sie *wächst nur von innen und nach innen*, und zwar in einer Rückbesinnung auf ihr innerstes Wesen, auf die bundesgemäße Direktheit ihrer Beziehung zu Gott, durch die sie sich unhintergehbar von allen gesellschaftlichen Großgruppen unterscheidet, wenn sie überhaupt in der modernen Kultur weiterexistieren soll. Die epochale Neuheit des mit „Selbst-Evangelisierung" Gemeinten zeigt sich auch daran: Das Zweite Vatikanische Konzil spricht zwar an etwa 13 Stellen sehr allgemein von der Notwendigkeit einer Evangelisation (evangelizatio) der Menschen, der Nichtchristen, der Welt als Durchdringung der zeitlichen Ordnung usw., aber: ein evangelisieren *innerhalb* der Kirche wurde erst nach dem Konzil zum Thema.

Bereits im Jahre 1965 schrieb der Pastoraltheologe V. Schurr: Im Sinne des Zweiten Vatikanischen Konzils ist der Bischof „*der* Missionar seines Bistums", der Pfarrer mit engagierten Laien sind die „Hauptmissionare" in der Gemeinde. Die Hoffnung für die Gemeinden ist „der Heilige Geist in einer kleinen Gruppe" und eine „missionarische Liturgie gemäß 1 Kor 14,23ff".[15] Was ist aus dieser Hoffnung geworden? Wie steht es mit der „prophetischen Intervention" der Amtsträger und kirchlichen Mitarbeiter in die Kirche und die Gemeinden hinein? Genauer: Wie sollen die schon Getauften nunmehr *zueinander* von Gott her sprechen? „Evangelisieren besagt *vor allem*, auf einfache und direkte Weise *Zeugnis zu geben* von Gott, der sich durch Jesus Christus im Heiligen Geist geoffenbart hat". (EN 26) Selbst-Evangelisierung meint dann also:

– Christen führen in kleinen Gruppen – etwa mit Hilfe der Methode des Bibel-Teilens – *einander* in der Kraft des zwischen ihnen wirksamen

---

[15] LThK² Bd. 10, 859.

Heiligen Geistes zu einer tieferen Begegnung mit Christus hin. So entsteht eine neue christliche „Mitwelt“, in der Christen einander dazu ermutigen, die Heilsbotschaft kraftvoll in ihrer Umwelt, in der Gesellschaft, zu bezeugen.

– Eine neue gläubige Praxis spricht den *ganzen* Menschen an, unter Einschluß seiner je eigenen Freiheit, nicht nur den Verstand, sondern auch den Willen, die Gefühle, die unbewußten Tiefen. Jeglicher äußerer oder innerer Zwang zu einem intensiveren Christsein widerspricht der geistgewirkten, bundesgemäßen Freiheit. Dies ist eine „epochale“ Korrektur aller Formen der Erst-Evangelisierung, die – wie sich gezeigt hat – eben auch mit Unterdrückung und Zwang verbunden waren. Christ-werden kann heute nicht durch Gebote und Verbote vermittelt werden, wenn diese nicht zugleich auch die Freiheit des Menschen herausfordern.

– Dies ist zugleich die Korrektur eines Denkens, das sich auf das Planbare und Machbare richtet (PD 12), denn die Zuwendung Gottes kann nicht gemacht, sondern nur empfangen werden: Eine neue gläubige Praxis beginnt damit, daß die ganze Kirche und jeder einzelne sich von Gott neu die bundesgemäße *Grundhaltung des Empfangens* schenken läßt, in der wir zulassen, daß Gott unsere Freiheit zu sich hin befreit.

b) Werden die „Hirten“ vorangehen?

Einer „Selbst-Evangelisierung“ bedürfen – so sagt die Bischofssynode – auch die Diakone, Priester und Bischöfe. Damit ist ein weiteres Signal gesetzt: Jesus, der „gute Hirt“, der sein Leben hingibt für die Seinen (Joh 10,11), hat seine Verkündigung des Evangeliums Gottes nicht erst begonnen mit seinem Umkehrruf, nicht mit seiner Antrittspredigt, nicht einmal mit der Wahl seiner Jünger, sondern mit einer prophetischen Intervention, einem prophetischen „Zeichen“: „Zusammen mit dem ganzen Volk ließ auch Jesus sich taufen.“ (Lk 3,21) Dieser *leibhafte Schritt* der Auslieferung an Gott war seine erste öffentliche Tat. Dies war der „Anfang“ seines Wirkens (Apg 10,37). „Laß es geschehen“: dies ist das erste Wort, das Jesus bei Mt spricht (3,15). Jesus begann seine Bezeugung des Evangeliums Gottes also damit, daß er Gottes Handeln leibhaft *an sich geschehen ließ*. Dabei wurde er mit dem Heiligen Geist erfüllt (Apg 10,38; Lk 3,22; 4,1.14), und dieses Ereignis ist der bleibende Ursprung der christlichen Taufpraxis, der konkrete Beginn dessen, was wir heute „Kirche“ nennen.

Wäre es also denkbar, daß die Amtsträger und hauptamtlichen MitarbeiterInnen dem Vorbild Jesu entsprechend in leibhaften Schritten der Auslieferung an Gott vorangehen, daß sie also inmitten der Gläubigen oder einer sie repräsentierenden Gruppe den Tauf- und Firmbund und die ihnen zu ihrem Dienst von Gott angebotenen Charismen neu und vertieft annehmen (vgl. die Vorlage zu einer Reformliturgie im zweiten Buch: B/V)? Dies wäre zugleich ein Signal zum Aufbruch, ein prophetisches Zeichen in die Kirche hinein: Eine neue gläubige Praxis wächst nicht nur von „unten", sondern auch von „oben", oder besser: sie wächst von „innen". Nur so wird es auch dazu kommen, „erstorbene Schemata" und nicht zum innersten Wesen der Kirche gehörende, geschichtlich bedingte Strukturen hinter sich zu lassen und neue, „bundesgemäße" Strukturen zuzulassen.

2. Die abstrakte Utopie einer Neu-Evangelisierung der europäischen Kultur

Weisen wir nunmehr auf Aussagen hin, die noch in der gewesenen Symbiose von Christentum und Gesellschaft bzw. Kultur verwurzelt sind: „Das Evangelium und somit die Evangelisierung identifizieren sich nicht mit irgendeiner Kultur, da sie von allen Kulturen unabhängig sind. Dennoch wird das im Evangelium verkündete Reich von Menschen in die Praxis des Lebens überführt (in vitae usum deducitur), die von ihrer bestimmten Kultur erfüllt sind, und beim *Aufbau des Reiches Gottes* (in Regno aedificando) kann man nicht darauf verzichten, sich gewisser Elemente der menschlichen Kultur und Kulturen zu bedienen." (EN 20; DH 4578) Hier ist mit „Aufbau" des Reiches Gottes offenbar eine „Ausbreitung" in die Gesellschaft und in die Lebenspraxis, also in die Geschichte hinein gemeint, die an die Idee des „Reich Gottes *auf Erden*" erinnert. In dem unmittelbar folgenden Satz heißt es nämlich: „Der *Bruch* (discidium) zwischen Evangelium und Kultur ist ohne Zweifel das Drama unserer Zeit, wie er es auch zu anderen Zeiten war. Daher muß man alle Kraft und Mühe aufwenden, damit die menschliche Kultur oder vielmehr die Kulturen selbst in eifrigem Bestreben *evangelisiert werden* (evangelizentur)". Sie müssen aus ihrer Verbindung mit der Frohen Botschaft von innen her erneuert *(renasci*, wörtlich: *wiedergeboren)* werden." (EN 20; DH 4578) Die bei der Erscheinung des Menschensohnes sich ereignende „Wiedergeburt" der Welt (paliggenesia; Mt 19,28) wird hier „enteschatologisiert" und soll offenbar auf die jeweils jetzige Kultur bzw. Gesellschaft bezogen werden, ja, diese innere Erneuerung soll durch die Evangelisierung „in eifrigem Bestreben" (sedulo studio) gleichsam erwirkt werden.
Evangelisierung wird deshalb nicht als Einladung verstanden, auf das Wort Gottes in Freiheit zu antworten, sondern: alles, was dem Evangelium entgegensteht, soll „gleichsam umgestürzt" werden: „Bereiche der Menschheit, die umgewandelt werden sollen (transformandi sunt): Der

Kirche liegt nicht nur daran, das Evangelium in immer weiteren Landstrichen oder immer größeren Volksgruppen zu verkünden, sondern auch daran, durch die Macht des Evangeliums selbst Urteilskriterien, bestimmende Werte, Denkgewohnheiten, Antriebskräfte und Lebensmodelle, die zum Wort und Heilsplan Gottes im Widerspruch stehen, zu erreichen und gleichsam *umzustürzen*" (tangere et quasi evertere; EN 19; vgl. DH 4575). Die außerordentliche Bischofssynode von 1985 drückt dies so aus: „Die Inkulturation ist von einer rein äußerlichen Adaptierung zu unterscheiden, weil sie eine innerliche *Umformung* der authentischen Kulturwerte *durch Einbindung in das Christentum* und zugleich die Einwurzelung des Christentums in die verschiedenen menschlichen Kulturen bedeutet."[16]

Der „Bruch" zwischen Kirche und Kultur wird bedauert und im Prinzip der „modernen", „säkularisierten" Kultur angelastet. Deshalb soll die Kirche alle Kraft und Mühe (opem operamque; EN 20) aufwenden, um sie zu evangelisieren, damit sie innerlich „erneuert", ja, „wiedergeboren" wird. Ist hier im Prinzip nicht so etwas wie der Versuch einer Wiederherstellung der bisherigen Sozialgestalt der Kirche im Sinne einer „Re-Evangelisierung" gemeint? Denn: „evangelisieren" hat hier die Bedeutung von: eine ganze Kultur verchristlichen, christianisieren, zum Christentum bekehren, also erreichen und bewirken, daß eine Kultur christlich, mit christlichen Werten „unterwandert" wird (vgl. „islamisieren", zum Islam bekehren, dem Herrschaftsbereich des Islam eingliedern). In dieser Sprechweise macht die Kirche als das evangelisierende „Subjekt" die Welt und Kultur zum „Objekt" der Evangelisierung, und zwar so, daß die Einladung zur freien Antwort des Glaubens auf die gute, erfreuende Heilsbotschaft (Mk 1,15) fast gänzlich verlorengeht.

Diese Sprache ist triumphal-sieghaft-vereinnahmend und widerspricht der biblischen Gutbotschaft: Die Bezeugung des Evangeliums ist nie vereinnahmend, sondern befreit zur Freiheit der freien Antwort auf das Bundesangebot Gottes. Deshalb muß mit Nachdruck darauf hingewiesen werden: Der passive Ausdruck: die Kulturen müssen evangelisiert *werden* bzw. jemanden evangelisieren ist vom Neuen Testament her nicht gedeckt und schon rein sprachlich nicht möglich: Die passive Formulierung Mt 11,5; Lk 7,22 (ptochoi euaggelizontai) meint nicht etwa: Arme werden evangelisiert, zum Evangelium bekehrt, sondern: sie bekommen eine gute, erfreuende, befreiende Botschaft zu hören (vgl.

---

[16] Schlußdokument der Außerordentlichen Bischofssynode 1985 und Botschaft an die Christen in der Welt, Verlautbarungen des Apostolischen Stuhls 68, hg. vom Sekretariat der Deutschen Bischofskonferenz, D.1.4 (S. 19).

Hebr 4,2.6).[17] Zwar wird auch gesagt, die eigentliche Aufgabe Jesu sei die Verkündigung „des von Gott *angebotenen Bundes* (Foederis a Deo oblati)" (EN 6), aber: der Angebotscharakter dieses Bundes und die damit gegebene Befähigung zur freien *Antwort* wird nicht reflektiert oder gar in die gesamten Überlegungen einbezogen. Wir ersetzen deshalb „Evangelisierung" in der Regel durch „Bezeugung des Evangeliums".
Der „Bruch" zwischen Evangelium und Kultur wird in dieser Aussagereihe einseitig der „säkularisierten" Kultur angelastet, so daß diese eben neu evangelisiert werden muß. Diese Auffassung findet sich wieder in den zahlreichen Appellen in dem Sammelband „Die europäischen Bischöfe über die Neu-Evangelisierung Europas".[18] Daraus ergeben sich kritische Rückfragen:
(1) Ist das nunmehr offenbar gewordene Drama nicht vielmehr der Bruch zwischen einer kirchlichen *Binnenkultur*, die in der Idee eines jetzt schon verwirklichten „Reiches Gottes auf Erden" gründet – und der „modernen" Kultur, die sich seit mindestens 300 Jahren aus dieser Idee gelöst hat und sich im Gegenzug dazu nunmehr als „autonom" versteht (vgl. GS 36)? Die Zunahme der kritischen Reflexion führte – wie bereits erörtert – zu einem Prozeß der Differenzierung und Entdeckung der Autonomie der Kultur und damit zu einer Ablösung von der kirchlichen Binnenkultur (vgl. die Kritik der Säkularisierungsthesen im ersten Buch: IV/1b).

---

[17] Wenn euaggelizesthai nicht mit dem Dativ, sondern mit dem Akkusativ der Person konstruiert wird, darf nicht übersetzt werden „jemanden evangelisieren"; gemeint ist vielmehr: *jemandem* die Frohbotschaft verkünden. Der Akkusativ tritt lediglich an die Stelle des Dativ. Vgl. F. Blass – A. Debrunner- F. Rehkopf: Grammatik des neutestamentlichen Griechisch, Göttingen [16]1984, 152; ThWNT Bd. 2, 708, 10f. Vgl. auch die entsprechenden Konstruktionen mit kerysso.

[18] Stimmen der Weltkirche 32, hg. vom Sekretariat der Deutschen Bischofskonferenz und dem CCEE Sekretariat, Bonn/ St. Gallen 1991, 137-236. In bezug auf den vieldeutigen Begriff „Säkularisierung" heißt es allerdings auch: „Die Schwierigkeit besteht darin, die Säkularisierung nicht den anderen anzulasten, indem man eben übersieht, wieviel man selbst zur Entstehung der gesellschaftlichen Tatsachen beigetragen hat" (J. Joncheray und P. J. Leconte: Die Verwendung des Begriffs ‚Säkularisierung' durch eine Gruppe von Bischöfen, 151-156; hier: 154). Vgl. auch die Darlegungen von J. Schaching: Säkularisierung und Evangelisierung: Soziologische Reflexionen und Impulse, a.a.O., 178-185). Bemerkenswert ist vor allem der Hinweis von Kardinal Godfried Danneels (Mecheln-Brüssel) auf das „Fehlen der Metaphysik": Zur Evangelisierung bedarf die Kirche „zuerst eines kräftigen und gesunden *philosophischen* Denkens" (a.a.O., 216). Wir werden später noch genauer darstellen, daß die Wir-Philosophie (Hemeisologie) sowohl die klassische Seins- als auch die neuzeitliche Ich-Philosophie einschließt und daß von da her allererst eine glaubensgeschichtlich neue Thematisierung des von Gott angebotenen Bundes möglich ist.

(2) Wird in der Entgegensetzung von „Evangelium" und „säkularisierter Kultur" nicht übersehen, daß die Kirche ja keineswegs das Evangelium *als solches* repräsentiert, sondern selbst eine soziokulturell geprägte Großgruppe geworden ist und eine binnenkirchliche Kultur entwickelt hat, die keineswegs im Evangelium selbst gründet: Eine „Weitergabe des Glaubens" aufgrund von außen her erwarteter Sozialisationsprozesse läßt sich nicht aus dem „Evangelium" ableiten, sondern gründet im System und in der „Gestalt" der Kirche als einer „öffentlichen Gesellschaft göttlichen Rechts". Nicht „Evangelium" und Kultur brechen zunehmend auseinander, sondern die Idee des „Reiches Gottes auf Erden" und die moderne „Idee der Freiheit", genauer: Das Drama der gegenwärtigen Krise ist nicht der Bruch zwischen Evangelium und Kultur, nicht lediglich das *Auseinanderbrechen* der lange bestehenden Symbiose von Christentum und Gesellschaft, sondern deren mangelnde *Unterscheidung*!

(3) Die gegenwärtige Situation ist nicht lediglich ein „Tief" *innerhalb* der gewesenen Epoche. Der Versuch, das Reich Gottes im politisch-kulturellen Sinn wiederherzustellen oder gar im Sinne einer „Re-Evangelisierung" in eine idealisierte Symbiose zwischen Christentum und Gesellschaft vor der Reformation oder vor der „Aufklärung" zurückspringen zu wollen, muß als naiv-geschichtslos angesehen werden.

(4) Eine neue Bezeugung des Evangeliums erwächst auch nicht lediglich aus der Aufforderung an die (noch) kirchentreuen Christen, ihren Glauben „weiterzugeben" oder christliche Werte in die Gesellschaft hineinzutragen. Der bloße Appell, die Gesellschaft mit christlichen Werten zu „unterwandern", muß notwendig folgenlos bleiben: Der Bruch zwischen kirchlicher Binnenkultur und europäisch-moderner Freiheits-Kultur kann nicht lediglich mit einem von den Christen ausgehenden „Druck" zur Durchsetzung christlicher Werte rückgängig gemacht werden.

(5) Ist die Rede von einer „Neu-Evangelisierung der europäischen Kultur" und der „Umformung" ihrer authentischen Kulturwerte „durch Einbindung in das Christentum" nicht drei Nummern zu groß? Wie sollen denn „durch die Macht des Evangeliums" Urteilskriterien, bestimmende Werte, Denkgewohnheiten und damit auch die alles prägende neuzeitliche „Idee der Freiheit" umgewandelt und sogar „umgestürzt" werden, wenn dies alles als Ausdruck einer schlechten „Säkularisierung" angesehen wird? Und vor allem: Lassen sich die religiös „neutralen" europäischen Staaten wieder in das Christentum „einbinden", nachdem diese Neutralität letztlich eine Folge der Reformation und der nachfolgenden Religionskriege war und somit von eben diesem Christentum selbst herbeigeführt wurde? Und weiter: Jeder Schüler kennt den Wahl-

spruch der Aufklärung: Habe den Mut, dich deines *eigenen* Verstandes zu bedienen! und zwar ohne „Vormünder", ohne Außenlenkung.[19] Als ob die daraus erwachsene wirlos-neuzeitliche Idee der Freiheit sich wieder neu in eine kirchliche Binnenkultur einbinden ließe, nachdem sie doch in Absetzung von ihr entstanden ist!

(6) Wie kann man überhaupt eine ganze Kultur „evangelisieren", wenn die Bezeugung des Evangeliums im biblischen Sinne immer die direkte Anrede von Gott her ist, die den/die einzelne(n) zur Umkehr hinführt? Jesus hat in seinen Gleichnissen und Heilungen die Menschen ganz direkt und persönlich angesprochen und „von Person zu Person" zur Entscheidung und zur Nachfolge aufgerufen; er hat nicht versucht, die damalige jüdische Kultur als ganze umzuformen und in das Reich Gottes „einzubinden". Seine Jünger gehen ebenfalls diesen Weg einer direkten Bezeugung des Evangeliums: „Weißt du nicht, daß Gottes Güte dich zur Umkehr treibt?" (Röm 2,4; vgl. Apg 2,38; 10,37f).

Allerdings: Paulus kennt neben dieser direkten Verkündigung auch den *indirekten*, mühsam-langen Weg der „Inkulturation" des Evangeliums: Im Amtssitz der athenischen Stadtbehörde (Areopag) diskutiert er mit den damaligen Philosophen über die „neue Lehre" und versucht, auf argumentativem Weg eine Einstiftung dieser Lehre in die vorgegebenen kulturellen und religiösen Bedingungen hinein: „Was ihr verehrt, ohne es zu kennen, das verkünde ich euch." (Apg 17,23) Paulus benutzt dabei durchaus die Methoden und Techniken einer diskursiven Kommunikationsgemeinschaft, aber als er vom Ruf zur Umkehr und von der Auferstehung der Toten sprach, heißt es: „Darüber wollen wir dich ein andermal hören" (V. 32).

Ein solcher indirekter Weg ist sicherlich auch heute notwendig. Die Kulturanthropologie hat gezeigt, daß der einzelne von der jeweiligen Kultur, in der er lebt, bis in sein Innerstes, bis in seine Träume hinein bestimmt ist. Philosophische oder theologische Argumentation bei dem Versuch

---

[19] I. Kant, Beantwortung der Frage: Was ist Aufklärung? in: ders.: Werke, hg. v. W. Weischedel, Bd. 9, Darmstadt 1968, 53. Streng philosophisch lautet das dann so: Es entspricht der Würde eines vernünftigen Wesens, daß es „keinem Gesetze gehorcht, als dem, das es sich zugleich selbst gibt." (I. Kant: Grundlegung zur Metaphysik der Sitten, BA 77). Diese Fundierung des kategorischen Imperativs in der Subjektivität bedarf dringend einer *philosophischen* Integration in ein „wirgemäßes" Verständnis der Freiheit. Dabei zeigt sich, daß der Ansatz einer wirlosen Subjektivität *in sich selbst und als solcher* unzureichend ist (vgl. H. Mühlen: Die neue Weltordnung als Wir-Ordnung, ThGl 83 [1993] 282-309; hier: 299-309). Diese philosophische Integration kann nur mit streng *philosophischer* Methode geschehen und erst von da her ist dann auch eine „Inkulturation" des Evangeliums in eine von wirloser Subjektivität geprägte Kultur möglich, die diese zugleich hinterfragt und übersteigt.

einer Einstiftung der befreienden Botschaft in die jeweilige Kultur kann aber eine „Erneuerung aus der Taufe", die nur jeder einzelne selbst vollziehen kann, nicht ersetzen! Eine neue Bezeugung des Evangeliums innerhalb der europäischen Kultur ist nicht möglich ohne ganz persönliche Umkehrschritte vieler einzelner. Deshalb nochmals: In einer „neuen Periode der menschlichen Geschichte" besagt evangelisieren „vor allem, auf einfache und *direkte* Weise Zeugnis zu geben von Gott, der sich durch Jesus Christus im Heiligen Geist geoffenbart hat." (EN 26) „Der heutige Mensch hört lieber auf Zeugen als auf Gelehrte, und wenn er auf Gelehrte hört, dann deshalb, weil sie Zeugen sind." (EN 41)

B.

Auf dem Weg nach innen

I.
Vor-Zeichen einer neuen Gestalt gläubiger Praxis

1. Der Bund erwacht in den Herzen der Glaubenden

Die im dritten Buch dokumentierten diözesanen Reformgottesdienste standen unter den Leitthemen: „Ich will dich segnen und du sollst ein Segen sein" und „Den Bund neu annehmen". Dies war eine bedeutsame Einstiftung einer neuen gläubigen Praxis in die Breite der noch bestehenden „Volkskirche" hinein: „Wie zahlreiche Zuschriften zeigen", heißt es in der Einladung zum zweiten Gottesdienst (1995), „wurde vielen zum ersten Mal in ihrem Leben bewußt, daß Gott mit ihnen einen ganz persönlichen Bund geschlossen hat und sie einlädt, ihn in innerer Freiheit anzunehmen. Wir stellen unseren Gottesdienst deshalb unter die Zusage Gottes: Ich bin mit dir." (E 1) Das liturgische Angebot einer ganz persönlichen Annahme des Taufbundes war für viele ein Entdeckungszusammenhang von unerwarteter Intensität. Im geschützten Raum der kleinen Teams von Laien und Priestern (auch drei Bischöfe bildeten mit je zwei Laien ein solches Team) konnte jeder in innerer Freiheit persönlich-„bundesgemäße" Glaubensschritte vollziehen, die seiner jeweiligen Situation vor Gott entsprechen: Bitte um Gottes Segen in den Freuden und Nöten des Alltags, vertiefte Annahme der sakramentalen und charismalen Zuwendung Gottes. Die anwesenden Laien und Priester haben dann in diese Lebenssituationen Gebete des Segens Gottes, des Dankes, der Fürbitte hineingesprochen. Dies war für alle Beteiligten eine überraschende, neue, befreiende Erfahrung der Kirche als heilender und bergender Gemeinschaft, die nicht machbar und herstellbar ist, eben als Volk „Gottes".

In solchen schlichten liturgischen Vollzügen kommen ganz offenbar Tiefen zum Durchbruch, die glaubensgeschichtlich bisher verdeckt und niedergehalten waren. Es gibt zwar das Lied: „Fest soll mein Taufbund immer stehn", aber bei der traditionellen „Erneuerung des Taufversprechens" kommt nicht zum Ausdruck, daß sie den Charakter einer Annahme des von Gott angebotenen Bundes kraft der von ihm geschenkten Freiheit hat (vgl. drittes Buch: B/II,1). Bund und innere Freiheit der Bejahung und Zustimmung – über alles hinweg, was uns im Augenblick daran hindern könnte: Dies war und ist eine grundlegende und weittragende Entdeckung.

Gott will uns – so heißt es in der Einladung – „durch das Angebot seines Bundes nicht unterdrücken oder beherrschen, sondern befreien ... Vielen erscheint die Kirche – von außen gesehen – lediglich als eine gesellschaftliche Organisation. In ihrem Innersten aber *lebt sie aus dem Bund*, den Gott in Jesus Christus neu und endgültig mit der Menschheit geschlossen hat und aus dem Segen, den wir in der Kraft seines Heiligen Geistes einander zusprechen." (E 2) „Im Bund Gottes mit uns zeigt sich seine freie Selbstbestimmung zum Erbarmen und zur Treue. Gott zwingt uns nicht, dieses Angebot anzunehmen. Wir wachsen aber auch nicht von selbst in diesen Bund hinein, sondern Gott befähigt uns zu einer ganz persönlichen Antwort: Er achtet die Freiheit, die er jedem einzelnen geschenkt hat, so sehr, daß er anklopft und wartet, bis wir uns ihm öffnen (vgl. Offb 3,19ff). Die Liebe Gottes kommt erst in unserer freien Zustimmung zu dieser Liebe an ihr Ziel, in unserem Ja-Wort zum Bund Gottes mit uns." (E 9)

Die Einladung zu den ersten diözesanen Reformgottesdiensten war nicht das Ergebnis von Beratungen und pastoralen Entwürfen, sondern eine Antwort auf das im Volk Gottes aufbrechende Verlangen, Gott direkt und persönlich zu begegnen, über alles hinweg, was daran hindert. Zu diesen Behinderungen gehören negative Erfahrungen in der eigenen Lebensgeschichte (die vor oder nach diesen Gottesdiensten in einem „Gebet um innere Heilung" vor Gott aufgearbeitet werden können, vgl. NMG 122-144) sowie ungelöste Probleme im Zusammenleben der Völker und Nationen. Zu diesen Behinderungen gehört aber auch die Kirche selbst, insofern sie von außen her als eine gesellschaftliche „Organisation" angesehen wird. Auch Priester und Bischöfe haben vor und während dieser Gottesdienste den Taufbund, die Firm- und Weihegnade von Gott neu angenommen, sich von Laien für ihren Dienst segnen lassen und dies auch öffentlich bezeugt (vgl. drittes Buch: A/I,1; E 6).[20] Kaum auszudenken, wie die Kirche von innen her neu wachsen könnte, wenn auch viele oder gar alle Amtsträger die Gnade des Weihesakramentes als Ausdruck der bundesgemäßen Zuwendung Gottes zu seinem Volk neu und vertieft von ihm annehmen würden!

Daraus könnte eine neue Gemeinde-Normalität erwachsen: „Es ist offenkundig, daß der Prozeß des *selbstverständlichen* Hineinwachsens in die Kirche in hohem Maße unterbrochen ist, so daß immer wieder Wel-

[20] Vgl. den Hinweis aus dem Interview mit Weihbischof Voß, Münster: „Er selbst habe auch schon sein Weiheversprechen erneuert und diesen Schritt sehr intensiv erlebt." (drittes Buch: B/VI, 3)

len der Entchristlichung über unser Land gehen. Aber die Kirche ist nicht tot und am Ende. Wir erwarten in hoffendem Glauben, daß sie neu *von innen her* wächst – aus der persönlichen Annahme des Bundes Gottes mit seinem Volk, den er nie aufgekündigt hat, und des Segens, den wir einander von ihm her zusprechen. In Zukunft wird es – wie zur Zeit des Neuen Testamentes – deshalb ganz *normal* sein, daß jeder einzelne die Möglichkeit hat, die Gnade der Sakramente und die Geistesgaben in persönlichen, leibhaften Glaubensschritten von Gott anzunehmen." (E 8)
„Sicherlich sind solche Schritte nur der Anfang eines Weges, aber sie geben uns eine tiefe Hoffnung und den Mut, liturgische Feiern zur Annahme des Tauf- Firm- und Ehebundes auch in den Gemeinden anzubieten. Dabei ist der Hinweis wichtig: Wer solche Schritte vollzieht, tut damit nicht etwas Besonderes. Nicht jeder muß sie vollziehen, aber wer sie vollzieht, tut etwas *ganz Normales*: Die leibhafte Weise, in der Gott in Jesus Christus, in seinem Wort und in den Sakramenten auf uns zukommt, befähigt uns zu einer leibhaften Antwort (vgl. GL 41)." (E 7)
So ist verständlich: Bei solchen Glaubensschritten wird inmitten der gegenwärtigen Ratlosigkeit eine *aufbruchartige Zuversicht* offenbar. Reformliturgie ist von da her nicht lediglich eine neue „Form" von Gottesdienst, sondern: Im Zuge einer neuen Thematisierung des Bundes Gottes mit seinem Volk zeigt sich auf überraschende Weise neu seine alles kirchliche Leben einschließende Lebenskraft: „Unser Segnungsgottesdienst könnte zum *konkreten* Beginn einer neuen Evangelisierung werden. Feiern wir ihn mit Liedern des Lobpreises und der Freude! Danken wir dem lebendigen Gott für alles, was er unter uns wirkt! Ich ermutige dazu, sich in den Gemeinden intensiv auf diesen Tag vorzubereiten." (E 11)

2. Die Entdeckung der Taufe als Bund

Wir können und müssen daran festhalten, daß Gott dem biblischen Zeugnis entsprechend sich als der in der Geschichte seines Volkes Mitseiende gezeigt hat und daß dies auch heute noch gilt. Fragen wir also nunmehr, wo sich im Hinblick auf eine mögliche, unserer Zeit besser entsprechende Gestalt der Kirche Neues und Unerwartetes zeigt. Eine erste Anzeige ist, daß „zahlreiche Jugendliche und Erwachsene – durch Gottes Gnade bewegt (divina gratia commoti) – mehr und mehr das Antlitz Christi entdecken (detegunt) und das Verlangen verspüren (sentiunt), *sich ihm ganz zu schenken* (sese Illi totos dedere)." (EN 44)
Diese Entdeckung und dieses Verlangen ist nicht Ergebnis kirchlicher „Reformbemühungen", kann nicht durch neue pastorale Methoden erzeugt, hergestellt, eingeführt werden, sondern: Alle Initiative kann hier

nur von Gott selbst ausgehen. In ihr zeigt sich jene unableitbare Direktheit der Beziehung Gottes zu seinem Volk, die das biblisch bezeugte Bundesgeschehen charakterisiert: Gott „bewegt“ den einzelnen, berührt direkt sein Herz (vgl. Apg 2,37; DH 1525) und wendet ihn zu sich hin. Dies ist der Anstoß dazu, daß der einzelne sich in der Gemeinschaft der Glaubenden Gott durch Jesus Christus ganz schenkt, sich ihm ganz anvertraut. Dieser innere Antrieb kann und soll dann in liturgischen Schritten zeichenhaft ausgedrückt, verleiblicht werden (vgl. EN 23). Der zitierte Text regt an, ein „Katechumenat“ für Getaufte anzubieten, geht also davon aus, daß das Verlangen, sich durch Jesus Christus Gott ganz zu schenken, der Taufe nicht nur vorausgeht, sondern ihr auch nachfolgt und zu vertiefenden Glaubensschritten führt. Von da her ist auch eine neue Bezeugung des Evangeliums zentriert um die Taufe: „Es wird keine neue Menschheit geben, wenn nicht *zuerst* (!) die Menschen erneuert sind *durch die Erneuerung aus der Taufe* und ein Leben nach dem Evangelium.“ (EN 18)

Ein weiterer Schritt zu einer neuen gläubigen Praxis ist die „Eingliederung Erwachsener in die Kirche“, die 1972 von der Gottesdienstkongregation veröffentlicht wurde. Sie ist die bisher wohl bedeutsamste Auswirkung des Zweiten Vatikanischen Konzils: Angesichts „der heutigen missionarischen Situation in aller Welt“ greift dieses Dokument zurück auf die vor-konstantinische Praxis des Katechumenates für Ungetaufte (EIK 31) und leitet zugleich einen glaubensgeschichtlich tiefgreifenden Umbruch ein: das Verständnis und den Vollzug der Taufe als Bund:

Die Taufe ist das „Sakrament jenes Glaubens, in dem die Menschen, von der Gnade des Heiligen Geistes erleuchtet, auf das Evangelium *Antwort* geben ... Christus anhängen und den *neuen Bund mit ihm eingehen* oder bekräftigen“ (EIK 22). „In der Absage und dem Glaubensbekenntnis wird *dasselbe Pascha-Mysterium*, das ... vom Zelebranten in den Worten der Taufe bekannt wird, durch den *ausdrücklich ausgesprochenen Glauben* der Täuflinge bekundet. Die Erwachsenen erlangen ja nur dann das Heil, wenn sie freiwillig kommen und die Gabe Gottes gläubig annehmen wollen. Der Glaube, dessen Sakrament sie empfangen, ist nicht allein der Glaube der Kirche, sondern *auch ihr eigener* ... Wenn sie getauft werden, nehmen sie dieses Sakrament ja nicht untätig hin. Sie wollen *den Bund mit Christus eingehen*, dem Irrtum absagen und dem wahren Gott anhangen.“ (EIK 40f) Im Taufbekenntnis bezeugen die Taufbewerber ihre Bereitschaft, „mit Christus den Neuen Bund einzugehen.“ (EIK 133)

„Bund“ wird nicht von Gott verfügt, sondern angeboten und ist seiner innersten Struktur nach die Freisetzung der menschlichen Freiheit zur Antwort. Alle anderen „Inhalte“ des Taufgeschehens sind in dieser

Grundwirklichkeit eingeschlossen: Teilhabe an Tod und Auferstehung Jesu, Kindschaft Gottes, Eintritt in das Reich Gottes usw. Die Taufe wird also nicht mehr lediglich als Ergebnis eines von außen her vorgegebenen und erwarteten Aneignungsprozesses verstanden, sondern als ein „freiwillig" vollzogenes Antwort- bzw. Bundesgeschehen: Die Getauften nehmen dieses Sakrament nicht „untätig" hin, sondern wollen „den Bund mit Christus eingehen." Der Glaube, dessen Sakrament sie empfangen, kann nicht stellvertretend von Paten oder Eltern oder gar einem christlichen Milieu vollzogen werden: dieser Glaube ist eben auch und ausdrücklich „*ihr eigener*", und deshalb gehört zur Taufe das von jedem einzelnen „ausdrücklich ausgesprochene" Taufbekenntnis, denn in ihm kommt die „Bereitschaft" zum Ausdruck, die Taufe als „Bund" von Gott zu empfangen oder ihn zu „bekräftigen". Der Ausdruck „bekräftigen" weist darauf hin, daß auch die sogenannte „Tauferneuerung" als erneute Annahme des Taufbundes verstanden wird. Der Vollzug der Taufe als Bundesgeschehen gilt von da her auch hinsichtlich der Kindestaufe.

Eine das ganze Neue Testament einbeziehende Bundestheologie liegt noch nicht vor. Dies ist jedoch angesichts der in der gewesenen Epoche vorherrschenden Idee eines politisierten „Reiches Gottes" und der darin eingeschlossenen Unterdrückung der freien Taufantwort ein dringendes Desiderat. Wir gehen im folgenden davon aus, daß die Taufe der Eintritt in den Bund Gottes mit seinem Volk ist (vgl. Gen 17; Apg 15). Es kommt nicht darauf an, wie oft das Wort „Bund" in den biblischen Texten vorkommt. So ist zum Beispiel die Zusage Jesu: „Seid gewiß: Ich bin mit euch (ego met' hymon eimi) bis zum Ende der Zeit" (Mt 28,19f) eine signifikante Integration der atl Bundestheologie in den „Taufbefehl" Jesu, die es sogar nahelegt, von einer „Bundeserneuerung durch Jesus" zu sprechen und vom Geist Jesu als dem „Geist des Bundes".[21]

3. Die epochale Bedeutung der Neuordnung der Liturgie der Kindestaufe

Eine neue Bezeugung des Evangeliums geschieht in aller Regel (noch) unter Voraussetzung der Praxis der Kindestaufe. Bekanntlich ist sie im Neuen Testament nicht ausdrücklich, sondern allenfalls einschlußweise

[21] Vgl. H. Frankemölle: „Auf die kürzeste Formel gebracht, ist bei met' hymon ho theos im atl, nicht weniger als im mt Kontext die gesamte Bundesterminologie und Bundestheologie impliziert" (Jahwebund und Kirche Christi. Studien zur Form- und Traditionsgeschichte des „Evangeliums" nach Matthäus. Münster 1974, 18, vgl. 42-72).

erwähnt, wenn es etwa heißt: Die Purpurhändlerin Lydia wurde getauft „und ebenso ihr ganzes Haus" (Apg 16,15; vgl. 18,5). Man nimmt an, daß „Haus" auch kleine Kinder einschließt. Durch die seit dem 2. Jahrhundert bezeugte Praxis der Kindestaufe ist die persönliche Umkehrentscheidung für Christus stark in den Hintergrund getreten: Es entstand ein Christentum, in das man sich nicht hineinentscheidet, in das man vielmehr – ohne gefragt zu werden – hineingeboren wird. Deshalb ist die Anordnung des Zweiten Vatikanischen Konzils von einer noch kaum reflektierten glaubensgeschichtlichen Bedeutung: „Der Ritus der Kindertaufe soll überarbeitet und der *tatsächlichen Situation der Kinder* (verae infantium condicioni) angepaßt werden; überdies sollen im Ritus selbst die *Rolle der Eltern und Paten* und ihre Pflichten deutlicher hervortreten." (SC 67)
In der alten Kirche wurde der Ritus der Erwachsenentaufe fast ohne Angleichung an die tatsächliche lebensgeschichtliche Situation der Säuglinge auf diese übertragen: Das kleine Kind wurde wie ein Erwachsener behandelt; da es aber selbst nicht antworten und seinen Glauben bekennen kann, entstand folgender fiktiver Dialog:

Zu Beginn der Feier der Säuglingstaufe fragte der Priester die Paten (vgl. NMG 408-412):
„Wie soll dieses Kind heißen?"
Paten: „N."
„N., was begehrst *du* von der Kirche?"
Paten: „Den Glauben."
„Was gewährt *dir* der Glaube?"
Paten: „Das ewige Leben."

Nach den vorbereitenden Riten (Segnungen, Exorzismen, Gebeten) begann die Taufhandlung mit dem Taufbekenntnis:
„N., widersagst *du* dem Satan?"
Paten: „*Ich* widersage."
„N., glaubst *du* an Gott ... an Jesus Christus ... an den Heiligen Geist?"
Die Paten antworten jeweils: „*Ich* glaube."
„N., willst *du* getauft werden?"
Paten: „*Ja, ich will es.*"

Die Fragen richteten sich somit direkt an das Kind, und die Paten haben *stellvertretend* für das Kind jeweils „ich" gesagt. Sie haben so geantwortet, *als ob* das Kind selbst durch ihre Antworten seinen Glauben und seine Taufbereitschaft zum Ausdruck brächte. Der neue Ritus wurde 1969 in Kraft gesetzt. Seitdem spricht der taufende Priester oder Diakon die Eltern und Paten mit folgenden Worten an:

„Liebe Eltern und Paten! Sie sollen Ihre Kinder im Glauben erziehen. Wenn Sie bereit sind, als *gläubige Menschen* diese Aufgabe zu übernehmen, dann sagen Sie jetzt *im Gedenken an Ihre eigene Taufe* dem Bösen ab und bekennen *Ihren Glauben* an Jesus Christus, den Glauben der Kirche, in dem Ihre Kinder getauft werden."
Dann fragt der Taufende die Eltern und Paten:
„Widersagen Sie dem Bösen ...?"
Eltern und Paten: „Ich widersage."
„Glauben Sie an Gott ... an Jesus Christus ... an den Heiligen Geist?"
Die Eltern und Paten antworten jeweils: „Ich glaube."[22]
Die Aufgabe des Paten wird in den offiziellen Vorbemerkungen zum neuen Ritus der Kindertaufe wie folgt beschrieben: „Auf seine Weise soll er den Eltern beistehen, damit das Kind *seinen* Glauben bekennen und im Leben verwirklichen kann" (Nr. 39; vgl. GL 44,3).
Die Eltern und Paten widersagen also nicht mehr *stellvertretend* für das Kind dem Bösen; sie bekennen den Glauben nicht mehr *stellvertretend* für das Kind. Vielmehr widersagen sie erneut und *persönlich* dem Bösen und bekennen erneut ihren *eigenen* Glauben! Sie „erneuern" ihr *eigenes* Taufbekenntnis! Die direkte Frage an das Kind: „willst du getauft werden?" ist ersatzlos entfallen: „Es muß endlich aufhören, daß ein zu taufender Säugling wie ein kleiner Erwachsener behandelt wird ... An Stelle dieser ‚Unform' ist jetzt eine aus der Sache der Säuglingstaufe wachsende Ordnung getreten."[23] In dieser neuen Taufpraxis wird deutlich: Die je eigene, persönliche und freie Annahme des Taufbundes ist *nicht ersetzbar*, weder durch die Eltern und Paten noch durch die Kirche. Sicherlich wächst das Kind auch in den Glauben der Eltern und Paten hinein (falls diese noch aktiv gläubig sind), aber: ihre Begleitung soll nunmehr dazu hinführen, daß der/die junge Erwachsene den Taufbund frei und persönlich annimmt, das heißt, ausdrücklich bejaht, was Gott in der Taufe ein für allemal an ihm/ihr getan hat.
Diese Neuordnung ist von kaum zu überschätzender dogmatischer und pastoraler Bedeutung. In den der Neuordnung der *Kindestaufe* (!) vorangestellten Allgemeinen Vorbemerkungen der Gottesdienstkongregation wird die Taufe – wie bereits erwähnt – als das „Sakrament jenes Glaubens" bezeichnet, „in dem die Menschen, von der Gnade des Heiligen Geistes erleuchtet, auf das Evangelium *Antwort* geben ... Christus

[22] Vgl. Die Feier der Kindertaufe, hg. im Auftrag der Bischofskonferenzen Deutschlands, Österreichs und der Schweiz und des Bischofs von Luxemburg, Verlag Benziger u. a. (1977).

[23] B. Fischer: Die Intentionen bei der Reform des Erwachsenen- und Kindertaufritus, in: Liturgisches Jahrbuch 21 (1971) 65-75. Vgl. M. Kunzler: Die Liturgie der Kirche. Paderborn 1995, 388ff.

anhängen und den *neuen Bund mit ihm eingehen* oder bekräftigen" (vgl. EIK 22). Die Kindestaufe ist hier ausdrücklich nicht eine zustimmungslose, nicht erbetene, ungefragte Eingliederung in die Kirche, sondern ein *bundesgemäß-freies Antwortgeschehen*. Auch das kleine Kind wird durch die Taufe ein für allemal hineingenommen in das von Gott seinem ganzen Volk angebotene Bundesgeschehen, nur: die Antwort des Kindes steht noch aus.

Aus der Neuordnung der Kindestaufe ergibt sich deshalb ein fundamentaler Anstoß zu einem neuen Vollzug dessen, was „Tauferneuerung" genannt wird. Die bisherige Praxis der „Tauferneuerung" vor der Erstkommunion, vor der Firmung, ging von der „Fiktion" aus, daß der Heranwachsende als Säugling „durch die Paten" (Augustinus) ein Versprechen abgelegt habe, das nunmehr „erneuert" wird. Da seit 1969 alle direkten Fragen an das Kind entfallen sind, wäre eine solche „Erneuerung" eine neue „Fiktion". Angesichts der neuen Praxis der Kindestaufe kann es nur um eine spätere altersgemäße *Annahme des Taufbundes* gehen: Es muß also genauer geklärt werden, warum und inwiefern der liturgische Ausdruck der Annahme des Taufbundes nicht auf den Augenblick der Taufspendung beschränkt ist, sondern ihr zeitlich nachfolgen kann, und zwar auch unabhängig vom Taufalter. Das in diesem „Nachfolgen" eingeschlossene Zeitverständnis ist noch nicht zureichend analysiert, und daraus ergeben sich Probleme hinsichtlich der Kindestaufe, die mit diesem Geschehen als solchem nicht gegeben sind. Wir werden dies genauer zeigen anhand der Differenz zwischen der datierbaren, kosmischen Jetzt-Zeit und der jetztlosen Wir-Zeit der Kirche.

Von da her kann auch endgültig und unhintergehbar das Mißverständnis beseitigt werden, die Liturgie der Annahme des Taufbundes, die wir noch genauer beschreiben werden, sei so etwas wie eine „Wieder-Taufe". Zunächst sei nur auf das im Neuen Testament sich zeigende dreifache Verhältnis von Glaube und Taufe hingewiesen:

- Die Taufe setzt den Glauben voraus: Mk 16,16; Apg 8,12; Apg 18,8.
- Der Glaube wird mit der Taufe gegeben: Hebr 6,4ff.; 10,32.
- Die Taufe ist der Anfang des Glaubensweges: Röm 6,4; 1 Kor 6,9ff.; 1 Petr 3,21.

Aus diesem Befund ergibt sich: Glaube und Taufe sind aufeinander bezogen, aber *die zeitliche Reihenfolge ist nicht entscheidend*. Deshalb hat der Getaufte den Glauben und die Taufe niemals „hinter sich": Der Taufempfang ist ein einmaliges Geschehen, aber die einmal empfangene Taufgnade will sich immer tiefer im alltäglichen Leben, in einem Leben aus dem Heiligen Geist (Gal 5,25) auswirken. Der Glaube hat im ersten Hören des Wortes und in der Umkehr einen „Anfang", aber der Getaufte wächst *lebenslang* in die Begegnung mit Jesus Christus und in den

Glauben hinein. Das Verhältnis von Umkehr – Glaube – Taufe – Geistempfang darf deshalb nicht in ein Schema gepreßt werden. Nur so kann die Zeitlichkeit des Bundes Gottes zureichend erfaßt und die Taufe als das im Leben des einzelnen fort-dauernde Bundeszeichen verstanden werden.

II.
Die Taufe Jesu: Grundgestalt des bundesgemäßen Mitseins Gottes mit seinem Volk

1. Verkündigung der Heilskraft der Taufe Jesu: Anfang der Ur-Bezeugung des Evangeliums

Die urkirchliche Verkündigung beginnt im Geschichtswerk des Lukas mit der Verkündigung der Heilskraft der Taufe Jesu, wie die Predigt des Petrus im Hause des Heiden Kornelius zeigt: „Ihr wißt von dem geschehenen Ereignis (to genomenon rhema) im ganzen Land der Juden, angefangen (arxamenos) in Galiläa, nach der Taufe, die Johannes verkündet hat, wie Gott Jesus von Nazareth gesalbt hat mit heiligen Geist und mit Kraft, wie dieser umherzog, Gutes tat und alle heilte, die in der Gewalt des Teufels waren, denn Gott war mit ihm (hoti ho theos en met' autou)." (Apg 10,37f) Der Hinweis auf das Mit-sein Gottes mit Jesus ist eine unauffällige Bezeugung des in ihm sich ereignenden Bundesgeschehens. Dies zeigt sich auch in der einleitenden Bemerkung, daß Gott selbst durch Jesus Christus den Frieden „verkündet": „Gott hat das Wort den Israeliten gesandt, indem er den Frieden verkündete (euaggelizomenos) durch Jesus Christus; dieser ist der Herr aller" (Apg 10,36). Die Taufe Jesu ist ein *fort-dauerndes Anfangsgeschehen*, durch das nach Lukas Gott selbst „evangelisiert" und seinen Bund gegenwärtig macht, und zwar durch die Geschichte hindurch – bis heute. In einer epochal neuen Hörsituation kann und muß auch eine neue Bezeugung des Evangeliums hier ansetzen.
Im Sinne des Lukas beginnt nämlich mit der Taufe Jesu die „Zeit der Kirche": „Einer von den Männern, die mit uns zusammen waren *in der ganzen Zeit*, in der Jesus, der Herr, bei uns ein und aus ging, *angefangen* (arxamenos) *von der Taufe* durch Johannes bis zu dem Tag, an dem er von uns ging und (in den Himmel) aufgenommen wurde, – einer von diesen muß nun zusammen mit uns Zeuge seiner Auferstehung sein." (Apg 1,21f) Dieser Anfang ist nicht vergangen wie die Jetztpunkte der mit Uhr

meßbaren Zeit, sondern bestimmt die gesamte zeitliche Erstreckung der Kirche – bis in diese Stunde hinein.

Im Hinblick auf eine vertiefende Erschließung dieser Texte sei nochmals auf die doppelte Bedeutung von rhema hingewiesen: Dieser Ausdruck meint sowohl „Rede, Wort, Predigt" (vgl. Lk 7,1; Apg 2,14; Joh 8,20) als auch „Ereignis, Geschehen" (vgl. Lk 1,37; Mt 18,16; 2 Kor 13,1; Apg 5,32; 13,42). Diese zweite Bedeutung geht zurück auf die Grundbedeutung des hebräischen Wortes für „Wort" (dabar)[24] und findet sich bezeichnenderweise in dem anschließenden Bericht: „Noch *während* Petrus diese Worte redete (lalountos ta rhemata tauta), kam der Geist auf alle herab, die das Wort hörten" (V. 44). Petrus spricht oder reflektiert hier nicht *über* die Taufe Jesu, sondern: *indem* er die Heilskraft dieses Geschehens verkündet, *ereignet* es sich in den Hörern als „Getauft-werden mit dem Heiligen Geist" (Apg 1,5). Deshalb hat Petrus keine Bedenken, daß sie im Namen Jesu Christi mit Wasser getauft und so in die Kirche eingegliedert werden. (Apg 10,48) Bei seiner Rechenschaft vor der Gemeinde von Jerusalem läßt Lukas den Petrus dann sagen: „Während ich redete, kam der Heilige Geist auf sie herab, *wie am Anfang auf uns.* Da erinnerte ich mich an das Wort des Herrn: Johannes hat mit Wasser getauft, ihr aber werdet mit dem Heiligen Geist getauft werden." (Apg 11,15)

Im Hinblick auf eine geschichtlich neue Thematisierungsstufe des Gesamtgeschehens der Taufe muß dieser „normative" Anfang in seiner Grundstruktur näher erschlossen werden. Das Substantiv „Geisttaufe" kommt im NT nicht vor, sondern das damit gemeinte Geschehen wird verbal ausgedrückt: Der Auferstandene hat entsprechend der atl Verheißung (vgl. Jes 44,1-5) von Gott her den Heiligen Geist „ausgegossen", „wie ihr seht und hört" (Apg 2,33). Das Bildwort „ausgießen" meint zunächst: Der Heilige Geist, diese „Kraft aus der Höhe" (Lk 24,49), diese göttliche Energie, kommt im Pfingstereignis über die betende, in erwartendem Glauben versammelte Gemeinde (Apg 1,12-14), sie läßt sich auf sie herab und „erfüllt" sie (Apg 2,3f). Das „Brausen" nach Art eines Sturmes und Zungen wie von Feuer meinen nicht ein äußeres, mit den leiblichen Augen und Ohren wahrnehmbares Ereignis, sondern ein *inneres* Sehen und Hören, von dem Lukas auch an anderen Stellen spricht (Lk 2,26; 12,12; Apg 8,29; 11,12; 13,2; 19,2; 21,11). Dieses innere Geschehen äußert sich dann in einem Lobpreis Gottes, der zugleich den

---

[24] Vgl. ThWNT Bd. 4, 74f.91f.

Charakter einer Verkündigung der „großen Taten Gottes" hat.[25] Sie ist in der lukanischen Pfingstpredigt ausdrücklich auf den historischen Jesus rückbezogen (Apg 2,14-32).

Da in der gewesenen Epoche der Glaubensgeschichte Christsein primär durch von außen her erwartete Prozesse des Hineinwachsens in die Kirche vermittelt wurde, sei besonders auf die *Direktheit* des Gesamtgeschehens der Taufe hingewiesen. Das Getauftwerden mit Heiligem Geist im Pfingstereignis ist nicht durch eine sakramentale Zeichenhandlung vermittelt: Der Geist kommt direkt „aus dem Himmel" (Apg 2,2), also „von oben". Es besteht kein Anlaß, die Taufe „mit Wasser" zeitlich oder inhaltlich zu trennen von dem Getauftwerden mit Heiligem Geist. Das Nacheinander im Bericht des Petrus (Apg 10,44-48) ist lediglich ein Hinweis auf den „Anfang" jeglichen Gutbotschaftens in der Direktheit des Pfingstereignisses (vgl. 10,45 mit 11,15f).

Sie zeigt sich deutlich in der Pfingstpredigt des Petrus. In ihr „geschieht jetzt", wovon die Rede ist: die verheißene Ausgießung des Geistes. (V. 16f) Hier wird nochmals deutlich, daß eine evangelisierende Predigt die Direktheit des göttlichen Handelns nicht ausschließt: „Das hörend wurden sie gestochen in das Herz, und sie sagten zu Petrus und den übrigen Aposteln: Was sollen wir tun, Brüder? Petrus antwortete ihnen: Kehrt um, und (kai) ein jeder von euch (hekastos hymin) lasse sich auf den Namen Jesu taufen zur Vergebung eurer Sünden, und (kai) ihr werdet die Gabe des Heiligen Geistes empfangen" (Apg 2,37f). Im hörenden Mitvollzug des Wortes werden die Anwesenden in ihr Herz „gestochen", wird ihr Herz „durchbohrt", und diese „Betroffenheit" ist bereits ein Getauftwerden mit heiligem Geist, so daß Umkehr, Taufe eines jeden einzelnen mit Wasser und Geistempfang Momente dieses einen Gesamtgeschehens sind.

Es wird sich zeigen, daß auch in den lehramtlichen Äußerungen die „Berührung des menschlichen Herzens" (DH 1525) der von Gott selbst gesetzte Anfang der Vorbereitung auf die Taufe Erwachsener ist und auch nach der Kindestaufe hinführt zur späteren Annahme des Taufbundes.

---

[25] Auf den sehr differenzierten exegetischen Befund, auf dieses „Reden, wie es der Geist ihnen eingab", brauchen wir nicht einzugehen. Es ist umstritten, ob hier das sogenannte „Sprachengebet" im Sinne von 1 Kor 14,1-23 gemeint ist oder ein Reden in Fremdsprachen, oder ob ein geistgewirktes Hörgeschehen gemeint ist: „Wir *hören* sie in unseren Sprachen Gottes große Taten verkünden" (Apg 2,11).

2. Die normative Bedeutung der Berichte über die Taufe Jesu für eine neue gläubige Praxis

Jesus begann sein Wirken mit einem persönlich-leibhaften, „liturgischen“ Schritt, der zugleich eine prophetische Intervention war. Im Taufbericht des Lukas heißt es: „Zusammen mit dem ganzen Volk ließ auch Jesus sich taufen. Und während er betete, öffnete sich der Himmel, und der Heilige Geist kam sichtbar in Gestalt einer Taube auf ihn herab und eine Stimme aus dem Himmel sprach: Du bist mein geliebter Sohn, an dir habe ich Gefallen gefunden.“ (3,21f) Heben wir im Hinblick auf eine neue gläubige Praxis folgende Aspekte heraus:

1. Prophetisches Zeichen. Warum hat Jesus die Umkehrtaufe des Johannes an sich geschehen lassen, obwohl er „ohne Sünde“ war (1 Joh 3,5) und einer Umkehr nicht bedurfte? Auf die Weigerung des Johannes, Jesus zu taufen, gibt Jesus die Antwort: „Laß es nur zu! Denn nur so können wir alle Gerechtigkeit erfüllen.“ (Mt 3,15) „Alle Gerechtigkeit“ meint hier wahrscheinlich das dem Bundesverhalten Gottes entsprechende Verhalten des Menschen, das jetzt im Getauft-werden, wie Jesus es in einem prophetischen Zeichen an sich geschehen läßt, voll zum Ausdruck kommt.[26] Diese Tat Jesu ist nicht ein intellektuelles Um-Denken, auch nicht nur ein Willens- und Entscheidungsakt, sondern erfaßt seine ganze Person in allen ihren Dimensionen, sie ist ein Akt *totalen Vertrauens* zu Gott: Er läßt den Bundeswillen Gottes an sich geschehen, er läßt zu, daß Gott an ihm und durch ihn handelt. Diese Grundhaltung des An-sich-geschehen-lassens ist für alle Zeit ein *prophetisches Zeichen*. In ihm bezeugt er in der Öffentlichkeit, daß er sein Wirken in voller und ganzer Abhängigkeit von Gott beginnt, daß er nichts sagt und tut außerhalb dieser Direktheit des Vertrauens zu Gott: Der Anfang jeder Bezeugung des Evangeliums ist ein ausdrücklicher, leibhafter Akt des Vertrauens, in dem wir die Umkehr zu Gott an uns geschehen lassen: Umkehr ist primär Gottes Tat an uns und nicht unsere eigene Leistung.

2. Verleiblichung der Beziehung zu Gott. Der hermeneutische Schlüssel für die Berichte über die Taufe Jesu ist die Pfingsterfahrung der Urgemeinde (vgl. Apg 11,15). Sie beschreiben die Herabkunft des Heiligen Geistes auf Jesus als ein „objektives“, für alle wahrnehmbares *inneres*

---

[26] Vgl. G. Schrenk, in: ThWNT Bd. 2, 197.200; E. Lohmeyer: „So ist also die Taufe die letzte und höchste Forderung, die Gott jetzt zu allen Geboten des Gesetzes noch auferlegt; mit ihr ist dann ‚*alle* Gerechtigkeit‘ erfüllt“ (Das Evangelium des Matthäus. Göttingen ³1962, 51); J. Gnilka: Das Matthäusevangelium. I. Teil. Herders Theologischer Kommentar zum Neuen Testament. Freiburg, Br. ²1988, 74-77.

Ereignis. Die „Taube“ und die „Stimme“ dienen der Veranschaulichung dieses inneren Geschehens und wollen nicht als sinnlich wahrnehmbare Vorgänge verstanden werden. Matthäus betont noch eindringlicher: Als Jesus aus dem Wasser herausgestiegen war, „sah“ *er* den Geist auf sich herabkommen und „hörte“ *er* die Stimme aus dem Himmel (Mt 3,16). Mit „sehen“ und „hören“ ist auch hier eine *innere Wahrnehmung* Jesu gemeint, eine neue „Erfahrung“ seiner einzigartigen Sendung und Beauftragung durch Gott.

Diese Direktheit der Beziehung Jesu zu Gott ist gänzlich unvorstellbar und einmalig, aber eben deshalb ist von höchster Bedeutung, daß sie nicht eine rein oder primär geistige, sondern zugleich eine zutiefst leibhafte Beziehung ist. Angesichts des überbetonten Vertrauens auf eine genauere Kenntnis der Glaubenswahrheiten zur Behebung der gegenwärtigen Krise sei darauf hingewiesen: „Getauft-werden“ meint einen *leibhaften* Schritt, und diese Verleiblichung war für den Menschen Jesus verbunden mit einer inneren „Erfahrung“: Die Verleiblichung der Beziehung Jesu zu Gott bei seiner Taufe vollendet sich bis hinein in das Kreuzesgeschehen, das auch als seine „Todestaufe“ bezeichnet wird (Mk 10,38; Lk 12,50). „Taufe“ ist hier bildlicher Hinweis auf das leibhafte Eingetaucht-Werden Jesu in Leiden und Tod (vgl. Ps 69,2f; 2 Sam 22,5; Jes 43,2; Röm 6,3-5). Im Kreuzesgeschehen hat Gott ihn, „der keine Sünde“, keine Beziehungslosigkeit kannte, „für uns zur Sünde gemacht“ (2 Kor 5,21), dem Tod aller Beziehungen überlassen, damit wir nie mehr in diesen Abgrund hineinsinken müssen. Und eben in diesem Abbruch aller Beziehungen kommt der Grundakt des Vertrauens, den Jesus bei seiner Taufe vollzogen hat, zur vollen Ausprägung. Matthäus zitiert inmitten des Kreuzesgeschehens Ps 22,9: „Er hat auf Gott vertraut“ (27,43), und der Hebräerbrief sagt sogar: „Er hat angesichts der vor ihm liegenden Freude das Kreuz auf sich genommen“ (12,2). Indem er sich in der Kraft des Heiligen Geistes, der ewigen göttlichen Energie, Gott darbringt, wird er zum end-gültigen „Mittler des neuen Bundes“ (Hebr 9,14f). Zugleich „überliefert“ Jesus in seiner Todestaufe diese göttliche Energie in die Geschichte hinein (vgl. Joh 19,30), wird er zum „lebenspendenden Geist“ (1 Kor 15,45), wie sich im Pfingstereignis daran zeigt, daß die Jünger nunmehr „mit dem Heiligen Geist getauft“ werden, mit der Kraft aus der „Höhe“ (Apg 1,5.8). Dieses Getauft-werden zeigt sich in einem neuen Sprechvermögen und ist der Beginn der urkirchlichen Bezeugung des Evangeliums. Sie bleibt maß-gebend für jede spätere Erst- und Neu-Evangelisierung.

3. Anfang der „Kirche“. „Während Jesus betete, öffnete sich der Himmel“, das heißt, zeigte sich ihm Gott, handelte Gott an ihm. In diesem

Hinweis des Lukas (3,21) leuchtet nochmals die Pfingsterfahrung der Urgemeinde auf: Der Heilige Geist war über die Jünger gekommen, während sie „einmütig im Gebet verharrten“ (Apg 1,14; vgl. 4,31). Lukas sagt uns nicht, was Jesus nach Auffassung der Urkirche am Beginn seines Gutbotschaftens gebetet hat. Die „Stimme“, die Jesus und die Umstehenden „gehört“ haben („Du bist mein geliebter *Sohn*“), könnte uns aber einen Hinweis geben: Dieser „Stimme“ entspräche das Grundgebet Jesu: „Abba, lieber Vater“! Jedenfalls will Lukas auf die einmalige *Direktheit* der Beziehung Jesu zu Gott hinweisen, aus der er gelebt und evangelisiert hat.

Bei Matthäus lautet die Himmelsstimme: „*Dieser ist* mein geliebter Sohn, an dem ich Gefallen gefunden habe“ (3,17): Damit deutet er an, daß die Umstehenden dieses Ereignis mitgesehen und mitgehört haben, daß also Jesus bei seiner Taufe die Anwesenden an der einmaligen Direktheit seiner Beziehung zu Gott hat teilnehmen lassen. In der Taufe Jesus zeigt sich nicht seine „private“ Beziehung zu Gott, sondern sie hat einen *öffentlich-sozialen-gesellschaftlichen* Charakter, und dies war der konkrete Anfang dessen, was wir heute „Kirche“ nennen. Ohne diese Direktheit zu Gott hin, auch über geschichtlich bedingte Behinderungen hinweg, wird sie nicht die Kirche Jesu Christi bleiben. Wir können die Berichte über die Taufe Jesu wie folgt zusammenfassen:

- Die erste Wortverkündigung Jesu war nach Lukas ein Gebet.
- In ihm hat Jesus seine direkte Beziehung zu Gott veröffentlicht.
- Dies war der konkrete Beginn der Kirche.

4. Pastoral in konzentrischen Kreisen. Wie hat nun Jesus nach seiner Taufe und seiner anschließenden Wüstenerfahrung konkret begonnen? Zunächst mit dem einladenden Ruf zur Umkehr, eben zu jener Umkehr, die er prophetisch-zeichenhaft und zugleich solidarisch zusammen mit denen vollzogen hatte, die von sich bekannten, daß sie der Umkehr bedürfen. „Er verkündete das *Evangelium Gottes* und sprach: Die Zeit ist erfüllt, das Reich Gottes ist nahe. Kehrt um, und glaubt an das Evangelium“ (Mk 1,14f). Er fordert also zu einem Tun auf, das er selbst vorgelebt hatte. Die Umkehrpredigt Jesu ergeht zunächst an die vielen, aber dann beruft er einzelne Jünger in seine Nachfolge und formt damit einen inneren Kreis, von dem her das weitere Geschehen ausgeht: „Er setzte zwölf ein, die er *bei sich haben* und die er dann *aussenden* wollte“ (Mk 3,14). Diese Berufenen waren einfache Arbeiter, „ungelehrte und einfache Leute“ (Apg 4,13), aber sie hatten den Gelehrten und den Tempelpriestern eins voraus: Sie wußten nicht schon alles, sondern waren offen für das Neue und bereit, ihm nachzufolgen. Sie und nur sie wollte Jesus „bei sich haben“, sie sollten seine Predigt hören, seine Wunder sehen.

Jesus hat also seinen Jüngern das Wissen um das Reich Gottes nicht durch eine verstandesmäßige Einsicht in allgemeine Glaubenswahrheiten vermittelt, sondern durch *persönlichen Umgang*. Deshalb hat er ihnen die meiste Zeit seines öffentlichen Wirkens gewidmet. Das war seine „Methode". Jesus hat auch der Menge gepredigt (Mk 12,37), aber häufig hat er sich von ihr zurückgezogen, um sich der kleinen Schar seiner Jünger zuzuwenden (Mt 13,36).

Jesus hat also nicht im Sinne einer „Erfassungspastoral" evangelisiert, die möglichst alle mit gleicher Intensität erreichen soll, aber auch nicht im Sinne einer „Elitepastoral", die sich einem kleinen, sich ausgrenzenden und in sich geschlossenen Kreis zuwendet, sondern: Er hat einige wenige persönlich angesprochen und berufen, diesen Kreis und jeden einzelnen in persönlichem Umgang während einer begrenzten Zeit geformt und in die Verkündigung des Evangeliums eingeführt (vgl. Mt 10,5-15). So konnte diese kleine Schar dann im Pfingstereignis in sich erweiternden, konzentrischen Kreisen zu seinen Zeugen werden: „in Jerusalem, in ganz Judäa und Samarien und bis an die Grenzen der Erde" (Apg 1,8).

Eine zeitgemäß-neue gläubige Praxis wird sich an dieser Grundgestalt der Kirche orientieren müssen: In der Taufe Jesu und in der aus ihr erwachsenen urkirchlichen Taufpraxis zeigt sich die *normative* und für alle Zeiten gültige *Grundgestalt* des bundesgemäßen Mit-seins Gottes mit seinem Volk, die ihre ganze weitere Geschichte bestimmt. Wenn also überhaupt die Aussicht bestehen soll, einigermaßen sinnvoll nach den Wegen einer zukünftigen „Gestalt" gläubiger Praxis zu fragen, dann kann der Ansatz nur die urkirchliche Taufpraxis sein. Wenn diese Frage allerdings wiederum einmündet in einen neuen theoretischen „Entwurf" von Kirche oder lediglich Strukturreformen anzielt, bleibt es bei Behauptungen, Feststellungen, Polarisierungen. Deshalb nochmals: Nach der lukanischen Pfingstpredigt des Petrus frugen die Zuhörer nicht: Wie sollen wir jetzt über Gott, den Heiligen Geist reden, sondern: „Was sollen wir tun?" Nur aus einem taufgemäßen *Tun*, aus dem *leibhaften* Schritt eines jeden einzelnen, ist Kirche erwachsen. Nur aus einer zeitgemäßen, das freie, leibhafte Antwortgeschehen einschließenden Taufpraxis wird auch Kirche neu von innen her wachsen.

3. Die Taufe als Bundeszeichen

Jesus war Jude und als solcher gezeichnet vom Bundeszeichen der Beschneidung (Lk 2,21). Paulus zählt es zu den Vorzügen seiner jüdischen Vergangenheit, daß er am 8. Tag beschnitten wurde (Phil 3,5). Noch zur Zeit Jesu galt im Sinne von Gen 17,11.13 die Beschneidung als „Zeichen des Bundes". In der von Johannes gespendeten Taufe zeigt sich

der Beginn einer neuen Entwicklung an, die in der atl Bundesgeschichte kein Vorbild hat. So ist verständlich, daß es zu „heftigen Auseinandersetzungen" darüber kam, ob die Heidenchristen sich nach dem „Brauch des Moses" beschneiden lassen müssen, um voll Mitglieder des neuen Gottesvolkes sein zu können (Apg 15,1f).
An Abraham war die Weisung ergangen: „Dies ist mein Bund zwischen mir und euch samt deinen Nachkommen, den ihr halten sollt: Alles, was männlich ist unter euch, muß beschnitten werden. Am Fleisch eurer Vorhaut müßt ihr euch beschneiden lassen. Das soll geschehen zum *Zeichen des Bundes* (oth berit) zwischen mir und euch ... So soll *mein Bund in eurem Fleisch* (beriti bibesarchem) ein ewiger Bund sein." (Gen 17,10-13). Die Formulierung „Zeichen des Bundes zwischen mir und euch" in V. 11 ist in V. 13 ersetzt durch „mein Bund in eurem Fleisch". Die Einheitsübersetzung glättet diesen drastischen Ausdruck durch „mein Bund, dessen Zeichen ihr an eurem Fleisch tragt," aber: der Urtext in V. 13 macht eindeutiger als das Wort „Zeichen" das Ausmaß *der Leibhaftigkeit* des Bundesgeschehens offenbar, die den *ganzen* Menschen von Generation zu Generation erfaßt. Zugleich ist die Beschneidung „antwortendes Handeln"[27] und hat somit einen ganz ausdrücklich bundesgemäßen Charakter.
Auf dem Apostelkonzil wurde nun in einem geistlichen Prozeß der Unterscheidung gefragt, ob die auch kulturanthropologisch begründete Beschneidung das für alle Zeiten gültige leibhafte Bundeszeichen ist – oder ob für Christen an ihre Stelle die Taufe tritt. Das Konzil entschied, den Heiden diese „Last" nicht aufzuerlegen (V. 28). Fortan war die „Gestalt" der Kirche nicht mehr bestimmt vom äußeren Bundeszeichen der Beschneidung, sondern vom *inneren* Bundeszeichen der christlichen Taufe, der „Beschneidung des Herzens" (vgl. Jer 4,4; 9,24f; Ez 44,7-9; Dt 10,16; 30,6): „Beschneidung ist nicht, was sichtbar am Fleisch geschieht, sondern ... was am Herzen durch den Geist, nicht durch den Buchstaben geschieht" (Röm 2,28). Mit dieser Entscheidung begann der *Weg nach innen*: Die Taufe als die „nicht mit Händen gemachte Beschneidung" (Kol 2,11; vgl. Eph 2,11) ist nunmehr der persönliche Eintritt des einzelnen in den Bund Gottes mit seinem ganzen Volk und somit die persönliche *Antwort* auf das Bundesangebot Gottes.
Diese entscheidende Wende war ein epochaler Einschnitt in der Geschichte des von Gott nie aufgekündigten Bundes, auch wenn in diesem Zusammenhang das Bundesgeschehen als solches nicht thematisiert und reflektiert wird. Immerhin steht im Hintergrund dieser Entschei-

---

[27] Kl. Grünwaldt: Beschneidung, in: LThK³ Bd. 2, 309.

dung, daß ja auch Jesus gezeichnet war von diesem „Bund im Fleisch". Sie vollzog sich aufgrund einer „Prüfung" in der Versammlung der Apostel und Ältesten, und diese wiederum geschah in „heftigem Wortwechsel" (Apg 15,6). Man setzte sich nicht zusammen, um in einem unbestimmten Suchen und Fragen nach irgendeiner Lösung Ausschau zu halten, sondern es wurden klare Positionen vertreten und vom Wirken des Geistes her geprüft (Apg 15,4.8-12). Diese wirgemäß gefundene Entscheidung eröffnete einen für alle gangbaren Weg und damit die Möglichkeit zu einer gläubigen Praxis „bis an die Grenzen der Erde" (vgl. Apg 1,8). Zugleich war sie ein „Kompromiß" für den Übergang, denn nunmehr wurden „gemischte Gemeinden" möglich, in denen in großer innerer Freiheit und Toleranz Christen, die vorher Heiden waren, zusammenlebten mit Christen, die vorher Juden waren. Damit sind die Wege zu einer neuen Bezeugung des Bundes Gottes bereits vorgezeichnet.

Theologisch können wir davon ausgehen, daß der Jude Jesus durch sein Getauft-Werden die Taufe zum leibhaften Bundeszeichen des neuen Bundes gemacht hat. In jedem Falle ist angesichts der Ratlosigkeit, wie es mit der Kirche weitergehen könnte, die Entscheidung des Apostelkonzils ein weiterer Anlaß, die verheerende traditionelle Intellektualisierung und Entleiblichung der Beziehung zu Gott zu thematisieren. „Bund" ist immer *Bund im Fleisch* – und nicht lediglich ein „Bund im Kopf", über den man zu reden und gelehrte Feststellungen zu machen hätte: In analoger Weise, wie beim Übergang vom ersten zum neuen Bund geht es heute – innerhalb der neubundlichen Glaubensgeschichte – wiederum um die Frage nach einer geschichtlich neuen Gestalt gläubiger Praxis, genauer um einen weiteren Schritt nach innen: Eine neue geschichtliche Hörsituation und eine entsprechende Thematisierungsstufe der Geschichte des Bundes Gottes mit seinem Volk läßt erkennen: Die Taufe ist (zusammen mit der Eucharistie) das grundlegende Bundeszeichen des Neuen Bundes,[28] durch das der jetzt lebende Christus mit seinem Heiligen Geist „tauft" (Apg 1,5; 10,44f; 11,15f) und die „Umkehr zum Leben" beginnt (Apg 11,18). Diese Entdeckung ist eine neue Wendung

---

[28] „Der im eucharistischen Ritus verwendete Becher mit Wein dient als Zeichen des Bundes, ähnlich wie die Beschneidung und der Sabbat als Bundeszeichen gelten. ... Zunächst hat dieses Zeichen, ähnlich wie die Taufe Johannes' des Täufers, lediglich die Funktion, die Gläubigen Israels gleichsam unter einer Fahne, unter einem Merkmal zu sammeln. Aber bald schon werden beide Zeichen, Taufe und Becher, zu den unterscheidenden rituellen Merkmalen einer sich bildenden neuen Religion." B. Lang: Der Becher als Bundeszeichen: ‚Bund' und ‚neuer Bund' in den neutestamentlichen Abendmahlstexten, in: E. Zenger, a.a.O., 199-212, hier: 212.

nach innen, nunmehr aber in einem Schritt vom Christsein als einem „von außen“ her zugeschriebenen, staatlich verordneten oder von einer christlichen Umgebung erwarteten Merkmal zur *inneren*, persönlichen Annahme des Taufbundes in freier Selbstbestimmung – ohne daß sich daraus die Konsequenz ergibt, die Kindestaufe in Frage stellen zu müssen.

Nur: über diese Entdeckung entsteht keine Aufregung, keine Auseinandersetzung, keine spirituelle Prüfung. Warum? Weil keine konkreten, in der Praxis bewährten „Modelle“ für eine neue „Gestalt“ und damit für eine *Gesamtreform* der Kirche vorliegen, an denen sich ein solcher „Streit“ entzünden könnte. Vielmehr: Wir alle erfahren „konkret am eigenen Leib, daß eine bestimmte Form von kirchlichem Leben eine Ablösung erfährt, *ohne daß schon eine neue, überzeugende Gestalt am Horizont erscheint*.“ (PD 4) Diskutiert wird in den Gremien und mittlerweile auch auf der Straße über Kirchenpolitik und Strukturreformen, aber die tieferen, epochalen Fragen nach Gott und seiner Beziehung zu uns bleiben ungefragt, weil sie im Prinzip als nicht beantwortbar gelten. Das Endergebnis eines lange eingeübten Redens über Gott (Theologie als sermo de Deo), bei dem Gott zum „Gegenstand“ unseres Nachdenkens wird, ist die These: Wir können heute über Gott nur noch als einem Abwesenden reden. *Mit dieser These im Kopf kann man nicht neu evangelisieren!*

Halten wird deshalb nochmals fest: Ein neues evangelisieren beginnt nicht mit einem Nachdenken und Reden über Gott, über die Kirche, über Strukturen, über neue pastorale Strategien oder gar über die gegenwärtige Ratlosigkeit, auch nicht lediglich mit sozialen und politischen Aktionen, sondern mit einer *reflektierten gläubigen Praxis*: Die Taufe ist das Grundsakrament, aus dem Kirche erwachsen ist und neu von innen her wächst und hat zwei Sinnrichtungen:

- die durch alle menschlichen Vermittlungen hindurch vermittelte *direkte* Beziehung Gottes zum Getauften;
- den freien, leibhaft-sakramentalen Ich-Einschluß des einzelnen in den Bund, den Gott mit seinem ganzen Volk geschlossen hat.

Diese beiden Sinnrichtungen gründen *gleichursprünglich* in der Energie des Geistes Jesu und sind deshalb untrennbar: In der Taufe schließt Gott mich ein in seine koinonia, in sein göttliches Wir (vgl. Joh 14,23; 17,11.21), und damit zugleich in die koinonia seiner Kirche, in das ekklesiale Wir (1 Joh 1,1-3).[29] In meiner bundesgemäßen Antwort bezieht

[29] Vgl. H. Mühlen: Die ort- und jetztlose Gegenwart des Auferstandenen in der Kirche, Anhang I; I, 4.

Gott mich direkt auf sich selbst und befreit mich damit gleichursprünglich zu einem ichgemäßen Selbst-Einschluß in das Wir der Kirche. Genauer: Die freie Annahme der persönlichen Zuwendung Gottes zu mir persönlich ist gleichursprünglich mein Selbst-Einschluß in den von Gott seinem *ganzen* Volk angebotenen Bund und somit der ichgemäßfreie Selbst-Einschluß in das mich einschließende Wir der Kirche. Von diesem Grundgeschehen der Taufe her haben alle kirchlichen Vollzüge einen bundesgemäßen Charakter: die vielgestaltigen Segnungen, der Empfang der übrigen Sakramente und der Charismen, die kirchlichen Strukturen, der Vollzug des kirchlichen Amtes usw. Die Taufe darf von da her nicht als punktuelles, isoliertes Geschehen verstanden werden, das „hinter" uns liegt und „abgehakt" ist, sondern: In ihr eröffnet sich für den einzelnen und die ganze Kirche eine neue *Gesamtgestalt* gläubiger Praxis.

4. Die Weg-Gemeinschaft Jesu mit seinen JüngerInnen

Für die Entstehung einer neuen Gestalt gläubiger Praxis ist von entscheidender Bedeutung die nochmalige Frage: Wie hat Jesus nach seiner Taufe und seiner anschließenden Wüstenerfahrung konkret begonnen? Er versammelte Jünger um sich, „die er bei sich haben und die er dann aussenden wollte" (Mk 3,14). Er berief Menschen, die offen für seine Botschaft und bereit waren, ihm auf seinem Weg nachzufolgen. Jesus hat auch der Menge gepredigt (Mk 12,37), aber während der meisten Zeit seines öffentlichen Wirkens hat er sich der kleinen Schar seiner Jünger zugewandt (Mt 13,36). Ihr hat er das Wissen um das kommende „Reich Gottes" in einer Weg-Gemeinschaft vermittelt: „Jesus ging mit seinen Jüngern in die Dörfer. Unterwegs fragte er sie: Für wen halten mich die Menschen?" (Mk 8,27).
Jesu Leben und Wirken war nicht an einem bestimmten „Ort" zentriert, sondern er ist ständig unterwegs. „Weg" meint jedoch nicht nur eine zurückgelegte Strecke, sondern zeigt in einem tieferen Sinne an, daß durch Jesus die Frage nach dem Weg des Heils und des Unheils gestellt wird (Mt 7,13f). Er allein ist „der Weg" zu Gott (Joh 14,6). Jesus nachfolgend verkündet dann auch die Gemeinde den „Weg des Heils" (Apg 16,17), den „Weg des Herrn", den „Weg Gottes" (Apg 18,25f). Die Gemeinde lädt alle ein, mit ihr den „neuen Weg" zu gehen. Hier wird offenbar, daß Glaube, Verkündigung, Gemeinde ein Weg-Geschehen ist, ein Vor-Gang ins Offene hinein, ein Prozeß, den allein der mitziehende Gott (vgl. Ex 13,21; 15,22-17,16; Dt 8,2 u. ö.) eröffnet und erschließt.
Jesus hat also zunächst einige wenige persönlich angesprochen und berufen, um mit ihnen in einer zeitlich begrenzten Weg-Gemeinschaft zu leben. Die-

sen Kreis und jeden einzelnen hat er in persönlichem Umgang geformt und in die Bezeugung seines Evangeliums eingeführt (vgl. Mt 10,5-15). So konnte diese kleine Schar dieses von Gott ausgehende Weg-Geschehen in die Geschichte hinein vermitteln.

III.
Die bundesgemäße Freiheit

1. Der Bund als inneres Freiheitsgeschehen

Die Entdeckung der Bedeutung der Taufe Jesu für die bleibende Gesamtgestalt gläubiger Praxis, das neue Verständnis der Taufe als Bund bzw. als Bundeszeichen, die Neuordnung der Liturgie der Kindestaufe und die dadurch eröffnete Möglichkeit, die spätere ausdrückliche Annahme des Taufbundes als *Freiheitsgeschehen* zu verstehen und zu vollziehen: dies alles zeigt an, daß wir uns mitten in einem „epochalen" Umbruch der Glaubensgeschichte befinden.

Der einzig und allein von Gott ausgehende „Bund" hat von Anfang an den Charakter einer Verheißung und Zusage, eines Angebotes, das der Annahme bedarf. In dem historisch-kritisch wohl ältesten Beleg, nach der Auffindung des Bundesbuches (einer Sammlung verschiedenartiger „profaner" und religiöser Gesetze und Vorschriften; vgl. Ex 20,22-23,19) unter König Joschija (623/22 v. Chr.) heißt es: „Er ließ ihnen alle Worte des Bundesbuches vorlesen, das im Haus des Herrn gefunden worden war. Dann trat der König an die Säule und schloß vor dem Herrn diesen Bund: Er wolle dem Herrn folgen, auf seine Gebote, Satzungen und Gesetze von ganzem Herzen und ganzer Seele achten und die Vorschriften des Bundes einhalten, die in diesem Buch niedergeschrieben sind. *Das ganze Volk trat dem Bund bei.*" (2 Kön 23,2f) Im Zusammenhang mit dem Sinai-Bund und der Verkündigung der 10 Gebote durch Moses heißt es: „Jetzt aber, wenn ihr auf meine Stimme hört und *meinen Bund haltet*, werdet ihr unter allen Völkern mein besonderes Eigentum sein ... Das ganze Volk *antwortete* einstimmig und erklärte: Alles, was der Herr gesagt hat, wollen wir tun. Moses überbrachte dem Herrn die Antwort des Volkes." (Ex 19,5-8) Diese beiden zentralen Texte machen deutlich: Von seiten des Volkes ist das Festhalten an dem von Gott angebotenen Bund ein Geschehen, das die *freie Antwort* herausfordert, die Gebote Gottes „von ganzem Herzen" (vgl. Dt 6,4f) zu befolgen.

Im Bund Gottes mit uns zeigt sich seine *freie Selbstbestimmung* zum Erbarmen und zur Treue (vgl. erstes Buch: B/II,1). Sie ist zugleich eine

Freisetzung der menschlichen Freiheit: „Gott offenbart seine höchste Souveränität gerade darin, daß er den Menschen nicht nur Objekt seines Heilshandelns und Adressaten seiner Verfügungen sein läßt, sondern ihn zu seinem Gegenüber, zum Subjekt macht, dergestalt, daß der Mensch auch über sein Verhältnis zu Gott entscheiden, es frei annehmen oder ablehnen kann."[30] Deshalb kann der Bund vom Volk auch „gebrochen" werden, wie vor allem die Propheten hervorheben: Infolge der Treulosigkeit Israels (Jer 22,9) wird der Bund verglichen mit einer Ehe, die aufgrund des Ehebruchs der Gattin auseinanderbricht (Hos 2,4; Ez 16,15-43; Jer 31,32).

Der „neue" Bund wird von den Propheten noch deutlicher als ein freies Beziehungsgeschehen beschrieben: Gott wird die Herzen umwandeln, sein Gesetz in sie hineinschreiben (Jer 32,37-41) und jedem einzelnen ein neues „Herz" und einen neuen „Geist" geben (Ez 36,26). Was damit gemeint ist, drückt Jesaja so aus: „Ich gieße meinen Geist über deine Nachkommen aus ... Der eine sagt: Ich gehöre dem Herrn ... Ein anderer schreibt auf seine Hand: Für den Herrn." (Jes 45,3ff)

Im Abendmahlsgeschehen erhält der Bund Gottes mit seinem Volk seine letzte und end-gültige Freiheits-Gestalt. In den Worten: „Nehmt und eßt; das ist mein Leib ... trinkt alle daraus; das ist das Blut des Bundes" (Mt 26,26f par.) verteilt Jesus in einer äußersten bundesgemäßen Freiheitstat sich selbst an die Anwesenden. Die Antwort auf diese Selbst-Weggabe kann im Essen und Trinken nur die bundesgemäß-freie Selbst-Weggabe an den Einladenden sein. Letztlich ist Gott selbst hier der Weggebende: „Er hat sein Eigenstes, seinen Sohn, nicht verschont, sondern ihn für uns alle (in den Tod) dahingegeben" (Röm 8,32; vgl. Joh 3,16; 1 Joh 3,16). Dieser Sohn – Gabe Gottes an uns – hat „sich selbst für uns dahingegeben als Gabe und Opfer, das Gott wohlgefällt" (Eph 5,2; Gal 2,20), und zwar „kraft ewigen Geistes" (Hebr 9,14). So wurde er zum „Mittler des neuen Bundes" (Hebr 9,15). In der bundesgemäßen Dahingabe des „Sohnes" zeigt sich die absolute Schöpfer-Macht und Herrschaft Gottes als äußerste Ohn-Macht (vgl. 1 Kor 1,18-31). Dies ist und bleibt ein „Ärgernis" und eine „Torheit" (V. 23).

Halten wir im Hinblick auf den Gesamtzusammenhang unserer Darlegung fest: Der Bund Gottes mit seinem Volk zeigt sich in einer fortschreitenden Geschichte der Thematisierung dieses Geschehens mehr und mehr als äußerste Freiheitstat Gottes, die um unseretwillen seine

[30] H. Lubsczyk: Der Bund als Gemeinschaft mit Gott. Erwägungen zur Diskussion über den Begriff ‚berit' im Alten Testament, in: ders.: Die Einheit der Schrift. Gesammelte Aufsätze, Leipzig 1989, 185-220.

eigene Selbst-Entmächtigung einschließt. In ihr wird die „Güte Gottes" offenbar, die „dich zur Umkehr führt" (agei = geleitet, einlädt; Röm 2,4). Nur von da her ist auch die Taufe zu verstehen. Durch sie sind wir „mitbegraben" in den Tod Jesu und jetzt schon mit ihm auferstanden (Röm 6,4f). In der Taufe kommt die bundesgemäße Selbst-Entmächtigung Gottes auf uns zu, die jeden einzelnen dazu befreit, seine Zuwendung am eigenen Leib geschehen zu lassen und sich durch Jesus Christus ihm ganz anzuvertrauen.

Die überraschende Zustimmung zu den im dritten Buch dokumentierten Gottesdiensten ist nicht zuletzt darin begründet, daß sie geprägt waren von einer „bundesgemäßen" inneren Freiheit. „Es ist für mich eine faszinierende Botschaft, daß Gott mich für so wertvoll hält, mir einen Bund anzubieten und daß er mich einlädt, ihn anzunehmen." So oder ähnlich lauteten die Äußerungen vieler Teilnehmer. Zitieren wir nochmals den zentralen Text der Einladung: „Im Bund Gottes mit uns zeigt sich seine *freie Selbstbestimmung* zum Erbarmen und zur Treue. Gott zwingt uns nicht, dieses Angebot anzunehmen. Wir wachsen aber auch nicht von selbst in diesen Bund hinein, sondern Gott befähigt uns zu einer ganz persönlichen Antwort: Er achtet die Freiheit, die er jedem einzelnen geschenkt hat, so sehr, daß er anklopft und wartet, bis wir uns ihm öffnen (vgl. Offb 3,19ff). Die Liebe Gottes kommt erst in unserer freien Zustimmung zu dieser Liebe an ihr Ziel, in unserem Ja-Wort zum Bund Gottes mit uns." (E 9)[31] Auf dem Plakat zum Gottesdienst 1994 hieß es noch deutlicher: „Gott allein schenkt neues Leben, Zukunft und Hoffnung – jedem einzelnen, seiner Kirche, der Gesellschaft. Seine Liebe kommt erst an ihr Ziel, wenn wir sie in *freier Selbstbestimmung* annehmen." Das bundesgemäße Sich-Verhalten Gottes ist hier als seine „freie Selbstbestimmung" zum Erbarmen und zur Treue verstanden. Sie setzt die freie Selbstbestimmung des Menschen frei, sich bundesgemäß vom Erbarmen und der Treue Gottes bestimmen zu lassen. Dies ist keine neue „Leistung" oder „Forderung", sondern der sehr schlichte Vollzug des An-sich-geschehen-lassens.

In der Einladung zu den Gottesdiensten hatte es geheißen: „Jeder möge an unserer Feier so teilnehmen, wie es seiner gegenwärtigen Situation

[31] Im Einladungsschreiben von 1994 hieß es etwas ausführlicher: „Wenn Jesus Christus uns zur Umkehr ruft, dann lädt er uns ein: ‚Mach also Ernst, und kehr um! Ich stehe an der Tür und klopfe an. Wer meine Stimme hört und die Tür öffnet, bei dem werde ich eintreten' (Offb 3,19f). Der erhöhte Herr bricht nicht mit Gewalt in unser Innerstes ein. Er achtet unsere Freiheit so sehr, daß er anklopft und uns gleichsam um die Erlaubnis bittet, an uns und durch uns zu handeln. Wenn jemand die Tür nicht öffnet, wird er wiederkommen und nochmals anklopfen."

und Erwartung entspricht. Für viele ist es ungewohnt, in einem leibhaften Glaubensschritt den Bund von Gott anzunehmen. Ein großes Hindernis wäre, wenn das Angebot zur Erneuerung des Tauf- Firm- Ehebundes als eine neue ‚Forderung' und der Vollzug solcher Schritte als ‚Leistung' mißverstanden würden." (E 9)

In dem sich hier ankündigenden Durchbruch zu einer bundesgemäßen Freiheit zeigt sich der innerste Kern einer glaubensgeschichtlich neuen Gestalt gläubiger Praxis: Die Zugehörigkeit zu einem politischen „Reich Gottes auf Erden" kann erzwungen oder von außen her gesteuert werden. Zum innersten Wesen eines Bundes aber gehört die Freiheit des Angebotes und die Freiheit der Annahme. *Ein erzwungener Bund ist kein Bund.* Die Thematisierung des von Gott für alle Zeiten verheißenen Bundes macht allererst die Tiefe jener Freiheit offenbar, zu der Christus uns befreit hat (Gal 5,1): Sich in der Gemeinschaft der Glaubenden Gott ganz und gar anzuvertrauen, ist der tiefste menschliche Freiheitsakt. Da er gleichursprünglich ich- und wirgemäß ist, erwachsen aus einer solchen bundesgemäßen Freiheit *von innen her* neue Strukturen kirchlichen Zusammenlebens und pastoraler Verantwortung.

Das gegenwärtige Auseinanderbrechen der lange bestehenden Symbiose von Kirche und Gesellschaft ist somit im Prinzip das endgültige Ende der Idee eines räumlich und zeitlich ausgedehnten Reiches Gottes „auf Erden", in dem „Gesellschaft" begrifflich identisch war mit dem politisierten „Reich Gottes" als einem theologisch legitimierten Untertanenverband. Wenn nunmehr die biblische Grundwirklichkeit „Bund" in den Vordergrund tritt, dann soll dabei nicht die *biblische* Lehre vom Reich Gottes ersetzt werden, sondern: vom Ende der Geschichte her ist die neu aufgebrochene Grundwirklichkeit „Bund" die *Korrektur* eines erzwungenen politischen „Reiches Gottes *auf Erden*".

2. Die neue Direktheit der Beziehung zu Gott

„Bund ist eine *direkte Beziehung* zwischen Gott und uns, die einzig und allein von ihm ausgeht. Durch sein Bundesangebot berührt Gott *direkt* das Herz eines jeden einzelnen, segnet ihn in seiner Tiefe und befähigt ihn zur *direkten* Antwort." (E 1) „Wir alle verlangen danach, ihm als dem Ursprung allen Segens auch ganz persönlich und direkt zu begegnen, über alles hinweg, was uns an dieser Begegnung hindern könnte. Wir sehnen uns nach einer neuen, positiven Erfahrung der Kirche als einer geistgewirkten Gemeinschaft. Vielen erscheint die Kirche – von außen gesehen – lediglich als eine gesellschaftliche Organisation. In ihrem Innersten aber lebt sie aus dem Bund, den Gott in Jesus Christus neu und endgültig mit der Menschheit geschlossen hat und aus dem

Segen, den wir in der Kraft seines Heiligen Geistes einander zusprechen.“ (E 1-2)

Der Kern dieses Textes ist das dreimalige „direkt“: Bund als direkte Beziehung Gottes zu uns, direkte Berührung des menschlichen Herzens durch das Bundesangebot Gottes, direkte Antwort des Menschen, und zwar durch alle Vermittlungen hindurch und „über alles hinweg, was uns an dieser Begegnung hindern könnte“. Zu diesen Behinderungen gehört nicht nur die unbiblische Vorstellung von einem (deistischen) Gott, der uns beobachtet, aber nicht hilft, sondern auch eigene negative Lebenserfahrungen, die frustrierende „Lust am Negativen“ innerhalb der Kirche sowie ihr Außenaspekt, insofern sie nur als gesellschaftliche Organisation und als Institution gesehen wird. Zu diesen Behinderungen gehört nicht zuletzt eine Theologie, die glaubt, eine solche Direktheit vor dem Forum der „Vernunft“ nicht rechtfertigen zu können und sie als „naiv“ abtut, sowie die Gesellschaft, die „so etwas“ gar nicht mehr erwartet (vgl. das Interview „Wir sprechen zu wenig von Gott her“; drittes Buch: B/VI,3).

„Direkt“ meint hier: Das Handeln Gottes und sein wirksames Mit-sein mit uns geschieht immer „in“ der Welt, ist durch die kosmische Umwelt, die soziale Mitwelt, die je eigene Lebensgeschichte und Selbsterfahrung *vermittelt*, aber Gott macht das Angebot und die Durchsetzung seines Heilswillens von diesen Vermittlungen nicht *abhängig*. „Direkt“ meint weiterhin: Auch unsere Beziehung zu Gott ist nochmals durch alle diese Vermittlungen hindurch *vermittelt*, aber Gott macht unsere Beziehung zu ihm von ihnen und den damit immer auch gegebenen Behinderungen nicht *abhängig*: Er ruft uns auch *gegen* diese Behinderungen und über sie hinweg in die von ihm befreite Freiheit der Annahme seines Angebotes zum Mit-sein, in eine direkte, nicht delegierbare Beziehung zu sich selbst.

Deshalb ist in einer Volks- und Milieukirche die „vertikale“ Sinnrichtung des Handelns Gottes hervorzuheben: Die direkte Berührung des menschlichen Herzens durch Gott (DH 1525) ergibt sich nicht aus Sozialisationsprozessen, sondern geht ihnen voraus und weckt die freie Zustimmung zum Bundesangebot Gottes. Diese Zustimmung ist vor der Taufe Erwachsener vorbereitet und vermittelt durch den Sozialisationsprozeß des Katechumenates. Aber: Die Direktheit der Beziehung des einzelnen zu Gott im Taufgeschehen wird durch diesen Prozeß nicht ersetzt: Das *persönlich* gesprochene Taufbekenntnis und die *leibhafte* Annahme der Zuwendung Gottes beim Übergießen mit dem Taufwasser gehören zum innersten Kern und Wesen des Bundesgeschehens der Taufe. Diese beiden Vollzüge gehören zum Kern der unersetzbaren *Mitwirkung* des Täuflings mit der Kraft der göttlichen Energie, da Gott uns seinen Bund nicht aufzwingt, sondern durch sein Angebot die je eigene Freiheit der Zustimmung weckt.

Das Taufgeschehen als ganzes ist deshalb sehr gemeinschaftlich – mit durchaus gezielten, wirgemäßen Auswirkungen in die Gesellschaft hinein – und gleichursprünglich sehr persönlich – nicht selten mit Auswirkungen auf das eigene Leben, die der einzelne sich selbst nicht zugetraut hätte. In dieser persönlich-vertikalen und zugleich ekklesial-horizontalen Direktheit ist Christsein in der Umkehrgemeinschaft höchst personal-unvertretbar und zugleich höchst gemeinschaftlich-sozial, wie in der Liturgie der Taufe deutlich wird: die je eigene, direkte ichgemäße Umkehrbeziehung zu Gott *ist* ohne einen neuen Schritt zugleich die wirgemäße Eingliederung in die Kirche (vgl. Apg 2,41). Mit soziologischen Denkmustern *als solchen*, die nicht in das ekklesiale Wir-Geschehen *integriert* sind, würde das spirituelle Wir-Geschehen einer „neuen" Bezeugung des Evangeliums theoretisch nicht erfaßt und praktisch verhindert. Kirche als ein einziges komplexes Geschehen ereignet sich in der Taufe *gleichursprünglich* im Schnittpunkt der horizontal-geschichtlich-wirgemäßen und der vertikal-direkt-ichgemäßen Sinnrichtung der Dynamik des Geistes Christi.

Jede wie auch immer entstehende *Überbetonung* eines dieser beiden Strukturmerkmale führt zu Entstellungen und Verfremdungen der Gesamtstruktur. Die Geschichte der Kirche zeigt, daß die Überbetonung oder Verabsolutierung einzelner Grundwirkungen des Geistes das innerste Wesen der Kirche verdeckt, ihre Identität gefährdet: Die Wortverkündigung oder Ausübung von Charismen ohne Rückbindung an die Sakramente und das kirchliche Amt führen leicht zu Verengungen und Spaltungen. Aber: Ein Sakramentenempfang ohne lebendige Wortverkündigung und persönliche Glaubenszustimmung hat zur Folge, daß Christen die Sakramente „passiv empfangen oder über sich ergehen lassen" (EN 47).

Hier zeigt sich, wie bedeutsam für eine neue Bezeugung des Evangeliums die Verdeutlichung von Überbetonungen und die kritische Wachsamkeit ihnen gegenüber ist: Die wie auch immer entstandene Überbetonung kirchlicher Sozialisationsprozesse führt zum *Verlust der Direktheit der Beziehung zu Gott*. Deshalb können die unterbrochenen und absterbenden Weisen der traditionellen „Weitergabe des Glaubens" nicht auf ein *direktes* Wirken des Heiligen Geistes zurückgehen; sie sind vielmehr in einem unreflektierten bzw. nicht „bundesgemäßen" Vertrauen auf die fortdauernde Symbiose von Christentum und Gesellschaft begründet. Die je eigene Umkehrbeziehung zu Gott in der Taufe kann nicht „weitergegeben", sondern nur je persönlich in äußerer und innerer Freiheit angenommen werden. Die Rede von einer „kontinuierlichen Weitergabe des Glaubens" kann sich also allenfalls auf die „Weitergabe" von Glaubenswahrheiten beziehen. Die nicht vererbbare, je eigene Annahme der Taufgnade ist davon deutlich unterschieden und zu unterscheiden. Die traditionelle „Weitergabe des Glaubens" durch ein „selbstverständliches" Hineinwachsen in die Kirche gehört somit nicht zu ihrer inneren, unaufgebbaren Identität. Wäre dies der Fall, dann würde mit einem Absterben dieser Form des Christwerdens auch die Kirche selbst absterben.

Allerdings gilt nun auch: Wenn eine neue gläubige Praxis sich als neue Thematisierungsstufe des direkten Bundesgeschehens zwischen Gott und der Menschheit versteht, dann muß auch eine *Überbetonung* dieser Direktheit vermieden, dann muß ihre Vermitteltheit durch die kirchliche Gemeinschaft reflektiert werden. Genauer: Die Taufe begründet nicht eine rein subjektive Beziehung des isolierten einzelnen zu Gott, so daß er sich nach der Taufe dann überlegen müßte, zu welcher kirchlichen Gemeinschaft er gehören will. Wenn eine neue Bezeugung der Wege Gottes zur Entstehung immer neuer „Kirchen" und kirchlicher Gemeinschaften und damit zu einer weiteren Aufspaltung der Christenheit führen würde, wären hier ebenfalls kritische Unterscheidungen geboten. Um erstorbene Weisen der „Weitergabe des Glaubens" überhaupt als solche zu erkennen, gilt nun aber auch die Umkehrung: Wenn die Direktheit des Wirkens Gottes in der Kirche nicht *gleichursprünglich* mit ihrer sozialen Verfaßtheit thematisiert wird, ist es fast unmöglich, sich von den bisherigen, soziologisch geprägten Denk- und Handlungsmustern zu lösen.

C.

Die Entstehung einer neuen gläubigen Praxis in und durch Weg-Gemeinschaften

Eine neue „Gestalt" gläubiger Praxis beginnt nicht ganz allgemein irgendwo aufgrund allgemeiner theoretischer Überlegungen und Appelle, auch nicht schlagartig in der ganzen Kirche, sondern dort, wo erwartend Suchende „am gleichen Ort" versammelt sind (vgl. Apg 2,1), in einer Ortskirche und hier wiederum in Gruppen und Gemeinden. Zentral sind für solche Weg-Gemeinschaften die liturgischen Feiern, das heißt: eine neue Verleiblichung der Beziehung zu Gott bzw. die je eigene, persönliche Annahme des Bundes, den Gott mit seinem ganzen Volk geschlossen hat.

Der primäre Ort einer neuen Bezeugung des Evangeliums sind deshalb nicht Großveranstaltungen, sondern die bestehenden Gemeinden: die ganze Gemeinde ist ihr Träger. Diözesane Reformgottesdienste können allenfalls ein „Signal" sein. Allerdings kann es nicht darum gehen, daß von heute auf morgen gleichzeitig in allen Mitgliedern der (noch) bestehenden Gemeinden eine neue Gestalt gläubiger Praxis lebendig wird. Sie wächst vielmehr zunächst im Entdeckungszusammenhang von kleinen Gruppen, in offenen Weg-Gemeinschaften und Weg-Seminaren.[32] Nochmals sei hervorgehoben, daß das im folgenden beschriebene Grund-Seminar keineswegs eine Hinführung zu einer bestimmten geistlichen Bewegung, sondern zeitlich und sachlich früher ist: Es gründet in der ihnen und allen pastoralen Diensten gemeinsamen *Taufspiritualität* der ganzen Kirche (vgl. Einleitung, 5).

Die dokumentierten diözesanen Reformgottesdienste waren in mehreren Gemeinden durch eine katechumenale „Einübung in christliches Leben und Zeugnis" vorbereitet und hatten die innere Struktur eines Schlußgottesdienstes innerhalb eines solchen Seminars. Von den etwa 3000 Teilnehmern waren auch viele ohne diese Vorbereitung gekommen, und darin liegt natürlich ein Problem solcher Gottesdienste. Ihre Signalwirkung in die „Öffentlichkeit" der Kirche hinein und der damit gegebene Abbau von Vorbehalten und Ängsten ist im Hinblick auf eine neue Gemeinde-Normalität jedoch nicht zu unterschätzen. Der primäre Ort solcher Feiern aber sind Weg-Gemeinschaften in bestehenden Gemeinden.

---

[32] Vgl. dazu auch W. Schäffer: Meinen Glauben erneuern. Ein Glaubenskurs für einzelne und Gruppen. Würzburg 1988.

 211

I.
Der Anfang: Weg-Seminare

1. Erste pastorale Schritte

Jesus hat seine JüngerInnen an seiner einmaligen, direkten Beziehung zu Gott teilnehmen lassen, indem er sie zu einer Weg-Gemeinschaft zusammengeführt hat. Die Entdeckung einer neuen Gestalt gläubiger Praxis ist auch heute wiederum nur als Weg-Geschehen möglich. Wir wissen nicht genau, wie diese Praxis „aussehen" wird, sehen sie nicht wie in einem Zukunftsfilm vor uns. Allein der Geist Gottes und Jesu wird uns „den Weg zeigen" (hodegeo), in die ganze Wahrheit führen und das Kommende verkünden (erchomena anaggellei; Joh 16,13). Er wird uns weg-führen aus dem Gewohnten und immer schon Bekannten in das Neue, das er selbst erwirken will. Nur in einem solchen geistgewirkten Weg-Geschehen in Gemeinschaften, die auf dem Weg und in Bewegung, die für das Neue offen sind, kann eine neue Praxis im ursprünglichen Sinn des Wortes erfahren und entdeckt werden.

Halten wird deshalb nochmals fest: Die Hirtensorge Jesu zeigte sich weder in einer „Erfassungspastoral", durch die er möglichst alle mit gleicher Intensität erreichen wollte, noch in einer „Elitepastoral", die sich einem kleinen, sich ausgrenzenden und in sich geschlossenen Kreis zuwendet. Seine „Methode" war vielmehr die Stiftung einer offenen Weg-Gemeinschaft, die sich nicht sektenhaft abschließt, sondern sich auf ein prozeßhaftes Wir-Geschehen einläßt, dem alle sich anschließen können. Man kann diesen Weg auch als eine von kleinen Intensivgruppen ausgehende *Pastoral in konzentrischen Kreisen* bezeichnen (vgl. NMG 26-29): „Als Hörer des Evangeliums und als *bevorzugte Adressaten* der Evangelisierung werden sie dann ihrerseits unverzüglich zu Verkündern des Evangeliums." (EN 58) So können im Prozeß einer fort-dauernden Bezeugung des Evangeliums auch die „Fernstehenden" und „Suchenden" angesprochen und in die entstandenen Weg-Gemeinschaften eingeladen werden.

Wie entstehen solche Gemeinschaften? Zunächst ist hervorzuheben: Sie sind keine Diskussionsgruppen, in denen lediglich *über* Glaubenswahrheiten gesprochen wird, sondern Gemeindegruppen, in denen jeder einzelne eingeladen ist, sich persönlich Gott neu anzuvertrauen, in einer Verarbeitung des eigenen Lebensweges vor Gott und in einer vertieften Annahme des Taufbundes. Weg-Gemeinschaften haben deshalb den Charakter eines Katechumenates (= Eingliederungsweg) für Getaufte. In

ähnlicher Weise wie für Ungetaufte besteht auch ein solches Katechumenat „nicht in einer bloßen Erläuterung von Lehren und Geboten, sondern in einer *Einführung und genügend langen Einübung in das ganze christliche Leben*, wodurch die Jünger mit Christus, ihrem Meister, verbunden werden".[33]
Von entscheidender Bedeutung ist, daß die Leitenden (Bischöfe, Priester, Diakone, hauptamtliche Laien-MitarbeiterInnen) selbst und persönlich einen solchen Eingliederungsweg mitgehen. Bereits 1965 schrieb der Pastoraltheologe V. Schurr: Im Sinne des Zweiten Vatikanischen Konzils ist der Bischof „der Missionar seines Bistums", der Pfarrer mit engagierten Laien sind die „Hauptmissionare" in der Gemeinde. Die Hoffnung für die Gemeinden ist „der Heilige Geist in einer kleinen Gruppe" und eine „missionarische Liturgie gemäß 1 Kor 14,23ff". Dabei geht es nicht lediglich um die Botschaft von den „ewigen Wahrheiten", sondern um eine „prophetische Intervention" in die Gemeinde hinein.[34] Was ist aus dieser Hoffnung geworden? Sind die Leitenden in ihrer Ausbildung darauf vorbereitet, Glauben zu bezeugen und zu wecken, wo er nicht mehr durch Sozialisationsprozesse „weitergegeben" wird? Deshalb nochmals: Wie entstehen missionarisch gesinnte Weg-Gemeinschaften?
Bevor Jesus dem Volk die Heilskraft der Umkehr zu Gott verkündete, hat er sich bei seiner Taufe ihm in gänzlich einmaliger Direktheit total anvertraut und damit zugleich ein prophetisches Zeichen gesetzt: Mein Weg und die Nachfolge auf meinem Weg beginnt mit der Auslieferung an die Bewegung, die von Gott her kommt und die allen Menschen Gottes Wege eröffnet. Mit seinem Ruf: „Kehrt um, und glaubt an das Evangelium" (Mk 1,14f) fordert er also zu einem Tun auf, das er selbst vorgelebt hatte. Ein erster Schritt wäre heute also – dem Vorbild Jesu entsprechend –, daß die Leitenden in Weg-Gemeinschaften, in Exerzitien oder bei Besinnungstagen sich zunächst selbst auf einen „katechumenalen" Eingliederungsweg einlassen, ihn als Teilnehmende mitgehen und dabei auch – je nach ihrer persönlichen Situation vor Gott und in innerer Freiheit – die unten beschriebene Reformliturgie (C/V) mitvollziehen. Ein solcher Prozeß kann als „Weg-Seminar" bezeichnet werden.
„Seminar" meint hier soviel wie „gemeinschaftliche Einübung in christliches Leben und Zeugnis" und „Weg" bringt nochmals zum Ausdruck, daß Glaube ein Prozeß des Sich-Gott-Anvertrauens ist und daß dabei

---

[33] Zweites Vatikanisches Konzil, Dekret über die Missionstätigkeit der Kirche 14.
[34] LThK² Bd. 10, 859.

jeder auch einen je eigenen Weg von Gott geführt wird. „Glaubensseminar“ wäre auch möglich, aber diese Bezeichnung wird in der Regel selektiv als das Angebot zur Aneignung von Glaubenswahrheiten verstanden. Außerdem kommt in dieser Bezeichnung nicht zum Ausdruck, daß die Teilnehmer auf eine zunächst ungeahnte Weise auch *einander* zu einer vertieften Begegnung mit Gott hinführen.

In vielen Laien ohne eine theologische Schulung ist nicht selten eine stärkere Dynamik zur Bezeugung des Evangeliums wirksam als in denen, die in ihrer theologischen Ausbildung zwar gelernt haben, *über* Gott zu reden, aber nicht, *von ihm her zu* verkünden. Die Frauen und Männer, die in einer Gemeinde ein Weg- und Glaubensseminar anbieten, sollten in jedem Falle den zuständigen Pfarrer davon unterrichten. Allerdings: Eine der Schicksalsfragen für eine Erneuerung der Kirche von innen ist, ob die „Hirten“ in persönlichen Glaubensschritten vorangehen. Es hat sich bewährt, zunächst für sie Exerzitien oder Weg-Seminare auf regionaler Ebene anzubieten. Im Idealfall wird der Gemeinderat zum Motor einer solchen Dynamik.[35]

Das erste und grundlegende Weg-Seminar in einer Gemeinde ist von entscheidender Bedeutung für eine fort-dauernde Gemeinde-Mission. Folgende Schritte zu einem missionarischen Gemeinde-Aufbau haben sich bewährt:

1. Der Pfarrer oder der/die zukünftige SeminarleiterIn unterrichtet den Gemeinderat von dem Impuls, Weg-Seminare in der Gemeinde anzubieten.

2. Dem Vorbild Jesu entsprechend sollten die Mitglieder des ersten Seminars sorgfältig ausgewählt werden. Sie sollen

- offen sein für die stets neue Botschaft der Bibel,
- sich im Dienst an der Gemeinde bewährt und einen guten Ruf haben,
- kontaktfreudig, psychisch gesund, belastbar und konfliktfähig sein (vgl. 1 Tim 3,6).

3. Der Pfarrer oder der/die zukünftige SeminarleiterIn läßt sich während einiger Wochen unter Gebet und Anrufung des Heiligen Geistes diejenigen zeigen, die für diesen besonderen Dienst in der Gemeinde ansprechbar sind: Gemeindereferenten, Pastoralassistenten, Religionslehrer, Mitglieder des Gemeinderates, Kommunion- und Firmhelfer, Lektoren, leitende Frauen und Männer in den Gruppierungen der Gemeinde, Mitarbeiter in der Caritas usw.

---

[35] Vgl. J. Koller: Klausurtagung. Oase auf dem Weg. Angelpunkt für Gemeindeerneuerung. Pastorale Impulse Nr. 1. Pfarramt Hernals, A-1170 Wien, Bartholomäus-Platz 3.

4. Für diesen Personenkreis wird ein erstes Weg-Seminar in der Gemeinde angeboten.
5. Aus dem ersten Seminar erwachsen Helfer, „Paten", für weitere Seminare, die etwa drei- viermal im Jahr angeboten werden. So kommt es zu einer *fortdauernden Gemeindemission*, bei der dann auch die „Fernstehenden" angesprochen werden.

Es hat sich bewährt und als zureichend herausgestellt, daß der gemeinsame Weg sich zunächst auf neun Wochen erstreckt. Hier entsteht eine ungeahnte, intensive ekklesiale Wir-Erfahrung, die weit über gruppendynamische Prozesse hinausgeht. Welchen Weg der einzelne dann weitergeht, bleibt offen – entsprechend den jeweils entdeckten und von Gott vertieft angenommenen Charismen. Nicht selten bilden sich nach der gemeinsam gegangenen Wegstrecke Hauskirchen mit regelmäßigen Zusammenkünften, aber auch Aktionsgruppen (Caritas, Dritte Welt usw.). Einzelne übernehmen unterschiedliche Dienste in der Gemeinde, werden selbst zu Initiatoren weiterer Weg-Gemeinschaften. Andere sehen ihren Dienst primär im politischen, gesellschaftlichen Umfeld.

„Weg" meint also primär, daß die Teilnehmer eine bestimmte Wegstrecke miteinander gehen – ohne daß daraus eine in sich abgeschlossene Gruppe mit engen Binnenbeziehungen entsteht, zu der ein „Außenstehender" nur schwer Zugang findet. Es wäre eine verhängnisvolle Verengung, wenn der Eindruck entstünde oder die „Forderung" erhoben würde, jeder müsse nach einem Weg-Seminar nun auch einer „Gruppe" angehören oder sich für dauernd im Sinne einer Lebensgemeinschaft an andere binden. Allerdings: Ohne Lebenskontakt und Austausch mit engagierten Christen, ohne weitere Zeiten der Vertiefung, kann die innere Glaubensdynamik schnell wieder verebben. Der Weg ins Offene ist nicht ein Weg ins Unbestimmte hinein, sondern ein Weg der Entdeckung einer möglichen neuen und konkreten Praxis gläubiger Existenz.

2. Die innere Dynamik der Wort-Gemeinschaft

a) Das Bibel-Teilen

Während der Zeit des Weg-Seminars nehmen die Teilnehmer sich täglich etwa 30 Minuten Zeit (vgl. weitere Hinweise zu den spirituellen Grundaspekten der Seminarzeit NMG 32-38), um den jeweils angegebenen Bibeltext mit entsprechenden Erläuterungen und Anregungen zu lesen (NMG 38-42). In ähnlicher Weise wie ein Katechumenat für Ungetaufte beschränkt sich ein Weg-Seminar für Getaufte auf *zentrale Grundwahr-*

heiten des Glaubens.[36] Sehr wichtig ist, daß der einzelne je nach seiner persönlichen Situation das Seminarbuch *selektiv* benutzt, genauer: zunächst *nur* (!) die umrandeten Texte liest (biblische Aussagen und zentrale Anstöße) und erst anschließend die entsprechenden Erläuterungen. Bei der wöchentlichen Zusammenkunft von etwa zwei Stunden erschließen die Teilnehmer einander einen der Texte nach der bewährten Methode des Bibel-Teilens. Eine katechumenale Einführung in christliches Leben und Zeugnis ist deshalb mehr als ein Gesprächskreis. Dabei geht es nicht darum, *über* theologische Fragen zu diskutieren, sondern um den Nach- und Mitvollzug des gemeinsam gelesenen und gehörten Wortes Gottes. Diese Methode ist entstanden in den „kleinen christlichen Gemeinschaften" Afrikas, in ihrer Bedeutung für die Zukunft der europäischen Kirchen und für eine neue Bezeugung des Evangeliums jedoch noch kaum reflektiert. Deshalb sei nochmals darauf hingewiesen, daß aufgrund dieser Methode Glaubensseminare auch von Laien geleitet werden können – falls alle sich streng an die jeweils angegebenen Schritte halten. Theologisch nicht „belastete" Laien sind für einen solchen direkten Umgang mit der Bibel sogar weitaus offener als Theologen, falls sie selektiv darin geschult sind, lediglich oder primär mit historisch-kritischer Methode an das Wort Gottes heranzugehen.[37] Wegen ihrer

---

[36] Die Verkündigung, verstanden als Kerygma, Predigt, Katechese, „nimmt in der Evangelisierung einen solchen Platz ein, daß sie oft mit ihr gleichbedeutend geworden ist, während sie tatsächlich nur einer ihrer Aspekte ist" (EN 22). Katechese ist „vor allem eine Darbietung der christlichen *Lehre*", und dies setzt voraus, daß der Christ „bereits im Glauben die Person Jesu Christi als alleinigen Herrn angenommen und sich durch eine aufrichtige Bekehrung des Herzens ihm ganz zu eigen gegeben hat" (CT 18.20), denn: „die Wahrheiten, die in der Katechese vertieft werden, sind ja die gleichen, die den Menschen *im Herzen getroffen haben*, als er sie zum ersten Mal hörte." (CT 25) Die katechetische Praxis muß jedoch damit rechnen, daß „oft diese erste Evangelisierung noch nicht stattgefunden hat" (CT 19).
Es ist erstaunlich, daß die Grundimpulse des Schreibens Pauls VI. über die Evangelisierung in den 1993 veröffentlichten „Katechismus der Katholischen Kirche" nicht aufgenommen sind. In vier Fußnoten wird lediglich auf dieses Schreiben kurz verwiesen (2820.1676.843.1201), und die beiden Zitate im Text (835.910) könnten fehlen, ohne daß sich am Ganzen etwas ändern würde. Noch notwendiger als dieser Katechismus (auf eine kritische Stellungnahme zu einzelnen Aussagen müssen wir in dieser Abhandlung verzichten) wäre *als Voraussetzung* dazu (nicht nur für Westeuropa, sondern auf Weltebene) eine theologische und vor allem *praktische* Einführung in die konkreten Wege einer neuen Evangelisierung gewesen.

[37] Wir brauchten dringend über die historisch-kritische Methode der Exegese hinaus und zur Korrektur einer lediglich *über* Gott redenden Dogmatik eine Theologie, die das biblische Wortgeschehen *als* Sprecher-Hörer- und damit als pneumatisches Wir-Geschehen ernst nimmt. Im ausgesprochenen und gehörten Wort, in diesem *geschehenden Geschehen*, wird von Gott her mehr gegenwärtig, als jemals reflektiert werden kann – falls man

Bedeutung für eine neue Gestalt gläubiger Praxis sei diese Methode hier kurz vorgestellt, und zwar im Anschluß an das von O. Hirmer (Lumko-Institut, Johannesburg / Südafrika) verfaßte und von MISSIO München herausgegebene Faltblatt: „Wer Ohren hat, der höre, was der Geist den Gemeinden sagt. Zum tieferen Verständnis des Bibel-Teilens in sieben Schritten."[38]

Erster Schritt: „Wir laden den Herrn zu uns ein." Dies geschieht in der Regel in einem frei formulierten Gebet. Zur Erläuterung heißt es: „Wir kommen nicht zusammen, um *über* Jesus zu sprechen oder über den ursprünglichen Sinn eines Bibeltextes zu *diskutieren* ... Beim Bibel-Teilen geht es nicht um neue intellektuelle Einsichten, sondern um die Begegnung mit dem Auferstandenen". Im zweiten Schritt wird ein biblischer Text mehrmals laut vorgelesen, im dritten Schritt wiederholen die Teilnehmer einzelne Worte oder Sätze, um einander den Text genauer zu erschließen. Nach dem sich anschließenden gemeinsamen Schweigen heißt es zum fünften Schritt: „Wir tauschen uns darüber aus, was uns im Herzen *berührt* hat. Welches Wort hat uns *persönlich* angesprochen?" Dabei geht es nicht darum, „anderen intellektuelle Einsichten zu vermitteln oder eine Diskussion in Gang zu bringen ... Das *persönliche Glaubenszeugnis* ist ein wichtiger Weg der Glaubensvermittlung und eine Möglichkeit, sich gegenseitig im Glauben ‚aufzubauen' ... Wenn jemand einen lehrhaften Beitrag gibt, ohne sich persönlich mitzuteilen, nimmt die Gruppe diesen Beitrag an, ohne weiter darauf einzugehen." Im sechsten Schritt geht es um die Frage, „welche Aufgabe sich unserer Gruppe jetzt stellt", und zum Abschluß sind alle eingeladen, „ein freies Gebet zu sprechen." Das Bibel-Teilen führt somit auch stufenweise dazu, jene „falsche Scheu" zu überwinden, „die daran hindert, vor- und miteinander zu beten" (GL 20). So lernen alle, ihren persönlichen Glauben ins Wort zu bringen und zunächst *einander* Zeugnis zu geben (NMG 41).

---

nicht grundsätzlich bezweifelt, daß Gott im Wort der Bibel überhaupt „gesprochen" hat. Wenn man aber von dieser Voraussetzung ausgeht, dann wäre der erste Schritt eines reflektierenden Theologen, daß er reflektiert, *während* er dem *gelesenen* Wort Gottes gemeinsam mit anderen – etwa im Wortgottesdienst oder beim Bibel-Teilen – *zuhört* und nicht *nachdem* er in einsamer Studierstube einen Text gelesen hat und sich dann „seine Gedanken" über ihn macht (vgl. H. Mühlen: Die ort- und jetztlose Gegenwart des Auferstandenen in der Kirche, unten im Anhang I, 3).

[38] Vgl. auch: Missio. Internationales Katholisches Missionswerk e. V. (Hg): Kleine christliche Gemeinschaften in Afrika. Ein Informations- und Arbeitsheft für Pfarrgemeinden. Dazu: Sie werden auf meine Stimme hören, Heft 1-5. Bezug: Missio. Hermannstr. 14, 52062 Aachen; Pettenkoferstr. 26-28, 80336 München. Vgl. Fr.-J. Ortkemper, Erfahrungsaustausch: Bibelteilen, Bibel und Kirche 47 (1992) Heft 3, 169.

Es ist ein erheblicher Unterschied, ob ich einen biblischen Text zum „Gegenstand" meines Nachdenkens oder einer Diskussion mache, ob ich ihn als einzelner lese, oder ob ich ihn in der Gemeinschaft der Glaubenden höre, denn: „Christus ist *gegenwärtig* in seinem Wort, da er selbst spricht, wenn die heiligen Schriften in der Kirche *gelesen* werden". (SC 7).[39] Mit „lesen" ist hier nicht die „Schriftlesung" des einzelnen gemeint, sondern eine Sprecher-Hörer-Situation. Genauer: „Ich bin mit dir (euch)" ist eine Grundaussage von Gott her bzw. Gottes selbst, die durch alle Vermittlungen hindurch in der gesamten Offenbarungsurkunde gegenwärtig ist. Das Geschehen dieser Zusage kann in einem begrifflichen Reden *über* dieses Geschehen nicht erfaßt werden. Es kommt also im Hinblick auf eine Reform der Kirche von innen her darauf an, unter Einbehaltung der unaufgebbaren Ergebnisse der traditionellen Theologie als „Rede über Gott" zu einer neuen, kritischen „Naivität" zu finden, die es erlaubt, *direkt* von Gott her zu sprechen.

b) Das persönliche Zeugnis

Ein zentraler Schritt beim Bibel-Teilen ist das persönliche Glaubenszeugnis. Es war auch prägend für die im dritten Buch beschriebenen Reformgottesdienste. Deshalb sei hier zunächst darauf näher eingegangen. Denn: In einer „neuen Periode der menschlichen Geschichte" besagt evangelisieren „vor allem, auf einfache und *direkte* Weise Zeugnis zu geben von Gott, der sich durch Jesus Christus im Heiligen Geist geoffenbart hat." (EN 26): „Der heutige Mensch hört lieber auf Zeugen als auf Gelehrte, und wenn er auf Gelehrte hört, dann deshalb, weil sie Zeugen sind." (EN 41)
Seit ihren Anfängen lebt die Kirche vom Zeugnis für Jesus Christus. Die Missionsmethode der Urkirche war grundgelegt in der mit der Taufe gegebenen Sendung: Jeder Christ ein Missionar! In einer geschichtlichen Situation, in der die „Weitergabe des Glaubens" zum Kernproblem der Kirche geworden ist, erhält das *persönliche* Zeugnis der Christen unter-

---

[39] Der zur Abstimmung vorbereitete Text lautete: „Christus ist gegenwärtig in seinem Wort, da er selbst spricht, wenn die heiligen Schriften in der Kirche gelesen *und erklärt* werden." Es ist höchst bemerkenswert, daß die Einfügung „und erklärt" bei der Schlußredaktion des Textes gestrichen wurde. Das Konzil hat also nicht gewagt zu sagen: Christus ist in der theologischen Schriftauslegung und in der Predigt gegenwärtig. Diese Weise der Gegenwart Christi ist bis heute ungeklärt und bedarf sowohl vertiefender pneumatologischer als auch evangelisaler Überlegungen. Vgl. H. Mühlen: Dogmatische Überlegungen zur liturgischen Konstitution, in: Cath(M) 19 (1965) 108-135; hier: 130. J. A. Jungmann: Kommentar zur Konstitution über die heilige Liturgie, in: $LThK^2$: Das Zweite Vatikanische Konzil, Teil I, 10-111; hier: 19, Anm. 3.

einander und in der Gesellschaft erhöhte Bedeutung. Die Vorherrschaft verstandesmäßiger Einsicht in der abendländischen Kultur hatte zur Folge, daß der Glaube weitgehend auf dem Wege der Belehrung, durch Unterricht, „weitergegeben" wurde. Der Lehrende muß dabei nicht persönlich engagiert sein; er kann den Inhalt des Glaubensbekenntnisses auch nach Art einer „neutralen" Information vermitteln und die Glaubenswahrheiten „abfragen". Aber: Heute wollen die Menschen vor allem wissen, wie sich der Glaube in der *Lebenspraxis* und in der Gesellschaft auswirkt. Sie orientieren sich mehr an der Person des Zeugen, als an den von ihm vermittelten Wahrheiten: Sie erwarten ein „persönliches" Glaubenszeugnis. „Persönlich" ist ein Zeugnis für Jesus Christus dann, wenn es aus der persönlichen Beziehung zu ihm erwächst und die Lebenspraxis des Zeugen einbezieht. Die Grundregel lautet: „Seid stets bereit, jedem Rede und Antwort zu stehen, der nach der Hoffnung fragt, die euch erfüllt; aber antwortet bescheiden und ehrfürchtig." (1 Petr 3,15f)
In einem „persönlichen" Zeugnis sind zwischenmenschliche personale Beziehungen und Erfahrungen eingeschlossen. Sie werden durch den Heiligen Geist geläutert, intensiviert und in Dienst genommen. Das persönliche Zeugnis hat zwei einander ergänzende Grundformen: Das *äußere* Lebens- und Wortzeugnis ist Ausdruck eines *inneren*, in der Tiefe des Herzens sich vollziehenden Zeugnisses.

Das innere Zeugnis des Geistes

„Ihr habt den Geist empfangen, der euch zu Söhnen macht, den Geist, in dem wir rufen: Abba, Vater! *So bezeugt der Geist selber unserem Geist, daß wir Kinder Gottes sind.*" (Röm 8,16) „Wer an den Sohn Gottes glaubt, trägt das Zeugnis in sich ... Das Zeugnis besteht darin, daß Gott uns das ewige Leben gegeben hat; und dieses Leben ist in seinem Sohn."(1 Joh 5,10)
Im Gebet „Abba, Vater", das Jesus „vom Heiligen Geist erfüllt" ausgesprochen hat (Lk 10,21), kommt seine einzigartige *Unmittelbarkeit* zu Gott zum Ausdruck. Wenn wir es in demselben Heiligen Geist nachsprechen, wird auch in unseren Tiefen das Zeugnis dieses Geistes offenbar: Er bezeugt uns und schenkt uns die *Gewißheit*, daß wir Kinder Gottes sind. Dieses Gewißheitszeugnis des Heiligen Geistes in uns nennen wir das *innere* Zeugnis. Es vollzieht sich *ständig* in der Tiefe unseres Herzens, denn wir tragen das Zeugnis „in uns", als Wirkung des bundesgemäßen In-seins Gottes in uns, das in seiner unselbstverständlichen Direktheit nicht durch Sozialisationsprozesse weitergegeben, sondern eben nur bezeugt werden kann (vgl. erstes Buch: A/IV/2a; B/II,2): „Wir verkündigen, wie es in der Schrift heißt, was kein Auge gesehen und kein

Ohr gehört hat, was aus keines Menschen Herz aufsteigt ... Denn uns hat es Gott enthüllt durch den Geist. Der Geist ergründet nämlich alles, auch die Tiefen Gottes (bathe tou theou) ... *Davon reden wir auch*, nicht mit Worten, wie menschliche Weisheit sie lehrt, sondern wie der Geist sie lehrt.“ (1 Kor 2,9.13). In diesem Text wird deutlich: Das äußere Glaubenszeugnis ist mehr als lehrhaft-neutrale „Weitergabe“ von Glaubenswahrheiten. In ihm bezeugt der Christ mehr, als er jemals verstehen kann: Das Glaubenszeugnis kommt aus den „Tiefen Gottes“, die auch sein „Herz“ genannt werden können, und dringt ein – wenn Gott es fügt – in das Herz, in die Tiefen der Adressaten.

Das äußere Glaubens- und Lebenszeugnis

Das innere Zeugnis wird zum *äußeren Glaubenszeugnis*, wenn es sich in einer für andere erkennbaren und sie zu Gott hinführenden Weise äußert im Zeugnis des Lebens (1) und im Wort-Zeugnis (2).
(1) Das Zeugnis „ohne Worte“ (1 Petr 3,1) zeigt sich in den geistgewirkten, von anderen wahrnehmbaren Grundhaltungen: Liebe, Freude, Friede, Langmut, Freundlichkeit, Güte, Treue, Sanftmut, Selbstbeherrschung (Gal 5,22); in einem Leben nach Gottes Ordnung; in der inneren Distanz zu Einflüssen, die nicht zu Gott hinführen; in der Solidarität mit den Benachteiligten und Unterdrückten. Ein solches „Zeugnis ohne Worte“ ist auch innerhalb der Kirche der Anfang aller neuen Bezeugung des Evangeliums. Das Wort-Zeugnis ist nur dann echt und glaubhaft, wenn es durch das alltägliche Leben gedeckt ist.
(2) In bezug auf das Wort-Zeugnis gilt: „Doch dieses Zeugnis [ohne Worte] ist niemals ausreichend, denn auch das schönste Zeugnis des gelebten Lebens erweist sich auf die Dauer als unwirksam, wenn es nicht erklärt, begründet und durch eine klare und eindeutige Verkündigung des Herrn Jesus Christus entfaltet wird. Die Frohbotschaft, die durch das Zeugnis des Lebens verkündet wird, wird also früher oder später durch das *Wort des Lebens* verkündet werden müssen. Es gibt keine wirkliche Evangelisierung, wenn nicht der Name, die Lehre, das Leben, die Verheißungen, das Reich, das Geheimnis von Jesus von Nazaret, des Sohnes Gottes, verkündet werden.“ (EN 22) Der Glaube gründet in der Botschaft, *der Glaube kommt vom Hören* (Röm 10,14). Wenn also niemand das Wort des Glaubens verkündet, wird der Glaube in unserer Gesellschaft allmählich absterben: Es gehört zu den Defiziten der traditionellen Gestalt gläubiger Praxis, daß Christen auf das Zeugnis des Wortes verzichten und sich auf ein allgemeines Gläubigsein zurückziehen: „Wird es im Grunde je eine andere Form der Evangelisierung (evangelizanda forma) geben, als die, in der man einem anderen seine *eigene*

Glaubenserfahrung mitteilt (res, quas in se quoad fidem expertus sit)? Die Dringlichkeit, die Frohbotschaft den vielen zu verkünden, darf nicht jene Form des Mitteilens übersehen lassen, durch die das *persönliche Innere des Menschen berührt, ja, bewegt wird* (qua personalis hominis conscientia contingitur, quippe cum moveatur) von einem ganz besonderen Wort, das er von einem anderen empfängt." (EN 46)

Das äußere Glaubenszeugnis wiederum geschieht auf zwei einander ergänzende und durchdringende Weisen: Im persönlichen Bekenntnis zu den Glaubenswahrheiten (a) und im Bericht über Auswirkungen der Gnade Gottes im eigenen Leben (b).

(a) „Das Wort ist dir nahe, es ist *in deinem Mund* und in deinem Herzen. Gemeint ist das Wort des Glaubens, das wir verkündigen; denn wenn du *mit deinem Mund bekennst*: ‚Jesus ist der Herr' und in deinem Herzen glaubst: ‚Gott hat ihn von den Toten auferweckt', so wirst du gerettet werden. Wer mit dem Herzen glaubt und mit dem Mund bekennt, wird Gerechtigkeit und Heil erlangen ... Wie sollen sie [Juden und Griechen] an den glauben, von dem sie nichts gehört haben? Wie sollen sie hören, wenn niemand verkündigt? Wie soll aber jemand verkündigen, wenn er nicht gesandt ist? Darum heißt es in der Schrift: Wie willkommen sind die Füße derer, die gutbotschaften (hoi podes ton euaggelizomenon ta agatha)." (Röm 10,8-10.14f)

Der Text gibt einen Einblick in die Entstehung gottesdienstlicher Bekenntnisse „mit dem Mund": Die Anrufung Jesu als „Herr" (Bestandteil des heutigen „Gloria") und der Glaube an die Auferweckung Jesu (Bestandteil des heutigen „Credo"). Die persönliche Anrede mit „du" weist darauf hin, daß hier das laut gesprochene Glaubensbekenntnis des *einzelnen* gemeint ist: bei der Taufe, in der Gemeindeversammlung. Es ist ein Bekenntnis „von Gott her und vor Gott" (2 Kor 2,17): Als „Wort des Glaubens" spricht der einzelne es zu Gott hin aus. Für die Anwesenden wird es zur Verkündigung, zum Gutbotschaften, zur Bezeugung des Evangeliums *voreinander*: Der Geist Gottes läßt die Anwesenden am Glauben des Sprechenden teilnehmen und befähigt sie dazu, dieses allen gemeinsame Bekenntnis tiefer in sich aufzunehmen. So führen die Christen in der Gemeindeversammlung einander zu Christus hin. In der Kraft des Geistes wissen sie sich dann auch dazu gesandt, ihren Glauben in die gesellschaftliche Umwelt hinein zu verkünden.

Das Glaubenszeugnis beruht auf einem *„Überzeugtsein von Dingen, die man nicht sieht"* (Hebr 11,2): Zu den Glaubenswahrheiten haben wir von uns aus keinerlei Zugang: Wir „sehen" sie nicht und können sie nicht – wie etwa naturwissenschaftliche Wahrheiten – durch Experimente nachprüfen oder beweisen. Das Glaubenszeugnis hat deshalb den Charakter des „Bekenntnisses": Wir können die Glaubenswahrheiten rein verstandesmäßig nicht erfassen und sind aufgrund der Offenbarung dennoch von ihnen überzeugt. Ein Bekenntnis zu Jesus Christus ist deshalb mehr als eine Information.

Für den Gesamtzusammenhang dieser Darstellung ist von besonderer Bedeutung: Ein „persönliches" Zeugnis ist nicht beschränkt auf Berichte über die je eigene, „subjektive" Lebens- und Heilsgeschichte. Primär zeigt es sich im Bekenntnis zu den Inhalten unseres Glaubens, die der einzelne nicht lediglich „übernommen" hat, für die er vielmehr mit seiner ganzen Person einsteht. Es kann Situationen geben, in denen ich mich zu dem Bekenntnis veranlaßt sehe: „Ich glaube fest, daß Gott Jesus Christus von den Toten auferweckt hat." „Ich glaube an *meine* Auferstehung." Wir geben niemals lediglich Zeugnis von unseren „frommen Gefühlen", sondern von Überzeugungen und Tatsachen (vgl. NMG 418f). Zu diesen Tatsachen können auch Veränderungen im eigenen Leben gehören.

(b) Das Lebenszeugnis findet sich im NT in vielfältiger Form. Jesus sagt zu dem Mann, den er geheilt hat: „Geh nach Hause, und bezeuge (apaggeilon) deiner Familie alles, was der Herr für dich getan hat und wie er Erbarmen mit dir gehabt hat. Da ging der Mann weg und verkündete in der ganzen Dekapolis, was Jesus für ihn getan hatte und alle staunten." (Mk 5,19f) Es ist ein wesentliches Zeichen für die Echtheit eines Lebenszeugnisses, daß in ihm das Herz, das Erbarmen Gottes, wahrnehmbar wird. Es geht nicht darum, sich selbst „zur Schau zu stellen", sondern: Das Zeugnis ist – wenn Gott es so fügt – ein Anstoß für die Adressaten, sich auch selbst dem Erbarmen Gottes zu öffnen. Erst innerhalb dieses *Gesamtgeschehens* können dann auch inhaltliche Glaubenswahrheiten „weitergegeben" werden.

Dies wird im Lebenszeugnis des Paulus sehr deutlich: „Ich will jetzt von Erscheinungen und Offenbarungen sprechen, die *mir* der Herr geschenkt hat. Ich kenne jemand, einen Diener Christi, der vor vierzehn Jahren bis in den dritten Himmel entrückt wurde ... Er hörte unsagbare Worte, die ein Mensch nicht aussprechen kann ... Damit ich mich wegen der einzigartigen Offenbarungen nicht überhebe, wurde mir ein Stachel ins Fleisch gestoßen: Ein Bote Satans, der mich mit Fäusten schlagen soll ... Dreimal habe ich den Herrn angefleht, daß dieser Bote Satans von mir ablasse. Er aber antwortete mir: Meine Gnade genügt dir; denn sie erweist ihre Kraft in der Schwachheit." (2 Kor 12,1.4.8f) „Durch Gottes Gnade bin ich was ich bin, und sein gnädiges Handeln ist an mir nicht ohne Wirkung geblieben." (1 Kor 15,10; vgl. Phil 4,11ff) Im ersten Johannesbrief heiß es: „Wir *wissen*, daß wir aus dem Tod in das Leben hinübergegangen sind, weil wir die Brüder lieben." ... „Wir *wissen*: Wir sind aus Gott, aber die ganze Welt steht unter der Macht des Bösen. Wir

wissen aber: Der Sohn Gottes ist gekommen, und er hat uns Einsicht geschenkt, damit wir Gott den Wahren erkennen." (1 Joh 3,14; 5,19f)
Aus diesen Texten können wir lernen, welche Bedeutung auch für eine neue gläubige Praxis und eine neue Bezeugung des Evangeliums das persönliche Zeugnis hat: Das entscheidende Ereignis im Leben des Paulus war seine Bekehrung, seine Begegnung mit dem erhöhten Herrn auf dem Weg nach Damaskus (Apg 9,1-9). Dabei erhielt er zugleich den Auftrag, diese Begegnung zu bezeugen: „Ich bin dir erschienen, um dich zum Diener und *Zeugen* dessen zu erwählen, was du gesehen hast und was ich dir noch zeigen werde." (Apg 26,16) Von einer weiteren intensiven Begegnung mit Christus spricht Paulus im zweiten Brief an die Korinther. Er bezeugt, daß sie ihn dazu befähigt hat, auch seine Krankheit auf sich zu nehmen. Er scheut sich nicht, dies offen zu berichten, da dieses persönliche Zeugnis ein zusätzlicher Beweis für die Echtheit seiner Verkündigung ist: „Jeder soll mich nach dem beurteilen, was er an mir sieht oder aus meinem Mund hört." (2 Kor 12,6)
Die bundesgemäße Zuwendung Gottes kann sich auch in einem langsamen Wachstumsprozeß im Leben auswirken: Dem Zeugnis aus dem ersten Johannesbrief liegt nicht ein plötzliches Bekehrungserlebnis zugrunde, wie bei Paulus, sondern die Erfahrung, daß Gottes Gnade in uns *bleibt,* die dazu befähigt, sich mit voller Kraft für die Mitmenschen einzusetzen und dem Bösen zu widerstehen. Das „Wissen", von dem der Schreiber des Briefes ein persönliches Zeugnis gibt, meint nicht intellektuelle Einsicht, sondern konkrete persönliche Erfahrung.

Einwände und Vorbehalte

Die im dritten Buch dokumentierten Reformgottesdienste mit etwa jeweils 3000 Teilnehmern waren in der ersten Stunde von persönlichen Lebenszeugnissen geprägt (vgl. drittes Buch: E 3; A/IV,4; B/III,4). Sie haben einen nachhaltigen Eindruck hinterlassen und fanden allgemeine Zustimmung (vgl. drittes Buch: B/IV,2). Die Fragen: Wie gebe ich Zeugnis? Was gehört in ein solches Zeugnis hinein? Wie bereite ich mich darauf vor? sind in anderem Zusammenhang näher erörtert (NMG 238-248). Im folgenden soll nur auf die gängigen Einwände und Vorbehalte eingegangen werden.
(1) Ein persönliches Zeugnis ist Dienst am Glauben der Anwesenden und deshalb deutlich unterschieden von gruppendynamischer Selbst-Analyse und Aktualisierung von Gefühlen, von jeglicher Form der Selbst-Entblößung und Preisgabe der ichgemäßen Intimität. Es geht nicht darum, das Innerste nach außen zu kehren, sich zur Schau zu stellen, sich anschauen oder gar „outen" zu lassen, nicht um eine mit Gel-

tungsgewinn verbundene Vermarktung des eigenen Ich, wie sie in Talkshows üblich geworden ist. Vorkommnisse, persönliche Verfehlungen, die wir in der Beichte vor Gott hintragen, gehören niemals in ein „persönliches Zeugnis".

Nicht *ich* stehe im Mittelpunkt, sondern: ein persönliches Zeugnis geschieht *von Gott her und vor Gott*, und ich überlasse ihm, was er daraus macht. Wenn Paulus ausruft: „Gottes gnädiges Handeln an mir ist nicht ohne Wirkung geblieben" (1 Kor 15,10), macht er nicht Reklame für sich selbst, sondern bezeugt „das Große, das Gott denen bereitet hat, die ihn lieben" (1 Kor 2,9).

Hinzu kommt: Wenn jemand in der Versammlung ein Zeugnis gibt, sollen die anderen „urteilen" (1 Kor 14,29). Damit ist gemeint: Die Gemeinde soll in der Kraft des Heiligen Geistes mit Ehrfurcht prüfen und unterscheiden, ob in diesen Worten etwas vom Wirken Gottes spürbar wird, ob sie also ein *Dienst am Glauben* sind. Das Wortzeugnis ist also ein demütiger und sich demütigender Dienst, denn die Gemeinde soll ja auch in der Kraft der „Gabe der Unterscheidung" die *Echtheit* erspüren und beurteilen (vgl. die Kriterien dazu im ersten Buch: A/II,2d; NMG 232-234). Hier sind noch viele Einübungsprozesse in den Gemeinden notwendig.

(2) Der Einwand, die eigene Beziehung zu Gott sei reine „Privatsache", ein Glaubenszeugnis gehöre nicht in den Gottesdienst oder in die Öffentlichkeit, ist ebenfalls nicht zutreffend. Die ntl Autoren gehen davon aus, daß Jesus sein Verhältnis zu Gott in Gegenwart seiner JüngerInnen in laut ausgesprochenen und auch in persönlich formulierten Gebeten offenbar gemacht hat (vgl. Lk 10,21; 23,46; Mk 14,36; Mt 27,46; Joh 11,41; vgl. NMG 66ff). Das Wort Jesu: „Geh in deine Kammer, wenn du betest", gilt nur jenen, die sich beim Gebet zur Schau stellen wollen. (Mt 6,5f) Zudem heißt es Lk 12,8: „Wer sich vor den Menschen zu mir bekennt, zu dem werde auch ich mich bekennen". Es gibt nicht nur eine „falsche Scheu, vor- und miteinander zu beten" (GL 20), sondern auch eine dem Evangelium nicht gemäße Intimisierung des persönlichen Verhältnisses zu Gott. Sie ist nicht ein Gebot Jesu, sondern Folge der „modernen" Privatisierung des gesamten Lebens und eines tendenziell anonymen Zusammenlebens.

(3) Das Lebenszeugnis von Gott her und vor Gott beschreibt nicht frei schwebende Gefühle, sondern Tatsachen, die für andere nachprüfbar sind, Veränderungen im eigenen Leben, die sich langfristig gezeigt haben. Deshalb ist der Unterschied zwischen „Erfahrung" und „Erlebnis" auch für das Glaubenszeugnis von Bedeutung. Er kann hier nur insoweit erörtert werden, als er für spirituelle Prüfungsprozesse von Bedeutung ist (vgl. NMG 303-307; 422-442). Die Struktur von Glau-

benserfahrungen ist am ehesten an der mitmenschlichen Wir-Erfahrung ablesbar, da sie immer auch in ihr verwurzelt ist.

(a) *Erfahrung:* Das deutsche Wort „erfahren" meint einen Prozeß des Kennen-lernens, ursprünglich durch fahren, reisen, dann aber auch durch Umgang mit jemandem oder mit etwas.[40] Dies zeigt sich in alltäglichen Redewendungen wie: „Wir haben miteinander gute oder schlechte Erfahrungen gemacht"; „wir haben einiges miteinander durchgemacht"; „ich habe in meinem Leben viel (wenig) Zuwendung erfahren" usw. Die hier gemeinte Wir-Erfahrung ereignet sich in der alltäglichen Lebenswelt im direkten Umgang miteinander: Sie erwächst aus einem Prozeß des Zusammen-lebens, aufgrund dessen wir dann umeinander wissen. Die Formulierungen weisen darauf hin, daß wir diese Erfahrung mehr erleiden als anzielen, daß sie uns widerfährt, trifft, verwandelt. Eine Erfahrung „machen" meint nicht, daß wir sie selbst planen und herstellen, sondern daß wir sie durchmachen. Wir-Erfahrung schließt immer auch Beziehungsstörungen ein, so daß sie ein Konfliktpotential enthält und Konfliktlösungen erfordert.

In ähnlicher Weise ist auch Glaubenserfahrung der Gang auf einem Weg: Weg-Erfahrung. Sie erwächst aus dem Umgang mit Gottes Wort und seiner Zusage: Ich bin mit dir in den Höhen und Tiefen deines Lebens, und wenn du meinst zu scheitern: Ich verlasse dich nicht. Dem biblischen Zeugnis gemäß leben wir ständig in einem inneren, geistgewirkten Erfahrungsstrom der Zuwendung Gottes, die unser Leben mehr und mehr durchdringen und umformen will.

(b) *Erlebnis:* Während Erfahrung ein längerer Prozeß ist, hat das Erlebnis den Charakter eines *punktuellen* Ereignisses von besonderer Intensität, das einen starken Eindruck hinterläßt. („Ich habe eine Überraschung erlebt; das Konzert, die Begegnung mit diesem Menschen, dieser Gottesdienst war ein Erlebnis"). Erlebnisse ereignen sich immer in einem engen zeitlichen Rahmen und gehen jeder vermittelnden Deutung und Reflexion voraus.

Angesichts der (modernen bzw. postmodernen) „Erlebnisgesellschaft" ist hervorzuheben: Erlebnis verhält sich zu Erfahrung wie der Ausschnitt zum Ganzen. Die bloße Aufeinanderfolge von Erlebnissen ist noch nicht „Erfahrung". Erlebnisse erschließen den Sinn des Lebens nur in dem

---

[40] Das deutsche Wort „er-fahren" meint ursprünglich „durchfahren, reisen, gehend erreichen", später dann „erforschen, kennenlernen, durchmachen" und schließlich – abgelöst von der Vorstellung des Gehens und Fahrens – „wahrnehmen, vernehmen". Das Verbalsubstantiv „Erfahrung" hat von da her die abstrakte Bedeutung „Wahrnehmung, Kenntnis" und das 2. Partizip „erfahren" meint „klug, bewandert". Vgl. J. und W. Grimm: Deutsches Wörterbuch, Bd. 3, 788-794.

Maße, als sie zum unscheinbaren, alltäglichen Leben in Beziehung stehen und in dieses integriert werden.
Das „religiöse" Erlebnis – etwa in einem Gottesdienst, in den Begegnungen mit einem Menschen, der mich an seiner Beziehung zu Gott teilhaben läßt – hat durchaus seine Bedeutung. Die Erlebnisfähigkeit des Menschen ist auf personale Begegnung und Gemeinschaft ausgerichtet und letztlich zu dem sich offenbarenden Gott hin offen. Häufig erstickt die Erlebnisfähigkeit des Christen in allzu vielen, verstandesmäßig weitergegebenen und aufgenommenen Glaubenswahrheiten. Damit ist auch die Möglichkeit gemindert, die Zuwendung Gottes ganzheitlich in sich aufnehmen und sich von ihr prägen zu lassen.
In einem Glaubenszeugnis kann durchaus auch einmal von „Erlebnissen" berichtet werden, die das weitere Leben geprägt haben, wie etwa am Zeugnis des Paulus von seiner Bekehrung deutlich wird (Apg 9,1-22). In jedem Falle bedürfen solche Erlebnisse einer eindringlichen spirituellen Prüfung.

II.
Die zentrale Bedeutung der liturgischen Feiern

Ein Weg-Seminar ist nicht eingeschränkt auf das Bibel-Teilen. Sein Zentrum sind vielmehr – ähnlich wie in einem Katechumenat für Ungetaufte – die beiden liturgischen Feiern (NMG 37f), die insgesamt den Charakter einer erneuten und vertieften Annahme des von Gott angebotenen Bundes haben.
1. In der *vierten* Woche wird die „Feier der Versöhnung" mit einem Gebet um „innere Heilung" angeboten (NMG 122-150). Diese Aufarbeitung negativer Lebens- und Kirche-Erfahrungen führt in jene Tiefe, aus der Kirche von innen her neu wächst.
2. Diese Feier ist grundlegend für die in der *achten* Woche angebotene Liturgie der erneuten und vertieften Annahme der sakramentalen und charismalen Zuwendung Gottes (NMG 242-261).
Die beiden dokumentierten Reformgottesdienste schließen nur Grundelemente der zweiten Feier ein. Deshalb soll das Gebet um innere Heilung im folgenden Abschnitt eingehender erläutert werden.
Das Nahziel der Weg-Seminare ist die Entstehung von kleinen apostolisch gesinnten Gemeinschaften, Haus- und Bibelkreisen, Gebets- und Aktionsgruppen in der Gemeinde. Sie bilden sich nicht selten „aus dem Bedürfnis heraus, das Leben der Kirche noch intensiver zu leben, oder aus dem Wunsch und dem Suchen nach einer *persönlicheren Atmosphä-*

re, die die großen Gemeinden nur schwer bieten können, zumal in den heutigen Großstädten mit ihrer steigenden Tendenz zu einem anonymen Leben in der Masse." (EN 58) Die Gemeinde der Zukunft wird eine Gemeinschaft aus solchen kleinen, überschaubaren Gemeinschaften und „Hauskirchen" sein (NMG 265f). Sie werden – wie in ntl Zeit – von Laien geleitet. Paulus bestärkt diesen Leitungsdienst mit seiner ganzen Autorität: „Ihr kennt das Haus des Stephanas ... *Ordnet euch ihnen unter, ebenso ihren Helfern und Mitarbeitern!* ... Sie haben mich und euch erfreut und aufgerichtet. Verweigert solchen Männern eure Anerkennung nicht!" (1 Kor 16,15f.18). Das von den Charismen getragene Apostolat der Laien ist unersetzlich und „so notwendig, daß ohne dieses auch das Apostolat der Hirten meist nicht zu seiner vollen Wirkung kommen kann. Denn wie jene Männer und Frauen (!), die Paulus in der Verkündigung des Evangeliums unterstützt haben (vgl. Apg 18,18.26; Röm 16,3), *ergänzen* Laien von wahrhaft apostolischer Einstellung, was ihren Brüdern fehlt; sie stärken geistlich die Hirten und das übrige Volk (vgl. 1 Kor 16,17f)." (AA 10) Hier eröffnet sich eine neue Praxis einer „geschwisterlichen" Kirche und nicht zuletzt ein weites, eigenständiges Arbeitsfeld auch für die „hauptamtlichen" LaienmitarbeiterInnen, das in seiner Bedeutung noch kaum wahrgenommen ist.

1. Der bundesgemäße Grundcharakter der Liturgie

a) Die Liturgie als direkte, geistgewirkte Gegenwart des Bundes

Da für die Weg-Seminare die liturgischen Feiern zentral sind, ist eine Besinnung auf ihren Kern vordringlich. Im Sinne des Zweiten Vatikanischen Konzils ist Liturgie „die von der kirchlichen Gemeinschaft durch Christus, den Mittler zwischen Gott und den Menschen, im Heiligen Geist unter wirksamen Zeichen und in rechtmäßiger Ordnung vollzogene *Aktualisierung des Neuen Bundes.*"[41] Es ist von großer glaubensgeschichtlicher Bedeutung, daß Liturgie überhaupt als die Gegenwart des neuen und endgültigen *Bundesgeschehens* verstanden wird. Bund aber ist die *direkte Beziehung* zwischen Gott und uns, die einzig und allein von ihm ausgeht und von seiner göttlichen Energie, dem Heiligen Geist, erwirkt wird. Strenggenommen wird der Bund nicht durch die kirchliche Gemeinschaft als solche „aktualisiert", sondern durch den in ihr wirksamen Geist, genauer: durch die in und zwischen uns wirksame göttliche Energie Christi.

---

[41] E. Lengeling, in: NHThG Bd. 3, 29.

Das Zentrum aller Liturgie ist die Feier der Eucharistie, denn in ihr „wird der *Bund Gottes mit den Menschen neu bekräftigt.*" (SC 10) „Durch sein Fleisch, das *durch den Heiligen Geist* lebt und Leben schafft, spendet er [Christus] den Menschen das Leben," und deshalb ist die Eucharistie „*Quelle und Höhepunkt aller Evangelisierung*" (PO 5): In ihr verkündet Christus sich selbst als den „Mittler des Neuen Bundes" (1 Tim 2,6; Hebr 8,6; 9,15; 12,24; LG 8 u. ö.), wird in seiner Person der Neue Bund selbst und als solcher offenbar (vgl. Mk 14,24; Lk 22,20), und zwar durch die göttliche „Energie" seines Geistes. Für eine geschichtlich neue Thematisierung des Bundesangebotes Gottes ist von erhöhter Bedeutung, auch ein diesem Bund gemäßes Vokabular zu gebrauchen: „Geist" Gottes meint im AT und NT Gottes Geschichtsmacht, durch die er die Schöpfung erwirkt und in seinem Bundesvolk, im Innersten eines jeden einzelnen, gegenwärtig ist: „Geist", „Kraft", „Energie" sind in der Bibel austauschbare Vokabeln.[42] Insofern die Bezeichnung „Heiliger Geist" zu einer relativ blassen Worthülse geworden ist, kann man sie auch durch „Energie" bzw. „Bundesenergie" wiedergeben. Im Hinblick auf die weiteren Überlegungen gehen wir von folgender bundesgemäß-

---

[42] Das griechische Wort pneuma (von pneo, hauchen, atmen) enthält folgende Bedeutungsstufen: Hauch – Luft in Bewegung – Atem – Leben – Lebensprinzip – Geist. Ihm „wohnt eine – sei es sichtbar oder unsichtbar – wirkende, richtungsbestimmte *Kraftgeladenheit* inne, die es ... der in der Wurzel *pneF- enthaltenen *energetischen* Grundvorstellung verdankt" (ThWNT Bd. 6, 333, 7ff). Auch das hebräische Wort, das mit „Geist" übersetzt wird (ruach), hat durchgängig eine *energetische* Grundbedeutung (a.a.O., 357-366).

Das griechische Wort energeia ist die Substantivierung von energos = en ergo einai. Der Ausgangsbereich für diesen Begriff ist das menschliche ergon = Werk, so daß „Energie" wörtlich das „Im-Werk-sein" als Im-Wirken-sein bezeichnet (vgl. ThWNT Bd. 2, 632.649f). Auch von da her ist es gerechtfertigt, „Geist" mit „Energie" wiederzugeben.

Der Geist Gottes ist die „Kraft des Höchsten" (dynamis hypsistou, Lk 1,35), die „Kraft aus der Höhe" (dynamis ex hypsous, Lk 24,49). Wir können uns diese Kraft nicht nehmen, anzielen, sondern nur empfangen, wir werden mit ihr „getauft", sie wird über uns „ausgegossen" (Apg 1,5; 2,33). Der Verfasser des Epheserbriefes wünscht uns, daß wir erkennen, „wie überragend groß Gottes Macht (dynamis) sich an uns erweist durch die Energie (energeia) seiner Kraft und Stärke." (1,19) Ihm dient er dank der Gnade, die ihm geschenkt wurde gemäß der Wirksamkeit (energeia) seiner Kraft (dynamis) (3,7). Er wünscht uns, daß wir „in unserem Inneren durch seinen Geist mit Kraft (dynamis) gestärkt werden." (3,16) Paulus ruft uns zu: „Christus ist unter euch" und fährt fort: „Dafür kämpfe ich unter vielen Mühen; denn seine Energie (energeia) wirkt (energei) mit großer Kraft (dynamis) in mir." (Kol 1,27) „Mit Christus wurdet ihr in der Taufe begraben, mit ihm auch auferweckt, durch den Glauben an die Wirkkraft (energeia) Gottes, der ihn von den Toten auferweckt hat." (Kol 2,12) Die apostolische Verkündigung geschieht nicht durch Überredung in gewandten und klugen Worten, sondern „im Erweis von Geist und Kraft" (en apodeixei pneumatos kai dynameos; 1 Kor 2,4f).

pneumatologischen „Definition“ aus: *Liturgie ist die durch die göttliche Energie Jesu Christi gewirkte, direkte Gegenwart des Neuen Bundes in wirksamen, leibhaften Zeichen, deren Vollzug durch den kirchlichen Leitungsdienst geordnet ist.*[43]

Zunächst sei darauf hingewiesen: In der Verheißung eines neuen „ewigen“ Bundes (Jer 32,40; Ez 16,60) meint „ewig“ nicht ein chronologisches Nacheinander von Jetztpunkten, die mit der Uhr gemessen werden, die vergehen, sobald sie waren und nicht mehr wiederkehren; vielmehr ist die Geschichtszeit des Bundesvolkes durchgängig durch diesen Bund qualifiziert. Mit der Verheißung eines neuen Bundes ist die Zusage einer neuen Gegenwart des Geistes Gottes in unserem Inneren, im „Herzen“ verbunden: „Ich schenke euch ein neues Herz und lege einen neuen Geist in euch ... Ihr werdet mein Volk sein, und ich werde euer Gott sein.“ (Ez 36,26f; vgl. Ez 11,19; 18,31) „Ich hauche euch meinen Geist ein, dann werdet ihr lebendig“ (Ez 37,14).

Mit diesem Geist, mit dieser energetischen „Kraft“ (dynamis) wurde Jesus bei seiner Taufe erfüllt („gesalbt“), in seinen Worten und Taten zeigt sich, daß Gott „mit ihm“ war (Apg 10,38). Diese selbe göttliche Energie Jesu bleibt „für immer“ (Joh 14,16) in der Geschichte gegenwärtig. Auch dieses „für immer“ meint nicht das Nacheinander von Jetztpunkten, die vergehen und nicht mehr wiederkehren; vielmehr qualifiziert und prägt dieser Geist die ganze Geschichtszeit des Neuen Bundes, den Gott in Jesus Christus ein für allemal und end-gültig mit der Menschheit geschlossen hat: Der Geist Christi, seine göttliche Energie, *ist* diese göttliche Gegenwart des Bundes in der Geschichte: Christus hat „in seiner Person“ (en auto) die Feindschaft zwischen den Menschen und mit Gott getötet (Eph 2,15f), und „in“ seinem einigenden, in und zwi-

---

[43] Damit wird von vornherein die „absteigende“, von Gott her kommende Dynamik der Liturgie deutlich, denn im Bund geht alle Initiative von Gott aus. Zugleich kommt die „aufsteigende“, menschliche Bewegung auf Gott hin zur Aussage, denn der Bund bedarf der ausdrücklichen Annahme durch den Menschen. Wir verstehen deshalb die anabatische und katabatische Dimension der Liturgie als ein durch den „Geist des Bundes“ erwirktes *Gesamtgeschehen* in und zwischen uns. Zu der hier sich zeigenden Differenz zwischen der *äußeren*, kosmischen Zeit des Nacheinanders von Jetztpunkten und der *inneren* Zeit der Kirche, die auch als fortdauernde „Wirzeit“ bezeichnet werden kann, vgl. H. Mühlen: Die ort- und jetztlose Gegenwart des Auferstandenen in der Kirche, abgedruckt im Anhang I, 2.b.

Die Bezeichnung der Liturgie als „Dialog“ zwischen Gott und uns erscheint von da her als nicht ganz zutreffend: Sie verbleibt in einem vorstellenden Denken „von oben“ – von unten". Liturgie ist jedoch in sich selbst die geistgewirkte, *direkte* Gegenwart des Neuen Bundes in und zwischen uns, durch die Gott uns auf sich bezieht, also göttliche Energiemitteilung. Erst dieses vorgängige energetische Bundesgeschehen ermöglicht einen Dialog mit Gott.

schen uns gegenwärtigen Geist haben wir durch Christus Zugang zum Vater (Eph 2,18). In der göttlichen, „jetztlosen" Energie Jesu gehen Anfang und Ende der Bundesgeschichte wechselseitig ineinander über: Nicht die kirchliche Gemeinschaft „aktualisiert" den Neuen Bund, sondern: die göttliche Energie Jesu Christi gewährleistet die Fort-Dauer des Neuen Bundes, sie ist selbst und als solche die *direkte* Vermittlung der verheißenen Gegenwart dieses Bundes in der Geschichte. (Auf das hier sich zeigende Zeitverständnis sind wir im Anhang I näher eingegangen.)
Dies zeigt sich bereits deutlich in der Liturgie der ntl „Hauskirche": Wenn die ganze Gemeinde sich versammelt, und ein Unkundiger oder Ungläubiger kommt herein, und alle reden zu ihm „prophetisch", also kraft der in ihnen wirkenden Energien Gottes (energemata; 1 Kor 12,6), dann wird „aufgedeckt, was in seinem Herzen verborgen ist. Und so wird er sich niederwerfen, Gott anbeten und ausrufen: Wahrhaftig, Gott ist bei euch (theos en hymin)." (1 Kor 14,23ff) Die Anbetung „Gottes" bezieht sich auf den Vater unseres Herrn Jesus Christus, und eben dieser Gott ist *als* Heiliger Geist, als göttliche Energie, *zwischen* den Versammelten anwesend. Hier zeigt sich: Die urkirchliche Hausliturgie ist in sich selbst und als solche „missionarisch", hat den Charakter der gegenseitigen Bezeugung des Evangeliums. Dies zeigt sich auch im weiteren Verlauf der Versammlung: „Wenn ihr zusammenkommt, trägt jeder etwas bei", und zwar kraft der ihm jeweils verliehenen Geistgaben (1 Kor 14,26). Sie sind die göttlichen „Kraftwirkungen" (energemata) in jedem einzelnen, durch die Gott bzw. sein Geist alles in allen bewirkt (energei; 1 Kor 12,6.11). Jedes Glied der Gemeinde trägt das Ganze „mit der Energie (energeia), die ihm zugemessen ist" (Eph 4,16). Die energetische urkirchliche Hausliturgie und die gegenseitige Hinführung zu Christus in den Gemeinden ist von da her präzise das, was mit „Selbst-Evangelisierung der Getauften" gemeint ist.
Im Hinblick auf eine neue Bezeugung des Evangeliums ist nun von zentraler Bedeutung: Die Taufe ist und bleibt das Grundsakrament, aus dem Kirche erwachsen ist und neu von innen her wächst. Die Annahme des Bundes geschieht in der das ganze christliche Leben grundlegenden Annahme des *Taufbundes.* Eine fruchtbare Mitfeier der Eucharistie schließt deshalb den *vorgängigen* Mitvollzug des Bundes Gottes mit uns ein. Die Taufe ist nicht nur formale Voraussetzung für die Mitfeier der Eucharistie, sondern der das ganze Leben eines Christen prägende *liturgische Grundvollzug*. Ohne eine vertiefte, persönliche Annahme des Taufbundes wird es deshalb keine innere Erneuerung der eucharistischen Gemeindefeier geben. Deshalb ist von erhöhter Bedeutung, daß in einer neuen geschichtlichen Hörsituation die Taufe als das grundlegende *Bundeszeichen* des Neuen Bundes (vgl. Apg 15,1-29) erkannt und vollzogen

wird, durch das der jetzt lebende Christus uns mit seinem Heiligen Geist, seiner göttlichen Energie „tauft“ (Apg 1,5; 10,44f; 11,15f) und die „Umkehr zum Leben“ beginnt (Apg 11,18).

Grundlegend, weil alle anderen Vollzüge in der Kirche ermöglichend, ist somit die persönlich-leibhafte Annahme des Taufbundes. Deshalb ist der folgende Text signifikativ für jegliche Reformliturgie: „In der Taufe, die wir zumeist als kleine Kinder empfangen haben, hat Gott mit jedem einzelnen einen Bund der Liebe und Treue geschlossen und ihm gleichsam zugesprochen: ‚Ich bin bei dir, ich bin für dich da in den Höhen und Tiefen deines Lebens, in Gesundheit und in Krankheit, und wenn du meinst zu scheitern: ich verlasse dich nicht. Ich will dich lieben und durchtragen, solange du lebst.‘ Geben wir ihm in der Freiheit, die er selbst uns schenkt, die Antwort des Vertrauens: ‚Mein Gott, gieße jetzt deinen Heiligen Geist über mich aus. Sei du der Herr in meinem Leben und befreie mich von dem Bösen. Ich danke dir, daß du mich bejahst, so wie ich bin. Verändere mich so, wie du mich haben willst. Ich will dich lieben und verehren, solange ich lebe.‘“ (E 4b)

In diesem Antwortgeschehen kommen deutlich die beiden Sinnrichtungen der Taufe und damit jeder Liturgie zum Ausdruck:

- die durch alle menschlichen Vermittlungen hindurch vermittelte *direkte* Beziehung Gottes zum Getauften,
- der freie Ich-Einschluß des Getauften in den Bund, den Gott mit seinem ganzen Volk geschlossen hat.

Erst von diesem Bundesgeschehen her wird das innerste Wesen der Liturgie offenbar: In der Taufe wendet Gott sich mir direkt zu und wendet mich auf sich. In meiner bundesgemäßen Antwort bejahe ich, daß Gott mich auf sich hingewendet hat und vollziehe in Freiheit diese meine Hinwendung mit. Dieses Bundesgeschehen ist jedoch nicht ein „privates“, sondern: „Bund“ ist immer ein Angebot, das Gott seinem *ganzen* Volk gemacht hat, und in meiner Antwort darauf schließe ich mich zugleich und ohne einen neuen Schritt meinerseits ein in die Gemeinschaft derer, die schon vor mir diesen Bund angenommen haben: in das „wir alle“ der Glaubenden, der Kirche.

Von diesem Grundgeschehen der Taufe her haben alle kirchlichen Vollzüge einen bundesgemäßen Charakter: Das bei der Taufe von Gott her geschehende Geschehen, seine bundesgemäße Selbstverpflichtung zu Liebe und Treue, seine Beziehung zum Getauften, ändert sich nicht, zeigt sich uns aber vielgestaltig: in den zahlreichen Segnungen, in seiner sakramentalen und charismalen Zuwendung, im geistgewirkten Vollzug des kirchlichen Amtes usw. Die Taufe darf von da her nicht als punktuelles, isoliertes Geschehen verstanden werden, das „hinter“ uns liegt und „abgehakt“ ist, sondern: In ihr eröffnet sich für den einzelnen und die ganze Kirche die *Gesamtgestalt* gläubiger Praxis: die Annahme des Bundes.

Im Vorblick auf die weiteren Überlegungen unterscheiden wir deshalb zwischen dem bundesgemäßen Handeln Gottes selbst bei der *Spendung* der Taufe, das in der Sakramentenlehre auch „der vollzogene Vollzug" (opus operatum) genannt wird, und der *Annahme* des Bundes durch den Taufbewerber bzw. den Getauften, die auch als „Tun des Empfangenden" (opus operantis) bezeichnet wird. Diese Differenz gilt nicht nur im Hinblick auf die Sakramentenlehre, sondern für das gesamte Bundesgeschehen. Im folgenden beschränken wir uns im Hinblick auf eine neue gläubige *Praxis* vor allem auf das Tun des Empfangenden, auf die Annahme des Bundes in ihren vielgestaltigen – auch außersakramentalen – Formen.

b) Die Entdeckung der Leibhaftigkeit des Bundes

Die Leibhaftigkeit der liturgischen Zeichen gründet letztlich in der endgültigen Verleiblichung des Bundes, die Gott in der Menschwerdung seines Sohnes vollzogen hat. Dieser leibhaften Weise, in der Gott uns anspricht, „muß auch unsere Antwort entsprechen. Eine nur innerliche Frömmigkeit ist deshalb keine christliche Frömmigkeit; vielmehr muß der ganze Mensch beteiligt sein, wenn wir uns Gott zuwenden." (GL 41,2; vgl. NMG 192ff; 305ff) Ein Kernproblem jener „Gestalt" der Kirche, die sich unhintergehbar ihrem epochalen Ende nähert, ist die *Entleiblichung des Glaubens*, insofern er primär „weitergegeben" wurde durch die Weitergabe von Glaubenswahrheiten, zusammen mit Sozialisations-, Kontroll- und Regelmechanismen. Deshalb ist darauf hinzuweisen: „Der Verlust leibhaften Ausdrucks oder der Verzicht darauf sind nicht Verinnerlichung, sondern *Gefährdung* der Frömmigkeit". Die Verleiblichung der Beziehung zu Gott ist deren Vertiefung, nicht eine akzidentelle Äußerlichkeit, auf die wir verzichten könnten, denn sie bleibt „nicht ohne Rückwirkung auf unseren inneren Mitvollzug" (GL 41,2). Die Zukunft des Glaubens ist die Verleiblichung der Beziehung zu Gott. So wird aus einem von außen übernommenen Glauben ein persönlicher Glaube. Verleiblichung ist Vertiefung!

Die neue „Entdeckung" ist, daß durch die personal-leibhafte Annahme von Gottes Gnade aus einem von außen übernommenen Glauben ein persönlicher Glaube wird: Verleiblichung der Beziehung zu Gott ist nicht eine beliebige (akzidentelle) Äußerlichkeit, sondern Vertiefung dieser Beziehung! Wir entdecken heute neu die überlieferte Weisheit: Das Heil ist zentriert in der Verleiblichung (caro cardo salutis). Alle Wege Gottes sind leibhaft. Allerdings: Bereits das Angebot, sich Gott leibhaft anzuvertrauen, stößt bei vielen auf erhebliche *Abwehrreaktio-*

nen. Der Weg vom Kopf bis zu den Füßen ist offenbar noch immer sehr weit (vgl. drittes Buch: A/II,6: Woher kommt das Unbehagen an leibhaften Glaubensschritten?).

Der Reformgottesdienst, von dem wir ausgehen, enthält mehrfach den Hinweis auf eine in ihm sich ereignende Verleiblichung der Beziehung zu Gott, die zum Teil hinausgeht über die zur Liturgie als solcher gehörende Leibhaftigkeit: „Für viele ist es ungewohnt, in einem leibhaften Glaubensschritt den Bund von Gott anzunehmen." (E 9) Viele bezeugen: „Mir persönlich wurde bei meiner Tauf- Firm- und Weiheerneuerung deutlich, daß in der erneuten Annahme der sakramentalen Gnade Gottes im Grunde etwas sehr Einfaches und Schlichtes geschieht: In einem leibhaften Schritt sich auf Gott hin loslassen, sich ihm anvertrauen. Diese Verleiblichung der Beziehung zu Gott in der Gemeinschaft der Glaubenden ist deshalb nicht etwas völlig Neues, sondern wir tun nur das auf eine persönlichere Weise, was die Kirche im Angebot der Tauf- Firm- Weiheerneuerung und des Eheversprechens zu tun empfiehlt ... Die leibhafte Weise, in der Gott in Jesus Christus, in seinem Wort und in den Sakramenten auf uns zukommt, befähigt uns zu einer leibhaften Antwort (vgl. GL 41)." (E 6-7) Deshalb gilt: „In Zukunft wird es – wie zur Zeit des Neuen Testamentes – deshalb ganz normal sein, daß jeder einzelne die Möglichkeit hat, die Gnade der Sakramente und die Geistesgaben in persönlichen, leibhaften Glaubensschritten von Gott anzunehmen" (E 8).

Die Intellektualisierung des Glaubens als Reden über Gott und die daraus folgende verhängnisvolle Entleiblichung dieser Beziehung ist tief in der abendländischen Denkgeschichte verwurzelt. Die neuere philosophisch-theologisch-liturgiewissenschaftliche Literatur hat hier durchgreifende Korrekturen gebracht: Im Verständnis des Alten und Neuen Testamentes „hat" der Mensch nicht einen Leib, sondern „ist" Leib. Daß leibliche und geistige Vollzüge sich getrennt voneinander ereignen oder trennbar sind, ist nie bewiesen worden. Bis in seine sublimsten geistigen Akte hinein ist der Mensch „leibhafter Geist" und „geisthafter Leib". Genauer: „Leib" und „Geist" kommen aus *einer* einzigen „ontologischen" (bzw. personologischen) Wurzel, so daß der menschliche Selbstvollzug *gleichursprünglich* und durchgängig leiblich und geistig ist. Noch genauer: Um Geist zu sein, muß der einzelne immer mehr Leib werden. „Wirklich menschliches Verhalten ist deshalb nur da gegeben, wo geistige Gehalte leibhaft ausgedrückt und leibliche Vorgänge beseelt und durchgeistigt werden, wo also der Mensch *als ganzer* beteiligt ist. Die Äußerung des Inneren ist daher für den Menschen keine Veräußerlichung" (GL 41,1).

Von da her ist die Wirksamkeit leibhafter Zeichen neu zu reflektieren.

Unter einem „wirksamen Zeichen" versteht man in der Regel nur die „objektive" Wirksamkeit des sakramentalen Zeichens: Wenn zum Beispiel der Taufspender tun will, was die Kirche tut, den Täufling mit Wasser übergießt und dabei die Tauformel spricht, dann ist dies das „äußere Zeichen" der Taufe, dann handelt Gott durch Christus am Täufling, denn: nicht der menschliche Spender tauft, sondern Christus durch ihn. Dieses leibhafte Zeichen von Gott her ist *durch sich selbst wirksam*, weil Gott selbst direkt, unabhängig von der Würdigkeit des Spenders, durch dieses Zeichen am Empfänger handelt (DH 1608.1611f). – Wir entdecken heute neu: Auch die leiblich-zeichenhafte *Annahme* der sakramentalen Zuwendung Gottes, die *Antwort* des Empfängers (das „opus operantis"), etwa das Taufbekenntnis bei der Taufe, ist ein *durch sich selbst wirksames* Zeichen, wenn der Empfänger dem Wirken Gottes keinen inneren Widerstand entgegensetzt (vgl. DH 1554.1606): Die Verleiblichung der Beziehung zu Gott bleibt „nicht ohne Rückwirkung auf unseren inneren Mitvollzug. Manches wird *innerlich* gar nicht ganz zu eigen, wenn wir es nicht auch *äußern*." (GL 41,2) „Der sinnenhafte Ausdruck innerer Akte wirkt verstärkend auf diese zurück, ja kann sie, so sie zunächst nur äußerlich vollzogen werden, sogar erwecken." (NHThG Bd. 3,33)
Diese „Entdeckung" ist von höchster Bedeutung für eine neue gläubige Praxis: In ähnlicher Weise wie in der Beziehung zwischen Menschen, die sich lieben, ist auch in der Beziehung zu Gott die Versinnlichung und Verleiblichung dieser Beziehung nicht ohne Rückwirkung auf den innersten Mitvollzug. Einfacher gesagt: Wenn jemand sich ernsthaft auf eine Annahme des Taufbundes vorbereitet hat, dann kann ein noch zu beschreibender *leibhafter* Schritt bei dieser Annahme das Innerste geradezu „erwecken" und auf Gott hin ausrichten. Sakramentale Begegnung mit Gott geschieht weder in einem rein inneren Vorgang noch in einem rein äußeren Ritus ohne innere Mitwirkung, sondern entsprechend der leibhaft-personalen Weise, in welcher Gott durch die Menschwerdung seines Sohnes an uns gehandelt hat: *Die Taufgnade wird dem Getauften tiefer zu eigen, wenn er die Annahme des Taufbundes ganzheitlich-leibhaft äußert.* Das mit der Kindertaufe gegebene theologische und pastorale Problem ist deshalb nicht das Taufalter, sondern der Verzicht auf den späteren ganzheitlich-leibhaften Ausdruck der Annahme des Taufbundes.
In der Eingliederung Erwachsener in die Kirche sind die Taufbewerber auf vielgestaltige Weise eingeladen, dem Empfang des Taufbundes zuzustimmen: „Den Bewerbern werden auch *Segnungen* erteilt, in denen die Liebe Gottes und die Sorge der Kirche zum Ausdruck kommen." (EIK 72, Nr. 112) Sie können „von einem Priester oder Diakon oder auch von einem Katecheten erteilt werden. Der Spender breitet dazu seine Hände über die Bewerber aus und spricht eines der folgenden Gebete." (EIK 79,

Nr. 119) In ihnen wird die Kraft des Glaubens und der Erwartung, die Erkenntnis der Wahrheit, auf die Bewerber herabgerufen. Damit verbunden sind „Gebete um Befreiung von dem Bösen“ (EIK 72-79). In den Weg-Seminaren hat sich in Anlehnung daran die einfache Segnung sowie das „Gebet um innere Heilung“ entwickelt. Die Vollgestalt der Annahme des Bundes nach der Kindestaufe ist dann ein ausdrücklicher Schritt, der auch die Annahme der übrigen schon empfangenen Sakramente und der Charismen einschließt.

Von da her haben Segnungen unterschiedliche Inhalte:
- die einfache Segnung
- das Gebet um Heilung der Erinnerungen und Erwartungen
- die vertiefte Annahme der sakramentalen und charismalen Zuwendung Gottes.

Bevor wir darauf näher eingehen, sei zunächst das allen Segnungen Gemeinsame beschrieben.

2. Segnung als Antwortgeschehen

a) Gottes segnendes Mit-sein

Gottes Mit-sein zeigt sich primär darin, daß er segnet. Alles Handeln Gottes an uns und unsere Beziehung zu ihm ist in diesem Wort ausgedrückt: Er erschuf den Menschen als Mann und Frau und segnete sie (Gen 5,2). Immer wieder hat Gott dem Menschen seine Treue und Nähe zugesagt: „Ich will mit dir sein und dich segnen ... Ich behüte dich, wohin du auch gehst“ (Gen 26,3; 28,15). Gott hat jeden von uns „mit allem Segen seines Geistes gesegnet“ (Eph 1,3), bevor er uns erschuf. Am Anfang des Neuen Bundes hat Gott Maria auf einzigartige Weise mit seiner schöpferischen Lebenskraft begnadet: „Gesegnet bist du und gesegnet ist die Frucht deines Leibes“ (Lk 1,32).

Das deutsche Wort „segnen“ gibt nicht die ganze Bedeutungsfülle des hebräischen Ursprungs (berek) wieder. Wenn Gott segnet, dann schenkt er Lebenskraft, Schutz, Glück, Rettung, Heil, Geborgenheit und dies alles einschließend: seinen Geist. Sein Segen ist Mitteilung seiner bundesgemäßen Liebe und Treue, seiner heilschaffenden göttlichen Energie. Das hebräische Wort bezeichnet deshalb auch das bundesgemäß *antwortende* Tun des Menschen und hat dann die Bedeutung von „loben“ und „preisen“: „Gesegnet (gepriesen, gelobt) sei Jahwe, der Gott meines Herrn Abraham.“ (Gen 24,26 u. ö.).[44] Segnen ist deshalb ein bundesgemäßes

[44] Vgl. THAT Bd. 1, 808-841; ThWAT Bd. 1, 353-375.

Sprechen und Handeln von Gott her und zu Gott hin, nicht ein Reden *über* Gott. „Segnen“ meint also: Das bundesgemäß-heilschaffende Mitsein Gottes mit dem Menschen und die so durch Gott geschenkte lobpreisende Antwort. „Das Segnen Gottes hat demnach sein Ziel erst dann erreicht, wenn der Mensch auf diesen Segen im Lobpreis Gottes antwortet.“ (Benediktionale. Pastorale Einführung, Nr. 4) Segnungen haben von da her den Charakter eines Antwortgeschehens, sind nicht lediglich ein einbahniges Sprechen von Gott her. Innerhalb dieses Geschehens von Gott her und zu Gott hin segnen wir einander. Besonders hervorzuheben ist: „Segnungen sind immer Tun der Kirche und niemals nur rein private Handlungen“ (Benediktionale, Pastorale Einführung, Nr. 17).

b) Laien segnen

In den Weg-Seminaren haben sich verschiedene Weisen des Segnens herausgebildet. Entsprechend heißt es in der Einladung zu den Segnungsgottesdiensten: „Die Bitte um Gottes Segen kann – je nach der Situation des einzelnen vor Gott – unterschiedliche Formen und Stufen haben.“ (E 4). Genannt werden: Die Bitte um Segen in den Freuden und Nöten des Alltags, vertiefte Annahme des Tauf- und Firmbundes sowie der Charismen, Erneuerung des Eheversprechens. Dies alles geschieht unter Voraussetzung der schon empfangenen Taufe, so daß alle diese Vollzüge die Taufbeziehung des einzelnen zu Gott einschließen. Im folgenden soll zunächst die liturgische Grundform des Segnens beschrieben werden.

Patenschaftliche Handauflegung

Während der einzelne seine Segensbitte ausspricht, stellen sich zwei mitsegnende Laien neben sie und legen die rechte bzw. linke Hand auf die Schulter. Darin kommt das gemeinsame Priestertum aller Gläubigen und die Zusicherung einer *gemeinschaftlichen Patenschaft* zum Ausdruck: Wir sind vor Gott füreinander verantwortlich und begleiten einander auf dem Weg zu ihm.
In der Bibel ist Handauflegung nicht nur Zeichen für Geistmitteilung und Amtsübertragung (Apg 8,17; 19,5f; 1 Tim 4,14; 2 Tim 1,6), sondern auch Ausdruck für Gottes heilende und segnende Zuwendung (Mk 6,5; 10,16; Apg 9,17; 13,3). Die patenschaftliche Handauflegung gehört zu den „Sakramentalien“ und ist deutlich unterschieden von der sakramentalen Handauflegung des Bischofs bei Firmung und Priesterweihe.

Gott segnet durch die Kirche

Nachdem der einzelne seine Segensbitte ausgesprochen hat, stellen sich die beiden Laien vor ihn hin, zeichnen ein Kreuz auf seine Stirne und sprechen ein kurzes Segenswort: „Es segne und behüte dich der barmherzige und gütige Gott, der Vater und der Sohn und der Heilige Geist." Oder: „Der Herr segne und behüte dich, er sei dir nahe und schenke dir ...". Erst im Anschluß daran spricht der Amtsträger (Diakon, Priester, Bischof) ein Segenswort.

In der Erläuterung dazu heißt es in der Einladung: „Für manche ist es ungewohnt, daß Laien den Segen von Gott her zusprechen. Jeder Christ ist jedoch durch die Taufe befähigt, andere zu segnen: ‚Das Auflegen oder Ausbreiten der Hände bei der Segnung von Personen bringt die Bitte um den Segen Gottes und die *Mitteilung des Segens durch die Kirche* besonders stark zum Ausdruck' (Benediktionale, Einführung § 31). Gott segnet uns durch die Mitchristen. ‚Ich will dich segnen, und du sollst ein Segen sein' (vgl. Gen 12,2). Diese Verheißung gilt uns allen. So kann ein Segnungsgottesdienst zu einer neuen Erfahrung von Kirche werden." (E 3)

Die Handauflegung bei der Spendung eines Sakramentes (Priesterweihe, Firmung) ist natürlich dem Bischof vorbehalten. Auch der außersakramentale bischöfliche Segen und der Primizsegen haben eine besondere, auf die Kirche bezogene Ausdruckskraft. Dies alles kann und soll nicht eingeebnet werden. Aber: Es ist ein wichtiger Schritt in die Zukunft der Kirche, daß Laien gleichsam den „Mut" haben, im Gottesdienst von Gott her zu segnen und daß alle daran festhalten: Gott selbst segnet uns durch die Mitchristen.[45] Bei einem Segnungsgottesdienst ist letztlich nicht entscheidend, wer den Segen ausspricht, sondern wie wir ihn als die Mitteilung des Segens Gottes durch die Kirche in uns aufnehmen. Die *ganze* Kirche ist eine Gemeinschaft, durch die Gott seinen Segen mitteilt. Das ist die *spirituelle* „Gleichberechtigung" aller Glieder der Kirche (vgl. den Abschnitt „Wieviel wert ist der Segen eines Laien?", drittes Buch: B/II,5).

Zum Abschluß beglückwünschen alle in der kleinen Gruppe Anwesenden den oder diejenige(n), für die sie gebetet haben, mit dem Friedensgruß (in der Regel durch Handschlag). Auch und gerade in dieser nichtverbalen Kommunikation und Zuwendung zeigt sich eine neue Erfahrung der Kirche als Gemeinschaft. „Taktile Kommunikationsmöglichkeiten nehmen in den gegenwärtigen Gottesdienstformen nur einen geringen Raum ein. Soll es aber zu einer echten communio und Verbun-

---

[45] Vgl. W. von Arx: Christen segnen einander. Laien als Leiter von Segnungsfeiern, in: A. Heinz, H. Rennings (Hgg): Heute segnen. Werkbuch zum Benediktionale. Freiburg, Br. 1987, 106-115.

denheit der Mitfeiernden kommen, … muß einfach gegen eine Überbetonung des Wortes und des Tones in der Liturgie auf Kosten des Ausdrucks und der Bewegung angegangen werden.“[46]

c) Exkurs: Segnungen als bundesgemäße Sakramentalien

Zur Vermeidung von Mißverständnissen sei vor allem für theologisch geschulte Leser eine Bemerkung zur Differenz zwischen den Sakramenten und den „Sakramentalien“ eingefügt, zu denen auch die Segnungen gehören. Sakramentalien „sind heilige Zeichen, durch die in einer gewissen *Nachahmung der Sakramente* (in aliquam Sacramentorum imitationem) Wirkungen, besonders geistlicher Art (effectus praesertim spirituales), bezeichnet und kraft der Fürbitte der Kirche erlangt werden. Durch diese Zeichen werden die Menschen bereitet (disponuntur), *die eigentliche Wirkung der Sakramente aufzunehmen* (ad praecipuum Sacramentorum effectum suscipiendam); zugleich wird durch solche Zeichen das Leben in seinen verschiedenen Gegebenheiten geheiligt.“ (SC 60)
Die lat. Endung -alis bezeichnet die Zugehörigkeit (medicinalis = zur Medizin gehörig). Segnungen werden als Sakramentalien bezeichnet, weil sie den Sakramenten zugehörig, auf sie hingeordnet sind, auf ihren personal-bundesgemäßen Empfang vorbereiten und den einzelnen disponieren, die *eigentliche* Wirkung der Sakramente aufzunehmen. Dies wird sehr deutlich bei den vielfältigen Segnungen, Gebeten um Befreiung und anderen Riten (Überreichung des Glaubensbekenntnisses, des Herrengebetes usw.; EIK 79f.85.102ff.116.119-123) während der Zeit der Vorbereitung Erwachsener auf die Taufe. Sie sind Ausdruck der Leibhaftigkeit der Beziehung zu Gott und verhelfen dem einzelnen zu einer ganz persönlichen und je eigenen Vorbereitung auf die Taufe, genauer: zur persönlichen Annahme des Taufbundes. Wir bezeichnen sie deshalb als „personalisierende“ oder auch „bundesgemäße“ Sakramentalien. Sie sind den Sakramenten gemäß, weil sie den „Vollzug des Empfangenden“ begleiten und stärken. Angesichts der Abnahme des Glaubens haben die Sakramentalien heute eine erhöhte Bedeutung. Sie sind deutlich unterschieden von der Spendung eines Sakramentes.
Die kirchliche Lehre bezeichnet das Tun des *Spenders*, also den Vollzug des äußeren Zeichens eines Sakramentes, als die „vollzogene sakramentale Handlung“ (opus operatum). Dieses leibhafte Zeichen von Gott her ist *durch sich selbst wirksam*: opus operatum. (DH 1608.1611f) Wenn also

[46] K. Schlemmer: Zeichen und zeichenhaftes Tun, in: A. Heinz, H. Rennings (Hgg): Heute segnen. Werkbuch zum Benediktionale. Freiburg, Br. 1987, 59-69; hier: 66.

zum Beispiel der Taufspender tun will, was die Kirche tut, den Täufling mit Wasser übergießt und dabei die Taufformel spricht, dann ist dies das „äußere Zeichen" der Taufe, dann handelt Gott durch Christus am Täufling, denn: nicht der menschliche Spender tauft, sondern Christus durch ihn.

Im Unterschied dazu wird der je eigene und persönliche Vollzug des Empfängers eines Sakramentes als „opus operantis" bezeichnet. Das Konzil von Trient legt größten Wert darauf, daß dieser Empfang je eigen und persönlich ist, daß also die Spendung eines Sakramentes nicht „rein passiv" hingenommen wird (vgl. DH 1554). Die in der Taufe geschehende Zuwendung Gottes, auch „Rechtfertigung" genannt, ist eine „Erneuerung des inneren Menschen" (renovatio interioris hominis; DH 1528), so daß „wir die Gerechtigkeit – *ein jeder die seine* – in uns aufnehmen gemäß dem Maß, das der Heilige Geist den *einzelnen* zuteilt, wie er will [vgl. 1 Kor 12,11], und gemäß der je eigenen Vorbereitung und Mitwirkung eines jeden" (iustitiam in nobis recipientes *unusquisque suam*, secundum mensuram, quam Spiritus Sanctus partitur *singulis* prout vult [cf. 1 Kor 12,11], et secundum *propriam cuiusque* dispositionem et cooperationem; DH 1529). Diese „Mitwirkung" ist durch die bundesgemäße Zuwendung Gottes ermöglicht und erwirkt, also nicht ein bloßer, gleichsam „gnadenfreier" menschlicher Willensakt. „Mitwirkung" meint andererseits nicht, daß der Mensch die Begegnung mit Gott in ähnlicher Weise wie die Begegnung mit einem Menschen von sich aus anstreben oder einen Teil im Gesamtgeschehen der Begegnung mit Gott selbst „leisten" könne. Aber: Da die Taufe Anrede Gottes ist, erfordert sie die Antwort des Glaubens.

Jeder nimmt also die bundesgemäße Zuwendung Gottes in sich auf gemäß seiner *je eigenen, bundesgemäßen* Vorbereitung und Mitwirkung. Sie ist nicht ohne Bedeutung für die Auswirkung und *Fruchtbarkeit* der geschenkten Beziehung zu Gott in seinem Innersten und in seinem Leben. Sie gehört zum sakramentalen Gesamtgeschehen und kommt bei der Taufe Erwachsener im je persönlich und laut ausgesprochenen Taufbekenntnis sowie in der Handauflegung des Paten zum Ausdruck. Im laut ausgesprochenen Taufbekenntnis zeigt sich die glaubende Beziehung des einzelnen zu Gott und in der patenschaftlichen Handauflegung die gleichursprüngliche Eingliederung in die Kirche.

Eine ähnlich disponierende und sakramentgemäße, personalisierende Bedeutung haben Segnungen bei der vertieften Annahme der schon empfangenen sakramentalen und charismalen Zuwendung Gottes, wie sich noch genauer ergeben wird. Als Disposition zur Aufnahme der eigentlichen Wirkung der Sakramente sind sie aber weder die neue Spendung eines Sakramentes noch dessen Abwertung oder Ersatz.

In diesem Zusammenhang sei auf die lehramtliche Unterscheidung zwischen einem „gültigen" und einem „fruchtbaren" Empfang der Sakramente hingewiesen. Zum Minimum des *gültigen* Empfangs und den entsprechenden Rechtswirkungen in der Kirche gehört, daß der erwachsene Empfänger die Absicht hat, das Sakrament zu empfangen und Gottes Gnade „freiwillig" annimmt (DH 1529.1554). Deshalb ist eine erzwungene Taufe ungültig (DH 781). Zum Minimum des *würdigen und fruchtbaren* Empfangs gehört, daß der Empfänger der Gnade Gottes, seinem Bundesangebot, keinen Widerstand entgegensetzt (DH 1606). Sie wird ihm gegeben „gemäß" (secundum) seiner je eigenen und persönlichen „Vorbereitung" (dispositio) und seiner „Mitwirkung" (cooperatio) mit Gottes Gnaden-Energie in der Kraft dieser Gnade (DH 1529); ja, das Maß, die Intensität dieser Vorbereitung, ist nicht ohne Bedeutung für die bundesgemäßen Auswirkungen der Energien Gottes im Leben des Empfangenden. Einer solchen disponierenden Vorbereitung dienen auch die Sakramentalien.
Das Zweite Vatikanische Konzil betont ausdrücklich, daß der Vollzug von Sakramentalien, also auch von Segnungen, nicht den Amtsträgern vorbehalten ist: „Es soll vorgesehen werden, daß Laien, welche die entsprechenden Voraussetzungen erfüllen, gewisse Sakramentalien spenden können – wenigstens in besonderen Verhältnissen und nach dem Ermessen des Ordinarius." (SC 79) Das Konzil greift hier zurück auf die vorkonstantinische Zeit, in der es durchaus üblich und geboten war, daß bei der Vorbereitung Erwachsener auf die Taufe auch Laien-Katecheten den Taufbewerbern die Hände aufgelegt und für sie gebetet haben.[47]

III.
Die Feier der Versöhnung („innere Heilung")

Wie bereits erwähnt, wird in der vierten Woche eines Weg-Seminars die „Feier der Versöhnung" mit einem Gebet um „Heilung der Erinnerungen und Erwartungen" angeboten (NMG 122-144). Sie ist eine vertiefte Vorbereitung auf den Empfang des Bußsakramentes (NMG 144ff), in dem ich meine persönliche Schuld vor Gott hintrage, für die ich persönlich verantwortlich bin.
Sünde wurzelt im Prinzip in Beziehungsstörungen und hat diese wiederum zur Folge: in der Störung der Beziehung zu mir selbst, zu anderen

[47] Hippolyt von Rom: „Apostolische Überlieferung", n. 19; vgl. EIK 79, Nr. 119.

und zu Gott – ohne daß diese an sich unterschiedenen Störungen im Lebensvollzug genau voneinander getrennt werden könnten. Vor allem aber: Sie kommen nicht nur aus mir selbst, sondern sind mitbedingt durch nicht aufgearbeitete innere Verletzungen und Verwundungen, die ich von anderen erlitten habe.
Im Zuge der Entdeckung einer neuen gläubigen Praxis in Weg-Seminaren haben sich neue Wege eröffnet, zur Vorbereitung auf eine ausdrückliche und vertiefte Annahme des Taufbundes diese Verletzungen vor Gott aufzuarbeiten. Die gängige pastorale Praxis der Kirchen bietet zu einem solchen *ganzheitlichen* Heilungsprozeß wenig Hilfen an. Deshalb soll diese Praxis im folgenden kurz begründet und erläutert werden. Dabei geht es noch nicht um den liturgischen Vollzug dieses Gebetes, sondern um seine theologischen und spirituellen Grundlagen.

1. Das Faktum der Selbst-Entfremdung durch die Macht des Negativen

Eines der größten Hindernisse für eine Reform der Kirche von innen ist die Vorherrschaft des Negativen in Kirche und Gesellschaft. Viele Christen, auch Amtsträger und kirchliche Mitarbeiter, sind enttäuscht über Macht- und Prestigedenken, über Streit und Eifersucht (1 Kor 1,11; 3,3), über die Vorherrschaft des Negativen in kirchlichen Gremien. Nicht wenige sind verletzt oder verwundet durch die Kirche als „Institution". Hinzu kommen innere Verletzungen aus der eigenen Lebensgeschichte. Wenn die daraus erwachsenden Aggressionen nicht als solche erkannt und im Maße des Möglichen aufgearbeitet sind, kann es nicht zu einer *spirituellen* Erneuerung der Kirche kommen. Bei dieser Aufarbeitung werden die anstehenden strukturellen Probleme nicht vom Tisch gefegt oder unterdrückt, aber ihre Lösung geschieht dann nicht mehr auf einer primär menschlichen bzw. *rein* strukturellen Ebene.
Konflikte als solche gehören zu jeglichem gesellschaftlichen Zusammenleben, sind Zeichen der Lebendigkeit von Beziehungen, können durchaus kreativ sein und neue Wege eröffnen. Aber: Vieles, was nach außen hin als „Sachkonflikt" erscheint, gründet (nicht selten vorbewußt) in einer gestörten Beziehung zu sich selbst, zu anderen, zu Gott, also in „Personalkonflikten". Ihre Bewußtmachung und Aufarbeitung ist integrales Moment einer Reform der Kirche „von innen", und das meint auch: aus dem Innersten des eigenen Herzens. Die Offenheit für das Neue, das der Geist Gottes in der Kirche wirken will, setzt die *innere Freiheit* von Verletzungen und Verwundungen voraus, die allererst eine angstfreie Offenheit für das Neue ermöglicht. Die Angst vor dem Neuen in der Kirche gründet nicht selten auch in der inneren

Gebundenheit an das, was in der eigenen Tiefe noch unheil ist. Forderungen nach einer Reform der Kirche sind nicht selten eine Kompensation für eine noch nicht von Gott erbetene „Erneuerung des inneren Menschen".

Auch aus diesem Grund hat das „Gebet um Heilung der Erinnerungen und Erwartungen und um Vergebung" in der vierten Woche des Seminars eine zentrale Bedeutung (NMG 37f). In den vorbereitenden Schritten ist jeder Teilnehmer eingeladen, sich seine negativen Lebenserfahrungen, soweit er sich an sie erinnert, aufzuschreiben. Das etwa einstündige Gebet wird dann im Rahmen einer gottesdienstlichen Feier von 4 SprecherInnen vorgetragen. Im Anschluß daran hat jeder die Möglichkeit, in einer kleinen geschützten Gruppe oder innerhalb einer Beichte seine negativ besetzten Erinnerungen und Erwartungen vor Gott auszusprechen und ihn um Heilung zu bitten. Von besonderem Gewicht sind dabei die menschlichen Ur-Beziehungen: zu Vater und Mutter, Bruder und Schwester, zwischen Ehemann und Ehefrau, zu Tochter und Sohn. Aus ihnen erwachsen die weiteren Beziehungen (zwischen Lehrer und Schüler, im Berufsleben und in der Gesellschaft). Häufig gehen Verletzungen und Verwundungen nicht auf eine bewußte Schuld der Bezugspersonen zurück, sondern auf ihre unbewußten Antriebe und Grundhaltungen (die meistens wiederum von anderen übernommen sind).

Es gibt verschiedene Formen der Entfremdung des Menschen von sich selbst: Entfremdung als Folge von Ausbeutung durch die Besitzenden, als Folge des modernen Konsumzwangs oder des Zwangs zur Sexualisierung des gesamten Lebens. Die tiefste und am wenigsten direkt wahrgenommene Form der Entfremdung des Menschen von sich selbst ist die Verdrängung negativer Lebenserfahrungen in das Unterbewußtsein, die alle weiteren Formen von Entfremdung aus sich entläßt.

Es ist eine gesicherte Tatsache, daß jeder Mensch bereits in seinen ersten Lebensjahren Schädigungen durch die Bezugspersonen, die Eltern, das Milieu erlitten hat. Kein Mensch kann von sich aus ganz selbstlos lieben, weil kein Mensch sich selbst ganz besitzt. Dies gilt auch für das Verhältnis der Eltern zu ihren Kindern. Wenn dem Kind die zu seinem geistigen und körperlichen Wachstum notwendige Bejahung und Anerkennung verweigert wird, reagiert es mit Fehlentwicklungen, die sich vor allem in späteren Aggressionen gegen die Eltern und andere Bezugspersonen zeigen. Wird andererseits das gesunde Maß der Zuwendung der Eltern überschritten, wird der heranwachsende Mensch nicht wirklich selbständig und bleibt bis in das Erwachsenenalter hinein an sie negativ gebunden. *Es gibt keinen Menschen, der seelisch ganz gesund ist!* Vielen Menschen ist dies nicht bewußt, aber sie sprechen von den Folgen dieser Schädigungen:

„Ich kann niemandem richtig vertrauen, auch Gott nicht". Steigen nicht aus unserer Tiefe ständig Signale auf: Vertraue niemandem allzusehr, auch Gott nicht, sichere dich gegen ihn ab?
„Ich habe Angst vor dem Leben und vor dem Tod, vor anderen Menschen, vor meinem Versagen, ich habe Angst davor, nicht geliebt zu werden".
„Ich versuche ständig, es anderen Menschen recht zu machen, ihren Erwartungen zu entsprechen. Ich bin eigentlich nie ich selbst, stehe ständig unter Druck und höre eine innere Stimme: Du sollst, du mußt, du darfst nicht!"
„Ich bin ohne inneren Antrieb, habe nicht den Mut, spontan zu sein, habe Angst vor meinen eigenen Gefühlen, Angst davor, daß sie mich überschwemmen. Ich habe Angst davor, ausgelacht und verletzt zu werden".
„Ich kann mich selbst nicht leiden, mich anderen Menschen nicht ganz öffnen, ich kann mich nicht weggeben an andere".
Die in diesen Aussagen zum Ausdruck kommenden Fehlhaltungen beruhen nicht in erster Linie auf eigener Schuld, sondern sind ererbt und erlitten. Die Generationen vor uns haben ja bereits ähnliche Verwundungen empfangen. Es gibt kein Elternpaar, das sich ganz selbstlos zum Kleinstkind oder zum heranwachsenden Menschen verhält, und zwar mit Notwendigkeit! Die Zukunftsforscher sagen uns, daß die Neurosen zunehmen werden, weil einerseits in unserer Gesellschaft die Bedrohungs- und Erwartungsängste zunehmen werden und weil andererseits der Mensch in einer technisierten und rationalisierten Kultur nicht mehr in seiner Tiefe angesprochen ist und so häufig unfähig wird zu einer tieferen personalen Bindung.
Die Umkehr zu Gott befreit den Menschen dazu, die Tatsache der inneren Verletzungen anzuerkennen, sie nicht mehr zu verdrängen. Viele bewahren ihre Verwundungen und Verletzungen im „Keller" ihres Bewußtseins auf wie in einer Schatzkiste. Ab und zu öffnen sie diese Kiste und betrachten den Inhalt mit verschämtem Entsetzen: Gott, wenn es dich gibt, warum hast du mir dies alles zugemutet? Ich habe Grund, Abstand von dir zu halten, dir gegenüber mißtrauisch zu sein! Negative Lebenserfahrungen werden so zur Waffe gegen Gott. Nicht wenige „fromme" Christen – auch Amtsträger – leben in ihrer Tiefe in „Feindschaft gegen Gott" (vgl. Röm 8,7), weil sie ihm insgeheim diese Erfahrungen zum Vorwurf machen. Dies ist eine der größten Behinderungen einer neuen Bezeugung des befreienden Evangeliums.
Umkehr dagegen ist totale Abrüstung Gott gegenüber, ist die Bereitschaft, sich von ihm heilen zu lassen. Es ist eine tiefe Form von Umkehr, wenn wir unsere negativen Lebenserfahrungen mit allen Einzelheiten

und Umständen in direkter Anrede an ihn aussprechen, in Anwesenheit einiger vertrauter Menschen oder im Zusammenhang mit der Beichte. Gott dringt nicht gewaltsam in unsere Tiefen ein, sondern wartet auf die Antwort unserer Freiheit. Der Weg der inneren Heilung hat dann begonnen, wenn wir ohne die begleitenden Emotionen, d. h. ohne Aggression, Zorn, Scham an bestimmte negative Erfahrungen zurückdenken können. Die im Prozeß der inneren Heilung sich vollziehende Hinkehr zu sich selbst befähigt dazu, ohne Entsetzen in den Abgrund des eigenen Herzens hineinzuschauen.

2. Die Absage an die Vorherrschaft des Negativen

Zum Taufbekenntnis gehört konstitutiv die Absage an die Macht des Bösen. Bei der Taufvorbereitung werden zahlreiche „Exorzismen" gesprochen, die in der „Eingliederung Erwachsener in die Kirche" als deprekative „Gebete um Befreiung" formuliert sind. Sie werden vom Priester oder Diakon oder auch von einem mit dieser Aufgabe betrauten Katecheten (!) mit anschließender Handauflegung gesprochen (EIK 72.79) und sind eine Entfaltung der Vaterunser-Bitte: „Erlöse uns von dem Bösen":

„Allmächtiger Gott, du bist deinem Wort treu. Durch deinen Sohn hast du den Heiligen Geist allen versprochen, die darum bitten. Diese Bewerber wollen dich suchen und finden. *Befreie sie von allen Einflüssen des Bösen ... Heile ihre Sünden und menschlichen Schwächen*, damit sie deinen Heilswillen an sich erfahren, deinem Evangelium treu folgen und der *Erneuerung durch den Heiligen Geist* würdig werden ... Befreie sie aus aller Angst ... Laß sie in der Hoffnung auf deine Verheißungen nicht schwach werden und bewahre sie vor dem *Geist des Mißtrauens* ... Herr Jesus Christus, du bist die Quelle, nach der diese Bewerber dürsten ... Voll Vertrauen öffnen sie ihre Herzen, bekennen ihre Schuld, *legen ihre verborgenen Wunden bloß*. Befreie sie liebevoll von ihrer Schwäche, heile sie in ihrer Krankheit." (EIK 73-79.103)

Wir können hier auf die Frage nach der Herkunft des Bösen und auf die klassische Lehre von der „Erbsünde" nicht näher eingehen. (Dazu wären eingehende Analysen der Differenz zwischen der kosmischen Jetztzeit und der „Wirzeit" erforderlich). Es genügt für unseren Zusammenhang, darauf hinzuweisen: Das Leben eines jeden Menschen ist notwendig mitbestimmt durch seine Vorfahren und durch die Menschen, mit denen er zusammenlebt (Familie, Sippe). Dieser Zusammenhang aller mit allen kommt in dem Wort „Welt" zum Ausdruck. Die „Sünde der Welt" (Joh 1,29) geht nicht nur auf ein erstes Menschenpaar zurück, sondern jeder Mensch ist durch Fehlverhalten und persönliche Schuld an ihr mitbetei-

ligt, und jeder ist mitverantwortlich dafür, daß auch künftige Generationen wiederum in Situationen aufwachsen, die zur Sünde reizen. „Welt" meint in diesen (und vielen anderen) Texten nicht den Kosmos, sondern die Menschheit als ganze, die sündige menschliche Mitwelt, in die jeder hineingeboren wird.
Die Sünde, die von der „Welt" kommt und in der „Welt" wirksam ist, kann als die „Sünde der vielen" (Röm 5,12-21) auch als „Wir-Sünde" bezeichnet werden, in Differenz zur Ich-Sünde, für die ich persönlich vor Gott und den Mitmenschen verantwortlich bin. Zu einer vertieften Reflexion ist die Ausarbeitung der Wir-Philosophie notwendig: Sünde ist immer auch Auswirkung der unhintergehbaren Faktizität des In-seins in einem Wir. Indem ich mit Notwendigkeit einen freien Ich-Einschluß in *irgendein* Wir vollziehe, schließe ich mich auch in die Auswirkungen von Sünde ein, die in diesem Wir und allen ihm vorausgehenden Wir-Einheiten wirksam waren.[48] Sünde ist nicht nur ein Geschehen zwischen Gott und mir, sondern auch eine gesellschaftliche Realität. Jeder findet sich immer schon in einer *Situation* vor, die durch Schuld geprägt ist. Von Geburt an ist er in die Gesellschaft hineingestellt, und diese ist geprägt durch Egoismus, Vorurteile, Gleichgültigkeit, Unterdrückung usw., durch ein dichtes *Netz gegenseitiger Schuldverflechtung*. Jeder lebt in einer *ihm selbst entzogenen* Weise in einem gestörten Verhältnis zu sich selbst, zu anderen und zu Gott. (vgl. NMG 105-111.346-350) Eine genaue Abgrenzung ist im Lebensvollzug nicht möglich, aber es kann theologisch unterschieden werden zwischen:
- der Sünde der Welt als Auswirkung der persönlichen Schuld aller Menschen, die vor mir gelebt haben (= Wir-Sünde) und
- meiner persönlichen Ich-Sünde, für die ich persönlich vor Gott verantwortlich bin.

Die psychischen *Auswirkungen* dieser unentwirrbaren Schuldverflechtung sind durch die Tiefen-Psychologie freigelegt worden: Beziehungsstörungen wurzeln immer auch in verdrängten inneren Verletzungen

---

[48] In der klassischen Lehre von der „Erbsünde" ist eine Orts- und Zeitvorstellung vorausgesetzt, die dem gemeinten Geschehen nicht angemessen ist und zu Problemen führt, die mit ihm *als solchem* nicht gegeben sind. Was in anderem Zusammenhang von der Jetzt- und Ortlosigkeit der Auferstehung Jesu gesagt ist, gilt entsprechend der Argumentation des Paulus Röm 12, 12-21 auch von dem Verhältnis des *einen* Menschen, der gesündigt hat, zu „uns". Die Sünde „Adams" ist nicht ein Akt eines in weltloser Einsamkeit für sich existierenden Ich, sondern von Anfang an ein in sich selbst ort- und jetztloses Wir-Geschehen, das in unserer Wir-Zeit ort- und jetztlos fortdauert. Dies kann und muß hier nicht näher entfaltet werden. Vgl. H. Mühlen: Die ort- und jetztlose Gegenwart des Auferstandenen in der Kirche, unten im Anhang I, 2.b u. c.

und Verwundungen. Eine Behandlung vieler Erkrankungen durch Medikamente bleibt auf die Dauer unwirksam, wenn die auslösenden seelischen Störungen nicht erkannt und aufgearbeitet werden. Gespräche und menschliche Zuwendung können eine Hilfe sein, sie bewußt zu machen. Der einzelne muß dann aber letztlich selbst mit ihnen fertig werden. Deshalb versuchen viele, schmerzliche Erinnerungen zu überdecken und zu verdrängen, sie zu „vergessen“. Dies aber ist keine innere Heilung, sondern Selbsttäuschung und Ursache neuer Beziehungsstörungen. Wenn negative Erfahrungen und Gefühle verdrängt werden, führt dies zu seelischen und körperlichen Erkrankungen. Außerdem werden sie häufig unbewußt auf andere übertragen („projiziert“) und in ihnen bekämpft, auch in innerkirchlichen und gesellschaftlichen Auseinandersetzungen.

Auch aus mir selbst kommen Triebe und Antriebe, aufgrund deren ich *geneigt* bin, auf sündige Situationen sündig zu reagieren. Ich bin also selbst *mitverantwortlich* für die Vorherrschaft des Negativen in der Welt. Die Sünde in der Welt darf nicht eingeschränkt werden auf die auf uns zukommende und erlittene sündige Situation.[49]

3. Grundaspekte des Gebetes um Heilung der Erinnerungen und Erwartungen

Das Gebet um innere Heilung ist im Anhang II abgedruckt (vgl. NMG 122-144).[50] Es geschieht unter Voraussetzung der schon empfangenen Taufe im Vertrauen auf die heilende Zuwendung des Bundesgottes und hat somit den Grundcharakter der Gebete um Heilung und Befreiung vor der Taufe. Zur Vermeidung von Mißverständnissen sei nochmals darauf hingewiesen: Es darf nicht verwechselt werden mit einem gruppendynamischen oder in Talk-shows üblichen Sich-Zeigen (outen) als einer Selbst-Preisgabe bis hin zur seelischen Entblößung auch durch andere. Hier werden nicht selten die Grenzen der den einzelnen schützenden Intimität und Scham überschritten. Dies führt nicht zu einer heilenden Selbstfindung, sondern zu neuen Beziehungsstörungen und inneren Verletzungen, zur Isolierung und Selbstentfremdung. Das Gebet um innere Heilung geschieht in einem gänzlich anderen Gesamtzusammenhang: Es geschieht vor und zu Gott. Jeder kann es auch für sich allein vor ihm aussprechen. Die Anwesenheit zuhörender und ehrfürchtig begleitender Mitchristen kann dabei zu einer tiefen Erfahrung der Kirche als

---

[49] Die meiner Meinung nach immer noch beste Darstellung dieser Zusammenhänge findet sich bei P. Schoonenberg, in: Mysterium Salutis, Bd. 2, 886-898.928-938.

[50] Vgl. auch W. Schäffer: Meinen Glauben erneuern, 79-91.

einer heilenden Gemeinschaft werden. Der einzelne kann ihm vertraute Menschen, die seine Situation und Probleme vielleicht bereits kennen, einladen, anwesend zu sein. In den einleitenden Gebeten bitten alle gemeinsam den Geist Gottes um seine heilende und befreiende Gegenwart, und in den nachfolgenden Gebeten der Fürbitte, des Dankes kommt zum Ausdruck, daß Gottes Zuwendung durch die Mitchristen auf uns zukommt. In dieser Atmosphäre bleibt alles, was vor Gott ausgesprochen wird, eingeschlossen in die Ehrfurcht voreinander und deshalb auch in einer radikalen Verschwiegenheit. Das Gebet kann auch im Zusammenhang mit einer Beichte gesprochen werden.

Die weiteren Grundaspekte seien hier nochmals kurz zusammengefaßt.

(1) Im Gebet um innere Heilung geht es nicht um meine persönliche Schuld, sondern um Verletzungen und Verwundungen, die ich durch andere erlitten habe.

(2) Jeder Mensch ist umgeben von der „Sünde der Welt" (Joh 1,29), so daß niemand in einer völlig heilen und ungestörten Beziehung zu anderen, zu sich selbst und zu Gott lebt. Deshalb ist ein zentraler Schritt zur Selbstfindung die Frage: Welche Erinnerungen und Erwartungen lösen in mir Angst, Zorn, Wut, Groll, Schmerz aus?

(3) Innere Heilung setzt die Bereitschaft voraus, sich von Gott heilen zu lassen und mit seiner Gnaden-Energie mitzuwirken. Die erste Frage Jesu bei Heilungsvorgängen lautet: „Willst du gesund werden?" (Joh 5,6; vgl. Mk 10,51). Die heilende Gnade Gottes wirkt nicht ohne mich, gleichsam „automatisch", sondern befähigt zur Mitwirkung mit ihr. Jeder muß also in der Kraft des Heiligen Geistes von sich aus alles tun, um seelische Verwundungen aufzuarbeiten.

(4) Heilung und Vergebung gehören eng zusammen (Mt 18,21f). Das Gebet um innere Heilung kommt erst zu seiner vollen Auswirkung, wenn ich den Menschen, die mich verletzt oder verwundet haben, von Herzen verzeihe, wenn ich sie nicht „verurteile", sondern an sie denke in tiefer Vergebungsbereitschaft. Solange dies nicht geschehen ist (vergeben ist mehr als „vergessen"), bleiben Erinnerungen negativ besetzt.

(5) Das Gebet um Heilung ist konkret und situationsbezogen. Dies schließt ein, daß in ihm auch und insbesondere jene Einzelheiten und Umstände, die in der Erinnerung Scham, Wut, Zorn auslösen, nicht nochmals verdrängt, sondern vor Gott ausgesprochen werden.

(6) Heilung ist in der Regel ein längerer Reifungsprozeß. Vorschnelle menschliche Erwartungen an die Heilungsbitte können neue seelische Störungen bis hin zu religiösen Neurosen zur Folge haben. Negative Geschehnisse und Erfahrungen werden durch eine Heilungsbitte nicht rückgängig gemacht oder ausgelöscht. Der Geist Gottes aber – und nur er – kann sie umwandeln in neue Lebensenergien. Heilung hat dann

begonnen, wenn ich an sie zurückdenken kann ohne die negativ besetzten Gefühle, die mit ihnen verbunden waren. Das Gebet um innere Heilung sollte deshalb von Zeit zu Zeit wiederholt werden.
(7) Dieses Gebet ist kein Ersatz für eine notwendig werdende ärztliche oder psychotherapeutische Hilfe. Wenn bei der Vorbereitung oder während dieses Gebetes Erinnerungen und Erwartungen aufsteigen, die sehr bedrängen oder überwältigen, ist es geboten, sich einem erfahrenen Menschen, einem Arzt oder einem Psychotherapeuten anzuvertrauen, dessen Grundhaltung die Ehrfurcht vor dem persönlichen Verhältnis des einzelnen zu Gott ist.

IV.
Die Feier der vertieften Annahme des Neuen Bundes Gottes mit seinem Volk

1. Das bundesgemäße Verständnis der Sakramente

Es gehört zum Wesen der Sakramente, die wir nur einmal empfangen (Taufe, Firmung, Weihe und entsprechend auch bezüglich der Ehe), daß wir in ihnen die von Gott angebotenen Gnaden-Energien je nach lebensgeschichtlicher Situation erneut und vertieft von ihm annehmen. Die zweite liturgische Feier in einem Weg-Seminar, in der achten Woche, ist dazu ein Angebot (NMG 242-261).
Alle in der Kirche vollzogenen Sakramente sind *„Sakramente des Neuen Bundes“* (vgl. DH 1601-1608), in allen bietet Gott uns auf je andere Weise seinen bleibenden Bund an, durch den er in und zwischen uns wirksam gegenwärtig werden will. In einer neuen glaubensgeschichtlichen Situation ist die Taufe als das grundlegende und fort-dauernde Bundesgeschehen entdeckt worden (vgl. oben: B/I,2). Gott hat den Bund mit seinem Volk nie aufgekündigt, und er kündigt auch nicht den Bund, den er mit jedem einzelnen schließt. Dies gilt auch für die übrigen Sakramente.
Die *Annahme* der sakramental-bundesgemäßen Zuwendung Gottes geschieht deshalb nicht nur im Augenblick, im jeweiligen Jetzt der Spendung eines Sakramentes, sondern ist ein lebenslanger Prozeß, der verschiedene Thematisierungsstufen haben kann. Dies gilt besonders im Hinblick auf die Sakramente, die wir nur einmal empfangen. Die Spendung dieser Sakramente ist nicht ein für allemal vergangen, sondern: die bundesgemäße Zuwendung Gottes, die sich in ihr ein für allemal ereignet hat, dauert fort. Gott läßt jedem Zeit, sein Angebot erneut und vertieft

anzunehmen, so daß der liturgische Ausdruck einer bewußten oder vertieften Antwort der Spendung eines Sakramentes zeitlich nachfolgen kann. Unabhängig vom Taufalter bedarf das in der Taufe ein für allemal ergangene Bundesangebot Gottes je nach der lebensgeschichtlichen Situation einer erneuten und vertieften, ausdrücklichen Antwort, wie sie ja auch in den verschiedenen klassischen Formen der „Tauf-Erneuerung" zum Ausdruck kommt: Entscheidend ist nicht das Taufalter, sondern der Prozeß des Hineinwachsens in die Antwort auf das Bundesangebot Gottes. Dies schließt nicht aus, daß – nach einer entsprechenden Vorbereitung – die *erste* ausdrückliche Annahme des Taufbundes das ganze weitere Leben prägen kann, nicht anders als die Erwachsenentaufe.

Zur Vermeidung von Mißverständnissen sei hervorgehoben: Es ist strenggenommen nicht angemessen, von einer Tauf- Firm- Ehe- oder Weihe-„Erneuerung" zu sprechen. Wer einmal getauft und gefirmt ist, bleibt für immer *gültig* getauft und gefirmt. Das einmal gegebene Ja-Wort beim Abschluß des Ehebundes oder bei der Weihe zum kirchlichen Amt bleibt für immer gültig. Die Spendung dieser Sakramente kann also nicht „wiederholt" oder „erneuert" werden.

Im sakramentalen Gesamtgeschehen sind nun die Spendung eines Sakramentes (opus operatum) und der Vollzug des Empfangenden (opus operantis) eine liturgische Einheit und gehören zusammen wie Wort und Antwort. Bei diesem Empfang geschieht eine „Erneuerung des inneren Menschen durch die freiwillige Annahme der Gnade und der Gaben" (DH 1529). Die sakramental-bundesgemäße Zuwendung Gottes ist jedoch nicht ein für allemal vergangen, sondern dauert fort. Deshalb ist auch der „Vollzug des Empfangenden" und die Erneuerung des inneren Menschen durch Gott nicht auf den Augenblick der Spendung eines Sakramentes beschränkt. Somit kann auch der liturgische Ausdruck einer *vertieften* Annahme des Bundes der Spendung eines Sakramentes zeitlich nachfolgen. Dabei wird weder die Spendung, noch die dabei ein für allemal gegebene Zustimmung zum Empfang des Sakramentes wiederholt oder „erneuert". Es kommt vielmehr darauf an, ein rein chronologisches Verständnis im Sinne einer Festlegung der Zustimmung zum Bund auf ein punktuelles Datum zu übersteigen: Diese Zustimmung hat eben auch einen *prozeßhaften* Charakter mit unterschiedlichen und lebensgeschichtlich bedingten Thematisierungsstufen.

Wie oben in einem theologischen Exkurs dargelegt, dienen Segnungen dazu, sich auf den fruchtbaren Empfang der Sakramente vorzubereiten und/oder die eigentliche Wirkung der Sakramente aufzunehmen. Sie werden deshalb auch als „Sakramentalien" bezeichnet, als auf die Sakramente hingeordnete „sakramentsähnliche" Handlungen. Grundsätzlich haben auch die klassischen Formen der Tauf- und Firm-Erneuerung den

Charakter von Sakramentalien. Sie gehören zum „Vollzug des Empfangenden" (opus operantis), sind dessen bundesgemäß-lebensgeschichtlicher Ausdruck und deshalb deutlich unterschieden von der Sakramentenspendung selbst. Dasselbe gilt für die im folgenden beschriebene, je eigene und persönliche Annahme des Taufbundes in einer liturgischen Feier unter begleitender Segnung einiger Anwesender. Sie ist – um es angesichts fast unausrottbarer Mißverständnisse nochmals zu sagen – weder eine „Wiedertaufe" noch eine erstmalige Taufspendung. Dies gilt entsprechend auch bezüglich Firmung, Ehe, Weihe.

2. Die Zustimmung zur Taufe als Ich-Einschluß in den Neuen Bund

Wir nähern uns nunmehr dem Anfang und Kern einer neuen gläubigen Praxis, die fundiert ist im geschichtlichen Mit-sein Gottes mit seinem Volk, das sich in einer neuen glaubensgeschichtlichen Hörsituation als der von Gott nie aufgekündigte „Bund" zeigt und den Menschen zu einer fort-dauernden Antwort befähigt und herausfordert. Diesen Bund hat Gott seinem ganzen Volk „für immer" angeboten. Drei oben bereits erörterte Momente veranlassen insgesamt dazu, die Taufe in einer glaubensgeschichtlich neuen Weise als den sakramentalen Zugang zu diesem Bund und als den Eintritt des einzelnen in diesen Bund zu verstehen und zu vollziehen:
- das Verständnis der Taufe als „Zeichen" des Neuen Bundes (Apg 15), das in der Eucharistie seine Vollgestalt hat;
- der Vollzug des Taufbekenntnisses vor der Taufe Erwachsener als die „Bereitschaft, mit Christus den Neuen Bund einzugehen oder zu bekräftigen" (EIK 22.40f.133);
- die Revision des Ritus der Kindestaufe (1969).

Von da her ist die Taufe der nicht delegierbare Ich-Einschluß des einzelnen in den Bund, den Gott in Jesus Christus mit seinem ganzen Volk neu geschlossen hat. Inwiefern kann und muß dies auch hinsichtlich der Kindestaufe gelten?

a) Das Problem der „Erneuerung des Taufversprechens"

Die vom Zweiten Vatikanischen Konzil angeordnete Neuordnung des Ritus der Kindestaufe macht offenbar, daß die bisherige Praxis nicht der vera condicio, der wahren Situation der Kinder entspricht. Genauer: in einer neuen glaubensgeschichtlichen Situation zeigt sich eine Nicht-Übereinstimmung zwischen dem Ritus der Kindestaufe und dem Geschehen der Taufe selbst. Zu ihm gehört konstitutiv als „Tun des

Empfangenden" das in der Ich-Form gesprochene Taufbekenntnis (Absage an die Macht des Bösen – Glauben an den Vater, den Sohn, den Geist). Es entspricht nicht der wahren Situation des Kindes, daß die Paten das Taufbekenntnis so sprechen, *als ob* das Kind selbst durch sie sagen würde: ich widersage, ich glaube. Da ein solches stellvertretendes Taufbekenntnis nunmehr entfallen ist, kann es auch nicht „erneuert" werden. Also müßte eigentlich auch die Rede von einer „Erneuerung des Taufversprechens" revidiert werden. Da seit 1969 alle direkten Fragen an das Kind entfallen sind, wäre eine solche „Erneuerung" eine neue „Fiktion": Ich kann ja nicht ein Versprechen „erneuern", das gar nicht gegeben worden ist. Zutreffend ist: Meine Eltern haben von der Kirche meine Taufe erbeten und ihre Bereitschaft erklärt, mich im Glauben der Kirche zu erziehen. Meine Eltern und meine Paten haben auch „im Gedenken" an ihre *eigene* (!) Taufe dem Bösen widersagt und den Glauben der Kirche bekannt, auf den hin ich getauft wurde. Aber: Ich selbst habe meine Taufe nicht erbeten und vor meiner Taufe nicht den Wunsch geäußert, ein Christ zu werden. Auch kann ich selbst das Taufbekenntnis, das meine Eltern und Paten in Erinnerung an ihre *eigene* Taufe bei meiner Taufe gesprochen haben, nicht „erneuern".
Das Kernproblem der gewesenen Gestalt kirchlicher Praxis ist das Verhältnis von Kindestaufe und späterer Annahme des Taufbundes. Wir haben aber nicht die Absicht, etwas zur Diskussion um das angemessene Taufalter beizutragen. Wie schon gesagt, ist die Kindestaufe im Neuen Testament nicht ausdrücklich, sondern allenfalls einschlußweise erwähnt (vgl. Apg 16,15; 18,5). Sie ist aber seit dem zweiten Jahrhundert nachweisbar und bleibt nach wie vor sinnvoll: „In der Taufe unmündiger Kinder kommt stärker als bei der Taufe Erwachsener zum Ausdruck, daß sie nicht das Werk des Menschen ist, sondern immer zuerst Geschenk Gottes" (GL 44,1), daß also alle Initiative von Gott ausgeht und der Mensch nicht eigengesetzlich von sich aus zu ihm in Beziehung treten kann. Das Kernproblem ist deshalb nicht die Kindestaufe als solche, sondern das ihr folgende „selbstverständliche" Hineinwachsen in die Kirche.
Deshalb gilt heute mehr denn je: „Wenn Gott durch die Taufe Kinder in seine Kirche aufnimmt, übernimmt die Pfarrgemeinde mit den Eltern die schwere Pflicht, dem Kind durch Unterricht und Vorleben des Glaubens die *spätere persönliche Glaubensentscheidung* möglich zu machen." (GL 44,2) Diese „persönliche" und somit ichgemäße Glaubensentscheidung gehört zum innersten Wesen der Taufe als solcher: „Die Erwachsenen erlangen ja nur dann das Heil, wenn sie freiwillig kommen ... Der Glaube, dessen Sakrament sie empfangen, ist *nicht allein der Glaube der Kirche, sondern auch ihr eigener*. Wenn sie getauft werden, nehmen sie die-

ses Sakrament ja *nicht untätig* hin. Sie wollen den *Bund* mit Christus eingehen, dem Irrtum absagen und dem wahren Gott anhangen." (EIK 40f) Dies gilt dann eben auch für die Kindestaufe.
Die klassische Pastoral weist im Hinblick auf die „spätere *persönliche* Glaubensentscheidung" auf folgende Möglichkeiten hin (vgl. GL 50):
- in der Osternacht, bei der Firmung und bei der Erstkommunion;
- im sonntäglichen Gottesdienst: Bußakt, Glaubensbekenntnis und Gebet des Herrn;
- für den einzelnen: Tauftag, Gedenktag des Namenspatrons.

Diese Möglichkeiten sind und bleiben sinnvoll. Aber: Wer hat bei ihrem Vollzug das Bewußtsein, „mit Christus den Neuen Bund einzugehen" (EIK 133)? Genauer: Der Bund, dessen Sakrament ich als kleines Kind empfangen habe, ist nicht allein der Bund Gottes mit seinem ganzen Volk, sondern auch sein Bund mit mir, und eben deshalb gehört die spätere „persönliche" ichgemäße Annahme des Taufbundes zum innersten Kern der Kindestaufe. Eine neue Gestalt gläubiger Praxis gründet in der ausdrücklichen Thematisierung des so verstandenen Bundesgeschehens.
Natürlich ist nach wie vor prinzipiell zutreffend, daß das Kind auf den Glauben der Eltern und der Gemeinde getauft wird und in diesen „hineinwächst". Nach dem Schwund der Volks- und Milieukirche ist ein solches Hineinwachsen heute jedoch vielfach nicht mehr gegeben. Vor allem aber: die direkte Berührung des menschlichen Herzens durch Gott vor der Taufe (DH 1525) – oder auch nach ihr – können meine Eltern, Paten und Mitchristen nicht an mich „weitergeben", sondern nur bezeugen. Dies ist für mich dann ein Anstoß, nun auch meinerseits „den Bund mit Christus einzugehen", genauer: mich selbst und persönlich in den Bund einzuschließen, den meine Eltern, Paten und Mitchristen ichgemäß *für sich selbst* bereits angenommen haben – falls eine solche Annahme überhaupt noch vorauszusetzen ist.
In dem Person-Wort „ich" kommt eine Nicht-Identität mit allen anderen Ichen zum Ausdruck. „Ich" spricht schon wegen der Leibhaftigkeit dieses Wortgeschehens niemand in derselben Weise aus wie ich selbst: Niemand kann an meiner Stelle „ich" sagen (außer aufgrund meiner Delegation in formalen Rechtsakten). Deshalb entspricht es dem Grundcharakter meines Ich-Einschlusses in den Bund Gottes mit seinem ganzen Volk, daß niemand ihn anstelle eines anderen vollziehen kann. Nach der Kindestaufe wächst das Kind also nicht gleichsam selbstverständlich in den Taufbund hinein, den die *Eltern oder Paten* in einem Ich-Einschluß angenommen haben – ohne jemals selbst einen solchen, ganz persönlichen Ich-Einschluß zu vollziehen. Deshalb ist eine der weiteren Kernfragen: In welchem Verhältnis steht die „spätere" Annahme des Taufbundes zu der „früher" geschehenen, aber nunmehr vergange-

nen Taufhandlung? Wann und wie bringt der als kleines Kind getaufte Erwachsene zum Ausdruck, daß er bereit ist, „den Bund mit Christus einzugehen“?

Hinzu kommt: Die traditionelle Vorstellung von einer „Tauf-Erneuerung“ bewegt sich innerhalb des alltäglich gängigen Zeitverständnisses: *Damals*, als ich noch ein kleines Kind war, haben meine Eltern und Paten „für mich“ das Taufbekenntnis gesprochen, und *jetzt* (vor der Erstkommunion, der Firmung, in der Osternacht) soll ich es *in Erinnerung* an meine Taufe „erneuern“. Von da her wird die Problematik dieser „Erneuerung“ nochmals deutlich: Ich selbst habe keine „Erinnerung“ an meine Taufe, sondern weiß von diesem Geschehen nur von anderen, von „außen“. Ich soll gleichsam in die Stunde meiner Taufe „zurückkehren“ und mir ein Versprechen zu eigen machen, das ich selbst nicht gegeben habe. Auch eine „Tauf-Erinnerung“ – etwa auf Kirchen- und Katholikentagen – wird in der Regel als die Vergegenwärtigung eines kalendermäßig datierbaren und somit vergangenen Geschehens verstanden. An was „erinnert“ man sich denn da, wenn man als kleines Kind getauft worden ist?

b) Die vorherige innere Zustimmung zum Bundesangebot Gottes

Ein neue gläubige Praxis entsteht unter Voraussetzung der fortbestehenden Praxis der Kindestaufe. Konkrete Wege zur späteren Annahme des Taufbundes sind jedoch noch nicht vorgegeben, denn sie bedürfen einer längeren Vorbereitung. Anstöße dazu finden sich in einer der bedeutendsten Auswirkungen des Zweiten Vatikanischen Konzils, in der „Eingliederung Erwachsener in die Kirche“ (Ordo initiationis christianae adultorum), das den Charakter eines wiederhergestellten Katechumenates hat.[51] Die hier vorgesehenen „Stufen“ und Feiern der Eingliederung Ungetaufter in die Kirche (vgl. EIK 31-40) haben Modellcharakter auch für die Vorbereitung Erwachsener, die als kleine Kinder getauft wurden, auf die je eigene Annahme des Taufbundes. Wie schon erwähnt, wird in dieser Vorlage die Taufe mehrfach als Antwortgeschehen auf das Bundesangebot Gottes bezeichnet (vgl. oben B/I,2). Auch der neue Katechismus der Katholischen Kirche betont: „Die Kindertaufe erfordert naturgemäß einen *Katechumenat nach der Taufe*“ (Nr. 1231). Es ist daher angemessen, lehramtliche Texte zur Taufe aus früheren Jahrhun-

---

[51] Das Konzil hatte bestimmt: „Beide Riten für die Erwachsenentaufe, sowohl die einfache wie die feierliche mit dem *wiederhergestellten Katechumenat*, sollen revidiert werden“ (SC 66). Der Text wurde am 6. Januar 1972 von der Gottesdienstkongregation veröffentlicht.

derten in diesen Reflexionsstand bzw. in ein „Katechumenat für Getaufte“ zu integrieren.

Das Zweite Vatikanische Konzil betont: Ein Katechumenat besteht „nicht in einer bloßen Erläuterung von Lehren und Geboten, sondern in einer Einführung und genügend langen *Einübung in das ganze christliche Leben*, wodurch die Jünger mit Christus, ihrem Meister, verbunden werden“ (Dekret über die Missionstätigkeit der Kirche, Art. 14). Diese „Einübung“ schließt ein, daß der einzelne sich von Gott zum Empfang der Taufe „disponieren“, im voraus vorbereiten läßt. Dies gilt auch und erst recht im Hinblick auf eine zeitlich spätere Annahme des Taufbundes.

Das Konzil von Trient hat dazu im Zusammenhang mit der Lehre von der Rechtfertigung tiefgreifende Aussagen gemacht. Bei der Interpretation gehen wir davon aus, daß „Gerechtigkeit“ im Alten Testament das „rechte“, bundesgemäße Sich-Verhalten Gottes zum Menschen und das so ermöglichte rechte, bundesgemäße Sich-Verhalten des Menschen zu Gott meint. Israel hat im Bund die Gerechtigkeit Gottes als seine fortdauernde Lebenshilfe erfahren (2 Sam 18,31; Ps 22,32; 40,11; Jes 45,8; 51,5-8; Jer 23,6 u. ö.). „Die Verbindung von Recht und Heil hat im Bundesgedanken ihre tiefste Verankerung. Die Gerechtigkeit ist die Ausführung der Bundestreue und der Bundesverheißungen.“ Auch für Paulus ist die Gerechtigkeit Gottes die Kraft des neuen Lebens. Sie ist die Erlösung von den Übertretungen des ersten Bundes.[52]

Das Konzil von Trient spricht zwar nicht vom inneren Zusammenhang zwischen Rechtfertigung und Bund; auf einer neuen geschichtlichen Thematisierungsstufe des Bundesgeschehens und im Hinblick auf eine neue Gestalt gläubiger Praxis ist er jedoch von erhöhter Bedeutung. (Dies gilt im übrigen nicht nur im Hinblick auf den Dialog zwischen den christlichen Konfessionen, sondern auch für den interreligösen Dialog). Zur Begründung der „Notwendigkeit der Vorbereitung auf die Rechtfertigung bei Erwachsenen“ (die Angemessenheit der Kindestaufe wird an anderer Stelle eindringlich betont: DH 1625ff.) heißt es:

„Bei den Erwachsenen muß der Anfang der Rechtfertigung von der zuvorkommenden Gnade Gottes durch Christus Jesus ausgehen, d. i. von seinem *Ruf*, durch den sie ohne irgendein eigenes vorliegendes Verdienst gerufen werden. So werden sie, die durch Sünden von Gott abgewandt waren, durch seine *weckende und helfende* Gnade darauf vorbereitet (disponantur), sich *in freier Zustimmung zu dieser Gnade und freier Mitwirkung mit ihr* (assentiendo et cooperando) zu ihrer eigenen

[52] ThWNT Bd. 2, 197.213; vgl. THAT Bd. 2, 515ff.

Rechtfertigung zu bekehren. Indem also Gott [bei diesem Ruf] das Herz des Menschen berührt durch die Erleuchtung des Heiligen Geistes (tangente Deo cor hominis per Spiritus Sancti illuminationem), bleibt also einerseits der Mensch nicht ganz untätig, denn er nimmt ja jene Einhauchung auf, *die er auch ablehnen könnte* (abicere potest); andererseits kann er sich doch nicht durch seinen freien Willen ohne die Gnade Gottes auf die Gerechtigkeit vor ihm zubewegen." (DH 1525)

Halten wir im Hinblick auf das Verhältnis von Taufe und innerer Zustimmung zur Taufe folgendes fest: :

(1) Der Text beschreibt den *Anfang* der Begegnung mit Gott als ein Geschehen, durch das Gott selbst den Menschen auf den Empfang der Taufe vorbereitet, „disponiert". Das Konzil betont mit Nachdruck, daß der Mensch nicht das Geringste zum Beginn seiner Gemeinschaft mit Gott beiträgt: Bevor er sich durch das gläubige Hören des Wortes Gottes und durch Buße (DH 1526) auf den Empfang der Taufe konkret vorbereiten kann, ist Gott ihm „zuvorgekommen" und hat ihn durch seine erweckende Gnade – ohne irgendeine Mitwirkung seinerseits („ohne irgendein eigenes vorliegendes Verdienst") – dazu „disponiert", sich in freier Mitwirkung mit ihr zu seiner je eigenen Rechtfertigung zu „bekehren".

Mit „Herz" ist das Innerste des Menschen gemeint, seine Tiefe. „Bekehrung zur eigenen Rechtfertigung" kann nichts anderes bedeuten als die Umkehr von der Abwendung zur Hinwendung und damit zu einer „rechten", bundesgemäßen Beziehung zu Gott. Der Text meint somit die Umkehr zum Bund, genauer: zur Annahme der Rechtfertigungsgnade und damit des Bundesangebotes Gottes. Dieses innere Geschehen ist im strengsten Sinne vorherig, geht der näheren Vorbereitung auf die Taufe (Annahme der Glaubenswahrheiten, Bußakte usw.; vgl. DH 1526) *zeitlich voraus* und zielt auf den sakramentalen Vorgang der Taufe hin. Bemerkenswert ist, daß in dem zitierten Text die Wortverkündigung nicht erwähnt wird (dies geschieht erst im nächsten Kapitel DH 1526). Der allem menschlichen und vermittelnden Tun der Kirche zuvorkommende „Ruf" wird vielmehr als eine *unmittelbare, direkte* Berührung des menschlichen Herzens durch das Licht des Heiligen Geistes beschrieben.[53] Sie ist die Bedingung der Möglichkeit dafür, daß der Mensch überhaupt das Wort Gottes *als* göttliches Wort hören und die Taufe *als* leibhaftes Zeichen der Zuwendung Gottes erkennen und wahrnehmen kann.

---

[53] Vgl. dazu ausführlicher H. Mühlen: Das Verhältnis von ‚innerer Taufe' und Taufsakrament. Gehört das persönliche Taufbekenntnis zum Wesen der Taufe?, in: ThGl 79 (1989) 552-567.

Die *Zustimmung* zu dieser Berührung ist dann jedoch immer auch durch den mitwirkenden menschlichen Willen *vermittelt*.

(2) Diese Berührung muß in einem hier noch nicht näher zu beschreibenden Sinne „erfahrbar" sein, denn der einzelne könnte sie auch ablehnen (abicere – religionsphilosophisch ist dies die Struktur einer apriorischen Bedingung der Möglichkeit der inneren Bundes-„Erfahrung"): Ablehnung setzt innere Wahrnehmung voraus. Wenn der einzelne in seinem Innersten dieser Berührung zustimmt, dann geschieht dies nur in der Kraft der dem Menschen in jeder Hinsicht zuvorkommenden Bundesgnade Gottes selbst. Wenn er sie ablehnt, dann ist dies ganz seine eigene Entscheidung – ohne die Gnade Gottes und gegen sie.

Diese innere „Berührung" darf jedoch nicht mit einem Gefühlserlebnis identifiziert werden, sondern meint zunächst, daß Gott den Menschen in der Tiefe seines Herzens zu sich, zu Gott, hinwendet, in jener Tiefe, die auch das Unbewußte einschließt. Wenn der einzelne dieser Hinwendung zu Gott durch Gott zustimmt, dann ist dies ein inneres, *vorheriges Antwortgeschehen*. In ihm läßt er sich in Freiheit sein je eigenes, bundesgemäß-rechtes Sich-Verhalten zu Gott schenken: Gott selbst befreit die Freiheit des Menschen bereits *vor dem Empfang der Taufe* zu einer *inneren* Antwort auf sein Bundesangebot. Der Hinweis darauf, daß der einzelne die Berührung seines Herzens durch Gott auch „ablehnen" könnte, zeigt, daß das innere Antwortgeschehen sich nicht nur in jenen Tiefen vollzieht, die dem Bewußtsein unzugänglich bleiben, sondern durchaus in der je eigenen Freiheit, die sich ihrer selbst bewußt ist.

(3) Die auch als „Einhauchung" (inspiratio) des Heiligen Geistes bezeichnete innere „Berührung" des menschlichen Herzens *vor* der sakramentalen Taufe, ist im Prinzip identisch mit jenem Geschehen von Gott her, das im NT als „Getauft-werden mit dem Heiligen Geist" bezeichnet wird (Mk 1,8 par: Apg 1,5): „Kann jemand denen das Wasser der Taufe verweigern, die ebenso wie wir den Heiligen Geist empfangen haben? Und er [Petrus] ordnete an, sie im Namen Jesu Christi zu taufen." (Apg 10,47; vgl. 11,15f) Man kann das vorherige (apriorische) innere Antwortgeschehen somit durchaus korrekt als die „innere Taufe" bezeichnen, die hintendiert zur sakramentalen Taufe: Die „innere Taufe" und deren freie Annahme ist von da her die Bereitschaft, das Sakrament der Taufe zu empfangen, „ohne das nie jemand die Rechtfertigung empfängt" (DH 1529), also auch die Bereitschaft, die innere Antwort auf den Ruf Gottes im Empfang der Taufe zu *verleiblichen*.

Dieses innere Bundesgeschehen betrifft den einzelnen zunächst in seinem direkten, vertikalen Verhältnis zu Gott. Es wird durch die sakramentale Taufe (die nie als bloße „Wassertaufe" bezeichnet werden sollte) in das horizontale, geschichtlich-ekklesiale Wirken des Geistes eingestiftet. Die Taufe steht somit im Schnittpunkt der vertikalen Einwirkung des Heiligen Geistes auf den Menschen und der horizontalen Vermittlung dieser Einwirkung durch das Wort Gottes und das sakramentale Zeichen der Taufe. Dies ist im übrigen auch nach Luther die entscheidende Differenz zu den „Schwärmern".

(4) Diese innere Dynamik einzelner Schritte hat Ähnlichkeit mit menschlicher Begegnung. In ihr geschieht eine unmittelbare innere Berührung, die zwei Menschen in ihrem Herzen wahrnehmen (vgl. NMG 303-307). Die Antwort auf sie geschieht zunächst wiederum im „Herzen": Sie ist ein *inneres* Geschehen, das leibhaften Äußerungen im Wort oder anderen Zeichen *vorausgeht*. Der entscheidende Unterschied zur Begegnung mit Gott zeigt sich darin, daß die Initiative *ausschließlich* von Gott ausgeht und die innere Antwort von ihm selbst geschenkt wird. Von da her ergibt sich nochmals deutlicher: Es ist ganz und gar unangemessen, von einer „Partnerschaft" zwischen Gott und Mensch zu sprechen und dann von da her die theologische Verwendung des Wortes „Bund" zu kritisieren.

Die Anfangsgnade, das innere Antwortgeschehen aufgrund der inneren Taufe, befähigt die Taufbewerber zu weiteren Schritten der Vorbereitung auf den Empfang der Taufe, indem sie den Glauben im Hören des Wortes Gottes empfangen und sich „zur Besinnung auf die Barmherzigkeit Gottes bekehren", in Hoffnung und Vertrauen Gott „zu lieben beginnen", sich von ihren Sünden abwenden, „sich vornehmen, die Taufe zu empfangen" und ein neues Leben zu beginnen (DH 1526). Damit sind im Prinzip bereits jene katechumenalen „Stufen" genannt, die in der neuen „Eingliederung Erwachsener in die Kirche" zu liturgischen, also leibhaften Schritten weiter ausgestaltet sind. Ein Katechumenat für Ungetaufte ist keineswegs lediglich die intellektuelle „Weitergabe" von Glaubenswahrheiten oder ein im Chor gesprochenes Glaubens- bzw. Taufbekenntnis – und dies gilt dann eben auch hinsichtlich der Vorbereitung auf die Feier der Annahme des Taufbundes für Erwachsene, die als kleine Kinder getauft wurden.

Wenn wir das Problem der Kindestaufe im Sinne der traditionellen kirchlichen Lehre zureichend beantworten wollen, dann stoßen wir hier auf die zentrale Frage einer möglichen *zeitlichen* Differenz zwischen dem liturgischen Angebot des Taufbundes (opus operatum) und seiner Annahme (opus operantis) in einer ebenfalls liturgischen Feier. Es ist offensichtlich und eindeutig, daß bei der Feier der Erwachsenentaufe Angebot und Annahme des Bundes eine liturgische Einheit sind. Ob und inwiefern sie bei der Praxis der Kindestaufe zeitlich getrennt sein können, bedarf einer eingehenden Reflexion. Sie schließt auch ein bundes-

und wirgemäßes Zeitverständnis ein, das im Anhang I eingehender erörtert ist.

c) Die spätere Annahme des Taufbundes

Das Grundmodell der Taufe ist die Erwachsenentaufe. Bei ihr vollzieht jeder einzelne einen leibhaften Schritt, der aus dem Sozialisationsprozeß der Vorbereitung auf die Taufe (Katechumenat) erwachsen, aus ihm aber nicht ableitbar ist, genauer: Die Direktheit der bundesgemäßen Beziehung des einzelnen zu Gott im Taufgeschehen wird durch diesen Prozeß nicht ersetzt. Die Bedeutung der Annahme des Taufbundes durch jeden *einzelnen* kommt in den folgenden Grundvollzügen zum Ausdruck (EIK 140-143):

(1) Im Katechumenat für Ungetaufte wird bei der Feier der Annahme jede(r) einzelne mit Namen aufgerufen und gefragt, ob er/sie bereit ist, den Weg des Glaubens zu beginnen. Er/sie antwortet: „Ich bin bereit". Diese erste und anfängliche Bereitschaftserklärung wird von jedem einzelnen persönlich ausgesprochen, weder von allen Kandidaten gemeinsam noch stellvertretend für eine(n) andere(n). Anschließend bezeichnen die Katecheten oder Bürgen jede(n) einzelne(n) mit einem Kreuz auf die Stirne. (EIK 57-63) Dies gilt naturgemäß auch für die Salbungen und andere Riten.

(2) Vor der Taufe sprechen die Taufbewerber – auch wenn es mehrere sind – das Taufbekenntnis nach Möglichkeit nicht gemeinsam, sondern je einzeln (EIK 140f).

(3) Bei der Taufspendung legen Pate oder Patin die rechte Hand auf die Schulter des jeweiligen Täuflings und breiten nicht etwa ihre Hände über alle Taufbewerber aus.

(4) In jedem Falle werden nicht alle gleichzeitig mit dem Taufwasser übergossen oder besprengt, sondern je einzeln, und die Einleitung der Tauformel lautet nie: „ich taufe euch", sondern immer: „ich taufe dich". (EIK 142)

Bereitschaftserklärung und Taufbekenntnis des Taufbewerbers sowie die Handauflegung des Paten gehören zum innersten Kern und Wesen der *Antwort* auf das Bundesangebot Gottes und sind Weisen der *unersetzbaren Mitwirkung* mit der sakramentalen Zuwendung Gottes. In Bereitschaftserklärung und Taufbekenntnis kommt die je eigene, ichgemäße Direktheit der Beziehung zu Gott zum Ausdruck und in der patenschaftlichen Handauflegung die gleichursprüngliche, wirgemäße Eingliederung in die Kirche.

Die Neuordnung des Ritus der Kindestaufe macht nun den Weg frei zu einem Verständnis und Vollzug der „späteren Glaubensentscheidung“, die der Tiefe, dem Ernst und der Freude des Geschehens der Erwachsenentaufe entsprechen. Eine Reformliturgie wird deshalb folgende Elemente enthalten: Gebet des einzelnen zur persönlichen Annahme des Taufbundes unter patenschaftlicher Handauflegung – Bezeichnung mit einem Kreuz auf die Stirne – Segensgebete. Wir werden darauf zurückkommen. Zuvor sei hervorgehoben: Auch und gerade die traditionelle „Tauferneuerung“ steht unter dem Vorzeichen der traditionellen *Entleiblichung* des Glaubens. Sie ist eine *von außen her* erwartete Vergemeinschaftung, deren „sozialer“ Grundcharakter nicht – wie etwa bei einem persönlichen Segen von Gott her – die direkte Beziehung zu Gott voll thematisiert. Vor allem aber: In dieser Form der kirchlichen Sozialisation fehlt das Moment der inneren bewußten Freiheit des Ich-Einschlusses in den Neuen Bund und damit auch in die Gemeinschaft der Glaubenden.

Die persönliche Verleiblichung der Beziehung zu Gott in der Gemeinschaft der Glaubenden hat nicht das geringste mit einem schlechten Individualismus zu tun, denn: sie geschieht nicht „privat“, sondern ist ihrem innersten Wesen nach ein Geschehen in der Kirche und in die Kirche hinein. Durch die Taufe wird der einzelne *gleichursprünglich* und direkt in die Gemeinschaft, in das Wir der Glaubenden eingefügt (Apg 2,47). Er muß sich nicht nachträglich überlegen, zu welcher geistlichen Gemeinschaft oder „Kirche“ er nun gehören will. Auch die Annahme des Taufbundes *nach* der Taufe gliedert den einzelnen tiefer in die Kirche als „Leib Christi“ ein: in die Gemeinde oder Gemeinschaft, in der er lebt. Eine Reformliturgie muß deshalb *gleichursprünglich* einen *ichgemäß-leibhaften* und einen *wirgemäß-ekklesialen* Charakter haben: Sie ist – kurz gesagt – der bundesgemäße Ich-Einschluß in das Wir der Kirche.

Diese Liturgie will die klassischen Formen der Tauf- und Firm-Erneuerung und die entsprechenden Sozialisationsprozesse nicht ersetzen oder verdrängen, sondern ergänzen. Wie schon erwähnt, meint „Sozialisationsprozeß“ in der Soziologie die Aneignung von und Auseinandersetzung mit den Normen und Handlungsorientierungen, die in der jeweiligen mitmenschlichen Mitwelt vorgegeben sind.[54] Die Direktheit der Beziehung des einzelnen zu Gott ist jedoch nicht in diesem Sinne in der christlichen Mitwelt vorgegeben oder aus ihr ableitbar, sondern: sie kann nur von einzelnen *bezeugt* werden, so daß ich ermutigt werde, mich auch meinerseits Gott persönlich anzuvertrauen. Diese Differenz zeigt sich im Zusammenhang mit der Firmung nochmals sehr deutlich.

---

[54] Vgl. WSoz Bd. 3, 607; StL Bd. 5, 4.

d) „Ständige Firmerneuerung"?

In einer Vorlage der Pastoralkommission der deutschen Bischöfe vom Jahre 1993 heißt es: „Die schwindende Selbstverständlichkeit kontinuierlicher religiöser *Sozialisationsprozesse* vom Kindesalter an macht es Heranwachsenden immer schwerer, zu einer *persönlichen Glaubensentscheidung* zu kommen. Häufig ist die Firmung für die Heranwachsenden das ‚Abschiedsfest' von der Kirche. Dies gilt besonders dort, wo auf dem Hintergrund noch vorhandener volkskirchlicher Strukturen nahezu alle Mädchen und Jungen eines Jahrgangs die Firmung empfangen" (SP 48). Pfarrer berichten übereinstimmend: Etwa 80 % der gefirmten Jugendlichen nehmen schon wenige Wochen nach der Firmung nicht mehr am Gemeindeleben bzw. am Gottesdienst teil – obwohl sie doch alle vor der Firmung ihr „Taufversprechen erneuert" haben. Dies ist ein Alarmsignal von größter Bedeutung (falls man sich nicht mit der Theorie vom „anonymen" Christen zufrieden geben will).

Diese Praxis kommt nämlich mittlerweile sogar einer Frustration von Kindestaufe und Firmung gleich, weil die zu seinem fruchtbaren Empfang notwendige „Mitwirkung" fehlt. Damit ist zugleich die tätige und fruchtbare Teilnahme an der Eucharistiefeier in Frage gestellt. Auch für die Firmspender ist diese Praxis frustrierend: Sie firmen und firmen, obwohl sie vorher ziemlich genau wissen, daß es sich um das „Abschiedsfest" von 80 % der Gefirmten von der Gemeinde bzw. der Kirche handelt. Hier kann ganz fundamental etwas nicht bzw. nicht mehr stimmen! Diese Praxis war eine Kompromißlösung, die nur dann einigermaßen sinnvoll ist, wenn der Glaube von außen her, von der Gesellschaft, mitgetragen wird. Der Hinweis darauf, daß Gott in jedem Falle durch den Vollzug des Firmritus am Gefirmten handelt, ist dogmatisch höchst fragwürdig, denn zum fruchtbaren Empfang eines Sakramentes gehört die persönliche und frei gewollte Mitwirkung. Die bloße Anmeldung zur Firmung ist dafür kein Ersatz, wenn und insofern sie den Charakter einer Anmeldung zum Abschiedsfest von der Kirche hat. Wenn zudem die so verstandene und praktizierte Firmung als „das persönliche Ja zu der im Kindesalter empfangenen Taufe" gelten soll (SP 50), dann ist angesichts dieses Befundes die weitere „Verdunstung des Glaubens" kaum noch aufzuhalten.

Hier wird wie kaum irgendwo sonst die unhintergehbare Notwendigkeit einer neuen gläubigen Praxis sehr deutlich. Allerdings: Die Pastoralkommission der Deutschen Bischofskonferenz empfiehlt zur Behebung dieser Situation lediglich

– die Intensivierung der Firmkatechese,

– eine „gute Vorbereitung und Einführung in das Leben der Gemeinden“,
– die „*ständige Firmerneuerung*“.

Es wird nicht gesagt, was mit einer „ständigen“ Firmerneuerung gemeint sein könnte (ein ständiger unthematischer Prozeß? eine Pluralität einzelner innerer Akte?). Statt dessen wird betont: Das Firmsakrament ist eine „Stufe des Initiationsprozesses“, eine „individualistische Verengung (Sakrament der Entscheidung)“ müsse deshalb vermieden werden: „Das Christwerden des einzelnen geschieht im Bezug auf die Gemeinschaft der Glaubenden. Die Eingliederung (Initiation) ist also ein *sozialer Vorgang*.“ (SP 49) Jeder Hinweis auf ein *direktes* Handeln Gottes in den Sakramenten und dessen *direkte* Annahme und Bejahung in der persönlichen und nicht delegierbaren *Antwort* des einzelnen auf das Handeln Gottes fehlt. Muß man hier nicht geradezu von einer Gefangenschaft in einem soziologisch bestimmten Prozeßdenken sprechen?

Hier müssen nun eindringliche und harte Fragen gestellt werden. Im „Gotteslob“ heißt es: „Mit der Firmung kann die Erneuerung des Firmversprechens für die Gemeinde *oder für einzelne* erfolgen. Dies kann entsprechend vorbereitet werden“ (Nr. 52,4). Das „Gebet zur Firmerneuerung“ ist deshalb auch in der Ich-Form formuliert (Nr. 52,5). Hier ist zweifellos nicht so etwas wie eine „ständige Firmerneuerung“ gemeint, sondern der persönliche Glaubensschritt eines jeden einzelnen, eine vertiefte *liturgische* Annahme des Taufbundes. Da Taufe und Firmung entstehungsgeschichtlich eng zusammengehören und zusammen mit der Eucharistie als „Eingliederungssakramente“ bezeichnet werden, schließt die vertiefte Annahme des Taufbundes nach der Kindestaufe auch die „Firmerneuerung“ ein. In ihr geht es deshalb nicht lediglich um eine neue „Entscheidung“ („ich will gefirmt werden“), sondern darum, Gottes Handeln an mir, dem schon Gefirmten, in einer liturgischen Feier vertieft und bewußt anzunehmen und neu zuzulassen. Diese Möglichkeit wird jedoch mit keinem Wort erwähnt. Haben die Verfasser das „Gotteslob“ nicht gelesen oder wird diese Anregung aus Furcht vor einer „individualistischen Verengung“ verschwiegen?

Im Hinblick auf diese Situation sei darauf hingewiesen: Bei der Firmung lautet die dritte, erweiterte Frage des Firmenden bei der Erneuerung des Taufbekenntnisses: „Glaubt ihr an den Heiligen Geist, der Herr ist und lebendig macht, der *wie einst den Aposteln am Pfingstfest so heute euch* durch das Sakrament der Firmung in einzigartiger Weise geschenkt wird?“ (GL 52,1) Die Firmung wird in dieser Frage in direkte Beziehung zum Pfingstereignis gesetzt und als das „persönliche“ Pfingsten des einzelnen verstanden. Das Pfinstereignis aber geschah in den erwartenden Glauben der Versammelten hinein, und zwar „von oben“ her als ein unverfügbar geschehendes Geschehen, als ein Getauftwerden eines jeden *einzelnen* mit der „Kraft aus der Höhe“ (Lk 24,49; Apg 1,5). Das Pfingstereignis schließt also einen Sozialisationsprozeß der Jüngerinnen und Jünger Jesu ein, ist aber nicht aus diesem entstanden und auch nicht aus ihm ableitbar. Es hat nicht nur eine „horizontale“, sondern auch eine „vertikale“ Sinnrichtung und ereignet sich im Schnittpunkt beider. Kirche lebt auch heute nicht nur aus der horizontal-vermittelten, sondern auch – durch alle menschlichen Vermittlungen hindurch – aus der vertikal-direkten Beziehung zu Gott.

Angesichts der gleichsam „von selbst“ sich vollziehenden Sozialisations-, Kontroll- und Regelmechanismen in einer Volks- und Milieukirche ist die „vertikale“ Sinnrichtung des Handelns Gottes zu reklamieren. Das Konzil von Trient betont: Der Weg zur Taufe beginnt damit, daß Gott durch seine erweckende Gnade (gratia excitans) jedem menschlichen Handeln zuvorkommt, indem er durch seinen Heiligen Geist das Herz des einzelnen Menschen „berührt“ (DH 1525). Diese direkte Berührung ergibt sich nicht von selbst aus Sozialisationsprozessen, sondern geht ihnen voraus und weckt die freie Zustimmung zum Bundesangebot Gottes. Natürlich kann sie durch diese Prozesse gestützt und mitgetragen werden, behält aber die Glaubensdimension des unableitbaren „von oben“. Mit diesem Hinweis werden nicht kirchliche Sozialisationsprozesse *als solche* in Frage gestellt, sondern deren fast naiv hingenommene Selbstverständlichkeit: Die Rede von einer „ständigen Firmerneuerung“ ohne den Hinweis auf die Möglichkeit einer *liturgisch-ichgemäßen* Firmerneuerung „für einzelne“ ist theologisch unzureichend und pastoral folgenlos.

Viele Jugendliche, die einen solchen ichgemäßen Schritt vollzogen haben, berichten: Dies war für mich ein mich prägender Lebenseinschnitt. Bischöfe und Priester werden sogar von Jugendlichen angemahnt, solche liturgische Schritte anzubieten: „Erst nach meiner Firmerneuerung habe ich im Gotteslob entdeckt, daß die Möglichkeit der Firmerneuerung sogar offiziell vorgesehen ist. Deshalb verwunderte es mich noch mehr, daß das Wort Firmerneuerung nicht nur bei Laien ein Fremdwort ist. Ich bin sicher, daß die Kirche an Farbe und Leben gewinnen könnte, wenn *Bischöfe und Priester Offenheit auf diesem Gebiet signalisieren würden*, damit der Tauf- und Firmerneuerung als Wegen zu Gott im Glaubensbewußtsein Jugendlicher und Erwachsener der *Geschmack des Außergewöhnlichen genommen* wird. In der Offenheit und Aufgeschlossenheit auch zu solchen Schritten der Erneuerung könnte die Chance der Kirche liegen, in einer geistlosen Zeit den Heiligen Geist spürbar walten zu lassen.“ (drittes Buch: A/IV,4)

Deshalb muß eindringlich gefragt werden: Macht sich die Kirche nicht schuldig an der Würde und Kraft der sakramentalen Zuwendung Gottes, wenn sie ein solches Angebot nicht macht? Was hindert Pfarrer und Bischöfe daran, zu einem solchen persönlichen Glaubensschritt einzuladen, genauer: was hindert sie und die Firmhelfer daran, ihn zunächst selbst zu vollziehen?

3. Die Bekräftigung und Erneuerung des Ehebundes

Die Zustimmung zur Taufe als Ich-Einschluß in den Neuen Bund hat in den Weg-Seminaren zu einer Entdeckung von weittragender Bedeutung geführt. Wenn ich nicht nur mit meinem Kopf vor Gott stehe, sondern mich eben als dieses ganz bestimmte leibhafte Ich Gott anvertraue, dann ist darin auch meine ganze Sinnlichkeit eingeschlossen. Bevor wir auf eine daraus erfließende gläubige Ehepraxis eingehen, sei hervorgehoben: Jugendliche bezeugen, daß die Annahme des Taufbundes für sie fast „von selbst" auch Auswirkungen hat auf ihr sexuelles Verhalten. Sie kommen los von einer Fixierung auf die genitale Sexualität und einem ihnen im Zuge der „sexuellen" Revolution auferlegten sexuellen Leistungsdruck und empfinden dies als befreiend, da sie offen werden für die Werte der Freundschaft und verläßlichen Zuwendung, der Beheimatung in einer auf Dauer angelegten Zugehörigkeit. Dies alles geschieht zu ihrem eigenen Erstaunen gleichsam „von selbst", ohne Leistungsdruck von außen oder von innen, ist vielmehr „Frucht" ihrer neuen „bundesgemäßen" Beziehung zu Gott und zu den Mitmenschen. Dies entspricht durchaus der biblischen Lehre: Im Galaterbrief (5,22) erscheint als „Frucht des Geistes" zusammen mit Liebe, Freude, Friede, Freundlichkeit, Güte, Treue auch die „Selbstbeherrschung" und „Enthaltsamkeit" (egkrateia). Sie ist in der hellenistischen Umwelt besonders auf den sexuellen „Bereich" bezogen,[55] wird hier aber als Ergebnis eigener autonomer Anstrengung verstanden. Für Paulus ist sie primär „Frucht", Geschenk des Geistes.

Es gehört zu den größten Verhängnissen der kirchlichen Moralverkündigung, daß über eheliche Bindung und Sexualität fast nur im Zusammenhang mit Geboten und Verboten gesprochen wird, nicht aber davon, daß die Annahme des von Gott angebotenen Bundes den ganzen Menschen unter Einschluß seiner gesamten Sinnlichkeit ergreift und die Integration dieser Urkräfte nicht primär Ergebnis menschlicher, asketischer Anstrengung ist, sondern Geschenk des Geistes Gottes, wenn wir nur bereit sind, dieses Geschenk in der Grundhaltung des Empfangens anzu-

---

[55] Vgl. ThWNT Bd. 2, 338-340.

nehmen. In einem Zeugnis während des zweiten Reformgottesdienstes heißt es: „Von Anfang an war es unser Wunsch, Gott einen Platz in unserer Ehe zu geben und zwar in allen Bereichen. Somit sind auch die geschlechtlichen Begegnungen in unsere Beziehung zu Gott eingeschlossen. Die selbstsüchtige Befriedigung weicht einem liebevollen sich Schenken. So kann Gott auch in der Zärtlichkeit des Ehegatten und durch die Fruchtbarkeit bis hin zum Kind wirken, und es ist uns geschenkt, daran teilzuhaben." (drittes Buch: B/III,4; vgl. V,4)
Der Ich-Einschluß unter Einschluß der ehelichen geschlechtlichen Beziehungen in die Beziehung zu Gott hat gleichsam „von selbst" Auswirkungen auf die gesamte Sinnlichkeit bis hin zum konkreten sexuellen Umgang miteinander. Dabei geht es nicht primär um eine menschliche „Kultur der Erotik", sondern um die Annahme jener in besonderem Maße familienbezogenen Geistesgabe, die als „Charisma der Zärtlichkeit" bezeichnet werden kann, in der die Zärtlichkeit Gottes (vgl. Hos 11,3f) in und zwischen den Ehegatten wirksam ist. Hier kündigt sich eine neue gläubige Sexualpraxis an: Gott schenkt den Ehegatten die Gnadengabe der Zärtlichkeit und Treue, wenn sie mit seiner Zuwendung „mitwirken" und ihm erlauben, ihre Beziehung unter Einschluß der Sexualität Schritt für Schritt in den Taufbund zu integrieren: Der ganzheitlich-leibhafte Ich-Einschluß in den von Gott angebotenen Bund und damit in das Wir der Glaubenden ermöglicht einen von der Zärtlichkeit Gottes bestimmten Ich-Einschluß in das duale eheliche Wir. Und umgekehrt: Der von den Energien des Geistes Gottes erwirkte und ermöglichte ganzheitlich-leibhafte Ich-Einschluß in das eheliche Wir ist gleichursprünglich auch eine Integration der Sexualität in die bundesgemäße Beziehung zu Gott.
Von da her ist eine Erneuerung des Eheversprechens Ausdruck einer neuen gläubigen Praxis. *„Ich bekräftige den Bund, den ich mit dir geschlossen habe und nehme dich heute vor Gottes Angesicht neu an als meine Ehefrau/als meinen Ehemann*" (vgl. E 5) Diese erneute Annahme des Ehegatten meint nicht, daß die beim Eheabschluß ein für allemal gegebene Zusage einer verläßlichen Treue nicht „gültig" war und der Eheabschluß „wiederholt" werden müßte. Für manche ist dieser Schritt ganz einfach der Dank für eine „geglückte" Ehe, in der auch Zeiten der Krise und der Entfremdung gemeinsam durchgestanden wurden. Hinzu kommt: Erst nach Jahren gemeinsamen Lebens weiß man, wen man geheiratet hat und nimmt den Ehegatten nunmehr so an, wie er im Grundriß seines Charakters ist – vielleicht sogar unter Einschluß des Verzichtes darauf, ihn nach den eigenen Vorstellungen ändern zu wollen. Diese erneute und vertiefte gegenseitige Annahme ist mehr mit „Erfahrung" gefüllt als das erste Ja-Wort. Hier ist ein Prozeßdenken durchaus angebracht.

Für andere ist das Angebot zu dieser Erneuerung ein Anlaß – auch mit Hilfe anderer – ihre Ehegeschichte aufzuarbeiten und in einem gemeinsamen Gebet um „innere Heilung“ Verletzungen und Verwundungen vor Gott hinzutragen, die sie einander zugefügt oder von ihren Eltern und anderen erlitten haben. Einige werden vielleicht nur die Bereitschaft zum Ausdruck bringen: „Wir möchten einen neuen Anfang miteinander machen und bitten Gott um seinen Segen für unseren weiteren Weg“, um sich in den folgenden Wochen auf eine Erneuerung des Eheversprechens vorzubereiten.

Jede erneuerte Ehe ist ein eminenter Beitrag auch zur Gesundung der Gesellschaft. Wenn etwa 30% (in den USA fast 50 %) der Ehen wieder geschieden werden, dann muß eindringlich gefragt werden: Warum gehört das Angebot zu einer Erneuerung des Eheversprechens nicht zur normalen Praxis der Gemeinden? In einem Zeugnis während des ersten diözesanen Reformgottesdienstes sagte die Ehefrau: „Wir durften erleben, welch ein Segen darin [in der Erneuerung des Eheversprechens] liegt. Wir sind froh und dankbar für diese Möglichkeit und möchten Sie ermutigen, diesen Schritt auch zu wagen. *Wir wissen sehr genau, daß ohne Gott unsere Ehe eine von den vielen geschiedenen Ehen wäre.* Gott hat einen Weg für jeden einzelnen und für jedes Ehepaar, und wir möchten Sie einladen, sich ihm auf diesem Weg anzuvertrauen.“ (drittes Buch: A/IV,4)

Seit Jahren liegen der Pastoralkommission der Deutschen Bischofskonferenz entsprechende Berichte sowie Anregungen zur Ausarbeitung pastoraler Hilfen und einer entsprechenden Liturgie vor.[56] Warum verfassen die Deutschen Bischöfe nicht einmal einen Hirtenbrief zu einer Reformpastoral mit dem Hinweis auf die Möglichkeit einer Erneuerung des Eheversprechens? Ein solcher Anstoß zu einer neuen gläubigen Praxis wäre doch zunächst einmal der erste Schritt gewesen, bevor ein Hirtenbrief zur Situation der wiederverheirateten Geschiedenen verfaßt wird. Auch für die Anlaufstellen zur Ehe- und Schwangerschaftsberatung wäre eine Reformpastoral eine entscheidende Hilfe. Es gäbe dann – wie die Berichte ausweisen – weniger wiederverheiratete Geschiedene, ja,

[56] Bisher gibt es nur Formulare zur Feier der Silbernen und Goldenen Hochzeit. Hier heißt es in den Fürbitten: „*Erneuere* in den beiden, die heute wie einst am Tage ihrer Hochzeit zu deinem Altar gekommen sind, die Gnade des Ehesakramentes“ (Benediktionale, S. 121. 125). Es geht hier also nicht um eine Erneuerung oder gar Wiederholung der sakramentalen Handlung (opus operatum), sondern um die Bereitschaft einer vertieften Annahme der sakramentalen Gnade im Sinne eines Sakramentale. Die ausdrückliche Erneuerung des Eheversprechens durch die oben vorgeschlagene Formel geht darüber hinaus und ist schon für viele junge Paare eine entscheidende Hilfe.

es gäbe weniger Kindestötungen! Warum, warum also geschieht hier nichts?

4. Die vertiefte Annahme der Weihegnade

„Kirche wächst neu von innen" meint nicht zuletzt: eine neue gläubige Praxis wächst auch in den Herzen der Amtsträger, wenn sie überhaupt wachsen soll. Jesus begann sein Zeugnis von Gott damit, daß er sich „zusammen mit dem ganzen Volk" von Johannes hat taufen und den Willen Gottes an sich hat geschehen lassen, nicht mit pastoralen Plänen, Programmen, Papieren. Damit hat er für alle Zeiten ein prophetisches Zeichen gesetzt – bis in diese Stunde hinein.

Wäre es also denkbar, daß die Amtsträger dem Vorbild Jesu entsprechend ganz persönlich den in der Kirche wirksamen Impuls zu einer Erneuerung von innen her mittragen und in leibhaften Schritten der Auslieferung an Gott vorangehen? Dies wäre zunächst für sie selbst Freude und Bestärkung, denn inmitten aller Ratlosigkeit und Resignation gilt heute mehr denn je: „Entfache erneut die Gnade Gottes, die dir durch die Auflegung meiner Hände zuteil geworden ist. Denn Gott hat uns nicht einen Geist der Verzagtheit gegeben, sondern den Geist der Kraft, der Liebe und der Besonnenheit. Schäme dich also nicht, dich zu unserem Herrn zu bekennen." (2 Tim 1,6f)

In der Chrisam-Messe des Gründonnerstag ist zwar für die anwesenden Priester eine „Erneuerung der Bereitschaftserklärung" vorgesehen, aber es ist ein erheblicher Unterschied, ob der Bischof sie gleichzeitig von allen erfragt und alle „im Chor" antworten: „Ich bin bereit" – oder ob der einzelne Priester die Möglichkeit hat – etwa im Rahmen von Besinnungstagen oder Exerzitien – als einzelner inmitten der Mitbrüder und des anwesenden Bischofs die Gnade und Energie des Tauf- Firm- und Weihesakramentes neu und vertieft von Gott anzunehmen, etwa mit den Worten: „Heute erneuere ich vor euch und vor Gott meine Bereitschaft, als Priester den Menschen zu dienen." Eine Verwechslung mit einer erneuten Spendung der Priesterweihe ist ganz und gar ausgeschlossen. Wenn dann die Anwesenden unter Handauflegung für ihn beten, in ähnlicher Weise wie unmittelbar nach der Priesterweihe, dann ist das ein tiefer Ausdruck des Presbyteriums der Diözese. Viele Priester, die ihr Amt verlassen wollten, haben auf diese Weise zu ihm zurückgefunden!

Um es nochmals gegen mögliche Mißverständnisse hervorzuheben: Eine erneute und vertiefte Annahme der Weihe-Energie besagt nicht, daß die Gültigkeit der ein für allemal geschehenen Priesterweihe einer Ergänzung bedarf oder daß die dabei vollzogene Hingabe an Gott nicht ernsthaft war, aber: wenn ein solcher Schritt nach mehreren Jahren des Dienstes vollzogen wird, dann ist er mit tieferer und gereifter „Erfahrung" erfüllt: Der einzelne bringt die mit seinem Dienst verbundenen Freuden und Enttäuschungen vor Gott hin (vielleicht nach einem Gebet um „innere Heilung"), und der Zuspruch der Mitbrüder unter Handauflegung ist dann eine zentrale Form der „Selbstevangelisierung" der Amtsträger (vgl. oben: A/III,1b). Es ist eine tiefe Erfahrung von Kirche, wenn Priester und Bischöfe solche Schritte in Gegenwart von Laien und Laien-MitarbeiterInnen vollziehen und sich von ihnen zu ihrem Dienst segnen lassen.

Hinzu kommt: Nur wer sich selbst auf solche Prozesse eingelassen hat, kennt die objektiv nicht begründeten Ängste, sich Gott persönlich anzuvertrauen (was wird er noch alles von mir fordern?). So kann er auch andere zu solchen Schritten ermutigen: Amtsträger kennen nun aus eigener Erfahrung die tausend Vorbehalte, die vor solchen Schritten aus der Tiefe des eigenen Herzens aufsteigen. Sie verlieren außerdem die Angst, nicht mehr lebensfähige, geschichtlich bedingte und nicht zum bleibenden Wesen der Kirche gehörende Formen kirchlichen Lebens aufzugeben und werden fähig, von innen her das Neue zu prüfen.

Das Zweite Vatikanische Konzil sagt in bezug auf die Charismen: „Das Urteil über ihre Echtheit und ihren geordneten Gebrauch steht bei denen, die in der Kirche die Leitung haben und denen es in besonderer Weise zukommt, den Geist nicht auszulöschen, sondern alles zu prüfen und das Gute zu behalten (vgl. 1 Thess 5,12 u. 19-21)" (LG 12). Wäre es also denkbar, daß die Amtsträger – etwa in Feiern zur Annahme des Bundes – Gott ausdrücklich um das Charisma der Leitung und der „Unterscheidung der Geister" bitten? Diese sind ja nicht „automatisch" mit der Weihe oder Beauftragung zum hauptamtlichen Dienst in der Gemeinde verbunden, sondern werden je und je, in der jeweiligen Situation, von Gott neu gegeben.

Aber: Wieviele Vorbehalte gibt es gerade bei Priestern bezüglich persönlicher Glaubensschritte! Schon allein das Angebot dazu erzeugt bei nicht wenigen angstbesetzte Abwehrreaktionen: Was wird Gott dann noch alles von mir verlangen? Manche sehen im Angebot einer Weihe-Erneuerung sogar die Tendenz zu einer neuen „Disziplinierung", da sie vorwiegend in Anordnungs- und Rechtsstrukturen denken und empfinden. Sie können sich nicht vorstellen, daß es befreiend und erfreuend sein soll, sich Gott ganz persönlich anzuvertrauen. Hier sind eindringliche Fragen an die Verbiegung des Gottes-„Bildes" durch die klassische Theologie zu stellen.

Der Tod jeder Reform „von innen" ist die Sorge, sie könnte „angeordnet" werden, oder es bleibt weiterhin wahr: Eine spirituelle Reform der Kirche wächst nicht nur von „unten", sondern auch von „oben". Die persönliche Annahme des Tauf- und Weihebundes (man kann die Weihe-Gnade durchaus auch als „Weihe-Bund" bezeichnen) durch die Amtsträger „zusammen mit dem ganzen Volk" (vgl. Lk 3,21) wäre ein deutliches Signal zum Aufbruch, ein prophetisches Zeichen in die Kirche hinein. Da das kirchliche Amt nach katholischem Verständnis eine unaufgebbare Leitungsfunktion hat, gilt heute: Wenn die „Hirten" dem Vorbild Jesu entsprechend nicht vorangehen, wird sich in der Kirche nichts ändern!

5. Der bundesgemäße Grundcharakter der Charismen

Das Zweite Vatikanische Konzil hat erstmals lehramtlich zum Ausdruck gebracht, daß die Charismen zu den Grundelementen des kirchlichen Lebens und der christlichen Existenz gehören. Die traditionelle kirchliche Lehre zählt zu den Grundwirkungen des Heiligen Geistes in der Kirche vor allem das Wort Gottes, die Sakramente und das kirchliche Amt. Das Konzil fügt hinzu: Durch die Charismen „macht Gott die Gläubigen geeignet und bereit, für die Erneuerung (renovatio) und den gedeihlichen Aufbau der Kirche verschiedene Werke und Dienste zu übernehmen ... Sie müssen mit Freude und Dank *angenommen* werden, da sie den Nöten der Kirche besonders angepaßt und nützlich sind." (LG 12).[57]

Dem Charisma des einzelnen Christen entsprechen oftmals persönliche Veranlagungen und Fähigkeiten. Sie werden vom Geist Gottes geläutert, entfaltet und in der jeweiligen Situation neu in Dienst genommen. Dies geschieht jedoch nicht ohne je meine Zustimmung: Bevor Paulus im Römerbrief von den Charismen spricht (12,4-8), ermahnt er: „Bringt euch selbst [wörtlich: eure Leiber] als lebendiges und heiliges Opfer dar, das Gott gefällt; das ist für euch der wahre und vernünftige Gottesdienst." (12,1) Diese „leibhafte" und somit je meine Selbstdarbringung schließt auch die Bitte ein, Gott möge die je eigenen, mit der Geburt gegebenen Begabungen läutern und in Dienst nehmen.

Charismen sind Auswirkung und Verleiblichung der einen Gnade Gottes in der Gemeinde und ermöglichen eine Gemeinschaft im Geist, zu der „jeder etwas beiträgt" (1 Kor 14,26). „Es gibt verschiedene Gnadengaben, aber nur den einen Geist." Der eine Heilige Geist ist der Ursprung der *Verschiedenheit* der Charismen und führt sie gleichzeitig zur *Einheit* zusammen. (1 Kor 12,4.11) Er setzt sie zum Aufbau der Gemeinde zueinander in Beziehung wie die Glieder eines Leibes (1 Kor 12,14-26).

---

[57] Vgl. die weiteren Aussagen des Konzils in: PO 9; AA 3.30; GS 32; Dekret über die Missionstätigkeit der Kirche 4.28.

Jedes Glied hat eine unersetzliche Aufgabe für das Ganze der Gemeinde und der Kirche.

Ein entscheidender Anstoß zur Entdeckung einer neuen Gemeinde-Praxis waren und sind zunehmend die Aussagen des Konzils über die Bedeutung der Charismen der Laien. In der Taufe haben sie ihre spirituelle Kompetenz direkt „vom Herrn selbst" empfangen (AA 3). Diese Direktheit eines jeden einzelnen zu Gott markiert einen kaum beachteten, „epochalen" Einschnitt in die Glaubensgeschichte, denn: diese Kompetenz ist nicht von den kirchlichen Amtsträgern verliehen (wie noch unter Pius XII. den Mitgliedern der „Katholischen Aktion"). Es heißt sogar: Ohne die Initiative der Laien kann „auch das Apostolat der Hirten meist *nicht zu seiner vollen Wirkung kommen* ... Laien von wahrhaft apostolischer Einstellung *ergänzen*, was ihren Brüdern fehlt; sie *stärken* geistlich die Hirten und das übrige Volk (vgl. 1 Kor 16,17f)." (AA 10) Die Priester sollen „die vielfältigen Charismen der Laien, schlichte wie bedeutendere, mit Glaubenssinn aufspüren, freudig anerkennen und mit Sorgfalt hegen." (PO 9)

Nur: Es ist eine der größten Illusionen, wenn man sich in der gegenwärtigen Notsituation auf das mit der Taufe gegebene „Vorhandensein" von Charismen beruft, wenn diözesane Leitungsgremien erwarten, daß die Laien aufgrund dieses als selbstverständlich vorausgesetzten Vorhandenseins in die Lücken einspringen, die durch den Priestermangel entstanden sind. Wenn heute überlegt wird: Was ist zu tun, wenn ein Pfarrer mehrere Gemeinden zu versorgen hat, dann wird fast als selbstverständlich vorausgesetzt, daß Laien durch die Taufe mit Charismen ausgerüstet sind. Die Frage lautet dann: Was „kann" nur ein Priester tun, was „kann" ein Laie mit theologisch-pastoraler Ausbildung, was „kann" ein Laie ohne diese? Diese Frage nach dem „Können" oder „Nicht-können" führt zu neuen Spannungen und Entmutigungen. Charismen sind nicht ohne weiteres „vorhanden", man hat sie nicht seit der Taufe gleichsam in der Tasche, um jederzeit über sie verfügen zu können. Jede(r) einzelne kann sie der Lehre des Paulus entsprechend nur in *jeweils neuer*, aktueller Hingabe an Gott empfangen und ausüben. Charismen sind *ereignishafte und situationsbezogene* Wirkungen des Geistes: Wir lassen in innerer Freiheit zu, daß Gott je und je durch sie an anderen handelt.

Daraus ergibt sich weiterhin: Die Charismen werden in der Kirche nicht in ähnlicher Weise „überliefert" wie das Wort Gottes, die kirchliche Lehre, die Sakramente, das kirchliche Amt. Es ist schon bedenklich genug, von einer „Weitergabe des Glaubens" zu sprechen, insofern damit auch meine persönliche Beziehung zu Gott gemeint ist. Diese kann ich nicht einem anderen gleichsam „vererben", ich kann sie nur bezeugen. Gänzlich unmöglich wäre es, von einer „Weitergabe" der

Charismen zu sprechen. Sie sind in der Tradition der Kirche nicht schon immer mitgegeben, nicht aus ihr ableitbar, sondern haben ihr gegenüber eine eigenständige, unabhängige, erweckende und auch kritische Funktion, wie sich deutlich an den Ordensgründungen zeigt.

Da Charismen nur in je aktueller Hingabe an Gottes Energien empfangen und ausgeübt werden können, kann man ihre Entstehung und ihren Aufbruch nicht planen und selbst bewirken. Hier zeigt sich ein oder gar *das* Kernproblem in der gegenwärtigen Situation des Umbruchs und der Ratlosigkeit. Schon 1975 hatte die Gemeinsame Synode der Bistümer in der Bundesrepublik Deutschland gesagt: „Lebendige Gemeinden, in denen vielfältige Geistgaben zusammenwirken, sind eines der wichtigsten Ziele kirchlicher Reformbemühungen." (Dienste und Ämter 1.1.1) Was ist nach 20 Jahren daraus geworden? Kann man den Aufbruch von Geistgaben zum Ziel kirchlicher Reformbemühungen machen? Oder sind nur die Bischöfe schuld daran, daß sich dieser Aufbruch nicht ereignet hat? Nein: Hier sind alle gefragt. Nur aus einer persönlichen Auslieferung *aller* Glieder der einen Kirche, der Amtsträger und der Laien, an Gottes Heilshandeln erwachsen *von innen her* auch neue Formen und Strukturen der Mitverantwortung der Laien in den Gemeinden.

Näherhin käme es darauf an, den *bundesgemäßen* Grundcharakter der Charismen neu zu entdecken. Ihr Empfang und ihre Ausübung ist ein je und je neues, situationsbezogenes *Antwortgeschehen*, das in der Annahme des Taufbundes grundgelegt ist. Genauer: diese Annahme ist der Ich-Einschluß in den Bund, den Gott seinem *ganzen* Volk angeboten hat und damit auch der Ich-Einschluß in das Wir der Kirche. Nur so können „wir alle" wahrnehmen, was der Wille Gottes in der gegenwärtigen Situation ist. Da die Charismen weder mit der Taufe noch mit der Weihegnade „automatisch" mitgegeben sind, wird Kirche nur dann neu von innen her wachsen, wenn alle Glieder der Kirche zur unmittelbaren Vorbereitung auf ihren jeweiligen Dienst Gott ausdrücklich um sie bitten.

Die persönlich-leibhafte Annahme der Charismen kann durchaus auch in einer liturgischen Form geschehen: „Wachsende Lebensreife läßt den einzelnen mehr und mehr die Gaben entdecken, die Gott ihm geschenkt hat. In einem Segnungsgottesdienst kann jeder Gott auch konkret um bestimmte Gaben bitten, die seinem jeweiligen Dienst entsprechen: etwa um die Gabe der Evangelisierung, der Leitung in Gemeinden, Verbänden, Gruppen, des Lehrens, des Zuhörens und Tröstens, der heilenden Zuwendung, des sozialen und caritativen Dienstes." (E 4d)

V.
Der rituelle Vollzug der Reformliturgie

a) Die Grundform

Die Liturgie der Annahme des Bundes geschieht unter *Voraussetzung* der schon empfangenen Sakramente, hat also eine andere geistliche Struktur als die Liturgie der Sakramentenspendung, ist unter keiner Hinsicht deren Wiederholung, sondern die Feier der vertieften *Mitwirkung* mit Gottes Gnade in der Kraft dieser Gnade.
Im folgenden sei zunächst die Liturgie der Annahme des Bundes in einer Weg-Gemeinschaft beschrieben (NMG 259ff). Diese Annahme wird in der Regel vollzogen im Zusammenhang mit der Feier der Sakramente (vgl. GL 52,4f.55), innerhalb der Eucharistiefeier vor der Gabenbereitung und nach der Kommunion, oder im Rahmen einer eucharistischen Anbetung. Sie kann aber auch geschehen in der „Hauskirche", im Rahmen eines seelsorglichen Gespräches oder wo immer zwei oder drei im Namen Jesu versammelt sind. In jedem Falle bedarf die Segenshandlung einer Leitung. Während der Eucharistiefeier nimmt der Zelebrant sie wahr. Hier eröffnen sich aber auch zentrale Leitungsdienste für die hauptamtlichen MitarbeiterInnen und die LeiterInnen von Wortgottesdiensten und Hauskirchen.
Durch einen solchen Schritt wird der Christ nicht Mitglied einer neuen geistlichen Gemeinschaft oder „Bewegung", sondern intensiver in die Gemeinde oder geistliche Gemeinschaft eingegliedert, in der er lebt. Im folgenden beschreiben wir den rituellen Vollzug der Segenshandlung innerhalb einer Eucharistiefeier in einer bestehenden Gemeinde. Bei den im dritten Buch dokumentierten diözesanen Segnungsgottesdiensten war dazu die Möglichkeit in den zahlreichen Nebenkapellen des Doms gegeben.
Die sich wiederholende liturgische Grundform der verschiedenen Weisen und Stufen der Liturgie der Annahme des Bundes ist folgende:
Zu Beginn fragt der Leiter der Segenshandlung den/die Betreffende, um was er/sie Gott konkret Gott bitten möchte.
Der/die einzelne tritt vor den Altar (in einer Hauskirche vor das Kreuz) und spricht eine Segensbitte aus. Mit jeder Segensbitte kann auch die Bitte um bestimmten Charismen verbunden werden.
Dabei legen zwei der anwesenden Laien patenschaftlich die rechte bzw. linke Hand auf die Schulter.
Danach stellen die beiden Laien sich vor den Betreffenden und zeichnen ein Kreuz auf die Stirne mit den Worten: „Dazu segne dich der Vater und der Sohn und der Heilige Geist". Anschließend spricht der Priester unter Auflegen oder Ausbreitung der Hände ein Segenswort.

In einer erweiterten Form greifen die Segensworte nach Möglichkeit den Inhalt der Segensbitte auf, so daß hier zugleich der *Antwortcharakter* der Liturgie deutlich wird: Fürbitte, Dank, Lobpreis sind nicht lediglich Ausdruck menschlicher Zuwendung, sondern ein Geschehen von Gott her, das dazu befähigt, seinen Bund tiefer anzunehmen. Auch die Segnung im Zusammenhang mit der vertieften Annahme der Sakramente und der Charismen hat diesen Antwortcharakter.
Zum Abschluß entbieten die Anwesenden dem/der Betreffenden den Friedensgruß mit Handschlag und sprechen nach Möglichkeit einen persönlichen Glückwunsch aus.

b) Die einfache Segensbitte

„Der *Anfang* des Weges zu einer persönlichen und direkten Beziehung zu Gott ist die einfache Bitte um seinen Segen. In ihr bringen wir in unserer Alltagssprache unsere Freuden und Nöte vor ihn hin, in der ‚Zuversicht, daß er uns hört, wenn wir etwas erbitten, was seinem Willen entspricht' (1 Joh 5,14). ‚Ich bitte um einen Segen für mein krankes Kind.' – ‚Ich danke Gott für den Urlaub, den wir miteinander verlebt haben und bitte ihn um seinen Segen für unsere ganze Familie.' – ‚Ich bitte Gott, mir in meinen gesellschaftlichen Aktivitäten das rechte Wort zu geben, damit viele empfindsamer werden für das Unrecht, das anderen geschieht'. – ‚Ich möchte einen neuen Weg mit Gott beginnen und bitte ihn, mir nahe zu sein.' – ‚Ich mache mir Sorgen darüber, wer später einmal für mich sorgt und bitte Gott, daß er auch in meinem Alter zu mir hält.'" (E 4)
Solche einfachen Segensbitten sind bereits eine Annahme des Bundesangebotes Gottes. Dabei geht es noch nicht um die bewußte Annahme der Gnade der Sakramente oder der Geistesgaben, sondern um eine erste Antwort auf die Zuwendung Gottes, die er in der Taufe dem einzelnen für immer zugesagt hat. Sie ist für viele der erste Schritt, sich überhaupt vor Gott auszusprechen. Mit ihr beginnt die bundesgemäße, vertrauende *Verpersönlichung* der Beziehung zu Gott.
Segensbitten werden primär *vor Gott* ausgesprochen, und die Anwesenden sprechen den Segen *von Gott her*. Es ist darauf zu achten, daß Segensbitten kurz gehalten sind, weder in einen Bericht der Lebensgeschichte noch in eine Beichte übergehen. Sie haben unter keinen Umständen den Charakter eines (in Talk-shows üblich gewordenen) outings, sind also nicht so etwas wie eine möglichst mit Geltungsgewinn verbundene Vermarktung des eigenen Ich. Im Prinzip geht es um die im „Benediktionale" enthaltenen Bitten, in denen die Kirche unter Wahrung der persönlichen Intimität das Leben in seinen vielgestaltigen Situationen vor Gott bringt: Falls eine sehr persönliche Not geäußert wird,

gebietet die Ehrfurcht vor der Gegenwart des Geistes Gottes in und zwischen den Anwesenden radikale Verschwiegenheit.
Bei den diözesanen Segnungsgottesdiensten war während der Zeit der Segnungen auch die Möglichkeit zur Beichte gegeben und hielt sich außerdem für eine u. U. gewünschte längere Aussprache ein erfahrener Therapeut zur Verfügung.
Der rituelle Vollzug der einfachen Segensbitte entspricht der oben beschriebenen Grundform, die dem Inhalt der Bitte entsprechend frei gestaltet werden kann.

c) Die vertiefte Annahme des Tauf- und Firmbundes

Die vertiefte Annahme der sakramentalen Zuwendung Gottes sollte eine geprägte liturgische Form haben. Da Taufe und Firmung entwicklungsgeschichtlich und theologisch eng zusammengehören, schließt die Annahme des Taufbundes auch eine „Firmerneuerung" ein, wie sie „für einzelne" im „Gotteslob" vorgesehen ist (Nr. 52,4). Mit der Bitte um die Erneuerung der Firmgnade kann auch die Bitte um bestimmte Charismen verbunden werden.
Während des folgenden Gebetes legen zwei der anwesenden Laien patenschaftlich die rechte bzw. linke Hand auf die Schulter.

„Heiliger, barmherziger Gott, ich nehme neu den Bund an, den du in der Taufe für immer mit mir geschlossen hast.
Ich bitte dich: Gieße jetzt deinen Heiligen Geist über mich aus und gib mir die Kraft, immer mehr dir zu gehören.
Erleuchte meinen Verstand, stärke meinen Willen, läutere meine Gefühle und meine Wünsche.
Sei du der Herr in meinem Leben und erlöse mich von dem Bösen.
Ich widersage dem Mißtrauen gegen dich und bitte dich: Nimm alles von mir, was mich von dir trennt.
Ich danke dir, daß du mich bejahst, so wie ich bin. Verändere mich so, wie du mich haben willst.
Erneuere in mir die Gnade der Firmung. Ich bin bereit, alle Geistesgaben anzunehmen, die du mir schenken willst.
Mache mich zu einem lebendigen Glied deiner Kirche. Gib mir Kraft und Ausdauer im Einsatz für Gerechtigkeit und Frieden.
Ich will dich lieben und verehren, solange ich lebe.
Amen."

Danach stellen die beiden Laien sich vor den Betreffenden und zeichnen ein Kreuz auf die Stirne mit den Worten: „Dazu segne dich der Vater und der Sohn und der Heilige Geist". Anschließend spricht der Priester unter

Auflegen oder Ausbreitung der Hände ein Segenswort, das folgenden einfachen Wortlaut haben kann:
„Der Herr schenke dir die Kraft, aus dem Taufbund zu leben. Er gebe dir den Mut, so wie Christus den Menschen zu dienen. Dazu segne dich der gütige und barmherzige Gott, der Vater und der Sohn und der Heilige Geist."
Dieses Segenswort kann auch weiter entfaltet werden: „Du Gott allen Segens. Du hast deinem ganzen Volk für immer einen Bund der Liebe und Treue angeboten. In der Taufe hast du diesen unseren Bruder/unsere Schwester für immer in diesen Bund eingeschlossen. Als er/sie ein kleines Kind war, hast du ihm/ihr zugesprochen: Ich, dein Gott, ich bin immer für dich da, in den Höhen und Tiefen deines Lebens, in Gesundheit und in Krankheit. Wenn du meinst zu scheitern: Ich verlasse dich nicht. Ich will dich lieben und durchtragen, solange du lebst. Wir danken dir, daß unser Bruder/unsere Schwester diese deine Zusage jetzt in Freiheit angenommen hat und bitten dich, laß ihn/sie stets aus diesem Bund leben.
Dazu segne dich der gütige und barmherzige Gott, der Vater und der Sohn und der Heilige Geist. Amen."
Zum Abschluß entbieten die Anwesenden dem/der Betreffenden den Friedensgruß mit Handschlag und sprechen nach Möglichkeit einen persönlichen Glückwunsch aus.

d) Die Bekräftigung und Erneuerung des Eheversprechens

Zwei der anwesenden Laien (nach Möglichkeit ein Ehepaar) legen patenschaftlich die rechte bzw. linke Hand auf die Schulter. Die Ehegatten wenden sich einander zu und legen ihre Hände ineinander mit den Worten:
Ehefrau: „Ich bekräftige den Bund, den ich mit dir geschlossen habe. Ich nehme dich heute vor Gottes Angesicht neu an als meinen Mann. Ich erneuere mein Versprechen, dir die Treue zu halten in guten und in bösen Tagen, in Gesundheit und in Krankheit. Ich will dich lieben, achten und ehren, solange ich lebe."
Ehemann: „Ich bekräftige den Bund, den ich mit dir geschlossen habe. Ich nehme dich heute vor Gottes Angesicht neu an als meine Frau. Ich erneuere mein Versprechen, dir die Treue zu halten in guten und in bösen Tagen, in Gesundheit und in Krankheit. Ich will dich lieben, achten und ehren, solange ich lebe."
Anschließend zeichnen sie einander ein Kreuz auf die Stirne mit den Worten: „Es segne und behüte dich der barmherzige und gütige Gott, der Vater und der Sohn und der Heilige Geist." (U. U. können auch die Kinder ihren Eltern ein Kreuz auf die Stirne zeichnen.)

Danach können sie einander neu den Ring der Liebe und Treue anstecken.
Das Segensgebet des Priesters kann folgenden Wortlaut haben:
„Der Herr festige euch in der Hoffnung und lasse euch in der Liebe wachsen. Er gebe euch die Kraft, in eurer Familie das Beispiel eines christlichen Lebens zu geben und auch in der Gesellschaft die befreiende Kraft der Treue Gottes zu bezeugen. Amen."
Zum Abschluß entbieten die Anwesenden den Ehegatten den Friedensgruß mit Handschlag und sprechen nach Möglichkeit einen persönlichen Glückwunsch aus.

e) Die Erneuerung der Bereitschaftserklärung zum priesterlichen Dienst

Ein Priester steht vor dem Altar. Neben ihm stehen zwei Begleiter (Priester oder Laien), die patenschaftlich die rechte bzw. linke Hand auf die Schulter legen.
Der Priester betet: „Herr Jesus Christus, bei meiner Weihe hast du mich in die Gemeinschaft der Priester aufgenommen. Heute erneuere ich vor dir (und dem hier anwesenden Volk Gottes) meine Bereitschaft, als dein Priester den Menschen zu dienen. Entfache neu die Gnade, die in mir ist, seit der Bischof mir die Hände aufgelegt hat. Festige in mir den Geist der Kraft, der Liebe und der Besonnenheit. Schenke mir das Charisma, den Bund neu zu bezeugen, den du mit deinem ganzen Volk geschlossen hast. Laß durch meinen Dienst viele Menschen die Freude erfahren, auch persönlich aus diesem Bund zu leben."
Danach stellen die beiden Begleiter sich vor den Priester und zeichnen ein Kreuz auf die Stirne mit den Worten: „Zu deinem priesterlichen Dienst segne dich der Vater und der Sohn und der Heilige Geist. Amen."
Das Segenswort des Leiters der Segenshandlung (Priester oder Bischof) kann lauten:
„Jesus Christus hat dich für immer zum Priester erwählt. Er mache dich zum glaubwürdigen Zeugen für seine befreiende Botschaft und die Heilskraft seines Opfers. Dazu segne dich der allmächtige und gütige Gott, der Vater und der Sohn und der Heilige Geist. Amen."
Zum Abschluß entbieten die Anwesenden dem Priester den Friedensgruß mit Handschlag und sprechen nach Möglichkeit einen persönlichen Glückwunsch aus.

Exkurs: Der ökumenisch-vorkonfessionelle Charakter der „Erneuerung des Bundes"

Im folgenden sei gezeigt, daß die beschriebene gläubige Praxis, die Annahme des Bundes, im Ursprung *vorkonfessionell* ist und daß die verschiedenen christlichen Kirchen eine *gemeinsame* Praxis beginnen könnten, ohne dabei ihre jeweilige konfessionelle Prägung aufzugeben. „Bund" ist die alle Christen verbindende biblische Grundwirklichkeit schlechthin, und es wäre zu prüfen, inwiefern sich dies auch in gemeinsamen liturgischen Vollzügen äußern könnte.
Das im Anhang II abgedruckte Gebet um Heilung der Erinnerungen und Erwartungen kann von jedem Christen unabhängig von seiner Konfessionszugehörigkeit vollzogen werden und enthält am Schluß Hinweise darauf, wie in ökumenischen Gottesdiensten um Heilung geschichtlicher Erinnerungen und Aufarbeitung noch bestehender emotionaler Behinderungen gebetet werden könnte. Kirchentrennend sind ja nicht nur Lehrunterschiede, sondern u. U. mehr noch die nicht vor Gott aufgearbeiteten und im kollektiven Gedächtnis der Kirchen aufbewahrten und wirksamen gegenseitigen Verletzungen.
Da keine prinzipiellen, trennenden Lehrunterschiede hinsichtlich der Taufe bestehen[58], wäre zu prüfen, welche liturgischen Formen zur Annahme oder Erneuerung des (Tauf-)Bundes die einzelnen Kirchen und kirchlichen Gemeinschaften voneinander übernehmen und in die eigene Tradition integrieren können.

(1) Aufschlußreich ist zunächst der 1519 von Martin Luther verfaßte „Sermon von dem heiligen hochwürdigen Sakrament der Taufe". Hier wird die sakramentale Taufspendung deutlich unterschieden von der „geistlichen Taufe" als einem Prozeß der „Erneuerung", der während des ganzen Lebens andauert und über den Tod hinaus sich ereignet: „Das Sakrament oder Zeichen der Tauf ist bald geschehen, wie wir vor Augen sehen; aber die Bedeutung, die geistliche Tauf, die Ersäufung der Sünd währet dieweil wir leben und wird allererst im Tod vollbracht ... Drum ist dies ganze Leben nichts anderes, denn ein *geistlich Taufen ohne Unterlaß* bis in den Tod."[59]

---

[58] Vgl. die entsprechenden Konsenserklärungen in: H. Meyer u. a. (Hgg): Dokumente wachsender Übereinstimmung, 2 Bde. Paderborn – Frankfurt a. M. 1983, 1992.

[59] Ein Sermon von dem heiligen hochwürdigen Sakrament der Taufe, 9. Abs. (1519), in: D. Martin Luthers Werke, Krit. Gesamtausgabe, Bd. 2, Weimar 1883ff [= WA], 727-37; hier 730. Vgl. H. H. Borcherdt, G. Merz (Hgg): Martin Luther. Ausgewählte Werke, Bd. 1, München ³1951, 370-381; hier: 371.

Dieses von Gott her geschehende „geistlich Taufen“ bezeichnet Luther mehrmals als Bund: „Hie kommt nun der recht Verstand und Erkenntnis des Sakramentes der Tauf: Das hilft dir das hochwürdig Sakrament der Tauf, daß sich Gott daselbst mit dir verbindet und mit dir eins wird eins gnädigen, tröstlichen Bunds .... Dieweil nun solch dein Verbinden mit Gott bestehet, tut dir Gott wieder die Gnad und verbindet sich dir, er wolle dir die Sünden nicht zurechnen, die nach der Taufe noch in deiner Natur sind ... wenn du nur wieder aufstehest und *wieder in den Bund trittst*, so sind sie in der Kraft des Sakramentes und *Bündnisses* schon dahin, wie S. Paulus Röm 8,1 sagt.“ „Ja freilich ist es also groß um die Tauf, daß wenn du wiederkommest von Sünden und der Tauf Bund anrufest, dein Sünd vergeben sind.“[60]
„Gottes freie Entscheidung, den Sündern zu vergeben und sie in der Taufe als sein heiliges Volk und Eigentum anzunehmen (1 Petr 2,19), war Luther so wichtig, daß er im Taufsermon die Konsequenzen der Taufe für das tägliche Leben auch unter dem Aspekt des Bundes erörtert“. In Christus geschieht die von den Propheten vorherverkündigte „Erneuerung des Bundes“ ... „Es war die nach dem Thesenanschlag gestellte Frage, was die Taufe denn helfe, ‚wenn sie nicht die Sünde ganz und gar tilgt und ablegt‘ (WA 2,370), die Luther veranlaßte, die Bedeutung des Taufbundes im Leben der Christen sorgfältig auszulegen.“[61] Da nach Luther die Kindestaufe in die Kirche eingliedert, wäre in Anbetracht der neuen glaubensgeschichtlichen Situation *aller* Kirchen vielleicht auch für Kirchen in lutherischer Tradition die Frage sinnvoll, ob eine leibhafte Annahme des Taufbundes angemessen ist.[62]

---

[60] H. H. Borcherdt u. G. Merz (Hg), a.a.O., 373f.381.

[61] Chr. Lienemann-Perrin (Hg): Taufe und Kirchenzugehörigkeit. München 1983, 213.215. Der neuere ökumenische Dialog hat gezeigt, daß die Verwerfung der reformatorischen Rechtfertigungslehre durch das Konzil von Trient „die lutherische Auffassung nur scheinbar“ trifft. In der reformatorischen Auffassung geht es primär darum, daß „die Person des Menschen wieder in der richtigen *Beziehung* zu Gott steht.“ (K. Lehmann und W. Pannenberg [Hgg]: Lehrverurteilungen – kirchentrennend?, Bd.1, Freiburg, Br./Göttingen ^{2}1986, 54) Es könnte vielversprechend sein, die Rechtfertigungslehre Luthers im Sinne seiner Auffassung von der „geistlichen Taufe“ und der Taufe als Bund zu interpretieren. Dabei ist die Frontstellung Luthers zur „Geisttaufe“ der „Schwärmer“ von erhöhter Bedeutung: Der Große Katechismus (1529) – Teil IV: Von der Taufe, 3. Art., Bekenntnisschriften der Evangelisch-Lutherischen Kirche, Göttingen ^{3}1956, 655.657. Vgl. Chr. Lienemann-Perrin, a.a.O., 223-227 sowie H. Mühlen: Das Verhältnis von ‚innerer Taufe‘ und Taufsakrament. Gehört das persönliche Taufbekenntnis zum Wesen der Taufe?, in: ThGl 79 (1989) 552-567.

[62] Eine gründliche, neue Auseinandersetzung mit der „Föderaltheologie“ in ihren verschiedenen Ausprägungen und Engführungen, etwa mit dem Nebeneinander von Bundes- und Reichgottestheologie bei Coccejus, kann innerhalb dieser Untersuchung nicht

(2) In der evangelisch-methodistischen Kirche ist bis heute eine auf J. Wesley zurückgehende Liturgie zur „Erneuerung des Bundes mit Gott“ in Gebrauch. In der Einleitung dazu heißt es: „Das Evangelium weist uns ein in den neuen Bund in Jesus Christus. Die christliche Kirche ist Bundesgemeinschaft, Gemeinschaft derer, die sich durch den Gebrauch der Gnadenmittel im Glaubensgehorsam in Gottes Gnadenbund einfügen ließen.

In der Geschichte unserer Kirche hat der Bundesgedanke eine wichtige Rolle gespielt. Die vorliegende gottesdienstliche Ordnung ist ein Angebot zur Feier der Erneuerung des Bundes mit Gott in der Gemeinde. Wir antworten hier auf die Verkündigung des Evangeliums, indem wir unser Leben in feierlicher Form Gott aufs neue zur Verfügung stellen. Denn Gottes Bund mit uns und unser Bund mit ihm, beides gehört untrennbar zusammen.“

So forderte John Wesley am 25. Dezember 1747 die Mitglieder seiner Gemeinschaften auf, ihren Bund mit Gott zu erneuern. Sein erster Bundeserneuerungsgottesdienst wurde am 11. August 1755 gehalten. Wesley veröffentlichte ihn im Jahre 1780. Diese Form wurde fast 100 Jahre lang ohne Veränderung gebraucht. Dann wurde sie mehrmals verändert, bis eine Gestalt gefunden war, die die Gemeinde stärker beteiligte. Im Wissen um die Bedeutung dieses Gottesdienstes wurde der vorliegende Text geschaffen.

Der Bundeserneuerungsgottesdienst wurde ursprünglich bei der Jahresschlußfeier, am ersten Sonntag des Jahres oder bei anderen markanten Einschnitten im Gemeindeleben gefeiert, später auch bei Konferenzen und Tagungen. Dadurch sollte ein besonderer Akzent gesetzt werden: „Wir wollen uns in neuer Hingabe unserem Herrn anvertrauen. Aus diesem Vertrauen heraus sind wir bereit, aufs neue in seinem Dienst Verantwortung zu übernehmen“.- Heute läßt sich die Gottesdienstform bei entsprechendem Anlaß in der Gemeinde einsetzen, wie z. B. vor dem Beginn einer evangelistischen Aktion.- Einzelne Bausteine lassen sich auch als Teile anderer gottesdienstlicher Feiern verwenden.

„Die Erneuerung dieses Bundes mit Gott gründet ausschließlich auf Gottes neuem Bund mit uns. Deshalb erinnern wir uns in dieser Feier dankbar daran, daß wir auf diesen Bund in Christus getauft wurden und

---

geleistet werden. Vgl. J. F. G. Goeters: Föderaltheologie, in: TRE Bd. 11, 246-252; D. A. Weir: The Origins of the Federal Theology in Sixteenth-Century Reformation Thought. Oxford 1990; W. A. Brown, Covenant Theology, in: J. Hastings (Hg), Encyclopaedia of Religion and Ethics, Bd. 4 (1911) 216-24; E. Bizer / H. Heppe: Die Dogmatik der evangelisch-reformierten Kirche, Neukirchen ²1958.

uns bei der Aufnahme in die Kirchengliedschaft dazu bekannt haben. In diesem Sinn feiern wir hier Taufgedächtnis.
Der neue Bund findet seinen tiefsten gottesdienstlichen Ausdruck in der Feier des Abendmahls. Deshalb wird der Gottesdienst zur Erneuerung unseres Bundes mit Gott mit einer Mahlfeier verbunden. Er kann aber auch ohne eine solche gefeiert werden."[63]

„Erneuerung des Bundes"

Pastor:
„Liebe Brüder und Schwestern:
Christus ist der *Mittler des neuen Bundes*, den Gott mit uns geschlossen hat. Mit seinem eigenen Blut hat er ihn auf Dauer besiegelt. Christus hat uns damit zu einem Leben berufen, das durch ihn von der Sünde befreit und Gott geweiht ist.
Die eine Seite des Bundes ist Gottes Verheißung, daß er in uns und durch uns all das erfüllen will, was er in Jesus Christus zugesagt hat, dem Anfänger und Vollender unseres Glaubens.
Sichtbarer Ausdruck der Zuwendung Gottes zu uns war unsre Taufe. Deshalb wollen wir uns heute ihrer dankbar erinnern. Wir sind gewiß, daß seine Zusage uns jetzt gilt; denn Tag für Tag haben wir seine Güte erfahren und die Zuverlässigkeit seiner Gnade erlebt.
Die andre Seite des Bundes ist die Verpflichtung, nicht mehr für uns selbst, sondern für ihn zu leben. Denn er hat uns geliebt und sich für uns dahingegeben. Er hat uns berufen, ihm zu dienen, damit die Absicht seines Kommens erfüllt wird.
Bei unsrer Aufnahme in die Kirchengliedschaft haben wir uns *öffentlich zu diesem Bund bekannt*. Von Zeit zu Zeit *erneuern* wir das Gelübde der Hingabe an Gott, vor allem wenn wir uns am Tisch des Herrn versammeln. Wie Generationen vor uns sind wir heute mit der ausdrücklichen Absicht zusammengekommen, freudig und feierlich *diesen Bund zu erneuern*, den Gott mit ihnen und uns geschlossen hat."

Gemeindelied

„Liebe Brüder und Schwestern: *Wir wollen jetzt diesen Bund befestigen* und den Weg Christi gehen. Das heißt: Unsern Platz und unsre Arbeit

---

[63] Evangelisch-methodistische Kirche (Hg): Agende. Stuttgart 1991, 79-89 („Erneuerung des Bundes mit Gott"); hier: 79. Zur Geschichte des methodistischen Bundeserneuerungsfestes vgl. auch D. Tripp: The Renewal of the Covenant in the Methodist Tradition, London 1969 sowie J. F. White: Protestant worship. Traditions in transition, Westminster u. a. 1989, 168-170.

von ihm annehmen. Er selbst ist unser Lohn. Christus hat viele Dienste, die getan werden müssen; einige sind leicht, andre sind schwer; einige bringen Ehre, andre bringen Spott; einige entsprechen unsern natürlichen Neigungen und Begabungen, andre widersprechen ihnen. In einigen können wir Christus und uns selbst gefallen; in andren können wir Christus nur gefallen, wenn wir uns selbst verleugnen. Er wird uns Kraft geben, alles zu erfüllen. Deshalb wollen wir uns erneut Gott hingeben, auf seine Verheißungen vertrauen und uns auf seine Gnade verlassen."

Gebet (*nach Möglichkeit kniend*)

Pastor:
„Herr Gott, heiliger Vater, du hast uns in Jesus Christus berufen, *teilzuhaben an deinem Bund.* Mit Freuden gehen wir den Weg des Gehorsams. Wir verpflichten uns aus Liebe zu dir, deinen vollkommenen Willen zu suchen und zu tun. Wir gehören nicht mehr uns selbst, sondern dir."

Pastor und Gemeinde:
„Ich gehöre nicht mehr mir, sondern dir. Stelle mich, wohin du willst; stelle mich, zu wem du willst. Laß mich wirken, laß mich dulden. Brauche mich für dich, oder stelle mich für dich beiseite. Erhöhe mich für dich, erniedrige mich für dich. Laß mich alles haben, laß mich nichts haben. In freier Entscheidung und von ganzem Herzen überlasse ich alles deinem Willen und Wohlgefallen. Herrlicher und erhabener Gott, Vater, Sohn und heiliger Geist: Du bist mein und ich bin dein. So soll es sein. *Bestätige im Himmel den Bund, der jetzt auf Erden neu geschlossen wurde.* Amen."[64]

(3) Die *presbyterianische* Kirche kennt sogar mehrere Anlässe und Formen der Erneuerung des Taufbundes. Wir zitieren hier zwei Auswahlgebete aus der Agende, in der die Tauffeier mit der Feier der Erneuerung des Taufbundes verbunden ist:

„Gebet für die, welche ihren Taufbund bekräftigen wollen"

„Gnädiger Gott, durch Wasser und den Geist hast du uns als dein Eigentum angenommen, indem du uns von Sünden gereinigt und uns neues Leben gegeben hast. Du hast uns zu Gliedern deines Leibes, der Kirche, gemacht, auf daß wir deine Diener in der Welt sind. *Erneuere (renew) in N. und N. den Bund* (the covenant), den du in ihrer Taufe geschlossen hast. Führe das gute Werk fort, das du in ihnen begonnen hast. Sende sie

[64] Evangelisch-methodistische Kirche (Hg): Agende, a.a.O., 86f.

hinaus durch die Kraft deines Geistes, um dich zu lieben und dir in Freude zu dienen und um für Gerechtigkeit und Frieden auf der ganzen Erde zu streiten, im Namen Jesu Christi, unseres Herrn. Amen."
„Treuer Gott, in der Taufe hast du uns als dein Eigentum angenommen. Durch deinen Geist wirkst du in unserem Leben und gibst uns so die Kraft, ein Leben zu führen, das unserer Berufung würdig ist. Wir danken dir, daß du N. und N. heute an diesen Ort geführt hast, um den *Bund zu bekräftigen* (reaffirming the covenant), den du mit ihnen in ihrer Taufe geschlossen hast. Mache sie fest in deiner Wahrheit und führe sie durch deinen Geist, daß sie – zusammen mit deinem ganzen Volk – in Glaube, Hoffnung und Liebe wachsen und treue Diener Jesu Christi sind, dem mit dir und dem Heiligen Geist alle Ehre und Herrlichkeit sei, jetzt und in Ewigkeit. Amen."[65]

Wir beschränken uns hier auf diese Beispiele. „Bund" ist zweifellos eine alle Kirchen und kirchliche Gemeinschaften einschließende, *vorkonfessionelle* Grunddimension des Christseins.[66] Eine gemeinsame Feier der Annahme bzw. der Erneuerung des (Tauf-)Bundes wäre zu Beginn des 3. Jahrtausends der Anfang einer gemeinsamen Tradition in versöhnter Verschiedenheit, ein deutliches, konkretes Signal zum Aufbruch in die gemeinsame ökumenische Zukunft. Lehrunterschiede müßten dabei nicht bis in alle Einzelheiten hinein thematisiert werden: Die einzige Voraussetzung für eine solche Feier ist, daß die Zusage: „Ich bin euer Gott, und ihr seid mein Volk" nicht irgendeine religionsgeschichtlich etwas merkwürdige Erfindung ist, sondern daß Gott wirklich *gesprochen* hat.

---

65 Book of Common Worship, prepared by the theology and worship ministry unit for the Presbyterian Church (U.S.A.) and the Cumberland Presbyterian Church, commended by the 205th General Assembly (1993) of the Presbyterian Church (U.S.A.) and the 163rd General Assembly (1993) of the Cumberland Presbyterian Church for use in worship, Westminster u. a. 1993, 403-90; hier: 443.

66 D. Tripp kommt nach einer Untersuchung weiterer Texte zu dem Ergebnis: „Das dem Bundes-Gottesdienst zugrundeliegende Gespür ist ein allgemeiner Grundzug des orthodoxen Christentums, ein katholisches Phänomen, und kann nicht als eine isolierte Besonderheit einer Denomination hingestellt werden"(The Renewal of the Covenant in the Methodist Tradition, London 1969, 149).

Drittes Buch

Dokumentation

Beginn der Reformliturgie nach dem Wortgottesdienst.

Niemand fühlt sich gedrängt.

Eine wohltuende Atmosphäre entspannter Freiheit breitet sich aus.

Bringt alle eure Sorgen vor den Herrn.

Guter Gott, ich nehme neu den Bund an, den du in der Taufe für immer mit mir geschlossen hast.

Patenschaftliche Handauflegung: Wir sind vor Gott …

… füreinander verantwortlich.

Gott segnet uns durch die Kirche.

Ich bekräftige den Bund, den ich mit dir geschlossen habe …

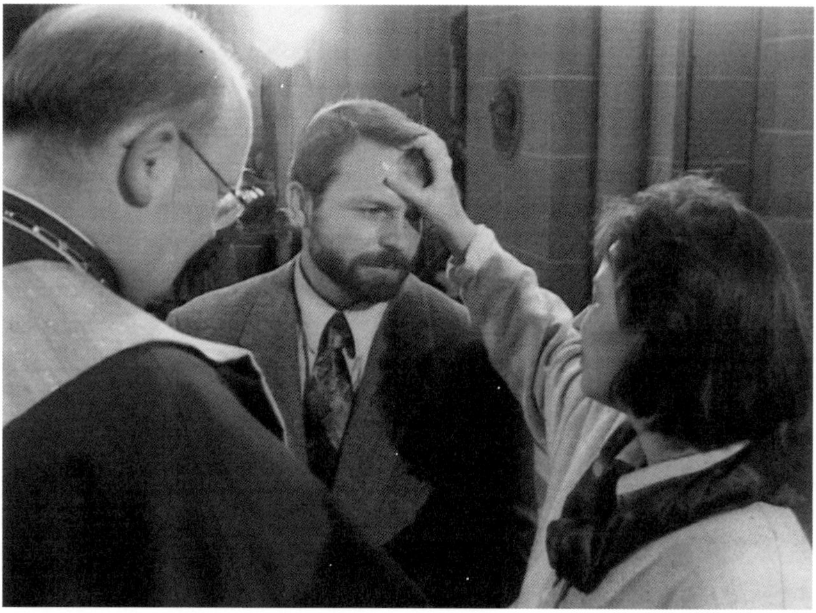

… und nehme dich vor Gottes Angesicht neu an …

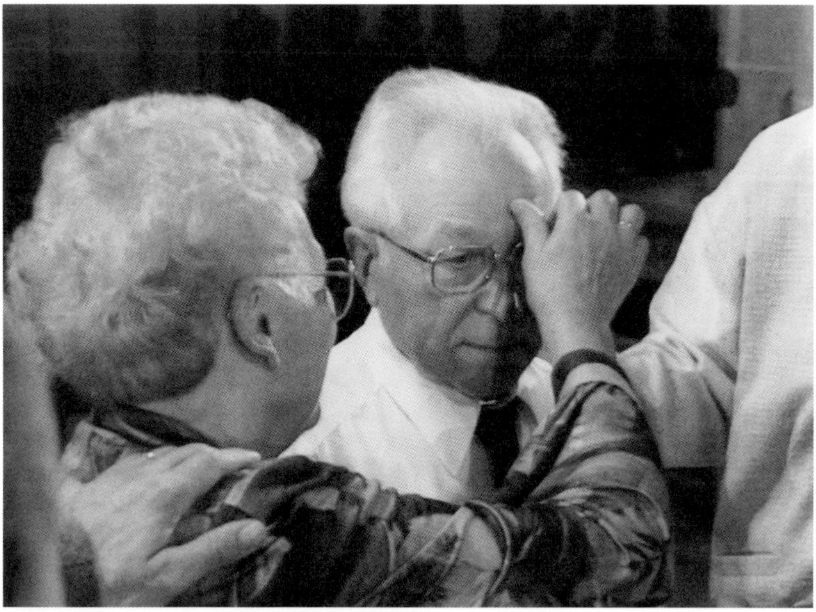
... als meinen Ehemann/als meine Ehefrau.

Ich bekräftige meine Bereitschaft zum priesterlichen Dienst.

Herr, ich möchte …

… einen Weg mit dir beginnen.

Du umgibst uns von allen Seiten.

Guter Gott, halte auch in meinem Alter zu mir.

Hinweise zur Praxis[1]

Segnungsgottesdienste vielfältiger Art gab und gibt es an Wallfahrtsorten, in Gruppen und Hauskirchen. Darüber hinaus haben sich mehr oder weniger ausdrückliche Ansätze zu einer persönlichen Annahme des Taufbundes, der Firmgnade, der Erneuerung des Eheversprechens etwa seit der Mitte unseres Jahrhunderts in den neuen geistlichen Bewegungen herausgebildet. Die Vorbereitung und Begleitung dieser liturgischen Vollzüge gehört innerhalb der Volks- und Milieukirche jedoch noch nicht zum Ausbildungsprogramm und nicht zum *amtlichen* Angebot der Pfarrer, dazu gibt es noch keine pastoralen Instruktionen, keine liturgischen Bücher. Sie werden in den Gemeinden zumeist noch als „etwas Besonderes“ angesehen. Im Hinblick auf eine neue volkskirchliche Normalität ist somit von hoher Bedeutung, daß der jeweilige Bischof zu diözesanen Feiern einlädt. Im folgenden seien dazu einige praktische Hinweise zusammengestellt.

Signalcharakter

Was in diözesanen Segnungs- und Reformgottesdiensten geschieht, kann nicht von heute auf morgen in die Gemeinden Eingang finden. Dazu bedarf es einer grundlegenden *Bewußtseinsänderung* in einem Langzeit-

---

[1] Die Video-Kassette des Reformgottesdienstes: „Kirche wächst neu von innen“ (Telepublic, 48155 Münster) kann zum Preis von DM 16,00 bezogen werden über den Bonifatius-Verlag, Karl-Schurz-Str. 26, 33100 Paderborn. Mitgeliefert wird die Einladung „Ich bin mit dir“ (vgl. drittes Buch: A/I, 2b) sowie das Begleitheft zum Gottesdienst mit Liedern und spirituellen Anregungen.
Hinweis: Der zentrale Anstoß zu einer Reform der Kirche von innen ist im mittleren Abschnitt des Video-Bandes dokumentiert (persönliche Annahme des Taufbundes – Erneuerung des Eheversprechens). Er ist als Teil B. (Segnungen) gekennzeichnet. Teil C. bringt Hinweise vor allem für die pastorale Praxis.
A. Ansprachen und persönliche Zeugnisse (48 Minuten):
Einführung von Erzbischof Degenhardt – Predigt Prof. Mühlen – Persönliche Zeugnisse: Student, Gemeindereferentin, zwei Ehepaare.
B. Segnungen (23 Minuten):
Freuden und Nöte des Alltags – persönliche Annahme des Taufbundes – Erneuerung des Firmversprechens – Erneuerung des Eheversprechens.
C. Interviews (56 Minuten):
Pastorale Erfahrungen mit persönlichen Glaubensschritten (Pfarrer Johann Koller, Wien) – spirituelle und theologische Aspekte einer Reform der Kirche von innen. (Prof. Mühlen)

prozeß, der vielleicht erst in der nachwachsenden Generation durchgreifende Auswirkungen zeigen wird. Solche Feiern haben *Signalcharakter*, dürfen aber nicht isoliert und punktuell gesehen werden: Sie sind Schritte in und Ausschnitte aus einem Langzeitprozeß in Gruppen und Gemeinden. Zum Teil waren sie durch Glaubensseminare vorbereitet und haben zur Entstehung von Weg-Gemeinschaften in den Gemeinden geführt. Für manche Teilnehmer waren sie jedoch neu: Nicht jeder hat einen direkten inneren Zugang zu „Glaubensseminaren", und die Angebote dazu sind noch sporadisch. Diözesane Reformgottesdienste sind deshalb eine Möglichkeit, sich prüfend zu informieren und sich anfanghaft auf das geschehende Geschehen einzulassen.
Die dokumentierte Reformliturgie hat einen umfassenden Charakter: Sie ist ein die grundlegenden Wirkungen des Geistes Christi in der Kirche (Wort Gottes, Sakramente, Amt, Charismen) einbeziehender *Selbst-Ausdruck und Vollzug der Kirche als Kirche*, der den einzelnen tiefer in die Gemeinde oder Gemeinschaft eingliedert, in der er lebt. Die Verpersönlichung des Glaubens bei der je eigenen Annahme des Bundesangebotes Gottes ist ein liturgischer *Grundvollzug*, mit dem jeder sich identifizieren kann, wo auch immer er spirituell beheimatet ist, denn: hier ist die *Tauf- und Grundspiritualität der ganzen Kirche und aller pastoralen Dienste* wirksam (vgl. erstes Buch, Einleitung 5.)
Allerdings: Die größten Probleme mit einer liturgisch-leibhaften Verpersönlichung der Beziehung zu Gott haben Laien, die durch eine theologische Ausbildung gegangen sind, und nicht zuletzt viele Amtsträger – aus Furcht vor einer allzugroßen Direktheit dieser Beziehung, da sie angeblich vor der kritischen Vernunft nicht zu rechtfertigen ist. Eine neue Bezeugung des Evangeliums im europäischen Kulturraum beginnt deshalb entweder an den theologischen Hochschulen, oder sie beginnt überhaupt nicht. (vgl. erstes Buch: A/IV,2) Der Verfall der traditionellen Sozialisationsprozesse und seiner Kontrollmechanismen geht jedoch rapide voran. Deshalb bedarf es deutlicher Signale zum Aufbruch, die in der Öffentlichkeit von Kirche und Gesellschaft wahrgenommenen werden und durch die eine Verpersönlichung des Glaubens zugleich „legitimiert" wird.
Die Teilnehmer bezeugen übereinstimmend, daß sie diese Gottesdienste als ein Geschehen erfahren haben, das „absichtslos" in und zwischen ihnen geschieht, das man nicht herstellen und anzielen kann. „Das Vertrauen zu Gott, das dabei unter uns aufbricht, die Erfahrung der Kirche als einer befreienden Gemeinschaft, sind von uns nicht planbar und machbar, sondern ganz Geschenk Gottes". (E 6) Im Zuge einer neuen Bezeugung des Evangeliums brechen signalhaft *Grundgehalte* der biblischen Botschaft auf, kündigt sich eine geschichtlich neue Ausformung

der ntl *Grundgestalt* der Kirche an, die *alle* ihre Lebensäußerungen erfaßt.

Äußerer Verlauf

Die jeweils etwa dreistündigen Gottesdienste waren gegliedert in einen Wortgottesdienst (ca. 1 Std.) und eine eucharistische Anbetung (ca. 2 Std.). Nach Abschluß des Wortgottesdienstes (Begrüßung, Schriftlesung, Predigt, persönliche Zeugnisse) begaben sich etwa 27 Teams aus je einem Priester (Bischof) und zwei Laien zu den zahlreichen Kapellen des Domes und weiteren „Segnungsorten" und hielten sich dort zum Dienst der Segnung bereit (vgl. E 3). Während dieser Zeit waren die Anwesenden zu einer eucharistischen Anbetung eingeladen, so daß alle in das Gesamtgeschehen einbezogen waren. Zugleich hatte jeder auch die Möglichkeit, in innerer Freiheit einen der angebotenen Glaubensschritte zu vollziehen (E 4 und 5). Von den etwa 3000 Teilnehmern haben etwa die Hälfte – unter ihnen auch überraschend viele Jugendliche – dieses Angebot in Anspruch genommen. Vor den einzelnen Segnungsorten (Kapellen, Altären) bildeten sich Schlangen von Wartenden. Es wurde darauf geachtet, daß genügend Abstand blieb, so daß jeder seine Segensbitte in dem geschützten Raum dieser kleinen Gruppe aussprechen konnte.

In der Aufgliederung der großen Gottesdienstgemeinde in kleine Gruppen wird zugleich deutlich: Die Gemeinde der Zukunft wird eine Gemeinschaft aus kleinen, überschaubaren Gemeinschaften und „Hauskirchen" sein. Sie werden – wie in ntl Zeit – von Laien geleitet: „Ihr kennt das Haus des Stephanas ... Ordnet euch ihnen unter, ebenso ihren Helfern und Mitarbeitern!" (1 Kor 16,15f) Paulus bestätigt und unterstützt hier mit seiner ganzen Autorität den Leitungsdienst der in einer Hauskirche Mitarbeitenden – und dies wird auch heute der *spirituelle* Weg der Entstehung neuer ekklesial-wirgemäßer Strukturen „von unten" sein!

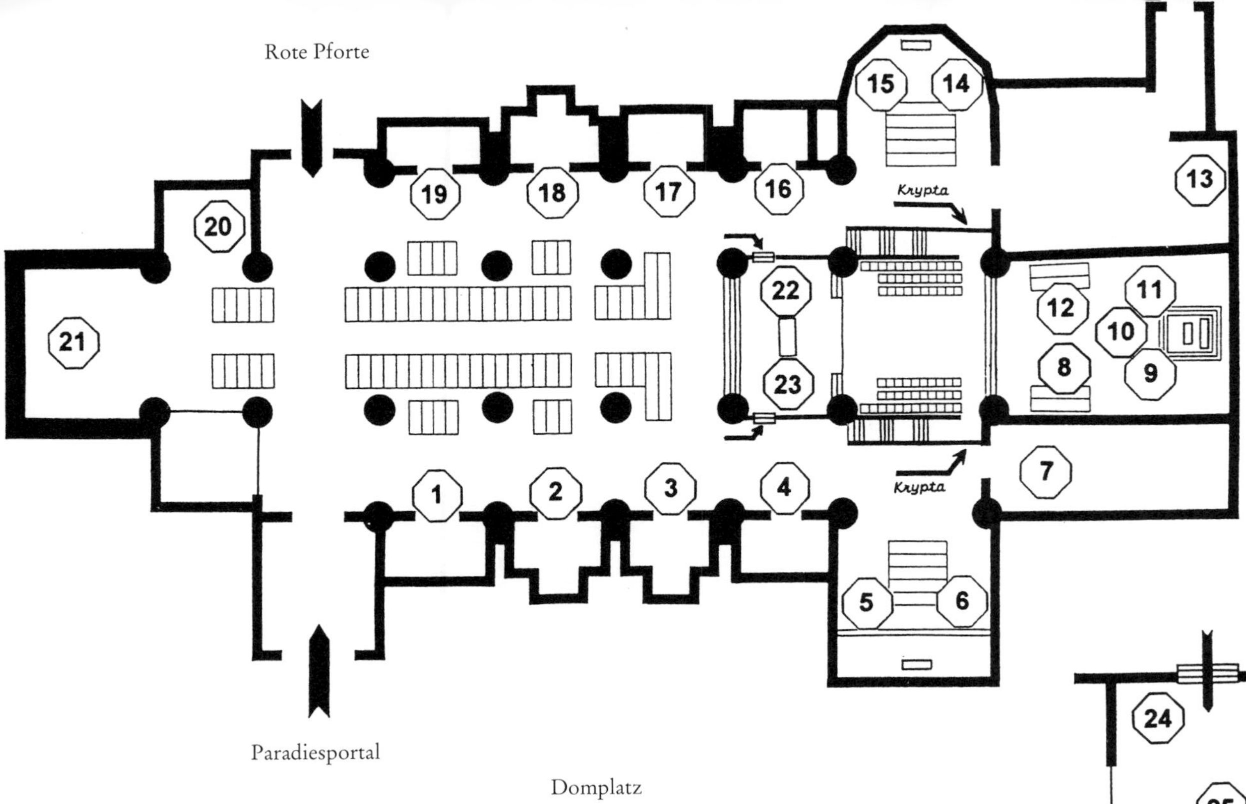

Der Dom

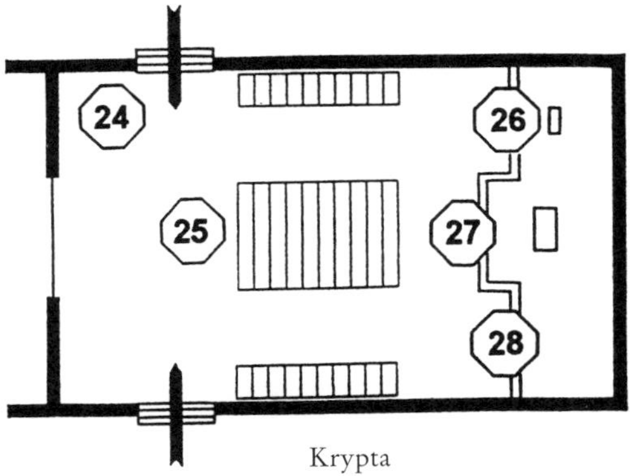

Krypta

Persönliche Zeugnisse

Der Wortgottesdienst war geprägt von den „persönlichen Zeugnissen" (vgl. unten A/IV,4; B/III,4). Die Vorbereitung schloß einen Rückblick in die eigene Glaubens- und Lebensgeschichte ein (vgl. zweites Buch: C/I,2b) und geschah aufgrund von Regeln der Prüfung und Unterscheidung: Woran erkenne ich bei mir und bei anderen die Echtheit spiritueller Vorgänge? Wie gebe ich Zeugnis? (vgl. NMG 228-241) In den sich jeweils anschließenden kurzen Akklamationen („Lob sei dir, Allmächtiger") wurde die dankbare Offenheit der Gottesdienstgemeinde für diesen Dienst am Glauben deutlich spürbar.
In den Pfarrgemeinden bedürfen solche Zeugnisse einer langfristigen Vorbereitung in Predigten sowie einer behutsamen Anleitung in kleinen Gruppen. Beim fünften Schritt des Bibel-Teilens wird dazu ausdrücklich eingeladen (vgl. zweites Buch: C/I,2a). Von da her gewinnt auch das Firmsakrament eine neue Bedeutung: „Die Wirkung dieses Sakramentes besteht darin, daß in ihm der Heilige Geist zur Stärkung gegeben wird, wie er den Aposteln am Pfingsttag gegeben wurde, damit der Christ mit Mut *Christi Namen* bekenne. Deshalb wird der Firmling auf der Stirn, wo sich die *Scham* kundtut, gesalbt, auf daß er *nicht erröte, Christi Namen zu bekennen.*" (DH 1319)
Viele meinen, daß wir lediglich unsere menschlichen und weltlichen Erfahrungen im Lichte des biblischen Zeugnisses *deuten*, nicht aber zugleich auch von persönlichen, unmittelbaren geistlichen Erfahrungen sprechen können. In diesem Falle wäre das Glaubenszeugnis beschränkt auf die erfahrungslose Weitergabe der inhaltlichen Glaubenswahrheiten. Hinzu kommt: Viele „gläubige" und „fromme" Christen sind wenig geübt in diesem Wort-Zeugnis. Es gibt heute viele Eltern, die versuchen, christlich zu leben, aber nie mit ihren Kindern persönlich über den Glauben sprechen. Es gibt einsatzbereite Helferinnen und Helfer in caritativen und diakonischen Diensten, die mit vielen Menschen zusammenkommen, sich aber „überfordert" fühlen, ihren Glauben auch von Person zu Person zu bezeugen. In vielen Gruppen von Firmlingen und Konfirmanden wird nicht gebetet, weil die erwachsenen Begleiter darin nicht „eingeübt" sind. Auch Christen aus den noch bestehenden Kerngemeinden werden unruhig und verlegen, wenn von ihnen das Wort des Glaubens erwartet wird. Um so wichtiger ist die Einübung in den Prozeß spiritueller Prüfung der Echtheit solchen Geschehens.

Vielgestaltige Segnungen

Im Begleitheft sind die verschiedenen Möglichkeiten zu persönlichen Glaubensschritten genannt: Bitte um Segen für die Freuden und Nöte

des Alltags, vertiefte Annahme des Tauf- und Firmbundes, Erneuerung des Ehe- oder Weiheversprechens, Bitte um die Charismen, die dem Dienst des einzelnen in Kirche und Gesellschaft entsprechen (vgl. E 4 und 5). Reformgottesdienste sind von da her ein Geschehen, das alle Grundvollzüge der Kirche einschließt.
Halten wir im Hinblick darauf nochmals fest: Zu einer neuen Normalität gläubiger Praxis gehört zentral die *Verleiblichung* der Beziehung zu Gott. Sie ist nicht eine beliebige (akzidentelle) Äußerlichkeit, sondern Vertiefung dieser Beziehung! Die Annahme des von Gott angebotenen Bundes geschieht nicht nur mit dem Kopf, sondern mit der ganzen Person unter Einschluß der eigenen Leibhaftigkeit. Wenn sie entsprechend vorbereitet ist, geht sie an niemandem spurlos vorüber. Leibhafte liturgische Vollzüge wirken zurück auf das Innerste, ja, sie wirken in gewisser Weise durch sich selbst. So wird aus einem von außen übernommenen Glauben ein persönlicher Glaube. Alle Wege Gottes sind leibhaft. (Vgl. zweites Buch: C/II,1b)
Der einzelne kann bei seiner Segensbitte stehen, knien oder sitzen (die Grundform ist das Stehen). In diese persönliche Situation sprechen dann die Anwesenden von Gott her ein Segenswort hinein, zunächst die Laien und dann die Amtsträger. Für viele war es neu, daß Laien sie segnen (vgl. zweites Buch: C/II,2b; E 3). Zum Abschluß entbieten die Anwesenden dem/der Betreffenden den Friedensgruß mit Handschlag und sprechen nach Möglichkeit einen persönlichen Glückwunsch aus. Hier wächst in der Kirche eine neue spirituelle Solidarität, denn alle wissen sich vor Gott füreinander verantwortlich (die einzelnen liturgischen Schritte sind genauer beschrieben im zweiten Buch C/V).
Die Bitte um Segen für den Alltag war für viele ein erster Schritt zur Annahme des Bundes. In der Tat ist es eine neue, befreiende Erfahrung von Kirche als bergender und heilender Gemeinschaft,
- das Angebot Gottes zum Bund in innerer Freiheit anzunehmen, im Gottesdienst sich Gott persönlich anzuvertrauen, einen Schritt auf ihn hin zu vollziehen, persönlich auf ihn hin aktiv zu werden,
- in der Alltagssprache sich vor Gott auszudrücken,
- in die konkrete Alltagssituation hinein ein persönlich formuliertes Segenswort zu empfangen, das diese Situation auffängt und von Gott her deutet.

Der sich anschließende Glückwunsch zu diesem Schritt ist dann nicht ein ritualisierter Handschlag, sondern Ausdruck lebendiger und vollzogener Gemeinschaft.

Musikalische Gestaltung

Der Gottesdienst war neben Liedern aus dem „Gotteslob“ begleitet von meditativen, von einem Jugendchor vorgetragenen Gesängen und instrumentalen Beiträgen. Bevorzugt waren die aus der Anbetung geborenen und zu ihr hinführenden, verhaltenen Lieder aus Taizé. Man spürte, daß ihr Vortrag aus der ausdrücklichen oder eingeschlossenen Bitte kam, der Geist Gottes möge in ihnen gegenwärtig sein. Sie schwebten gleichsam wie eine Wolke aus Anbetung und Lobpreis durch den Raum. Der Chor stellte nicht primär sich selbst dar, sondern diente dem Glauben der Anwesenden. Diese sich selbst zurücknehmende musikalische Begleitung ist bei einer Liturgie der Annahme des Bundes von zentraler Bedeutung: Diese Feiern betreffen die Anwesenden in besonderer Weise in Tiefenschichten, die rational nicht restlos reflektierbar sind.[2] Sie dürfen auch aus diesem Grund nie vereinnahmend oder erdrückend sein, auch nicht durch eine gemachte oder gar ritualisierte Emotionalität. Hinzu kommt, daß innerhalb der kleinen Gruppen die leise gesprochenen Gebete und Segnungsworte verständlich bleiben müssen. Von erhöhter Bedeutung ist deshalb, daß ein bei Segnungsgottesdiensten mitwirkender Chor spirituell begleitet wird.

Entspannte Freiheit

In der Einladung zu den Gottesdiensten heißt es: „Jeder möge an unserer Feier so teilnehmen, wie es seiner gegenwärtigen Situation und Erwartung entspricht. Für viele ist es ungewohnt, in einem leibhaften Glaubensschritt den Bund von Gott anzunehmen. Ein großes Hindernis wäre, wenn das Angebot zur Erneuerung des Tauf- Firm- Ehebundes als eine neue ‚Forderung‘ und der Vollzug solcher Schritte als ‚Leistung‘ mißverstanden würden. Gott achtet die Freiheit, die er jedem einzelnen geschenkt hat, so sehr, daß er anklopft und wartet, bis wir uns ihm öffnen (vgl. Offb 3,19ff). Die Liebe Gottes kommt erst in unserer freien Zustimmung zu dieser Liebe an ihr Ziel, in unserem Ja-Wort zum Bund Gottes mit uns.“ (E 9; vgl. zweites Buch: B/III) Auf dem Plakat zum Gottesdienst 1994 heißt es noch deutlicher: „Gott allein schenkt neues Leben, Zukunft und Hoffnung – jedem einzelnen, seiner Kirche, der Gesellschaft. Seine Liebe kommt erst an ihr Ziel, wenn wir sie in *freier Selbstbestimmung* annehmen.“

Die so verstandene bundesgemäße Freiheit ist eine *Integration* der „neu-

---

[2] Vgl. Ph. Harnoncourt: Gesang und Musik in den Segnungsfeiern, in: A. Heinz, H. Rennings (Hg): Heute segnen. Werkbuch zum Benediktionale. Freiburg, Br. 1987, 128-139.

zeitlichen“ Idee der Freiheit in das ekklesial-bundesgemäße Wirgeschehen (vgl. den Pressebericht „Gott achtet unsere Freiheit“, unten: A/III,2). Während des Reformgottesdienstes haben viele zum ersten Mal in ihrem Leben innerlich wahrgenommen, daß Gott mit ihnen für immer einen Bund geschlossen hat und sie einlädt, ihn in Freiheit anzunehmen. Diese Entdeckung ist in sich selbst befreiend: Viele verharrten zunächst einfach still in der wohltuenden Atmosphäre der Anbetung, des Lobpreises, des Segnens, der Annahme des Bundes. Niemand hatte das Gefühl, gedrängt zu sein oder einer „Forderung“ nachkommen zu müssen. Ein Student schrieb: „Ich blieb während der ganzen Zeit der Anbetung auf meinem Platz und habe nur über Gott und mich nachgedacht.“ Eine junge Frau sagte in einem Interview nach dem Gottesdienst: „An den Segnungen mußte man ja nicht teilnehmen, aber die persönlichen Zeugnisse fand ich gut.“

Freiheit schließt ein, daß jeder selbst entscheidet, wie er – je nach seiner lebensgeschichtlichen Situation vor Gott – auf seine Zuwendung antwortet. Jede Außenlenkung, jegliches Drängen, jede erwartete und geforderte Selbstverständlichkeit, in die Kirche „hineinzuwachsen“, jeder gruppendynamische „Druck“ widerspricht der vom Geist Gottes befreiten Freiheit. Der Durchbruch zu diesem inneren Freiheitsgeschehen ist keine neue, schlechte Individualisierung, sondern als Ich-Einschluß in den Bund, den Gott mit seinem ganzen Volk geschlossen hat, zugleich ganz und gar wirbezogen.

Hier wird der innerste Kern einer glaubensgeschichtlich neuen Gestalt gläubiger Praxis nochmals offenbar: Die Zugehörigkeit zu einem politischen Reich Gottes auf Erden kann erzwungen oder von außen her gesteuert werden. Zum innersten Wesen eines Bundes aber gehört die Freiheit des Angebotes und die Freiheit der Annahme. *Ein erzwungener Bund ist kein Bund.* So bricht in solchen Gottesdiensten die Tiefe jener Freiheit auf, zu der Christus uns befreit hat (Gal 5,1): Sich Gott ganz und gar anzuvertrauen ist der tiefste menschliche Freiheitsakt. Aus einer solchen bundesgemäßen Freiheit erwachsen dann auch von innen her neue Strukturen kirchlichen Zusammenlebens und pastoraler Verantwortung.

A.
Der erste diözesane Reformgottesdienst

I.
Zur Vorgeschichte

1. Hirten wollen vorangehen

Eine neue Bezeugung des Evangeliums ist ein spiritueller Langzeitprozeß in Gruppen und Gemeinden, der zwar vorbereitet, aber nicht „gemacht" und hergestellt werden kann. Er beginnt damit, daß diejenigen, die Glaubensseminare anbieten oder zu Segnungsgottesdiensten einladen, zunächst sich selbst vom Geist Gottes zu diesem Dienst zurüsten lassen. Deshalb ist eine der Schicksalsfragen für die Entstehung einer neuen Gestalt gläubiger Praxis, ob die Leitenden, die Bischöfe, Priester, hauptamtlichen Laien-MitarbeiterInnen mit persönlichen Glaubensschritten voran- und mitgehen. Deshalb sei auch einiges zur Vorgeschichte der diözesanen Segnungsgottesdienste gesagt.
Das nachfolgend abgedruckte Einladungsschreiben ist aus „Geistlichen Tagen" für Priester in den Jahren 1992 und 1993 mit dem Thema „Reformpastoral" erwachsen. Viele haben die Anregung aufgenommen, einander für ihren Dienst zu segnen, den Taufbund, die mit Firmung und Weihe von Gott verliehenen und zugesagten Energien neu anzunehmen. Diese Zusammenkünfte von Priestern waren geprägt von einer befreienden Freude, vom Lobpreis Gottes, von Dank und Hoffnung für die Kirche, ja, von der Gewißheit, daß der geschichtsmächtige Gott, und er allein, seine Kirche in die Zukunft führt. Denn eines war allen Beteiligten sehr deutlich geworden: Was bei solchen, in ganzer innerer Freiheit vollzogenen, leibhaften Schritten in und zwischen uns geschieht, ist nicht planbar und machbar, bleibt in der Tiefe unabhängig von jeder menschlichen Vermittlung. Es ist auch nicht abhängig von den Anstößen, die der Leiter von Besinnungstagen oder Exerzitien gibt. Hier geschieht ganz offenbar etwas, was mit dem heilenden und befreienden Geist Gottes selbst zu tun haben muß. Einer der späteren Berichte mit der Überschrift: „Hirten wollen vorangehen"[3] sei hier wiedergegeben:
„Kirche von unten? Kirche von oben? Von rechts oder von links? Es gibt ein zermürbendes Ringen um pastorale Konzepte, Strategien der Evangelisierung, um leere Kirchenbänke wieder zu füllen. Aber die Kirche hat

---

[3] Erneuerung in Kirche und Gesellschaft, Heft 58 (1994) 4.

nur einen Ursprung aus dem Herzen Gottes! Heribert Mühlen leitete zu dieser Frage nach einer möglichen neuen Gestalt von Kirche fünf Besinnungstage für Priester, die zusammen mit Erzbischof Degenhardt sich vom Wort des Propheten Ezechiel treffen ließen: ‚Ich hauche euch meinen Geist ein, dann werdet ihr lebendig.' (Ez 37,14a)

In diesen Tagen leuchten, wie am Schluß fast alle bestätigten, die Umrisse einer neuen Gestalt von Kirche anfanghaft auf: Es wird eine Kirche von innen sein, eine Kirche, die sich im Herzen jedes einzelnen Gläubigen anrühren läßt von der rufenden Liebe Gottes, eine Kirche, die von der ganz persönlich gegebenen Glaubens- und Liebesantwort eines jeden Gläubigen lebt. Und diese Antwort ist keine allgemeine, keine still gedachte, keine in soziologischen Strukturen oder in Formeln vorgefertigte, sondern eine Antwort, die jeder in persönlichem, leibhaftem Ausdruck inmitten von Brüdern und Schwestern vor Gott ausspricht. Die Freundschaft mit dem Gott des Bundes lebt ebenso wie die Freundschaft unter Menschen von persönlichen, verleiblichten Ausdrucksformen. Konkret: ‚Kirche von innen' heißt: Die Freude erleben, wenn ein Christ dadurch neu ein Christ wird, daß er die Taufgnade, die er ja in der Regel als Kind nicht selbst bejahen konnte, neu und ganz persönlich als Bundesgabe Gottes annimmt. Wenn ein Jugendlicher mehrere Jahre nach seiner Firmung inmitten für ihn betender Christen seine Bereitschaft erneuert, die Gnade des Firmsakramentes zu empfangen, wenn Priester zusammen mit ihrem Bischof einzeln die Gnade des Weihesakramentes im Bischofs – bzw. im Priesteramt vor Gott noch einmal ganz persönlich annehmen und jeder für den anderen zum Segen wird, dann wird Kirche lebendig.

Am Beginn waren von den Tagungsteilnehmern sehr unterschiedliche Erwartungen ausgesprochen worden, denen aber eines gemeinsam war: man wollte zuerst private Erfahrungen mit nach Hause nehmen, suchte neue Impulse. Im weiteren Verlauf jedoch sprachen mehr und mehr aus, daß bei ihnen etwas in Bewegung geraten sei. Sie nahmen das ‚Mit-' wahr, daß hier ‚Mit'-brüder mit ihnen zusammen waren, die, von unterschiedlichsten Erfahrungen herkommend, zusammen hören, beten und Eucharistie feiern konnten mit sehr persönlich formulierten Gebeten und Meditationsgedanken. Man spürte, daß hier eine nicht von Menschen bewirkte Kraft die Bewegung ins ‚Mit' initiierte, die die teilnehmenden Priester ermutigte, die Gnade des Weihesakramentes vor den Versammelten von Gott erneuern zu lassen.

Das Private jener Anfangserwartungen wurde umgeformt zu persönlichen Erfahrungen. In Äußerungen am Ende der Tage wurde dies als ein uns zukommendes Geschenk vom Geiste Gottes gewertet. Die Erneuerung des Tauf- Firm- und Weiheversprechens wurde als normal empfunden, nicht als etwas Besonderes und nicht als Forderung. In der Schlußkonferenz wurde deutlich, daß solche persönlichen Glaubensschritte zum innersten Wesen der Kirche gehören." Hans-Dieter Michel

„Ich habe noch nie eine solch intensive, befreiende, spirituelle Gemeinschaft unter Mitbrüdern erfahren wie in diesen Tagen." So oder ähnlich lauteten weitere Rückäußerungen. Viele Teilnehmer bezeugen, daß in ihnen missionarische Impulse aufgebrochen sind, neue Perspektiven für die Pastoral. Wer einen solchen Schritt vollzogen hat, weiß sich dazu gedrängt, auch andere zu ermutigen, sich Gott neu anzuvertrauen. Von da her ist die folgende Einladung zu einem Reformgottesdienst nicht lediglich eine „Idee" oder ein bloßer Appell, sondern ein gewachsener geistlicher Impuls.

In den Wochen und Monaten nach diesen denkwürdigen Tagen – auch Erzbischof Degenhardt hatte an ihnen teilgenommen – kam die Anregung auf, der Erzbischof möge zu einem Segnungsgottesdienst in den Dom einladen. Er schrieb im Januar 1994 an die Teilnehmer, mit denen zusammen auch er selbst – wie er schreibt und später noch mehrmals bezeugen wird – sein Tauf- Firm- und Weiheversprechen erneuert hatte. Darin heißt es:

„In diesem Jahr der Familie – so meine ich – ist das Angebot einer Erneuerung des Eheversprechens ein zentraler Impuls und zugleich ein konkreter Beginn von Neuevangelisierung. Deshalb möchte ich folgendes vorschlagen und dabei um Ihre Mithilfe bitten: Am Sonntag, dem 18. September diesen Jahres, um 15.00 Uhr, soll im Dom in Paderborn ein Gottesdienst als ‚Fest der Erneuerung des Tauf- und Ehebundes' stattfinden, und zwar nach entsprechender Vorbereitung in den Gemeinden. Sie als Teilnehmer an den Geistlichen Tagen – so hoffe ich – werden diesen Vorschlag sicher gern aufgreifen. Deswegen meine Bitte: Motivieren Sie Mitglieder Ihrer Gemeinden, zum Fest der Erneuerung des Tauf- und Ehebundes nach Paderborn zu kommen. So könnte dieser Gottesdienst eine Signalwirkung erhalten ... Ich wäre Ihnen dankbar, wenn Sie mir baldmöglichst mitteilen würden, ob Sie mit dem oben gemachten Vorschlag einverstanden und auch bereit sind, in Ihren Gemeinden Verständnis und Bereitschaft zur Erneuerung des Tauf- und Ehebundes zu fördern."

Einige Teilnehmer erklärten sich zur Mitwirkung bereit. Andere zögerten: Kommt diese Einladung nicht zu früh? Setzen die Glaubensschritte einer ganz persönlichen Erneuerung des Tauf- Firm- Eheversprechens nicht eher die kleine, vertraute Gruppe voraus? Wäre es nicht besser, einen Langzeitprozeß in den Gemeinden anzuregen und mit einem diözesanen Segnungsgottesdienst ein oder zwei Jahre zu warten? Zweifel

kamen auf: Wieviele werden denn überhaupt kommen? Was ist, wenn der Dom bei einem solch ungewohnten Angebot fast leer bleibt? Wäre das nicht geradezu kontraproduktiv: Der Bischof lädt ein – und kaum jemand geht hin? Einer der Pfarrer widersprach: Wir warten seit vielen Jahren vergeblich darauf, daß sich etwas bewegt, auf den Beginn einer „neuen Evangelisierung"! Wenn wir noch länger warten, wird es auch nicht anders. Viele Gläubige warten auf ein Signal, daß es mit der Kirche weitergeht. Vertrauen wir auf den Geist Gottes!
Erzbischof Degenhardt hat dann im März 1994 das weiter unten abgedruckte Einladungsschreiben an alle Priester, Gemeindereferentinnen und Gemeindereferenten mit einem Begleitbrief verschickt. Obwohl dieser Brief Wiederholungen enthält, sei er hier im Sinne einer Dokumentation abgedruckt, denn er zeigt, daß das ganze Unternehmen aus einem spirituellen Prozeß erwachsen ist.

„Liebe Mitbrüder!
Liebe Mitarbeiterinnen und Mitarbeiter im seelsorglichen Dienst!
Heute möchte ich Ihnen zusammen mit der beiliegenden Einladung zu einem Segnungsgottesdienst in unserem Dom einen persönlichen Brief schreiben. Der Impuls zu dieser Einladung ist aus Geistlichen Tagen für Priester erwachsen, an denen ich selbst teilgenommen habe. Dabei ließen viele sich neu für ihren Dienst segnen. Diese Tage waren eine tiefe Erfahrung priesterlicher Gemeinschaft, sie waren erfüllt vom Lobpreis Gottes, von Freude und Dank. Mir persönlich wurde deutlich, daß bei leibhaften Schritten von Gott her etwas geschieht, das letztlich von unserer Hinführung und Vermittlung *unabhängig* ist: In der gegenwärtigen Situation entdecken wir neu die Leibhaftigkeit des Glaubens, wie sie in unserem ‚Gotteslob' beschrieben ist (Nr. 41). Leibhafte Schritte der erneuten und vertieften Annahme der sakramentalen Zuwendung Gottes sind deshalb ‚etwas ganz Normales': Sie sind Ausdruck unserer Bereitschaft, uns Gott anzuvertrauen, und wir dürfen darauf vertrauen, daß Gott diese Bereitschaft annimmt. In der Einladung sind diese Schritte im einzelnen beschrieben. Im Jahr der Familie ist das Angebot für Ehegatten und Familien, sich segnen zu lassen, sich Gott neu anzuvertrauen, von besonderer Bedeutung.
Solche Schritte entsprechen zwar ganz der kirchlichen Lehre von der Mitwirkung mit der Gnade Gottes, aber sie sind für viele ungewohnt. Deshalb möchte ich besonders auf die Abschnitte hinweisen: ‚Wie verläuft ein Segnungsgottesdienst?' und ‚Gott achtet unsere Freiheit'. Die Erneuerung des Tauf- Firm- oder Eheversprechens sind in der Regel Schritte innerhalb eines vorangegangenen und nachfolgenden *Prozesses*, aus dem dann auch Impulse zur Mitarbeit bei einer neuen Bezeugung des

Evangeliums in den Gemeinden erwachsen. Ich ermutige dazu, in der Vorbereitung und Begleitung dieser Schritte für sich selbst und für die Gemeindearbeit geistlich-pastorale Akzente zu setzen und im Hinblick auf die Feier im Dom am 18. September Glaubenstreffen oder mehrwöchige Glaubensseminare anzubieten. Anregungen dazu, die in langjähriger Zusammenarbeit mit Pfarrern und Mitarbeitern im seelsorglichen Dienst gewachsen und erprobt sind, finden Sie in dem Handbuch ‚Neu mit Gott' von Heribert Mühlen (S. 14-42; 121-144; 247-261).
Ich bitte Sie auch ganz persönlich um Ihr Gebet und um Ihre tätige Mithilfe bei der Vorbereitung. Möge Gott uns allen einen neuen Anfang schenken."

2. Die Einladung

Das Einladungsschreiben zum ersten diözesanen Segnungsgottesdienst am 18. September 1994 im Dom von Paderborn hatte die Überschrift: „‚Ich will dich segnen, und du sollst ein Segen sein' – Gottes Lebenskraft neu annehmen". Im folgenden sind nur die beiden ersten Abschnitte dokumentiert. Der weitere Text stimmt im wesentlichen mit der Einladung zum Segnungsgottesdienst am 8. Oktober 1995 überein. Sie ist deshalb bereits hier abgedruckt.

a) zum ersten Segnungsgottesdienst

Liebe Schwestern und Brüder!

(1) Der Segen Gottes ist Ausdruck seiner Liebe und Treue. Durch seinen Segen bejaht Gott jeden von uns ganz persönlich als sein Geschöpf, berührt er uns mit seiner Lebenskraft, mit seinem Heiligen Geist. Segnen ist Gottes wichtigstes Handeln an uns. Er erschuf den Menschen als Mann und Frau und segnete sie (Gen 5,2). Immer wieder hat Gott dem Menschen seine Treue und Nähe zugesagt: „Ich will mit dir sein und dich segnen ... Ich behüte dich, wohin du auch gehst" (Gen 26,3; 28,15). Am Anfang des Neuen Bundes hat Gott Maria auf einzigartige Weise mit seiner schöpferischen Lebenskraft begnadet: „Gesegnet bist du und gesegnet ist die Frucht deines Leibes" (Lk 1,32). An Maria wird zugleich deutlich: Die Liebe und Zuwendung Gottes kommt erst in unserer freien Zustimmung zu dieser Liebe an ihr Ziel, in unserem Ja-Wort zum Bund Gottes mit uns.
(2) Gott hat jeden von uns „mit allem Segen seines Geistes gesegnet" (Eph 1,3), bevor er uns erschuf. Wir alle verlangen danach, ihm als dem Ursprung allen Segens auch direkt und persönlich zu begegnen, über alles hinweg, was uns an dieser Begegnung hindern könnte. Vielen

erscheint die Kirche – von außen gesehen – lediglich als eine gesellschaftliche Organisation. In ihrem Innersten aber ist die Segenskraft Gottes lebendig, denn jeder ist durch die Taufe befähigt, andere zu segnen: „Das Auflegen oder Ausbreiten der Hände bei der Segnung von Personen bringt die Bitte um den Segen Gottes und die *Mitteilung des Segens durch die Kirche* besonders stark zum Ausdruck“ (Benediktionale, Einführung § 31). Gott segnet uns durch die Mitchristen, durch die Kirche. So kann sie für uns zu einer befreienden und erfreuenden Gemeinschaft werden. Der Glaube des einzelnen wird dabei zugleich persönlicher und kann so mehr in die Tiefe wachsen.

b) zum zweiten Segnungsgottesdienst

„Ich bin mit dir“
Den Bund neu annehmen

Einladung zum zweiten diözesanen Segnungsgottesdienst
am Sonntag, 8. Oktober 1995 (Beginn 15.00 Uhr) im Dom von Paderborn

Liebe Schwestern und Brüder!

(1) Der Segnungsgottesdienst am 18. September vorigen Jahres in unserem Dom hat große Zustimmung gefunden. In diesem Jahr lade ich deshalb nochmals zu einer solchen Feier ein. Wie zahlreiche Zuschriften zeigen, wurde vielen zum ersten Mal in ihrem Leben bewußt, daß Gott mit ihnen einen ganz persönlichen Bund geschlossen hat und sie einlädt, ihn in innerer Freiheit anzunehmen. Wir stellen unseren Gottesdienst deshalb unter die Zusage Gottes: Ich bin mit dir.
Sie ist die Zusage der unverbrüchlichen Bundestreue Gottes und findet sich wörtlich oder sinngemäß in allen Schriften der Bibel. Zunächst gilt sie jedem einzelnen: „Ich schließe meinen Bund zwischen mir und dir“ (Gen 17,7). „Ich bin mit dir, ich behüte dich, wohin du auch gehst“ (Gen 28,15). Zugleich mit dieser Zusage hat Gott seinem ganzen Volk das Angebot eines Bundes gemacht. Es soll durch die ganze Geschichte hindurch gelten und ist deshalb auch uns heute zugesprochen: „Ich bin euer Gott, und ihr seid mein Volk“ (Lev 26,12 u. ö.). Bund ist eine direkte Beziehung zwischen Gott und uns, die einzig und allein von ihm ausgeht. Durch sein Bundesangebot berührt Gott direkt das Herz eines jeden einzelnen, segnet ihn in seiner Tiefe und befähigt ihn zur direkten Antwort. Dies wird im Ja-Wort Mariens besonders deutlich.
(2) In jedem Menschen ist die Erwartung einer treuen, zuverlässigen, beständigen Zuwendung lebendig, die sich in allen Situationen des Lebens bewährt. Nur Gott kann sie uns geben, denn er liebt und bejaht

uns über alle Erwartungen hinaus. Er will uns durch das Angebot seines Bundes nicht unterdrücken oder beherrschen, sondern befreien. Auch seine Gebote sind Ausdruck dieser seiner Zuwendung.
Wir alle verlangen danach, ihm als dem Ursprung allen Segens auch ganz persönlich und direkt zu begegnen, über alles hinweg, was uns an dieser Begegnung hindern könnte. Wir sehnen uns nach einer neuen, positiven Erfahrung der Kirche als einer geistgewirkten Gemeinschaft. Vielen erscheint die Kirche – von außen gesehen – lediglich als eine gesellschaftliche Organisation. In ihrem Innersten aber lebt sie aus dem Bund, den Gott in Jesus Christus neu und endgültig mit der Menschheit geschlossen hat und aus dem Segen, den wir in der Kraft seines Heiligen Geistes einander zusprechen.

Wie verläuft ein Segnungsgottesdienst?

(3) Zu Beginn werden einige berichten, wie sie in ihrem Leben die befreiende und heilende Kraft Gottes erfahren haben. Die Kirche lebt heute mehr denn je aus jenem Wort-Zeugnis, „in welchem das ganz persönliche Innere des Menschen angesprochen wird, berührt von einem ganz besonderen Wort, das er von einem anderen empfängt“ (EN 46). Im Anschluß daran werden wir in eucharistischer Anbetung verharren und Gott um seinen Segen für uns alle bitten, so daß alle Anwesenden in dieses Geschehen einbezogen sind. Während dieser Zeit hat dann jeder auch die Möglichkeit, sich persönlich segnen zu lassen. Zu diesem Dienst werden sich Priester und Laien in den zahlreichen Kapellen des Domes bereithalten. In ihnen können sich auch Familien mit Verwandten und Freunden oder Gemeindegruppen zu einer Segnungsfeier zusammenfinden.
Für manche ist es ungewohnt, daß Laien den Segen von Gott her zusprechen. Jeder Christ ist jedoch durch die Taufe befähigt, andere zu segnen: „Das Auflegen oder Ausbreiten der Hände bei der Segnung von Personen bringt die Bitte um den Segen Gottes und die *Mitteilung des Segens durch die Kirche* besonders stark zum Ausdruck“ (Benediktionale, Einführung § 31). Gott segnet uns durch die Mitchristen. „Ich will dich segnen, und du sollst ein Segen sein“ (vgl. Gen 12,2). Diese Verheißung gilt uns allen. So kann ein Segnungsgottesdienst zu einer neuen Erfahrung von Kirche werden.

Schritte auf dem Glaubensweg

(4) Die Bitte um Gottes Segen kann – je nach der Situation des einzelnen vor Gott – unterschiedliche Formen und Stufen haben:

a. Der Anfang des Weges zu einer persönlichen und direkten Beziehung zu Gott ist die einfache Bitte um seinen Segen. In ihr bringen wir in unserer Alltagssprache unsere Freuden und Nöte vor ihn hin, in der „Zuversicht, daß er uns hört, wenn wir etwas erbitten, was seinem Willen entspricht" (1 Joh 5,14). „Ich bitte um einen Segen für mein krankes Kind." – „Ich danke Gott für den Urlaub, den wir miteinander verlebt haben und bitte ihn um seinen Segen für unsere ganze Familie." – „Ich bitte Gott, mir in meinen gesellschaftlichen Aktivitäten das rechte Wort zu geben, damit viele empfindsamer werden für das Unrecht, das anderen geschieht". – „Ich möchte einen neuen Weg mit Gott beginnen und bitte ihn, mir nahe zu sein." – „Ich mache mir Sorgen darüber, wer später einmal für mich sorgt und bitte Gott, daß er auch in meinem Alter zu mir hält."

b. Ein weiterer Glaubensschritt ist die vertiefte Annahme des Taufbundes. In der Taufe, die wir zumeist als kleine Kinder empfangen haben, hat Gott mit jedem einzelnen einen Bund der Liebe und Treue geschlossen und ihm gleichsam zugesprochen: „Ich bin bei dir, ich bin für dich da in den Höhen und Tiefen deines Lebens, in Gesundheit und in Krankheit, und wenn du meinst zu scheitern: ich verlasse dich nicht. Ich will dich lieben und durchtragen, solange du lebst." Geben wir ihm in der Freiheit, die er selbst uns schenkt, die Antwort des Vertrauens: „Mein Gott, gieße jetzt deinen Heiligen Geist über mich aus. Sei du der Herr in meinem Leben und befreie mich von dem Bösen. Ich danke dir, daß du mich bejahst, so wie ich bin. Verändere mich so, wie du mich haben willst. Ich will dich lieben und verehren, solange ich lebe." Jeder kann in ähnlicher Weise ein persönliches Gebet formulieren oder sich auch vorgegebener Formen bedienen: „Gebete der Hingabe", „Dank für die Taufe" (GL Nr. 5; 50,2).

c. In unserem „Gotteslob" ist ausdrücklich auch eine „*Erneuerung des Firmversprechens für einzelne*" vorgesehen (Nr. 52,4). Das „Gebet zur Firmerneuerung" (Nr. 52,5) ist deshalb auf die Person des einzelnen bezogen. In ihm bitten wir Gott, uns zum Dienst in Kirche und Gesellschaft auszurüsten und zu befähigen. Für Firmhelfer ist dies ein wichtiger Schritt zur Vorbereitung auf ihren Dienst.

d. Gott hat in der Taufe jedem auch besondere Gnadengaben (Charismen) zum Dienst in Kirche und Gesellschaft zugeteilt und angeboten. Dem Charisma des einzelnen Christen entsprechen oftmals persönliche Veranlagungen und Fähigkeiten. Sie werden vom Geist Gottes geläutert, entfaltet und in der jeweiligen Situation neu in Dienst genommen. Die Charismen „müssen mit Dank und Freude angenommen werden, da sie den Nöten der Kirche besonders angepaßt und dienlich sind" (LG Art. 12). Deshalb verfügen nicht wir kraft unserer eigenen Selbstbestimmung über diese Gaben, sondern lassen in innerer Freiheit zu, daß Gott durch sie an anderen handelt: Charismen können nur in jeweils neuer, aktueller Hingabe an Gott empfangen und ausgeübt werden (vgl. Röm 12,1). Aus einer persönlichen Auslieferung aller an Gottes Heilshandeln erwachsen auch von innen her neue Formen der Mitverantwortung der Laien für das Heil anderer in Gruppen und Gemeinden.

Wachsende Lebensreife läßt den einzelnen mehr und mehr die Gaben entdecken, die Gott ihm geschenkt hat. In einem Segnungsgottesdienst kann jeder Gott auch konkret um bestimmte Gaben bitten, die seinem jeweiligen Dienst entsprechen: etwa um die Gabe der Evangelisierung, der Leitung in Gemeinden, Verbänden, Gruppen, des Lehrens, des Zuhörens und Tröstens, der heilenden Zuwendung, des sozialen und caritativen Dienstes.

(5) Besonders möchte ich auf die Möglichkeit einer *Erneuerung des Eheversprechens* hinweisen. In der Bibel wird der Bund Gottes mit dem Menschen mit der Ehe verglichen (Jes 62,5; Hos 2,21f; Jer 2,2; Eph 5,25f): Im Sakrament der Ehe wird dieser Bund gegenwärtig, schenkt Gott die Gnade einer bleibenden, treuen Zuwendung und das in besonderer Weise familienbezogene Charisma der Zärtlichkeit (vgl. Hos 11,3f). Vielleicht haben einige den Wunsch, in dankbarer Erinnerung an ihren Hochzeitstag im festlichen Rahmen einer Feier im Dom und in Anwesenheit ihrer Familie ihr Eheversprechen zu erneuern: „Ich bekräftige den Bund, den ich mit dir geschlossen habe und nehme dich heute vor Gottes Angesicht neu an als meine Ehefrau/meinen Ehemann." Dabei können sie einander die Hand reichen, neu den Ring der Liebe und Treue anstecken oder mit einem Kreuzzeichen auf die Stirn segnen. Durch das Sakrament der Zärtlichkeit und Treue befähigt Gott die Ehegatten auch dazu, Zeiten der Krise und der Entfremdung durchzustehen, gegenseitig zugefügte Verletzungen und Verwundungen von Herzen zu vergeben. Die Erneuerung des Eheversprechens kann dann tiefe und beglückende Auswirkungen für ihren weiteren Weg haben (vgl. auch die „Gebete der Liebenden" GL Nr. 24). Jede erneuerte Ehe ist zugleich ein zentraler Beitrag zur Gesundung der Gesellschaft.

Etwas ganz Normales

(6) Mir persönlich wurde bei meiner Tauf- Firm- und Weiheerneuerung deutlich, daß in der erneuten Annahme der sakramentalen Gnade Gottes im Grunde etwas sehr Einfaches und Schlichtes geschieht: In einem leibhaften Schritt sich auf Gott hin loslassen, sich ihm anvertrauen. Diese Verleiblichung der Beziehung zu Gott in der Gemeinschaft der Glaubenden ist deshalb nicht etwas völlig Neues, sondern wir tun nur das auf

eine *persönlichere* Weise, was die Kirche im Angebot der Tauf- Firm- Weiheerneuerung und des Eheversprechens zu tun empfiehlt. Das Vertrauen zu Gott, das dabei unter uns aufbricht, die Erfahrung der Kirche als einer befreienden Gemeinschaft, sind von uns nicht planbar und machbar, sondern ganz Geschenk Gottes.

(7) Sicherlich sind solche Schritte nur der Anfang eines Weges, aber sie geben uns eine tiefe Hoffnung und den Mut, liturgische Feiern zur Annahme des Tauf- Firm- und Ehebundes auch in den Gemeinden anzubieten. Dabei ist der Hinweis wichtig: Wer solche Schritte vollzieht, tut damit nicht etwas Besonderes. Nicht jeder muß sie vollziehen, aber wer sie vollzieht, tut etwas *ganz Normales*: Die leibhafte Weise, in der Gott in Jesus Christus, in seinem Wort und in den Sakramenten auf uns zukommt, befähigt uns zu einer leibhaften Antwort (vgl. GL Nr. 41).

Gott schenkt einen neuen Anfang

(8) Viele sind ratlos, wie es mit der Kirche weitergehen soll und sagen: „Ausgetrocknet sind unsere Gebeine, unsere Hoffnung ist untergegangen, wir sind verloren" (Ez 37,11). Bis vor einigen Jahrzehnten waren Kirche und Gesellschaft fast deckungsgleich, so daß es für jeden Staatsbürger fast selbstverständlich war, ein Christ zu sein. Ein persönlicher Glaubensschritt des einzelnen war dazu nicht in jedem Falle notwendig. Es ist offenkundig, daß der Prozeß des *selbstverständlichen* Hineinwachsens in die Kirche in hohem Maße unterbrochen ist, so daß immer wieder Wellen der Entchristlichung über unser Land gehen. Aber die Kirche ist nicht tot und am Ende. Wir erwarten in hoffendem Glauben, daß sie neu *von innen her* wächst – aus der persönlichen Annahme des Bundes Gottes mit seinem Volk, den er nie aufgekündigt hat, und des Segens, den wir einander von ihm her zusprechen. In Zukunft wird es – wie zur Zeit des Neuen Testamentes – deshalb ganz *normal* sein, daß jeder einzelne die Möglichkeit hat, die Gnade der Sakramente und die Geistesgaben in persönlichen, leibhaften Glaubensschritten von Gott anzunehmen.

Gott achtet die von ihm geschenkte Freiheit

(9) Jeder möge an unserer Feier so teilnehmen, wie es seiner gegenwärtigen Situation und Erwartung entspricht. Für viele ist es ungewohnt, in einem leibhaften Glaubensschritt den Bund von Gott anzunehmen. Ein großes Hindernis wäre, wenn das Angebot zur Erneuerung des Tauf- Firm- Ehebundes als eine neue „Forderung" und der Vollzug solcher Schritte als „Leistung" mißverstanden würden.

Im Bund Gottes mit uns zeigt sich seine freie Selbstbestimmung zum Erbarmen und zur Treue. Gott zwingt uns nicht, dieses Angebot anzunehmen. Wir wachsen aber auch nicht von selbst in diesen Bund hinein, sondern Gott befähigt uns zu einer ganz persönlichen Antwort: Er achtet die Freiheit, die er jedem einzelnen geschenkt hat, so sehr, daß er anklopft und wartet, bis wir uns ihm öffnen (vgl. Offb 3,19ff). Die Liebe Gottes kommt erst in unserer freien Zustimmung zu dieser Liebe an ihr Ziel, in unserem Ja-Wort zum Bund Gottes mit uns.

Mitarbeit an einer solidarischen Gesellschaft

(10) Indem wir uns diesem Bund gemäß in freier Selbstbestimmung *gemeinsam* Gott anvertrauen und von ihm abhängig machen, wächst von innen her Kirche als solidarische Gemeinschaft, in der wir uns mitverantwortlich wissen für den Glauben der Mitchristen. In der gemeinsamen Beziehung zu Gott lernen wir: Die höchste Form der Selbstverwirklichung ist die Mitwirkung an der Selbstverwirklichung anderer. Zugleich werden wir auch fähig, zu einer neuen und von innen kommenden Solidarität in der Gesellschaft beizutragen. Unsere Bundes-Republik lebt von der Mitwirkung eines jeden Bundes-Bürgers, nicht nur bei Wahlen, sondern auch in einem Gesamtverhalten, das dem politisch-gesellschaftlichen Bund gemäß ist: Wir kommen los vom Prinzip des privaten Nutzens und von der weit verbreiteten Grundhaltung: Ich bin von niemandem abhängig außer von mir selbst. In freier Selbstbestimmung machen wir uns abhängig von den Erfordernissen im Ganzen unserer Gesellschaft und werden so auch wieder fähig, die Grundwerte des Menschseins in sie hinein zu vermitteln.

Neu evangelisieren

(11) Unser Segnungsgottesdienst könnte zu einem weiteren Schritt auf dem Weg zu einer neuen Evangelisierung werden. Feiern wir ihn mit Liedern des Lobpreises und der Freude! Danken wir dem lebendigen Gott für alles, was er unter uns wirkt! Ich ermutige dazu, sich in den Gemeinden intensiv auf diesen Tag vorzubereiten. Die Priester und Mitarbeiter in den Gemeinden, die Mitglieder der Geistlichen Bewegungen, Vereinigungen, Verbände und Gemeindegruppen bitte ich um ihr Gebet und um ihre tätige Mithilfe. Möge uns erneut ein Fest des Glaubens und der Hoffnung geschenkt werden, bei dem sich an uns allen die alte Bundesverheißung Gottes neu erfüllt: „Ich nehme euch an als mein Volk, und ich werde euer Gott sein" (Ex 6,7; vgl. Jer 31,33).

Johannes Joachim, Erzbischof von Paderborn

c) Plakat

Im August 1995 wurde allen Gemeinden folgendes Plakat zugeschickt:

„Gott hat mit jedem Getauften
einen Bund der Liebe und Treue geschlossen:

Ich, dein Gott, bin immer für dich da,
in den Höhen und Tiefen deines Lebens,
in Gesundheit und in Krankheit.
Wenn du meinst zu scheitern:
Ich verlasse dich nicht.
Ich will dich lieben und durchtragen,
solange du lebst.

„ICH BIN MIT DIR“

Einladung zum zweiten diözesanen Segnungsgottesdienst

Sich Gott persönlich anvertrauen
- **in den Freuden und Nöten des Alltags**
- **in der erneuten Annahme des Taufbundes**
- **in der Erneuerung des Eheversprechens.**

Gottes Liebe kommt erst an ihr Ziel,
wenn wir sie in Freiheit annehmen.

† Johannes Joachim, Erzbischof von Paderborn

II.
Vorbereitende Artikel

Heribert Mühlen

Reformgottesdienste sind nicht lediglich ein einmaliges, „punktuelles” Ereignis, sondern Schritte innerhalb eines *Langzeitprozesses* in den Gemeinden, einer fortdauernden, neuen Bezeugung des Evangeliums. Es hat sich bewährt, Glaubenstreffen über einen längeren Zeitraum anzubieten. Die Teilnehmer treffen sich einmal wöchentlich für etwa zwei Stunden und erschließen einander die jeweils angegebenen Texte in Form des Bibel-Teilens. Die folgenden Beiträge möchten dazu anregen (vgl. zweites Buch: C/I,2; NMG32-42).

1. Das größte Hindernis für eine neue gläubige Praxis: ein nicht-biblisches Gottesbild[4]

Gott trägt uns

Sich segnen lassen meint: Ich vertraue Gott den Anfang und das Ende, die Tiefen und die Höhen meines Lebens neu an. Aber: Hat es überhaupt einen Sinn, Gott in einem persönlichen Anliegen, in den Nöten des Alltags, um seinen persönlichen Segen, um seine Lebenskraft zu bitten? Kümmert er sich um uns, um jeden einzelnen? Hören wir, was Gottes Wort dazu sagt:

„Hört auf mich, ihr vom Haus Jakob, und ihr alle, die vom Haus Israel noch übrig sind, die mir aufgebürdet sind vom Mutterleib an, die von mir getragen wurden, seit sie den Schoß ihrer Mutter verließen. Ich bleibe derselbe, so alt ihr auch werdet, bis ihr grau werdet, will ich euch tragen. Ich habe es getan, und ich werde euch weiterhin tragen, *ich werde euch schleppen und retten.*" (Jes 46,3f)

Beim Bibelteilen sollte das ganze Kapitel 46 bei Jesaja gelesen werden, um verstehen zu können, warum Gott hier mit einem „Lasttier" verglichen wird. Der Text will uns sagen: Gott hat sein Volk „getragen, wie ein Vater seinen Sohn trägt" (Dtn 1,31), auch in Situationen, die ausweglos und sinnlos schienen. Er wird sein Volk und jeden einzelnen auch weiterhin „schleppen und retten"! Gott selbst nimmt in persönlicher Zuwendung Dich und Deine Lasten auf sich. Er gibt Dir die Zusage, Dich während Deines ganzen Lebens zu „tragen".

Aber gibt es nicht Situationen in unserem eigenen Leben und im Leben anderer, in denen wir wie die Beter im Alten Bund fragen: „Jahwe, warum bleibst du so fern, verbirgst dich in Zeiten der Not?" (Ps 10,1) „Tränen waren mein Brot bei Tag und bei Nacht; denn man sagt zu mir den ganzen Tag: ‚Wo ist nun dein Gott?'" (Ps 42,4). Der Christ hat auf die Frage nach dem „Sinn" der vielfältigen unverschuldeten Leiden in dieser Welt keine glatte Antwort. Er wird nach Kräften an der Beseitigung des Krieges und ungerechter, sündiger gesellschaftlicher Strukturen mitarbeiten, aber es ist eine Utopie, jegliches Leid, jede Krankheit beseitigen zu können. Der Christ vertraut darauf, daß auch das Dunkel noch einen Sinn hat, weil er durch die Offenbarung um Gottes Liebe weiß.

Jesus Christus hat den Verheißungen Gottes vertraut und wußte sich auch im tiefsten Leid von ihm getragen. Deshalb hat auch der Christ die Gewißheit, daß Gott seine Zusage einhält, ihn unablässig zu tragen:

---

[4] Der Dom, Paderborn, 24. April und 1. Mai 1994. Diese beiden Artikel sind hier leicht überarbeitet und ergänzt.

Schenke ihm jetzt, in diesem Augenblick, ein anfängliches Vertrauen! Bitte ihn, in Dir den Entschluß zu festigen, keine „anderen" Götter neben ihm zu haben: Sie geben sich zu Unrecht als das letzte Geheimnis aus und werden Dir den Sinn Deines Lebens nicht geben können! *Der Christ kann mit unlösbaren Fragen leben, ohne an ihnen zu scheitern.*

Vertrauen und Lobpreis der Güte Gottes sind die Grundhaltungen in einem Segnungsgottesdienst. Eine Bitte um Gottes Segen aus Angst vor Strafe wäre ganz und gar nicht im Sinne Jesu. Gott erhört unsere Bitten nicht, weil wir Angst vor ihm haben, sondern weil er uns in jeder Situation in mütterlich-väterlich-elterlicher Liebe zugewandt bleibt. Diese Liebe befreit und heilt:

„Kann denn eine Frau ihr Kind vergessen, eine Mutter ihren leiblichen Sohn? Und selbst wenn sie ihn vergessen würde: Ich vergesse dich nicht. Sieh her: Ich habe dich eingezeichnet in meine Hände." (Jes 49,15 f) „Wie eine Mutter ihren Sohn tröstet, so tröste ich euch." (Jes 66,13) „Wie ein Vater sich seiner Kinder erbarmt, so erbarmt sich der Herr über alle, die ihn fürchten." (Ps 103,13)

„Wenn mich auch Vater und Mutter verlassen, der Herr nimmt mich auf." (Ps 27,10) „Ich war es, der Efraim gehen lehrte, ich nahm ihn auf meine Arme ... Ich war da für sie wie die Eltern, die den Säugling an ihre Wangen heben." (Hos 11,3 f)

Gott ist nicht die oberste Kontrollbehörde

Nicht wenige „gläubige" Christen tragen ein unbiblisches, falsches Bild von Gott in sich, das sie daran hindert, sich Gott persönlich anzuvertrauen: Sie haben Angst vor Gott. Für viele ist Gott eine höchste „Instanz", der gegenüber man seine Pflicht zu erfüllen hat. So wurde der „Glaube" zu einer Sammlung unangenehmer Forderungen. Auch junge Menschen befürchten, daß Gott sie überfordert, ihnen ihre Freiheit nehmen will. Die daraus folgende „Distanzierung" von Gott nimmt uns eine der tiefsten Erfahrungen unseres Lebens. Hören wir deshalb auf Gottes Wort:

„Angst gibt es nicht in der Liebe, sondern die vollkommene Liebe vertreibt die Angst. Denn die Angst rechnet mit Strafe, und *wer Angst hat, dessen Liebe ist nicht vollendet.*" (1 Joh 4, 18) „Ihr habt nicht einen Geist empfangen, der euch zu Sklaven macht, so daß ihr immer noch Angst haben müßtet, sondern ihr habt den Geist empfangen, in dem wir rufen: Abba, Vater!" (Röm 8,15 f)

Solange Gericht und Strafe im Vordergrund unseres Bewußtseins stehen, ist unsere Liebe noch nicht „vollkommen", wissen wir uns noch nicht als „Kinder Gottes". Wer Angst hat vor Gott, dessen Herz wird „hart" (Jes 63,17), so daß er schließlich versucht, jede Beziehung zu ihm aufzugeben.

Von dieser falschen Angst vor Gott ist die echte, geistgewirkte Gottesfurcht zu unterscheiden: „Wer den Herrn *fürchtet*, verzagt nicht und hat *keine Angst*, denn der Herr ist seine Hoffnung." (Sir 34,16)
Gott will uns durch seine Gebote nicht Angst einjagen, sondern jeden einzelnen und die Gesellschaft vor sich selbst schützen. Die echte Gottesfurcht anerkennt deshalb den heiligen Gott in seinem unergründlichen Erbarmen und gibt ihm allein die Ehre: Der Christ soll und kann angstfrei vor Gott leben. Die echte Gottesfurcht erwächst aus dem Vertrauen, daß Gott uns seine Gebote aus Liebe gegeben hat.
Die falsche Angst vor Gott ist in einem Gottesbild begründet, das seine Allmacht, Allwissenheit und Gerechtigkeit übertrieben in den Vordergrund stellt. Kindern wurde häufig der Merkvers beigebracht: „Wo ich bin und was ich tu, sieht mir Gott mein Vater zu." Hier kann durchaus in biblischem Sinne gemeint sein, daß Gott sich um mich sorgt und immer bei mir ist. Bedrohlicher aber lautet ein anderer Merkvers: „Ein Auge ist, das alles sieht, selbst was in finsterer Nacht geschieht." Hier erscheint Gott als das „höchste Wesen", das dem Menschen willkürlich Gebote und Grenzen setzt, ihn mißtrauisch beobachtet und alles registriert. Solange die Vorstellung von einem mich lediglich beobachtenden Gott im Vordergrund steht, behält „Umkehr" einen negativen Klang, bleibe ich Gott gegenüber mißtrauisch. Umkehr wird zur eigenen Leistung, die ich grundsätzlich nicht erbringen kann, denn dieser Gott beobachtet mich nur, hilft mir aber nicht. Angst vor den Konsequenzen ist die Folge: Muß ich nicht zunächst selbst mein Leben ändern, wenn ich mich auf eine Begegnung mit ihm einlasse? Kann ich mein Ja-Wort zu ihm wirklich einhalten? Was wird er noch alles von mir fordern? Der Gedanke an Gott macht beklommen und weckt unangenehme Gefühle. Vor diesem Gott erstirbt jedes Vertrauen und jeder Lobpreis!
Wir erkennen heute, daß diese Vorstellung von Gott in einer bestimmten Philosophie begründet ist (im sogenannten Deismus), aber nicht die frohe Botschaft der Bibel wiedergibt. Ein Gewissensspiegel zur Vorbereitung auf die Beichte enthält deshalb die Frage: „Ist Gott für mich nur ein unverbindliches ‚höchstes Wesen'? Eine Art Kontrollbehörde, vor der ich Angst habe, daß sie mir alles kleinlich nachrechnet?" (GL 63,1) In dieser Frage kommt deutlich zum Ausdruck, daß die Angst vor Gott nicht von Gott kommen kann: Angst trennt uns von Gott, und was uns von Gott trennt, kann nicht seine „Gabe" sein: Er hat uns nicht einen Geist der Angst und Verzagtheit gegeben, sondern den Geist der Kindschaft, so daß wir wie Jesus immer wieder rufen dürfen: Abba, lieber Vater! Der Gott, zu dem Jesus gebetet hat, ist nicht im entferntesten eine unpersönliche oberste „Kontrollbehörde", die registriert, ob ich alle ihre Forderungen erfüllt habe, und jede Abweichung bestraft.

Strenggenommen ist eine solche „Vorstellung“ von Gott Sünde, denn sie trennt von Gott. Aber: Eine Korrektur dieser Vorstellung gehört nicht in einen Gewissensspiegel, denn der Beichtende soll ja eine „Sünde“ bekennen, die für ihn nicht schuldhaft ist, sondern eine von der Kirche zugelassene und mitgetragene Fehlentwicklung. Da ganze Generationen von Theologen und Predigern diese „Drohbotschaft“ kultiviert haben, muß deren Korrektur auch öffentlich dogmatisch-kirchenamtlich erfolgen. Die Entdeckung einer neuen Gestalt gläubiger Praxis setzt auch die Aufarbeitung einer geschichtlich bedingten Praxis voraus, die mit Zwang und Unterdrückung verbunden war.
Allerdings zeigt sich in der Zurückweisung eines unbiblischen Verständnisses von Gott oft auch ein Verlust der Ehrfurcht vor ihm und die Ablehnung jeglicher von ihm gegebenen Ordnung. Deshalb lautet die weitere Frage in unserem „Gotteslob“: „Ist Gott für mich nur der gutmütige ‚liebe Gott‘, der für mich dazusein hat?“ (Nr. 63,1) In dieser Grundhaltung wird Gott gleichsam zu einer obersten „Behörde“, an die *ich* lediglich Forderungen stelle, die auf meine Wünsche und Bedürfnisse Rücksicht zu nehmen hat. Das einseitig vom Gerichtsgedanken geprägte Verhältnis zu Gott ist umgeschlagen in eine fast kumpelhafte Nähe ohne ehrfürchtigen Abstand von ihm. Auch diese Vorstellung trennt von Gott, weil sie ihn nicht ernst nimmt.

2. Schluß mit der Ratlosigkeit und Resignation in der Kirche![5]

Die These

Christ und damit Mitglied der Kirche wird der einzelne nur durch die Taufe. In ihr hat Gott mit jedem einzelnen einen ganz persönlichen Bund der Treue und bleibenden Zuwendung geschlossen. In der Kirche fehlen Angebote, diesen Bund auch ganz persönlich anzunehmen.
Auch zur Zeit Jesu war das Volk „voller Erwartung“, daß etwas Neues geschieht. Jesus hat jedoch das Neue, das Gott durch ihn wirken wollte, nicht mit Plänen, Strategien, Sitzungen und Appellen (erst recht nicht mit einer Flut von Papieren) begonnen, sondern dadurch, daß er sich bei seiner Taufe „zusammen mit dem ganzen Volk“ (Lk 3,21f) dem Wirken Gottes ganz persönlich, in einem leibhaften Schritt, anvertraut hat. Dabei wurde er „mit dem Heiligen Geist erfüllt“, wurde ihm bewußt, daß er in einer einmalig direkten, persönlichen und leibhaften Beziehung zu Gott steht („du bist mein geliebter Sohn“). Dies war der konkrete Beginn der Kirche, denn Jesus läßt uns durch das Grundsakrament der Taufe teilha-

[5] Der Dom, 8. Mai 1994.

ben an dieser seiner Beziehung zu Gott. Zugleich hat er durch seinen persönlichen Schritt inmitten des „Volkes“ bis in diese Stunde hinein ein unübersehbares „prophetisches“ Zeichen gegeben, wie es auch heute mit der Kirche weitergehen soll. Warum folgen wir nicht seinem Beispiel und überlassen uns weiterhin einer fast tödlichen Resignation?

Eine harte Frage

In der Taufe bietet Gott jedem Menschen eine direkte, persönliche, leibhafte Beziehung an, den *Taufbund.* In den Worten des Priesters: „Ich taufe dich“ und beim Übergießen mit Wasser kommt Gott in leiblichen Zeichen auf den einzelnen zu, spricht ihn ganz persönlich als sein „Du“ an und versichert ihm gleichsam: „Ich, dein Gott, ich schließe mit dir einen Bund der Treue, ich will dich lieben und annehmen und durchtragen, solange du lebst“. Zu einem Bund gehört das Ja-Wort, die Annahme des Bundes. Sie geschieht bei der Erwachsenentaufe im Taufbekenntnis: „Ich widersage ... Ich glaube“. Erst in diesem *persönlich* ausgesprochenen Ja-Wort zum Bund kommt die Liebe Gottes an ihr Ziel! Gott zwingt uns seine Zuwendung nicht auf, er achtet unsere Freiheit so sehr, daß er auf unser *persönliches* Ja-Wort wartet, wie am Ja-Wort Mariens deutlich wird. „Persönlich“ meint hier, daß das Ja-Wort zu Gott jemeinig und nicht delegierbar ist, denn keiner kann anstelle eines anderen das Ja-Wort zu Gott sprechen.
Deshalb die Frage: Wenn das „selbstverständliche“ Hineinwachsen in die Kirche durch Kindertaufe und Erziehung – ohne das ganz persönliche, bewußte, freie Ja-Wort des einzelnen zum Taufbund – in hohem Maße unterbrochen ist: Warum werden solche persönlichen Glaubensschritte nicht angeboten? Wenn etwa 80% der Jugendlichen nach der Firmung dem Gemeindeleben fernbleiben, obwohl sie doch alle „im Chor“ ihr Taufversprechen erneuert haben, dann kann hier etwas nicht bzw. nicht mehr stimmen! Und warum müssen Jugendliche, die ihr Firmversprechen einzeln und persönlich erneuert haben, sich vor den Altersgenossen dafür rechtfertigen? Warum wird das immer noch als etwas „Besonderes“ angesehen? Und warum stoße ich selbst auf erstaunte Blicke und Fragen, wenn ich erzähle und bezeuge, daß ich vor nunmehr 22 Jahren aus Enttäuschung über die nicht eingelösten Verheißungen des Zweiten Vatikanischen Konzils mein Tauf- Firm- und Weiheversprechen erneuert habe und daß mich seitdem die Gewißheit trägt, daß Jesus lebt?
Alles weitere Suchen und Fragen hilft jetzt nichts mehr. Als Petrus gefragt wurde: Was sollen wir tun? war die klare Antwort: Kehrt um, ein jeder lasse sich taufen, und ihr werdet die Gabe des Heiligen Geistes empfangen (Apg 2,38). Diese Antwort ist nach wie vor gültig. Aber eins ist auch sicher: Wenn die Hirten bei diesem Tun nicht vorangehen, wird sich in der Kirche

nichts ändern. Eine neue Glaubenspraxis und neue Normen des Verhaltens können nur in der *ganzen* Kirche *von innen her* wachsen.
Das persönliche, leibhafte Ja-Wort *aller* Glieder der Kirche zum Bund Gottes mit uns wäre eine grundlegende Umkehr zu Gott und das Ende der gegenwärtigen Ratlosigkeit in der Kirche: Damit würden wir Gott ausdrücklich erlauben, an und durch uns Neues zu wirken! Nach ihrem Ja-Wort ruft Maria aus: „Großes hat an mir getan der Mächtige" (Lk 1,49), und Paulus bezeugt, daß er die Lebenskraft, die Energien Gottes, an sich selbst erfahren hat: „Liebe, Freude, Friede, Freundlichkeit, Selbstbeherrschung" (Gal 5,22). Auch wir würden in einem erneuten und vertieften Ja-Wort zu Gott dankbar und staunend erkennen, was Gott wirkt, wenn wir ihn nur wirken lassen. Die Angst vor dem Neuen würde uns genommen, aber auch das ängstliche Festhalten an veralteten Schemata, die nicht mehr lebensfähig sind!

3. Auf dem Weg zu einer neuen Gemeinde-Normalität[6]

Ein Grund für die gegenwärtige Ratlosigkeit in der Kirche ist die Tatsache, daß man nicht fragt, wie denn eine Gemeinde zur Zeit des Neuen Testamentes ausgesehen hat, was in ihr „normal" war. Beim Segnungsgottesdienst am 18. September im Paderborner Dom besteht die Möglichkeit, daß einzelne in einer kleinen Gruppe auf persönliche Weise ihr Tauf- und Firmversprechen erneuern und so den von Gott angebotenen Bund persönlich annehmen. Im Hinblick darauf heißt es im Einladungsschreiben: „In Zukunft wird es – wie zur Zeit des Neuen Testamentes – ganz *normal* sein, daß jeder einzelne die Möglichkeit hat, die Gnade der Sakramente und die Geistesgaben in persönlichen, leibhaften Glaubensschritten von Gott anzunehmen ... Wer solche Schritte vollzieht, tut damit nicht etwas Besonderes. Nicht jeder muß sie vollziehen, aber wer sie vollzieht, tut etwas *ganz Normales*: Die leibhafte Weise, in der Gott in Jesus Christus, in seinem Wort und in den Sakramenten auf uns zukommt, befähigt uns zu einer leibhaften Antwort (vgl. GL Nr.41)". Was heißt hier „normal"?

Unser Gemeindeleben ist nicht in jeder Hinsicht „normal"

Um es ganz klar zu sagen: Mit dieser These soll nicht bestritten werden, daß in unseren Gemeinden auf vielfältige Weise der Glaube noch gelebt und bezeugt wird und daß viele Aktivitäten dazu hinführen. Auch soll nicht bestritten werden, daß ganze Landstriche noch wenig von der „Verdunstung des Glaubens" spüren, weil noch vielfältige Traditionen

[6] Der Dom, 15. Mai 1994.

lebendig sind. Es geht also nicht um die Frage, ob Glaube noch lebendig ist, sondern lediglich darum, wie er in Zukunft bezeugt werden kann. Denn sicher ist: Kirche und Gesellschaft sind nicht mehr deckungsgleich, so daß in Zukunft der Glaube nicht mehr in demselben Maße wie bisher von der gesellschaftlichen Umwelt erwartet, gefordert, mitgetragen wird. Was also wird in Zukunft für eine Gemeinde „normal" sein?
„Normal" ist das, was der Norm entspricht, nicht von der Norm abweicht (ein normaler Pulsschlag, ein normales Verhalten). Die Norm ist der Maßstab, an dem alles gemessen werden muß. Die Norm, der Maßstab für alles christliche Leben ist zweifellos das Neue Testament. Was nicht mit ihm übereinstimmt, ist deshalb nicht normal und kann nicht maßgebend sein. Der Neue Bund bleibt immer so neu, daß er von uns aus nie voll verwirklicht werden kann!

Die „normale" Volkskirche

Christ und Glied der Kirche wird der einzelne durch die Taufe, und nur durch die Taufe. Sie ist das *Grundsakrament* und kann durch nichts ersetzt werden, weder durch Aktion noch durch Meditation, aber auch nicht durch ein anderes Sakrament. Die Art und Weise, wie in den Gemeinden zur Zeit des Neuen Testamentes die Taufe empfangen und der Taufbund angenommen wurde, ist deshalb der Maßstab, die Norm für jede spätere Gemeindepraxis.
Im Neuen Testament ist es *normal*, daß jeder, der getauft werden möchte, im einzeln gesprochenen Taufbekenntnis den von Gott angebotenen Taufbund annimmt. Die Taufformel lautet bis heute: „Ich taufe dich". Warum? Weil Gott in der Taufe jeden einzelnen persönlich anspricht und in seine Kirche aufnimmt. Wenn in einem Gottesdienst mehrere getauft werden, lautet auch heute die Taufformel niemals: „Ich taufe euch", die Taufbewerber werden nicht alle gleichzeitig mit Taufwasser besprengt und antworten nicht im Sprechchor: „ich glaube" ... „ich widersage". Vielmehr tritt jeder einzeln vor, spricht einzeln sein Taufbekenntnis und wird einzeln getauft. Das ist „normal".
In den Gemeinden zur Zeit des Neuen Testamentes gab es keine von der staatlichen Autorität geforderte Weitergabe des Glaubens durch Kindertaufe und Erziehung, keinen Prozeß des „selbstverständlichen Hineinwachsens in die Kirche" ohne das freie, persönliche Ja-Wort eines jeden einzelnen. Eine Annahme des Taufbundes im „Sprechchor" ist im Neuen Testament völlig unbekannt. Die Regel war die Erwachsenentaufe, und diese war ein Lebenseinschnitt, an den der einzelne sich deutlich erinnern konnte: „Erinnert euch also, daß ihr einst Heiden wart, ... *damals* wart ihr von Christus getrennt, ... *jetzt* aber seid ihr, die ihr einst

in der Ferne wart, durch Jesus Christus, nämlich durch sein Blut, in die Nähe gekommen" (Eph 2,11-13; vgl. Eph 5,8; Gal 4,8). Paulus setzt voraus, daß mit der Taufe eine Anfangserfahrung verbunden ist, an die man sich zurückerinnern kann: „Am Anfang habt ihr auf den Geist vertraut, und jetzt erwartet ihr vom Fleisch die Vollendung. Habt ihr denn *so Großes vergeblich erfahren*?" (Gal 3,3f; vgl. Apg 19,2)
Wenn es Mt 28,18 heißt: „Geht zu allen Völkern und macht alle Menschen zu meinen Jüngern", dann ist hier gemeint, daß jedes einzelne Mitglied eines bestimmten Volkes durch den Empfang der Taufe zum Jünger, zur Jüngerin Jesu werden soll. „Volkskirche" im Sinne des Neuen Testamentes meint also: Die Kirche ist für alle Völker da und führt den einzelnen dazu, durch persönliche Hinwendung zu Jesus Christus sein(e) Jünger / Jüngerin zu werden.
In der alten Kirche wurde die Taufe in der Regel in der Osternacht gespendet. Das ist eine von Freude erfüllte und getragene Liturgie, entstanden aus der Erfahrung, die Erwachsenen bei ihrer Taufe geschenkt wird. Die Halle „tönt wider von des Volkes mächtigem Jubel", in dieser „wahrhaft seligen Nacht, die Gott und Menschen verbindet". Keine Spur von bedrückenden „Forderungen" Gottes und menschlichen „Leistungen"! Nein, eine tiefe und befreiende Freude bricht auf, daß ich nun in einem persönlichen Bund Gottes mit mir leben darf, daß er mich lieben und auch durch die Dunkelheiten meines Lebens hindurchtragen wird. Das ist die ursprüngliche Tauferfahrung!

4. Wie kommt es zu der gegenwärtigen Ratlosigkeit in der Kirche?[7]

Die „erste" Evangelisierung war die Hinführung Ungetaufter zur Taufe. Die „neue" Evangelisierung ist die Hinführung der (als kleine Kinder) Getauften zu einer vertieften Annahme des Taufbundes, der übrigen Sakramente und der Geistesgaben. Der folgende Text der deutschen Bischöfe gibt ganz sicher nicht die Meinung eines jeden einzelnen Bischofs wieder, sondern eine allgemeine Grundstimmung. In ihm wird aber deutlich, warum so wenige *konkrete* Ansätze zu einer „neuen" Evangelisierung sichtbar werden oder in Anfängen steckenbleiben:
„Wenn eine kleine entschiedene Schar von Jesus-Jüngern damals eine Ausstrahlungskraft für die ganze Welt besaß, warum sollte es uns, wenn *auch unter anderen Bedingungen* und in anderer Gestalt, nicht möglich sein, den Glauben bei vielen neu einzupflanzen? Freilich stellen sich

[7] Der Dom, 29. Mai 1994.

hierzu sofort (!) eine Reihe tiefgreifender Fragen. Es läßt sich kaum leugnen, daß bei nicht wenigen von uns eine *große Ratlosigkeit* darüber herrscht, wie denn unter den Bedingungen unserer heutigen Welt und Gesellschaft ein überzeugendes, vom Evangelium geprägtes Leben aussehen kann und soll." Die lange bestehende gegenseitige Durchdringung von Kirche und Gesellschaft ist auseinandergebrochen, so daß *„viele bisherige Formen, das Evangelium zu verwirklichen, fragwürdig oder unwirksam oder gar unwirklich* erscheinen." Die „Glaubensanfechtung in der Kirche" kann deshalb auch als „Konsequenz gesamtgesellschaftlicher Umschichtungen" gesehen werden. (PD 23 u. 11)
In diesen Texten wird der eigentliche Grund für die Resignation in der Kirche offenbar: Die Kirche hat sich in einer nicht dem Evangelium gemäßen Weise abhängig gemacht von den heutigen „gesellschaftlichen Bedingungen"! Wo bleibt die „vertikale" Dimension des Christseins? Pfingsten war ein Einbruch „von oben", er hat sich nicht aus einem selbstverständlichen Prozeß ergeben. Die Gründung von Ordensgemeinschaften und die Entstehung geistlicher Aufbrüche und Bewegungen waren nicht selten kontrafaktische Impulse „von oben". Die Charismen ergeben sich nicht „von selbst", sondern werden in der jeweiligen Situation je und je neu vom Geist Gottes gewirkt und von ihm empfangen.

Harte Fragen

1. Warum stellen sich nach dem Hinweis auf die „entschiedene Schar der Jesus-Jünger" sofort, aber auch sofort „tiefgreifende" Fragen hinsichtlich der gegenwärtigen gesellschaftlichen Bedingungen des Christseins? Warum sind diese Fragen derart tiefgreifend, daß man nicht mehr ins Neue Testament hineinschaut und fragt, wie denn Jesus, wie die Apostel das Evangelium bezeugt haben und was vom Neuen Testament her „normal" wäre? Jesus hat das Christwerden und Christsein keineswegs von den „gesellschaftlichen Bedingungen" abhängig gemacht, die damals von den Hohenpriestern und Schriftgelehrten repräsentiert wurden. Er hat vielmehr prophetisch-kontrafaktisch gegen diese Bedingungen gepredigt und gehandelt! Petrus hat auf die Frage: Was sollen wir tun? nicht geantwortet: Wir wissen das so genau auch nicht. Setzt euch zusammen, sucht und fragt, vielleicht werdet ihr irgend etwas finden! Seine Antwort ist klar und eindeutig: Umkehr, Taufe, Empfang des Heiligen Geistes (Apg 2,38). Das gilt auch bei der Praxis der Kindertaufe.
2. Macht die Kirche sich nicht schuldig, wenn sie bei einer neuen Bezeugung des Evangeliums nicht zu persönlich-leibhaften Glaubensschritten hinführt, die für Jesus und die Apostel „normal" waren? Thomas von Aquin sagt sogar ziemlich rigoros: „Wenn der junge Mensch sich nicht

seinem Alter entsprechend in einer bewußten Entscheidung zu Gott bekehrt, sündigt er schwer" (STh I/II, 89,6). In unserem „Gotteslob" (Nr. 52,4) heißt es ausdrücklich: „Mit der Firmung kann die Erneuerung des Firmversprechens für die Gemeinde *oder für einzelne* erfolgen. Dies kann entsprechend vorbereitet werden." Das anschließende „Gebet zur Firmerneuerung" ist persönlich formuliert! Warum, so muß eindringlich gefragt werden, bieten unsere Gemeinden nicht an, was die Kirche zu tun empfiehlt? Warum das fortdauernde Lamento über die nicht vorhandenen „gesellschaftlichen Bedingungen" des Christseins?

3. Einige Jugendliche haben mittlerweile mit ihren Pfarrern und Religionslehrern in kleinen Gruppen solche Schritte vollzogen. Wie aber reagiert eine heutige Gemeinde, wenn bekannt wird, daß einige „so etwas" getan haben? Heißt es dann nicht: Die wollen etwas Besonderes sein? Werden sie dann nicht sofort unter die Lupe genommen? Und was geschähe, wenn Jugendliche im Gemeindegottesdienst berichten und bezeugen würden, sie seien durch solche Schritte zu einer lebendigeren Gotteserfahrung gekommen, die ihr Leben nun bestimmt? Ginge dann nicht ein Raunen und Naserümpfen los?

Eins ist sicher: Wer einmal miterlebt hat, vielleicht sogar am eigenen Leib, wie bei Feiern zur Erneuerung des Taufbundes, des Firm- Ehe- oder Weiheversprechens eine fast ungeahnte Erfahrung der Kirche als Gemeinschaft aufbricht, eine neue Freude an Gott, ein neuer Dank für das unsagbare Geschenk seiner Zuwendung, eine neue Sicht der Kirche „von innen", wer das einmal erfahren hat, der läßt alle Ratlosigkeit und Resignation hinter sich: Er wird zum Hoffnungsträger in der Kirche, zum engagierten Mitarbeiter bei einer neuen Bezeugung des Evangeliums

5. Wie kam es zur Abhängigkeit des Christseins von gesellschaftlichen Bedingungen?[8]

Die Gründe dafür, daß die Weitergabe des Glaubens heute in hohem Maße unterbrochen ist, gehen bis ins 4. Jahrhundert zurück. Nach dem Ende der Verfolgungszeit wurde unter Kaiser Konstantin das Christentum zur Staatsreligion, die Bischöfe Staatsbeamte, die Kleriker wurden mit Privilegien ausgestattet, der heidnische Kult wurde unter Strafe gestellt. Kaiser Justinian I. (527-565) befahl, daß alle Heiden sich taufen lassen müssen. Wenn sie die Taufe verweigern, verlieren sie ihre bürger-

[8] Der Dom, 19. Juni 1994.

lichen Rechte. Die Taufe wird nicht mehr als der persönliche Bund Gottes mit dem einzelnen in der Gemeinschaft der Glaubenden verstanden, sondern wird zwangsweise zur Voraussetzung dafür, daß jemand seine bürgerlichen Rechte ausüben kann! Staat und Kirche gehen eine „Lebensgemeinschaft" ein, durchdringen und tragen sich gegenseitig. *„Normal" ist jetzt also nicht mehr die persönliche Taufentscheidung des einzelnen, sondern die staatsbürgerliche Pflicht, ein Christ zu sein!*
Ebenso einschneidend war die Praxis der „Christianisierung" der Germanen. Ganze Völker schlossen sich (zumeist aus politischen Gründen) der Kirche an, ohne daß der einzelne sich in einer angemessenen Zeit persönlich auf den Empfang der Taufe vorbereiten konnte. Nach dieser „ersten" Evangelisierung von Erwachsenen wurde seit Karl dem Großen das Christsein weitergegeben und gleichsam „vererbt" durch die Kindertaufe und eine christliche Erziehung. Dabei lag der Nachdruck auf der „Lehre", auf dem Erlernen der Glaubenswahrheiten. Die Heranwachsenden wurden nicht dazu hingeführt, in altersgemäßer, freier Selbstbestimmung den Taufbund von Gott anzunehmen. Wenn auch heute noch vor der Erstkommunion, vor der Firmung, in der Osternacht, die Tauferneuerung *im Chor* gesprochen wird, dann ist dies eine Kompromißlösung, die nur dann einigermaßen sinnvoll bleibt, wenn der Glaube von außen her, von der Gesellschaft, mitgetragen wird.

Kindertaufe und unvertretbare Annahme des Taufbundes

Ist mit dem bisher Gesagten die Kindertaufe in Frage gestellt? Keineswegs. In der Taufe unmündiger Kinder „kommt stärker als bei der Taufe Erwachsener zum Ausdruck, daß sie nicht das Werk des Menschen ist, sondern immer zuerst Geschenk Gottes". Aber eben deshalb gehört zum Wesen der Kindertaufe „die spätere *persönliche* Glaubensentscheidung" (GL Nr. 44), also die persönliche Annahme des Taufbundes in freier Selbstbestimmung.
Es gibt Grundvollzüge, die mir niemand abnehmen kann. Dazu gehören zum Beispiel essen, schlafen, gehen, sich anvertrauen. Zu diesen je eigenen Vollzügen gehört auch das Ja-Wort zum Ehebund: Niemand kann anstelle eines anderen die eheliche Selbst-Hingabe vollziehen. In ähnlicher Weise kann auch niemand bei meiner Taufe für mich und an meiner Stelle mein Taufbekenntnis sprechen und den Taufbund von Gott annehmen.
Deshalb wurde auf Weisung des Zweiten Vatikanischen Konzils im Jahre 1969 der Ritus der Kindertaufe geändert. Die Eltern und Paten widersagen nicht mehr wie früher *stellvertretend* für das Kind dem Bösen; sie bekennen den Glauben nicht mehr *stellvertretend* für das Kind. Viel-

mehr widersagen sie erneut und *persönlich* dem Bösen und bekennen erneut ihren *eigenen* Glauben! Sie „erneuern“ ihr *eigenes* Taufbekenntnis und damit den Glauben der ganzen Kirche, in den das Kind durch seine spätere *persönliche* Glaubensentscheidung hineinwachsen soll. Diese Neuordnung ist von kaum zu überschätzender Bedeutung für die zukünftige Gemeindepraxis: Im Taufbekenntnis steht der einzelne *unvertretbar und persönlich* vor Gott. Durch diese neue Praxis anerkennt und betont die Kirche also: Niemand kann *an meiner Stelle* den Taufbund von Gott annehmen und Gemeinschaft haben mit Gott. Die Begegnung mit Gott in der Taufe ist die Überwindung *meines* Todes durch Gott, der Beginn *meiner* Auferstehung (1 Kor 15,44): Niemand kann *meinen* Tod erleiden; niemand kann *an meiner Stelle* auferstehen. Ich selbst werde sterben; ich selbst werde auferstehen.

Wenn also Eltern und Paten das Taufbekenntnis nicht mehr „anstelle des Kindes“ sprechen, ist die liturgische „Tauferneuerung“ strenggenommen eine *Nachholung* der Annahme des Taufbundes. Damit erhält diese Annahme die ihr vom Neuen Testament her zukommende Würde zurück.

Annahme des Bundes in freier Selbstbestimmung: die neue Gestalt der Kirche

„Bund” ist ein alles einschließender Ausdruck für das geschichtliche Handeln Gottes: „alter“ und „neuer“ Bund. „Bund“ ist von Gott her gesehen seine Selbstverpflichtung zur Treue uns gegenüber. Diese seine Treue kann von uns nicht wie von einem menschlichen Bundespartner gefordert werden. Sie bleibt seine *freie Selbstbestimmung*, wir dürfen aber seiner Zusage vertrauen, daß er uns auch dann treu bleibt, wenn wir uns von ihm abwenden: Sein Herz schlägt für jeden einzelnen Menschen! Dieser freien Selbstbestimmung Gottes zum Bund entspricht in der Bibel die Antwort des Menschen: *Die Liebe Gottes kommt deshalb erst an ihr Ziel, wenn jeder in freier Selbstbestimmung auf seine persönliche Zuwendung antwortet.* Diese Selbstbestimmung ist nicht unsere ureigene Leistung, sondern die Liebe Gottes befreit uns zu diesem Schritt auf ihn hin. Das freie Ja-Wort zum Bund Gottes mit mir ist deshalb die höchste Form meiner Selbstverwirklichung und meiner Selbstbestimmung: Gott allein kann ich mich ganz und gar anvertrauen, er allein kann ganz selbstlos lieben, er allein kann mir zur vollen Selbstverwirklichung verhelfen.

Die neue Gestalt der Kirche wird sich darin zeigen, daß in Zukunft jeder einzelne die Möglichkeit hat, in freier Selbstbestimmung Gott sein Ja-Wort zu geben. Diese im Wesen des Bundes begründete Selbstbestimmung hat seit Karl dem Großen in der abendländischen Kirche keine Tradition. In kleinen Gruppen und in geistlichen Bewegungen hat sich bereits die Praxis einer persönlichen Erneuerung des Tauf- Firm- Ehe-Versprechens herausgebildet. Diese Glaubensschritte werden in den Gemeinden jedoch noch nicht *amtlich* angeboten und gelten deshalb noch nicht als „normal". Der Gottesdienst am 18. September im Dom von Paderborn wird der erste *amtlich-bischöfliche* Gottesdienst dieser Art sein. Er könnte zu einem Signal dafür werden, daß diese Praxis auch in die Breite der „Volkskirche" eindringt. Die Einübung in die freie Selbstbestimmung bei der Annahme der Zuwendung Gottes ist zugleich die Einübung in eine „wirgemäße" Selbstbestimmung in Kirche und Gesellschaft!

6. Woher kommt das Unbehagen vor leibhaften Glaubensschritten?[9]

Die Annahme des Taufbundes ist ein leibhafter Schritt: Der einzelne tritt vor die Gemeinde hin und spricht als einzelner sein Taufbekenntnis. Es ist tief im leibhaften Handeln Gottes begründet, daß auch diejenigen, die als kleine Kinder getauft wurden, bei der vertieften Annahme des Taufbundes und der Energien der Firmgnade einen solchen „Schritt" vollziehen. In unserem „Gotteslob" heißt es: Der leibhaften Weise, in der Gott in Jesus Christus und in den Sakramenten auf uns zukommt und uns anspricht, muß auch unsere Antwort entsprechen. „Eine nur innerliche Frömmigkeit ist deshalb keine christliche Frömmigkeit; vielmehr muß der *ganze* Mensch beteiligt sein, wenn wir uns Gott zuwenden ... Der Verlust *leibhaften* Ausdrucks oder der Verzicht darauf sind jedoch nicht Verinnerlichung, sondern Gefährdung der Frömmigkeit." Die „*Verleiblichung* der Frömmigkeit" dagegen bleibt „*nicht ohne Rückwirkung auf unseren inneren Mitvollzug*" (41,2). Wir entdecken heute neu die überlieferte Weisheit: Das Heil ist zentriert in der Verleiblichung. Alle Wege Gottes sind leibhaft. Die Verleiblichung der Beziehung zu Gott wäre der *konkrete* Beginn einer neuen Annahme des Evangeliums.

Aber gerade hier zeigen sich allergrößte Probleme. Das Angebot zu diesem kleinen Schritt stößt in den Gemeinden auf erhebliche *Abwehrreaktionen*: Das ist mir zu persönlich! Mein Verhältnis zu Gott ist meine *Privatsache*! Woher kommt dieses Unbehagen? Sicherlich nicht aus dem Neuen Testament. Jesus hat in Anwesenheit seiner Jünger persönlich gebetet, mit Gott gesprochen (Mt 11,25ff; Joh 11,41; Mk 14,36; Mt 27,46;

[9] Der Dom, 26. Juni 1994.

Lk 23,46), seine Beziehung zu Gott „veröffentlicht". Die Parolen: „Religion ist Privatsache!" und „Religion ist Verstandessache!" stehen nicht im Neuen Testament, sondern kommen aus der sogenannten „Aufklärung" des 17./18. Jahrhunderts!

Der weite Weg vom Kopf bis zu den Füßen[10]

Ich möchte die Situation abgekürzt einmal so ausdrücken: Der Weg vom Kopf bis zum Herzen, das sind beim Kreuzzeichen nur 30 cm, aber es kann viele Jahre dauern, bis die erlernten Glaubenswahrheiten in die Tiefe des Herzens eingedrungen sind. Der Weg vom Herzen bis zu den Füßen ist nochmals wesentlich weiter. Für viele ist es eine „Überwindung", vor die Gemeinde oder eine kleine Gruppe hinzutreten, um sich Gott persönlich anzuvertrauen. Warum? Weil dieses Heraustreten eben nicht „normal" ist, weil man dann den Vorwurf befürchtet, „etwas Besonderes" sein zu wollen.

Hinzu kommt, daß man dann nicht nur mit dem Kopf, mit seinem Wissen über Gott, vor Gott hintritt, sondern als ganze Person. Jesus wußte mehr über Gott als je ein Mensch wissen kann, er wußte auch, daß nicht er aus eigener Kraft die Menschen zu Gott hinführen, evangelisieren kann. Er wußte, daß er alles von Gott empfängt. Er hat sich zu Beginn seines öffentlichen Wirkens, bei seiner Taufe, in einem leibhaften Schritt Gott ganz anvertraut – in der radikalen Grundhaltung des Empfangens. *Ist nicht dies der eigentliche und tiefste Grund für unsere Ratlosigkeit: daß wir zu viel über Gott und sein Handeln wissen und zu wenig bereit sind, uns seinem befreienden Handeln schutzlos auszuliefern? So wie Maria, die in ihrem Ja-Wort zugestimmt hat, daß Gott leibhaft an ihr handelt?*

Die Zukunft des Glaubens wird die Verpersönlichung und damit auch die Verleiblichung der Beziehung zu Gott sein. Der Glaube erschöpft sich nicht in einem rationalen Wissen über Gott und die „Weitergabe" des Glaubens nicht in der Weitergabe der „Lehre". Nur durch leibhafte Glaubensschritte des einzelnen wird – ähnlich wie bei der Taufe Erwachsener – aus einem *von außen* übernommenen Glaubenswissen ein *innerer* persönlicher Glaube. Nehmen wir einmal an, *alle* Christen unter Einschluß der Verantwortlichen würden sich in ganzheitlich-leibhaften Schritten neu Gott anvertrauen: Was uns mit Recht an der Kirche ärgert, würde sich *von innen her* ändern!

---

[10] Der Dom, 3. Juli 1994.

7. Praktische Hinweise zum Segnungsgottesdienst[11]

Was ist ein Segnungsgottesdienst? Wenn Gott segnet, macht er uns das Angebot einer direkten, persönlichen Beziehung. Dabei schenkt er uns sein „Heil", also seine lebenspendende Kraft, seine Energien: „Der Herr segne dich und behüte dich. Der Herr lasse sein Angesicht über dir leuchten und sei dir gnädig. Der Herr wende sein Angesicht dir zu und schenke dir Heil." (Num 6,24ff) Durch die Taufe ist jeder Christ befähigt, von Gott her andere zu segnen: Es gibt heute noch Eltern, die ihren Kindern ein Kreuz auf die Stirne zeichnen, wenn sie aus dem Haus gehen, oder beim Abendgebet. Auch alle persönlichen und gesellschaftlichen Lebensumstände sowie die Dinge des täglichen Gebrauchs dürfen wir unter den Segen Gottes stellen. Durch seinen Segen schenkt Gott neues Leben, Zukunft und Hoffnung – jedem einzelnen, der Gesellschaft, seiner Kirche. Warum sollten wir dieses Geschenk nicht dankbar annehmen?

Der Segnungsgottesdienst könnte zum Beginn einer *neuen Normalität* in der Kirche werden. Er hat zwei Hauptteile:

Der persönliche Glaubensbericht

Zu Beginn werden einige Teilnehmer berichten, wie sie in ihrem Leben die befreiende und heilende Kraft, den Segen Gottes erfahren haben. Von Anfang an wurde der Glaube dadurch „weitergegeben", daß Christen einander erzählt und bezeugt haben, was Gott mit ihrem Leben zu tun hat, wie sie seinen Segen erfahren haben. Zu dem Geheilten sagt Jesus: „Geh nach Hause und berichte Deiner Familie alles, was der Herr für dich getan hat und wie er Erbarmen mit dir gehabt hat" (Mk 5,19). Paulus ruft aus: „Gottes gnädiges Handeln an mir ist nicht ohne Wirkung geblieben" (1 Kor 15,10). Das Bekenntnis „mit dem Mund" gehörte in den ersten christlichen Gemeinden zum Zentrum des Gemeindegottesdienstes (Röm 10,8-10). In der gegenwärtigen Situation gewinnt es neue Bedeutung: „Der heutige Mensch hört lieber auf Zeugen, als auf Gelehrte."[12] Wir brauchen heute nicht in erster Linie noch mehr Diskussionen, Beschlüsse und Papiere, sondern die Bezeugung des Glaubens auch im erzählenden Wortzeugnis. Weil es ungewohnt ist, meinen manche, hier wolle sich jemand „zur Schau stellen" oder „etwas Besonderes" sein. Paulus dagegen sagt: Wenn jemand in der Versammlung ein Zeugnis gibt, sollen die anderen „urteilen" (1 Kor 14,29). Damit ist gemeint: Die

---

[11] Der Dom, 11. September 1994.

[12] Paul VI., Über die Evangelisierung, Art. 41.

Gemeinde soll in der Kraft des Heiligen Geistes mit Ehrfurcht prüfen und unterscheiden, ob in diesen Worten etwas vom Wirken Gottes spürbar wird, ob sie also ein *Dienst am Glauben* sind. Das Wortzeugnis ist also ein demütiger und sich demütigender Dienst, denn die Gemeinde soll ja auch in der Kraft der „Gabe der Unterscheidung" die Echtheit erspüren und beurteilen (dazu gibt es in der Bibel und in der Tradition der Kirche viele Kriterien). Hier sind noch viele Einübungsprozesse in den Gemeinden notwendig. Viele werden dankbar dafür sein, daß Mitchristen sich überhaupt zu einem solchen Dienst bereitfinden.

Das Angebot zu persönlichen Glaubensschritten

Die eucharistische Anbetung wird mitgetragen von meditativen Liedern und Gebeten. Dabei kann jeder auf seinem Platz still vor Gott verharren. Zugleich besteht die Möglichkeit, sich im geschützten Raum der Nebenkapellen des Doms auch persönlich segnen zu lassen. Priester und Laien halten sich dort zum Dienst der Segnung bereit. Man kann dabei sitzen, stehen oder knien. Das Einladungsschreiben nennt verschiedene Stufen: 1. Bitte um Segen in den Freuden und Nöten des Alltags, die einzeln genannt werden oder auch allgemeiner zum Ausdruck kommen: „Ich bitte Gott, einen neuen Weg mit mir zu beginnen." 2. Die persönliche Annahme des Taufbundes und der Firmgnade kann in einem Gebet geschehen, das man sich zu Hause aufgeschrieben hat; man kann es auch frei formulieren oder eine Vorlage aus dem „Gotteslob" benutzen (Nr. 5; 50,2; 52,5). 3. Die Erneuerung des Eheversprechens kann mit den Worten geschehen: „Ich bekräftige den Bund, den ich mit dir geschlossen habe und nehme dich heute vor Gottes Angesicht neu an als meine Ehefrau/meinen Ehemann." Dabei können sie sich die Hand reichen, einander neu den Ring der Liebe und der Treue anstecken oder mit einem Kreuz auf die Stirne segnen. Für manche ist dieser Schritt ganz einfach der Dank für eine „geglückte" Ehe, in der auch Zeiten der Krise und der Entfremdung gemeinsam durchgestanden wurden. In der Regel bedarf ein solcher Schritt einer längeren Vorbereitung (Aufarbeitung der Ehegeschichte, auch mit Hilfe anderer; ein gemeinsames Gebet um „innere Heilung" von Verletzungen und Verwundungen, die sie einander zugefügt oder von ihren Eltern und anderen erlitten haben [NMG 127-139]). Einige werden vielleicht nur die Bereitschaft zum Ausdruck bringen: „Wir möchten einen neuen Anfang miteinander machen und bitten Gott um seinen Segen für unseren weiteren Weg", um sich in den folgenden Wochen auf eine Erneuerung des Eheversprechens vorzubereiten. Es bleibt immer ein Anfang: Gott schenkt den Ehegatten die Gnadengabe der Zärtlichkeit und Treue, wenn sie mit seiner Zuwen-

dung „mitwirken“ und ihm erlauben, ihre Gefühle Schritt für Schritt zu verchristlichen.
Es gibt nichts, was anziehender und befreiender ist, als sich Gott persönlich anzuvertrauen: Er allein kann ganz selbstlos lieben, er allein kann mir zur vollen Selbstverwirklichung und Selbstbestimmung verhelfen. Der eigentliche Ort persönlicher Glaubensschritte sind die Gemeinden. Bitten wir Gott, daß er uns einen neuen Anfang schenkt, ein Signal der Freude und Hoffnung.

III.
Interviews und Berichte im Vorfeld

1. Die neue Gestalt der Kirche persönlich erfahren[13]
Die Fragen stellte Reinhard Brockmann

? Seit 1200 Jahren gibt es Gottesdienste im Erzbistum Paderborn. Am 18. September lädt Erzbischof Degenhardt zu einem völlig neuen Gottesdienst in den Dom ein. Was wird so anders sein?

Mühlen: Dieser Segnungsgottesdienst beginnt damit, daß Jugendliche bezeugen, wie sie ihren Taufbund in einem persönlichen Schritt von Gott angenommen und ihr Firmversprechen persönlich erneuert haben. Ehepaare werden von der Erneuerung ihres Eheversprechens berichten.

? Das tun sie öffentlich vor der Gemeinde?

Mühlen: Ja, am Mikrophon. Es folgt eine eucharistische Anbetung. Während dieser Zeit hat jeder die Möglichkeit, sich Gott persönlich anzuvertrauen, sich segnen zu lassen. Zu diesem Dienst der Segnung halten sich in den Seitenkapellen des Doms Priester und Laien bereit. Der einzelne kann seine alltäglichen Nöte vor Gott hintragen oder auch in einem persönlichen Ja-Wort den Taufbund erneuern.

? Ist das eine Wiedertaufe?

Mühlen: Keineswegs. Bei der Taufe hat Gott für immer und ewig einen Bund der Treue mit dem einzelnen geschlossen. Deshalb kann die Taufe nicht wiederholt werden, aber Gott zwingt uns seine Zuwendung nicht auf. Er achtet unsere Freiheit so sehr, daß er auf unser Ja-Wort wartet. Nach der kirchlichen Lehre wirkt die Gnade, die Lebenskraft und Energie Gottes, in dem Maße in uns, als wir mit ihr mitwirken.

---

13 Westfalen-Blatt, 12./13. Mai 1994.

? Die Erneuerung des Eheversprechens soll dadurch symbolisiert werden, daß sich die Partner auch die Ringe neu anstecken.

Mühlen: Das ist auch bei der Silbernen Hochzeit vorgesehen. Neu ist, daß die beiden zueinander sagen: „Ich bekräftige den Bund, den ich mit dir geschlossen habe und nehme dich heute vor Gottes Angesicht neu an als meine Ehefrau/meinen Ehemann." Damit bringen sie zum Ausdruck: Ich nehme dich heute so an, wie du bist und gebe alle Versuche auf, dich in deiner Grundstruktur ändern zu wollen. Ich weiß jetzt, wen ich geheiratet habe und sage neu Ja zu dir.

? Ist der Kirchenapparat heute zu perfekt?

Mühlen: Das wichtigste für einen Christen ist die direkte und befreiende Beziehung zu Gott. Wenn es etwas gibt, was mich daran hindert, dann darf ich es bei persönlichen Glaubensschritten hinter mir lassen. Erzbischof Degenhardt schreibt in der Einladung zum Gottesdienst am 18. September: „Wir alle verlangen danach, Gott als dem Ursprung allen Segens auch direkt und persönlich zu begegnen, über alles hinweg, was uns an dieser Begegnung hindern könnte." Zu diesen Behinderungen gehört die nicht biblische, falsche Vorstellung von einem drohenden Gott, der straft aber nicht hilft, oder auch die Kirche, insofern sie nur von außen als gesellschaftliche Organisation und als Institution gesehen wird. In ihrem Inneren lebt die Kirche vom persönlichen Vertrauen eines jeden einzelnen zu Gott in der Gemeinschaft der Glaubenden.

? Wieviel persönlichen Mut braucht es, um beim Segnungsgottesdienst aufzustehen, zu einem der 25 Altäre zu gehen und um den Segen zu bitten?

Mühlen: Mut brauche ich dazu nicht, denn der Segen Gottes ist nichts Bedrohliches. Ich brauche nur die Bereitschaft, mich von Gott beschenken zu lassen. Ja, ich verpasse sogar eine tiefe Erfahrung von Kirche, wenn ich nicht miterlebe, wie Gott mich durch die Mitchristen segnet.

? Die Bischöfe beklagen, für viele Jugendliche sei die Firmung die Abschiedsvorstellung von der Gemeinde.

Mühlen: Aber man zieht daraus nicht die Konsequenzen. Unser „Gotteslob" sieht durchaus die Erneuerung des Firmversprechens für einzelne vor. Warum tut man nicht, was die Kirche zu tun empfiehlt? Es wäre ein entscheidender Schritt, wenn zum Beispiel Firmhelfer nicht nur darin eingeführt würden, wie man Wegzeichen sucht und bastelt, sondern wenn sie sich in der persönlichen Erneuerung des Firmversprechens von Gott mit seinen Geistesgaben ausrüsten ließen, die Paulus auch als „Lebenskräfte" und „Energien" Gottes bezeichnet.

? Was muß geschehen, damit solche Schritte möglich werden?

Mühlen: Ein Grundübel in der Kirche ist die Entleiblichung des Glaubens zu einem bloßen Kopfglauben. Wir wissen sehr viel über Gott und haben viele „Programme", aber wir haben allergrößte Hemmungen, wie bei der Erwachsenentaufe einen leibhaften Schritt auf ihn hin zu tun. Der Weg vom Kopf bis zum Herzen, das sind nur 30 Zentimeter, aber es kann viele Jahre dauern, bis die erlernten Glaubenswahrheiten ins Herz eingedrungen sind. Der Weg vom Herzen bis zu den Füßen ist nochmals wesentlich weiter. Für viele ist es eine große Überwindung, inmitten der Gemeinde oder einer Gemeindegruppe vorzutreten, um sich Gott mit Haut und Haaren anzuvertrauen. Bei einem solchen Schritt trete ich ja nicht nur mit meinem Kopf vor Gott hin, ich denke dabei nicht über ihn nach, sondern gehe als ganze Person auf ihn zu. Davor haben viele Angst, weil sie nur einen bedrohlichen und fordernden Gott im Kopf haben. Außerdem sind solche Schritte in der Kirche nicht allgemein üblich. Man handelt sich den Vorwurf ein, „etwas Besonderes" sein zu wollen.

? Sie streiten seit langem für eine Neu-Evangelisierung der Kirche. Weshalb noch einmal neu beginnen?

Mühlen: Seit 30 Jahren ist offenbar, daß eine große Epoche der Glaubensgeschichte zu Ende gegangen ist. Schon das Zweite Vatikanische Konzil sagt: „Breite Volksmassen verlassen die Kirche, aber nicht wenige kommen aufgrund einer persönlichen Glaubensbindung zu einer direkten Gotteserfahrung." Obwohl seit 30 Jahren über die „Weitergabe des Glaubens" diskutiert wird, gehen immer noch Wellen der Entchristlichung über unser Land. Die vielen Appelle zu einer Neu-Evangelisierung bleiben merkwürdig blaß und sind wenig konkret. Viele Pfarrer sind frustriert, weil sie nicht wissen, wie sie das anfangen sollen.

? Welche Handlungsimpulse also wären nunmehr erforderlich?

Mühlen: Die Erstevangelisierung war die Hinführung Ungetaufter zur Taufe. Neu-Evangelisierung ist die Hinführung zu einer persönlichen Annahme des Taufbundes und der Geistesgaben Gottes. Da solche Schritte in der abendländischen Kirche keine Tradition haben (der Glaube wurde weitergegeben durch Kindertaufe und Erziehung), ist es wichtig, daß die Hirten dabei vorangehen.

Jesus begann seine Evangelisierung mit einem leibhaften Schritt, indem er sich bei seiner Taufe Gott persönlich anvertraut hat und die Anwesenden an seiner unvergleichlich direkten Beziehung zu Gott teilnehmen ließ. Das war der konkrete Beginn der Kirche. Wenn wir alle so wie Jesus Gott an uns und durch uns handeln lassen, wird uns die Angst genommen. Nicht nur die Angst vor Gott, sondern auch die Angst vor dem Neuen, das er wirken will, aber auch das ängstliche Festhalten an veralteten Schemata, die nicht mehr lebensfähig sind. Heute geht es um eine Verpersönlichung der Beziehung zu Gott und damit auch um eine Verpersönlichung der Gemeinschaft der Kirche. So wird sie auch wieder fähig, die in ihr erfahrenen menschlichen Grundwerte in die Gesellschaft hinein zu vermitteln.

2. Gott achtet unsere Freiheit[14]

von Ulrich Knipping

Konservativ sein heißt, die Glut in der Asche zu bewahren. Der katholische Theologe und Paderborner Professor Heribert Mühlen versucht darüber hinaus, neues Feuer aus dem immer kleiner werdenden Glutherd unter dem Ascheberg des katholischen Glaubens entstehen zu lassen. Sein Rezept: Besinnung auf die Basis von Kirche und Glauben im Neuen Testament. Eigentlich selbstverständlich für die Kirche, sollte man meinen. Der radikale Rückgang auf die spirituellen Grundlagen der Kirche ist allerdings im Rahmen der römisch-katholischen Kirche nicht selbstverständlich.

Besinnung auf das Neue Testament

Zu den himmlischen Heizern der katholischen Kessel gehören nicht selten die „professionellen" Gläubigen selbst, die aus der Position gesicherter Tätigkeit im staatlichen Lehramt heraus getrost das Ende der Volkskirche prophezeien können. Nicht so Heribert Mühlen mit seinem Programm einer geistlichen Erneuerung innerhalb der Volkskirche zum Ziele ihrer Erhaltung. Er fordert die Belebung der Kirche in allen Teilen, sozusagen an Haupt und Gliedern. Im Gegensatz zu vielen anderen Kirchenkritikern will Mühlen aber die Häupter nicht abtrennen. Kein Wunder, so meint man, daß diesem Vorschlag auch der Paderborner Erzbischof mit der Einladung zum Segnungsgottesdienst im September zustimmen kann.
Allzuleicht übersieht man aber in Mühlens vordergründig diplomatischem Bemühen die innere Sprengkraft seines Neuansatzes. Mit geradezu lutherischem Eifer fordert der katholische Mühlen die Rückbesin-

---

[14] Bericht über den Vortrag von Prof Mühlen im Auditorium Maximum der Theologischen Fakultät Paderborn am 16. Mai 1994. „Neue Westfälische" vom 20. Juli 1994.

nung auf das Neue Testament als alleiniger Meßlatte christlich-kirchlichen Handelns. Ganz im Sinne zeitgemäßer Theologie erkennt er dabei die philosophische „Aufklärung“ als integrativen Bestandteil des Glaubens an und erteilt damit allen restaurativen Tendenzen in Kirche und Gesellschaft eine Abfuhr. Mühlens Theologie ergeht sich nicht in psychoanalytischen Wanderungen, sondern gewinnt die Kriterien zur Kirchenkritik aus der Ur-kunde der Kirche selbst. Biblische Theologie im besten Wortsinn. Wenn Mühlens Idee Erfolg hat, wird die Schrift als durch die Konzilien normierte Norm innerhalb der katholischen Kirche wieder zur normierenden Richtschnur eines „normalen“ Gemeindelebens.

Verdunstung des Glaubens

Zu Beginn seiner Ausführungen im Auditorium Maximum der Theologischen Fakultät zeichnet der Theologe ein Bild von Kirche und Gesellschaft im ausgehenden 20. Jahrhundert. „Das friedliche Zusammenleben beider Größen ist kurz davor, endgültig zu zerbrechen. Kirche und Gesellschaft sind nicht mehr deckungsgleich, so daß in Zukunft der Glaube nicht mehr von der gesellschaftlichen Umwelt erwartet, gefordert, mitgetragen wird. Mit den deutschen Bischöfen möchte ich von einer ‚Verdunstung des Glaubens‘ sprechen.“

Autonomie der Vernunft

Mühlen reicht mit seiner Theologie auch weit hinein in die Diskussion um den sogenannten Werteverfall in der deutschen Gesellschaft. Zu beklagen sei, so z. B. der Rechtsaußen-Denker Günther Rohrmoser, die „Entchristlichung unserer Gesellschaft“. Verantwortlich gemacht wird dabei stets die „Aufklärung“ als geistige Freiheitsbewegung des 17. und 18. Jahrhunderts. Mühlen hingegen fordert eine Erneuerung der Kirche gerade unter Einbezug neuzeitlich freiheitlichen Denkens. „Freiheit ist vernunftgemäße Selbstbestimmung“, so die These, „eine Autonomie der Vernunft, die sich keinem allgemeinen Gesetz unterwirft, das sie sich nicht selbst gegeben hat“. So kann Mühlen die positiven Leistungen hervorheben, die der an Immanuel Kant gebildete Freiheitsbegriff für die Entwicklung von Demokratie, freiheitlichem Rechts- und Sozialstaat, Wirtschaftsleben usw. geführt hat.

Zunehmendes Unbehagen

Mühlen bemerkt jedoch ein „zunehmendes Unbehagen, denn die Idee der Freiheit hat auch zu der Illusion geführt, Vernunfterkenntnis führe durch sich selbst bereits zu einer ethischen Praxis oder gar zum Weltfrieden.“ Gleichzeitig habe ein populistisches Freiheitsverständnis, nach dem jeder nur sich selbst gegenüber verantwortlich sei, zu einer „Privatisierung des Lebens“ geführt. Weitere Folgen dieser Privatisierung: die Privatisierung der Religion und damit ihre verlorengegangene Rolle im öffentlichen Leben.

Rückkehr zur Volkskirche

Auf diesem Hintergrund fordert Mühlen jedoch nicht eine Rückkehr zu voraufklärerischem Denken und Handeln in Kirche und Gesellschaft. Unter Anerkennung der Bibel als alleinigen „Maßstab, an dem alles gemessen werden muß“, fordert Mühlen eine Rückkehr der Volkskirche zu neutestamentlicher „Norm“(-alität). Wesentliche Kennzeichen der „normalen“ Volkskirche sind die Taufe als „Grundsakrament“ und die Auflösung der „Abhängigkeit des Christseins von gesellschaftlichen Bedingungen.“

Obwohl sich die Taufe im Neuen Testament als Erwachsenentaufe vollzieht, erkennt Mühlen den Wert der Kindertaufe als Zeichen für Gottes Glaubensgeschenk vorbehaltlos an. „Die erste Evangelisierung war die Hinführung Ungetaufter zur Taufe. Die neue Evangelisierung ist die Hinführung der (als kleine Kinder) Getauften zu einer vertieften Annahme des Taufbundes“. Mit seinem Nachsatz fordert Mühlen eine freiwillige und lebendige Bestätigung des Taufhandelns vom erwachsenen Christen innerhalb der Gemeinde und Kirche.

„Der einzelne tritt vor die Gemeinde hin und spricht als einzelner sein Taufbekenntnis“. Dieser „leibhafte“ Glaubensschritt, der den Kern seiner Kirchenreform bildet, beteilige den ganzen Menschen am Glaubensvollzug und wirke damit gegen eine Verinnerlichung des Glaubens. Die Kirche werde wieder lebendig.

Gott ist Privatsache

Mühlen ist Seelsorger genug, um die Widerstände gegen diesen Glaubensvollzug zu kennen. „Das ist mir zu persönlich. Mein Verhältnis zu Gott ist Privatsache“. Er antwortet im Bild: „Der Weg vom Kopf bis zum Herzen, das sind beim Kreuzzeichen nur 30 Zentimeter, aber es kann viele Jahre dauern, bis die erlernten Glaubenswahrheiten in die Tiefe des Herzens eingedrungen sind.“ Selbstkritisch berichtet er darauf von seinen eigenen schwierigen Erfahrungen mit dem „leibhaften Glauben“ als hauptamtlicher und „professioneller“ Kirchendenker. „Hätten Sie etwas dagegen, Gott persönlich zu begegnen?“, fragt der Theologe bohrend ins Auditorium und macht die persönliche Dimension seines Anlie-

gens deutlich. An diesem Punkt kommt die Nachfolge Christi ins Spiel. „Er hat sich zu Beginn seiner Evangelisierung bei seiner Taufe in einem leibhaften Schritt Gott ganz anvertraut – in der radikalen Grundhaltung des Empfangens."
Vom Neuen Testament her und dem dort erkennbaren Verhalten Jesu stellt Mühlen weitere „harte Fragen" an die gegenwärtige kirchliche Praxis. „Jesus hat das Christwerden und -sein keineswegs von den gesellschaftlichen Bedingungen abhängig gemacht. Er hat vielmehr prophetisch-kontrafaktisch gegen diese Bedingungen gepredigt und gehandelt". Die „Umkehr" sei zentraler Inhalt seiner Botschaft gewesen.

Neue Kirche auf alten Fundamenten

Für Mühlen ist daher eine neue Kirche auf alten Fundamenten längst überfällig. Die zukünftige Normalität der Volkskirche muß sich, so Mühlen, in der „persönlich-leibhaften Annahme des Bundes Gottes mit uns in wir-bestimmter Selbstbestimmung" vollziehen. In seine Bestandteile zerlegt, wird dieses theologische Wortungetüm verständlich. Mit „Bund" greift Mühlen zurück auf die „Bundestheologie" im Alten und Neuem Testament. Hinter der religionsgeschichtlich einmaligen Vorstellung eines Bundes zwischen Gott und Mensch verbirgt sich die Erfahrung von Gottes geschichtlichem Handeln mit den Menschen.
Gott hat sich selbst zur Treue gegenüber seinem Volk verpflichtet. Damit einher geht aber auch das „bundesgemäße Sich-Halten des Volkes in der Liebe zu Gott." Der Bund bedarf also einer Annahme durch den Gläubigen und zwar in der „von Gott geschenkten bundesgemäßen Selbstbestimmung jedes einzelnen." Hätte Gott nicht zuvor den Bund dem Menschen eröffnet, bliebe seine Entscheidung für Gott autonom-eigengesetzlich.

Gott achtet unsere Freiheit

Dennoch bleibt in der „bundesgemäßen" Selbstbestimmung des Menschen auch die Möglichkeit der Ablehnung Gottes bestehen. Erledigt ist für Mühlen daher auch das Bild des drohend beobachtenden und strafenden Gottes und dessen Dogmatisierung. „Gott ist nicht die oberste Polizeibehörde. Er achtet unsere Freiheit."
Mühlens Stichwort heißt „Charisma". Indem er die „Geistesgaben" jedes Kirchengliedes anerkennt und deren behutsames Einbringen in den Gemeindealltag anregt, hofft Mühlen auf eine Durchsäuerung der zäh gewordenen Kirchenmasse. Charismatische Elitezirkel sind jedoch seine Sache glücklicherweise nicht!

Neuanfang in Paderborn?

Das Festhalten am Alten aus Angst vor dem Neuen brandmarkt Mühlen analog zu einer Formulierung Luthers als „soziologische Gefangenschaft der Kirche". Aus ihr heraus führe jedoch nicht die Konfrontation mit der Hierarchie oder gar die Bildung „exklusiver Kirchenzirkel" innerhalb der Basis. Als Schritt in die richtige Richtung versteht er den „Segnungsgottesdienst", zu dem der Paderborner Erzbischof für den 18. September eingeladen hat. Im Dom gibt es dann, erstmals seit den Tagen Karls des Großen, für jeden die Möglichkeit zur Erneuerung des Taufbekenntnisses. Es könnte ja sein, daß das neue Kirchenbewußtsein in Paderborn beginnt. Nach dem Motto „Paderborn – vorn", formulierte Mühlen seine Hoffnung.

Neu mit Gott

Wer mehr über das Kirchenreform-Programm Heribert Mühlens wissen möchte, findet ausführliche Informationen in seinem Buch „Neu mit Gott", einem praktischen Handbuch der Neu-Evangelisierung. Es ist jedoch weniger eine theoretische Abhandlung als mehr eine Anleitung zur „Einübung in christliches Leben und Zeugnis". Der Leser wird daher auch im vertrauten, aber nie anmaßend wirkenden „Du" angeredet. Dieser „Glaubenskurs" ist für evangelische und katholische Christen gleichermaßen gedacht. Sein Vorteil: In Sprache und Anlage ist der Kurs alltagstauglich. Der erste Teil enthält für einen Zeitraum von acht Wochen für jeden Tag eine geistliche Schriftlesung mit daraus folgenden geistlichen Anstößen. Der zweite Teil bietet weiterführende und vertiefende Impulse.

3. Auf dem Weg zu einem persönlichen Christsein[15]

Am 18. September findet im Paderborner Dom ein „diözesaner Segnungsgottesdienst" statt, zu dem Erzbischof Degenhardt alle Gläubigen eingeladen hat. Professor Dr. Heribert Mühlen, Ordinarius für Dogmatik und Dogmengeschichte an der Theologischen Fakultät Paderborn, äußert sich in einem Gespräch mit pdp über die Hintergründe, den Sinn und die gesellschaftliche Brisanz dieses Gottesdienstes.

pdp: Herr Professor Mühlen, Sie wehren sich gegen die Ratlosigkeit in der Kirche. Was meinen Sie damit? Woran machen Sie diese Ratlosigkeit fest?

---

[15] Pressedienst Paderborn (pdp Dokumentation Nr. 22), 1. September 1994.

Mühlen: Die gegenwärtige Ratlosigkeit ergibt sich daraus, daß – wie die Deutschen Bischöfe in amtlichen Veröffentlichungen der letzten beiden Jahre feststellen – „der Prozeß des selbstverständlichen Hineinwachsens in die Kirche in hohem Maß unterbrochen" ist. Als Grund dafür wird angegeben, daß seit vielen Jahrhunderten Kirche und Gesellschaft fast deckungsgleich waren, daß aber diese Symbiose, diese gegenseitige Durchdringung, nunmehr in rapider Auflösung begriffen ist. Diese Entwicklung begann im 4. Jahrhundert, als nach der Verfolgungszeit das Christentum zur Staatsreligion und die Taufe aufgrund staatlicher Gesetze zur Voraussetzung dafür wurde, daß jemand seine bürgerlichen Rechte ausüben kann. Christ wurde man durch die Kindertaufe und eine religiöse Erziehung. Ein persönlicher Glaubensschritt war bei diesem Sozialisationsprozeß nicht in jedem Falle notwendig. Es besteht kein Zweifel mehr, daß diese Epoche der Glaubensgeschichte nunmehr unwiederholbar zu Ende gegangen ist.

pdp: Aber es gibt ja am Rande der Kirche und außerhalb von ihr nicht nur Ratlosigkeit, sondern auch Gleichgültigkeit der Kirche gegenüber. Sehen Sie da Verbindungen?

Mühlen: Die Kirche erscheint nach außen hin mittlerweile als eine gesellschaftliche Großgruppe neben anderen. Es ist unerläßlich und ein zentraler Dienst, daß sie sich hartnäckig und kompetent zu gesellschaftlichen Fragen äußert. Wo aber bleiben die tieferen spirituellen Impulse in die Kirche hinein? Es wird innerhalb der Kirche nicht genug deutlich, daß sie etwas anbietet, was sonst niemand anzubieten hat – nämlich eine direkte Beziehung zu Gott, aus der dann auch eine innere Freiheit, eine neue Form von Selbstbestimmung und Selbstverwirklichung erwächst. Deshalb hat die Kirche nach außen hin keine Ausstrahlung, keine Anziehungskraft mehr. Dem selbstverständlichen Hineinwachsen in die Kirche entspricht dann ein ebenso selbstverständliches Hinauswachsen, eine innere Entfremdung, die der einzelne kaum bemerkt und die auch nicht wehtut.

pdp: Was müßte Ihrer Meinung nach geschehen, um dieser Gleichgültigkeit entgegenzuwirken?

Mühlen: Wir brauchten unbedingt einen neuen Themenkatalog für die innerkirchliche Diskussion. In ihr scheint es momentan nur fünf Grundthemen zu geben: Zölibat, Frauenordination, Ehescheidung, Verhütungsmittel, Abtreibung. Es müßte endlich einmal mit noch größerer Intensität gefragt werden: Gibt es überhaupt so etwas wie eine direkte, befreiende Beziehung zu Gott? Solange sie nicht bezeugt und gelebt wird, erscheint alles, was die Kirche sagt, als Einmischung einer gesellschaftlichen Großgruppe in das Privatleben, und da hört dann kaum noch jemand zu.

pdp: Hat diese Direktheit etwas zu tun mit der „neuen Normalität“, von der Erzbischof Degenhardt in seinem Einladungsschreiben mehrfach spricht?

Mühlen: Ja, denn „normal“ ist das, was der Norm entspricht, dem vorgegebenen Maßstab, an dem alles gemessen werden muß. Der maßgebende Maßstab für alles christliche Leben ist zweifellos das Neue Testament. Was nicht mit ihm übereinstimmt, ist deshalb nicht normal und kann nicht normativ, maßgebend sein. Das selbstverständliche, bruchlose Hineinwachsen in die Kirche in der bisherigen volkskirchlichen Tradition muß von da her als nicht normal bezeichnet werden. Zur Zeit des Neuen Testamentes begann der Weg zum Christsein durch die persönliche Annahme des Taufbundes, die niemand anstelle eines anderen vollziehen kann. Paulus setzt voraus, daß mit diesem Lebenseinschnitt eine Anfangserfahrung verbunden ist, an die man sich zurückerinnern kann. Kindertaufen sind im Neuen Testament nicht ausdrücklich bezeugt.

Die Taufe ist der persönliche, frei gewählte Eintritt in den Bund, den Gott in Jesus Christus neu mit der Menschheit geschlossen hat. Deshalb sprechen wir vom „Taufbund“. Ein Bund aber bedarf – ähnlich wie auch ein Bund unter Menschen – der ausdrücklichen und persönlichen Annahme. Man wächst nicht „von selbst“ in ihn hinein. Gott achtet unsere Freiheit so sehr, daß er auf unser persönliches Ja-Wort wartet, wie am Ja-Wort Mariens deutlich wird. „Persönlich“ meint hier, daß das Ja-Wort zu Gott unvertretbar ist.

pdp: Ist damit aber nicht die Kindertaufe in Frage gestellt?

Mühlen: Keineswegs. Durch die Taufe kleiner Kinder bekennt die Kirche, daß Gott immer den ersten Schritt tut. Es ist jedoch von geschichtlicher Bedeutung, daß der Ritus der Kindertaufe seit 1969 geändert ist: Die Eltern und Paten sprechen nicht mehr stellvertretend für das kleine Kind das Ja-Wort zum Taufbund, sondern bekennen ihren eigenen Glauben in Erinnerung an ihre eigene Taufe. Man möchte somit genauer von einer späteren „Nachholung“ des Taufbekenntnisses sprechen und nicht mehr von einer „Tauferneuerung“. Das wäre dann eine geschichtlich neue Form von „normaler“ Volkskirche: Die Verheißungen des Neuen Testamentes liegen nicht hinter, sondern vor uns, sie sind nie vergangen, sondern bleiben bis zum Ende der Geschichte zukünftig. Wenn in der Osternacht oder vor der Erstkommunion die Tauferneuerung im Chor gesprochen wird und wenn die Firmung für etwa 80 Prozent der Jugendlichen zugleich ihre Verabschiedung von der Kirche ist, dann kann diese

Praxis nicht für alle Zeiten normativ sein. Sie ist eine Kompromißlösung, die nur dann einigermaßen sinnvoll bleibt, wenn der Glaube von außen her, von der Gesellschaft, mitgetragen wird.

pdp: Was aber macht dann den Gottesdienst am 18. September überhaupt noch attraktiv? Kommen da nicht neue Forderungen auf die Teilnehmer zu?

Mühlen: Dieser Gottesdienst ist kein punktuelles Geschehen, sondern Teil eines Langzeitprozesses in Gemeinden und Gruppen. Er könnte zu einem Signal werden dafür, daß die direkte Begegnung mit Gott „attraktiv“ ist, denn dieses Wort meint ja: „anziehend“, „begehrenswert“. In einem tieferen Sinn ist anziehend all das, was Glück, Befreiung, Geborgenheit verheißt. Martin Luther sagt: „Woran dein Herz hängt, das ist dein Gott“. Nehmen wir nun an, daß es wirklich diesen Gott gibt, der in der biblischen Offenbarung Zuwendung, Glück und Geborgenheit verheißt: Gibt es etwas Anziehenderes, als diesem Gott direkt zu begegnen, und zwar über alle innerweltliche Vermittlung hinaus? Viele haben tausend Gründe, um sich von der Kirche zu distanzieren, sie hätten aber nichts dagegen, wenn sie direkt mit Gott zu tun bekämen: Ich vertraue mich jemandem an, der mich nicht beherrschen oder unterdrücken, sondern heilen und befreien will. Nur Gott kann ganz selbstlos lieben. Er allein kann mir zur vollen Selbstverwirklichung und Selbstbestimmung verhelfen. Wer in einem Glaubensschritt den von Gott angebotenen Bund persönlich angenommen hat, weiß: Hier kann man nichts machen, anzielen, planen. Es wäre ein großes Mißverständnis, wenn ein solcher Schritt als neue „Forderung“ oder als „Leistung“ mißverstanden würde.

pdp: Ist das nicht doch der Rückzug in eine „neue Innerlichkeit“? Wo bleiben die gesellschaftlichen Auswirkungen einer „neuen“ Volkskirche?

Mühlen: Die neuzeitliche Freiheitsidee bedarf einer Integration in ein neues Wir-Bewußtsein. Die Kirchen haben dazu die besten Voraussetzungen. Der Imperativ würde hier lauten: Handelt stets so, daß eure Selbstbestimmung bestimmt ist von der direkten Beziehung Gottes zu seiner Kirche. Das hätte zur Folge, daß die Angst vor dem Neuen abgebaut würde und aus einem geistlichen Wir-Geschehen sich neue Strukturen entwickeln. Für die Gesellschaft würde das bedeuten, daß die Wir-Werte neu in sie hinein vermittelt werden könnten: Solidarität, Integration von sogenannten „Randgruppen“, Empfindsamkeit für das Unrecht, das anderen geschieht. Das Angebot zu einer Erneuerung des Eheversprechens, das ja keine „andere“ gesellschaftliche Gruppe macht, ist sicherlich auch ein zentraler Beitrag zur Gesundung der Gesellschaft. Die Gewaltbereitschaft vieler Mitglieder von rechts- oder linksradikalen

Zusammenschlüssen ist auch darin begründet, daß sie aus „Problemfamilien" kommen, in denen sie keine Geborgenheit und Sinnorientierung erfahren haben.

4. Sprechen wir endlich über eine direkte Beziehung zu Gott[16]

Heute im Gespräch: Prof. Heribert Mühlen, katholischer Dogmatiker und Initiator einer Neuevangelisierung in der katholischen Kirche. Schon jetzt gilt der am 18. September im Dom zu Paderborn stattfindende Segnungsgottesdienst als Beitrag zur Reform in Kirche und Gesellschaft. Neben der Erneuerung des Tauf- und Firmversprechens steht vor allem die Belebung der Ehe durch Gott selbst im Blickpunkt. Reinhard Brockmann sprach mit dem Dogmatiker Professor Heribert Mühlen über diesen Aspekt des bundesweit beachteten Reformanstoßes.

? Im Segnungsgottesdienst am 18. Sept. wird eine Erneuerung des Eheversprechens angeboten. Kommt so etwas heute überhaupt noch an?

Mühlen: Dieses Angebot kommt solange nicht an, als die Kirche nach außen hin als eine gesellschaftliche Großgruppe neben anderen erscheint. Es wird nicht genug deutlich, daß sie etwas anbietet, was sonst niemand anzubieten hat – nämlich eine direkte Beziehung zu Gott, die alle innerweltlichen Werte einschließt und überbietet.

? Was hat denn eine direkte Beziehung zu Gott mit der Ehe zu tun? Hochzeitstage sind doch zumeist ganz weltliche Feste.

Mühlen: Wenn man mit „Gott" das Letzte und Höchste meint, dann läßt sich nachweisen, daß jeder Mensch irgendeinen Gott hat. Es ist durchaus angebracht, die fast ausschließliche Faszination vom täglichen Fernsehkonsum, von Technik, Sport und Stars, von neuen Weltanschauungs- und Heilsangeboten in Beziehung zu setzen zum Gott der biblischen Offenbarung. Es gibt tausend Gründe, sich von der Kirche zu distanzieren, aber viele hätten nichts dagegen, wenn sie einmal direkt mit jenem Gott selbst zu tun bekämen, der uns Glück, Freude, Friede, Geborgenheit verheißt.

Die biblische Botschaft bezeugt, daß Gott in der Taufe jedem Menschen eine direkte Beziehung „von Person zu Person" anbietet, einen „Bund", der bestimmt ist von göttlicher Zärtlichkeit und Treue. Niemand kann beweisen, daß dieser Bund lediglich eine religionsgeschichtlich zu erklärende „Idee" oder bloße Einbildung ist. Paulus geht davon aus, daß

---

[16] Westfalen-Blatt, 10. September 1994.

der Getaufte „etwas Großes erfährt“ (Gal 3,4), nämlich eine von Gott geschenkte Befreiung und Selbstverwirklichung. Allerdings kommt die Zuwendung Gottes erst an ihr Ziel, wenn der einzelne sie in freier Selbstbestimmung annimmt.

? Es gilt also, konkret zu werden?

Mühlen: Deshalb besteht im Gottesdienst am 18. September die Möglichkeit, den Taufbund in einem freien, persönlichen Glaubensschritt anzunehmen. Aus der damit geschenkten direkten Beziehung zu Gott erwächst eine auf die Mitmenschen bezogene Weise der Selbstbestimmung und Selbstverwirklichung. Sie ermöglicht es den Ehegatten, auch einander *neu* das Ja-Wort zu geben und einander neu anzunehmen und zu bejahen, ohne den Partner ständig nach den eigenen Vorstellungen und Erwartungen ändern zu wollen. Ehepaare werden davon berichten, was dies für das Glück und die Stabilisierung ihrer Ehe bedeutet hat. Die Kirche ist die einzige „gesellschaftliche Großgruppe“, die so etwas anbietet.

? Noch nie wurden so viele Ehen geschieden. Kann ein Reformgottesdienst das Blatt wenden?

Mühlen: Diese Frage kann nur im Rahmen einer Gesamtreform in Kirche und Gesellschaft beantwortet werden. Es ist offenbar, daß die menschliche Fähigkeit zu Kommunikation und Beziehung in eine fundamentale Krise geraten ist – Folge der weit verbreiteten Auffassung: Ich bin von niemandem abhängig außer von mir selbst. Man kann geradezu von einer wirlosen Gesellschaft sprechen, von einem Trend zur Selbstverwirklichung ohne Rücksicht auf die anderen. Nicht selten stehen sich deshalb auch in einer Ehe zwei Iche gegenüber, die mit- und gegeneinander um die Vorherrschaft kämpfen.

? Nicht eben von Nächstenliebe beseelt.

Mühlen: Ja, die Ehe gilt geradezu als Ort der Unterdrückung, Unfreiheit und Gewalt. Andererseits kommen die europäische Wertestudie von 1990 und andere Umfragen zu dem Ergebnis, daß für 86 % der 18- bis 55jährigen die Familie das Wichtigste in ihrem Leben ist. Sie suchen in ihr Geborgenheit und innere Sicherheit. Wenn in Nordamerika 50 % und in Deutschland 30 % aller Ehen wieder geschieden werden, dann kann hier etwas nicht stimmen. Hinzu kommt, daß die Familie weiterhin der primäre Ort der Einübung in die Wir-Werte ist: in belastbare Solidarität, Verläßlichkeit, Konfliktfähigkeit, Rücksicht, Empfindsamkeit für das Unrecht, das anderen geschieht. Die Gewaltbereitschaft von Mitgliedern rechts- oder linksradikaler Zusammenschlüsse geht auch auf einen

Aggression erzeugenden Mangel an Zuwendung und familiärer Geborgenheit zurück. Jede erneuerte Ehe ist deshalb ein ganz zentraler Beitrag zur Gesundung der Gesellschaft.

? Ist das nicht etwas zu einfach gesagt? Manche Ehen scheitern trotz besten Willens.

Mühlen: Wir brauchen dringend eine Integration der neuzeitlichen Freiheitsidee in ein neues gesellschaftliches Wir-Bewußtsein. Auf Ehe und Familie bezogen: Die Selbstbestimmung in der Annahme des Bundes mit Gott ist die beste Einübung in eine „glückende" Ehe, in der jeder sich auch von den Wünschen und Gefühlen des Ehegatten bestimmen läßt. Durch eine Erneuerung des Eheversprechens wird jedoch nicht „automatisch" alles plötzlich ganz anders. Wichtig ist vorher oder nachher eine gemeinsame Aufarbeitung der Ehegeschichte, bei der die Ehegatten die zumeist verdrängten Verletzungen und Verwundungen voreinander und vor Gott aufarbeiten, die sie einander zugefügt oder von den Eltern und anderen erlitten haben. Die direkte Beziehung zu Gott entlastet auch von übergroßen Glückserwartungen an den Ehegatten und befähigt dazu, Zeiten der Krise und Entfremdung gemeinsam durchzustehen.

5. Erster Gottesdienst dieser Art seit der Christianisierung Europas[17]

Von Ulrich Knipping

Große Erwartungen weckt der Paderborner Theologe Heribert Mühlen, wenn am kommenden Sonntagnachmittag die Glocken des Paderborner Doms läuten. „Der erste Gottesdienst dieser Art seit Karl dem Großen". „Wenn sich der Geist dieser Feier durchsetzt", hofft Mühlen, „besteht große Aussicht für den längst fälligen Aufbruch in der Kirche."
Ein wenig revolutionär ist es schon, was Mühlen und der Erzbischof vorhaben. Im Gottesdienst besteht nämlich die Möglichkeit, „wie in den Zeiten der Urchristenheit" sein Taufversprechen persönlich zu erneuern. Mühlen bezeichnet das als einen „leibhaften Schritt", den er schon in den Evangeliumsberichten über die Taufe Jesu wiederfindet. „Das war damals bei den Christen ganz normal", erklärt er, „denn eine Kindertaufe gab es noch gar nicht. Jeder neue Christ bekannte sich offen und

[17] Neue Westfälische, 13. September 1994.

bewußt zum Glauben." Natürlich weiß auch Mühlen, daß es ein einfaches „zurück zu den Anfängen" nicht geben kann. „Es geht um eine Verwirklichung neutestamentlicher Ideen zur Erneuerung der Kirche. Jesus hat sich mit seinen Leuten nicht einfach hingesetzt und ein Strategiepapier entworfen. Wir brauchen heute ein lebendiges Zeugnis von der Liebe Christi."

Sein Ansatz geht über eine Veränderung im geistlichen Bewußtsein der Christen, „auch wenn damit ein langer Prozeß verbunden sein wird." Mühlen sieht allerdings keinen anderen gangbaren Weg für die Kirche, deren Marktlage sich im Angesicht esoterischer und anderer Weltanschauungsangebote nicht gerade verbessert habe. „Wir müssen nachvollziehbar und verantwortungsbewußt deutlich machen, was wir zu bieten haben", fordert er. „Nämlich eine unmittelbare Beziehung zum biblischen Gott der Liebe."

Für den gebürtigen Niederrheiner gehören auch Kritik an der Kirche und ihren Lehren mit in den geistlichen Neuaufbau der Kirche hinein. „Auf einer spirituell soliden Basis läßt sich viel besser über Zölibat, Frauenpriestertum und alle weiteren heißen Eisen der Kirche sprechen", meint Mühlen.

IV.
Der Verlauf des Wortgottesdienstes am 19. September 1994

1. Begrüßungsansprache
Erzbischof Degenhardt

Liebe Schwestern und Brüder, liebe Mitbrüder im priesterlichen Amt. Ganz herzlich möchte ich alle begrüßen, Euch alle, die Ihr zu diesem Segnungsgottesdienst hierher gekommen seid. Ich freue mich, daß eine so große Zahl hier im Dom versammelt, der Einladung gefolgt ist, und ich möchte allen herzlich dafür danken. Diese heutige Feier ist mir persönlich ein Herzensanliegen. Im vergangenen Jahr habe ich selbst bei Besinnungstagen mein Tauf- Firm- und Weiheversprechen erneuert, das ich als Priester gegeben hatte, und ich habe gespürt und erfahren, daß diese persönliche Erneuerung Stärkung und Freude bedeutet. Ich hoffe, daß das auch für diejenigen gilt, die heute ihr Tauf- und Firmversprechen oder auch das Versprechen bei der Ehe erneuern wollen. Unser Segnungsgottesdienst soll eine Hilfe zum persönlichen Glauben sein, ein

leibhafter Weg zum dreieinen Gott, nicht nur bestimmt für eine Elite, sondern etwas ganz Normales, das von jeder Gemeinde gefeiert werden kann.
Dieser Gottesdienst soll in die Mitte unseres Lebens zielen. Diese Mitte ist die persönliche Beziehung eines jeden zu Gott, zum dreieinen Gott, aus der dann Freiheit und Selbstverwirklichung erwachsen. Gott selbst ist es, der in den Sakramenten handelt. In der Taufe hat er mit uns einen Bund geschlossen, und dieser Taufbund, den wir meist als kleine Kinder, als Säuglinge, empfangen haben, bedarf im Leben eines jeden einzelnen der Bejahung und Annahme. Das ist Aufgabe eines jeden, der als Kind getauft wurde. Die Erziehung in der Familie, der Religionsunterricht in der Schule, Kinder- und Jugendzeit, sind Chancen auf diesem Weg. Dieser Gottesdienst soll ein Schritt in die Richtung der direkten, persönlichen Beziehung zu Gott sein, ein Schritt zur Annahme des lebendigen, frohmachenden Bundes mit Gott durch Jesus Christus im Heiligen Geist.
So hoffe ich, daß dieser Segnungsgottesdienst ein Signal wird für die Gemeinschaft mit dem Gott der Bibel, dem Gott Jesu, dem Gott, der in der katholischen Kirche lebt und wirkt. Es werden keine neuen Forderungen gestellt, sondern die liebende Hingabe und Gemeinschaft mit Gott soll sichtbar werden. Wie Gott dem Abraham versprochen hat „Ich will dich segnen, du sollst ein Segen sein", so erbitten wir heute für uns den Segen des dreieinen Gottes, damit jeder von uns auch ein Segen für andere sein kann. So wollen wir nun unseren Segnungsgottesdienst beginnen.

2. Schriftlesung

1. Lesung aus dem Buch Deuteronomium:

„Mose rief ganz Israel zusammen. Er sagte zu ihnen: Höre Israel, der Herr, unser Gott hat am Horeb einen Bund mit uns geschlossen. Nicht mit unseren Vätern hat der Herr diesen Bund geschlossen, sondern mit uns, die wir heute hier stehen, mit uns allen, mit den Lebenden. Auge in Auge hat der Herr auf dem Berg mitten aus dem Feuer mit euch geredet: Ich bin Jahwe, dein Gott, der dich aus Ägypten geführt hat, aus dem Sklavenhaus. Du sollst neben mir keine anderen Götter haben. Du sollst dir kein Gottesbild machen, das irgend etwas darstellt am Himmel droben, auf der Erde unten oder im Wasser unter der Erde. Du sollst dich nicht vor anderen Göttern niederwerfen und dich nicht verpflichten, ihnen zu dienen. Denn ich, der Herr, dein Gott, bin ein eifersüchtiger Gott." (Dtn 5,1-9)

2. Lesung aus dem Buch Numeri:

„Der Herr sprach zu Mose: Sag zu Aaron und seinen Söhnen: So sollt ihr die Israeliten segnen; sprecht zu ihnen: Der Herr segne dich und behüte dich. Der Herr lasse sein Angesicht über dir leuchten und sei dir gnädig. Der Herr wende sein Angesicht dir zu und schenke dir Heil. So sollen sie meinen Namen auf sie legen, und ich werde sie segnen." (Num 6,22-27)

3. Predigt

Heribert Mühlen

„Der Herr segne und behüte Dich, der Herr lasse sein Angesicht über Dir leuchten. So werde ich, euer Gott, euch segnen." Ein Segensgebet, das seit über dreitausend Jahren gebetet wird, und wenn ich das zu Beginn sagen darf, das auch ein fester Bestandteil der Liturgie in der evangelischen Abendmahlsfeier ist. Wir sind jetzt hier gemeinsam auch mit unseren evangelischen Mitchristen vor Gott, denn das, was heute in Deutschland geschieht, betrifft alle Christen. Es hat sich Ratlosigkeit und Resignation ausgebreitet, und manche sagen uns: Die Kirchen werden schon in wenigen Jahrzehnten zu kleinen Randgruppen in der Gesellschaft geworden sein. Da ergeht dieses Wort, in dem Gott selber spricht, jetzt und hier an uns alle: „Ich, euer Gott, ich werde jeden von euch segnen, und jeder von euch soll zum Segen werden in seiner Familie, in seiner Umgebung, in die Gesellschaft hinein. Dann werdet ihr erkennen, daß ich immer noch der Gott der Geschichte bin, wenn ihr nur bereit seid, mich handeln zu lassen. Warum wollt ihr alles selber machen, warum öffnet ihr euch nicht der Kraft und Energie, die ich, euer Gott, euch in meinem Segen geben will?

Segen ist alles, was Gott jemals getan hat, vom Beginn der Schöpfung an: Er segnete, weil alles, was er geschaffen hat, gut war. Maria war die Gesegnete, weil sie das Ja-Wort gesprochen hat, die Sakramente sind Zeichen der segnenden Kraft Gottes. Und da stehen wir jetzt vor der Frage: Hat dieses Segenswort irgend jemand erfunden: „Der Herr segne dich und lasse sein Angesicht über dir leuchten und ich, ich werde euch segnen?" Wer spricht denn da, wer sagt da „ich"? Sicher, da spricht ein Mensch, aber die ganze Christenheit bekennt doch auch: „der gesprochen hat durch die Propheten". Wir halten daran fest: Gott hat gesprochen, und dieser Segen Gottes ist nicht eine Erfindung, irgendeine etwas merkwürdige religionsgeschichtliche Idee. Das gilt auch von der großen Klammer um die gesamte Bibel, vom Bund Gottes mit uns. Wir haben das Wort des Moses gehört: „Nicht mit unseren Vätern hat der Herr diesen Bund geschlossen, sondern mit uns, die wir heute hier stehen, mit uns

allen, mit den Lebenden." Gott hat den Bund nicht nur mit unseren Vorfahren im Glauben geschlossen, sondern mit uns, die wir hier jetzt in diesem Dom versammelt sind: Bund ist immer über uns, Bund ist nie vergangen, und er wird darin offenbar, daß Gott segnet, jetzt und hier, unter uns, zwischen uns.
Mancher wird fragen: Gibt es so etwas überhaupt, eine solche direkte Beziehung zu Gott? Denn in diesem Segen steht ja nichts zwischen Gott und uns, es heißt: „Er läßt sein Angesicht über uns leuchten". Der Segen Gottes ist eine direkte Beziehung von Angesicht zu Angesicht, von Person zu Person, und dieser Segen lädt uns ein, zu Gott selbst in direkte Beziehung zu treten. Deshalb ist und bleibt das erste Gebot das allerwichtigste: „Du sollst keine anderen Götter neben mir haben". Es wäre die beste Vorbereitung auf die nachher angebotenen Segnungen, daß jeder von uns sich überlegt: Welchen Gott verehre ich denn in der Tiefe meines Herzens? Was ist das Höchste und Letzte in unserem Leben, denn woran unser Herz hängt, das ist unser Gott. Es gibt viele Götter in unserer Gesellschaft, von denen wir begeistert, angezogen, fasziniert sind, an die wir unser Herz gehängt haben. Also nochmals: Gibt es über alle diese Götter hinweg, die keine sind, eine direkte Beziehung zum Gott der biblischen Selbstoffenbarung, zu diesem einzigen und einzig wahren Gott – oder gibt es sie nicht? Wenn es sie nicht gibt, dann ist die Kirche eine gesellschaftliche Großgruppe unter anderen, die irgendeine Weltanschauung vertritt, die im Prinzip gar nicht interessiert, eine Großgruppe, die sich in unser Privatleben einmischen will, und da hört ja kaum noch jemand zu. Aber wenn es diese Beziehung gibt, dann wäre jetzt die Stunde, auch die geschichtliche Stunde in der Geschichte Europas, diese Beziehung zum Ausdruck zu bringen, sich von Gott neu beschenken zu lassen. Es heißt im Einladungsschreiben zu diesem Gottesdienst: „Wir alle verlangen danach, Gott als dem Ursprung allen Segens auch direkt und persönlich zu begegnen über alles hinweg, was uns an dieser Begegnung hindern könnte." Es gibt sehr viel, was uns daran hindert, uns Gott direkt zuzuwenden: negative Lebenserfahrungen, die wir in uns aufgenommen und verdrängt haben; die Gesellschaft, die so etwas gar nicht mehr erwartet, und vielleicht auch die Kirche, wie sie sich uns in ihrer äußeren Gestalt darbietet. Dies alles können und dürfen wir jetzt einmal vergessen, hinter uns lassen – oder besser: mitnehmen, hineinnehmen in diese Beziehung zu Gott. Nehmen Sie alles mit, was Sie ärgert, was in Ihnen negativ ist. Lassen Sie sich in dieser Stunde von nichts daran hindern, Gott einmal direkt zu sagen, um was Sie ihn bitten möchten. Nochmals: es gibt tausend Gründe, sich von der Kirche zu distanzieren, aber viele, vielleicht auch viele unter uns, hätten nichts dagegen, wenn sie einmal direkt mit

Gott zu tun bekämen, jenem Gott, der uns Glück, Lebensfreude, Friede und Geborgenheit verheißt.
Segnen heißt: gut sein, Gutes sprechen, Gutes bewirken. Gott möchte nichts anderes, als das Gute in uns hervorzurufen, wenn er uns segnet, die guten Kräfte in uns zu wecken, uns zu befreien, uns zu entlasten. Durch seinen Segen entlastet Gott uns davon, daß wir unsere Daseinsberechtigung ständig durch übergroße Leistungen unter Beweis stellen müssen. Er entlastet uns von einem übergroßen Glücksverlangen in bezug auf unsere Mitmenschen, er entlastet zum Beispiel auch Ehegatten davon, das ganze Heil und alles Glück und alle Freude voneinander zu erwarten, er möchte uns entlasten, damit wir frei werden, auch für den Dienst an anderen. Maria ist uns hier ein großes Vorbild. Maria war der Mensch, den Gott total entlastet hat von jeder Leistung, von jeder Vorleistung. Gott schenkt uns seinen Segen umsonst, ohne daß wir zunächst einmal alles in Ordnung gebracht, ohne daß wir vor ihm etwas geleistet haben. Das einzige, das Maria getan hat, war, daß sie den Segen Gottes an sich hat geschehen lassen. Sie hat zugelassen, daß Gott an ihr handelt. Deshalb wird sie „die Gesegnete" genannt.
Wenn wir uns segnen lassen, lassen wir zu, daß Gott uns befreit, und dann werden wir auch zum Segen für andere. Es gibt auch heute noch Eltern, die ihren Kindern ein Kreuz auf die Stirne zeichnen, bevor sie aus dem Haus gehen oder bevor sie einschlafen. Es gibt heute auch noch Ehegatten, die einander ein Kreuz auf die Stirn zeichnen: „der Herr segne dich", wenn sie aus dem Haus oder zur Arbeit gehen. Wissen Sie, was das bedeutet, wenn man aus dem Haus geht mit einem solchen Segen? Wie er nachwirkt, wie das Gute wächst? Vorgestern hat mich ein Mitbruder angerufen und mit mir über den Ablauf dieses Gottesdienstes gesprochen. Am Schluß sagte er zu mir: „Ich möchte jetzt mit dir am Telefon beten", und das klingt jetzt noch in mir nach, denn er hat mir zugesprochen: „Der Herr segne dich!" Wissen Sie, was das bedeutet, wenn man mitten in der Arbeit am Computer sitzt, nimmt den Hörer ab und spricht mit jemandem und dann betet er mit dir. Das ist eine große Chance für die elektronischen Medien, endlich einmal eine gute Nachricht zu transportieren: Der Herr segne dich! Das ist eine große Chance für die Medien und für uns.
Es wird nachher die Möglichkeit sein, in den Nebenkapellen, im Hochchor, in der Krypta sich segnen zu lassen. Man kann dabei eine ganz schlichte, einfache Bitte vor Gott hintragen, eine ganz alltägliche Bitte. Ein Student wird vielleicht sagen: „Ich muß in vier Wochen mein Schlußexamen machen, und ich bitte Gott, daß er mir innere Gelassenheit schenkt". Eine Mutter kommt mit ihren Sorgen um ihr Kind: „Ich habe Freude an meinen Kindern, aber eines von ihnen ist seit einiger Zeit

krank. Ich möchte dieses mein Kind jetzt vor Gott hinbringen und um seinen Segen bitten". Ein anderer kommt und sagt: „Ich werde älter und älter und mache mir Gedanken, wo ich später mal bleibe. Ich bitte Gott, daß er auch in meinem Alter zu mir hält." Auch unsere Lebensfreude können und sollen wir vor Gott hinbringen und ihm für sie danken. Jesus sagt: „Nur einer ist zurückgekommen, um zu danken." Es könnte also jemand sagen: „Ich möchte Gott danken für diesen wundervollen Urlaub, den wir zusammen hatten", oder: „Ich möchte Gott danken für den Erfolg, den ich in meinem Beruf habe, und ich bitte ihn, daß ich meine Fähigkeiten zum Dienst in der Gesellschaft einsetze und nicht nur zu meinem eigenen Nutzen." Bringen Sie alle Freuden und Nöte vor Gott hin. Im ersten Johannesbrief heißt es: „Gott hört uns, wenn wir zu ihm rufen", ja, er hört uns gerne zu. Aber was geschieht in einer solchen Bitte? Möchten wir Gott zwingen, daß er sich ändert, oder daß er uns gibt, was wir verlangen? Nein, durch den Segen Gottes und den Lobpreis seiner Zuwendung ändert sich zunächst einmal unsere Beziehung zu dem, was uns erfreut oder bedrängt. Wir werden gelassener und freier für den Dienst an anderen, weil wir wissen, daß Gott immer da ist. Der Segen verändert uns, denn die direkte Beziehung zu Gott ist unsere tiefste Selbstverwirklichung: Nur Gott kann ganz selbstlos lieben. Er will uns nicht ausnutzen, unterdrücken, beherrschen. Seine Liebe kommt erst an ihr Ziel, wenn wir sie in freier Selbstbestimmung annehmen.

Mancher wird fragen, welche Auswirkungen denn eine persönliche Annahme des Taufbundes auf unsere gesellschaftlichen Aktivitäten hat. Geschieht hier nun nicht doch wieder ein Rückzug in die unpolitische Innerlichkeit hinein? Ich darf es einmal so kurz ausdrücken: Wenn ich mich segnen lasse, dann lasse ich mich von Gott auch dazu bestimmen, anderen zu *ihrer* Selbstverwirklichung und Selbstbestimmung zu verhelfen. Wenn zum Beispiel Ehegatten einander ein Kreuz auf die Stirne zeichnen und einander sagen: „Ich liebe dich", dann heißt das eigentlich: „Ich möchte, daß du zu dir kommst, zu dir findest, ich möchte dir zu deiner Selbstverwirklichung helfen". *Die höchste Form der Selbstverwirklichung ist die Mitwirkung an der Selbstverwirklichung anderer!* Diese Grundhaltung wird entscheidende Auswirkungen auf die Gesellschaft haben können, auf den Trend einer privaten Selbstverwirklichung ohne Rücksicht auf die anderen.

Vielleicht zeigt sich in der persönlichen Annahme des Taufbundes eine neue Gestalt der Kirche. Die Kirche der Zukunft wird eine Kirche der Beziehungen sein, der persönlichen Beziehung jedes einzelnen zu Gott und der gemeinschaftlichen Beziehungen zueinander, und die Zukunft der Gesellschaft wird davon abhängen, ob Freiheit verstanden wird als Mitwirkung an der Selbstverwirklichung anderer.

Lassen Sie mich zum Schluß ein Gebet für uns alle sprechen: Du Gott allen Segens, gieße jetzt Deinen heiligen Geist über uns aus. Wecke in uns das Gute, das schon in uns ist. Wecke in uns die Bereitschaft, uns von Dir bestimmen zu lassen und lasse uns in freier Selbstbestimmung Deinen Segen annehmen. Komm, heiliger Geist, der Leben schafft, komm, Du Geist des Feuers, komm, Du himmlische Energie, jetzt auf uns herab! Amen.

4. Persönliche Zeugnisse

Studentin

Mein Glaube hat in mir den Wunsch geweckt, Menschen helfen zu wollen. So bin ich zu dieser Ausbildung gekommen, und ich habe bald erkannt, daß der Beruf „Hebamme" noch mehr von meinem Glauben an Gott getragen wird als mir anfangs bewußt war. Sowohl in positiven Erlebnissen, wie der Geburt neuen Lebens selbst, als auch in erschütternden Situationen, in denen man selbst schnell seine eigenen Grenzen erreicht.
Diese Überzeugung war nicht immer so stark. Mein Glaube hat sich seit meiner Jugend gewandelt. Durch einen schweren Verlust in meiner Familie hatte ich meinen Glauben und meine Beziehung zu Gott stark angezweifelt. Regelmäßige Besuche des Bibelkreises, persönliche Gespräche und auch der Religionsunterricht in der Schule halfen mir in dieser schweren Zeit, diese Beziehung wieder zu festigen. Der Glaube hat dadurch einen neuen Stellenwert in meinem Leben bekommen. Um dieser Entwicklung Ausdruck zu verleihen, habe ich meine Firmung vor vier Jahren erneuert.
Die Firmerneuerung ist einer der beeindruckendsten Höhepunkte auf meinem Glaubensweg. Am tiefsten angerührt hat mich dabei das laute Beten einzelner Gemeindemitglieder für mich ganz persönlich und der anschließende persönliche Segen des Priesters. Außerdem ist es auch ganz wichtig, das „Ja" zu Gott vor einer größeren Gruppe von Menschen ausgesprochen zu haben. Das hat mich sicherer gemacht, den Glauben auch gegenüber anderen Mitmenschen zu bezeugen. Die Firmerneuerung ist für mich der Schritt in ein bewußteres Glaubensleben hinein.

Studentin

Ich studiere jetzt im dritten Semester hier in Paderborn an der Fachhochschule Religionspädagogik. Vor vier Jahren habe ich meine Firmung erneuert. Auf dem Hintergrund einer ganz bewußten Glaubensentwicklung war es für mich wichtig, daß ich meine neugewonnene beziehungs-

weise geschenkte Beziehung zu Gott für mich selbst und auch für andere in einem leibhaftigen, persönlichen, aber doch öffentlichen Schritt bekennen konnte. Mit der Firmerneuerung hatte ich die Chance, mich ganz konkret für eine ehrliche Gottesbeziehung zu entscheiden, wodurch mein Glaube ein erweitertes und stabilisierendes Fundament bekommen hat. Meine Firmerneuerung kann ich heute als einen Zeitpunkt verstehen, der meinen Lebensentwurf mitgeprägt hat, denn dieser Schritt hat sich unauslöschlich in mein Leben eingebrannt. Ein gedachter Glaubensschritt hätte mich in der persönlichen Auseinandersetzung viel weniger herausgefordert als das vor einer Gemeinde bekennende Zeugnis. Hinter einem solchen Schritt kann man eigentlich im positiven Sinne nicht wieder zurück. Es war und ist mir wichtig, daß mein persönlicher Glaube kein privater Glaube ist, denn mit einer solchen Sicht- und Denkweise wäre eine geistliche Dynamik in unserer Gemeinde wohl ein selten anzutreffendes Phänomen.
Erst nach meiner Firmerneuerung habe ich im „Gotteslob" entdeckt, daß die Möglichkeit der Firmerneuerung sogar offiziell vorgesehen ist. Deshalb verwunderte es mich noch mehr, daß das Wort Firmerneuerung nicht nur bei Laien ein Fremdwort ist. Ich bin sicher, daß die Kirche an Farbe und Leben gewinnen könnte, wenn Bischöfe und Priester Offenheit auf diesem Gebiet signalisieren würden, damit der Tauf- und Firmerneuerung als Wegen zu Gott im Glaubensbewußtsein Jugendlicher und Erwachsener der Geschmack des Außergewöhnlichen genommen wird. In der Offenheit und Aufgeschlossenheit auch zu solchen Schritten der Erneuerung könnte die Chance der Kirche liegen, in einer geistlosen Zeit den Heiligen Geist spürbar walten zu lassen.

Ehepaar

A. Ehefrau: Ich bin 39 Jahre alt, wir haben drei heranwachsende Kinder. Ich bin katholisch und mein Mann ist evangelischer Christ. Von Beruf bin ich Ärztin. Als wir vor zwölfeinhalb Jahren unsere Hochzeit planten, wollte Norbert nicht kirchlich heiraten. Das war für mich ein tiefer Schmerz. Ich vertraute mich Gott an und erbat in meinem Herzen auch für meinen Mann die Gnade des Glaubens.
Dann kam das erste Kind, und es gab viele Diskussionen um die Taufe, und ich weiß nicht mehr warum, aber unser Kind wurde getauft. Dann die sonntäglichen Kirchenbesuche von mir. Anfangs ließ mich Norbert nur unwillig gehen. Die Herausforderungen waren für beide Seiten groß. Nach und nach geschah Veränderung. Norbert wartete sonntags darauf, wenn ich aus der Kirche kam, von Gott einen Gruß zu bekommen. Wir begannen das Tischgebet zu beten und mit den Kindern das Abendgebet:

Schließlich konnten wir nach sechs Jahren unserer Ehe sogar über Ostern zu Besinnungstagen fahren. Dort haben wir unser Eheversprechen erneuert und ich denke, daß sich auch Norbert dieses Mal ganz unter Gottes Segen stellen konnte.
Aber wer nun erwartet, daß jetzt mit einem Mal alles anders und besser in unserer Ehe wurde, der täuscht sich gewaltig. Wir dachten: Prima, jetzt können wir beide zusammen beten, doch das klappte nicht. Wir hatten von unserem gemeinsamen Gebet völlig andere Erwartungen. Aber ein „Vater unser" brachten wir jeden Tag zustande, immerhin ein Anfang.
Gott wirkte weiter, ganz behutsam veränderte er uns, unsere Fähigkeit, miteinander umzugehen. Wir lernten, unsere Meinungsverschiedenheiten, unsere Probleme miteinander zu besprechen und dann, falls es keine Lösung gab oder auch wenn wir meinten, eine Lösung gefunden zu haben, alles gemeinsam Gott abzugeben, immer in dem Bewußtsein, daß Er alles gut macht. Es ist auch nicht so, daß wir heute keine Probleme mehr haben, daß kein Streit mehr aufkommt, aber es ist gut, daß, wenn der Zorn sich gelegt hat, wir uns wieder auf unsere gemeinsame Basis, auf Jesus Christus, besinnen können.
Aus diesen guten Erfahrungen heraus konnten wir auch unseren ärztlichen Dienst ganz Gott anvertrauen, und es drängt uns, unsere Glaubenserfahrungen in der Gemeinde weiterzugeben, sei es im Familienkreis oder im Bibelkreis. Wir möchten die anderen ermutigen, den Bund, den Gott angeboten hat, anzunehmen, sei es nun als ein Ja zur Taufe beziehungsweise Firmung oder ein neues Ja zum Ehepartner.
Ich will zum Schluß nur noch eine ganz wichtige Erfahrung mit Ihnen teilen: In meinem Leben habe ich erkannt, daß der Weg mit Gott ein langer Weg sein kann: Wir erwarten häufig, auch ich tue das heute noch, daß irgend etwas plötzlich geschieht, daß sich plötzlich etwas ändert. Manchmal tut Gott das, aber meistens gibt er uns Zeit, daß wir in Ruhe weiter reifen können. Die Treue ist wichtig, treu an seinem Wort festzuhalten, auch in schwierigen Zeiten, in dem Bewußtsein, daß er uns leitet und behütet, im Glauben, daß am Ende dieses Weges das Ewige Leben steht.

B. Ehemann: Nachdem meine Frau schon über unseren gemeinsamen Weg berichtet hat, möchte ich noch einiges ergänzen. Ich bin 42 Jahre alt und ebenfalls ärztlich tätig.
Anläßlich unserer Hochzeitsvorbereitungen bat mich Ursula, einen Trauspruch für uns aus der Bibel zu wählen, obwohl sie wußte, daß ich nicht mehr gläubig war. Nach langen Diskussionen habe ich in eine kirchliche Trauung eingewilligt; weil ich sah, wie wichtig Ursula dieses

Sakrament und der damit offenbar verbundene Segen für unsere Ehe war.

Ich suchte lange in der Bibel und fand im 1. Brief des Petrus etwas über Frauen und Männer in der Ehe: „ ... indem nämlich die Männer, die dem Wort des Evangeliums nicht gehorchen, durch das Leben ihrer Frauen ohne Worte gewonnen werden". Ursula hatte schon lange ein enges Verhältnis zu Jesus und Kontakt zum Gemeindeleben gefunden.

Auch in der Ehe behielt sie den regelmäßigen Gottesdienstbesuch und die Fahrten zu Exerzitien bei, dies reizte mich oft zu ironischen Diskussionen, um sie von der Richtigkeit meiner Ansicht zu überzeugen. Dennoch ließ sie oft Bücher christlichen Inhalts liegen, in denen ich neugierig blätterte. Gespräche mit dem Priester, der unsere Kinder taufte, machten mich nachdenklich. Hinzu kamen Gespräche mit Christen, die über lebendige Glaubenserfahrungen berichten konnten und mit mir erste Schritte zur Heilung aller seelischen Wunden gingen. 1987 konnte ich unverbindlich anläßlich eines Seminars Gott bitten: „Wenn es dich gibt, verändere mich."

Ich bemerkte keine Veränderung an mir oder meinem Verhalten, aber fand den Glauben an die Existenz Gottes zurück. Ostern 1988 konnte ich dann den Bund, den Gott uns in der Taufe anbietet, für mich annehmen. Gleichzeitig haben wir unser Eheversprechen erneuert und um erneute Segnung unserer Ehe gebeten. Gott hat zu seinem Wort gestanden. Gemäß den Sätzen des Trauspruches wurde ich durch das Leben und Verhalten Ursulas ohne Worte für den Glauben an Jesus Christus zurückgewonnen.

Durch die Erneuerung des Eheversprechens gab es in unserem nun gemeinsam geführten Glaubensleben keine abrupten Veränderungen. Wir mußten viele kleine Schritte miteinander gehen. Schon durch unsere Konfessionsverschiedenheit ergeben sich auch heute noch immer wieder Mißverständnisse. In kleinen Schritten lernten wir, gemeinsam mit und füreinander zu beten.

Wir haben versucht, gleichgesinnte Ehepaare zu finden, um im Gesprächskreis Glaubensfragen zu besprechen. Wir sind beide in unseren Gemeinden aktiver geworden. So gehöre ich dem Presbyterium meiner lutherischen Gemeinde an. Wir versuchen, unseren Kindern unsere Erfahrungen mitzuteilen; damit sie es einfacher haben, einen Zugang zu Jesus zu finden.

Nach einem Weg von etwa sieben Jahren mit Gott und Jesus ist im Rückblick vieles geschehen. Ich habe mich verändert. Dafür bin ich dankbar. Die Schritte sind oft unmerklich für den Betroffenen selbst und können erst im Rückblick erkannt werden.

Ich möchte Sie abschließend ermutigen, in den Bund mit Gott neu einzuwilligen; sei es in einem bewußten Ja zur Taufe, zur Firmung oder zum Eheversprechen.

Ehepaar

A. Ehemann: Ich bin 36 Jahre alt, seit 14 Jahren verheiratet, wir haben drei Kinder. Von Beruf bin ich Polizeibeamter. Vor 14 Jahren standen Ilona und ich vor dem Traualtar und gaben uns ein „Ja", ohne zu wissen, was es wirklich bedeutet, ein Versprechen vor Gott abzulegen – es gehört zu einer „guten" Ehe dazu, so dachte ich.
Schon recht bald war unser Verliebtsein vorbei. Ich war schon immer ein Einzelgänger gewesen, lebte für mich innerlich isoliert und konnte meine Gefühle nicht wahrnehmen und aussprechen. Die Versuche meiner Frau, in Kommunikation mit mir zu treten, lösten in mir nur Blockaden aus. Ich machte zu und schwieg. Daraus entwickelten sich Situationen, in denen wir oft sehr heftig miteinander stritten, uns verletzten und wochenlang kaum ein Wort miteinander wechselten. Mit Alkohol versuchte ich alles zuzudecken, doch es half nichts.
Das Eheleben wurde gänzlich zum Alptraum, als die ersten zwei unserer Kinder zur Welt kamen. Die Verantwortung als Ehemann und Vater überforderte mich total, während beruflich alles optimal lief. Allein war ich dieser Spannung nicht gewachsen. Doch an einen Gott, der mir helfend und heilend hätte zur Seite stehen können, glaubte ich zu diesem Zeitpunkt nicht.
Nach fünf Ehejahren war von dem Anfangsglück nichts mehr übrig geblieben. Mir war zu diesem Zeitpunkt alles egal, so daß ich auf Bitten meiner Frau hin sogar zu einem christlichen Eheseminar mitfuhr. Die Erfahrungen dieses Wochenendes gehörten zu den einschneidendsten Erlebnissen meines Lebens. Am zweiten Seminartag wurde mir meine erbärmliche Situation klar: Ehe kaputt, dazu der Alkohol. Da bat ich meine Frau, mir die Hände aufzulegen, für mich zu beten, daß ich vom Alkohol befreit würde. Wir standen beide da mit zitternden Knien, glaubten fest an die Hilfe Gottes – die wir schließlich auch erfahren durften.
Am Ende des Seminars erneuerten wir unser Eheversprechen. Wir gaben uns ganz bewußt neu das „Ja"-Wort und luden Gott ein, in unserer Ehe der Herr zu sein. Das war der Anfang einer Umkehr! Gott begann langsam, an mir zu arbeiten, veränderte mein Herz und meinen Blick. Ich durfte erkennen, daß mir Gott in meiner Frau nahe ist. Er veränderte mich, auch im Gefühlsbereich, zeigte mir meine Verantwortung als Ehe-

mann und Vater, so daß ich begann, für meine Kinder zu beten, sie zu segnen.
So wie ich mein Inneres Gott mehr und mehr öffnete, veränderte er auch unsere Beziehung. Er schenkte mir Kraft, über die Grenze unserer Ehe hinaus für andere Menschen dazusein, beispielsweise als Mitarbeiter in einer Polizeigebetsgruppe, bei nächtlichen Glaubensgesprächen mit Kollegen oder Gebeten mit Hilfesuchenden.
Ganz wichtig ist mir aber geworden, daß meine Frau und ich uns täglich gemeinsam im Gebet an Gott wenden und ihm alles anvertrauen – das gibt uns neue Kraft.

B. Ehefrau: Wie mein Mann schon mitteilte, war kurz nach unserer Eheschließung unser Vorrat an Verliebtheit, die wir für Liebe hielten, schnell aufgebraucht. Wir hatten uns nicht mehr viel zu sagen. Fast alles blieb unausgesprochen, Gefühle konnten wir nicht zeigen. Es war wie eine Mauer zwischen uns beiden. Ich hatte das Gefühl, unsere Heirat sei ein Irrtum gewesen und wünschte mir, sie wäre nie geschehen.
Fünf Jahre waren vergangen, wir hatten zwei Kinder. Ich dachte mir, bevor alles zu spät ist und gar nichts mehr zu retten, sollten wir versuchen, etwas für unsere Ehe zu tun. Ich lud meinen Mann ein, mit mir und noch zwei Ehepaaren zu einem Eheseminar zu fahren. Dort hörten wir erstmals, daß Liebe nicht nur das Gefühl des Verliebtseins ist, sondern eine Willensentscheidung, den Partner anzunehmen, so wie er ist, und daß Gott als der Dritte in unseren Ehebund mit hineingenommen werden möchte.
Wir wußten um unser Versagen, die verletzten Gefühle, unsere falschen Vorstellungen, das Unvermögen, uns zu schenken, was wir zum Leben brauchten. Daher machten wir von dem Angebot Gebrauch, uns ganz neu beziehungsweise das erste Mal richtig zu versprechen, uns lieben und einander schenken zu wollen. Wir baten Gott ausdrücklich, in unserer Ehe zu wirken und erfuhren seine Antwort.
Er beschenkte mich mit einer ganz neuen Liebe zu meinem Mann. Bisher war, nach den vorausgegangenen Enttäuschungen, schon eher Haß in mir aufgekommen. Gott entfachte nun den kleinen noch vorhandenen Funken Liebe zu einem neuen Feuer. Ich wußte jetzt, daß mein Mann Gottes Geschenk für mich ist und konnte ihm nun anders begegnen. Gott fing an, mich Stück für Stück in unserer Beziehung heiler zu machen. Er heilte mich von der Vorstellung, mein Mann sei immer dafür verantwortlich, daß es mir gut geht. Dieses Heilwerden war schmerzlich und dauert heute noch an.
Natürlich kommen wir immer noch in Situationen, in denen wir uneins sind und uns verletzen, aber wesentlich verändert hat sich, daß wir bereit

sind, einander zu vergeben. Gemeinsam können wir dann Gott um seine Hilfe bitten.
Die Kraft, die ich benötigte, in unserer Ehe zu kämpfen, habe ich nun frei, um sie an anderer Stelle für andere einzusetzen. So arbeite ich im Kindergottesdienst mit und leite eine Kindergruppe in der Gemeinde. Gemeinsam bringen wir uns in einem Ehepaar- und Hausgebetskreis ein. Seither haben wir fast jedes Jahr unser Eheversprechen erneuert, weil wir erleben durften, welch ein Segen darin liegt. Wir sind froh und dankbar für diese Möglichkeit und möchten Sie ermutigen, diesen Schritt auch zu wagen. Wir wissen sehr genau, daß ohne Gott unsere Ehe eine von den vielen geschiedenen Ehen wäre. Gott hat einen Weg für jeden einzelnen und für jedes Ehepaar, und wir möchten Sie einladen, sich ihm auf diesem Weg anzuvertrauen.

V.
Persönliche Berichte von Teilnehmern

1. Vom Rande her beobachtet und bedacht[18]

Hermann-Joseph Rick

Es war der erste Segnungsgottesdienst, den ich besuchte. Ich befand mich in einem gewissen Zwiespalt: Eigentlich ist die Mitfeier die angemessene Haltung bei einem Gottesdienst: sich mit innerer Offenheit von Gebeten, Liedern, Riten in das innere Geschehen hineintragen lassen, das nicht nur den Kopf, sondern auch das Herz berührt. Ich aber war von Berufs wegen vornehmlich zum Beobachten gekommen, und das setzt eine vorurteilsfreie, aber auch eine gewisse nüchterne Distanziertheit voraus. Ich war gespannt, was mich erwarten würde.
Zuerst eine Überraschung: Im Vorfeld hatte ich damit gerechnet, daß die Teilnehmer am Segnungsgottesdienst das Mittelschiff des Domes füllen würden. Die Bänke dort bieten für etwa 300 Gläubige Platz. Als ich gut eine halbe Stunde vor Beginn den Dom betrat, waren sowohl diese Bänke wie der Großteil der zusätzlich bereitgestellten Stühle besetzt. Und immer neue Menschen-Trauben folgten. Schließlich hatte die Zahl etwa das Zehnfache erreicht.
Was mochte so viele Menschen bewegen, an diesem spätsommerlichen Sonntagnachmittag – teils von weit her – zusammenzukommen? Offenbar besteht bei vielen Gläubigen der Wunsch oder gar die Sehnsucht,

[18] Erneuerung in Kirche und Gesellschaft, Heft 61 (1994) 10-12.

auch außerhalb der eigentlich liturgischen Gottesdienste mit ihren festgefügten Riten aus persönlichem Antrieb den Segen zu empfangen, vielleicht ihr Tauf- Firm- Ehe- Weihe- oder Ordensversprechen zu erneuern. Vielleicht spielt auch eine gewisse Neugier auf den ungewohnten Gottesdienst mit, dachte ich skeptisch. Das würde sich erweisen, wenn die Segnungen begannen ...

Ein Herzensanliegen

Erzbischof Degenhardt setzte ein deutliches Vor-Zeichen vor den Gottesdienst, als er – sichtlich erfreut über deren große Zahl – die Teilnehmer begrüßte. Er bekannte, er habe vor einiger Zeit sein Weiheversprechen als Priester und Bischof erneuert und dies als Hilfe für seinen persönlichen Glauben erfahren. Auf Grund dieser Erfahrung sei ihm der Gottesdienst ein Herzensanliegen. Er solle ein „leibhafter Weg zu einem lebendigen Glauben an den dreieinen Gott“ sein, ein „Signal für die befreiende Gemeinschaft mit dem Gott der Bibel, der in der Kirche lebt und wirkt“.
Als Leitmotiv stand über dem Gottesdienst das Wort aus Gen 12,2: „Ich will dich segnen, und du sollst ein Segen sein“. Heribert Mühlen legte es in seiner Ansprache aus. Um die derzeit weit verbreitete Ratlosigkeit und Resignation in der Kirche zu überwinden, komme es darauf an, Gott vorbehaltlos als dem Handelnden Raum zu geben, im persönlichen Leben und im Leben der Kirche. Das Zeugnis zweier Jugendlicher über die Erneuerung ihres Firmversprechens und zweier Ehepaare über die Erneuerung ihres Eheversprechens ließ erkennen, was das heißt: Nicht daß plötzlich alles unbeschwert und unkompliziert von der Hand ginge, sondern daß die aufbrechenden Schwierigkeiten leichter und offener getragen werden können, im Hinhören auf das, was Gott mit den Menschen vorhat. Diese Zeugnisse gaben Erfahrungen wieder. Gerade deshalb wirkten sie – fern aller Peinlichkeit – glaubwürdig und ansteckend.

Christus mitten unter uns

Ein unübersehbares Zeichen der Bundestreue Gottes: Vor Beginn der Segnungen, zu denen jeder frei hinzutreten konnte, wurde die heilige Eucharistie auf dem Altar ausgesetzt: „Christus mitten unter uns“, wie es die orientalische Liturgie sagt.
Da ich als „Beobachter“ gekommen war, hatte ich mir einen Platz am Rande gesucht; aber ich spürte, wie ich mehr und mehr in das Geschehen hineingenommen wurde. Ich sah, wie sich lange Schlangen vor den Seitenkapellen und im Hochchor des Domes bildeten, wo über zwanzig Priester und Laien bereitstanden, die Segnungen vorzunehmen und die

Erneuerung der Versprechen entgegenzunehmen. Ein Priester erneuerte öffentlich vor dem Erzbischof sein Weiheversprechen und empfing dessen Segen. Es war wie ein Signal, das durch den Dom ging.
Während der Dauer der Segnungen habe ich mir noch einmal vergegenwärtigt, was das eigentlich bedeutet: Segnen. „Segnung" ist von der Wortbedeutung her die Erweiterung von „Segen", und dieses Hauptwort wurde in urdeutscher Zeit rückgebildet aus „segnen". „Segnen" ist aus dem lateinischen „signare" entstanden, das soviel bedeutet wie „eine Marke einschneiden", „etwas kennzeichnen". Dann könnte das Wort Jesu: „Kommt, ihr Gesegneten meines Vaters ..." (Mt 25,34) übersetzt werden mit: „Kommt, ihr Gekennzeichneten meines Vaters ..." Wen meint er damit? Die ihren Dienst an den Brüdern als Dienst am Herrn verstehen: „Was ihr dem Geringsten meiner Brüder getan habt, das habt ihr mir getan." Die Liebe ist die „eingeschnittene Marke", mit der der Vater die Seinen „kenn-zeichnet". Das Wort Jesu steht nicht im Zusammenhang mit der Bergpredigt, sondern mit der Gerichtsrede. Das gibt ihm besonderes Gewicht.
Oder ein anderer Zugang: Im Lateinischen wird für „segnen" „benedicere" gebraucht, das ursprünglich soviel bedeutet wie „gut oder schön reden", oder genauer, etwas „gut-sagen", von da her auch „loben, preisen". So wird das Wort im kirchlichen Gebrauch in zwei Richtungen gesagt:
– Auf Gott hin:
Im Lied der drei Jünglinge im Feuerofen z. B.: „Benedicite omnia opera Domini Domino" – „Preist den Herrn, all ihr Werke des Herrn ..." (Dan 3,52-88); oder im Lobgesang des Zacharias: „Benedictus Dominus Deus Israel" – „Gepriesen sei der Herr, der Gott Israels" (Lk 1,68-79). Gott gilt der Lobpreis wegen seiner Großtaten bei der Schöpfung der Welt und wegen seines Handelns in der Geschichte einzelner und seines Volkes.
– Von Gott her:
Hier vor allem in den liturgischen Segensformeln: „Benedictio Dei omnipotentis descendat super vos et maneat semper" – „Der Segen des allmächtigen Gottes komme auf euch herab und bleibe bei euch." Oder: „Benedicat vos omnipotens Deus ..." – „Es segne euch der allmächtige Gott ...". Es ist die vertrauenssichere Bitte, daß Gott den Menschen gut-spricht, ihm sein Heil zusagt, ihn bleibend bei sich behält. Das setzt die Anerkennung Gottes als des Herrn voraus, und dies äußert sich im Lobpreis seiner Herrlichkeit: „Du allein bist der Herr."
Segen so verstanden ist dann Ausdruck einer lebendigen dialogischen Beziehung zwischen Gott und dem Gesegneten, in der Gott zuerst handelt – vermittelt durch die Segnenden. In diese Beziehung begibt sich der

Gesegnete frei und voll Vertrauen hinein, um dem An-Spruch Gottes zu antworten. Ernst und Entschlossenheit auf den Gesichtern der Hinzutretenden, Freude, innere Bewegung und Gelöstheit, wenn sie zu ihren Plätzen zurückgingen. Der Ausruf des Mose fiel mir ein: „Wenn doch nur das ganze Volk des Herrn zu Propheten würde" (Num 11,29). Es müssen ja nicht gleich Propheten sein, zeugnisbereite Gläubige genügen.

Zeugnis geben für Christus

Zeugnis geben heißt, für jemanden als Zeuge auftreten, in diesem Fall für den Christus Jesus, für sein Leben, sein Wort, sein Handeln, sein Leiden und Sterben, sein Auferstehen, für das, was er uns als sein Vermächtnis übergeben und anvertraut hat. Zeugnisbereite Christen, die als solche bewußt aus Taufe und Firmung leben, überzeugend zu ihrer Ehe oder ihrer Weihe stehen, helfen, eine neue Gestalt und Wirkmächtigkeit einer verkündigenden, anziehenden Kirche zu entwerfen. Das kann auch heißen, gegen den Strom des „Zeitgeistes" zu schwimmen. Wer gegen den Strom schwimmt, kommt zur Quelle frischen lebendigen Wassers.

In dem für den Gottesdienst ausgelegten Textheft stieß ich auf das Gebet des heiligen Ignatius von Loyola: „*Nimm hin, o Herr, meine ganze Freiheit. Nimm hin mein Gedächtnis, meinen Verstand, meinen ganzen Willen. Was ich habe und besitze, hast du mir geschenkt. Ich gebe es dir ganz und gar zurück und überlasse alles dir, daß du es lenkst nach deinem Willen. Nur deine Liebe schenke mir mit deiner Gnade. Dann bin ich reich genug und suche nichts weiter.*"

Da sträuben sich dem aufgeklärten, selbstbewußten, autonomen Menschen die Nackenhaare! Aber: Atmet dieses Gebet der Hingabe nicht ganz den Geist der Heiligen Schrift? Nimm hin meine Freiheit – „Wenn euch der Sohn befreit, dann seid ihr wirklich frei" (Joh 8,33); mein Gedächtnis – „Denkt an das Wort, das ich euch gesagt habe" (Joh 15,20); meinen Verstand – „Die Liebe Christi verstehen, die alle Erkenntnis übersteigt" (Eph 3,19); meinen Willen – „Dein Wille geschehe" (Mt 6,10; Mk 14,36). An die Stelle des „Ich" tritt das göttliche „Du". Es geht darum, so „gesinnt zu sein, wie es dem Leben in Christus Jesus entspricht", der gehorsam war bis zum Tod am Kreuz (Phil 2,5-11). Der heilige Benedikt sagt es in seiner Regel lapidar: „Der Liebe Christi nichts vorziehen" (Reg. 4,21). Für unsere Zeit formuliert, könnte es heißen: Die Autonomie Gottes anerkennen.

Das Gebet mündet in die vollständige Offenheit für die Führung durch Gott. Es erwartet von ihm alles; weil seine Liebe und Gnade so reich macht, daß einer nichts anderes mehr zu suchen braucht. Manchmal habe ich den Eindruck, als würden wir auch in der Kirche diese Dimension übersehen oder vergessen. Das Gebet des Ignatius sagt uns: Wir brauchen nicht alles selbst zu machen. Das heißt nicht, bequem die Hände in den Schoß zu legen und nichts mehr zu tun. Aber es kann uns von unserer oft hektischen Überaktivität entlasten. Ob das nicht stärker auch pastoral wirksam werden könnte? Einfach in adventlichem Hoffen warten, auf welchen Weg wir mit der Kirche gestellt werden, und wenn wir es „erfahren", ebenso einfach sagen: „Mir geschehe" (Lk 1,38).

Buße und Umkehr

Die Reihe der Hinzutretenden kommt langsam an ihr Ende. Der Erzbischof erteilte den sakramentalen Segen. Ein letztes Lied des Preisens und Dankens.

Als ich den Dom verlasse, höre ich von einem Priester, daß viele Teilnehmer ihre Versprechenserneuerung im Sakrament der Vergebung besiegelt haben. Es setzt auf der Seite des Empfangenden Buße und Umkehr voraus, jene Haltung, zu der Jesus nach seiner Taufe zuerst aufforderte: „Kehrt um und glaubt an das Evangelium" (Mk 1,15) und zuletzt: „(Im Namen des Messias) wird man allen Völkern ... verkünden, sie sollen umkehren ..." (Lk 24,47). Seit der Zeit der Apostel (Apg 2,38) ist dieses Heilswort in der Kirche nicht mehr verstummt. Umkehren zu Gott und seinem Bund, den er mit uns geschlossen hat. Gottes Herrschaft in die Welt einbrechen lassen.

Wie kann das, was so gut begonnen hat, weitergehen? Erzbischof Degenhardt hatte in seinem Grußwort darauf aufmerksam gemacht, ein solcher Gottesdienst, dessen Anliegen es sei, zu einem vertieften und lebendigeren Glauben hinzuführen, könne auch in den Gemeinden gefeiert werden. Er hat sicher damit die Hoffnung verbunden, daß dies geschieht. Ihm wird aber auch bewußt sein, daß Umkehr und Erneuerung sich nicht einfach „organisieren" lassen. Dafür muß geduldig und überzeugend „geworben" werden. Vielleicht kann das zunächst in kleineren, schon bereiten Gruppen geschehen, vielleicht auch bei übergemeindlichen Gelegenheiten – eher noch „anonym", um neugieriges Erstaunen zu vermeiden. Darüber sollte jedoch nicht das Ziel aus dem Auge verloren werden, das Anliegen des Gottesdienstes zur Normalität in den Gemeinden werden zu lassen. Wer den Segnungsgottesdienst im Dom mitgefeiert hat, sollte dabei helfen: Die Priester, die am Segnungsgottesdienst im Dom mitgewirkt haben, können (und sollten) Anregungen geben, ihre eigenen Gemeinden vorbereiten und dafür gewinnen; die Teilnehmer, die die Erneuerung vollzogen und die Gnade der Segnung empfangen haben, möchten Zeugen dieser befreienden Kraft sein und die Schwestern und Brüder begeistern. Denn: „Ihr sollt ein Segen sein!"

Bewegendes Zeugnis

Der Gottesdienst als gemeinschaftliche Feier des Glaubens ist sicher die ideale Form. Es kann aber auch andere Formen und Anlässe geben. Von einem möchte ich berichten: Wie früher schon habe ich in diesem Jahr die drei österlichen Tage in der Abtei Gerleve begangen. In der Feier der Osternacht empfing eine junge Frau, 23 Jahre, die Sakramente der Taufe, der Firmung und der Eucharistie. Sie war in einer atheistischen Familie aufgewachsen und hatte durch die Begegnung mit jungen Christen gleichen Alters – wie ansteckend müssen sie gewirkt haben! – und später durch die Begegnung mit Mönchen der Abtei zum Glauben und zur Kirche gefunden. Bevor Abt Clemens ihr die Taufe spendete, bekannte sie vor ihm, dem Konvent der Mönche und den Gläubigen in der überfüllten Klosterkirche mit klarer, fester Stimme ihren Glauben an Gott, den Vater, den Sohn und den Heiligen Geist und ihre Hinwendung zur Kirche. Das Bekenntnis dieser jungen Frau hat mich tief bewegt. Als dann nach der Firmung die im Ritus der Osternacht für alle vorgesehene Erneuerung der Taufgelübde folgte, konnte ich das im Ritus stehende „Ich glaube“ nicht einfach hersagen; es wurde zu einer bewußt und willentlich gegebenen Antwort auf das Wort, das zuerst Gott gesprochen hat.

Seiner Führung überlassen

Seitdem kann ich mich freier und vertrauensvoller Seiner Führung überlassen, aufmerksamer darauf achten, was Er mit mir vorhat, ist das „Du“ der Gebetsanrede persönlicher und vertrauter geworden, gilt mir das Credo der sonntäglichen Meßfeier als Erinnerung an jene Osternacht, öffne ich mich dem Segen am Schluß der Eucharistiefeier bereitwilliger, weil das alles nur in Ihm Bestand haben kann. Daß sich damit in manchem auch meine Einstellung zum Leben geändert hat, verdanke ich nächst Ihm jener jungen Frau, der Mit-Glaubenden. Die Neugetaufte ist, ohne es zu wissen, für mich zum Zeugen des Glaubens geworden – in einem ganz „normalen“ Gottesdienst.
Wer eine solche oder eine ähnliche befreiende (und deshalb auch heilende) Erfahrung gemacht hat, fragt sich, warum sie nur zögernd allgemein als „normal“ angenommen werden. Sich der Führung Gottes vorbehaltlos anheimgeben, birgt weder Risiken noch Nebenwirkungen, zu denen der Arzt oder Apotheker befragt werden müßte. Wir müssen nicht unbedingt das tun, was Er viel kompetenter tut (vgl. Mt 6,25-34), wo es bloß – oder sogar – um die alltägliche Lebensvorsorge geht). Wir brauchen es nicht und dürfen es eigentlich auch nicht. Wer sich auf den „Sprung“ des Vertrauens einläßt, ist sich mit dem Wallfahrtslied des erstberufenen

Gottesvolkes sicher: „Wie Berge Jerusalem rings umgeben, so ist der Herr um sein Volk“ (Ps 125,2).

2. Eine neue Erfahrung von Kirche[19]

Richard Schleyer

Der Chor 77 aus Herne stimmt vorne im Hochchor ein Lied an. Noch stehen lange Reihen von Menschen vor Seitenkapellen und an anderen Stellen im Paderborner Dom. Sie wollen sich segnen, die Hand auflegen lassen, sich Gottes Liebe zusprechen, für ihre Ehe, ihren Alltag, ihren Beruf, den Dienst in der Kirche. Seit mehr als einer Stunde schon sind die Segnungen im Gang. Von der vorgesehenen Zeit her muß der Gottesdienst allmählich zum Ende kommen. Erzbischof Johannes Joachim Degenhardt und Heribert Mühlen, die diesem Gottesdienst zusammen mit 27 Priestern vorstehen, knien sich an den Altar, bereiten sich für den eucharistischen Schlußsegen. Aber auch vor den Beichtstühlen drängen sich noch Menschen, die die Erneuerung ihres Tauf- Firm- oder Eheversprechens auch mit dem Sakrament der Versöhnung besiegeln wollen, noch warten Menschen auf den direkten persönlichen Zuspruch.
„Komm, Herr, segne uns, daß wir uns nicht trennen, sondern überall uns zu dir bekennen.“ So singt der Chor. Eine junge Frau spricht die Worte leise mit und ergreift die Hand ihres Mannes. Das Paar sitzt auf Klappstühlen ganz am Rande des Seitenganges, die man zu Beginn des Segnungsgottesdienstes schnell noch aufstellte, als man einen ungeahnten Andrang registrieren mußte. Das Geschehen am Altar können die beiden von hier aus nicht verfolgen, auch die gesprochenen Worte sind nur schwer zu verstehen. Doch die beiden beten mit, eng aneinander gerückt. Man sieht ihnen die stille Freude an, die sie erfüllt, die Zuversicht, die ihnen die Erneuerung ihres Eheversprechens schenkte, bei dem sie sich wieder die Eheringe ansteckten. Als der Priester ihnen die Hände aufgelegt und ihnen die treue und beständige Nähe Gottes für ihren weiteren Eheweg zugesprochen hatte, fühlten sie sich wie von einer neuen, starken, glücklich machenden Hoffnung erfüllt. Die alte Wärme und ungetrübte Zärtlichkeit für ihren Mann wurde in ihrem Inneren wieder geweckt, wie bei der ersten Verliebtheit. „Tief“, sagt sie, „ganz tief war es für mich.“ „Ja, wir stehen jetzt wieder fest zueinander“, meint er zustimmend. Dabei treten ihm Tränen in die Augen, Tränen des Glücks, und er kann nicht weitersprechen. „Ich hoffe, daß es so bleibt“, sagt er nur noch.

---

[19] Erneuerung in Kirche und Gesellschaft, Heft 61 (1994) 3f.

Ähnliche Betroffenheit ist am Ende dieses Segnungsgottesdienstes im Paderborner Dom an vielen Gesichtern der etwa 2500 Teilnehmer abzulesen. In sich gekehrte Männer, die sonst kaum Gefühle zeigen, jetzt aber mit den Tränen kämpfen. Frauen, deren Augen Freude ausdrücken. Und auch zwei junge Priester zeigen sich sehr beeindruckt. Zu Beginn des Gottesdienstes hatten sie noch mit einem schiefen und etwas abschätzigen Grinsen ihre Skepsis darüber ausgedrückt, was da wohl vor sich gehen werde. „Ich bin angenehm überrascht", so bekennt jetzt der eine. Und der andere gibt zu: „Es tut gut, auf diese Art die Zuwendung Gottes einmal persönlich und direkt zu erleben."

Darauf hatte Heribert Mühlen in seiner die Segnungen vorbereitenden Ansprache eigens abgehoben: „Ich lasse mein Angesicht über dir leuchten", so hatte er den aaronitischen Segen zitiert, wie er sowohl im evangelischen wie auch im katholischen und jüdischen Gottesdienst gesprochen wird. Und Mühlen hatte hinzugefügt, daß in diesem Segen „nichts zwischen uns und Gott steht", daß Gott hier durch den Segnenden selber spricht und jedem persönlich zusagt, was er am Anfang über die ganze Schöpfung ausgesprochen hat: „Und siehe, es war sehr gut." Von dem, der sich zum Segen hinkniet, verlangt Gott keine Leistung. Er muß nur zulassen, daß Gott an ihm handelt. Das Ja Gottes an sich geschehen lassen, wie es Maria an sich geschehen ließ. „Gott möchte nichts anderes als die guten Kräfte in uns wecken, wenn er uns segnet." Der Segen Gottes befreit davon, „uns immer wieder selbst unseren Wert beweisen zu müssen durch übergroße Leistung". Wo man Gott direkt an sich handeln läßt, bleibt man nicht bei den eigenen Schwächen, denen der anderen und der Kirche hängen, sondern nimmt diese hinein in die neue direkte Beziehung zu Gott. So kann man dann auch zum Segen für andere werden. Und „wir werden gelassen, weil wir wissen: Gott ist immer da". Gesegnet von Gott, findet man zu sich selbst und zur eigenen Freiheit.

Der Segnungsgottesdienst selbst war eine eindrucksvolle Bestätigung dieser neuen Freiheit gewesen. Erzbischof Degenhardt hatte zu dem Gottesdienst eingeladen, dafür geworben. Aber stets betont, daß es sich um eine freie Einladung, keinerlei Zwang, kein neues kirchliches Muß handle. Gottes Liebe ruft, aber drängt nicht. „Es gibt nichts, was anziehender und befreiender ist, als sich Gott persönlich anzuvertrauen: Er allein kann selbstlos lieben, er allein kann uns zu voller Selbstverwirklichung und Selbstbestimmung verhelfen."

In seiner Begrüßungsansprache hatte Erzbischof Degenhardt bezeugt, wie sehr er selbst es als Stärkung empfunden hatte, vor einem Jahr bei Besinnungstagen sein Tauf- Firm- und Weiheversprechen erneuert zu haben. Dazu wolle auch dieser Segnungsgottesdienst Gelegenheit bieten, als ein leibhafter Weg zum dreieinen Gott, „nicht nur bestimmt für eine

Elite, sondern etwas ganz Normales, das von jeder Gemeinde gefeiert werden kann".

Persönliche Berichte von zwei jungen Frauen und zwei Ehepaaren im Verlauf des sonntagnachmittäglichen Segnungsgottesdienstes hatten bezeugt, welch heilenden Prozeß solch ein persönliches Sich-Gott-Anvertrauen auslöst, von dem auch Erzbischof Degenhardt gesprochen hatte (siehe auch folgende Dokumentation). Die beiden jungen Damen erzählten von der Erneuerung ihres Firmversprechens. Das in der Gemeinschaft laut gesprochene neue Ja zu Gott hatte sie zu einem offenen und befreiten Glauben geführt. Ein konfessionsverschiedenes Arztehepaar erzählte von dem langen Weg, auf dem Gott sie mit seiner behutsam verändernden Kraft neu zu einem gemeinsamen Glauben führte und ihre angeknackste Beziehung heilte. Von ähnlichen Erfahrungen, ausgelöst durch den Besuch eines Eheseminars, sprach das zweite Paar.

Solche ehrliche Offenheit löste bei Gottesdienstteilnehmern die innere Spannung, die sie vor der persönlichen Segnung erfüllte; was der langanhaltende Beifall demonstrierte, mit der – für eine Bischofskirche etwas ungewohnt – die Zuhörer diese Zeugnisse bedachten.

So gestaltete sich auch der Übergang von dem Wortgottesdienst zu dem Segnungsteil zwanglos. Viele blieben knien, beteten still für sich, hörten auf die Lieder des Chores oder sangen auch mit. Andere gingen kurz nach draußen, um Bekannte zu begrüßen, die sie erblickt hatten. Im ganzen Dom herrschte eine stille, andächtige, aber dynamische und ständig flutende Bewegung. Die einen machten sich auf den Weg zu einem der 27 Segnungsorte im Dom, voller Erwartung. Die anderen kehrten zurück, heiter, gelöst, gelassen und doch voller Hoffnung. Ehepaare fielen einander um den Hals, begleitet von dem freundlichen Lächeln des Erzbischofs, der ihre Eheerneuerung gesegnet hatte. Jugendliche beglückwünschten einander herzlich, winkten sich zu. Immer neu bildeten sich Gebets- und Segnungsgruppen. Als einzelner trat man vor, als sich neu in eine Segensgemeinschaft eingegliedert Wissender, von Gottes Liebe erfaßt und gesendet verläßt man den Ort des Segens, still dafür betend, daß diese neue Erfahrung nicht so schnell verfliegen möge.

Etwas ganz Einfaches und Normales war vor sich gegangen. Man war vorgetreten, hatte sich hingekniet, in eigenen Worten zu dem in der Taufe begonnenen Bund mit Gott sein Ja gesprochen, gesagt, wofür man um den Segen bitte, hatte mit den Händen, die der Priester auf den Kopf und die mit ihm segnenden beiden Laien auf die Schulter legten, die Zuwendung Gottes konkret erlebt. Sich so in eine segnende-gesegnete Solidarität hineingenommen erfahren. Dies war tatsächlich, wie Heribert Mühlen zuvor gesagt hatte, eine neue Erfahrung von Kirche. Wenn aus Paderborn viele mit ihr nach Hause gingen, könnte wahr werden, was sich Erzbischof Degenhardt für den Gottesdienst gewünscht hatte, daß er nämlich zum konkreten Beginn einer neuen Annahme des Bundes Gottes werde.

3. Chance für die Ökumene[20]

Gerhard Ruhbach

Am 18. September 1994 nahmen meine Frau und ich an dem Segnungsgottesdienst teil, der im Paderborner Dom unter Leitung von Erzbischof Dr. Degenhardt stattfand. Wir trafen eine sehr konzentrierte und gesammelte Gemeinde in der überfüllten Kirche an. In seiner Begrüßung lud der Erzbischof dazu ein, sich segnen zu lassen und berichtete von der Stärkung und Freude, die er bei Besinnungstagen durch die Erneuerung seines Tauf-Firm-Weiheversprechens erfahren habe. Professor Mühlen, der Initiator dieses Gottesdienstes, sprach von der Einladung Gottes, zu dem von ihm angebotenen Bund Gottes persönlich Ja zu sagen, von der Offenheit und Freiheit dieser Einladung, auch von der Normalität dieses Glaubensschrittes. Mehrere kurze Zeugnisse schlossen sich an. Auch Ehepartner aus einer konfessionsverschiedenen Ehe bezeugten in nüchternen Worten die lebensverwandelnde Kraft der Erneuerung des Eheversprechens und der sich anschließenden Segnung. Ein großer Chor sang neuere geistliche Lieder und half der versammelten Gemeinde, in diese einzustimmen.

Bis dahin war es ein schlichter, eindrucksvoller Gottesdienst gewesen; aber mit der Einladung an die Gemeinde, sich in den zehn Seitenkapellen, im Altarraum, in der Krypta segnen zu lassen, geriet die ganze Kirche in Bewegung; an den verschiedensten Orten bildeten sich lange Schlangen geduldig wartender Menschen, wir selbst unter ihnen; wir haben zu unserem Eheversprechen und ich zu meinem Ordinationsgelübde wieder Ja gesagt und um Fürbitte gebeten. Sehr freundliche Zuhörer (zwei Priester und eine Dame) wandten sich uns zu, hießen uns willkommen und segneten uns schließlich. Sehr berührt von der uns neu zugesagten Liebe und Treue Gottes verließen wir nach zweieinhalb Stunden die immer noch bewegte und trotzdem ruhig und gelöst wirkende Gemeinde. Die während des Gottesdienstes ausgesprochene und vielfältig angenommene Einladung zur Beichte empfand ich als gut und dem Geschehen kongruent.

---

[20] Erneuerung in Kirche und Gesellschaft, Heft 61 (1994) 12.

Gerade wegen der einfachen Form, wegen alles fehlenden Pathos, wegen aller unterbliebenen Nötigung, tat der Gottesdienst so gut. Warum, so fragten wir uns, bietet die Kirche solche ganz normalen, unaufwendigen und trotzdem tief berührenden Formen der Evangeliumszuwendung nicht längst schon und immer wieder an? Wir empfanden den Gottesdienst als durchaus vorkonfessionell und daher als gute Möglichkeit ökumenischer Begegnung; er war aber auch dem Zentrum der biblischen Botschaft und des kirchlichen Auftrages sehr nah. Auf sich wiederholende, gut vorbereitete und auf weitere Konsequenzen bedachte Gottesdienste dieser Art freue ich mich.

4. Kurzberichte

Sehr bewegend

Zunächst war ich unsicher, ob die Einladung zu dieser Segnungsfeier angenommen würde. In meiner Gemeinde war die Reaktion auf die Einladung zurückhaltend bis ablehnend. Viele reagierten mit Unverständnis, andere fixierten sich auf den Vorschlag zur Erneuerung des Eheversprechens und konnten mit diesem neuen Gedanken nichts anfangen.
Mir wurden zwei Laien zugeordnet, die mit mir die Segnungen vornehmen sollten. Wir waren oben im Chorraum am Hochaltar. Wir hatten die ganze Zeit bis zum Abschluß der Feier zu tun. Die meisten kamen, um einen Segen in einem besonderen Anliegen zu erbitten. Wir machten uns bekannt und fragten nach dem Grund ihres Kommens. Es kamen Theologiestudenten, die den Segen erbaten für ihren weiteren Weg zum Priestertum, Ehepartner baten um den Segen für ihre gefährdete Ehe oder die glückliche Geburt ihres Kindes, andere baten um Gottes Hilfe in schwerer Not. Nur wenige sprachen selbst ein Gebet der Hingabe.
Die Segnungen waren sehr bewegend für die Gesegneten und die Segnenden. Ich bin sicher, daß diese Feier einen tiefen Eindruck bei allen hinterlassen hat. Ich bin froh und beglückt heimgefahren und danke Gott für diese Erfahrung seiner Nähe und der christlichen Gemeinschaft. Ich wünsche mir, daß ähnliche Gottesdienste auch in unseren Gemeinden möglich würden.

Leo Reiners, Dechant

Er segnete mich

Kurz vor 15.00 Uhr erreichte ich den Dom und freute mich, wieder einmal die rufenden Glocken zu hören. Die Freude wuchs, als ich im Dom so viele Menschen versammelt sah.
Zunächst fühlte ich mich als Beobachter und spürte auch ein kleines Bangen, ob das Unternehmen gelingen würde. Im Gebet wünschte ich, daß

Gott Herzen öffnen und berühren würde. Erst etwas später tat ich selbst, was ich für andere erhoffte. Ich fing richtig an zu beten und mit meinem Herrn zu sprechen: Er solle mich doch aus der Distanz in die Nähe zu sich und in die Freude mit den Mitchristen bringen.
Eine Reihe vor mir betete ein Mitbruder, den ich aus Konviktszeiten kenne. Kurzerhand tippte ich ihn an und sagte: Bitte, würdest Du mich segnen! Und wir beteten gemeinsam und er segnete mich. Mit innerer Freude schlenderte ich durch den Dom – sah überall lange Reihen von Menschen, die sich so ganz selbstverständlich segnen lassen wollten. In der Krypta angekommen, wollte ich beichten. Die Schlange vor dem Beichtstuhl war lang und so entschloß ich mich, mich zusätzlich zum Beichtehören anzubieten. Seit zwei Jahren habe ich keine Beichte von Erwachsenen mehr gehört. Und jetzt dieses Geschenk seiner Gnade. Seine Kraft in den Beichtenden schenkte großartige Früchte! Es war schön! Herr, erwecke Deine Kirche, und fange bei mir an.

Volker Ising, Pastor

Persönliche Zuwendung

Eine große Zahl von Jugendlichen, jungen Erwachsenen, Eltern und ihren Kindern kam dann im zweiten Teil des Gottesdienstes zu mir und meinen mitsegnenden Laien (einem Ehepaar und zwei jungen Erwachsenen).
Beeindruckend war für mich die spontane und entkrampfte Art, mit der die Menschen sehr persönliche Lebensanliegen formulierten, für die sie mich und die Mitsegnenden um Gebet und persönliche Segensbitte baten. In diesem Vollzug wurde mir zuinnerst bewußt, daß Segen etwas sehr Persönliches ist, daß im leibhaften Hinwenden zum Mitmenschen der Hl. Geist miterfahren werden kann, eben als ein Gott mit uns und zwischen uns.
Mir scheint in dieser Form eine wirkliche Erneuerung gottesdienstlicher Strukturen zu liegen, wo Menschen es persönlich und unmittelbar mit dem uns anrührenden Gott zu tun bekommen, der sich biblisch ja immer als ein Gott mit uns, als Immanuel, offenbarte. Ich erfahre es in Gesprächen mit Jugendlichen, die einmal einen solchen Schritt des Glaubens in und vor einer Gemeinde getan haben, daß sich ihr Glaube verändert. Sie sagen mir, daß erst ein persönlich gewordener und erworbener Glaube sie trägt. Ich habe diese Sehnsucht nach persönlicher Zuwendung im Segnen und Handauflegen beim Segnungsgottesdienst deutlich gespürt.
Ich bin der Überzeugung, daß in einer Kirche der Zukunft solche Glaubensschritte, die weitergehen können in Tauf- und Firmerneuerung jun-

ger Menschen, zum völlig normalen Bestandteil der Liturgie gehören werden.
Hans-Dieter Michel, Geistl. Rektor

Als „Segnungsteam" haben wir an dem Segnungsgottesdienst am 18. September teilgenommen. Besonders beeindruckt haben uns im Gottesdienst die Zeugnisse der Ehepaare, weil sie nichts von den Problemen einer Ehe beschönigt haben und offen über ihren Glaubensweg sprechen konnten, aus dem sie ihr Leben neu gestaltet haben.
Bei den Segnungen haben wir uns entgegen unseren Befürchtungen von den Menschen angenommen gefühlt. Dies drückte sich vielfach aus in einem tiefen Blick in unsere Augen. Wir haben erfahren: Auch Laien können Segen weitergeben!
Die Atmosphäre in unserer Kapelle war sehr intensiv. Für uns war der direkte Kontakt zu Gott spürbar. Wir haben erfahren, wie vielen Menschen es ernst damit ist, ihr Leben ganz für Gott und mit Gott zu leben. Besonders beeindruckt waren wir davon, daß Gruppen sich gemeinsam vor Gott gestellt und sich gegenseitig bestärkt und gestützt haben.
Nach zwei Stunden der Segnungen waren wir sehr erschöpft, aber doch froh. Wir sind uns auch als „Team" sehr nahe gewesen und durften erfahren: „Wo zwei oder drei in meinem Namen beisammen sind, da bin ich mitten unter ihnen." Den vorgesehenen Zeitrahmen von etwa fünf Minuten für eine Segnung konnten wir nicht einhalten, dafür war der Andrang viel zu groß.
Nach unserer Rückkehr haben wir darüber nachgedacht, in welcher Form ein Segnungsgottesdienst in unserer Gemeinde möglich wäre. Uns scheint, daß die Anonymität in Paderborn vielen den Zugang erleichtert hat.
Hubertus Böttcher, Pastor;
Hedwig und Josef Epping

Wie vielen ich die Hände auflegen und wie viele ich segnen durfte, weiß ich nicht. Erst gegen 18.00 Uhr war ich wieder in der Sakristei. Es war gut, daß der Erzbischof ein kurzes Wort und Bekenntnis zu diesem Gottesdienst sagte und selber den Dienst der Segnung mittat. Beeindruckend waren für mich auch die vier „Glaubensbekenntnisse" der Jugendlichen und Eltern.
Alle, die ich segnen durfte, wollten ein ehrliches Verhältnis mit Christus leben. Die meisten Personen, die kamen, sagten deutlich, daß sie ihr Tauf- und Firmversprechen erneuern wollten. Es waren Jugendliche und Kinder dabei.
Einige Ehepaare haben ihr Eheversprechen erneuert. Sie sagten ganz persönlich noch einmal ihr Jawort und reichten sich dabei die Hand. Ich habe die Hände der beiden dann noch einmal mit der Stola umwickelt und ihnen dabei die Hand aufgelegt. Ein Ehepaar hatte die Kinder dabei.

Die Kinder (ca. zehn und zwölf Jahre) haben dann auch ihre Hände auf die Stola und damit auf die Hände der Eltern gelegt. Das war für die Wartenden sehr beeindruckend. Dieses Ehepaar dankte in besonderer Weise für die gute Ehe und Familie, die sie miteinander leben durften. Einige Eheleute waren alleine da. Sie baten aber immer für ihren Ehepartner und ihre Kinder mit. Es kamen auch zwei schwangere Frauen, und sie baten auch um den Segen über ihr werdendes Kind.

Vier Ordensschwestern erneuerten ihre Ordensprofeß. Eine Ordensschwester hat mich sehr beeindruckt, sie war schon älter. Sie sagte: „Ich möchte schon jetzt Christus meinen Tod schenken." Alle Ordensschwestern baten auch um den Segen für ihre Gemeinschaften. Sie baten auch für ihre Familien, die oft vom Glauben sich distanziert hatten.

Alle Personen, die kamen, hatten noch besondere Anliegen, zum Beispiel für den schwerkranken Mann, für die Kinder, die nicht mehr religiös leben, für schwerkranke Verwandte, für sich selbst – Annahme ihrer Krebskrankheit, bevorstehender Krankenhausaufenthalt, Nervenkrankheit ...

Ich fühlte mich als Werkzeug Jesu Christi. Meine Aufgabe war es ja, die Liebe Gottes dem Menschen zu schenken. Ich war als Priester hier und jetzt gefragt. Die Leute kamen und suchten einen inneren Neuanfang. Sie kamen mit ihren Sorgen und Anliegen. Ich durfte tun, was Jesus Christus selber tat. Ich selber habe von der Demut und Offenheit der Gläubigen gelernt. Am Schluß kamen noch einige bekannte Leute. Ich bat sie zu bleiben und mich zu segnen. Alle Anwesenden haben mit mir gebetet, einige sehr persönlich und spontan. Das habe ich als großes Geschenk empfunden.

Josef Hakenes, Pfarrer

„Erlebnis Kirche"

Für mich, die ich als Laie mitsegnen durfte, war dies eine große und tiefe Erfahrung. Die Menschen kamen mit großem Vertrauen und ohne Vorbehalte auf uns zu und sprachen mit eigenen Worten ihre Anliegen vor Gott und vor uns aus. Wir als Segnende durften die Bitten aufgreifen und im Gebet vor Gott mittragen. Der Priester segnete die Menschen unter Handauflegung, und wir erlebten die Freude und Befreiung jedes einzelnen mit. Aber auch Mitleiden und tiefe Ergriffenheit waren zu spüren.

„Erlebnis Kirche" war für mich auch das Alter der Menschen: junge und alte Menschen, sowie Ehepaare mit Kindern stellten die Vielfalt und den Reichtum unserer Kirche dar.

In Freude und Erwartung hoffe ich, daß dieser Gottesdienst ein Zeichen von Zukunftskirche war. Stimmen wir also in den Abschlußkanon dieses Nachmittages ein: „Der Himmel geht über allen auf."

Eva Meilwes

Ein großes Hoffnungszeichen

Der Segnungsgottesdienst im Paderborner Dom, zu dem Erzbischof Degenhardt eingeladen hatte, war für mich ein tief ergreifendes Erlebnis. Als Mitglied einer der zahlreichen Segnungsgruppen durfte ich eine großartige Erfahrung von Kirche machen: Da traten Menschen vor Gott hin und sprachen all das vor ihm aus, was ihnen Sorge bereitete, was ihnen schwerfiel und wofür sie dankbar waren; da nahmen Menschen – vielleicht zum erstenmal in ihrem Leben – den Bund, den Gott in Taufe und Firmung mit ihnen geschlossen hat, bewußt an; Ehepaare aus allen Altersstufen kamen, um sich einander und vor Gott neu die Treue zu versprechen, um einander neu anzunehmen als Ehemann und Ehefrau, um Gott als den dritten im Bunde um seinen Segen für ihren weiteren gemeinsamen Lebensweg zu bitten. All diese leibhaften Glaubensschritte geschahen in einer Atmosphäre der Freiheit und Weite.
Als ich die vielen Menschen sah, die vor den einzelnen Segnungsorten in langen Reihen warteten, wurde mir klar, wie groß ihre Sehnsucht nach einer direkten und persönlichen Gottesbeziehung sein muß, und daß es letztendlich auch der Auftrag der Kirche ist, den Gläubigen diese Art der Gottesbeziehung zu ermöglichen.
Für mich persönlich war dieser Gottesdienst ein großes Hoffnungszeichen für die Zukunft unserer Kirche, in der Priester und Laien gemeinsam Verantwortung tragen für das Reich Gottes und in der Menschen wie du und ich ihren Platz haben. Der Anblick so vieler junger Menschen hat mir gezeigt, daß unsere Kirche Zukunft hat, und so bleibt mir der Wunsch, daß diese Möglichkeiten zu einem leibhaften Glaubensschritt auch Eingang in unsere Gemeinden finden mögen.

Annette Kaschner, Studentin der Religionspädagogik

Gottes Geist war gegenwärtig

Als normaler Sonntags-Christ wurde ich Mitte des Jahres 1987 von einer Bekannten eingeladen, mit ihr einen Gottesdienst zu besuchen, in den der einzelne Christ mit einbezogen wird. Jeder, der wollte, konnte in freiformulierten Fürbittgebeten seine Sorgen, Ängste und Nöte vor Gott bringen. In diesen Gottesdiensten habe ich Gott erfahren und den Bund, den Gott mit mir in der Taufe und Firmung geschlossen hat, erneuert. Von diesem Zeitpunkt an wuchs mein Glaube Schritt für Schritt. So durfte ich an jenem Sonntag mit zu den Segnenden gehören. Es war beeindruckend, mit welchen Sorgen, Ängsten und Nöten, aber auch Lob und Dank die Menschen kamen, mit uns beteten und sich segnen ließen. Einige haben ihr Tauf- und Firmversprechen erneuert, Eheleute ihren Ehebund und Ordensleute ihre Profeß.

Es hat mich sehr beeindruckt, mit welchem Tiefgang, welcher Freude, Trauer und Sorge, junge und alte Menschen, ja sogar alte Männer, die ja dazu erzogen wurden, ihre Gefühle im Verborgenen zu halten, beteten und sich segnen ließen. Gottes Geist war gegenwärtig, er hat mich sowie auch viele Menschen berührt. Ich wünsche mir, daß es nicht bei diesem ersten Gottesdienst bleibt, damit unsere Kirche erneuert und ein Ort der Zuflucht wird, in der Menschen Seelsorge erfahren können und mit ihrer Last nicht allein sind, sondern von der ganzen Gemeinde getragen werden.

Barbara Thonemann

Ein überwältigendes Bild

Als ich an dem Sonntag endlich im Paderborner Dom angekommen war und die Eingangstore durchschritten hatte, bot sich mir und meiner Frau ein überwältigendes Bild. Diese so große Kirche war voller Menschen.
In den vergangenen Wochen hatten wir uns auf eine Erneuerung des Eheversprechens vorbereitet. Ich fragte meine Frau schließlich, ob wir dies nun auch tun sollten. Zu ihren Zweifeln, die sie hatte, sagte ich ihr, daß ich selber auch nicht weiß, was uns jetzt dort bevorsteht. Vertrau auf Gott, er wird schon wissen, was er tut, sagte ich zu ihr. Daraufhin reihten wir uns in die Schlange ein. Das Warten begann. Warum standen wir beide dort? Nun ja, die Monate vorher waren nicht leicht für uns. Ich war durch ein tiefes Loch gewandert. Dieser Umbruch löste viel Schmerz aus, dazu kam die Schwangerschaft.
Wie wir dort im Dom in der Schlange gestanden haben, wußte ich nur eins, hier gehören wir jetzt hin. Die Gebete, die Segnung, die Berührung des Händedruckes, die Umarmungen, all das bleibt bei uns.

Martin Falinski

Das Herz erreicht

Die große Gottesdienstgemeinde, aus allen Altersschichten, tat mir gut, wenn ich sie vergleiche mit unseren Sonntagsgottesdiensten. Ich hatte das Gefühl, daß hier die Menschen nicht den Gottesdienst „besuchten", sondern „feierten". Ich fühlte mich wohl bei diesem Segnungsgottesdienst.
Bei manchen haben die Bitte um den Segen und die Gebete der Segnenden über sie wirklich das Herz erreicht. Das äußerte sich hier und da in ihren Tränen. Beim abschließenden Friedensgruß hatte ich bei vielen den Eindruck der tiefen Dankbarkeit. Ich fühlte mich als Priester (als Christ) gefragt. Ich spürte, daß Gott durch mich die Menschen anrührte. Die Zeit der über zweistündigen Segnung habe ich überhaupt nicht lang empfunden. Das Verhalten und das Bitten um den Segen der Menschen

hat mich in eine unmittelbare Nähe zu Jesus gebracht, auch über den Gottesdienst hinaus. Der Segnungsgottesdienst hat mich froh gemacht und im Glauben bestärkt.
Ich bin der Meinung, daß in Zukunft mehr denn je der ganz persönliche Glaube gefragt ist – sicherlich im gelebten Leben – aber er muß auch in meinen Gesprächen zum Ausdruck kommen. Bei der allgemeinen Resignation in der Kirche von heute läßt mich dieser Gottesdienst im Blick auf die Zukunft der Kirche hoffen.

Ludger Böckenhoff, Pastor

Einige Teilnehmer erneuerten ihr Tauf- Firm- oder Eheversprechen, baten um den Segen, um ihren Weg mit Gottes Hilfe gut weiterzugehen. Sie waren voller Dankbarkeit für das Geschenk des Lebens und des Glaubens und wollten sich mit Freude Gott neu anvertrauen. Aber die meisten Menschen kamen schwer beladen. Alle Nöte dieser Zeit wurden ausgesprochen, schwere Lasten und tiefe Verwundungen, Krankheit und Todesangst, Eheprobleme, Drogensucht und schwere Suche nach dem rechten Weg. Mir wurde sehr bewußt, wie schwer vor allem ältere Frauen schleppen an der Verantwortung für das nicht gelingende Leben ihrer Kinder und Enkel, Neffen und Nichten. Sie erwarteten von dem Segen Kraft, ihr schweres Los weiterzutragen. Wir durften ihnen die Hände auflegen, tröstende und ermutigende Worte sagen. Den Segen des dreieinigen Gottes durften wir ihnen zusprechen, besonders die Kraft des heiligen Geistes. Wir reichten ihnen zum Schluß die Hand und wünschten ihnen Frieden und Freude, oder nahmen sie liebevoll tröstend in den Arm. Ich fühlte, daß gerade diese herzlichen Umarmungen den Menschen sehr wohltaten. Für mich war der Segnungsgottesdienst eine schwere, aber frohmachende Aufgabe. Es erfüllte mich mit großer Dankbarkeit, Werkzeug sein zu dürfen im Dienste Gottes und vielleicht etwas von der Last der Menschen mitzufühlen, mitzutragen im Gebet oder auch die Freude und Dankbarkeit der anderen zu teilen.
Ich glaube, daß diese bewußte Erneuerung des Tauf- Firm- oder Eheversprechens eine große Chance ist, daß aus Taufscheinchristen frohe, begeisterte, gläubige Menschen werden, die in ihren Gemeinden als Sauerteig wirken. Es wäre schön, wenn in vielen Gemeinden solche Segnungsgottesdienste gefeiert werden und viele Menschen den Mut haben, zu segnen und sich segnen zu lassen.

Am 18. September 1994 war ein Segnungsgottesdienst im großen Dom. Als ich von meinen Eindrücken in meinem Freundeskreis erzählte, hörte ich nur: das war doch wieder nur etwas für die „Frommen".

Wie erstaunt und bewegt war ich doch, als ich junge Menschen im Dom offen von ihren Problemen sprechen hörte, und wie sie weiterhin um Kraft auf ihrem Lebensweg durch den Segen Gottes baten! Wie ihre Freude alle ansteckte und sich spontan in einem Applaus ausdrückte: Ungewöhnlich in unserer Region.
Ja, es ist etwas im Dom geschehen – in den Herzen der Menschen! Auch ich konnte zu einem Geistlichen in eine Kapelle gehen und ihm sagen, wieviel Unsicherheit und Versagensangst noch in mir ist, daß ich nicht fromm bin, jahrelang keine Kirche von innen gesehen hatte, und erst als es mir ganz schlecht ging, als Schmerz und Leid mich drückten, so daß ich keinen Sinn in meinem Leben mehr sah, ich schließlich zum Kreuz in eine Kirche ging, um endlich Frieden mit Menschen und Gott zu finden. Der Geistliche im Dom hat mir zugehört. Er machte mir Mut zum Gebet, zum stärkeren Vertrauen auf die Güte und Allmacht Gottes. Dieses alles wollte ich meinen Freunden und noch Vielen sagen: seht, es geht wieder aufwärts mit mir, ich kann wieder glauben und hoffen, daß Gott, den wir Vater nennen dürfen, barmherzig ist, uns verzeiht und liebt – und ich danke ihm dafür – denn Er hat mir mein Leid gesegnet.

Elisabeth Sauer

Mein Mann und ich waren sehr froh darüber, mit unseren Kindern, sieben und zehn Jahre alt, nach Paderborn fahren zu dürfen.
Wir haben in unserem Alltag erlebt, wie wir von Gott und dem heiligen Geist verändert wurden. Daher ist es uns ein Anliegen, diese Erfahrungen anderen, besonders auch in unserer Gemeinde, weiterzugeben. Erfreut stellten wir fest, daß die katholische Kirche sich jetzt durch diesen Segnungsgottesdienst im Rahmen der Evangelisierung auf einen neuen Weg begibt. Befreiend und wohltuend war es, in diesem Gottesdienst Laien im Dienst für Jesus zu sehen. Mein Mann und ich waren erstaunt, daß diese Art von Gottesdienst so positiv aufgenommen wurde und wieviele Menschen sich in ehrlicher Absicht segnen ließen.
Auch wir haben uns vom Herzen her bewegen und unsere Ehe neu segnen lassen. Wir baten erneut um Kraft und Weisheit für unsere Familie, die im Laufe der Zeit viel zu tragen hatte – wie Aufarbeitung traumatischer Kindheitserlebnisse, Schwangerschaftskonflikte, Früh- und Totgeburten.
Unsere Ehe hatten wir bis zu diesem Tag wiederholt unter den Segen Gottes gestellt und gemerkt, wie gut es uns tut, auf die Zusagen Gottes vertrauen zu dürfen und von ihm getragen zu werden. Der erneute Segen an diesem Tag hat uns wieder das Gefühl und die Sicherheit von Gottes Nähe und Beistand gegeben.

Jesus hat uns trotz der schwierigen Zeiten immer wieder als Zeugen für andere gebraucht, und darüber sind wir froh. Wir würden es begrüßen, wenn ein solcher Segnungsgottesdienst öfter angeboten würde. Uta Thomas

Ich fühlte mich getragen von dem Segnungsteam, das betend „hinter uns stand". Die allererste Person, die wir segnen durften, kam mit der Bitte, Gott möge ihre geschiedene Ehe heilen und ihren Ehemann wieder zu ihr zurückführen. Das hat mich sehr betroffen gemacht, aber auch dankbar und erwartungsfroh, denn Gott ist bereits am Werk! Beeindruckt haben mich sehr viele ältere Ehepaare, die sich in dankbarer Erinnerung segnen ließen für die guten und schweren Zeiten, die sie mit Gott durchlebt haben, mit der Bitte, Gott möge ihnen ihre gute Ehe bewahren. Ich habe eine große Freiheit und Offenheit gespürt, auch ganz alltägliche Dinge vor Gott zu bringen. Ilona Langenfeld

Mir ist es ein starkes Bedürfnis, Dank zu sagen, daß der Segnungsgottesdienst am 18. 09. 1994 im Paderborner Dom so möglich war. Ich war sehr gespannt auf diesen Tag und freute mich.

In der Ansprache des Bischofs wurde noch einmal deutlich, wie er durch eigenes Erleben in Exerzitien, in Form von Tauf- und Firmerneuerung sowie Erneuerung des Weiheversprechens den Segen Gottes erfahren hat. Somit wurde klar, aus welcher Quelle es Christen möglich ist zu schöpfen. Wir sollten sie alle viel mehr anzapfen, sie ist da.

Wieviel Frust und Resignation könnte im kirchlichen Bereich vermieden werden, wenn vor dem Aktivismus die Besinnung auf den eigentlichen Auftraggeber geschehe und alle Kraft zum Tun von dort erbetet und erwartet würde. Christus hat es in seinem Erdenleben genauso vorgelebt. Nur wenn ich von eigenen Erfahrungen im Glauben erzähle, kann ich den Glauben weitergeben bzw. darauf aufmerksam machen.

Den Segnungsgottesdienst als Ganzes, sowie die Einzelsegnung habe ich als ein besonderes Geschenk erlebt, das bis in meine Tiefen ging. Das hatte ich mir nicht so vorgestellt. Dankbar war ich für die Möglichkeit der Beichte.

Diesen Segnungsgottesdienst wünsche auch ich mir als Signalwirkung für die Gemeinden, so daß die Quelle sprudeln möge. Gut fand ich, als der Bischof sinngemäß sagte: „Wir tun hier nichts Besonderes, wir haben nur etwas wieder aufgegriffen, was in Vergessenheit geraten ist."

VI. Presseberichte

1. Wohltuende Atmosphäre entspannter Freiheit[21]

„Es müssen nicht die Massen sein, die in den Gottesdienst kommen. Die Sache Jesu begann auch nur mit zwölf Menschen", meinte Heribert Mühlen auf dem Weg in den Paderborner Dom. Als sich ihm dann aber die Paradiespforte öffnete, eine halbe Stunde vor Beginn des „Segnungsgottesdienstes", waren alle Plätze des Kirchenschiffs besetzt und unaufhörlich strömten die Menschen weiter in den Dom.
Gläubige jeden Alters feierten den Gottesdienst mit, an dessen Beginn Erzbischof Degenhardt die Bedeutung des erneuerten Tauf- Firm- und Weiheversprechens für sich selbst bekannte. Die gelöste und zugleich unaufdringlich-persönliche Stimmung im Gotteshaus wurde unterstützt durch den „Chor 77" aus Herne. Im Gottesdienst mischten sich durchdacht liturgische und musikalische Elemente aus Tradition und Gegenwart. So konnten Jung und Alt von Anfang an mitbeten und -singen.
In frei vorgetragenen Worten berichteten zwei Jugendliche über die Bedeutung ihrer Firmerneuerung, zwei Ehepaare über die Erneuerung ihres Eheversprechens. Mut, Offenheit und Klarheit ihrer Bekenntnisse forderten die Gemeinde zu spontanen Beifallsbekundungen heraus und wiesen durch die persönliche Dimension ihrer Worte („Ich") indirekt auf Defizite gegenwärtiger Kanzelreden hin.
Auf diese Weise ermutigt, zog es die Gottesdienstgemeinde in die vielen Seitenkapellen, um eigene „leibhafte Schritte" als persönliches Bekenntnis zum Glauben zu machen. Großgeschrieben wurde auch die ökumenische Dimension der Feier. Heribert Mühlen wählte als Grundlage für seine Ansprache den „aaronitischen Segen" aus dem Alten Testament, der fester Bestandteil im evangelischen Gottesdienst ist.

2. Konkreter Beginn einer neuen Evangelisierung[22]

Paderborn. Gemeinsames Beten am Telefon, ein Ärzteehepaar, das aus den schwersten Stunden seiner 14 Ehejahre berichtet, und eine junge Frau, für die das öffentliche Ja zu Gott ein tiefes Erlebnis ist: Ungewöhnliche Bekenntnisse bestimmten gestern einen Segnungsgottesdienst im überfüllten Paderborner Dom.

---

[21] Neue Westfälische, 20. September 1994.
[22] Westfalen-Blatt, 19. September 1994.

Für Erzbischof Johannes Joachim Degenhardt war das ein Signal an die Gemeinden. Die Mehrheit der knapp 3000 Besucher nutzte die Gelegenheit, sich von 27 bereitstehenden Teams aus Priestern und Laien segnen zu lassen. Zu den rhythmischen Hintergrundgesängen des „Chor 77" aus Herne drängten die Gläubigen in die Seitenkapellen oder auch zum Hochaltar, um ihr Tauf- Firm- oder Eheversprechen zu erneuern. „Der Taufbund", so Degenhardt, „wurde als Säugling empfangen und sollte im Leben von jedem einzelnen selbst bejaht und angenommen werden." Professor Heribert Mühlen hatte zuvor ermutigt: „Vieles hindert uns, vielleicht auch die Kirche. Nehmen Sie alles mit zum Empfang des Segens, um Gott direkt zu sagen, was Sie ärgert." Von der behutsamen Kraft Gottes, die nicht Wunder wirkte, sondern auf einem langen Weg ihre Beziehung wieder heilte, berichteten die Eheleute Norbert (42 Jahre und Presbyter in einer evangelischen Gemeinde) und Ursula (39 Jahre, katholisch). Soviel Offenheit dankten die Zuhörer mit heftigem Beifall in der Bischofskirche. Sie habe an Gott gezweifelt, berichtete eine Hebamme aus Arnsberg, als ein tragisches Unglück Schmerz über ihre Familie brachte. Die Erneuerung ihrer Firmung vor vier Jahren schließlich verlieh neue Kraft zum Weiterleben. Ein Polizeibeamter berichtete vom Alkohol und vom Haß auf die Partnerin. Bei einem Eheseminar wurde beiden klar, was das Ja zur Ehe sechs Jahre zuvor eigentlich bedeutete. „Segnen war alles, was Gott jemals getan hat", erklärte der Dogmatiker Mühlen. Das Segnen habe nicht irgend jemand in der langen Kirchengeschichte erfunden, es gab es von Anfang an. „Das Segnen kommt von Gott direkt." (R. Brockmann)

3. Segnungsgottesdienst Beispiel für möglichst viele Gemeinden[23]

Paderborn (gevo). Großes Echo fand die Einladung von Erzbischof Johannes Joachim Degenhardt zum ersten Segnungsgottesdienst im Hohen Dom. Über 2500 Katholiken aus allen Teilen des Bistums waren nach Paderborn gekommen, sie füllten den Dom wie sonst nur während der Liborifeiern. Mit der Erneuerung des Sakraments der Priesterweihe begann ein Pfarrer. Er wiederholte sein Weiheversprechen vor Erzbischof Degenhardt und den Gläubigen. Dieser Segnungsgottesdienst könnte, wie der Erzbischof wünschte, zum konkreten Beginn einer neuen Evangelisierung werden. Die Möglichkeit der Erneuerung von Taufe und Firmung und des Eheversprechens wurde von vielen Dombesuchern

---

[23] Westfälisches Volksblatt, 19. September 1994.

vor dem Hauptaltar oder in den Seitenkapellen der Kathedrale genutzt. Keine Orgel und kein Domchor, dafür eine Spiel- und Singgruppe. Wechselgesang während des Gottesdienstes, der Anbetung und nach dem Sakramentalen Segen. Junge Leute, Familien mit Kindern und ganze Gruppen.
Die Bitte des Erzbischofs könnte erfüllt werden, daß möglichst viele Pfarreien im Bistum zu solchen Segnungsgottesdiensten als Suche nach einer neuen Gestalt des Christseins einladen würden. Besonders Eheleute und Familien sind dann willkommen, ihre alltäglichen Sorgen und Freuden vor Gott zu tragen: als Dank für eine glückliche Ehe oder als Erneuerung des Treueversprechens.
Eindrucksvoll gestern die Zeugnisse von Jugendlichen über ihre Firmerneuerung und das Bekenntnis zweier Ehepaare über Entfremdung und Zusammenfinden. Die Stunden der Segnung und Erneuerung der Sakramente endeten mit dem Sakramentalen Segen und dem Wunsch im Lied: „Der Himmel geht über allen auf“.

4. 3000 Gläubige beim Segnungsgottesdienst im Paderborner Dom[24]

Paderborn. Als „Schritt in die Richtung der direkten, persönlichen Begegnung mit Gott“ hat Erzbischof Johannes Joachim Degenhardt den ersten Segnungsgottesdienst im Paderborner Dom bezeichnet. Er sei „Hilfe zum persönlichen Glauben und leibhafter Weg zum dreieinen Gott“, erklärte Degenhardt am Sonntag in dem Gottesdienst, zu dem fast 3 000 Gläubige gekommen waren. Anliegen des Gottesdienstes war, das von Gott frei geschenkte Bundesangebot anzunehmen und dem Leben aus dem Glauben die Richtung auf diesen Bund hin zu geben, wie Professor Heribert Mühlen in seiner Ansprache sagte. Jugendliche und Erwachsene machten von der Möglichkeit Gebrauch, ihr Tauf- Firm- oder Eheversprechen zu erneuern.
Die liturgische Feier hatte mit einem Wortgottesdienst begonnen, in dessen Mittelpunkt eine Lesung aus dem Alten Testament stand, in der sich Gott als der Gott des Bundes offenbart und seinen Segen zusagt. Nach der Aussetzung des Allerheiligsten nahmen Erzbischof Degenhardt und 27 Priester die Erneuerung der Tauf- Firm- und Eheversprechen entgegen. Auch eine große Zahl von Laien stand mit den Priestern zur Segnung bereit. Zu Beginn erneuerte ein Priester öffentlich sein Weiheversprechen. Auch eine Anzahl von Ordensschwestern erneuerte ihre

[24] Katholische Nachrichten Agentur (KNA), 20. September 1994.

Gelübde. Ältere und jüngere Ehepaare versprachen sich erneut Liebe und Treue. Sie folgten dem Zeugnis zweier Ehepaare, die ihren Weg zu einem lebendigen Glauben schilderten. „Ohne Gott wäre unsere Ehe eine von den vielen geschiedenen", hieß es in einem Zeugnis. In einem anderen Zeugnis sagte jemand, der Weg zu Gott könne ein langer Weg sein. Zwei Jugendliche berichteten von ihrer Erfahrung der Firmerneuerung, die sie zu einem lebendigeren Glauben geführt habe.
Degenhardt hatte bereits in der Einladung zu dem Gottesdienst die Hoffnung geäußert, Gott möge „einen Neubeginn" des Glaubenslebens im Erzbistum Paderborn schenken. Diesen Gedanken griff Professor Mühlen mit dem Wunsch auf, auch in den Gemeinden des Erzbistums möchten solche Gottesdienste gefeiert werden. „Wir erwarten von unserem Gott, daß er uns selbst in die Zukunft führt", faßte er den Sinn des Segnungsgottesdienstes zusammen, der mit dem sakramentalen Segen schloß.

5. Ergreifende Erfahrung des Glaubens[25]

Paderborn /Erzbistum. Als ein „persönliches Herzensanliegen" bezeichnete Erzbischof Dr. Johannes Joachim Degenhardt am vergangenen Sonntag einen Gottesdienst im Hohen Dom, der für viele eine Erneuerung des Glaubens werden sollte.
Unter dem Leitwort „Ich will dich segnen, und du sollst ein Segen sein" hatte der Erzbischof Menschen aus dem ganzen Erzbistum in die Kathedrale eingeladen, um ein Forum für diese persönliche Art der Glaubenserneuerung zu geben. Er selbst, so Degenhardt in seiner Einführung in den Gottesdienst, habe während einer Besinnungswoche sein Weiheversprechen erneuert und das als Hilfe zum persönlichen Glauben erfahren. Daher solle dieser Gottesdienst auch anderen die Gelegenheit geben, ihr Tauf- Firm- Ehe- oder Weiheversprechen vor Gott zu erneuern. Diese Erneuerung sei ein leibhafter Weg zum dreieinen Gott, der in jeder Gemeinde gefeiert werden könne, so der Erzbischof im gut gefüllten Dom. Der Erzbischof hegte die Hoffnung, daß dieser Gottesdienst unter anderem in der Erneuerung des Taufversprechens ein Signal für die befreiende Gemeinschaft mit dem Gott der Bibel sei, der in der katholischen Kirche lebe und wirke. Prof. Dr. Heribert Mühlen, Dogmatiker an der Paderborner Theologischen Fakultät und Hauptinitiator des Segnungsgottesdienstes, malte in seiner Predigt das Gespenst von Ratlosigkeit und Resignation in der Kirche an die Wand.

---

[25] Der Dom, 25. September 1994.

Mühlen forderte daher zur Bereitschaft auf, Gott handeln zu lassen und sich der Kraft und Energie zu öffnen, die „ich, euer Gott, euch geben will in diesem Segen", so der Dogmatiker. Die Kirche sei nur relevant, wenn dieser Segnende Gott sei. In dieser „geschichtlichen Stunde in der Geschichte Europas" sei die Zukunft der Kirche nur über eine direkte Beziehung zu Gott zu suchen. Der Segen Gottes sei ein Entlastung des Menschen davon, das ganze Glück dieser Welt von der Gesellschaft, vom Leben oder vom Partner zu erwarten. Alle seien durch die Taufe zu diesem gegenseitigen Segen befähigt. Dieser Segen sei das Zulassen, daß Gott an mir handelt, so Mühlen.

Zeugnisse

Höhepunkte des Segnungsgottesdienstes waren Glaubenszeugnisse von Christen, die in der Wiederbelebung ihres Glaubens eine hilfreiche Erfahrung für die Bewältigung des Alltags erlebt hatten. So berichteten zwei junge Frauen von dem hohen Stellenwert, den ihre Firmerneuerung vor vier Jahren für ihr Leben gehabt habe. Das laute Beten einer ganzen Gemeinde für sie selbst und der persönliche Segen sowie das „Ja zu Gott" vor einer großen Gruppe zu bezeugen, hätten ihnen neue Dimensionen einer persönlichen Beziehung zu Gott eröffnet. So wünschten sich die beiden jungen Frauen mehr Offenheit der Kirche für diese Art der Glaubenserneuerung. Ein Arztehepaar erzählte von der Bewältigung seiner Glaubensprobleme: Schon bei der Eheschließung habe es bei dem konfessionsverschiedenen Paar, inzwischen beide um die 40 Jahre alt und Eltern von drei Kindern, Diskussionen gegeben. Da der evangelische Ehepartner wenig Bezug zu kirchlichen oder religiösen Dingen gehabt habe, habe es auch immer wieder bei der Taufe der Kinder erneute Auseinandersetzungen gegeben. Nach sechs Jahren sei ein langsamer Wandel eingetreten. Beim Besuch von Besinnungstagen habe man eine Erneuerung des Eheversprechens abgelegt. Auch da habe sich nicht alles schlagartig gebessert. Aber die Erfahrung, daß man nun auf einer gemeinsamen Grundlage aufbauen konnte, habe zu einer weiteren Annäherung an den Glauben geführt, den nun beide Ehepartner in ihrer Kirche aktiv leben. Der Weg zu Gott, die Erfahrung habe man gemacht, sei eben lang, und die Schritte seien klein. Geholfen auf diesem Weg habe auch der Aufbau eines Gesprächskreises, der zu einem neuen Eintritt in den Bund mit Gott geführt habe. Ein 36jähriges Ehepaar, ebenfalls mit drei Kindern, stellte seine Überzeugung dar, daß ihre Ehe nach fünf gemeinsamen Jahren eine der vielen geschiedenen Ehen gewesen wäre, wenn sie sich nicht Gott in der Ehe neu anvertraut hätten. Der Ehemann, ein Polizist, habe zu Beginn der Ehe kaum ein Verständnis dafür gehabt, und so sei das

Glück auch nur kurz gewesen. Nach einem langen Weg zum persönlichen gemeinsamen Glauben habe er eine neue Beziehung zu seiner Frau und anderen Menschen gewonnen. Das zeigten ihm Gespräche und auch Gebete, die er mit zum Teil fremden Menschen nun führen bzw. sprechen könne.

Jeder kann segnen

Nach der Aussetzung des Allerheiligsten konnte nun jeder der Gottesdienstteilnehmer seine Versprechen an Gott erneuern und für die Zukunft seinen Segen erbitten. Dafür waren rund 27 Anlaufstellen über den ganzen Dom verteilt eingerichtet worden. Jeder, der wollte, konnte sich von Priestern und/oder Laien segnen lassen und zusammen mit Partnern oder Kindern seine Glaubensversprechen erneuern. Das alles geschah in zwangloser Atmosphäre. Vor einigen Segensgruppen bildeten sich lange Schlangen, und viele nahmen in der Krypta das Angebot zum Empfang des Bußsakramentes an.

B.
Der zweite diözesane Reformgottesdienst

I.
Veröffentlichung im Amtsblatt

Das Einladungsschreiben für den Segnungsgottesdienst 1995 ist im wesentlichen identisch mit dem Einladungsschreiben von 1994 (vgl. den Text unter A/I/2).

Am Sonntag, 3. September 1995, wurde in der Erzdiözese Paderborn in allen Gottesdiensten die folgende Einladung verlesen[26]:

Liebe Schwestern und Brüder!
Der Segnungsgottesdienst im vorigen Jahr war eine neue, positive Erfahrung der Kirche als einer befreienden und heilenden Gemeinschaft. Auch in diesem Jahr werden sich wieder Priester und Laien in den zahlreichen Kapellen des Doms zum Dienst der persönlichen Segnung bereithalten. Vielen wurde zum erstenmal in ihrem Leben bewußt, daß Gott in der Taufe mit ihnen einen Bund der Liebe und Treue geschlossen hat gemäß der Verheißung: „Ich bin mit dir, ich behüte dich, wohin du auch gehst" (Gen 28,15), „ich bleibe derselbe, so alt ihr auch werdet, ich werde euch schleppen und retten." (Jes 46,4) Viele haben in ihrer Alltagssprache die Freuden und Nöte ihres Lebens vor Gott hingetragen. Andere haben ihr Tauf- Firm- Eheversprechen persönlich erneuert. Jeder hat auch die Möglichkeit, Gott um bestimmte Geistesgaben zu bitten, die seinem jeweiligen Dienst entsprechen. Gott achtet die von ihm geschenkte Freiheit so sehr, daß er jedem Zeit läßt, auf sein Angebot zu antworten.
Viele sind der Meinung, daß es mit der Kirche abwärts geht. Wir erwarten, daß sie neu von innen her wächst – aus der persönlichen Annahme des Bundes Gottes mit seinem Volk, den er nie aufgekündigt hat. Danken wir dem lebendigen Gott für alles, was er unter uns wirkt. Feiern wir unseren Gottesdienst mit Liedern des Lobpreises und der Freude!

Ihr Erzbischof

---

[26] Kirchliches Amtsblatt für die Erzdiözese Paderborn 138 (1995) 11. August 1995 (Stück 8) 94.

An alle Priester und Diakone,
an alle Mitarbeiterinnen und Mitarbeiter im pastoralen Dienst

Beiliegend übersende ich Ihnen die Plakate für den Gottesdienst am 8. Oktober. Im Juni habe ich Ihnen mein Einladungsschreiben zugesandt, in dem die Hoffnung zum Ausdruck kommt, daß in der gegenwärtigen Umbruchsituation (und Ratlosigkeit) die Kirche von innen her neu wächst. Dies gilt auch für die Einladung, die am 3. September (vgl. Kirchliches Amtsblatt vom 11. August 1995, 94) verlesen wird.
Der Gottesdienst am 8. Oktober kann nur ein erster Schritt in einem Langzeitprozeß in den Gemeinden sein. Das Ziel ist, „liturgische Feiern zur Annahme des Tauf- Firm- und Ehebundes auch in den Gemeinden anzubieten." Ich möchte Sie dazu anregen und ermutigen, in den Wochen vor dem Gottesdienst das Einladungsschreiben des Erzbischofs in Predigten zu erläutern und entsprechende Gesprächsgruppen anzubieten. Besonders hinweisen möchte ich auf die Abschnitte „Wie verläuft ein Segnungsgottesdienst?", „Schritte auf dem Glaubensweg", „Etwas ganz Normales". Es gehört zum Wesen der Sakramente, die wir nur einmal im Leben empfangen, daß wir die in ihnen ein für allemal von Gott geschenkte sakramentale Gnade je nach unserer lebensgeschichtlichen Situation neu annehmen.
In einem Segnungsgottesdienst werden die Sakramente nicht gespendet; vielmehr geht es um die Mitwirkung mit der Gnade Gottes im Sinne des opus operantis, die nicht auf den Zeitpunkt des Sakramentenempfangs beschränkt ist: In einem Segnungsgottesdienst tun wir das auf eine *persönlichere* Weise, was die Kirche im Angebot der Tauf- Firm- Weiheerneuerung und des Eheversprechens zu tun empfiehlt. Von besonderer Bedeutung ist die Vorbereitung auf eine Erneuerung des Eheversprechens: Aufarbeitung von gegenseitigen Verletzungen und Verwundungen, des Verhältnisses zu Eltern und Schwiegereltern, Vergebung und Versöhnung.
Für die Pastoral ist besonders wichtig der Hinweis: „Wer solche Schritte vollzieht, tut damit nicht etwas Besonderes. Nicht jeder muß sie vollziehen, aber wer sie vollzieht, tut etwas *ganz Normales*." Deshalb ist eine Hinführung zu allseitiger innerer Toleranz und Weite in bezug auf persönliche Glaubensschritte von großer Bedeutung.
Mit freundlichen Grüßen
Ihr Johannes Joachim, Erzbischof von Paderborn

An alle Mitglieder, Vorstände und Leitungsgremien der Vereinigungen und Verbände im Erzbistum Paderborn

Liebe Schwestern und Brüder!
Als Anlage übersende ich Ihnen das Einladungsschreiben des Erzbischofs zum Segnungsgottesdienst am 8. Oktober 1995 mit einer Dokumentation. Besonders weise ich hin auf den Abschnitt „Schritte auf dem Glaubensweg“ in der Einladung des Erzbischofs.
Neue spirituelle Wege in der Kirche sind wesentlich mitgetragen von den geistlichen Bewegungen, Vereinigungen und Verbänden. Im Dekret für das Apostolat der Laien des Zweiten Vatikanischen Konzils (Art. 10) heißt es dazu: Das von den Charismen getragene Apostolat der Laien ist unersetzlich und „so notwendig, daß ohne dieses auch das Apostolat der Hirten meist nicht zu seiner vollen Wirkung kommen kann. Denn wie jene Männer und Frauen, die Paulus in der Verkündigung des Evangeliums unterstützt haben (vgl. Apg 18,18.26; Röm 16,3), ergänzen Laien von wahrhaft apostolischer Einstellung, was ihren Brüdern fehlt; sie stärken geistlich die Hirten und das übrige Volk (vgl. 1 Kor 16,17f).“
Möge uns erneut ein Fest des Glaubens und der Hoffnung geschenkt werden.

Dr. Franz Bode, Weihbischof

II.
Vorbereitende Artikel und Interviews

Heribert Mühlen

1. Die neue befreiende Erfahrung: Den Bund neu annehmen[27]

Taufe als freie Annahme des Bundes

Die Taufe ist, wie schon das allererste „Konzil“ festgehalten hat, das grundlegende und lebendigmachende „Zeichen“ des Neuen Bundes (vgl. Gen 17,11ff; Apg 15,1.28; Röm 4,11). Deshalb zunächst die Frage: Wer hat bei der „Erneuerung des Taufversprechens“ vor der Erstkommunion, vor der Firmung, in der Osternacht, das Bewußtsein, daß er damit den ganz persönlichen Bund der Liebe und Treue neu annimmt, den Gott in der Taufe mit ihm geschlossen hat? Wir werden ja lediglich gefragt, ob wir den Glaubenswahrheiten zustimmen, die im Tauf- bzw.

[27] Der Dom, 17. und 24. September 1995.

Glaubensbekenntnis niedergelegt sind. Dieses Bekenntnis zum dreifaltigen Gott ist die *Voraussetzung* für den Empfang der Taufe, aber nicht die Taufe selbst. Diese ist das Bundesgeschehen der „Wiedergeburt" eines jeden einzelnen (Joh 3,3ff), das Grundsakrament der Hinwendung zu Gott mit ganzem Herzen, durch das er jeden einzelnen dazu befähigt, sich ihm ganz und gar anzuvertrauen.

Wir müssen also deutlich unterscheiden zwischen der im Chor beantworteten Frage nach den Glaubenswahrheiten und der Annahme des Taufbundes, die nur jeder einzelne in ganzer innerer Freiheit persönlich vollziehen kann, etwa mit den für den Segnungsgottesdienst vorgeschlagenen Worten: „Mein Gott, ich nehme jetzt den Bund neu an, den du in der Taufe mit mir geschlossen hast. Ich danke dir, daß du mich bejahst, so wie ich bin. Verändere mich so, wie du mich haben willst. Ich will dich lieben und verehren, solange ich lebe."

Es gehört zu den schönsten und tiefsten Erfahrungen im Leben eines Christen, in allen Höhen und Tiefen aus dem Bund mit Gott leben zu dürfen und zu handeln. Warum also werden wir bei der „Tauferneuerung" nicht gefragt: „Ist jeder von euch bereit, den Bund der Liebe und Treue neu anzunehmen, den Gott auf ganz persönliche Weise in der Taufe mit jedem einzelnen von euch geschlossen hat?" Wird hier nicht das Zentralste im Leben eines Christen einfach unterschlagen?

Deshalb muß hervorgehoben werden: Bei der Taufe Erwachsener bezeugen die Taufbewerber mit dem Taufbekenntnis (Absage an die Herrschaft des Bösen, Glaubensbekenntnis) ihre Bereitschaft, „mit Christus den Neuen Bund einzugehen." (EIK 133) Auch bei der Taufe des kleinen Kindes schließt Gott ein für allemal einen „Bund", der dann im späteren Leben einer ausdrücklichen Bejahung und Annahme bedarf: Gott zwingt dem Kind seinen Bund nicht auf, es wächst aber auch nicht irgendwie „selbstverständlich" in ihn hinein. In diesem Verständnis und Vollzug der Taufe als Bund kündigt sich eine neue Freiheits-Gestalt der Kirche an.

Das persönliche Ja-Wort zum Bundesangebot Gottes ist nicht ersetzbar

Einen ersten Durchbruch zu diesem neuen Taufverständnis hat das Zweite Vatikanische Konzil eingeleitet: „Der Ritus der Kindertaufe soll überarbeitet und der *tatsächlichen Situation der Kinder angepaßt* werden; überdies sollen im Ritus selbst die *Rolle der Eltern und Paten* und ihre Pflichten deutlicher hervortreten."[28] Der 1969 inkraftgesetzte neue Ritus ist von kaum zu überschätzender Bedeutung. Bis dahin haben

[28] Konstitution über die heilige Liturgie, Art. 67.

nämlich die Paten auf die Fragen nach dem Taufbekenntnis *stellvertretend* für das Kind geantwortet: „ich widersage“, „ich glaube“, *so als ob* das Kind selbst sprechen würde. Auf die Frage an das Kind: „N., willst du getauft werden?“ haben sie sogar geantwortet: „*Ja, ich will es.*“ Diese stellvertretende Annahme des Taufbundes gibt es seit 1969 nicht mehr. Heute lädt der taufende Priester oder Diakon die Eltern und Paten ein, vor der Taufe des Kindes *im Gedenken an ihre eigene Taufe* dem Bösen abzusagen und *ihren eigenen Glauben* an den dreifaltigen Gott zu bekennen. Die direkte Frage an das Kind: „willst du getauft werden?“ gibt es nicht mehr. Darin wird deutlich: Die je eigene, persönliche und freie Annahme des Taufbundes ist *nicht ersetzbar,* weder durch die Eltern und Paten noch durch die Kirche. Sicherlich wächst das Kind auch in den Glauben der Eltern und Paten hinein (falls diese noch aktiv gläubig sind), aber: ihre Begleitung soll nunmehr dazu hinführen, daß der/die junge Erwachsene den Taufbund frei und persönlich annimmt, das heißt, ausdrücklich bejaht, was Gott in der Taufe ein für allemal an ihm/ihr getan hat.

Bevor wir darauf eingehen, sei zunächst hervorgehoben: Wenn der Priester / Diakon beim Übergießen mit dem Taufwasser die Worte spricht: „Ich taufe dich im Namen des Vaters und des Sohnes und des Heiligen Geistes“, dann handelt Gott auch am kleinen Kind. Es *ist* ein für allemal gültig getauft durch das „Bad der Wiedergeburt und der Erneuerung im Heiligen Geist“ (Tit 3,5) und in die befreiende Gemeinschaft seines Volkes, die Kirche, aufgenommen. Wenn Gott seine Zuwendung schenkt, dann nimmt er sie nie mehr zurück, dann prägt sie sich auch in das Innerste des kleinen Kindes ein, dann schenkt er ihm die unauslöschliche Befähigung zur Antwort, die auch als das „Siegel“ der Taufe bezeichnet wird, als das innere „Bundeszeichen“. Deshalb ist die Taufe nicht wiederholbar.

Es ist nun ausdrückliche Lehre der Kirche, daß jeder seine *eigene* Taufgnade empfängt „nach dem Maß, das der Heilige Geist den *einzelnen* zuteilt, wie er will (vgl. 1 Kor 12,11), und gemäß der *je eigenen Vorbereitung und Mitwirkung eines jeden*“ (Konzil von Trient). Die *persönliche* und *leibhafte* Annahme des Taufbundes ist also nicht ohne Bedeutung für die *Wirksamkeit* dieses Bundes in und zwischen uns: Die Taufe wirkt nicht „automatisch“, Gott zwingt dem Getauften seinen Bund nicht auf, sondern befähigt jeden einzelnen zu freier „Mitwirkung“, zur persönlichen Annahme dieses Bundes. Deshalb heißt es in unserem „Gotteslob“ (Nr. 44,2): „Wenn Gott durch die Taufe Kinder in seine Kirche aufnimmt, übernimmt die Pfarrgemeinde mit den Eltern die schwere Pflicht, dem Kind durch Unterricht und Vorleben des Glaubens die spätere *persönliche* Glaubensentscheidung möglich zu machen“, also die spätere persönliche Annahme des Taufbundes. Sie ist der Lehre der Kirche entsprechend nicht auf den Augenblick der Taufe beschränkt, sondern kann ihr zeitlich nachfolgen.

Die spätere Annahme des Taufbundes

Es gibt Grundvollzüge, die mir niemand abnehmen kann. Dazu gehören zum Beispiel essen, schlafen, Freude empfinden, Krankheiten durchmachen und schließlich auch sterben. Die Begegnung mit Gott in der Taufe ist die Überwindung *meines* Todes durch Gott, der Beginn *meiner* Auferstehung (1 Kor 15,44): Niemand kann *meinen* Tod erleiden; niemand kann *an meiner Stelle* auferstehen. *Ich selbst* werde sterben; ich selbst werde auferstehen. Deshalb kann auch niemand an meiner Stelle den Taufbund von Gott annehmen und Gemeinschaft haben mit Gott. Hier bin ich ganz persönlich von Gott angesprochen und in *meiner,* mir von Gott geschenkten Freiheit herausgefordert. Die Liebe Gottes zu mir kommt erst an ihr Ziel, wenn ich mich ihm in Freiheit anvertraue, in meinem ganz persönlichen Ja-Wort zu seinem Bund mit mir. Ich wachse nicht „von selbst" in diesen Bund hinein: Gott bietet mir seinen Bund an und befähigt mich dazu, ihn frei anzunehmen.

Dies wird sehr deutlich durch den Vergleich mit dem Ehebund (vgl. Jes 62,5; Hos 2,21f; Jer 2,2; Eph 5,25f): Die eheliche Bindung entsteht nicht „von selbst", ein Mann und eine Frau wachsen nicht einfach selbstverständlich in ihn hinein und sind dann irgendwann irgendwie verheiratet, sondern: Vor der Trauung fragt der Priester (Diakon) die beiden nacheinander: „Sind Sie hierher gekommen, um nach reiflicher Überlegung *aus freiem Entschluß* den Bund der Ehe zu schließen?" Nehmen wir nun an, der Bräutigam hat zu seiner Braut gesagt: „Vor Gottes Angesicht nehme ich dich an als meine Frau" und ihr den Ring als Zeichen seiner Liebe und Treue angesteckt. Dies ist zunächst nur eine Bereitschaftserklärung, das Angebot zum Ehebund. Er ist erst geschlossen, wenn die Braut dieses Angebot annimmt und ihr Ja-Wort gibt. Nehmen wir an, sie schreckt im letzten Augenblick davor zurück und verläßt die Kirche: der Bund ist nicht zustande gekommen. Ein Bund wird ausdrücklich angeboten und muß ebenso ausdrücklich angenommen werden.

Auch der Taufbund bedarf der ausdrücklichen Annahme. Deshalb gibt es eine „Erneuerung des Taufversprechens" vor der Erstkommunion, vor der Firmung, in der Osternacht, also in einem liturgischen Rahmen. Es entspricht der inneren Würde und Freiheit des Taufgeschehens, wenn dies nicht nur gemeinsam im Chor geschieht, sondern auch je einzeln. Hinzu kommt, daß nach der Neuordnung der Liturgie der Kindertaufe die Paten nicht mehr stellvertretend für das Kind das Ja-Wort zum Tauf-

bund geben, also kann dieses auch nicht „erneuert“ werden. Beim Gottesdienst am 8. Oktober werden sich Priester und Laien in den zahlreichen Kapellen des Doms zum Dienst der Segnung bereithalten. In ihrer Gegenwart kann jede(r) in einer „Liturgie der Annahme“ Gott sein persönliches Ja-Wort zum Taufbund geben, mit eigenen Worten oder in einem vorgeformten Gebet (vgl. GL 5; 50,2). Dabei weiß der einzelne sich zugleich von Gott neu angenommen, aber auch von der Kirche, in deren Namen die Anwesenden Gebete des Dankes und der Fürbitte in diese Situation hineinsprechen.
Natürlich wird es in den Gemeinden auch weiterhin eine gemeinsame „Erneuerung des Taufversprechens“ geben. Wir brauchten in dieser Zeit des Übergangs eine große innere Weite und Toleranz. Gott hat tausend Möglichkeiten, das Herz eines Menschen zu berühren. Nicht jeder „muß“ den Taufbund in einer persönlichen Weise von Gott annehmen. Aber wenn jemand einen solchen liturgischen Schritt vollzieht, dann tut er etwas ganz Normales. Er gehört zu den tiefsten und schönsten Erfahrungen im Leben eines Christen.

2. Setzen wir gemeinsam ein Signal zum Aufbruch![29]

Der halbierte Bund

Haben wir den Bund Gottes mit uns nicht im Grunde halbiert, wenn wir nur den Halbsatz zitieren: „wir sind sein Volk“, oder darauf bestehen: Wir sind Kirche? Haben wir nicht einfach die Zusage überhört oder vergessen, die diesen Halbsatz einleitet und begründet: „*Ich gehe in eurer Mitte; ich bin euer Gott* und ihr seid mein Volk“ (Lev 26,12 u. ö.)? „Ich werde meinen Bund mit euch niemals aufkündigen“ (Ri 2,1): Diese Verheißung gilt heute so wie damals. Die ganze Kirche hat den Charakter eines „Volkes“ nur deshalb, weil Gott zu ihr in einem bundesgemäßen Ich-Ihr-Verhältnis steht, weil er mit uns geht. Aber: Haben wir nicht unser kirchliches „wir“ abgelöst vom Ich Gottes, die Kirche so zu einem rein gesellschaftlichen „wir“ gemacht, das nach Art gesellschaftlicher Systeme machbar ist und auch so zu funktionieren hat? Haben wir den Bund, den Gott in Jesus Christus mit seinem ganzen Volk neu und endgültig geschlossen hat (Mk 14,24; Hebr 9,15), haben wir das „Ich bin für euch da“ Gottes nicht einfach vergessen und damit zugleich den Bund gebrochen?
Bund ist eine direkte Beziehung zwischen Gott und uns, die einzig und allein von ihm ausgeht. Durch sein Bundesangebot berührt Gott das Herz eines jeden einzelnen und befähigt ihn, aus einer direkten Bezie-

[29] Der Dom, 8. Oktober 1995.

hung zu ihm zu leben. Die Bundestreue Gottes dauert unverändert durch alle Zeiten hindurch, wir aber sind von uns aus nicht fähig, dem Bund treu zu bleiben. Deshalb gab es schon im Alten Testament verschiedene „Bundeserneuerungen". So heißt es zum Beispiel 2 Kön 23,3: „Dann trat der König an die Säule und schloß vor dem Herrn diesen Bund: Er wolle dem Herrn folgen, auf seine Gebote, Satzungen und Gesetze von ganzem Herzen und ganzer Seele achten und die Vorschriften des Bundes einhalten, die in diesem Buch niedergeschrieben sind. *Das ganze Volk trat dem Bund bei.*" Solche „Bundeserneuerungen" durch das ganze Volk (vgl. Jer 34,8ff; Neh 9f) waren ein jeweils umfassendes Geschehen, das tiefgreifende Reformen zur Folge hatte.

Feiern wir ein Fest der Bundeserneuerung!

Matthäus versteht die mit den Taufanweisungen des Auferstandenen verbundene Zusage „Ich bin bei euch alle Tage" (28,20) als eine „Bundeserneuerung" durch Jesus, und für Lukas ist das Pfingstereignis das Fest jener endgültigen „Bundeserneuerung", bei dem Gott seine Verheißung eines Neuen Bundes wahrgemacht hat: „Ich gieße meinen Geist über deine Nachkommen und meinen Segen über deine Kinder ... Der eine sagt: Ich gehöre dem Herrn. Ein anderer schreibt auf seine Hand: Für den Herrn." (Jes 44,3ff; vgl. Apg 2,17)
Die befreiende Naherwartung des Zweiten Vatikanischen Konzils war, daß Gott selbst durch ein „neues Pfingsten" (Johannes XXIII.) wirken würde. Nehmen wir an, das *ganze* Volk Gottes, Amtsträger und Laien, würden den Bund von Gott neu annehmen, etwa im persönlichen Schritt einer erneuten und vertieften Annahme des Taufbundes: Ich bin davon überzeugt: Die Angst vor dem Neuen, das Gott in der Kirche wirken will, und die Angst, erstorbene Schemata aufzugeben, würde uns genommen.
Warum kommen 30 Jahre nach dem Konzil und 20 Jahre nach der Synode der deutschen Bistümer die notwendigen Reformen nicht in Gang? Auch uns gilt ja die Zusage Gottes: „Wenn ich eure Gräber öffne und euch, mein Volk, aus euren Gräbern heraufhole, dann werdet ihr erkennen, daß ich der Herr bin ... Ich hauche euch meinen Geist ein, dann werdet ihr lebendig." (Ez 37,13f) Aber was tun wir? Bestehen unsere Reformen nicht im Grunde darin, daß wir die Beschlüsse unserer Beschlußgremien ständig von einem Grab in ein anderes umbetten und insgeheim bereits auf die nächste Frustration warten?
Der eigentliche Grund für die gegenwärtige „Kirchenkrise" ist eine spirituelle Krise, genauer: eine „Bundeskrise". Durch den Schritt einer Bundeserneuerung werden die drängenden gegenwärtigen Probleme und Forderungen weder vom Tisch gefegt noch gelöst, aber: die gegenwärti-

ge Krise würde uns so erst in ihrem ganzen Ausmaß bewußt. Die evangelische Kirche hat unsere Probleme nicht (Frauenordination, verheiratete Pfarrer, mehr Mitsprache kirchlicher Gremien usw.), und dennoch ist sie von derselben Gottes- und Bundeskrise befallen wie wir. Und müssen wir uns nicht von Juden und Muslimen, die mit uns den Bundesgott Abrahams, Isaaks und Jakobs verehren, fragen lassen: wo bleibt bei euch der Bund? Nur auf dieser gemeinsamen Grundlage wird eine Versöhnung dieser drei großen Weltreligionen möglich sein, und das wäre eine unerläßliche Voraussetzung für den Weltfrieden.

3. Das neue gesellschaftliche Profil der Kirche[30]

Die Kirche als zur Freiheit befreites Volk Gottes

Es wird höchste Zeit, daß die Kirchen sich auf ihren ureigensten Ursprung und auf ihr Profil besinnen – oder sie werden zu gesellschaftlichen Großgruppen neben anderen, die jederzeit ersetzbar sind.

Der Ursprung der Kirche als „Volk Gottes" ist das Bundesangebot Gottes: „Ich bin euer Gott, und ihr seid mein Volk" (Lev 26,12 u. ö.). Wir haben diesen Bund einfach halbiert, weil wir nur noch vom „Volk", aber nicht mehr vom Ich Gottes sprechen und so in die Gefangenschaft rein soziologischer Denkweisen geraten sind. Nur aus der direkten Beziehung zu Gott bleibt die Kirche ein nach innen und außen freies Volk: Gott zwingt seinen Bund nicht auf, aber wir wachsen auch nicht von selbst in ihn hinein, sondern: Gott achtet die von ihm geschenkte Freiheit so sehr, daß er auf die freie Antwort eines jeden einzelnen und seines ganzen Volkes wartet. Im Neuen Bund ist das leibhafte Zeichen dieser freien Antwort die Taufe (vgl. Gen 17,11ff; Apg 15,1.28; Röm 4,11). Es wird höchste Zeit, die Taufe endlich als die persönliche Annahme des von Gott angebotenen Bundes in freier, auf das Ich Gottes bezogener Selbstbestimmung zu verstehen.

Während des Segnungsgottesdienst am 18. September 1994 im Dom zu Paderborn haben viele zum erstenmal in ihrem Leben diesen Freiheitsschritt vollzogen, unter dem begleitenden Segen kleiner Gruppen von Priestern und Laien, die sich in den Nebenkapellen des Doms zu diesem Dienst bereithielten. Der gesamte, mehr als dreistündige Gottesdienst hatte den Charakter eines aufbruchartigen Geschehens mit Signalcharakter: Niemand wußte sich zu etwas verpflichtet oder gedrängt. Von den etwa 3000 Teilnehmern verharrten viele still in der sich ausbreitenden Atmosphäre der Anbetung, des Lobpreises, der tiefen inneren Freiheit,

---

[30] Westfalen-Blatt, 4. Oktober 1995.

der Annahme des Bundes. Jeder hatte die Freiheit, das zu tun, was seiner inneren Situation vor Gott entsprach. Aus dieser direkten und zugleich gemeinsamen Beziehung zu Gott erwächst in der Kirche eine neue spirituelle Solidarität, denn alle wissen sich vor Gott füreinander verantwortlich. Hier kündigt sich eine grundlegende Gesamtreform der Kirche *von innen her* an, die auch bundesgemäße Strukturreformen einschließt.

Das neue Verhältnis von Kirche und Gesellschaft

Wenn die Kirche ihr ureigenstes Profil vom göttlichen Bundesgeschehen her zurückgewinnt, dann kann sie von da her auch dazu beitragen, daß der extreme Individualismus in der Gesellschaft überwunden wird, dem das Prinzip des privaten Nutzens zugrundeliegt: Ich bin von niemandem abhängig außer von mir selbst.
Bund ist nämlich auch eine Urform gesellschaftlichen Zusammenlebens. Unsere Bundes-Republik besteht aus Bundesländern, die sich zur Bundestreue, zur Rücksichtnahme aufeinander verpflichtet haben. Zugleich lebt sie von der Mitwirkung eines jeden Bundes-Bürgers. Von ihren spirituellen Erfahrungen her können die Christen bezeugen: Die höchste Form der Selbstverwirklichung ist die Mitwirkung an der Selbstverwirklichung anderer. Darin eingeschlossen ist die Empfindsamkeit für das Unrecht, das anderen geschieht, die Grundhaltung der Toleranz und der Achtung vor der auf das Ganze bezogenen Freiheit eines jeden einzelnen. Es kommt entscheidend darauf an, daß jeder in freier Selbstbestimmung sich abhängig macht von den Erfordernissen im Ganzen unserer Gesellschaft. „Wir Deutsche“, „wir Europäer“ meint dann nicht lediglich ein unbestimmtes, folgenloses „Wir-Gefühl“, sondern: Ich schließe mich bewußt und frei ein in das größere gesellschaftliche „Wir“, das jeden trägt und bin deshalb auch zur Selbsteinschränkung bereit.

4. Die Weiterexistenz der Kirchen in unserer Gesellschaft steht auf dem Spiel[31]

Prof. Mühlen, Dogmatiker an der Theologischen Fakultät ist der Initiator der Segnungsgottesdienste im Dom zu Paderborn, die mittlerweile Auswirkungen auch auf andere Diözesen haben.

? Was ist der Kern dieser Gottesdienste?

Mühlen: Die freie persönliche Beziehung zu dem persönlich handelnden Gott, der von sich gesagt hat: Ich bin euer Gott und ihr seid mein Volk.

---

[31] Der Dom, 1. Oktober 1995.

Mittlerweile ist die Parole: „Jesus ja – Kirche nein“ ja bereits abgelöst durch die Formel: „Vielleicht irgendeine Religion – ein persönlich handelnder Gott nein“. Gott sei die letzte und höchste Wirklichkeit, aber keine Religion enthalte die ganze Wahrheit. Jeder könne sich das heraussuchen, was seinen persönlichen Bedürfnissen entspricht. Im kommenden Segnungsgottesdienst dagegen geht es um diese persönliche Beziehung eines jeden und aller zum persönlichen Gott der Bibel.

? Dann wäre die gegenwärtige Krise also eine Gotteskrise?

Mühlen: Ich möchte noch weitergehen: Sie ist eine Krise des Bundes, den Gott nie aufgekündigt hat. Thesenhaft gesagt: Wir haben diesen Bund einfach halbiert. Die Formulierungen: „wir sind sein Volk“, „wir sind Kirche“ sind einseitig und verzerrend, wenn nicht die *ganze* biblische Verheißung als das allerwichtigste angesehen wird: *„Ich bin euer Gott* und ihr seid mein Volk“ (Lev 26,12 u. ö.) „Volk“ sind wir nur, weil Gott uns seinen Bund, ein göttliches Ich-Ihr-Verhältnis angeboten hat, das einzig und allein von ihm ausgeht. Wenn wir das Ich Gottes einfach vergessen oder unterschlagen, verkommt die Kirche zu einer gesellschaftlichen Großgruppe, die sehr schnell überflüssig wird. Wie schnell das geht, sehen wir an der ehemaligen DDR. Hier sind 10 Millionen Menschen nicht getauft.

? Was sagen Sie zu dem „Kirchenvolksbegehren“?

Mühlen: Das sind Fragen, die uns allen auf den Nägeln brennen. Aber durch die Fixierung auf diese Fragen wird das Grundproblem unterschlagen. Nehmen wir an, von heute auf morgen gäbe es auch in der katholischen Kirche Priesterinnen und verheiratete Pfarrer. Die evangelischen Kirchen haben diese Probleme nicht, und dennoch geht es auch mit ihnen in unserer Gesellschaft abwärts. Die Krise muß also tiefer sitzen: Wir haben kein Profil mehr. Wir sind nicht mehr fähig, in die Gesellschaft das hinein zu vermitteln, was nur wir Christen bezeugen können: Die direkte, befreiende und heilende Beziehung zu Gott. Auch eine Neubewertung der Sexualität setzt voraus, daß sie endlich – und dies haben die Kirchen sicherlich versäumt – in die direkte Bundesbeziehung des Gottesvolkes und des einzelnen zu Gott integriert wird.

? Was also müßte Ihrer Meinung nach jetzt getan werden?

Mühlen: Ich möchte dazu auffordern, endlich die Kernfrage zu diskutieren: Gibt es eine direkte Beziehung des *ganzen* Gottesvolkes und jedes einzelnen zu Gott? Ja oder nein! Solange diese Frage aller Fragen nicht beantwortet ist, setzen die Kirchen allen Prognosen zufolge ihre Existenz und Mitwirkung beim Aufbau einer solidarischen Gesellschaft aufs

Spiel. Jesus hat den Neuen Bund von Gott in einem leibhaften Schritt angenommen: er ließ sich von Johannes taufen. Nehmen wir einmal an, das *ganze* Gottesvolk unter Einschluß der Amtsträger würde Jesus in dieser Annahme in leibhaft-liturgischen Schritten nachfolgen: Erst dann wäre die Voraussetzung für eine Gesamtreform der Kirche *von innen her* gegeben. Anderenfalls bleibt es auf allen Seiten dabei, daß unkritisch behauptet, festgestellt, gefordert, polarisiert wird.

5. Praktische Hinweise zum Segnungsgottesdienst[32]

In jedem Menschen ist die Erwartung einer treuen, zuverlässigen, beständigen Zuwendung lebendig, die sich in allen Situationen des Lebens bewährt. Jeder möchte wissen, wo er hingehört, bei wem er sich geborgen weiß. Nicht wenige zweifeln heute daran, daß Gott ein persönlich handelnder Gott ist, daß er uns überhaupt hört, wenn wir zu ihm sprechen.

Berichte über Erfahrungen mit Gott

Niemand kann im strengen Sinn beweisen, daß Gott sich persönlich um jeden kümmert. Im Segnungsgottesdienst am 8. Oktober werden aber einige Teilnehmer (Jugendliche, ein Priester, Ehepaare) davon berichten, wie sie sich Gott persönlich anvertraut und welche Erfahrungen sie dabei gemacht haben.

Solche persönlichen Glaubenszeugnisse sind für uns ungewohnt, in den Urgemeinden aber ganz normal. Jesus sagt zu dem Geheilten: „Geh nach Hause und berichte deiner Familie alles, was der Herr für dich getan hat und wie er Erbarmen mit dir gehabt hat" (Mk 5,19). Paulus ruft aus: „Gottes gnädiges Handeln an mir ist nicht ohne Wirkung geblieben" (1 Kor 15,10). Von Anfang an wurde der Glaube dadurch „weitergegeben", daß Christen einander erzählt und bezeugt haben, was Gott mit ihrem Leben zu tun hat, wie sie seinen Segen erfahren haben. In der Bibel steht nirgendwo, die Beziehung zu Gott sei reine „Privatsache", ein Glaubenszeugnis gehöre nicht in den Gottesdienst oder die Öffentlichkeit. Vielmehr hat Jesus gesagt: „Wer sich vor den Menschen zu mir bekennt, zu dem werde auch ich mich bekennen" (Lk 12,8). Die Echtheit eines Glaubenszeugnisses zeigt sich darin, daß es *Dienst am Glauben* der Gemeinde ist. Viele werden dankbar dafür sein, daß Mitchristen sich überhaupt zu einem solchen Dienst bereitfinden. Lassen wir uns also

---

[32] Der Dom, 1. Oktober 1995.

überraschen und prüfen wir in der Kraft des Heiligen Geistes, was da in unserer Mitte geschieht.

Das Angebot, die Freuden und Nöte des Alltags vor Gott zu bringen

Die sich anschließende eucharistische Anbetung wird mitgetragen von meditativen Liedern und Gebeten. Dabei kann jeder auf seinem Platz still vor Gott verharren. Niemand ist zu irgend etwas gedrängt. Gott achtet unsere Freiheit so sehr, daß er jedem Zeit läßt, jetzt oder später auf sein Segensangebot zu antworten. Jeder soll das tun, was seiner persönlichen Situation entspricht. Das ist ein entscheidender Schritt in die Zukunft der Kirche. Zugleich besteht die Möglichkeit, sich im geschützten Raum der Nebenkapellen des Doms persönlich segnen zu lassen. Priester und Laien halten sich dort (in diesem Jahr auch in der Gaukirche) zum Dienst der Segnung bereit. Man kann dabei sitzen, stehen oder knien. Ein erster Schritt zu Gott hin ist, überhaupt mit ihm zu sprechen. Die Bibel ermutigt uns: „Bei Gott allein kommt meine Seele zur Ruhe, denn von ihm kommt meine Hoffnung. *Schüttet euer Herz vor ihm aus*! Denn Gott ist unsere Zuflucht“ (Ps 62,6-9). Auch den Dank für die guten Gaben Gottes, für unsere Freuden, können und sollen wir vor ihm aussprechen: „Mein Herz und mein Leib jauchzen ihm zu, ihm, dem lebendigen Gott“ (Ps 84,3). Sprechen wir zu Gott in unserer Alltagssprache, zum Beispiel: „Ich bitte um einen Segen für mein krankes Kind.“ – „Ich danke Gott für den Urlaub, den wir miteinander verlebt haben und bitte ihn um seinen Segen für unsere ganze Familie.“ – „Ich bitte Gott, mir in meinen gesellschaftlichen Aktivitäten das rechte Wort zu geben, damit viele empfindsamer werden für das Unrecht, das anderen geschieht“. – „Ich möchte einen neuen Weg mit Gott beginnen und bitte ihn, mir nahe zu sein.“ – „Ich mache mir Sorgen darüber, wer später einmal für mich sorgt und bitte Gott, daß er auch in meinem Alter zu mir hält.“ Die anwesenden Priester und Laien werden in dieser Situation den Segen von Gott her zusprechen. Dies ist eine neue Erfahrung der Kirche als einer befreienden und heilenden Gemeinschaft.

Wieviel wert ist der Segen eines Laien?

Für manche ist es ungewohnt, daß Laien den Segen von Gott her zusprechen. Ist es nicht den Bischöfen, Priestern und Diakonen vorbehalten, zu segnen? Hier müssen wir alle umdenken. Jeder Christ ist durch die Taufe befähigt, andere zu segnen: Wer getauft worden ist, wird gleich anschließend mit Chrisam gesalbt „zum Amt des Priesters, des Königs und des Propheten“ (GL 48,3). Das Zweite Vatikanische Konzil hat ausführlich vom „gemeinsamen Priestertum aller Gläubigen“ gesprochen, und

dazu gehört auch der Dienst der Segnung. „Das Auflegen oder Ausbreiten der Hände bei der Segnung von Personen bringt die Bitte um den Segen Gottes und die *Mitteilung des Segens durch die Kirche* besonders stark zum Ausdruck“ (Benediktionale, Einführung § 31). Die *ganze* Kirche ist eine Gemeinschaft, durch die Gott seinen Segen mitteilt. Das ist die *spirituelle* „Gleichberechtigung“ aller Glieder der Kirche.
Die Handauflegung bei der Spendung eines Sakramentes (Priesterweihe, Firmung) ist natürlich dem Bischof vorbehalten. Auch der außersakramentale bischöfliche Segen und der Primizsegen haben eine besondere, auf die Kirche bezogene Ausdruckskraft. Dies alles kann und soll nicht eingeebnet werden. Aber: Es ist ein wichtiger Schritt in die Zukunft der Kirche, daß Laien gleichsam den „Mut“ haben, im Gottesdienst von Gott her zu segnen und daß wir alle – Theologen, Amtsträger, Laien – daran festhalten: Gott selbst segnet uns durch die Mitchristen. Bei einem Segnungsgottesdienst ist letztlich nicht entscheidend, wer den Segen gibt, sondern wie wir ihn als die Mitteilung *des Segens Gottes durch die Kirche* in uns aufnehmen!

Laut und persönlich mit Gott sprechen

Bei der persönlichen Annahme des Taufbundes und der Firmgnade kann jeder sich vorgeformter Gebete bedienen (abgedruckt im Liederheft des Gottesdienstes am 8. Oktober), ein zu Hause aufgeschriebenes Gebet ablesen oder es frei formulieren. Viele sind es nicht gewohnt, in Gegenwart anderer laut und persönlich mit Gott zu sprechen. Es gibt eine „falsche Scheu, vor- und miteinander zu beten“ (GL 20). Jesus hatte damit keine Probleme. Er hat in Gegenwart seiner Jünger seine persönliche Beziehung zu Gott ausgesprochen in dem Ruf: Abba, lieber Vater (Mk 10,36; Mt 11,25), und die Urkirche hat dieses kostbare Vermächtnis Jesu in ihrem Gebetsleben bewahrt (Röm 8,15; Gal 4,6). Nach Lk 23,46 war das letzte Wort Jesu ein Gebet aus Ps 31,6: „Vater, in deine Hände lege ich meinen Geist.“ Charles de Foucauld hat es für sich selbst und für uns folgendermaßen erweitert: „Vater, ich überlasse mich dir; mach mit mir, was dir gefällt. Was du auch mit mir tun magst, ich danke dir ... In deine Hände lege ich meine Seele. Ich gebe sie dir, mein Gott, mit der ganzen Liebe meines Herzens, weil ich dich liebe und weil diese Liebe mich treibt, mich dir hinzugeben ... Denn du bist mein Vater.“ (Vgl. den ganzen Text im GL 5,5).
Es ist eine gute Einübung in das freie persönliche Sprechen mit Gott, dieses Gebet zu Hause für sich alleine mehrmals laut, langsam, Wort für Wort, nachzusprechen. Ich muß gestehen: Beim erstenmal habe ich mich dabei vor Gott und vor mir selbst geschämt, denn es hat verborgene Tie-

fen in mir aufgedeckt: Ich bin nicht davon überzeugt, daß Gott mir beim lauten, persönlichen Gebet zuhört und daß er reagiert. Ich habe entdeckt, daß ich nicht so gläubig bin, wie ich angenommen habe. Ich habe Angst, mich Gott ganz anzuvertrauen.
Wenn wir laut und persönlich beten, dann setzen wir voraus, daß Gott jetzt und hier anwesend ist. Gott ist „allgegenwärtig“, haben wir gelernt. Bin ich aber auch davon überzeugt, daß Gott jetzt, in diesem Augenblick, an dem Ort gegenwärtig ist, an dem ich mich befinde? Es ist ein großer Unterschied, ob ich lediglich an Gott *denke*, oder ob ich laut zu ihm *spreche*. Beim lauten Gebet ist nicht nur mein Verstand, sondern auch mein Wille, mein Gefühl und mein „Herz“ in das Verhältnis zu Gott einbezogen. Ich erlaube ihm, in meine unbewußten Tiefen einzudringen und mein Herz zu berühren. Ich darf hier bezeugen: Für mich war es eine der tiefsten Stunden meines Lebens, als ich zum erstenmal in dieser Weise zu Gott gesprochen habe.[33]

6. Erste überdiözesane Auswirkungen des Paderborner Segnungsgottesdienstes 1994[34]

Beim diesjährigen Segnungsgottesdienst am 8. Oktober im Paderborner Dom werden auch Weihbischof Voß von Münster und der neue Bischof von Osnabrück, Dr. Bode, jeweils zusammen mit Laien, den Dienst der Segnung vollziehen. Aus weiteren Diözesen nehmen Seelsorgeamtsleiter und Beauftragte für die Grundseelsorge an dem Gottesdienst teil. Weihbischof Voß berichtete auf einem Besinnungstag Anfang September in Paderborn, bei dem auch Erzbischof Degenhardt anwesend war, von seinem persönlichen Schritt der Tauf- Firm- und Weihe-Erneuerung, den er vor etwa drei Jahren bei Exerzitien mit Priestern und Laien vollzogen hat. Er sei davon überzeugt, daß dies ein Weg in die Zukunft der Kirche ist. Hier wachse aus innerer Freiheit Kirche neu von innen her. In der Diözese Münster gebe es bereits einige Gemeinden, in denen die Firmhelfer vor der Firmung der Jugendlichen ihr Firmversprechen persönlich erneuern. Nach einem dieser Gottesdienste seien dann sogar etwa weitere 50 Teilnehmer in den Altarraum gekommen, um sich Gott neu anzuvertrauen und sich segnen zu lassen.

[33] Vgl. weitere Anregungen dazu in NMG 66-75.
[34] Der Dom, 1. Oktober 1995.

III.
Der Verlauf des Wortgottesdienstes am 8. Oktober 1995

1. Begrüßung

Erzbischof Degenhardt

Liebe Schwestern und Brüder,
liebe Mitbrüder im priesterlichen Dienst!

Herzlich begrüße ich Euch alle, die Ihr zu diesem Segnungsgottesdienst in den Dom von Paderborn gekommen seid. Ich freue mich, daß wieder eine große Zahl hier versammelt ist. Wie schon die Feier im vergangenen Jahr ist mir auch diese heutige Feier persönlich ein Herzensanliegen. Diesmal steht unser Gottesdienst unter dem Thema „Den Bund neu annehmen".

Schon im alten Testament hat Gott mit dem Volk Israel einen Bund geschlossen. Er hat die Initiative ergriffen, er hat sich sein Volk ausgesucht und steht zu diesem Bund in guten und in bösen Tagen. Gott ist treu. So hat er auch sein Volk nie verlassen, auch nicht, als sein Sohn Jesus Christus von den Führern des Volkes Gottes dem Tod am Kreuz überliefert wurde. Durch diesen Tod Jesu wurde ein neuer endgültiger ewiger Bund geschlossen. Das ist die Kirche.

Jeder von uns ist in der Taufe in diesen Bund eingegliedert worden. Als Kinder sind wir durch unsere Eltern Bundesgenossen des dreieinen Gottes geworden. Das, was in der Taufe geschehen ist, muß von jedem einzelnen dann persönlich in seinem späteren Leben angenommen, bejaht, ratifiziert und glaubwürdig bezeugt werden.

Heute genügt es nicht, daß jemand einen Taufschein hat, heute ist es erforderlich, daß jeder Getaufte sich freiwillig und persönlich dem Angebot Gottes mit seiner persönlichen Annahme anschließt und daß jeder bewußt und bereitwillig den Bund annimmt, den Gott zwischen mir und Dir schließen will. Dieser Bund ist eine direkte Beziehung zwischen Gott und uns, zwischen Gott und jedem von uns. Eine Beziehung, die einzig und allein von Gott ausgeht. Gott möchte das Herz jedes einzelnen von uns berühren, uns in unserer Tiefe segnen und zur direkten Antwort befähigen. Schauen wir auf die Gottesmutter Maria, in ihrem Jawort wird das besonders deutlich.

Wie im alten Bunde ist der dreieine Gott auch heute mitten unter uns wirksam, zeigt uns seine Liebe, wenn wir nur mit offenen Augen und offenen Ohren die Zeichen unserer Zeit erkennen und sein Wirken wahrnehmen. Gottes Liebe ist heute wie eh und je unter uns.

Liebe Schwestern und Brüder!
Mein Wunsch ist, daß dieser Segnungsgottesdienst ein Schritt ist zu einer neuen positiven Erfahrung unserer Kirche als einer geistgewirkten Gemeinschaft der Gläubigen. Die Kirche ist nicht nur eine gesellschaftliche Organisation, nicht nur eine bürokratische Einrichtung, nein, das ist sie im wesentlichen gerade nicht, sondern sie ist der neue Bund, den Gott in Jesus Christus neu und endgültig mit uns Menschen geschlossen hat und in der Kraft des Heiligen Geistes lebendig erhält.
Unser heutiger Segnungsgottesdienst soll eine Hilfe sein zu einer solchen persönlichen Erfahrung des Glaubens und ein Weg mit Leib und Seele zum dreieinen Gott. Es geht um unsere persönliche Beziehung zum dreieinen Gott, aus der dann Freiheit und Selbstverwirklichung erwachsen können. Wie in den Sakramenten Gott selber handelt, so ist er wirksam auch im Segen, den wir Christen uns gegenseitig zusprechen im Vertrauen darauf, daß Gottes Geist mitten unter uns lebt.
In der Taufe hat Gott mit uns einen Bund geschlossen. Heute wollen wir mit Freude und Dankbarkeit diesen Bund persönlich annehmen, Gott dafür lobpreisen und ihm danken. Wie ich schon im vergangenen Jahr gesagt habe, so möchte ich auch in diesem Jahr es noch einmal sagen: Es werden keine neuen Forderungen gestellt, sondern die liebende Hingabe und Gemeinschaft mit Gott soll sichtbar werden. Wie Gott dem Abraham versprochen hat: „Ich will Dich segnen, Du sollst ein Segen sein", so erbitten wir heute für uns den Segen des dreieinen Gottes, damit jeder von uns auch ein Segen für andere sein kann. Laßt uns nun unseren Segnungsgottesdienst beginnen mit den Worten des Apostels Paulus an Timotheus: „Entfache die Gnade Gottes wieder, die dir durch die Auflegung meiner Hände zuteil geworden ist. Denn Gott hat uns nicht einen Geist der Verzagtheit gegeben, sondern den Geist der Kraft, der Liebe und der Besonnenheit." (2 Tim 1,6 f)

2. Schriftlesung

1. Lesung aus dem Buch Exodus:

Gott sprach zu Mose: „Ich bin der ‚Ich-bin-da'. Und er fuhr fort: So sollst du zu den Israeliten sagen: Der ‚Ich-bin-da' hat mich zu euch gesandt." (Ex 3,14) „Ich nehme euch an als mein Volk und werde euer Gott sein" (Ex 6,7). „Jetzt aber, wenn ihr auf meine Stimme hört und meinen Bund haltet, werdet ihr unter allen Völkern mein besonderes

Eigentum sein. Mir gehört die ganze Erde, ihr aber sollt mir als ein Reich von Priestern und als heiliges Volk gehören. Mose ging und rief die Ältesten des Volkes zusammen. Er legte ihnen alles vor, was der Herr ihm aufgetragen hatte. Das ganze Volk antwortete einstimmig und erklärte: Alles, was der Herr gesagt hat, wollen wir tun. Mose überbrachte dem Herrn die Antwort des Volkes." (Ex 19,5f.8f)

2. Lesung aus dem Propheten Jesaja:

„Vor mir wurde kein Gott erschaffen, und auch nach mir wird es keinen geben. Ich bin Jahwe, ich, und außer mir gibt es keinen Retter" (Jes 43,10f). „Denkt nicht mehr an das, was früher war; auf das, was vergangen ist, sollt ihr nicht achten. Seht, nun mache ich etwas Neues. Schon kommt es zum Vorschein, merkt ihr es nicht? Ja, ich lege einen Weg durch die Steppe und Straßen durch die Wüste. . . Ich gieße meinen Geist über deine Nachkommen aus und meinen Segen über deine Kinder. . . Der eine sagt: Ich gehöre dem Herrn. Ein anderer. . . schreibt auf seine Hand: Für den Herrn." (Jes 44,3-5) „Das ist der Bund, den ich mit ihnen schließe, spricht der Herr: Mein Geist, der auf dir ruht, soll nicht von dir weichen, und meine Worte, die ich dir in den Mund gelegt habe, sollen immer in deinem Mund bleiben und im Mund deiner Kinder und im Mund deiner Enkel, jetzt und in Ewigkeit – spricht der Herr." (Jes 59,21)

3. Predigt: Den Bund neu annehmen

Heribert Mühlen

Liebe Mitchristen,

Wir sind hier versammelt als das Volk Gottes, das jetzt das Wort Gottes gehört hat: Ich bin Gott, und außer mir gibt es keinen Retter (Jes 43, 10f). Ich bin euer Gott und ihr seid mein Volk. Was meint hier „Volk"? Haben wir uns etwa selbst zum Volk Gottes gemacht, so daß wir abgekürzt sagen können: Wir sind das Volk, oder wir sind sein Volk, oder wir sind die Kirche? Nein; denn wir sind Volk Gottes nur, weil Gott selbst uns als Volk anspricht und uns zu seinem Volk macht, weil das Ich Gottes uns gegenübersteht. Wenn wir lediglich sagen: Wir sind das Volk, wir sind die Kirche, dann sprechen wir *über uns*, wie über eine andere gesellschaftliche Großgruppe. Nicht wenn wir über uns reden und uns mit uns selbst beschäftigen, sind wir Gottes Volk, sondern nur wenn Gott uns *anspricht* und wenn wir ihm antworten: „Jetzt aber, wenn ihr auf meine Stimme hört und meinen Bund haltet, werdet ihr mein Volk sein." So steht es in der Beschreibung des Sinaibundes, also der

zehn Gebote, die Grundlage allen menschlichen Zusammenlebens sind. Der Bund geht nur von Gott aus, und er lädt uns ein, sein Angebot zu beantworten: Das ganze Volk *antwortete* einstimmig, heißt es in unserem Text. Gott zwingt uns seinen Bund nicht auf, wir wachsen aber auch nicht von selbst in ihn hinein. Bund ist ein *fortdauerndes Antwortgeschehen.* Gott läßt uns jedoch die Freiheit, sein Angebot nicht zu beantworten oder einfach zu vergessen.
Ich bin euer Gott: Die Frage aller Fragen ist deshalb heute: Hat Gott jetzt, in diesem Augenblick, in diesem Wort zu uns gesprochen? Ja oder nein? Wenn Gott jetzt nicht gesprochen hat, dann sind wir eine gesellschaftliche Großgruppe neben anderen, wenn er aber gesprochen hat, dann hat er uns damit auch zur Antwort befreit. Jetzt, hier, in dieser Versammlung. Oder gilt auch für uns: Ihr seid nicht mein Volk, denn „ihr gabt keine Antwort, als ich euch rief; als ich zu euch redete, hörtet ihr nicht, sondern ihr habt getan, was mir mißfällt, und habt euch für das entschieden, was ich nicht will"? (Jes 65,12)
Oder gilt uns das Wort: „Warum sagt mein Volk: Wir wollen frei umherschweifen, wir kommen nicht mehr zu dir. Mein Volk hat mich *vergessen*, seit ungezählten Tagen" (Jer 2,31f)? Mein Volk, mein Volk, was tat ich dir, daß du mich vergessen hast? Sooft ich dir auch Vorwürfe mache, mein Herz schlägt für dich, den ganzen Tag strecke ich meine Hände aus nach dir. Ich muß immer wieder an dich denken (vgl. Jer 21,30). Es tut meinem Herzen weh, daß du meine Zuwendung zurückweist, daß du mir keine Antwort gibst. Ihr habt meinen Bund gebrochen, weil ihr Götter verehrt, die keine Götter sind. Mit wem wollt ihr mich vergleichen: Laßt euch vom Goldschmied einen Gott machen und stellt ihn auf: Er wird euch nicht antworten! (vgl. Jes 46,7)
Von Gott her bleibt der Bund immer bestehen, aber das Volk Gottes hat den Bund immer wieder gebrochen oder einfach vergessen. Deshalb gibt es im AT immer wieder Zeiten der Umkehr zu Gott und Feste der Bundeserneuerung. „Das ganze Volk trat dem Bund bei", heißt es im Buch der Könige (2 Kön 23,3). In Jesus Christus hat Gott den neuen und endgültigen Bund geschlossen, und im ersten Pfingstereignis trat der neue Bund in die Geschichte ein. Pfingsten war das große Fest der Bundeserneuerung durch Jesus selbst. Aber auch das neue Bundesvolk kann den Pfingstbund brechen oder einfach vergessen, wenn wir nur nach unseren eigenen Plänen handeln und die Kirche erneuern wollen. Deshalb hat Papst Johannes XXIII. von einem „neuen Pfingsten" gesprochen, in der Erwartung, daß Gott selbst in die Geschichte seiner Kirche eingreift. Wir warten 30 Jahre nach dem Konzil immer noch auf dieses neue Pfingsten. Warum verzögert es sich? Ein neues Pfingsten könnte nur „von oben" her einbrechen, denn wir können uns den Heiligen Geist nicht nehmen,

sein Erscheinen nicht anzielen und planen oder durch Beschlüsse erzwingen.
Der eigentliche Grund für die gegenwärtige „Kirchenkrise“ und Strukturkrise ist eine spirituelle Krise, genauer: eine „Bundeskrise“. Durch den Schritt einer Bundeserneuerung werden die drängenden gegenwärtigen Probleme und Forderungen weder vom Tisch gefegt noch gelöst, aber: die gegenwärtige Krise würde uns so erst in ihrem ganzen Ausmaß bewußt.

Die Kirche gewinnt ihr ureigenstes Profil

Heute gilt mehr denn je die Verheißung, die wir soeben gehört haben: „Denkt nicht mehr an das, was früher war; auf das, was vergangen ist, sollt ihr nicht achten. Seht, nun mache ich etwas *Neues*. Schon kommt es zum Vorschein, *merkt ihr es nicht?* Ja, ich lege einen Weg durch die Steppe und Straßen durch die Wüste ... Ich gieße meinen Geist über deine Nachkommen aus und meinen Segen über deine Kinder ... Der eine sagt: Ich gehöre dem Herrn. Ein anderer ... schreibt auf seine Hand: Für den Herrn.“ (Jes 44,3-5) Ein neues Pfingsten wird uns nur dann geschenkt, wenn jeder einzelne sich in leibhaften Zeichen Gott neu und persönlich anvertraut: Ich gehöre dem Herrn. Das ist die Verheißung heute an uns! Das ist die neue Gemeinde-Normalität!

Glaubenszeugnisse

Wir werden nachher Berichte von Mitchristen hören, die bezeugen, was es für sie bedeutet, aus dem Bund zu leben. Solche persönlichen Glaubenszeugnisse sind für uns ungewohnt, in den Urgemeinden aber ganz normal. Von Anfang an wurde der Glaube dadurch „weitergegeben“, daß Christen einander erzählt und bezeugt haben, was Gott mit ihrem Leben zu tun hat, wie sie seinen Segen erfahren haben. In der Bibel steht nirgendwo, die Beziehung zu Gott sei reine „Privatsache“, ein Glaubenszeugnis gehöre nicht in den Gottesdienst oder die Öffentlichkeit. Dabei stellen wir uns nicht persönlich zur Schau, sondern bezeugen, daß unser Gott ein lebendiger Gott ist, der Gott des Bundes, der an uns handelt. Die Echtheit eines solchen Glaubenszeugnisses zeigt sich darin, daß es *Dienst am Glauben* der Gemeinde ist. Paulus ermahnt uns: Löscht den Geist nicht aus. Verachtet prophetisches Reden nicht. Prüft alles, und behaltet das Gute.
Es wird noch eine Zeitlang dauern, bis so etwas auch im Gemeindegottesdienst möglich ist. Aber lassen wir uns überraschen und prüfen wir in der Kraft des Heiligen Geistes, was da in unserer Mitte geschieht.

Die sich anschließende eucharistische Anbetung wird mitgetragen von meditativen Liedern und Gebeten. Dabei kann jeder auf seinem Platz still vor Gott verharren. Niemand ist zu irgend etwas gedrängt. Gott achtet unsere Freiheit so sehr, daß er jedem Zeit läßt, jetzt oder später auf sein Segensangebot zu antworten. Jeder soll das tun, was seiner persönlichen Situation entspricht. Das ist ein entscheidender Schritt in die Zukunft der Kirche.
Zugleich besteht die Möglichkeit, sich im geschützten Raum der Nebenkapellen des Doms persönlich segnen zu lassen. Das neue Profil der Kirche zeigt sich auch darin, daß Laien gemeinsam mit Bischöfen, Priestern und Diakonen den Segen von Gott her zusprechen. Dies ist für viele noch ungewohnt. Hier müssen wir alle umdenken. *Was ist der Segen eines Laien wert?* Jeder Christ ist durch die Taufe befähigt, andere zu segnen. Das Zweite Vatikanische Konzil hat ausführlich vom „gemeinsamen Priestertum aller Gläubigen" gesprochen, und dazu gehört auch der Dienst der Segnung. Die *ganze* Kirche ist eine Gemeinschaft, durch die Gott seinen Segen mitteilt. Das ist die *spirituelle* „Gleichberechtigung" aller Glieder der Kirche: ein wichtiger Schritt in die Zukunft der Kirche, eine ungeahnte Erfahrung der Kirche als einer heilenden und befreienden Gemeinschaft. Da kommen Mitchristen auf mich zu, die bereit sind, meine Last mitzutragen, an meiner Freude teilzunehmen, die mich von Gott her segnen. Ich sitze im Gottesdienst nicht nur einsam in meiner Bank, sondern ich erfahre eine ungeahnte Gemeinschaft, ja, ich erfahre die heilende Energie Gottes in und zwischen uns.
Deshalb hat nachher jeder die Möglichkeit, in seiner Alltagssprache sich Gott in den Freuden und Nöten seines Lebens anzuvertrauen, um seinen Segen zu bitten. Bitte lesen Sie im Begleitheft die Anregungen dazu: Ich bitte für mein krankes Kind, für meinen Mann, meine Frau. Ich bitte um die rechte Einsicht und das rechte Wort in meinem politischen Einsatz.
Eine solche erfreuende Erfahrung kirchlicher Gemeinschaft ist auch die persönliche Annahme des *Taufbundes*. Man kann diese Annahme selbst formulieren oder das Gebet im Begleitheft benutzen. Für mich war diese Annahme des Taufbundes eine der schönsten Stunden in meinem Leben. Die anwesenden Priester und Laien haben mich von Gott her gesegnet: der Herr lasse sein Angesicht über dir leuchten, und nun darf ich aus diesem Bund leben. Der Bund Gottes ist immer über mir und in mir. Wissen Sie, was das bedeutet: durch die Stadt zu laufen, durch die Westernstraße oder am Bahnhof zu stehen mit diesem Wort im Herzen: Ich bin mit dir? Da kommt einem die Frage: wo gehen diese Menschen hin, welches Ziel haben sie? Werden sie sich schon an der nächsten Straßenecke

einen Gott kaufen? Aber dieser gekaufte Gott wird ihnen nicht antworten! Wissen sie eigentlich, was sie verpassen, wenn sie ohne den Bund mit Gott durchs Leben gehen? Man möchte sie segnen und ihnen zusprechen: Gott lasse dich seine Güte erfahren. Und dann bricht der Antrieb zu einer neuen Verkündigung des Bundes Gottes auf, ja, eine Vision: Viele Menschen in einem großen Stadion, die nicht über ein Tor jubeln, sondern in tiefer innerer Freiheit und Selbstbestimmung: Jesus ist der Herr, du Gott des Bundes, wir gehören dir, ich gehöre dir! Totus tuus, tota tua!

Die innere und äußere Freiheit der Selbstbestimmung in der direkten Beziehung zu Gott ist *das neue Grundprofil der Kirche.* Aus ihr erwächst zugleich eine neue spirituelle Solidarität, denn alle wissen sich in der Bundesbeziehung zu Gott füreinander verantwortlich. Hier kündigt sich eine grundlegende Gesamtreform der Kirche *von innen her* an, die auch bundesgemäße Strukturreformen einschließt.

Das neue Verhältnis von Kirche und Gesellschaft

Wir befinden uns hier auf geschichtlichem Boden. Mit Kaiser Karl dem Großen begann für unser Land die gegenseitige Durchdringung von Kirche und Gesellschaft. Taufe war zugleich die Unterordnung unter das politische Reich Gottes auf Erden. Wer sich nicht taufen läßt, wird mit dem Tode bestraft. Die Treue zum Kaiser war zugleich die Treue zu Gott.

Diese Epoche einer bekehrten Öffentlichkeit geht rapide zu Ende. Kirche und Gesellschaft sind nicht mehr deckungsgleich, sondern Kirche und Gesellschaft differenzieren sich auseinander. Es wird höchste Zeit, daß die Kirche ihr ureigenstes *Bundesprofil* zurückgewinnt und aufgrund ihrer eigenen, von Gott herkommenden Bundeserfahrung zum Aufbau der Gesellschaft beiträgt: daß etwa der extreme Individualismus in der Gesellschaft und ein überzogener Nationalismus überwunden werden.

Bund ist nämlich auch eine Urform gesellschaftlichen Zusammenlebens. Ein politischer Bund ist nur möglich, wenn alle sich in freier Selbstbestimmung voneinander abhängig machen und sich zur Bundestreue verpflichten, zur Rücksichtnahme aufeinander. Von ihren spirituellen Erfahrungen her können die Christen bezeugen: *Die höchste Form nationaler Selbstverwirklichung ist die Mitwirkung an der nationalen Selbstverwirklichung anderer.* Darin eingeschlossen ist die Empfindsamkeit für das Unrecht, das anderen geschieht, die Grundhaltung der Toleranz und der Achtung vor der auf das Ganze bezogenen Freiheit eines jeden einzelnen. „Wir Deutsche", „wir Europäer" meint dann nicht lediglich

ein unbestimmtes, folgenloses „Wir-Gefühl“, sondern: Ich schließe mich in freier Selbstbestimmung ein in das Ganze der Bundes-Republik, in das Ganze eines künftigen europäischen Staatenbundes, und bin deshalb auch zur Selbsteinschränkung bereit. So können wir Christen zu Schrittmachern auf dem Weg zu einem neuen Europa werden.
Gebet: Du Gott des Bundes, gieße jetzt dein Erbarmen über uns aus. Wir danken dir, daß du deinen Bund nie aufgekündigt hast, sondern in Jesus Christus neu mit uns geschlossen hast. Laß jeden von uns jetzt in tiefer innerer Freiheit tun, was seiner Situation vor dir entspricht. Mache uns neu zu deinem Volk. Mache uns lebendig durch deinen Geist, deine göttliche Energie.

4. Persönliche Zeugnisse

Student

Mein Name ist Christian Voss. Ich bin 20 Jahre alt und studiere seit einem Jahr hier in Paderborn Anglistik, Theologie und Pädagogik. Am 30. September 1989 wurde ich gefirmt. Ganz im Sinne einer Wintersaat schlummerte meine Beziehung zu Gott und mein Leben in der Gemeinde so vor sich hin. Vor fünf Jahren lud unser Schulseelsorger zu einem Bibelkreis ein. Als ich mich damals dazu entschloß, im Bibelkreis mitzumachen, konnte ich noch gar nicht ahnen, was für eine Lawine ich für mein Glaubensleben losgetreten hatte. Nach einer relativ langen und sehr intensiven Vorbereitungszeit im Bibelkreis stand am Ende die Firmerneuerung. Es sollte ein ganz konkreter, leiblicher Schritt sein, der deutlich machte, daß ich den Bund, den Gott mir in der Firmung angeboten hatte, erneuern wollte. Ich habe bei der Firmerneuerung bezeugt, daß ich Gott zutraue, real in mein Leben einzugreifen. Ich habe also praktisch meinen Glauben auf Vorschuß bezeugt. Ich traute Gott (erst einmal nur) die Fähigkeit zu, mein Leben zu verändern. Doch seltsamerweise hat dieser „Glaube auf Kredit“ mein Leben mehr beeinflußt als ich zunächst erwartet hatte. Ich hatte einmal meinen Glauben vor vielen Menschen – zwar noch im Schonraum der Kirche – bezeugt und fand immer öfter den Mut, auch „draußen“ zu meinem Glauben zu stehen. Dieses öffentliche Bekenntnis war ein Schritt, von dem ich dann nicht mehr zurück konnte.
Besonders das Gebet anderer Menschen bei der Firmerneuerung hat mich tief beeindruckt: Mitglieder des Bibelkreises und mir teils völlig unbekannte Besucher der Feier legten die Hand auf meine Schulter und sprachen laut oder ganz im Stillen ein Gebet für mich. Die Erfahrung, daß andere für mich beteten und beten, trägt meinen Glauben noch heu-

te. So ist aus dem Glauben auf Kredit ein Glaube aus Gewißheit geworden.
An der Uni habe ich feststellen müssen, daß ein Theologiestudent einen festen Standpunkt braucht, um auch teils heftige Kritik am Glauben und an der Kirche zu ertragen. Die Firmerneuerung hat mir diese nötige innere Stärke gegeben.

Gemeindereferentin

Mein Name ist Annette Kaschner, ich bin 25 Jahre alt und absolviere derzeit in einer Gemeinde in Bielefeld mein Anerkennungsjahr als Gemeindereferentin.
Am 18. September des vergangenen Jahres habe ich während des Segnungsgottesdienstes hier im Dom mein Tauf- und Firmversprechen erneuert. Ich stand damals kurz vor Beendigung meines Studiums und war unsicher, ob ich wirklich in und mit dieser Kirche leben und arbeiten wollte. Bereits während des Studiums erlebte ich in Vorlesungen, im Freundes- und Bekanntenkreis eine negative, kirchenkritische Stimmung. Viele waren frustriert und enttäuscht von der Kirche, viele auch tief verletzt. Diskussionen endeten meist in Hilf- und Ratlosigkeit.
Trotz meiner negativen Erfahrungen mit der Kirche habe ich mich dann doch inmitten von Schwestern und Brüdern in einem persönlichen Schritt Gott anvertraut – über alles Negative hinweg, was mich daran hinderte. Und ich bin froh und dankbar, diesen Schritt getan zu haben. Es herrschte eine Atmosphäre großer Freiheit, und ich spürte auf einmal: Gott verlangt diesen Schritt nicht von dir, er fordert nicht, sondern er lädt dich ein, er bittet dich um deine Zustimmung, aber er läßt dir deine ganze Freiheit, und er läßt dir die Wahl. In einem kurzen Gebet habe ich mich bereit erklärt, den Bund, den Gott in Taufe und Firmung mit mir geschlossen hat, anzunehmen und um seinen Segen für meinen weiteren Berufsweg gebeten.
Dann haben ein Priester und zwei Laien auf eine sehr persönliche Art für mich gebetet. Sie haben mir ihre Hände auf die Schulter gelegt und mir den Segen Gottes direkt zugesprochen. Das war für mich eine ganz neue Erfahrung von Kirche. Ich habe hier eine Kirche erlebt, die mir Mut macht, die mir Kraft und Segen zuspricht, eine Kirche, die nicht moralisierend fordert, sondern mir etwas Gutes, eine Frohe Botschaft zusagt!
Im Laufe des vergangenen Jahres habe ich dann mehr und mehr die „Auswirkungen“, die mein persönliches JA zu Gott hatte, erlebt: Ich habe neue Fähigkeiten entdeckt, die ich in meinem Dienst in der Gemeinde einsetzen kann, Gaben, die ich nicht aus mir selbst heraus „machen“ kann, sondern die Gott schenkt, so z. B. die Gabe des

Zuhörens. Vor persönlichen Gesprächen mit Gemeindemitgliedern bitte ich Gott jetzt darum, ganz „Ohr sein" zu können.
Heute, nach fast einjähriger Berufserfahrung im kirchlichen Dienst kann ich ehrlichen Herzens sagen: Ich liebe diese Kirche – nicht weil sie vollkommen und fehlerlos ist, sondern weil ich spüre, daß Gott in ihr lebendig ist. Und weil ich diese Kirche liebe, kann ich mich auch für Veränderungen und für eine notwendige Erneuerung einsetzen.
Ich wünsche mir, daß es mehrere solcher Angebote im Raum der Kirche gäbe, nicht nur einmal im Jahr hier im Dom in Paderborn, sondern vor Ort in den Gemeinden.
Vielleicht wird Kirche dann wieder mehr zu dem, was sie sein soll: Eine zur Freiheit der Kinder Gottes befreite Gemeinschaft, die aus der Bundestreue ihres Gottes heraus lebt und wirkt.

Priester

Ich habe im vergangenen Jahr am ersten diözesanen Segnungsgottesdienst im Paderborner Dom teilgenommen.
Beeindruckend war für mich die große Zahl der jugendlichen und erwachsenen Christen, die diesen Gottesdienst mitfeierten, ohne den Eindruck zu erwecken, unter Zeitdruck zu stehen.
In meinen ersten vier Jahren als Vikar habe ich immer wieder die Erfahrung gemacht, daß eine äußere Verpflichtung allein nicht zum lebendigen Glauben an Gott führen kann.
Bei diesem Gottesdienst gab es keinerlei Druck. Niemand mußte sich segnen lassen oder in einem leibhaftigen Schritt seine Gottesbeziehung persönlich erneuern.
Dies gilt auch für den heutigen Gottesdienst. Es wird auch heute viele geben, die in aller Freiheit da sind, ohne etwas tun zu müssen. Das könnte ein Weg für die Zukunft der Seelsorge und der Kirche sein: Daß Christen die Möglichkeit haben, sich nach einer Zeit der Vorbereitung Gott frei anzuvertrauen.
Gesündere menschliche Beziehungen könnten die Folge davon sein.
Es geht um eine persönliche Beziehung zu Gott, die mich als Christ drängt, ihm zu begegnen und dies auch leibhaftig auszudrücken.
Viele haben sich im vergangenen Jahr persönlich segnen lassen und dabei ihr Tauf- Firm- Ehe- oder Weiheversprechen ausdrücklich erneuert bzw. angenommen. Dazu gehörte auch ich. Ich wollte Gott ausdrücklich danken für die vielfältigen frohmachenden Erfahrungen, die ich als Priester bisher machen konnte. Dabei will ich nicht verschweigen, daß es neben den Erfahrungen des Trostes und der Freude an Gott im Gebet,

Gottesdienst und bei der Begegnung mit den Menschen auch Erfahrungen des Mißtrauens und der Leere gab und auch weiterhin geben wird.
Solche entmutigenden Erfahrungen sind etwa, daß ich Jugendlichen begegne, die anscheinend keine „Antenne" für den Gott haben, den Jesus Christus seinen und unseren Vater nennt. Ich frage mich, wenn dies in einem Gespräch herauskommt: Was klingt wider in den Jugendlichen, die in der Pfarrei durchaus bereit sind mitzumachen, wenn sie z. B. das „Vater unser" sprechen? Sind das immer nur Worthülsen? Weil aus vielen Gründen keine „Antenne" für einen persönlichen Gott da ist, sprechen viele nicht mit ihm im vorformulierten mündlichen Gebet oder gar durch lautes Beten. Weil nicht mit ihm gesprochen wird, erleben viele Gott auch nicht als persönlichen Ansprechpartner.
So wollte ich auch im Dom, wo ich die Diakonen- und Priesterweihe empfangen habe, mich in diesem persönlichen, leibhaftigen Schritt Gott anvertrauen und um seine Kraft für die kommende Zeit bitten. Jetzt steckte die Erfahrung der ersten Dienstjahre dahinter. Ohne den ständigen Kontakt mit Gott trocknet das Verhältnis zu ihm aus.
Darum ist es gut, das Versprechen Gott gegenüber von Zeit zu Zeit ausdrücklich zu erneuern und die Gnade des Sakraments neu anzunehmen. Dieser Schritt war für mich auch mit Aufregung verbunden. Aber als ich das „Gebet zur Tauferneuerung" aussprach und den Segenszuspruch empfing, war dies befreiend und ermutigend für mich. Die Freude an Gott war schon vorher für mich ein wichtiges Kennzeichen meines Glaubens. Sie wurde mir auch dabei neu geschenkt.

Ehepaar

A. Ehefrau: Mein Name ist Petra, ich bin 31 Jahre alt, mit meinem Mann Josef verheiratet und seit der Geburt unseres ersten Kindes Mutter und Hausfrau.
Obwohl ich getauft und gefirmt bin, habe ich mich als Jugendliche bewußt von der Kirche abgewendet, weil ich nichts mehr mir ihr anfangen konnte. Die Gottesdienste empfand ich als sinnlos, sie füllten mich nicht aus und ich blieb innerlich leer. Auf der Suche nach Gott habe ich mich für verschiedene Dinge interessiert und mich mit Anthroposophie und Yoga beschäftigt. Dann kam ich auch in Berührung mit esoterischen Kreisen. Nach einigen Versammlungen spürte ich deutlich, daß es um meine Seele ging. Da bekam ich Angst und wendete mich entschieden davon ab. Als ich zum ersten Mal so ein Treffen besuchte, hörte ich auf dem Nachhauseweg ganz klar die Worte: *„ICH bin der Weg, die Wahrheit und das Leben!"*. Dieser Moment und diese Worte waren für mich

so stark, daß ich mir sofort sagte: „Weil ich katholisch bin, muß ich Gott in der katholischen Kirche suchen“.
Zunächst suchte ich Gemeinschaft mit anderen Gläubigen und fand sie auch im Verwandtenkreis. Nach Möglichkeit beteten wir zusammen den Rosenkranz. Ich begann auch persönlich zu beten und besuchte öfters die Hl. Messe.
Etwa zwei Jahre später, ich war damals 22 Jahre alt, wurde ich von Freunden, anläßlich des Papstbesuches, zu einer Fahrt nach Münster eingeladen. Ich verstand seine Haltung zur Sexualmoral nicht und sah auch keinen Sinn in der Vielzahl seiner Reisen. Ganz stark, trotz meines Widerwillens, war der Gedanke: *Aber auch er gehört ja zur katholischen Kirche!*
Ich bin diesem Impuls gefolgt und lernte auf dieser Fahrt meinen Mann Josef kennen. Wenige Monate später haben wir geheiratet und führen seitdem eine glückliche Ehe. Von Anfang an war es unser Wunsch, Gott einen Platz in unserer Ehe zu geben und zwar in allen Bereichen. Somit sind auch die geschlechtlichen Begegnungen in unsere Beziehung zu Gott eingeschlossen. Die selbstsüchtige Befriedigung weicht einem liebevollen sich Schenken. So kann Gott auch in der Zärtlichkeit des Ehegatten und durch die Fruchtbarkeit bis hin zum Kind wirken, und es ist uns geschenkt, daran teilzuhaben.
Wir wissen jedoch, daß unsere Sehnsucht nach Liebe nur Gott ausfüllen kann und nicht der Ehepartner. Deshalb nehmen wir den Anderen als ein Geschenk aus Gottes Hand an.
Das Gelingen unserer Ehe kommt aber nicht aus uns heraus. Durch das Beten, die regelmäßige Beichte und den Empfang der Hl. Eucharistie gelingt es uns besser, den anderen so anzunehmen wie er ist und auch in schwierigen Situationen durchzuhalten.
Wir sind Gott sehr dankbar für unsere Ehe und bitten IHN heute neu um seinen Segen.

B. Ehemann: Ich bin 35 Jahre alt und von Beruf Agraringenieur. Mit meiner Frau Petra bin ich seit 1987 verheiratet. Unsere 3 Töchter sind 4, 5 und 7 Jahre alt. Auch ich möchte Zeugnis geben, wie Gott in meinem Leben erfahrbar wurde.
Ich bin katholisch und seit meiner Kindheit wie selbstverständlich in die Tradition der Kirche hineingewachsen. Ich war ein Gewohnheitschrist und mir fiel in all den Jahren nicht auf, daß ich im Grunde nie aus eigenem Antrieb betete. Ich kümmerte mich hauptsächlich um meine eigenen Dinge. Möglichst der erste zu sein, besonders beim Sport, oder durch andere Leistungen zu imponieren, war mir wichtig. Ich war

zufrieden, wenn ich meine eigenen Pläne im Leben verwirklicht sah. Ob mein Leben dabei Gott gefällt, war mir nicht wichtig.
Zwar begann jeden Sonntag mit dem Betreten der Kirche eine Hl. Stunde, jedoch anschließend hatte mich der Alltag wieder. Kein Wort mehr über Gott, auch nicht in den Gesprächen vor der Kirchentür. Wichtig waren hier eher die aktuellen Schweinepreise. Eine Umkehr gab es nicht plötzlich, sondern in Schritten. Vor etwa neun Jahren lernte ich durch eine befreundete Familie das persönliche Gebet kennen. Hier beteten alle von ganzem Herzen, so als wenn es Gott wirklich gibt, ja als höre er wirklich zu. Dieses veränderte mich, so daß auch ich begann, wenn auch nur wenig, aus dem Herzen heraus zu beten. Damals betete ich um die Gnade, eine Frau zu finden, mit der ich meinen Glauben teilen kann. Wenige Wochen später lernte ich meine Frau Petra kennen. Doch während sie bereits eine Glaubensentscheidung getroffen hatte, lebte ich meinen Glauben weiter aus der Gewohnheit heraus.
Als ich vor vier Jahren einen Gebetskreis kennenlernte, schenkte Gott einen weiteren Schritt der Umkehr. Ich verlor die Scheu, vor und mit anderen zu beten sowie frei und auch laut zu Gott zu sprechen. Dabei machte ich die Erfahrung, daß ich für IHN wichtig bin und er sich um mich kümmert. So wurde aus meinem gewohnheitsmäßigen Glauben ein bewußter persönlicher Glaube. Deshalb versuchen wir auch mit unseren Kindern, frei zu Gott zu sprechen, damit sie IHN als wirkliche Person kennenlernen, als unseren Vater, der unsere Worte auch hört.
Während eines Glaubensseminars im letzten Jahr traf ich dann eine bewußte Entscheidung für Gott. Ich habe mich Jesus neu anvertraut und den Bund, den ER mit mir in der Taufe geschlossen hat, bewußt angenommen. Dieses persönliche Ja war wichtig, damit Gott, der unsere Freiheit achtet, handeln kann. Jesus erfüllte mich neu mit einem tiefen Frieden und einer größeren Liebe für meine Frau und unsere Kinder.
Von ganzem Herzen wollen wir heute unsere Ehe vor Gott bringen, damit er unseren Bund neu segnet. Wir möchten auch Sie ermutigen, heute einen solchen Schritt zu wagen.

Ehepaar

A. Ehemann: Ich bin Schichtführer in einem chemischen Betrieb. Ich betreue etwa 150 Mitarbeiter, von denen etwa 80% aus der Kirche ausgetreten oder ausländische Mitarbeiter sind. Meine Äußerung: „Ich gehe sonntags, wenn ich nach der Nachtschicht nach Hause komme und ein wenig ausgeschlafen habe, zur Kirche“, wurde zuerst als echter Witz empfunden. Erst nach einiger Zeit haben meine Mitarbeiter festgestellt, daß ich es mit dieser Behauptung ernst meine.

Sie nahmen mich deshalb als den Vorgesetzten unter die Lupe und beobachteten, wie ich mich verhalte. Sie meinten, ich müßte doch als Christ nicht so konsequent in meinen Entscheidungen und nicht bereit zu Kontrolle und Zurechtweisung sein. Nach ihrem Verständnis des Christentums müßte ich manches Fehlverhalten durchgehen lassen. Es war aber gerade umgekehrt. Ich nahm meine Stelle als Vorgesetzter noch ernster und konsequenter als vorher, besonders wenn es sich um den Umweltschutz, z. B. um die Beseitigung der chemischen Abfallstoffe oder der Abgasemissionen handelte. So hat sich in meinem Betrieb zugunsten des Umweltschutzes – teilweise auf meine Anregungen hin – einiges positiv geändert.
Meine Mitarbeiter stellten auch fest, daß ich mich für sie bei den Vorgesetzten verstärkt einsetze und ihre persönlichen Interessen vertrete. Mit der Zeit gewann ich so ihr Vertrauen und manchmal suchen sie mich als den Ratgebenden, vor allem in familiären Fragen.
Ein besonderes Verhältnis habe ich mit einem meiner gläubigen Türken. Es fing damit an, daß ich es mitgekriegt habe, daß er ausgelacht wurde, als er im Speisesaal betete. Ich habe ihn zuerst in Schutz genommen und diesbezüglich mit anderen Mitarbeitern geredet, aber die Hänseleien hörten nicht auf. Darauf bot ich diesem Mann an, mein Meisterzimmer als Gebetsraum zu benutzen. So ist es auch schon vorgekommen, daß wir da zur gleichen Zeit beteten.
Einmal, als wir so im Gespräch über den Glauben und verschiedene Auffassungen und Ansichten im Glauben waren, sagte er zu mir: „Meister, du sprichst immer nur von Jesus. Ehrlich, ich versteh dich – denn Jesus war auch ein großer Prophet! Aber, entschuldige bitte: Gottes Sohn – das kann er nicht gewesen sein!"
Mit diesem Moslem passierte auch die folgende Anekdote: Einmal kam er zu mir und sagte: „Meister, du bist doch ein gläubiger Christ und somit auch ein gläubiger Mensch! Oder? ..." „Ich hoffe, daß ich das bin", antwortete ich. – „Dann kriege ich von dir, obwohl wir schwach mit Personal besetzt sind, Urlaub. Es kommt Ramadan und ich muß in dieser Zeit frei haben. Du warst doch auch über die Osterfeiertage zu Hause!" – Er kriegte diese Freizeit.
In unserer Familie änderte sich durch das Annehmen des Glaubens auch einiges.

B. Ehefrau: Wir sind seit 22 Jahren verheiratet und hatten von Anfang an mit starken charakterlichen Unterschieden zu kämpfen. Als unsere Ehe in einer großen Krise war, besuchten wir eine Eheberatung, die uns zwar unsere Verhaltensmuster aufdeckte, uns aber nicht zu einem besseren Verhältnis füreinander verhalf.

Dann lernten wir einen überkonfessionellen Bibelkreis kennen, den wir regelmäßig besuchten. Dort gefiel es uns so gut, daß wir in Erwägung zogen, aus der katholischen Kirche auszutreten. In einem Seminar, welches wir später besuchten, hatten wir Gelegenheit, allen unseren Ärger und unsere Verletzungen aufzuschreiben und Gott um die Heilung unserer Ehe zu bitten.
Ich wollte aus Stolz nicht vor den Altar, aber mein Mann nahm mich bei der Hand ...

A. Ehemann: Ja, ich zerrte richtig meine Frau vor den Altar. Damals glaubte ich, der Gottesdienst wäre gleich zu Ende und wir kämen zu spät an den Altar und versäumten dadurch alles. Um die Heilung unserer Ehe, unserer Beziehung zu bitten, das war mir wichtig.
Wir knieten uns vor dem Priester und ich betete: „Herr, zeige uns den Weg, wie wir es lernen können, einander anzunehmen, so wie du uns gewollt hast, ohne uns gegenseitig zu verletzen."
Der Priester legte uns die Hände auf, wiederholte unseren Wunsch mit seinen Worten in Form eines Gebetes und segnete uns anschließend.

B. Ehefrau: Hätte mich mein Mann damals nicht bei der Hand genommen, wären wir wohl getrennte Wege gegangen.
Drei Jahre später folgte ein weiteres Seminar, wo wir beide unseren Ehebund erneuerten. Wir faßten endgültig den Entschluß, uns nicht in unseren Veranlagungen ändern zu wollen. Obwohl uns auf dem Weg zum Altar nur die negativen Eigenschaften des Partners einfielen, nahmen wir uns neu als Mann und Frau an. – Es war für uns wichtig, daß dabei auch andere Ehepaare für uns gebetet haben.
Wir sind froh und dankbar, daß in der Kirche das Angebot besteht, den Ehebund zu erneuern, und wir können nur empfehlen, daß viele Ehepaare die zugesagte Gnade Gottes in Anspruch nehmen, ihren Ehebund von Gott erneuern zu lassen.

IV.
Persönliche Berichte von Teilnehmern

1. Ansprache eines ständigen Diakons am Sonntag danach

Liebe von Gott Gesegnete!

Sogenannte „Segnungsgottesdienste" wollen das „Segens-Bewußtsein" und die Segenstradition neu beleben, fortführen und vertiefen. Professor Heribert Mühlen hat viel darüber nachgedacht und geschrieben und nun

schon den zweiten großen Segnungsgottesdienst im Paderborner Dom organisiert. Unserem Erzbischof ist dieses Anliegen selbst zur Herzenssache geworden. Er hat am letzten Sonntag mit zwei weiteren Bischöfen diesen Segnungsgottesdienst geleitet, bei dem ich auch den Segnungsdienst mit vollziehen durfte.
Es war ein Gottesdienst in sehr schlichter Weise: mit Gebet, Gesang, Lesung, Ansprache und ganz besonders: mit persönlichen Glaubenszeugnissen. Für mich war dieser Gottesdienst ein tief ergreifendes Glaubenserlebnis. Während der Aussetzung konnte sich jeder ganz persönlich in seinen Sorgen und Nöten segnen lassen. Dazu gab es im Dom und der benachbarten Gaukirche an 36 Stellen Segnungsteams, bestehend aus einem Priester und zwei Laien. Diese nahmen die Anliegen entgegen und erflehten im freien Gebet Gottes Gnade. Auch die Bischöfe segneten nicht allein, sondern in Gemeinschaft mit Christinnen und Christen. Damit sollte zum Ausdruck kommen, daß jeder Getaufte ein Segnender sein kann.
Da waren gläubige Menschen zum Teil von weit her zusammengekommen, um sich segnen zu lassen:
- Ältere Mütter und Väter, die sich um die geringe Glaubenspraxis ihrer erwachsenen Kinder sorgten;
- junge Paare mit beruflichen Schwierigkeiten;
- Jugendliche in ihren Ängsten vor der Zukunft;
- eine Witwe mit ihrem Freund, die ihre Beziehung und Liebe unter Gottes Segen stellen wollten;
- eine Mutter, die um ihren alkoholkranken Sohn weinte;
- eine Dame, sie hatte vor einer Woche ihren Mann beerdigen müssen und wollte sich in ihrem Glauben stärken;
- Ehepaare, die ihr Eheversprechen vor Gott erneuerten;
- eine Frau, die einfach auf Knien Gott dankte für ihren Glauben und ihre Taufe.
- Ich selbst hatte, wie es Gottes Fügung so wollte, genau am selben Tag und zur gleichen Stunde – vor 38 Jahren – die Firmung empfangen. Was lag für mich also näher, als diese Firmgnade neu zu erbitten.

In diesem Segnungsgottesdienst ging es ganz einfach um den ganz persönlich gelebten Glauben, um die persönliche Gottesbeziehung im sorgenvollen Alltag; ja, es ging auch um Glaubensgefühle, um Hoffnungen und Zweifel. Als ich nach drei Stunden betroffen und ermüdet aus dem Dom kam, da „überfielen“ mich zwei Frauen mit der Frage: Ob ich dabei gewesen sei und „was das Ganze wohl gebracht hätte“. Der Segnungsgottesdienst ist kein neuer kirchlicher und pastoraler Aktivismus, sondern eine liturgische Form, in der man seinen Glauben in ganz persön-

licher Weise vollziehen kann. Der aktive Teilnehmer kommt dadurch Gott näher.
Wenn wir immer wieder möchten, daß die Welt sich „zum Guten hin" wenden soll, dann müssen wir uns als erstes immer wieder segnen lassen, dann den Segen Gottes weitergeben und so selbst zum Segen werden, wie Abraham. Amen.

Friedrich Bucher, Diakon

2. Gott mit uns – ein roter Lebens-Faden

„Ich bin mit dir" – diese Verheißung stand über dem Gottesdienst, und dieses Wort ist mir immer wieder Zuspruch und Ermunterung, meinen Weg zu gehen. Das ist so etwas wie ein roter Faden, der sich durch die gesamte Heilige Schrift zieht. Wo Menschen sich unsicher fühlen, in der Krise sind oder einen neuen Lebensabschnitt beginnen, Gott läßt sie wissen: Ich bin mit euch. Das erinnert mich an meinen Primizspruch, der im Matthäusevangelium zu finden ist und Jesaja 7,14 zitiert: „Gott ist mit uns" (Mt 1,23). Diese Grundbotschaft möchte ich den Menschen weitersagen, das ist aber auch ein roter Faden, den ich in meinem eigenen Leben zu erkennen glaube.
Ich hatte den Eindruck, daß viele Menschen im Segnungsgottesdienst auf der einen Seite davon Zeugnis geben wollten, daß sie das wirklich spüren: Gott ist mit uns. Für mich war es beeindruckend zu hören, wie sie in ihrem Leben Gott auf die Spur gekommen sind.
Andere wiederum kamen mit der Bitte um den Segen, das heißt sie wünschten sich diesen Zuspruch, die Zusage zu hören: Gott ist mit euch. Er wird den Weg, den ihr als den euren zu erkennen glaubt, begleiten und mitgehen. Er wird euch in eurem Versprechen, das ihr einmal gegeben habt und nun erneuert, bestärken.
Die Zeugnisse im ersten Teil des Gottesdienstes waren – wie schon im Vorjahr – beeindruckend und auch beschämend für mich. Welches Vertrauen sprach aus den Menschen, die von ihrem Suchen und Finden des roten Fadens in ihrem Leben berichteten. Sicherlich gehört Mut dazu, vor so viel „Publikum" seine eigene Lebensgeschichte offenzulegen, von eigenen Krisen und Fehlentwicklungen, aber dann auch von Erneuerung zu sprechen. Ich bin mir nicht sicher, ob ich diesen Mut aufbrächte.
Wenn dort nun Menschen ihr Eheversprechen, ihr Firmversprechen oder auch ihr Weiheversprechen erneuert haben, so stimmt das nachdenklich, und zugleich regt das an, es ihnen gleichzutun. Nachdenklich stimmt es mich, weil ich dann auf mich selber schaue und überprüfe, wo ich stehe. Und immer wieder ist mir eigentlich klar geworden, daß das einmal gegebene Ja eigentlich jeden Tag neu gesprochen und verwirklicht werden muß.

In einer solchen Erneuerung wird auch sichtbar, welche Kraft im Sakrament enthalten ist. Nichts war an diesen Glaubens- und Lebenszeugnissen gekünstelt oder beschönigt. Nüchtern wurde erzählt, was sich ereignet hatte. Das wirkte auch nicht aufgesetzt oder irgendwie abgehoben-überschwenglich oder gar enthusiastisch. Und dennoch: Unglaublich schön zu hören, wie da aus einer unheilen Lebenssituation ein Stück Heilsgeschichte wurde. Unglaublich zu hören, welche Wunder der Glaube bewirken konnte, wie der Glaube andere überzeugen konnte. Es war klar: Der Neuanfang im Glauben beseitigte nicht alle Probleme, aber er ermöglichte einen anderen – realistischeren – Umgang mit den Fragen. Vielleicht sind solche Lebenszeugnisse auch möglich, weil unter diesen vielen Gottesdienstteilnehmern eine tiefe Gemeinschaft bestand. Eine Gemeinschaft im Geist und im Gebet. Hier brauchte niemand Angst zu haben, daß hinterher über ihn geredet oder getratscht wurde. Irgendwie war auch klar: Wenn Gott mit uns ist, dann wollen wir wenigstens versuchen, dort, wo es uns möglich ist, den Weg des anderen liebend-aufmerksam zu begleiten, sei es im Gebet, sei es durch die Tat.

Bei den Segnungen selbst kamen dann oft in kürzester Zeit und in großer Dichte Lebenssituationen zur Sprache, die ungemein kompliziert erschienen. Da waren Eltern oder Mütter oder Väter, die von ihren erwachsenen oder noch jugendlichen Kindern berichteten, vor allem von ihren Sorgen, der Trauer, daß die eigenen Glaubens- und Lebensüberzeugungen von den Kindern oder vielleicht auch vom eigenen Ehepartner nicht geteilt wurden. Ich empfand es dann immer als wohltuend, daß ein gestandenes Eltern- bzw. Großelternpaar mitsegnete und mit Zuspruch gab. Man merkte, wenn da eine Mutter zu einer anderen Mutter sprach, dann vermochte sie – bis in die Feinheiten hinein – die Situation nachzuempfinden, nachzufühlen. Da war dann auch sogleich das Gefühl, Verständnis zu finden, zu wissen, da ist jemand, der weiß, wovon ich rede, was mich besorgt und bedrückt. Die Erfahrung einer Mutter von fünf Kindern und zehn Enkelkindern läßt sich mit noch so gewählten Worten nicht aufwiegen. Ihre Worte waren schlicht, tief, wahr und treffend.

Und was alles zur Sprache kam:

- Einsamkeit, vielleicht eines der drückendsten und auch häufigsten Probleme unserer Zeit. Menschen finden niemanden, dem sie sich wirklich anvertrauen können, niemanden, bei dem sie wissen: für ihn bin ich sehr wichtig.
- Die Müdigkeit und Verzweiflung am Leben mit dem Wunsch, nicht mehr weiterleben zu wollen. Jeglicher Lebensmut ist dann geschwunden, Depressionen drücken. Die Last des Lebens übergroß. Und hier

ganz einfach die Bitte, bei aller Ausweglosigkeit nicht aus Gottes Hand herauszufallen.

- Ich denke an eine Frau, die ihren Mann schon lange Jahre pflegte, weil er krank war. Mit einem wunderbaren Gebet erneuerte sie in bewegender Weise ihre Bereitschaft, diese Treue ohne Wenn und Aber weiterzuleben und auf vieles andere zu verzichten.

Ich hatte das Gefühl, das Ehepaar und ich – wir ergänzten uns bei den Segnungen und Zusprüchen auf gute Weise. Auch wenn wir keinerlei Absprachen getroffen hatten, jeder sprach sein Gebet in der Bereitschaft, sich vom Geist Gottes konkret auf die konkrete Situation hin in Dienst nehmen zu lassen. Zum Schluß versuchte ich dann, ein zusammenfassendes Segensgebet zu formulieren, das jeweils mit aus der Situation erwuchs.

Wir hätten uns manchmal noch mehr Zeit gewünscht, besonders dann, wenn die Situationen als sehr verfahren erschienen. Nur – es war dann auch klar: Das war kein Beratungsgespräch, sondern Menschen warteten sehnsüchtig auf ein Wort des Zuspruchs, auf ein Wort des Segens, auf ein Wort von Gott her, das sie spüren ließ: Gott ist mit uns, was immer auch widerfährt.

Diese drei Stunden dichtester geistlicher Erfahrung haben eine Nachwirkung. Oft gehen mir einige Schicksale noch durch den Kopf, und immer wieder denke ich, wie es ihnen wohl inzwischen ergehen mag. In bezug auf mein eigenes Leben ist manches für mich ein großer Ansporn gewesen, und mir wird immer wieder deutlich: Wir spüren letztlich nur, daß Gott mit uns ist, wenn wir uns auf diesen Gott einlassen: Er läßt sich finden, wenn wir ihn nur suchen.

Gott, du bist Immanuel –
  Gott mit uns.
Du bist Jahwe, der Ich-bin-da –
  Gott für uns.
Du bist der Hirt deines Volkes –
  Gott vor uns her, Gott hinter uns her.
Du bist atemspendender Geist –
  Gott in uns.
Du bist die Liebe –
  Gott um uns herum.
Du bist uns unsagbar nahe –
  Gott bei uns.
Du bist treu –
  Gott neben uns.
Du bist Mensch geworden –
  Gott unter uns.

Michael Reitemeyer, Kaplan

3. Bericht einer Cursillo-Mitarbeiterin

Für mich begann der Segnungsgottesdienst mit dem Vorbereitungstreffen am 4.9. in Paderborn. Professor Mühlen hatte dazu eingeladen. Der Einladung waren viele Priester, aber auch einige Laien gefolgt. Prof. Mühlen führte in die Thematik „Den Bund erneuern" ein. Ich möchte nicht weiter auf die Inhalte eingehen, sondern meinen persönlichen Gesamteindruck kurz schildern. Prof. Mühlen wirkte überzeugend in seinen Aussagen. Er stellte seine Vision von einer Kirche von morgen vor. Diese vertrat er mit viel persönlichem Engagement. Es war für mich wohltuend, diese positive Ausstrahlung zu erleben bei soviel Resignation in der Kirche. Mir machte dieser Tag Mut, mich weiter als Werkzeug in der Kirche von Gott einsetzen zu lassen. Bei mir bedeutet das konkret – Mitarbeit beim Cursillo.

Die Organisation und den Ablauf des Segnungsgottesdienstes habe ich als sehr positiv empfunden. Schon im Vorfeld, aber auch am Tag selbst, war das Organisatorische gut durchdacht und geplant. Trotz zahlreicher Teilnehmer war so ein ruhiger Ablauf möglich. Wir Segnenden wurden rechtzeitig informiert über Ort und Inhalte der Segnung.

Das Segnen selbst hat mich sehr beeindruckt. Es war für mich das erste Mal, daß ich mit unserem Priester und einer weiteren Mitarbeiterin des Cursilloteams segnen durfte. Ich bereitete mich durch intensives Gebet auf diese Aufgabe vor. Mit Hilfe des Heiligen Geistes konnte ich so in die Situation der Menschen sprechen, die zu uns kamen. Ich durfte ihnen in vielen Variationen dieses „Ich bin mit dir" von Gott her zusprechen. In kurzer Zeit hörte ich viel Leid und Not der Menschen, was mich schon sehr betroffen machte. Viele dieser Sorgen und Nöte habe ich mit nach Hause genommen und trage sie im Gebet weiter mit. Ich selber habe den Wert des Segnens neu entdeckt. An der Reaktion der Menschen war abzulesen, wie wertvoll dieser Segen für sie war. Wir erlebten es selbst, als wir uns zum Schluß gegenseitig segneten.

Dieser Segnungsgottesdienst ist sicher ein Schritt in die richtige Richtung. Hier werden Zeichen gesetzt für eine neue Zukunft unserer Kirche. Aufgabe der Kirche wird es immer mehr, den Menschen nachzugehen, sich zu ihnen herabzubeugen – wie beim Segnen. Auch Jesus hat die Menschen dort abgeholt, wo sie standen. Er ging zu den Menschen, er ging mit ihnen und behandelte sie nicht von oben herab. Durch Berührung trat er in Kontakt mit den Menschen und ihrer Lebensgeschichte. So ist das Segnen für mich eine Form der Nachfolge Christi.

Der Segnungsgottesdienst sollte keine einmalige Feier sein. Ich stelle mir vor, daß er ein Impuls sein kann für die Gemeinden. Laien und Priester, Pfarrgemeinderäte und engagierte Christen könnten gemeinsam darüber nachdenken, wo Gelegenheiten sind oder geschaffen werden können für die persönliche Begegnung in Form von Segnungsgottesdiensten. Ich hoffe auf einen Segnungsgottesdienst im nächsten Jahr in Paderborn, aber auch in anderen Gemeinden – vielleicht auf kleinerer Ebene mit bestimmten Personengruppen.

Ich bin dankbar, daß ich dabei sein durfte. Elisabeth Schlottbohm

4. Sprachloses Staunen

Der zweite Segnungsgottesdienst in Paderborn liegt nun fast einen Monat zurück, aber der Eindruck, den er in mir hinterlassen hat, ist noch sehr deutlich – und manches läßt sich erst jetzt in Worte fassen.

Wie im letzten Jahr, so durfte ich auch in diesem Jahr beim Segnungsgottesdienst mittun. Ich habe mich über die große Zahl der Menschen gefreut, die gekommen waren. Sie waren, wie ich, mit freudiger Erwartung gekommen. Nur zu gern ließ ich mich mit in den Lobpreis hineinnehmen.

Zum Segnungsdienst mußte ich anschließend in die Gaukirche. Den Wechsel in die „kalte", noch nicht vorbereitete Kirche empfand ich als deutlichen Bruch, auch die Art des „Auszugs" sagte mir gar nicht zu. – Doch dann wurde in der Gaukirche ebenfalls das Allerheiligste ausgesetzt – und die Mitte war da. Gott zog die Menschen an, als erstes mich, damit ich wirklich leer würde für meinen Dienst. Ich wußte, daß niemand unwürdiger war für diesen Dienst als ich, aber Gott nahm mich an, meine Ohnmacht, meine Schwachheit, mein Nichts.- Und er beschenkte mich und gebrauchte mich.

Tiefe Freude stieg in mir auf, wenn Ehepaare ihr „Ja" erneuerten, Freude, die hinausdrängte. Menschen mit großer Not kamen, Gott schenkte Worte der Ermutigung, des Trostes. Je mehr Menschen kamen, um so größer wurde das Staunen in meinem Herzen über Gottes Wirken in mir. Gott veränderte mich im Verlauf meines Dienstes. Er führte mich in die Weite und schenkte mir wirkliche Liebe zu den Menschen, die vor uns standen.

Als wir nach Hause fuhren, spürte ich eine große Sprachlosigkeit in mir. Ich bekam es nicht gleich mit, aber dieses Nichtredenkönnen, dieses „Schweigen-müssen" füllt mich immer mehr aus. Das Staunen über Gott, über sein Handeln an mir, machte mich sprachlos. – Und ich wußte es zwei Tage lang nicht, verstand es nicht, konnte nichts in Worte fassen – das Geheimnis war – ist – zu groß. Ich glaubte, an dem Schweigen in mir ersticken zu müssen. Ein Gespräch mit einem Priester half mir. Er verstand, was ich nicht sagen konnte, half mir Umschreibungen, Bilder

zu finden. Was ich ahnte, ohne es zu wissen, sprach er aus: „Sie erfahren eine echte Gottesbegegnung". Das Geheimnis ist zu groß. –
Vielleicht ist es noch ein oder zwei Jahre zu früh, diesen Gottesdienst vor Ort zu verpflanzen. Viele Menschen brauchen trotz aller Sehnsucht noch die Anonymität des Domes. Einige wären mit großer Wahrscheinlichkeit in ihrer Heimatkirche noch nicht zum Segnen gegangen.

Ruth Maumetzen

5. Unersetzlicher Dienst der Laien

Besonders beeindruckt haben mich die Laien, die mit mir zusammen die einzelnen persönlichen Segnungshandlungen vorgenommen haben. Mit welchem Ernst und welcher Sensibilität sie auf die mitunter doch sehr persönlichen Anliegen derer eingingen, die um den Segen baten, das hat mich in der Tat tief beeindruckt. Spontan, ohne langes Zögern formulierten sie Segensgebete, die sehr einfühlsam und immer aus einer völlig anderen Perspektive die Situation der einzelnen Segensempfänger beleuchteten. Ihre Gebete erwuchsen ganz sicher aus dem Glauben an die heilende, helfende Nähe Gottes, waren aber auch von einer Hoffnung und Zuversicht getragen, die schon ein wenig die Freude darüber einschließt, daß sie nicht vergebens gesprochen worden sind. Für mich wurde bei diesem Vorgang deutlich: Hier ist Gottes Geist in seiner Vielfalt und Liebe am Werk, der den jeweiligen Menschen in seiner vielschichtigen Belastung, in den Tiefen seiner Situation anspricht und aufrichtet.
Ich jedenfalls habe den Eindruck, daß hier ein Kräftepotential schlummert, das für die Erneuerung der Kirche von großem Nutzen sein kann und noch lange nicht ausgeschöpft ist.

Manfred Müller, Pfr.

6. Heilende Gemeinschaft

Betroffen gemacht hat mich in diesem Jahr, daß viele Menschen mit ihren ganz persönlichen Sorgen und Ängsten zum Segnen kamen. Gott hatte diese Menschen in der Mitte ihres Herzens berührt und ihr Vertrauen auf Seine Treue geweckt, auf Sein Versprechen, fest zu Seinem Bund zu stehen, den Er mit uns geschlossen hat. So vermochten diese Menschen es zuzulassen, daß der Segen der Kirche in ihre Nöte hineinfließen konnte. Für mich als Ärztin ist es ganz wichtig zu wissen und immer wieder zu erfahren, daß Gott in die Verletzungen und Wunden unseres Lebens hineinkommen kann, wenn wir Ihn darum bitten, und diese mit der Zeit heilen läßt. Durch die Psychotherapie z. B. lernen wir unsere Wunden und Verletzungen zwar kennen und vielleicht damit umzugehen, aber ganz heil machen kann sie nur Gott allein.

Dr. M. Ehlers

V. Presseberichte

1. Persönliche Erfahrung des Glaubens[35]

Mehrere tausend Gläubige folgten der Einladung des Erzbischofs zum zweiten Segnungsgottesdienst im Hohen Dom zu Paderborn. Die freiwillige und bewußte persönliche Annahme des von Gott angebotenen Bundes kann nach Überzeugung des Paderborner Erzbischofs Johannes Joachim Degenhardt ein positiver Schritt zu einer neuen Einstellung zur Kirche, dem Bundesvolk Gottes, sein. „In der Taufe hat Gott seinen Bund mit uns geschlossen; wir wollen ihn persönlich annehmen", sagte der Erzbischof, als er am Sonntagnachmittag mehrere tausend Gläubige begrüßte, die seiner Einladung zum zweiten Segnungsgottesdienst im Hohen Dom zu Paderborn gefolgt waren.

Der Gottesdienst stand in diesem Jahr unter dem Leitwort „Ich bin mit dir – den Bund neu annehmen". Nach einem Wortgottesdienst, der mit dem Glaubenszeugnis junger Menschen, die ihr Firmversprechen erneuert hatten, eines Priesters und eines Ehepaares abschloß, die ihren eigenen Glaubensweg schilderten, wurde das Allerheiligste zur Anbetung ausgestellt. Während der Zeit der Anbetung standen Bischöfe, Priester und Laien bereit, um den einzelnen Gottesdienstteilnehmern, die dies wünschten, den Segen zuzusprechen. Viele erneuerten ihr Tauf- Firm- oder Eheversprechen. Erstmals nahmen auch Vertreter benachbarter Diözesen teil, so aus dem Bistum Münster Weihbischof Dr. Josef Voß. Aus weiteren Bistümern nahmen Seelsorgeamtsleiter und Beauftragte für die Grundseelsorge an dem Gottesdienst teil, der in Bild und Ton auch in die benachbarte Gaukirche übertragen wurde.

In seiner Ansprache ging Prof. Dr. Heribert Mühlen, Paderborn, auf den alttestamentlichen Bundesschluß Gottes mit seinem Volk ein. Er bezeichnete das Pfingstereignis als das „größte Fest" der Bundeserneuerung. Doch auch Pfingsten bedürfe jeweils der Erneuerung. Es müsse wieder bewußt werden, daß „wir nicht einfach *das* Volk oder *die* Kirche sind, sondern *sein* Volk, *seine* Kirche." Wer dies bewußt und frohen Herzens bejahe, werde davor bewahrt, „daß wir mit unseren eigenen Strategien die Kirche erneuern wollen und dabei dem Heiligen Geist keinen Raum lassen". Christen sollten sich freiwillig dem Bundesangebot Gottes stellen und einander die Großtaten Gottes erzählen. Dazu gehöre auch, sich einander den Segen zuzusprechen, gemäß Gottes Wort: „Ich

---

[35] Pressedienst Paderborn (pdp Dokumentation Nr. 357), 12. Oktober 1995.

will dich segnen, und auch du sollst ein Segen sein." Daß das Volk Gottes die Befähigung zum Segnen habe, mache „das Bundesprofil der Kirche" aus. In der aus Taufe und Firmung entspringenden Befähigung zum Segnen zeige sich die „spirituelle Gleichberechtigung" aller Glieder der Kirche.

Ein erster Segnungsgottesdienst dieser Art in einer deutschen Bischofskirche hatte bereits im vergangenen Jahr im Paderborner Dom stattgefunden, an dem ebenfalls mehrere tausend Gläubige aus dem ganzen Erzbistum teilnahmen. In der Zeit der Vorbereitung auf den diesjährigen Segnungsgottesdienst hatte Erzbischof Degenhardt vor dem Diözesan-Pastoralrat seine Hoffnung ausgesprochen, daß in den nächsten Jahren Segnungsgottesdienste in den Regionen, Dekanaten und Gemeinden des Erzbistums gefeiert werden könnten. Sie seien ein wichtiger leiblicher Schritt zu einer persönlichen Erfahrung des Glaubens und einer lebendigeren Gottesbeziehung.

2. „Eine Kirche erlebt, die Mut macht"[36]

Von Ulrich Knipping

Paderborn. „Die Stadt, die auf dem Berge liegt, kann nicht verborgen sein", auch wenn die Organisation des zweiten Paderborner Segnungsgottesdienstes der Unübersehbarkeit des Glaubensereignisses mit technischen Finessen nachgeholfen hat. Per Großleinwand nämlich wurde die Hauptfeier aus dem Dom in die benachbarte Gaukirche übertragen. Um das „neue Profil der Kirche" unter dem Motto „den Bund neu annehmen" ging es Professor Heribert Mühlen zusammen mit mehreren tausend Gläubigen. Die Ausweitung auf die Gaukirche mag dabei symbolisch durchaus auf die Ausweitung der Idee des erstmalig im vergangenen Jahr mit großem Erfolg gefeierten Gottesdienstes hinweisen. Unter den Feiernden diesmal auch der neue Bischof und ehemalige Paderborner Weihbischof Bode, Weihbischof Voß von Münster und offizielle Vertreter weiterer Diözesen der Republik. Neu neben Fernsehperformance in der Gaukirche und überregionaler Bischofsbeteiligung war indessen auch der kirchenpolitische Kontext, in dem es um die Erneuerung von Tauf- Firm- Ehe- und Weiheversprechen ging: Das KirchenVolksBegehren! Nur wer genau hinhörte, konnte den Worten von Erzbischof Degenhardt und dem Theologieprofessor Heribert Mühlen leise Annäherungen an dieses Thema entnehmen.

---

[36] Neue Westfälische, 9. Oktober 1995.

„Nur weil Gott gesprochen hat"

„Im Neuen Testament stiftete Gott einen ewigen und neuen Bund. Das ist die Kirche", zementierte Degenhardt alte Positionen fest. Den Bundesgedanken als Leitmotiv des Segnungsgottesdienstes markierte der Erzbischof als „persönliche Beziehung jedes einzelnen zu Gott. Das ist der Schritt zu einer neuen Kirche als einer geistlich gewirkten Gemeinschaft." Engagiert und mit viel persönlichem „Herzblut" ging darauf Heribert Mühlen ans Pult. „Nur weil Gott gesprochen hat und noch spricht, sind wir sein Volk. Wir sind nicht einfach ‚das Volk' oder ‚die Kirche'. Bund ist die Einladung zur Antwort auf seinen Ruf." Für Mühlen sei hier die „Frage aller Fragen zur Weiterexistenz der Kirche" gestellt. Er forderte, das Pfingstfest als „neues Fest des Bundes zu feiern" und damit den Geist des Zweiten Vatikanischen Konzils wieder aufzunehmen. „Seit 30 Jahren warten wir nach dem Konzil auf ein neues Pfingsten. Liegt es vielleicht an uns selbst, daß es noch nicht eingetreten ist? Weil wir alles selber machen wollen? Pfingsten kann nur von oben kommen!" Mühlen jedenfalls sieht die „gegenwärtige Kirchenkrise als Bundeskrise" seiner Kirche mit Gott. Zu einem „neuen Profil" wolle man in der Kirche gelangen. „Ein priesterliches Profil der Gläubigen, wo jeder Christ befähigt ist zu segnen." Hierbei, so Mühlen, handle es sich um eine „spirituelle Gleichberechtigung der Mitglieder des Volkes Gottes. Hier beginnt die Gleichberechtigung der Getauften."

Mühlen wies mit seiner Bundestheologie in eine neue politische Richtung. „Mit dem neuen Bundesprofil, das wir in diesem Gottesdienst erahnen, können wir hineinsprechen in die Bundesrepublik und den Bund des neuen Europa."

Vorerst jedoch blieb es bei vielen, wenn auch wieder mutigen persönlichen Glaubenszeugnissen. Die Saat des letzten Gottesdienstes war in ihnen aufgegangen. Der Student Christian Voß etwa erfuhr die Firmerneuerung als Stärkung in der säkularen Uni-Landschaft von Paderborn.

„Ich liebe diese Kirche"

Die Gemeindereferentin Annette Kaschner hat während der Erneuerung ihres Tauf- und Firmversprechens im letzten Segungsgottesdienst eine „Kirche erlebt, die Mut macht und nicht moralisierend fordert. Ich liebe diese Kirche und möchte mich daher einsetzen für ihre Veränderung und Erneuerung."

So wie sie oder das Ehepaar „Petra und Josef" gaben im Anschluß an die Feier ungezählte Frauen und Männer ihre Tauf- Firm- Ehe- und Weiheversprechen neu. Neben Priestern spendeten auch Laien den göttlichen Segen. „Ich wünsche mir, daß es nicht bei dieser einzigen Veranstaltung im Jahr bleibt“, wünschte sich Petra.

3. Auswirkungen auf die ehelichen Beziehungen[37]

„Ich zerrte meine Frau regelrecht vor den Altar, um Gott um die Heilung unserer zerrütteten Ehe zu bitten“, berichtete gestern vor mehr als 3000 Zuhörern ein Teilnehmer des zweiten Segnungsgottesdienstes im Hohen Dom zu Paderborn. In ungewohnter Form berichteten Christen aus ihrem Glaubensleben – schwere Stunden und Zweifel nicht ausgenommen. „Hätten wir uns damals nicht so fest an die Hand genommen“, berichtete eine Ehefrau nach 22 gemeinsamen Jahren, „wäre unsere Ehe heute getrennt.“ Nach Momenten der atemlosen Stille brandete mehrfach Beifall auf.

Petra, 31 Jahre alt und Mutter von drei Kindern, hatte nach ihrem inneren Kirchenaustritt Anthroposophie, Yoga und Esoterik durchlebt. „Als ich spürte, daß es um meine Seele ging, bekam ich Angst.“ Auch wenn sie den Papst und dessen Sexualmoral damals ablehnte, so berichtete sie weiter, habe sie letztlich die freie Möglichkeit zur Wiederannahme ihres Taufbundes in die katholische Kirche zurückgeführt. Heute lebe sie in einer bewußt christlichen Ehe, in der sich die geschlechtliche Begegnung mit ihrem Partner und die Einbeziehung Gottes in die Erfahrung von Zärtlichkeit und Fruchtbarkeit einander einschlössen.

„Ich habe beim ersten Segnungsgottesdienst 1994 hier in Paderborn,“ berichtete eine junge Frau namens Annette, „eine Kirche erlebt, die Mut macht und die nicht moralisierend fordert.“ Christian (20) schließlich erlebte, wie aus Glaube auf Vorschuß mit der Erneuerung seines Firmversprechens Glaube aus Gewißheit wurde. Freunde wie Fremde hatten für ihn gebetet, danach fand er auch den Mut, „draußen zum Glauben zu stehen.“

„Der Taufschein genügt nicht“, sagte Erzbischof Johannes Joachim Degenhardt zu Beginn des fast dreistündigen Nachmittags im vollbesetzten Paderborner Dom, „jeder muß sich persönlich und freiwillig Gott anschließen.“ Kirche sei auch heute nicht vorrangig eine gesellschaftliche Organisation, sondern das Angebot zum Bund mit Gott, der sein Volk nie verlassen habe – und wenn es sich noch so wenig um ihn schert. Der Grund für die Kirchenkrise, so Professor Heribert Mühlen, „ist eine Krise des Bundes“. Offenbar gebe der Bündnispartner Mensch

---

[37] Westfalen-Blatt, 9. Oktober 1995.

dem Heiligen Geist keine Gelegenheit zu wirken. In Anlehnung an die fruchtbaren Impulse des Zweiten Vatikanischen Konzils empfahl der Initiator der Segnungsgottesdienste die individuelle Erneuerung des Bundes als Weg aus der Krise. Bei den Einzelsegnungen im zweiten Teil des Gottesdienstes legten Bischöfe, Priester und Laien gemeinsam denen, die es wünschten, die Hand auf.

4. Spirituelle „Gleichberechtigung" aller Glieder der Kirche[38]

Paderborn (DT/KNA). Die freiwillige und bewußte persönliche Annahme des von Gott angebotenen Bundes ist nach Auffassung des Erzbischofs von Paderborn, Degenhardt, ein positiver Schritt zu einer neuen Einstellung zur Kirche. „In der Taufe hat Gott seinen Bund mit uns beschlossen; wir wollen ihn persönlich annehmen", sagte Degenhardt am Sonntag beim zweiten Segnungsgottesdienst vor mehreren tausend Gläubigen im Dom von Paderborn. In seiner Ansprache forderte der Paderborner Dogmatik-Professor Heribert Mühlen dazu auf, Christen sollten sich freiwillig dem Bundesangebot Gottes stellen und einander seine Großtaten erzählen. Dazu gehöre auch, sich einander den Segen zuzusprechen. Daß das Volk Gottes die Befähigung zum Segnen habe, mache das „Bundesprofil der Kirche" aus. In der aus Taufe und Firmung entspringenden Befähigung zum Segnen zeige sich die spirituelle „Gleichberechtigung" aller Glieder der Kirche. Während eines Wortgottesdienstes schilderten junge Menschen, die ihr Firmversprechen erneuert hatten, ein Priester und ein Ehepaar, ihren Glaubensweg. Bischöfe, Priester und Laien standen bereit, um einzelnen Gottesdienstteilnehmern, die dies wünschten, den Segen zuzusprechen. Viele erneuerten ihr Tauf- Firm- oder Eheversprechen.

5. Erstmals in einem Dekanat[39]

Bielefeld (wo). Gott einmal ganz nah zu sein und seinen Segen zu erhalten, wünschten sich die zahlreichen Gläubigen, die am Wochenende zum ersten Bielefelder „Segnungsgottesdienst" in die Jodokuskirche gekommen waren. Dechant Ludwig Hoffmann und Professor Dr. Heribert Mühlen aus Paderborn segneten gemeinsam mit Bielefelder Pfarrern und einigen Laien die Besucher. Die Gläubigen erbaten den Segen nicht nur

---

[38] Deutsche Tagespost, 12. Oktober 1995. Vgl. auch die Vorankündigung, Deutsche Tagespost, 7. Oktober 1995.

[39] Westfalen-Blatt, 2. November 1995.

für die Sorgen und Nöte ihres Alltags, sondern erneuerten zum Teil auch ihren Taufbund oder ihre Firm- und Eheversprechen. Sie hatten Gelegenheit, mit den Pfarrern über ihr Anliegen zu sprechen und sich dann segnen zu lassen. „Segnen heißt Gutes sprechen und bewirken" betonte Professor Mühlen in seiner Predigt. Die Menschen könnten so Gott begegnen, in einer Zeit, in der sich das Verhältnis von Kirche und Gesellschaft geändert habe, weiß Mühlen. Er ist als Dozent für Dogmatik an der Theologischen Fakultät in Paderborn tätig. Dort fand in diesem Jahr der zweite diözesane Segnungsgottesdienst unter der Leitung von Erzbischof Dr. Johannes Joachim Degenhardt statt.

6. Segnungs-Gottesdienst: Von Paderborn lernen?[40]

Weihbischof Voß beobachtete vor Ort

Sind sogenannte „Segnungs-Gottesdienste" eine Bereicherung für das kirchliche Leben im Bistum Münster? Dieser Frage ist der münstersche Weihbischof Josef Voß nachgegangen. In Paderborn nahm er an einem „diözesanen Segnungs-Gottesdienst" im Dom teil. Gegenüber *Kirche und Leben* sprach er sich anschließend für eine intensivere und bewußtere Erfahrung der „heilenden Zuwendung Gottes" aus.

„Wenn es um eine wirkliche Glaubenserneuerung gehen soll, dann kann dies nicht nur mit dem Verstand geschehen, sondern muß aus einer ganzheitlichen Erfahrung des Evangeliums ermöglicht werden", sagte Voß. Er selbst habe auch schon sein Weiheversprechen erneuert und diesen Schritt sehr intensiv erlebt.

Mehrere tausend Gläubige hatten in Paderborn den Segnungs-Gottesdienst mitgefeiert, zu dem Erzbischof Degenhardt unter dem Leitwort „Ich bin mit dir – den Bund neu annehmen" bereits zum zweiten Mal eingeladen hatte. Während eines Wortgottesdienstes schilderten junge Menschen, die ihr Firmversprechen erneuert hatten, sowie ein Priester und ein Ehepaar ihren Glaubensweg. Bischöfe, Priester und sogar Laien standen bereit, um einzelne Gläubige auf ihren Wunsch hin zu segnen.

Nach Ansicht von Weihbischof Voß erfordert der Glaube innerhalb einer pluralen Gesellschaft zunehmend eine solche bewußte Entscheidung. Dabei gehe es darum, die Zuwendung, die Gott anbietet, ganz persönlich anzunehmen. Viele hätten ihre Taufe und Firmung nicht als einen derartigen Glaubensschritt in Erinnerung. Ein Segnungsgottesdienst mit der Erneuerung des Tauf- Firm- Ehe- oder Weiheversprechens sei daher eine „neue Chance" auch für einzelne Gemeinden.

---

[40] Kirche und Leben, Kirchenzeitung für das Bistum Münster, 29. Oktober 1995.

Obgleich ein diözesaner Segnungsgottesdienst wie im Erzbistum Paderborn für das Bistum Münster nicht geplant sei, wolle er diese Form der Glaubensfeier und -erneuerung „doch verstärkt in den Mittelpunkt“ der seelsorglichen Überlegungen in den Kreisdekanaten Recklinghausen und Coesfeld stellen, sagte der Regionalbischof.
Die Einladung, sich persönlich segnen zu lassen, hat auch die Herz-Jesu-Gemeinde in Münster schon mehrmals ausgesprochen. Zuletzt fand ein Segnungs-Gottesdienst dort anläßlich des Patronatsfestes am 23. Juni statt.

Markus Nolte

VI.
Stellungnahmen der mitwirkenden Bischöfe

1. Erzbischof Degenhardt: Modellcharakter für Angebote ähnlicher Art[41]

Interview mit der Kirchenzeitung „Der Dom“

Der Dom: Herr Erzbischof, der Segnungsgottesdienst am 8. Oktober war für viele Besucher des Domes ein tiefgreifendes Erlebnis. Vor allem junge Menschen fühlten sich vom Ablauf der Feier und von ihrer ergreifenden Direktheit angesprochen. Könnte ein solcher Segnungsgottesdienst Modellcharakter haben für Angebote ähnlicher Art, und welche Formen der direkten Beteiligung von Laien, die Mitchristen segnen, könnten Sie sich sonst vorstellen?
Degenhardt: Der Segnungsgottesdienst im Dom am 8. 10. 1995 war ein geistliches Ereignis, das viele, insbesondere junge Menschen, im gefüllten Dom erlebt haben. Es war ein Gottesdienst, in dem persönliche Frömmigkeit, Besinnung, leibhafter Ausdruck des Glaubens und frohe Grundstimmung zum Ausdruck kamen.
Nach meiner Auffassung soll ein solcher Segnungsgottesdienst Modellcharakter haben für Angebote ähnlicher Art: Es ist geplant, daß Segnungsgottesdienste in den einzelnen Regionen und Dekanaten als nächster Schritt durchgeführt werden. Es darf nicht der Eindruck entstehen, als wenn Segnungsgottesdienste lediglich eine Angelegenheit des Bischofs und seiner Mitarbeiter in Paderborn seien. Auf längere Sicht sollten Segnungsgottesdienste normale Feiern sein, die auch in den Gemeinden nichts Außergewöhnliches mehr sind.

---

[41] Der Dom, 12. November 1995.

Erfreulich bei den Segnungsgottesdiensten, die wir bisher durchgeführt haben, ist die Selbstverständlichkeit der Beteiligung von Laien, die Mitchristen segnen. Bei allen 25 Segnungsstellen im Dom und in der Gaukirche waren jeweils zwei Gläubige, die nicht geweihte Amtsträger sind, und ein Priester die Segnenden. Alle haben gemeinsam gebetet und den Segen in einem sichtbaren Zeichen ausgesprochen.
Andere Formen der Segnung durch Laien könnten beispielsweise in den Familien wieder eingeführt werden, in denen nach altem katholischen Brauch die Eltern täglich ihre Kinder segnen, morgens und abends, wenn sie zur Schule gehen, wenn sie das Haus verlassen und ähnliches. Auch Ehepaare sollten sich immer wieder gegenseitig segnen und mit diesem Segen auch die Bitte um Vergebung und Geduld miteinander zum Ausdruck bringen. Solche Segnungen könnten auch in den Pfarrgemeinderäten und Kirchenvorständen, in unseren Verbänden und Vereinen, in den Jugendgruppen bei den verschiedensten Gelegenheiten stattfinden.
Erfreulich war auch in Paderborn, daß auch evangelische Christen sich zur Segnung eingefunden und auch selbst ohne Probleme andere gesegnet haben.

2. Bischof Bode: Eine seelsorgliche Aufgabe

Interview nach dem zweiten Segnungsgottesdienst
(Autorisierte Tonbandnachschrift. Die Fragen stellte Winfried Baetz)

? Ein erster Eindruck: wie war für Sie dieser Nachmittag, wie haben Sie ihn erlebt?

Bode: Ich war ja zum ersten Mal dabei, im vorigen Jahr war ich verhindert. Ich bin sehr beeindruckt, einmal über den Mut der Menschen, die ein persönliches Zeugnis gegeben haben, aber mehr noch über die kurzen Begegnungen mit denen, die gesegnet werden wollten, in sehr unterschiedlichen Situationen. Sie sprachen ihre Sorgen und Freuden aus, kamen mit ihrer Familie, oder nannten auch Menschen, für die zu beten sie sich vorgenommen hatten. Ich war manchmal sehr gerührt; es war eine wirklich seelsorgliche Aufgabe.

? Sie sind der neue Bischof der Diözese Osnabrück. Was erhoffen Sie sich von dieser Art Segnungsgottesdienst für die Kirche, aber auch vielleicht für Ihr Bistum?

Bode: Ich denke, daß ich einige dieser Erfahrungen auch mitnehmen werde. Natürlich muß ich zunächst einmal schauen, was es in der Diözese Osnabrück gibt. Aber dieses Füreinander-beten, dieses Netz des Gebetes aufzubauen, auch in dieser Konkretheit, denke ich, tut auch der

Arbeit in der neuen Diözese sehr not, damit Kirche sich auch von innen erneuert, bei allen Strukturfragen und bei allen Konzepten, die auch sein müssen. Hier geht es um den Kern, bei dem wir anfangen müssen, und ich möchte diese Formen der Segnung auch in Osnabrück ins Gespräch bringen.

3. Weihbischof Voß: Wir sprechen zu wenig von Gott her[42]

a) Interview nach dem zweiten Segnungsgottesdienst (Autorisierte Tonbandnachschrift. Die Fragen stellte Winfried Baetz)

? Wenn Sie spontan Ihre Impressionen von diesem Nachmittag zusammenfassen würden: Was hat dieser Nachmittag für Sie persönlich bedeutet?

Voß: Ich bin ja heute nicht zum erstenmal da, ich war auch im vorigen Jahr dabei. Mir ist aufgefallen, daß sich viele Leute doch von weither auf den Weg gemacht haben, um an diesem Gottesdienst teilzunehmen. Dies ist für mich ein Zeichen, daß hier ein echtes Suchen und ein Bedürfnis da ist. Ich sehe die Bedeutung dieses Segnungsgottesdienstes aber auch darin, in einer hautnahen Erfahrung sich das gute Wort, das heißt ja Evangelium, das gute Wort von Gott zusprechen zu lassen, in dem Vertrauen darauf, daß Gott jeden Menschen, so persönlich wie er hier ist, mit seinen Anliegen, mit seinen Sorgen, mit seinem Dank, annimmt, liebt und daß er zu ihm steht. Ich glaube, dies gehört heute ganz nach vorn in die Verkündigung, nämlich den Menschen zu sagen, daß Gott wirklich will, daß uns, daß jedem das Leben gelingt. Gott will unser Glück, und das ist sehr viel mehr als wir überhaupt erahnen können.
Das zweite ist: Menschen haben sehr konkret gesagt, was sie in diesen Segen hineinlegen möchten, wie es in ihrem Leben aussieht, so konkret es eben in diesen wenigen Minuten möglich ist. Da ist ein Vertrauen, auf das Gott mit einem sehr viel größeren Vertrauen und seiner Treue antwortet. Ich komme aus dem Nachbarbistum Münster. Wir werden solche Gottesdienste – und haben das auch zum Teil schon getan – bei uns, in unserer Region Recklinghausen, anbieten, denn hier zeigt sich ein echtes Suchen vieler Menschen, die letztlich nach Gott suchen. Das geht sehr viel tiefer als alles, was man heute so über Kirche und Institution spricht. Ich glaube, hier geschieht eine Antwort auf die heutige Situation: Wir sprechen sehr viel über Kirche, aber zu wenig über Gott, nämlich daß er in unsere Mitte kommt. Wir sollten über das sprechen, was er wirkt, auch

---

[42] Erneuerung in Kirche und Gwsellschaft, Heft 65 (1995).

bei uns heute und morgen. Nur das führt letztlich ein Stück weiter. Der Segen von Gott her gehört in die Mitte, und ich hoffe, daß solche Gottesdienste auch für Eltern eine Ermutigung sind, ihre Kinder zu segnen.

b) Interview mit der Zeitschrift „Erneuerung in Kirche und Gesellschaft"

Schleyer: Herr Weihbischof Dr. Voß, Sie waren einer der drei Bischöfe, die an dem großen Segnungsgottesdienst Anfang Oktober in Paderborn mitwirkten. Wie würden Sie Ihre persönlichen Erfahrungen beschreiben?

Voß: Zunächst muß ich vorausschicken: Ich habe nicht zum ersten Mal an einem Gottesdienst dieser Art teilgenommen. Schon im vorigen Jahr habe ich den Segnungsgottesdienst im Paderborner Dom miterlebt. Diesmal habe ich nun auch selber gesegnet.
Auch das war nicht ganz neu für mich. In einem Dekanat bei uns in der Münsteraner Diözese habe ich im Firmgottesdienst die Firmerneuerung gefeiert. Deshalb kann ich wirklich aus Erfahrung sagen: Was da geschieht, ist etwas Urkirchliches und Urkatholisches. Durch die persönliche Segnung erfahren Menschen in einer ganzheitlichen Weise, daß Gott sich uns zuwendet, uns ruft. Und wir drücken dann in einer ebenfalls persönlichen Weise aus, daß wir diese Einladung, diesen Ruf annehmen.

Schleyer: Und was halten Sie für besonders wichtig?

Voß: Diese Dimension ist in unserem momentanen kirchlichen Leben zu wenig im Bewußtsein, droht sogar vielfach unterzugehen. Wenn zum Beispiel die Initiatoren des Kirchenvolksbegehrens von dem Satz ausgehen „Wir sind das Volk!", so ist das nur die halbe Wahrheit. Wir sind nur Kirche, wenn wir das Angebot Gottes annehmen. Gott hat die Initiative, wir sind nur sein Volk, indem wir seinem Ruf antworten. Dies muß in das persönliche Glaubensbewußtsein der Christen eindringen. Und dazu war der Segnungsgottesdienst im Paderborner Dom eine Station. Daß so viele dieses Angebot angenommen haben, ist ein Zeichen, daß Christen solche persönlichen Elemente in unserer Kirche noch mehr suchen. Von da her konnte ich, was in diesem Segnungsgottesdienst geschah, gut annehmen. Daß wir uns den Segen Gottes persönlich zusprechen, ist etwas ganz Normales. Daß wir uns einander von Gott her etwas Gutes sagen dürfen.

Schleyer: Sie werden sich also dafür einsetzen, daß solche Formen der persönlichen Glaubensannahme und -erneuerung im kirchlichen Leben mehr Beachtung finden?

Voß: Ich wiederhole es: Es müßte mehr von diesen Angeboten geben. Bei uns in Münster wurden beispielsweise im Dekanat Datteln in zwei Gemeinden die Firmbegleiter eingeladen, persönlich ihre eigene Firmung zu erneuern. Das geschah nicht isoliert von der gesamten Firmvorbereitung. Die Firmhelfer waren eingeladen, die Begleitung ihrer Firmlinge als Weg ihrer eigenen Firmerneuerung zu erfahren. Eine Gemeinde bot dazu im Rahmen eines Firm-Einkehrtages einen Abend der Firmerneuerung an. Ich war selbst überrascht, wie da mehr und mehr vortraten und sich ein Herz faßten. Und das geschah in einer ganz normalen Gemeinde im Ruhrgebiet.

Schleyer: Was können solche Formen wie der Segnungsgottesdienst für unsere heutige Situation bewirken? Welche Perspektiven ergeben sich daraus für die Kirche?

Voß: Solche Formen, die Gnade Gottes und seine Sendung persönlich anzunehmen, brauchen wir heute in der Kirche mehr denn je. Der Glaube des einzelnen wird nicht einfach mehr von einer religiösen Umwelt getragen. Wer heute als Christ leben will, von dem wird mehr an Entscheidung abverlangt als früher. Als kürzlich bei einem Gespräch mit dem Pfarrgemeinderat einer Gemeinde darauf die Rede kam, sagte einer: „Das stimmt ja. Ich bin in den Glauben so hineingeboren worden, wann habe ich mich richtig entschieden?"
Dieses Moment, daß der einzelne Christ das Angebot der Liebe Gottes in freier Verantwortung annimmt, wird für die Kirche zukunftsentscheidend. Seine ausgestreckte Hand, sein Angebot der Treue nehme ich an und antworte mit meiner Treue zu ihm. Hier kommt zuerst der liebende Gott ins Spiel; auf ihn lasse ich mich ein, ihm gelobe ich zuerst Treue. Und in dieser unserer Antwort wird immer mehr Kirche. Das erfahrbar zu machen, dafür brauchen wir in der Kirche Gelegenheiten, Zeiten und Räume. Daß wir in einer ganzheitlichen Weise, mit Herz und Verstand Gottes Angebot annehmen, dies ist die entscheidende Perspektive. Weniger der einzelne Segnungsgottesdienst als solcher.
Da mag es auch noch andere Formen geben. Beim Dresdner Katholikentag beispielsweise fand der Gottesdienst zur Tauferneuerung sehr großen Zuspruch. Er löste bei vielen etwas aus. Diejenigen, die sich dort zum anschließenden seelsorglichen Gespräch zu Verfügung gestellt hatten, konnten des Andrangs kaum Herr werden, weil viele die Möglichkeit suchten, in ihrem Leben vor Gott einen neuen Anfang zu setzen.

Schleyer: Aber zurück zum Segnungsgottesdienst. Können Sie da einen Ausblick wagen? Welche Impulse erwarten Sie davon für den persönlichen wie kirchlichen Alltag?

Voß: Ich halte es durchaus für wichtig, daß solche Gottesdienste allmählich in den normalen kirchlichen Alltag Eingang finden. Das ist doch nichts Besonderes. Eigentlich sollten zum Beispiel viel mehr Eltern ihre Kinder segnen. Und Christen sollten einander die Gewißheit zusprechen, auch im Alltag des Lebens und seinen wechselnden Situationen auf die Zusage Gottes vertrauen zu können. Daß dies mehr in den Blick kommt, dazu helfen solche großen Segnungsgottesdienste. Wenn sich solche Formen, einander den Segen Gottes zuzusprechen, im Alltag der Kirche durchsetzen, könnte das vielen Menschen neues Vertrauen und neue Zuversicht geben; auch bei persönlichen Schicksalsschlägen.
Beeindruckt haben mich in diesem Zusammenhang auch die Glaubenszeugnisse; sie bildeten einen wichtigen Bestandteil des Segnungsgottesdienstes. Glaube wird vermittelt, indem andere Menschen von ihm Zeugnis geben. So war es jedenfalls am Anfang der Kirche. Maria kann hier ein Vorbild sein. Sie rechnete im Magnifikat mit Gott und pries seine Größe. Rechnen auch wir genug damit, daß Gott in unserem Leben, in unserer Kirche wirkt? Dann wüßten wir auch, daß wir nicht alles machen; das geht über Unterschriftslisten weit hinaus. Gott bewirkt Veränderung, wenn man sich auf ihn einläßt.

Schleyer: Herr Weihbischof Dr. Voß, vielen Dank für das Gespräch.

Anhang

Der Anhang enthält Ergänzungen, auf die mehrfach verwiesen wurde. Er bringt drei unterschiedliche Texte, die zugleich die innere Spannweite einer möglichen, glaubensgeschichtlich neuen Gestalt der Kirche aufweisen. Der erste Text ist der theologischen, der zweite und dritte Text der praktischen Grundlegung zugeordnet. Sie machen insgesamt deutlich, daß methodisch vorgehende Reflexion und Gebet einander fordern und einschließen: Die theologisch-philosophischen Reflexionen zur Gegenwart der Auferstehung Jesu im Wir der Kirche machen die innere Bedingung des gemeinsamen Im-Wir-seins vor Gott offenbar, das im Gebet um Heilung der Erinnerungen und Erwartungen zum Ausdruck kommt, und dieses Gebet wiederum ist eine in die Tiefe des Herzens eindringende Glaubenserfahrung, aus der eine der Bezeugung des Evangeliums zugeordnete theologische Reflexion erwächst.

I.
Die ort- und jetztlose Gegenwart des Auferstandenen in der Kirche[1]

Hemeisologische Grundlegung

Die These der folgenden Überlegungen lautet: Die Gegenwart des Auferstandenen in der Kirche kann nur erfaßt werden aufgrund der ort- und jetztlosen Fortdauer des Zeugnisses der Ur-Zeugen. Das Verständnis und der Mit-Vollzug dieser Fortdauer wiederum ist nur möglich, wenn das im ntl Zeugnis von der Auferstehung zentrale, bundesgemäße Wir-Ihr-Verhältnis zwischen den Ur-Zeugen und den jeweiligen Hörern näher erschlossen ist: „Was *wir* gesehen und gehört haben, das verkünden wir auch *euch*." (1 Joh 1,3) In dieser „exklusiven" Wir-Aussage und in weiteren ähnlichen Texten ist ein Orts- und Zeitverständnis eingeschlossen, das noch nicht zureichend erörtert ist, da eine über die traditionellen Seins- und Ich-Philosophien hinausgehende Erschließung des In-seins in einem Wir noch nicht vorliegt. Daraus erwachsen Denk- und Glaubensprobleme, die mit dem Zeugnis von der Auferstehung Jesu *als solchem* nicht gegeben sind. Im folgenden legen wir im Hinblick auf die „Gegenwart" des Auferstandenen den Ausschnitt einer möglichen wir-

[1] Abdruck aus: J. Ernst u. St. Leimgruber (Hgg.): Surrexit Dominus vere (Festschrift für Erzbischof J. J. Degenhardt). Paderborn 1996, 35-53.

philosophischen Grundlegung der Theologie vor, in dem zunächst nur die Differenz zwischen der kosmischen und der zu einem Wir gehörenden Orts- und Zeiterfahrung bedacht ist, und dies auch nur in einem ersten Einblick.

1. Die vierfache Gegenwart des Auferstandenen im Wir der Ur-Zeugen

Wir beschränken uns zunächst auf die Gegenwart des Auferstandenen im ntl Wortzeugnis. Nach einem philosophischen Durchgang durch die zum Wir gehörende Orts- und Zeiterfahrung werden wir von da her auch versuchen, die eucharistische Gegenwart Jesu zu thematisieren.

a) Erscheinungen des Auferstandenen

Das Faktum der Auferstehung Jesu ist als solches jeglicher menschlichen Vorstellung und Sinneswahrnehmung entzogen. Es hat keine innerweltlichen Parallelen: „Ich lebe" (Offb 1,18) ist die Botschaft dessen, der aus dem Zustand des Todes zurückgekehrt ist in das unzerstörbare Leben Gottes, der war, ist und kommt (Offb 4,8). Die Auferstehung Jesu kann deshalb nicht wie innerweltliche Vorgänge überprüft und bewiesen werden, ebensowenig wie die Existenz Gottes selbst. Im Neuen Testament wird nicht gesagt, Menschen hätten direkt den Vorgang der Auferstehung beobachtet. Die „Osterberichte" am Ende der Evangelien (Mk 16; Mt 28; Lk 24; Joh 20f) wollen nicht Fakten mitteilen, die einer historisch und protokollarisch fragenden Wissenschaft direkt zugänglich sind, sondern setzen sie voraus (den Tod Jesu, das leere Grab, die Auferweckung Jesu durch Gott in eine neue Daseinsweise).
Die Tatsache der Auferstehung Jesu kann nur in der Kraft des Heiligen Geistes innerlich wahrgenommen werden: Das Neue Testament bezeugt, daß Jesus sich seinen Jüngern hat „sehen lassen" (ophte [Aorist passiv]: 1 Kor 15,5; Lk 24,34), und zwar in einer Weise, die menschlichem Zugriff entzogen ist (wir würden heute sagen: etwa durch eine Videoaufzeichnung; vgl. 1 Kor 15,44: soma pneumatikon): Es bezeugt die Tatsächlichkeit der *Begegnung* der Jünger mit dem Auferstandenen als ein *geistgewirktes Wir-Geschehen*: „Zeugen dieser Worte (bzw. dieses geschehenen Geschehens; ton rhematon touton) sind *wir und der Heilige Geist*." (Apg 5,32).[2] Gott hat den Auferstandenen weder „dem ganzen Volk" noch exklusiv einem einzelnen erscheinen lassen, sondern dem begrenzten Wir der vorherbestimmten Zeugen (Apg 10,41). Die Absicht, aufgrund

[2] Vgl. dazu ausführlicher H. Mühlen: Das Verhältnis von ‚innerer Taufe' und Taufsakrament. ThGl 79 (1989), 552-567; hier: 554-557.

der Abweichungen der Orts- und Zeitangaben in den Osterberichten deren Unechtheit zu beweisen, geht von einem *nicht wirgemäßen* Orts- und Zeitverständnis aus, das dem Geschehen der Auferweckung Jesu schon rein philosophisch nicht angemessen ist.

b) Das Pfingstereignis

„Als sie nun beisammen waren, fragten sie ihn: Herr, stellst du in dieser Zeit (en to chrono touto) das Reich für Israel wieder her? Er sagte zu ihnen: Euch steht es nicht zu, Zeiten und Fristen (chronous kai kairous) zu wissen, die der Vater in seiner Macht festgesetzt hat. Aber ihr werdet die Kraft des Heiligen Geistes empfangen ... und ihr werdet meine Zeugen sein ... bis ans Äußerste der Erde (heos eschatou tes ges)." (Apg 1,6ff) Jesus lehnt die Frage nach einer Terminangabe für die Vollendung seines Reiches und damit auch seiner Wiederkunft ausdrücklich ab (vgl. Mk 13,32): Die sogenannte „Naherwartung der Parusie" kann und darf sich nicht auf einen „Zeitpunkt" beziehen, der schon bald „nach" dem jetzigen Zeitpunkt „vor" uns liegt, sondern: die Kraft des Heiligen Geistes wird sie zu einem Zeugnis befähigen, das nicht an eine datierbare Raumzeitlichkeit gebunden ist: Jesus lehnt jedes wieder-herstellende (vgl. V. 6) und damit auch jedes die Zukunft vor-stellende und datieren wollende Denken ab: Das Kommen des Reiches Gottes steht an-dauernd bevor, und zwar so, daß es unvorstellbar zukünftig *bleibt*, weil es immer schon zukünftig gewesen ist.
Bedeutsam ist weiterhin, daß das Pfingstereignis für Lukas der letzte Beweis für die „Erhöhung" und Auferweckung Jesu ist: Derselbe Geist, der im vorösterlichen Jesus wirksam war (vgl. Apg 10,37f), wird nun über alle Anwesenden ausgegossen (Apg 2,33). Damit ist die Gewißheit gegeben: „Gott hat ihn zum Herrn und Christus gemacht, diesen Jesus, den ihr gekreuzigt habt" (Apg 2,36). In dieser sehr frühen Christologie („Christus" hat im christlichen Verständnis die Bedeutung von: der [mit dem Heiligen Geist] Gesalbte) wird deutlich: Im Pfingstereignis „wurde" Jesus für immer zum Christus, zum „lebendigmachenden Geist" (1 Kor 15,45). Er ist „für immer" der göttlich-menschliche Spender des Geistes, den er vom Vater empfangen hat. Daran wird erkennbar, daß er der auferstandene „Sohn Gottes" ist.
Für die weiteren Überlegungen ist die Differenz zwischen „wir" und „ihr" von Bedeutung: „Diesen Jesus hat Gott auferweckt, dafür sind *wir alle* (pantes hemeis) Zeugen" (Apg 2,32). In dieses „wir" sind nur die Zeugen der Begegnung mit dem Auferstandenen eingeschlossen. Sie stehen denen, die jetzt das Pfingstgeschehen „sehen und hören" (V. 33), in einer unaufhebbaren Wir-Ihr-Differenz gegenüber. Diese Differenz

zeigt sich jedoch innerhalb der *„wirhaften“* Raumzeitlichkeit des hier und jetzt geschehenden Geschehens, das „bis ans Äußerste der Erde“ (Apg 1,8) bezeugt werden soll, schließt also keine Differenz von Ort und Zeit ein (der Ortswechsel vom „gleichen Ort“ V.1 zum „Ort“ der zusammenströmenden Menge V.6 ist für den Bericht unerheblich).

c) Die Gegenwart des mit Heiligem Geist taufenden Auferstandenen in der Ur-Evangelisierung

Mit Ur-Evangelisierung meinen wir die Verkündigung Jesu selbst, die fortdauert in der Verkündigung der Zeugen seiner Auferstehung. Davon zu unterscheiden ist die nach-neutestamentliche Erst-Evangelisierung und die heutige Bezeugung des Evangeliums.

In der Predigt des Petrus im Hause des Heiden Kornelius heißt es: „*Ihr* kennt das geschehene Geschehen (to genomenon rhema) in ganz Judäa ... *Wir* haben mit ihm nach seiner Auferstehung gegessen und getrunken ... Noch *während* Petrus diese Worte redete (laluntos ta rhemata tauta), kam der Geist auf alle herab, die das Wort hörten“ (Apg 10,37.41.44). Petrus spricht oder reflektiert hier nicht *über* das geschehene Geschehen der Geschichte Jesu, sondern: *indem* er die Heilskraft dieses Geschehens verkündet, *ereignet* es sich in den Hörern als „Getauftwerden mit dem Heiligen Geist“ (vgl. Apg 1,5): Diese Wir-Ihr-Differenz enthält eine Differenz des Ortes (Judäa – Haus des Kornelius) und der Zeit (wir *haben* mit ihm gegessen und getrunken – jetzt geschehende Verkündigung). Aber: „*Während* ich redete, kam der Heilige Geist auf sie herab, *wie am Anfang auf uns.*“ (Apg 11,15) Der „Anfang“ der Zeit der Kirche im Pfingstereignis ist nicht an einen dinghaften Ort gebunden und nicht vergangen wie die Jetztpunkte der mit einer Uhr meßbaren Zeit, sondern bestimmt die gesamte örtliche und zeitliche Erstreckung des Wir-Zeugnisses der Ur-Zeugen der Auferstehung – bis in diese Stunde hinein.

Im Hinblick auf eine vertiefende Erschließung dieser Texte und die weiteren Überlegungen sei auf die doppelte Bedeutung von rhema hingewiesen: Dieser Ausdruck meint sowohl „Rede, Wort, Predigt“ (vgl. Lk 7,1; Apg 2,14; Joh 8,20) als auch „Ereignis, Geschehen“ (vgl. Lk 1,37; Mt 18,16; 2 Kor 13,1; Apg 5,32; 13,42) im Sinne des hebräischen Ausdruckes für „Wort“ (dabar).[3] Beide Bedeutungen sind untrennbar: Verkündigung („evangelisieren“) ist im NT nicht die „Weitergabe“ begrifflich erfaßbarer, aus dem Wortgeschehen abstrahierter Glaubenswahrheiten, sondern direkte Anrede von Gott her im Sinne des atl Verständnisses propheti-

[3] Vgl. ThWNT Bd. IV, 74f; 91f.

scher Verkündigung[4], also ein jeweils *jetzt geschehendes Geschehen*, in dem das geschieht, wovon gesprochen wird. Eine Trennung von Wortgeschehen und Begriff, eine abstrahierende Herauslösung des begrifflichen Gehaltes aus dem geschehenden Geschehen des Wortes im Sinne der griechischen Philosophie (und damit auch der Theologie als einem Reden *über* Gott: sermo de Deo) ist eine folgenschwere Verkürzung des biblischen „Wortes". Von da her brauchten wir dringend eine im reflektierenden Nachvollzug des Wortes entstehende, also selbst evangelisierte Theologie, die dann in sich selbst auch wiederum evangelisierend ist.

d) *Die Gegenwart des Auferstandenen im heute gelesenen und gehörten biblischen Wort*

Es ist ein erheblicher Unterschied, ob ich einen biblischen Text zum „Gegenstand" historisch-kritischer Untersuchungen mache, ob ich ihn als einzelner lese, oder ob ich ihn in der Gemeinschaft der Glaubenden höre, denn: „Christus ist *gegenwärtig* in seinem Wort, da er selbst spricht, wenn die heiligen Schriften in der Kirche *gelesen* werden" (Zweites Vatikanisches Konzil, SC 7). Mit „lesen" ist hier nicht die „Schriftlesung" des einzelnen gemeint, sondern eine ekklesiale (liturgische) Sprecher-Hörer-Situation.

Nehmen wir an, in einer „Hauskirche" werden ntl Aussagen zur Gegenwart des Auferstandenen nach der bekannten Methode des Bibel-teilens gelesen. Derjenige, der für die Zusammenkunft die Leitung übernommen hat, gibt die jeweiligen Impulse in der Wir-Form: Wir laden den Herrn zu uns ein … Wir schlagen die Heilige Schrift auf … Wir tauschen uns darüber aus, was uns im Herzen berührt hat usw. In welchem Verhältnis steht dieses „wir" zum „wir" der Ur-Zeugen? Genauer: Wie ereignet sich die raumzeitliche Gegenwart des Auferstandenen, wenn wir *zuhörend* die Schrift lesen und einander mitteilen, was uns dabei persönlich betroffen hat?

In dem nun folgenden, zu Beginn des ersten Jahrhunderts verfaßten Text zeigt sich das Ziel aller „Evangelisierung": die Gemeinschaft mit Gott durch Jesus Christus in der Gemeinschaft der Kirche. Er enthält eine betonte Serie von Wir-Aussagen: „Was von Anfang an war, was wir gehört haben, was wir mit unseren Augen gesehen, was wir geschaut und was unsere Hände berührt haben, das verkünden wir: das Wort des Lebens. Denn das Leben ist erschienen (ephanerote); wir haben gesehen

---

[4] Vgl. ThWNT Bd. II, 706f; 723f.

und bezeugen und verkünden (martyroumen kai apaggellomen) euch das ewige Leben, das beim Vater war und uns erschienen ist (ephanerote hemin). Was wir gesehen und gehört haben, das verkünden wir (apangellomen) auch euch, damit auch ihr Gemeinschaft (koinonia) mit uns habt. Gemeinschaft mit uns aber (he koinonia de he hemetera) ist Gemeinschaft mit dem Vater und mit seinem Sohn Jesus Christus. Wir schreiben euch dies, damit unsere (Verkündiger-) Freude vervollkommnet sei.“ (1 Joh 1,1-3)

In diesem sehr dichten Text spricht jemand, der Mitglied eines Kreises, eines Wir ist, und er gehört zu denen, die in einzigartiger Weise „gehört und gesehen“ haben, was sie verkünden. Sie stellen sich den Hörern in einem Wir-Ihr-Verhältnis gegenüber, denn die Adressaten haben das „Wort des Lebens“ selbst nicht in diesem Sinne wahrgenommen und „erkannt“. Sie werden jedoch eingeladen, mit den Ur-Zeugen Gemeinschaft zu haben, sich in ihr Wir einzuschließen: Wenn ihr mit uns Gemeinschaft habt, dann habt ihr eben dadurch auch Gemeinschaft mit dem Vater und dem auferstandenen „Wort des Lebens“. Diese Aussage gehört zu den erstaunlichsten des Neuen Testamentes: Wer Gemeinschaft hat mit den Ur-Zeugen des Lebens Jesu, hat dadurch ohne einen neuen Schritt seinerseits auch Gemeinschaft mit Gott, und zwar durch Jesus Christus, der ihnen als das ewige Leben „erschienen“ ist, offenbart wurde. In der streng durchgehaltenen Wir-Ihr-Differenz ist vorausgesetzt, daß die Adressaten nicht die gleichen Wahrnehmungen haben können oder haben werden wie die Ur-Zeugen. Sie bezeugen nicht ausdrücklich und verbal, daß sie den Auferstandenen gesehen und „betastet“ haben. Es geht ihnen nicht wie in dem Bericht Lk 24,39 darum, Zweifel an der Auferweckung Jesu zu überwinden. Vielmehr weisen die Verben der sinnlichen Wahrnehmung (entsprechend der Grundintention des Briefes, die Leibhaftigkeit der Menschwerdung zu bezeugen; vgl. 4,2) darauf hin, daß sie als Zeitgenossen Jesu mit ihm als diesem bestimmten *Menschen* Umgang hatten und daß sie nach seiner Auferstehung, seiner „Erhöhung“, glaubend „erkannt“ haben: Dieser selbe Jesus „war“ schon „von Anfang an“ bei Gott, ist in der dem Tod verfallenen Welt „Fleisch“ geworden, gestorben und der jetzt Lebende. Diese ihre Glaubenserfahrung bezeugen die Ur-Zeugen *als* eine nicht wiederholbare Wir-Erfahrung. Wenn die Adressaten diese Erfahrung in sich aufnehmen, sich in sie *als* einer ihnen selbst nicht gegebenen Erfahrung *einschließen* und sich so dem Wir der Urzeugen *anschließen*, werden sie Gemeinschaft haben mit Gott.

Die Grundabsicht des Briefes ist nicht Glaubenserweckung durch historische Fakten (diese sind vorausgesetzt), sondern evangelisierende Stiftung kirchlicher Gemeinschaft als einer durch den jetzt lebenden Jesus

Christus vermittelten Gemeinschaft mit Gott. Um so wichtiger ist die Erschließung der nicht aufhebbaren Differenz zwischen dem Wir der Ur-Zeugen und uns als den Adressaten. Sie kann als *ekklesiale* Differenz bezeichnet werden, da aus ihr Kirche entsteht und lebt. Wir sind nicht Zeitgenossen Jesu, hatten keinen Umgang mit dem „historischen" Jesus, wir können also nicht gemeinsam mit den Ur-Zeugen sagen: was „wir" gesehen und gehört haben, das verkünden wir, aber wir können Gemeinschaft haben mit diesem Personenkreis, mit diesem Wir, indem wir uns ihm einfügen lassen. Das „wir" der Urzeugen bleibt exklusiv, aber: Die Gegenwart des Auferstandenen ist durch ihr Wort vermittelt, wann und wo immer wir es gemeinsam hören: Im Wir-Geschehen des jetzt zum Bibel-teilen versammelten „Kreises" wird durch den Geist Christi das den Ur-Zeugen gewährte Wir-Geschehen gegenwärtig, und damit der Auferstandene selbst und als solcher.
Fragen wir deshalb genauer, was geschieht, wenn wir das Wort „wir" aussprechen, und zwar zunächst unabhängig von theologischen Zusammenhängen.

2. Der Zugang zum Wir-Geschehen

a) „Wir" als Wortgeschehen

Im Unterschied zu „sein" und „ich" ist „wir" kein Grundwort der klassischen Philosophie und auch linguistisch wenig erforscht. Dennoch kann und muß gefragt werden, ob „wir" nicht das Grundwort schlechthin ist, das alle anderen Worte erst ermöglicht und einschließt, insofern in ihm die grundlegende Bereitschaft zur Kommunikation zur Aussage kommt.
Die Wörterbücher geben eine anscheinend sofort einsichtige „Definition": „Wir" steht „für den engeren oder weiteren Kreis, zu dem sich der Sprechende oder Schreibende rechnet", „für mehrere Personen, zu der die eigene gehört, für einen Kreis von Menschen, in den die eigene Person eingeschlossen ist."[5] „Wir" enthält also drei Grundelemente: Ich, Kreis und Eingeschlossen-sein. Als Beispiele werden angegeben: wir kommen sofort; wir arbeiten heute etwas länger; wir alle müssen einmal sterben. Jeder versteht sofort, was hier jeweils mit „wir" gemeint ist: eine

[5] J. und W. Grimm: Deutsches Wörterbuch, Bd. 14/2, Leipzig 1960, 524; Duden: Das große Wörterbuch der deutschen Sprache. Mannheim / Wien / Zürich 1981, Bd. 6, 2888; Duden: Bd. 10: Das Bedeutungswörterbuch ²1985, 758.

unbestimmte Reihe, eine Mehrzahl von Personen, zu der auch die eigene Person gehört.

Die erwähnten lexikalischen Beispiele gehen davon aus, daß „wir" ein Personal-pro-nomen ist, ein „Für-Wort", das im Satzgefüge „für" einen Kreis oder eine Gruppe von Personen „steht". Das Wort „wir" wird in diesem Fest-Stellen aus der gesprochenen Sprache herausgelöst, so daß lediglich *über* dieses Wort zuständliche Feststellungen getroffen werden. „Wir" ist jedoch nur ganz nachträglich ein Personal-pro-nomen, das grammatisch „für" einen Kreis von Personen „steht". Seinem Ursprung nach ist „wir" ein Sprech- und Hörgeschehen, das sich zwischen Sprechenden und Hörenden ereignet. Es muß also unterschieden werden zwischen dem *Wortgeschehen* „wir" und dem „Personenkreis", der in ihm gegenwärtig wird und der als *das Wir* bezeichnet wird.

Um diesen Vorrang des gesprochenen Wortes hervorzuheben, behalten die Worte, in denen der Sprechende *sich selbst* in den verschiedenen Sprechsituationen gegenwärtig macht, also „ich", „du", „wir", die Merkmale der direkten Rede (Anführungs- und Schlußzeichen). Der Gebrauch der grammatisch „dritten" Person (er, sie, es; pl. sie) ist bereits ein vor-stellendes und fest-stellendes Sprechen *über* andere oder *über* etwas. Von da her sind die Substantivierungen: das Wir, das Ich, das Du höchst problematisch, aber nicht zu umgehen. Durch sie werden die Selbst-Aus-Sagen „wir", „ich", „du" aus dem aktuellen Wortgeschehen herausgelöst, zu einem Gegenstand des Denkens und Sprechens gemacht und damit zugleich zur grammatisch „dritten" Person depotenziert.

Die für das Wortgeschehen „wir" vorausgesetzte „Zugehörigkeit" zu einem Wir fassen wir terminologisch als *„In-sein in einem Wir"*. Das von den Grammatikern festgestellte „Eingeschlossen-sein" der sprechenden Person in ein Wir zeigt sich im Aussprechen von „wir" als *Ich-Einschluß*: In der stimmlichen Verlautbarung „wir" macht der Sprechende sich selbst gegenwärtig als dieses bestimmte Ich und vergegenwärtigt dabei zugleich das Wir, in das er sich zur Zeit des Sprechens eingeschlossen weiß und in das er sich im Sprechakt nochmals selbst einschließt.

Die hier sich zeigende menschliche Grundbefindlichkeit fassen wir terminologisch als *hemeisal* = zum Wir gehörig (aus gr. hemeis = wir und der lat. Endung -alis, die eine Zugehörigkeit kennzeichnet: medizinal = zur Medizin gehörig, personal = zur Person gehörig). Die Differenz zwischen „ich" und „wir" bzw. zwischen Ich-sein und Im-Wir-sein bezeichnen wir als die *hemeisale Differenz*. Sie schließt die Differenz zum umweltmäßigen, nicht-hemeisalen Seienden ein und muß unbedingt offen gehalten werden, da Ich-sein und Im-Wir-sein zwei unterschiedene, aber einander bedingende Momente des *einen* hemeisalen Gesamtgeschehens sind. Wenn die hemeisale Differenz nicht beachtet wird, zerfällt das Wortgeschehen „wir“ zur fast dinggmäßen „Mehrzahl“ (auch „Kühe“ bezeichnet eine „Mehrzahl“) von für sich seienden Ichen, kann der Ich-Einschluß in ein Wir nicht thematisiert werden.

Die Erschließung des Wir-Geschehens erfordert eine ihm entsprechende methodische Zugangsart. Wir fassen sie terminologisch als *Hemeisologie*. Dieser Methodenbegriff hat zwei Bestandteile: hemeis und logos = 1. Wort als stimmliche Verlautbarung, als Gespräch ; 2. Vernunft, Einsicht, Urteil, Reflexion. Das in dem Bestandteil -logie enthaltene Wort logos hat von da her eine zweifältige Grundbedeutung:

1. Logos ist als nomen actionis primär das Sagen, das Aussprechen von „wir“ in stimmlicher Verlautbarung, das seiner Natur nach Hörer voraussetzt: Die ursprünglichste Hemeiso-logie ist das *Wortgeschehen* „wir“ selbst und als solches, also die mitgehörte Selbst-Aus-Sage des Sprechenden in das Wortgeschehen „wir“ hinein. Von da her ist Hemeiso-logie primär der Vorgang des „wir“-Sagens, der von sich selbst her die zum jeweiligen Wir gehörenden Personen einschließt. Das im Wir-Wort zur Aus-Sage kommende In-sein in diesem bestimmten Wir ist immer *unser gemeinsames* In-sein. Es ist nicht jemeinig, unvertretbar, einmalig wie das im Wortgeschehen „ich“ ausgesagte Ich-sein. Dieses ist jedoch im Wortgeschehen „wir“ so eingeschlossen, daß es in ihm mit allen seinen konstitutiven Merkmalen, also auch mit seinem Eingeschlossen-sein in ein Wir, zugänglich wird.

2. Hemeisologie ist dann auch der reflektierende und thematisierende *Mit- und Nachvollzug* dessen, was im Wortgeschehen „wir“ zur Aus-Sage kommt, und zwar in methodischen Schritten. Hemeisologie als Wissenschaft ist die reflektierende Thematisierung dessen, was im Wir-Wort thematisch oder unthematisch ausgesagt ist. Damit ist sie zwar unausweichlich auch ein Sprechen *über* das Wortgeschehen „wir“. Es kann jedoch nie zu einem bloßen „Objekt“ vergegenständlicht werden, da es nur in dem Maße erfaßt wird, als der Reflektierende sich selbst *vor jeder Reflexion* bewußt in es *eingeschlossen* hat. Hemeisologie als wissenschaftlich-methodische Rede *über* das Wir ist deshalb nur möglich als akzeptativ-verstehender Mitvollzug des Wortgeschehens „wir“, das sich *im* Sprechenden und *durch ihn* ereignet hat und ereignet, sowie als Reflexion des gemeinsam mit anderen erfahrenen Einschlusses in ein Wir.

Der Selbst-Einschluß in das Wir der Kirche ist von zentraler Bedeutung für eine neue „Evangelisierung“, die auch eine selbst evangelisierte, im zuhörenden Mitvollzug des Wortes entstehende Theologie erfordert. Im Hinblick darauf unterscheiden wir zwischen der kosmischen und der hemeisalen Raumzeitlichkeit.

b) Die Differenz zwischen der kosmischen und der hemeisalen Räumlichkeit

Fragen wir zunächst: Was geschieht, wenn wir uns zum Bibel-teilen „am gleichen Ort“ (vgl. Apg 2,1: epi to auto) versammeln? Indem jeder in der Bereitschaft zu einem Austausch „Platz nimmt“, entsteht bereits eine Wir-Situation: *Wir* wollen jetzt miteinander die Bibel lesen. Es entsteht also bereits so etwas wie ein *Innen-Raum* zwischen uns mit einer *inneren Wir-Grenze*, denn zu diesem Gespräch haben wir uns ja als *diese bestimmte Gruppe* versammelt. Ich habe die Leitung übernommen (jeder könnte im Wechsel der Leiter sein) und sage: „Wir schlagen den Text 1 Joh 1,1-3 auf.“ Was nehme ich wahr, wenn ich – mir selbst zuhörend – „wir“ sage? Zunächst wird mir bewußt, daß die Sprecher-Hörer-Situation, die bereits bei unserem Platz-nehmen entstanden war, in diesem Sagen offenbar wird, sich verbalisiert und zugleich intensiviert, denn nunmehr verhalten wir uns *aktuell* als Sprechende und Mithörende zueinander. Dabei fällt mir weiterhin auf, daß die *ganze* Gruppe in mein „wir“-Sagen eingeschlossen ist, unter Einschluß meiner selbst. Auf meinen Sprechakt achtend, nehme ich wahr, daß ich zunächst *mich selbst* beim Aussprechen dieses Wortes gegenwärtig mache, indem ich als Sprechender in es einsteige, mich mit ihm identifiziere. Beim Vor-Gang in dieses Wort hinein, bei dieser Selbst-Aus-Sage, schließe ich mich in dieses Wortgeschehen ein, vollziehe ich einen *Einschluß meines Ich* in dieses Geschehen.
Dieser Ich-Einschluß ist ein Vor-Gang aus meinem Ich heraus in das Wortgeschehen „wir“ hinein: ich gehe in dieses Wort ein, mache mich im „wir“-Sagen den Mithörenden als dieses bestimmte Ich gegenwärtig, zeige mich ihnen als einen *mit ihnen zusammen* Anwesenden. Das Wirwort ist eine „wirgemäße“ Form meiner Selbst-Vergegenwärtigung und nicht die sprachliche Vergegenwärtigung von etwas: Ich spreche nicht über mich selbst, nicht über einen oder über alle Anwesenden, nicht über sonst irgendjemanden oder irgendetwas. Damit wird ein deutlicher Unterschied offenbar zwischen dem äußeren Raum des Zimmers, in dem wir uns versammelt haben, die auch als umweltmäßige, *kosmische* Räumlichkeit bezeichnet werden kann, und der *inneren, zu* unserem Wir gehörenden, *hemeisalen* Räumlichkeit, zwischen der äußeren Orts-Grenze und der inneren Wir-Grenze.
Um diese Differenz näher erschließen zu können, halten wir uns zunächst an den alltäglichen, „naiven“ Augenschein, dem zufolge unsere Umwelt innerhalb eines ausgedehnten Raumes mit einer ausgedehnten Grenze vorliegt. Jedes umweltmäßige „Ding“[6] befindet sich in der alltäglichen Wahrnehmung an einer bestimmten Stelle *um uns herum*, ist dort

vorhanden, liegt, steht, bewegt sich „dort“ in einer räumlichen Distanz zu anderen Dingen, kann ortsgebunden sein oder seinen Ort wechseln. Jeder Dingort befindet sich innerhalb einer ausgedehnten Ortsgrenze, die letztlich wiederum begrenzt ist durch den sich ausdehnenden kosmischen Welt-Raum. Diese umweltmäßige, kosmische Räumlichkeit umgibt uns von allen Seiten: Wir befinden uns „in“ diesem Zimmer, das Zimmer „in“ diesem Haus, das Haus in dieser Stadt und letztlich in der dinggemäßen Räumlichkeit des Welt-Raumes, sind aber keineswegs auf sie beschränkt: Der einzelne ist nicht lediglich ein Stück Welt, ein Raumstück; er hat nicht lediglich irgendwo einen Platz, an dem er vorhanden ist, sondern lebt vom Beginn seines Daseins an innerhalb eines Wir-Ganzen und damit innerhalb einer *wirbestimmten* Räumlichkeit. Sie hat einen deutlichen Vorrang vor der umweltlichen Räumlichkeit, insofern diese in die wirbestimmte Räumlichkeit als deren materiale Bedingung und Vermittlung einbezogen ist.

Indem also zum Bibel-teilen jeder „Platz nimmt“, besetzt er zweifellos im Abstand des ausgedehnten Zwischen-Raumes der kosmischen Räumlichkeit einen jeweiligen „Dingort“. Damit entsteht jedoch zugleich die Wir-Situation eines möglichen Gespräches. Auch wenn noch niemand ein Wort gesagt hat, befinden wir uns bereits in dieser *von innen* kommenden Situation, in einem hemeisalen Innen-Raum. So wird die äußere, kosmische Räumlichkeit des Zimmers, in dem wir uns versammelt haben, zum umwelthaften Ort der inneren hemeisalen Räumlichkeit eines möglichen Beziehungsgefüges mit einer bereits deutlich wahrnehmbaren *inneren Wir-Grenze*.

Mit „Kreis“ kann in der linguistischen Definition von „wir“ also nicht lediglich gemeint sein, daß wir jetzt in einem Kreis sitzen. Auch die Kühe auf der Weide stehen in einem Kreis: Unser In-sein in diesem bestimmten Wir ist eindeutig unterschieden von unserem In-sein in diesem Zimmer, denn: Das mit „Kreis“ Gemeinte ist unter keinen Umständen anschaubar, vor-stellbar, kann nicht von außerhalb seiner selbst, sondern nur im Innenraum unseres Wir erfaßt werden. Innerhalb dieser Wir-Grenze sind wir nicht eine von außen her zusammengezählte Mehr-Zahl dinglich vorhandener Personen: Die innere Wir-Grenze kann nicht abgeschritten werden wie ein Raumstück, sondern umschließt ein nicht gegenständlich vorstellbares Wir-Geschehen in und zwischen uns, ein mögliches Sprecher-Hörer-Geschehen.

---

[6] Wir gebrauchen die Bezeichnung „Ding“ für alles umweltmäßige, nicht-hemeisal Seiende. Dabei ist jedoch zu bedenken, daß alles Wir-Geschehen in die Umwelt einbezogen und von ihr abhängig ist und die Umwelt unser Wir-Geschehen konstituiv vermittelt.

Im Unterschied zum ausgedehnten kosmischen Raum bezeichnen wir den zwischenpersonalen Innenraum als *hemeisale* Räumlichkeit bzw. als *Wir-Ort*. Diese Räumlichkeit eröffnet sich nur im direkten Umgang miteinander und wird nur von denen wahrgenommen, die sich „in" dem jeweiligen Wir befinden. Die Begrenzung dieses Innenraumes bezeichnen wir als *Wir-Grenze*. Sie entsteht sofort, wenn jemand „wir" und so das Im-Wir-sein der jetzt Anwesenden aus-sagt,[7] ist gänzlich *unanschaubar*, hat nicht den Charakter der räumlichen Begrenztheit eines umweltmäßigen Dingortes und ist deshalb auch nicht „Gegenstand" sinnlicher Anschauung. Sie ist überhaupt nicht irgendein räumlicher „Gegenstand", der vorstellbar wäre, sie „befindet" sich nicht außerhalb unserer selbst, sondern ereignet sich *in und zwischen* uns.
Nehmen wir nun ein Beispiel, in dem die innere Wir-Grenze sich noch deutlicher zeigt. Wenn das Mitglied einer Familie diese vorstellt mit den Worten: „wir sind die Familie N.", dann ist mit „wir" eine deutliche Grenze „nach außen" hin ausgesagt, zu anderen Familien oder Wir-Einheiten, aber diese Grenze ist „nach innen" nicht abhängig von der kosmisch-räumlichen Distanz zueinander: Sie ist *ständig innerlich gegenwärtig* und „geht mit" an jeden Ort der kosmischen Räumlichkeit, an dem die einzelnen Familienmitglieder sich jeweils befinden: Überall bleibt das In-sein im Wir dieser Familie gegenwärtig. Die innere Wir-Grenze ist deshalb nicht „hier" oder „dort", sondern – bezogen auf die kosmische Räumlichkeit – *ungegrenzt*, also *ortlos- und ausdehnungslos*: Man kann die Wirklichkeit „Familie" nicht wie einen umweltmäßigen Dingort umschreiten, sondern nur innerlich wahrnehmen. Die Familienmitglieder befinden sich nicht gleichsam innerhalb dieser Wir-Grenze wie vorhandene Dinge in einem ausgedehnten Raumstück. Hemeisaler Abstand und hemeisale Nähe lassen sich nicht in Metern angeben, ereignen sich nicht in einem meßbaren Zwischen-Raum, ja, der hemeisale Zwischen-Raum ist im Vergleich zum kosmischen Zwischen-Raum zwischen Dingen: *nichts*. Erst dieses „nichts" ermöglicht die *Direktheit* personaler Beziehungen in einem Wirgefüge, die nicht durch die ausgedehnte kosmische Räumlichkeit vermittelt ist. Nur weil die hemeisale Räumlichkeit ausdehnungs- und ortlos ist, bleiben die Mitglieder einer Familie über weite Entfernungen hinweg „in" diesem Wir, ist der *Wir-Ort* dieser Familie „überall".
Die innere unräumliche Wir-Grenze hat somit nicht den Charakter der statischen, umweltlich-räumlichen Begrenztheit eines Dingortes, ist

---

[7] Vgl. zum „phänomenologischen" Befund dieser „Entstehung" H. Mühlen: Der direkte Zugang zum Wir-Geschehen, in: ThGl 85 (1995) 433-457.

nicht irgendein räumlicher „Gegenstand", der vorstellbar wäre. „Innen" und „Außen" des Wir-Ortes sind Aspekte der in uns selbst, im Innenraum eines jeden einzelnen erfahrenen Wir-Grenze. Um sie erfassen zu können, müssen wir somit Abschied nehmen von jedem vor-stellenden und zu uns hin-stellenden, gegen-ständlichen Denken: Die Wir-Grenze ist ein innerer, ort- und ausdehnungsloser Modus der Faktizität des In-seins in einem Wir, den wir nicht aus uns herausstellen können, um ihn zum „Gegenstand" einer Untersuchung zu machen. Diese Wir-Grenze kann nur von innerhalb ihrer selbst wahrgenommen und in ihrem dynamischen Seinscharakter *mitvollzogen* werden. Nur von da her ist auch zu verstehen, warum die Linguistiker zwischen einem „exklusiven" und einem „inklusiven" „wir" unterscheiden:[8]

– *Inklusiv* ist ein „wir" nur innerhalb der jeweiligen Wir-Grenze, im Innenraum des „wir alle". Nehmen wir als Beispiel den Text: „In diesen Tagen erhob sich Petrus in der Mitte (en meso) der Brüder – etwa 120 waren an demselben Ort (epi to auto) zusammengekommen – und sagte: ... Einer von den Männern, die mit *uns* zusammen waren in der ganzen Zeit, in der Jesus, der Herr, bei uns ein- und ausging ... einer von diesen muß nun zusammen mit *uns* Zeuge seiner Auferstehung sein." (Apg 1,15.21f) Petrus spricht hier „in der Mitte" der Brüder, also *innerhalb* dieser bestimmten, aber ungegenständlichen und unanschaubaren Wir-Grenze. Dabei schließt er in sein „wir"-Sagen nicht nur sich selbst, sondern auch alle ein, die bei den erwähnten Ereignissen dabei waren. Er spricht *von innen nach innen*, also nicht über die innere Wir-Grenze „nach außen", tritt anderen also nicht in einem sie ausschließenden Wir-Ihr-Verhältnis (bzw. Wir-Du-Verhältnis) gegenüber, sondern verbalisiert ein „wir", das alle zu diesem Wir gehörenden Iche ausdrücklich *einschließt.*

– *Exklusiv* ist ein „wir", wenn Zuhörer angesprochen werden, die nicht in die Wir-Grenze eingeschlossen sind, aus der heraus der Sprechende spricht: Er tritt den Zuhörenden in einem Wir-Ihr-Verhältnis gegenüber, wie etwa in dem Satz: „Was *wir* gesehen und gehört haben, das verkünden *wir* auch *euch*, damit auch *ihr* Gemeinschaft mit *uns* habt." (1 Joh 1,3) In dieses „wir" sind alle und nur diejenigen eingeschlossen, die mit Jesus Umgang hatten, die ihn gesehen, gehört, betastet haben. (vgl. V. 1) Die Angesprochenen bleiben aus dieser Wir-Grenze und der damit gegebenen Wir-Identität *ausgeschlossen.* (Während also „ich" *radikal* exklusiv ist, da dieses Wortgeschehen niemals andere Iche in das eigene Ich

[8] Vgl. E. Benveniste: Probleme der allgemeinen Sprachwissenschaft. München 1974, 251-264.

einschließt, ist „wir" *relativ* exklusiv, insofern es Zuhörende ausschließt, die nicht in die Wir-Grenze eingeschlossen sind, aus der heraus der Sprechende spricht).
Es ist offenbar, daß diese Differenz von entscheidender Bedeutung ist nicht nur für ein Verständnis der unwiederholbaren und in *diesem* Sinne „exklusiven" Gegenwart des Auferstandenen im Kreis der Ur-Zeugen, sondern auch für die ort- und ausdehnungslose Gegenwart ihres Zeugnisses „bis ans Äußerste der Erde" (heos eschatou tes ges"; Apg 1,8). An jedem „Ort" der „Erde", also innerhalb der Grenzen der kosmischen Räumlichkeit, wird die unräumliche, ort- und ausdehnungslose Räumlichkeit der inneren Wir-Grenze der Ur-Zeugen gegenwärtig, und eben darin die durch den Geist Christi ermöglichte Gegenwart des Auferstandenen und des *kommenden* „Reiches": „Zeugen dieser Ereignisse sind wir und der Heilige Geist" (Apg 5,32).
Die Gegenwart des Auferstandenen im verkündigenden Wir-Zeugnis ist nicht nur nicht an keinen kosmischen „Ort" gebunden, sondern auch nicht an die kosmische Jetztzeit.

c) *Die Differenz zwischen der kosmischen und der hemeisalen Zeitlichkeit*

Die klassische Definition der Zeit durch Aristoteles, die sich bis in unser Jahrhundert hinein durchgehalten hat, lautet: Ho chronos einai dokei arithmos kineseos kata to proteron kai hysteron[9] : Die Zeit ist das Maß (das Gezählte an) der Bewegung gemäß dem Früher und dem Später. Diese Zeitvorstellung ist abgelesen an der dinggemäßen Bewegung innerhalb der kosmischen Räumlichkeit. An dem die Zeit messenden Sekundenzeiger einer Uhr wird diese gezählte Bewegung anschaubar: jetzt hier, jetzt hier, jetzt hier: Die Zeit ist die an der räumlichen Bewegung gezählte Jetztfolge von „Zeitpunkten", ein von sich her leerer „Zeitraum", in dem jedes Jetzt, weil es ohne bestimmten Gehalt ist, das vorhergehende vernichtet. Dieses Nacheinander ist nicht umkehrbar: Die vergangenen Jetztfolgen sind wirklich ver-gangen, sie kehren nicht wieder, können nicht in das Jetzt zurückgeholt werden, die Zeit „geht weiter" von Jetzt zu Jetzt. Die kosmische Jetzt- und Uhrzeit ist eine Folge nicht mehr gegenwärtiger, also *vergangener*, und noch nicht gegenwärtiger, also *zukünftiger* Jetztpunkte.
Dieses Nacheinander der Jetztpunkte geschieht in einer räumlichen Ausdehnung, auch wenn der Zwischen-Raum zwischen ihnen noch so klein ist. Wir bezeichnen es als die *kosmische Jetztzeit* bzw. als die berechen-

---

[9] Physik IV, 11, 219 b; vgl. Plato: Tim. 37, 10f.

und datierbare Uhrzeit. In diesem Zeitverständnis hat die kosmische Räumlichkeit einen deutlichen Vorrang: Wir stellen uns die Zeit als eine unbestimmte, nach vorne und hinten unbegrenzte *Linie* vor, auf der wir uns *jetzt* irgendwo befinden. Die Zukunft „liegt" *vor* uns, die Vergangenheit *hinter* uns. Wir sprechen von Zeit*raum*, Zeit*abschnitt*, Zeit*punkt*, und die Zeit selbst ist dann das Nacheinander von Bewegungseinheiten auf dieser räumlich gedachten Zeitlinie.

Diese uhrzeitliche Zeitvorstellung macht offenbar, daß nicht wir uns in der Zeit befinden, sondern die Zeit in uns ihren Ursprung hat: Wenn sie das Gezählte an der räumlichen Bewegung ist, dann sind die uhrzeitlichen Jetztpunkte nichts außerhalb des quantifizierenden und messenden Menschen, der die Jetztpunkte „zählt". Ohne den Menschen gäbe es nicht die „gezählte" Zeit[10].

Wie ereignet sich im Vergleich dazu die Zeitlichkeit eines Wir? Genauer: Was geschieht, wenn ich zum Beispiel jemandem meine Familie vorstelle mit den Worten: „Wir sind die Familie N." Indem ich „wir" sage, schließe ich nicht nur mich selbst und die jetzt anwesenden Familienmitglieder in unsere ort- und ausdehnungslose Wir-Grenze ein, sondern: zugleich wird auch die zeitliche Erstreckung dieses Wir gegenwärtig, sein Anfang und sein Ende. Die anfängliche Begegnung meiner Eltern, ihr Bundesschluß im ehelichen Ja-Wort, ihr generativer Wir-Akt, aus dem ich hervorgegangen bin, sind nicht vergangen wie die Jetztfolgen der kosmischen Uhrzeit, sondern dauern fort und bestimmen die ganze Lebens-Zeit meiner Eltern und auch mich selbst: Ich bleibe bis in alle Zukunft Kind dieser Eltern. Die Wirzeit ist die *in uns* geschehende Zeit, in und aus der wir leben. Der Anfang unserer Familie liegt also nicht auf der uhrzeitlichen Zeitstrecke „hinter" uns, ist nicht vergangen wie ein Jetztpunkt, sondern hat sich ausgezeitigt und ausgedehnt, so daß er fortdauert in die Zukunft hinein. Ebenso liegt das Ende dieses konkreten Wir unserer Familie nicht irgendwo auf der Zeitlinie „vor" uns, sondern war in ihrem Anfang bereits gegenwärtig, ist immer schon zukünftig

[10] Die neuzeitliche Wende zum Subjekt hat den aristotelischen Zeitbegriff nicht wesentlich verändert. Auch nach Kant ist die Zeit trotz ihrer Subjektivierung als Linie zu denken: Wir „stellen die Zeitfolge durch eine ins Unendliche fortgehende *Linie* vor ... und schließen aus den Eigenschaften dieser Linie auf alle Eigenschaften der Zeit", die Kant auch als „Zeitlängen" und „Zeitstellen" bezeichnet (KrV B 50, 156). „Um uns selbst innere Veränderungen denkbar zu machen, müssen wir die Zeit, als die Form des inneren Sinnes, figürlich durch eine *Linie,* und die innere Veränderung durch das Ziehen dieser Linie (Bewegung), mithin die *sukzessive Existenz unserer selbst* in verschiedenem Zustande durch äußere Anschauung uns faßlich machen" (a.a.O., B 292). Martin Heidegger hat eingehend gezeigt, daß auch Hegel nicht wesentlich über dieses Zeitverständnis hinausgeht (Sein und Zeit. Tübingen 1949, 428-433).

gewesen. Entweder wird unsere Familie ganz aussterben, oder sich fortzeugen in weitere Generationen, aber: das Ende dieses konkreten, jetzt anwesenden Wir kommt bereits jetzt von der Zukunft her auf uns zu, ist noch verborgen, in der Erwartung und Gewißheit dieses Endes aber jetzt schon anwesend: Es steht ständig bevor und zu uns herein, ist immer schon nahe herangekommen.
Die „Zwischen-Zeit" zwischen Anfang und Ende unserer Wirzeit ist somit nicht lediglich die inhaltleere Folge von Jetztpunkten, sondern ein Lebens-Prozeß, der wiederum von prägenden Ereignissen und Einschnitten gegliedert ist (Geburt oder Tod eines Kindes, Entscheidungen, die dem Leben eine neue Richtung geben usw.). Die Gegenwart des „wir"-Sagens ist deshalb kein vorgestellter Jetztpunkt, von dem aus wir zurück in die Vergangenheit und vorwärts in die Zukunft schauen, sondern die innere Wahrnehmung des gewesenen Anfangs, der sich auf das erwartete Ende hin zeitigt, und der Zukunft, unter deren Anspruch wir stehen, die als das noch verborgene Ende aussteht, indem sie als erwartete immer schon angekommen ist. Die zählbaren kalendermäßigen Daten sind nur der äußere Aspekt der innerlich erlebten und prägenden Geschehnisse. Im alltäglichen Leben „vergeht" natürlich die Uhrzeit von Jetzt zu Jetzt, von Termin zu Termin, aber was sich *einprägt* und *gegenwärtig* bleibt, sind nicht die vergangenen Jetztpunkte als solche, sondern die unsere Familien-Geschichte, unsere Wir-Zeit prägenden Ereignisse.
Während also der Wir-Ort ungegrenzt, ort- und ausdehnungslos ist, hat die Wir-Zeit einen ungegrenzt *jetztlos-ausgedehnten* Charakter. Im Vergleich zur kosmischen Jetztzeit ist die Zwischen-Zeit zwischen Anfang und Ende der hemeisalen Zeit – *nichts*, und dieses „nichts" ist die Bedingung der Möglichkeit dafür, daß das Ende im Anfang *gegenwärtig* ist, sich aus dem Anfang heraus auszeitigt. Die Gegenwart der Wirzeit ist deshalb nicht ein räumlich vorstellbares Zeitstück, sondern ein energetisches Geschehen *in uns*, das Anfang und Ende eines sich auszeitigenden Geschehens vergegenwärtigt. Es kann nicht angeschaut, sondern nur als solches mit-vollzogen werden. In diesem Mitvollzug werden Anfang und Ende ohne Vermittlung durch ein Nacheinander von Jetztpunkten, also *direkt* gegenwärtig, auch wenn sie als solche verborgen bleiben. Diese Direktheit ist der positive Modus der Jetztlosigkeit.
Die Gegenwart unserer Familie hat also keinen Vorrang vor ihrer gewesenen und zukünftigen Erstreckung, sondern ist deren *jetztlose Einheit*: In der zu unserem Wir gehörenden Gegenwart sind Anfang und Ende gleich-zeitig anwesend, *gehen direkt und wechselseitig ineinander über*: Der Anfang unserer Familie ist nicht ein beliebiger Jetztpunkt, den wir hinter uns lassen könnten, er ist vielmehr fort-wirkend wirksam und deshalb jetztlos anwesend. Das Ende dieses Wir ist nicht der Abbruch eines

Nacheinanders von inhaltleeren Jetztpunkten, sondern das Woraufhin unseres hemeisalen Werdeprozesses, das in unserer Gegenwart jetztlos anwest.

3. Die Gegenwart des Auferstandenen in der ekklesialen Wir-Zeit

Die Auswirkungen der bisher erschlossenen hemeisologischen Analysen auf die Theologie bzw. auf ein Verständnis der Auferweckung Jesu können im Rahmen dieses Beitrages nur noch angedeutet werden. Dabei ist davon auszugehen, daß in der biblischen Verkündigung nicht thematisch über die in ihr wirksame Orts- und Zeiterfahrung, über das Verständnis von „Gegenwart" oder von „wir" reflektiert wird. Aber: Die Verfasser der biblischen Schriften setzen eine Sprecher-Hörer-(bzw. Leser-)Situation voraus, die nur akzeptativ *zuhörend* zureichend erfaßt werden kann. Es ist deshalb sicher zutreffend, ihr „Sprechen" zu „Hörern" bzw. Adressaten als ein alles einschließenden *Wir-Geschehen* zu interpretieren. Nur innerhalb dieses ekklesialen Geschehens ist ein Zugang zur Gegenwart des Auferstandenen möglich. Das Neue Testament will nicht von einem naturwissenschaftlichen „Mirakel" berichten, sondern von einem in der Kirche gegenwärtig bleibenden Anfang.
Ein Zugang dazu eröffnet sich aus der Auferstehungs-Theologie des Paulus: „Wir werden nicht alle entschlafen, aber wir werden alle verwandelt werden (allagesometha), in einem unteilbaren Jetzt (en atomo), in einem Wurf des Auges (en ripe ophthalmou)." (1 Kor 15,51f) Paulus beschreibt die Verwandlung von der Vergänglichkeit zu Unvergänglichkeit (aphtharsia; V. 53) mit einem Ausdruck (en atomo), den Aristoteles für die kleinste, nicht mehr teilbare Einheit in der Jetztfolge der Jetztpunkte auf der linear gedachten Zeitlinie benutzt.[11] Auferstehung ereignet sich somit innerhalb der kosmischen Zeit, ist aber als solche nicht ein zählbarer Jetztpunkt, der durch den nachfolgenden Jetztpunkt vernichtet wird, also ein für allemal ver-gangen ist und nicht wiederkehrt, sondern: In diesem uhrzeitlichen Jetzt, im „Augenblick" der Auferstehung ereignet sich die Verwandlung zur Unvergänglichkeit. Aphtharsia (1 Kor 15,42.50.53f) ist abgeleitet von phtheiro: verderben, vernichten und meint somit die Unvernichtbarkeit. Der Auferstehende geht somit in einem durch das nachfolgende Jetzt bereits vernichteten Jetzt ein in eine nicht vernichtbare, also *jetztlose* Zeitlichkeit. Dieser Übergang geschieht

[11] Vgl. H. Conzelmann: Der erste Brief an die Korinther. Göttingen 1969, 347, Anm.17.

nicht aus uns und durch uns selbst, sondern: Christus wurde in seiner Auferstehung – dies ist zugleich die „Pfingstgeschichte" des Paulus – zum „lebendigmachenden Geist" (egeneto eis pneuma zoopoioun; V. 45), und durch ihn wird der je eigene, ichgemäße „irdische Leib" (soma psychikon) verwandelt zu einem ichgemäßen „geistlichen Leib" (soma pneumatikon; V. 44), der nicht mehr vergeht, nie mehr in die Jetztzeit zurücksinkt.
Von da her ergibt sich auch ein Verständnis der Auferstehung Jesu: Er ist an einem bestimmten Ding-Ort, dem Grab, und in einem bestimmten kalendermäßen Jetzt eingegangen in die ort- und ausdehnungslose Räumlichkeit und die jetztlos-ausgedehnte Zeitlichkeit seiner „himmlischen" Existenz (vgl. Röm 1,3f; Apg 2,33), und zwar durch die Auferweckungsmacht des „lebendigmachenden" Geistes Gottes (Röm 8,11). Damit wurde er zum „Ersten" (aparche) derer, die auferstehen werden (1 Kor 15,20.23), wurde seine Auferweckung zu einem fort-dauernden Anfang. Mit diesem Anfang ist nicht das erste Jetzt in einer vergehenden Jetztfolge gemeint, sondern: „wir alle" werden durch denselben, in uns „wohnenden" und bleibenden Geist Gottes auferweckt werden, der auch Christus von den Toten auferweckt hat (Röm 8,11). Diese unsere Auferweckung hat bereits mit der Taufe begonnen, denn: „Wir wurden mit ihm begraben durch die Taufe auf den Tod; und wie Christus durch die Herrlichkeit des Vaters von den Toten auferweckt wurde, so sollen *auch wir* als neue Menschen leben." (Röm 6,4) Das Kreuz Jesu wurde somit zum ort- und ausdehnungslosen Wir-Ort, innerhalb dessen wir alle auferstehen werden; das Datum seiner Auferstehung wurde zur jetztlos-ausgedehnten Wir-Zeit, die uns bereits vor unserem Tod prägt.
Die Gegenwart der ekklesialen Wirzeit ist deshalb nicht ein Jetztpunkt, von dem aus wir zurück in die Vergangenheit und vorwärts in die Zukunft blicken, sondern ein energetisches Geschehen *in uns*, das Anfang und Ende eines sich auszeitigenden Geschehens vergegenwärtigt. Der Anfang unseres Christ-seins (Taufe, Tod, Auferstehung, Geistsendung Jesu) wird ohne Vermittlung durch ein Nacheinander von Jetztpunkten, also *direkt* gegenwärtig: Die Wir-Zeit ist im Vergleich zur kosmischen Uhrzeit nichts, da ihre Erstreckung nicht „lebt" von der Vernichtung des jeweiligen Jetzt. Das Ende der ekklesialen Wirzeit ist das gekommene Reich Gottes, das immer zukünftig gewesen ist und das immer zukünftig bleibt, bis es wirklich gekommen ist (vgl. Lk 22,16.18). In der Gegenwart der ekklesialen Wirzeit sind also Anfang und Ende gleich-zeitig und gehen direkt wechselseitig ineinander über: Das geschehene Geschehen der Auferstehung Jesu und das vom Ende der Geschichte her auf uns zukommende Geschehen seiner end-gültigen Wiederkunft sind innerhalb der *in uns* geschehenden Wirzeit ort- und

jetztlos gegenwärtig. Genauer: Der Wir-Ort der geschehenen Auferstehung Jesu und seiner Wiederkunft ist *überall*, und wir befinden uns „für immer“, also *jederzeit* „in“ der seine Auferstehung und seine Wiederkunft einschließenden Wirzeit, die durch seinen Geist vergegenwärtigt wird (vgl. Joh 14,16; 16,13): Die end-gültige Gegenwart des Auferstandenen, seine Wiederkunft, steht in ort- und jetztloser Direktheit *überall und jederzeit* bevor.

Bisher haben wir die ekklesiale Wirzeit durch eine einfache Zeitanalyse erschlossen. Sie reicht jedoch nicht aus, um die Gegenwart der *Person* des Auferstandenen, dieses bestimmten soma pneumatikon, innerhalb dieser Wirzeit zu erfassen. Sie ist deutlich unterschieden von der Gegenwart eines Verstorbenen in der *Erinnerung* an ihn innerhalb der Wirzeit einer Familie oder eines Volkes. Der Auferstandene ist vielmehr gegenwärtig als derjenige, den Johannes sagen läßt: „Wer mein Fleisch ißt und mein Blut trinkt, hat ewiges Leben (zoen aionion), und ich werde ihn auferstehen lassen am letzten Tag ... Dies ist das Brot, das vom Himmel herabgekommen ist. Mit ihm ist es nicht wie mit dem Brot, das die Väter gegessen haben, [denn] sie sind gestorben.“ (Joh 6,54.58) Die bundesgemäße, *leibhafte* Ich-Ihr-Beziehung des Gestorbenen und Auferstandenen in der eucharistischen Mahlgemeinschaft ist auch eine Gegenwart „von oben“ her, und diese läßt sich nicht mehr durch die bisherige Zeitanalyse erfassen. Wir müssen deshalb noch einmal ansetzen bei der hemeisalen Differenz zwischen der kosmischen Zeit und der Wirzeit:

1. In der kosmischen Zeit liegt meine Geburtsstunde auf der Zeitlinie „hinter“ mir und meine Todesstunde „vor“ mir. Mein Leben geht weiter von Jetzt zu Jetzt und wird mit Sicherheit irgendwann ein Ende haben, ver-enden wie das Leben aller anderen Lebewesen.

2. Die Wirzeit ist die zeitliche Erstreckung unseres Mensch-seins „von Generation zu Generation“: Jeder wird aus einem Wir in ein Wir hineingeboren und befindet sich lebenslang „in“ einem Wir. Der Anfang meines Daseins ist nicht ein beliebiger Jetztpunkt, den ich hinter mir lassen könnte, sondern er dauert fort, ist in meiner Gegenwart fort-wirkend wirksam und deshalb jetztlos anwesend. Auch das Ereignis meines Todes ist nicht lediglich ein zukünftiges Ereignis auf der Zeitlinie, sondern in meiner lebenszeitlich-jetztlosen Gegenwart schon jetzt in mir direkt anwesend und wirksam. Mein Tod ist nicht der Abbruch eines ziellosen Nacheinanders von Jetztpunkten, sondern das Woraufhin meines zu mir selbst gehörenden Werdeprozesses, das in meiner Gegenwart jetztlos anwest.

3. Die *ekklesiale* Wirzeit ist die jetztlos-ausgedehnte Erstreckung der mit der Zeitwerdung des ewigen „Sohnes“ beginnenden Zeit des Neuen Bundes, die bestimmt ist durch die Gegenwart des Geistes Christi.

Während wir der Ursprung der gezählten kosmischen Zeit sind, ist der Ursprung der ekklesialen Wirzeit der Geist Christi: Mit der Zeitwerdung des Sohnes ist zugleich der aus ihm und dem Vater hervorgehende Geist „für immer" (eis ton aiona; Joh 14,16; vgl. 16,13) in die Geschichte eingetreten. Er hat in der Wirzeit der Kirche selbst eine Geschichte (vgl. den doppeldeutigen Ausdruck paredoken to pneuma Joh 19,30: damit ist nur der letzte Atemzug Jesu im letzten Jetzt seines Lebens gemeint, sondern auch die „Überlieferung" seines Geistes in die Geschichte hinein). Diese fort-dauernde ort- und jetztlose Gegenwart des Geistes Christi in der Kirche ist die von Gott gesetzte Voraus-setzung dafür, daß der Auferstandene sich als soma pneumatikon überall und jederzeit gegenwärtig macht, nicht nur in den eingangs erwähnten „Erscheinungen", sondern durch die Geschichte hindurch, vor allem in der Feier der Eucharistie.

In der ekklesialen Wirzeit sind somit die kosmische Uhrzeit und die menschliche Grundbefindlichkeit der hemeisalen Zeit *eingeschlossen* und zugleich überboten. Diese Überbietung könnte nur im Gesamthorizont einer alle Schriften des NT einbeziehenden Bundestheologie näher beschrieben werden. Eine solche liegt jedoch noch nicht vor. Deshalb beschränken wir uns auf einige Schlußbemerkungen zur sogenannten Eschatologie. Der Bestandteil -logie hat hier die Bedeutung: „Wissenschaft von", „Rede über". Das Ende der Geschichte und die letzten „Dinge" werden zum „Gegenstand" theologischer Reflexion, und damit wird unausweichlich ein bestimmtes Zeitverständnis in die biblischen Texte hineingetragen. Dieses ist in der Regel die vorgestellte, kosmische Raumzeitlichkeit, wie an der Rede von einer „Zwischenzeit" bis zur Wiederkunft des Auferstandenen offenbar wird, die aus vorgestellten Zeitabschnitten zusammengestückt ist, mehr noch in der darin gründenden Vor-stellung von einer „Parusie-Verzögerung". Was verzögert sich denn da? Die in einer Nah- oder Stetserwartung erwartete Wiederkunft des Auferstandenen? Wird sie sich vielleicht „später" ereignen, als von uns erwartet? Oder zögert der Auferstandene vielleicht selbst, „früher" zu kommen, als wir dies erwarten? Natürlich weiß man, daß die Parusie eine unberechenbare Tat der Freiheit Gottes ist, daß die Frage nach Terminangaben dieser Freiheit widersprechen (vgl. Mk 13,32; 1 Thess 5,2), aber: man verbleibt dennoch im Vorstellungsmuster eines „früher" oder „später".

Wir brauchten dringend über die historisch-kritische Methode der Exegese hinaus und zur Korrektur einer lediglich *über* Gott redenden Dogmatik eine Theologie, die das biblische Wortgeschehen *als* Sprecher-Hörer- und damit als pneumatisches Wir-Geschehen ernst nimmt. Im ausgesprochenen und gehörten Wort, in diesem *geschehenden Geschehen*, wird von Gott her mehr gegenwärtig, als jemals reflektiert werden kann – falls man nicht grundsätzlich bezweifelt, daß Gott im Wort der Bibel überhaupt „gesprochen" hat. Wenn man aber von dieser Voraussetzung ausgeht, dann wäre der erste Schritt eines reflektierenden Theologen, daß er reflektiert, *während* er dem *gelesenen* Wort Gottes gemeinsam mit anderen – etwa im Wortgottesdienst oder beim Bibel-teilen – *zuhört* und nicht *nachdem* er in einsamer Studierstube einen Text gelesen hat und sich dann „seine Gedanken" über ihn macht. Anders gesagt: der erste Schritt wäre, daß er sich vom gehörten Wort Gottes „evangelisieren" läßt und innerhalb dieser hemeisalen, ekklesialen Sprecher-Hörer-Situation, also innerhalb eines pneumatischen Wir-Geschehens, die Begrifflichkeit ausbildet, die ein genaueres und tieferes „Verstehen" des Gehörten ermöglichen, daß er also den biblischen Text in demselben, ort- und jetztlos anwesenden Geist Christi hört, in dem er geschrieben wurde.

Nehmen wir als Beispiel den Satz: „Wir wissen, daß wir aus dem Tod in das Leben hinübergegangen *sind*, weil wir die Brüder lieben. Der nicht Liebende bleibt im Tod." (1 Joh 3,14) Es ist ein erheblicher Unterschied, ob ich das Wortgeschehen „wir" zum Gegenstand einer linguistischen Untersuchung mache und dabei nur bis zum grammatischen Plural, also zu einer gezählten Mehr-Zahl von Personen vorstoße, – oder ob ich mich *zuhörend* in dieses „wir" *einschließe*, während es vorgelesen wird: Ich weiß dann in meinem Innersten mit denen, die jetzt an diesem Wir-Ort und in dieser Wir-Zeit zu mir sprechen, daß ich bereits „vor" meinem Tod in das Leben hinübergegangen und „auferweckt" bin, wenn und insofern ich meine Mitmenschen liebe. Ich weiß dann in meinem Herzen aber auch: als ein Nicht-Liebender bleibe ich im Tod, das heißt: in der von Jetzt zu Jetzt der Vernichtung und Vergänglichkeit unterworfenen Zeit (vgl. Röm 8,20f). Denn: der Auferstandene selbst ist *gegenwärtig* in diesem gehörten Wort, „da er selbst spricht, wenn die heiligen Schriften in der Kirche *gelesen* werden." So wird mir dieses bezeugte Wissen zur persönlichen Gewißheit.

Die Ergebnisse der historisch-kritischen Exegese und die Aussagen des kirchlichen Lehramtes kann und muß ich als Theologe bei diesem Zuhören durchaus mitreflektieren, aber: meine Auferstehung „vor" dem Tod *als solche* kann ich nicht zum „Gegenstand" einer Untersuchung machen: sie ist ein nur im möglichen Vollzug der Liebe geschehendes, prinzipiell nicht vor-stellbares Geschehen. In ähnlicher Weise werde ich die biblischen Aussagen über das Ende der Geschichte, über die Parusie und Wiederkunft des Auferstandenen *innerhalb* derselben jetztlosen, in und zwischen uns geschehenden Wirzeit der Kirche interpretieren, in der sie entstanden sind und nicht zum Gegenstand vorstellenden Denkens machen.

II.
Das Gebet um Heilung der Erinnerungen und Erwartungen[12]

Die theologischen und spirituellen Grundlagen des folgenden Gebetes sind im zweiten Buch erörtert (C/III). Hinweise zur Vorbereitung und zum äußeren Rahmen finden sich in NMG 122ff.
Das Gebet hat Beispielcharakter und muß der persönlichen Situation entsprechend umgeformt werden. Dies gilt vor allem angesichts des sich wandelnden Rollenverständnisses von Mann und Frau und einer Pluralität von Lebensformen. Wenn auch im Abschnitt 4 (Lebensstand) konkrete Einzelheiten genannt werden, ist dies nur ein Hinweis darauf, daß sie überhaupt in ein solches Gebet einbezogen werden sollten.
Die Formulierungen „ich verzeihe", „ich vergebe" meinen nicht, daß die genannten Umstände konfliktlos akzeptiert und die damit verbundenen Verletzungen verdrängt werden sollen. Konflikte als solche gehören zu jeglichem Zusammenleben, sind Zeichen der Lebendigkeit von Beziehungen, können durchaus kreativ sein und neue Wege eröffnen. Im folgenden geht es deshalb um die Aufarbeitung von Störungsgefühlen, die so verstandene Konflikte behindern.

1. Bitte um den Heiligen Geist

Sprecher 1:

Mein Herr und mein Gott, mein Ursprung und mein Ziel! Du bist der Herr der Geschichte und auch der Herr über die Geschichte meines Lebens. Ich bitte dich jetzt um deinen Heiligen Geist, damit ich mit seiner Kraft zurückgehe in die Geschichte meines Lebens und auch meine Erwartungen in sein heilendes Licht stelle. Ich danke dir für die Gabe des Gedächtnisses und bitte dich: Wecke die Erinnerung an Ereignisse in meinem Leben, die mich dir entfremdet haben, die ich dir im Geheimen zum Vorwurf mache oder die ich verdrängt habe. Ich möchte jetzt meine Tiefen öffnen für dein Erbarmen. Ich möchte aus der Fremde heimkehren zu dir und deine Nähe neu als Geschenk annehmen. Nimm mich in deine Arme, und nimm mir alles Mißtrauen gegen dich.
Du bist so groß, daß du mir erlaubst, dir zu vergeben, daß du vieles zugelassen hast, was ich nicht verstehe und nie verstehen werde. Du machst die Geschichte meines Lebens nicht rückgängig, aber du hast im Leiden

[12] Abdruck aus: H. Mühlen: Neu mit Gott. Einübung in christliches Leben und Zeugnis. Freiburg. Br. ³1992, 127-144 (leicht überarbeitete Fassung).

deines Sohnes meinen Schmerz zu deinem Schmerz gemacht. Versöhne mich durch deinen Heiligen Geist mit dir, mit den Menschen, die mich verletzt und verwundet haben, und mit mir selbst.

Sprecherin 1:

Mein Herr und mein Gott, du weißt, wieviel Angst, Zorn, Wut und Überheblichkeit in mir angestaut sind. Gib mir jetzt die Kraft, diese Gefühle vor dir zuzulassen, damit du sie heilen und verwandeln kannst. Ich möchte jetzt von Herzen jedem vergeben, der sie in mir hervorgerufen hat.

Ich weiß, daß du mein Glück und meine Gesundheit mehr wünschst, als ich sie für mich selbst erstreben kann. Ich bitte dich, dringe jetzt ein in die Bereiche meines Lebens und in die Tiefen meiner Seele, die noch nicht von deiner Vergebungskraft erfüllt sind. Ich widersage der Versuchung,

- ohne dich meine Gefühlswelt in Ordnung bringen zu wollen,
- meine negativen Gefühle auf andere zu übertragen und sie in ihnen zu bekämpfen,
- mich vor mir selbst und anderen zu rechtfertigen und nach Gründen zu suchen, ihnen nicht vergeben zu müssen.

2. Zeugung – Geburt – Kindheit

Sprecher 2:

Mein Herr und mein Gott, ich bitte dich, laß jetzt die *ersten Monate* meines Lebens in dir geborgen sein. Dir allein verdanke ich mein Dasein, und ich danke dir auch dafür, daß ich es jetzt, in diesem Augenblick, an dich zurückgeben darf in der Freiheit jenes Vertrauens, das du selbst mir schenkst. Ich habe mich nicht selbst gewollt, geplant, entworfen, aber ich weiß, daß mein Dasein nicht ein Zufall ist, daß ich schon vor Erschaffung der Welt in deiner Liebe geborgen war.

Sprecherin 2:

Ich kann in meinen Erinnerungen nicht an den allerersten Anfang meines Daseins zurückgehen, aber „deine Augen sahen, wie ich entstand“ (Ps 139,16). Du warst mit deiner schöpferischen Kraft anwesend, als meine Eltern sich vereinigten und als ich dann im dunklen Schoß meiner Mutter wuchs. Ich danke dir für die Befähigungen, die du mir gegeben hast, und bitte dich, laß mich auch meine schwachen Seiten erkennen und annehmen. Du allein bist vollkommen und die Fülle des Guten. Ich möchte jetzt in deiner Kraft bewußt bejahen, daß ich als dein Geschöpf in meinen Fähigkeiten und Veranlagungen begrenzt bin. Du allein kannst das Starke und das Schwache in mir zusammenbringen und versöhnen, so daß ich immer mehr so werde, wie du mich in deinem ewigen Plan gewollt hast.

Sprecher 1:

Du allein kennst alle guten und schlechten Einflüsse, die sich schon *vor meiner Geburt* in meine Tiefen eingesenkt haben. Berühre jetzt durch deinen Heiligen Geist die Schuld aller meiner Vorfahren, die sich seit Beginn meines Daseins auf mich übertragen hat. Berühre alles Negative, das mich von Anfang an belastet und mich daran hindert, ganz zu dir und zu mir zu finden.
Ich begreife nicht, warum es Leiden gibt, die schon mit der Zeugung beginnen, aber ich vertraue dir: Du hast mich und alle Menschen von Anfang an mit liebender Sorge begleitet. Dein Sohn hat alle meine Leiden, Enttäuschungen und Verzweiflungen auf sich genommen und durchlitten. Ich danke dir, daß du mich in der Kraft seines Leidens heilen wirst und daß du jetzt, in diesem Augenblick, damit beginnst.

Sprecherin 1:

Mein Herr und mein Gott, ich bringe jetzt meine *Eltern* vor dich hin. Ich danke dir, daß du mir durch sie mein Leben gegeben hast. Ich bitte dich, gehe du selbst jetzt mit mir zurück in meine ersten Lebensjahre, und laß mich auch Fehlentwicklungen erkennen, die eine Reaktion auf mangelnde oder übertriebene Zuwendung waren.
Ich danke dir, daß es Eltern gibt, die sich als deine Kinder wissen, sich gemeinsam mit ihren Kindern dir öffnen und versuchen, ihnen deine Liebe erfahrbar zu machen. Aber nur du allein kannst ganz selbstlos lieben. Ich vergebe meinen Eltern, daß sie mich nicht so geliebt haben, wie es deinem ursprünglichen Schöpfungsplan entsprochen hätte, denn auch sie waren geprägt von ihren eigenen Eltern und von ihrer Lebensgeschichte. Laß sie jetzt geborgen sein in deiner verzeihenden Liebe.

Sprecher 2:

Mein Herr und mein Gott, ich weiß nichts mehr von meinem *ersten Lebensjahr.* Du warst anwesend, als ich durch die engen Geburtsgänge meiner Mutter herausgepreßt wurde in dieses Leben. Vielleicht treibt mich seit dieser Stunde die Angst, getrennt zu werden vom Ursprung des Lebens. Vielleicht hat mein damals noch unerwachter Geist in seiner Tiefe eine erste große Enttäuschung aufbewahrt. Ich vertraue deinem Wort, daß du, mein Gott, mich schon bei meiner Geburt in deine Arme genommen hast und immer da warst für mich „wie die Eltern, die den Säugling an ihre Wange heben“ (Hos 11,4).

Sprecherin 2:

Du weißt, daß es mir schwerfällt, anderen zu vertrauen, obwohl ich es gerne möchte und ein Hunger nach Anerkennung und Geborgenheit mich treibt; daß ich keinen Mut habe, spontan zu sein, Gefühle zu äußern; daß ich Angst habe, ausgelacht und verletzt zu werden. Du weißt, ob ich in meinen ersten Lebensjahren mehr *mütterliche*, bergende Liebe gebraucht hätte. Präge ein in mein Herz dein Wort: „Kann denn eine Frau ihr Kindlein vergessen, eine Mutter ihren leiblichen Sohn? Und selbst wenn sie ihn vergessen würde: ich vergesse dich nicht.“ (Jes 49,15) Sei du mir jetzt nahe mit deinem mütterlichen Erbarmen.

Sprecher 1:

Ich vergebe meiner *Mutter* den Mangel an Wärme, Geborgenheit und Zuwendung. Ich vergebe ihr ihre Empfindlichkeit, ihren Ärger über mich, jede einzelne Strafe, die sie mir ungerecht auferlegt hat. Ich vergebe ihr, daß sie meinen Bruder, meine Schwester vorgezogen hat, daß sie mir gesagt hat, ich sei dumm, widerwärtig, ungezogen, ich tauge nichts, sie habe sich unter ihrem Kind etwas anderes vorgestellt. Ich vergebe ihr, daß sie mich gezwungen hat, meine Aggressionen gegen sie zu unterdrücken. Ich vergebe ihr, daß ich jetzt immer noch eine Stimme in mir höre: du sollst, du mußt, du darfst nicht.

Sprecher 2:

Ich vergebe meiner Mutter, daß sie mich in übergroßer Mutterliebe und Fürsorge nie in die Freiheit und Selbständigkeit entlassen, sondern versucht hat, mich ständig an sich zu binden, auch als ich erwachsen wurde. Ich vergebe ihr, daß sie mich verwöhnt hat, so daß ich heute übergroße Erwartungen an meine Umgebung stelle.
Ich vergebe ihr, daß sie zu meinem Vater kein gutes Verhältnis hatte und in mir ihr Gegenüber gesucht hat, so daß ich mich nie frei entfalten konnte, nicht ich selbst sein durfte. Ich vergebe ihr jede einzelne Verletzung, die sie mir zugefügt hat.

Sprecherin 1:

Mein Herr und mein Gott, du weißt, daß ich mir nichts zutraue, daß ich Angst vor dem Leben habe, Angst, zu versagen, daß ich von dem Urteil anderer abhängig bin und ständig versuche, es ihnen recht zu machen. Du weißt, ob ich mehr *väterliche* Liebe gebraucht hätte, eine starke, treue Zuwendung, die mir Festigkeit gibt und die Kraft, mir selbst treu zu bleiben. Ich vertraue deinem Wort: „Wie ein Vater sich seiner Kinder erbarmt, so erbarmt sich der Herr über alle, die ihn fürchten." (Ps 103,13) Sei du mir jetzt nahe mit deiner väterlichen Güte und Treue.

Sprecher 2:

Ich vergebe meinem *Vater*, daß er nie Zeit für mich hatte, daß ich nur selten seine Liebe und Zuwendung spüren durfte. Ich vergebe ihm, daß er mich nur korrigiert, mir aber nicht geholfen hat, daß er übermäßige Leistungen von mir erwartete, ohne mich wirklich zu bejahen. Ich vergebe ihm, daß er mich in meiner Reifezeit nicht begleitet, mir nicht die unmittelbare Zuwendung geschenkt hat, die mir die Ablösung von der Mutter erleichtert hätte.

Sprecherin 1:

Ich vergebe meinem Vater die Streitereien mit meiner Mutter, die mich erschreckt und verwundet haben. Ich vergebe ihm, daß er meine Mutter im Stich gelassen hat und kaum zu Hause war. Ich vergebe meinem Vater, daß ich zu dir, meinem Gott, lange Zeit nicht „Vater" sagen konnte.

Sprecherin 2:

Mein Herr und mein Gott, du hast mich aus Liebe ins Dasein gerufen. Laß mich immer mehr erfahren, daß ich dein Kind bin, daß ich in meiner Einmaligkeit vor dir wichtig bin, daß du mich bejahst, so, wie ich geworden bin. Du hast mir in deinem Wort zugesagt, daß du mehr bist als Vater und Mutter, du väterlicher und mütterlicher Gott. Ich halte mich an das Wort der Psalmen: „Wenn mich auch Vater und Mutter verlassen, der Herr nimmt mich auf." (Ps 27,10) Befreie mich von negativen Bindungen an meine Eltern, und gib mir die innere Freiheit, Wut, Zorn, Groll und Haß, die ich verdrängt habe, vor dir, meinem Gott, zuzulassen: Du wirst alles Schritt für Schritt heilen und verwandeln. Ich bitte dich, beginne jetzt damit durch deinen Heiligen Geist, der allein meine Tiefen erforscht.

Sprecher 1:

Ich bitte dich auch um Heilung aller Verletzungen, die ich aus dem Verhältnis zu meinen *Geschwistern* in mir trage. Ich vergebe meinen Eltern, daß sie meinen Bruder, meine Schwester vorgezogen oder benachteiligt haben. Laß mich das Gute in meinen Geschwistern neu entdecken und laß mich jetzt an sie denken in tiefer Versöhnungsbereitschaft. Wenn wir uns beim nächsten Mal begegnen, dann sei deine vergebende Liebe zwischen uns. Gib uns das Vertrauen, daß dein Heiliger Geist unsere Beziehung ordnen und heilen wird. Bereinige alles, was zwischen uns steht.

Sprecher 2:

Ich vergebe meinem *Bruder*, daß er mich seine Überlegenheit hat spüren lassen, daß er mich unterdrückt und geschlagen hat. Ich vergebe ihm, daß er es verstanden hat, das Interesse meiner Eltern auf sich zu lenken, weil er intelligenter und tüchtiger war als ich.

Sprecherin 1:

Ich vergebe meiner *Schwester*, daß sie meiner Mutter gesagt hat, sie sei dumm und rückständig, sie verstehe nichts von der heutigen Jugend. Ich vergebe ihr, daß sie schlechten Umgang hatte und ständig Auseinandersetzungen in unserer Familie provoziert hat. Ich vergebe ihr jeden Versuch, mich zu bevormunden.

Sprecherin 2:

Herr, unser Gott, laß uns Vater, Mutter, Bruder und Schwester um deinetwillen verlassen (Mk 10,29 f), sie innerlich an dich zurückgeben, und mache sie neu zur Gabe an unsere Familie. Mache unter uns die Liebe und Gemeinschaft gegenwärtig, die du selbst bist.

3. Schulzeit – Pubertät – Beruf

Sprecherin 1:

Mein Herr und mein Gott, ich möchte jetzt auch negative Erinnerungen vor dich bringen, die ich aus meiner *Schulzeit* in meiner Tiefe aufbewahrt habe. Du weißt, daß für mich damals schon die Last des Lebens begann. Ich wurde ungerecht behandelt, zurückgesetzt, selten gelobt. Ich begann, mich ängstlich in mich selbst zurückzuziehen. Du weißt, wie ich die Erwartungen und Forderungen meiner Lehrer und meiner Eltern als Zwang empfunden habe. Bei jedem Versagen wuchs in mir das Gefühl, nichts zu taugen. Nimm mir den Drang, mich jetzt dafür zu rächen durch Rücksichtslosigkeit und Unterdrückung anderer.

Sprecher 2:

Du hast mir reiche *Begabungen* geschenkt, so daß ich meine ersten Erfolge hatte. Ich wurde selbstbewußt, bekam Freude daran, mächtig und stark zu sein. Du weißt, mein Gott, daß damals übergroße Lebenserwartungen in mir wach wurden, an denen ich heute scheitere. Laß mich jetzt neu erkennen, daß meine Begabungen deine Gaben sind, die du mir zum Dienst an anderen gegeben hast. Mache mich demütig, und laß mich das Lob anderer dankbar als dein Lob annehmen.

Sprecherin 1:

Gib mir jetzt die Kraft, meinen Lehrern und Erziehern zu vergeben, die nicht die Befähigungen geweckt haben, die du mir gegeben hast, die mich ungerecht bestraft haben. Ich vergebe meinen Mitschülern und Mitschülerinnen, die mich auf dem Schulhof verlacht, wegen einer Eigenart verspottet, aus der Gruppe herausgedrängt haben.

Sprecherin 2:

Mein Herr und mein Gott, ich möchte jetzt auch die Zeit meiner *Reifung* vor dich bringen. Du kennst mein Ringen um Selbstfindung. Ich war zum ersten Mal begeistert, fasziniert von anderen Menschen, aber ich wuchs auf in einer Gesellschaft, in der mein Herz nicht zu dir hin erwachen konnte. Heile mich von einem übertriebenen Streben nach Anerkennung, Macht, Besitz, Genuß, das damals in mir geweckt wurde.
Du kennst die schmerzlichen Auseinandersetzungen mit meinen Eltern. Heile in mir die Erinnerung an Wut und Zorn, die in mir aufstiegen, als ich das Gefühl hatte, von meinen Eltern unterdrückt zu werden. Heile mich auch von jeder falschen Unterwürfigkeit und Bindung an sie.

Sprecherin 1:

Mein Gott, du kennst die Geschichte meiner ersten Freundschaft, meiner ersten Liebe. Du hast mir die Sehnsucht nach einer verläßlichen, treuen Zuwendung ins Herz gegeben und wolltest, daß ich in der Begegnung mit dem Du auch näher zu dir, meinem Gott, finde. Du weißt um den ersten Schmerz über die Zurückweisung meiner Liebe, um meine ersten bewußt erfahrenen Enttäuschungen. Heile du die Wunden, die der erste Mißbrauch meines Vertrauens in mir zurückgelassen hat. Ich bitte dich auch um die Heilung negativer sexueller Erfahrungen, die mich heute noch belasten. Laß mich meine Geschlechtlichkeit annehmen als Geschenk deiner schöpferischen Gnade.

Sprecher 2:

Du weißt auch, welchen Umgang ich als Heranwachsender hatte. Du kennst die Clique, der ich mich angeschlossen, die Stars, die ich verehrt habe. Du kennst jede Disko, in der ich ein und aus gegangen bin. Ich wollte leben, mich begeistern lassen, aber meine Erlebnisfähigkeit wurde nicht auf dich hingeordnet. Berühre jetzt durch deinen Heiligen Geist meine Tiefen. Decke alles auf, was mich seit meiner Jugendzeit von dir trennt. Laß mich durch alle Verwirrung hindurch dich neu als den Gott meines Lebens verehren und preisen.

Sprecherin 2:

Ich vergebe jetzt auch dem Menschen, der mit schuld daran ist, daß die erste bewußte Erfahrung des Bösen in mir aufbrach. Ich vergebe dem Menschen, der mein Vertrauen mißbraucht hat, so daß ich auch dir gegenüber mißtrauisch geworden bin.

Sprecher 1:

Ich möchte jetzt, mein Herr und mein Gott, auch mein *Berufsleben* vor dich bringen. Ich bin nicht so vorangekommen, wie ich es mir gewünscht hatte. Meine übertriebenen Erwartungen an beruflichen Aufstieg haben sich nicht erfüllt. Neid und Feindseligkeit bestimmen mein Handeln in einer erbarmungslosen Leistungsgesellschaft. Heile mich von dem bohrenden Zweifel an mir selbst, und laß mich auf Aggressionen angemessen reagieren.

Sprecher 2:

Ich bin stolz auf meine beruflichen Leistungen, und es macht mir nichts aus, daß mein Vorteil notwendig der Nachteil anderer ist. Heile mich von dem Antrieb zu rücksichtsloser Selbstdurchsetzung, heile mich von einem selbstbezogenen Sicherungsbedürfnis. Mache mich fähig, nicht nur für meinen privaten Nutzen zu arbeiten, sondern meinen Beruf als Dienst an anderen und an der Gesellschaft aufzufassen. Mache mich empfindsamer für das Unrecht, das anderen geschieht.

Sprecher 1:

Ich vergebe allen, die mich an meinem beruflichen Fortkommen gehindert haben. Ich vergebe meinen Mitarbeitern und Kollegen, die mir mein Leben schwermachen, nicht mit mir zusammenarbeiten oder mir meine

Stellung nehmen wollen, die verächtlich und negativ über mich reden. Ich vergebe ihnen allen Spott und alle Ironie, die mich verletzt haben. Ich vergebe auch meinen Vorgesetzten jedes harte und ungerechte Wort, jede Zurücksetzung.

Sprecherin 1:

Heile auch die Verletzungen, die gesellschaftliche Gruppen sich gegenseitig zufügen. Heile die Erinnerungen an Unterdrückung und Unrecht in der Arbeitswelt. Deine Kirche hat häufig nicht auf der Seite der Armen und Entrechteten gestanden. Laß uns dazu beitragen, daß die notwendigen gesellschaftlichen Veränderungen nicht aus Haß angestrebt werden, sondern weil dein Heiliger Geist auch die gesellschaftlichen Beziehungen ordnen will.

4. Lebensstand

Sprecher 2:

Mein Herr und mein Gott, laß uns jetzt den *Lebensstand* vor dich bringen, in dem jeder von uns lebt und dabei auch stellvertretend um Heilung von Beziehungen beten, in denen wir selbst nicht leben.

Sprecher 1:

Ich bitte dich um die Heilung gestörter Erwartungen, die *Jugendliche* daran hindern, von dir das Glück lebenslanger Bindung zu erhoffen. Du hast es so eingerichtet, daß jeder Mensch nach einer verbindlichen, zuverlässigen, ausschließlichen und beständigen Beziehung verlangt. Du weißt, daß dieses tiefe Verlangen heute in vielen jungen Menschen keine Erfüllung findet. Heile sie von der falschen Vorstellung, daß Freiheit Bindungslosigkeit ist. Heile sie von dem Mißtrauen, das sie daran hindert, eine lebenslange eheliche Bindung für möglich zu halten. Schenke ihnen die Gnade, dir, dem Gott der Liebe, des Lebens und der Freude, persönlich zu begegnen, und wecke in ihnen die Erwartung, daß du selbst ihnen die Kraft der Treue schenken wirst, wenn die Gefühle füreinander nachlassen oder wenn es zu Krisen kommt.

Sprecherin 1:

Ich bitte dich um Heilung für alle, die im *Ehestand* leben. Gib den Ehegatten den Blick deiner Liebe, so daß sie die Befähigungen des anderen dankbar anerkennen. Wecke in ihnen die Bereitschaft, den anderen anzu-

nehmen, wie du ihn im Grundriß seines Charakters geschaffen hast und wie er durch seine Lebensgeschichte geworden ist.
Du allein bist das ganze Glück und die volle Erfüllung aller Sehnsucht. Heile, befreie, läutere die Beziehung der Ehegatten durch das Charisma der Zärtlichkeit. Gib ihnen Geduld, und mache sie immer mehr zur Gabe aneinander. Mache ihre leibliche Vereinigung zu einer heilenden Teilhabe an der Liebe und Gemeinschaft, die du selbst bist.

Sprecher 2:

Mein Herr und mein Gott, du weißt, wie viele Ehen heute gestört und gefährdet sind. Gib den Ehegatten die Bereitschaft, gemeinsam zurückzugehen in die Geschichte ihrer Ehe, und heile ihre Beziehung in der Wurzel, von Anfang an. Nimm ihnen alle Hemmungen, die sie daran hindern, Enttäuschungen und Verletzungen, die sie einander zugefügt haben, mit allen Einzelheiten vor dir und voreinander auszusprechen.
Heile auch gestörte Beziehungen zu ihren Eltern, die ihre Ehe belasten, und heile unerfüllbare Erwartungen: Laß den Mann erkennen, daß seine Frau ihm nicht die eigene Mutter ersetzen kann; nimm der Frau das unbewußte Verlangen, in ihrem Mann den eigenen Vater zu suchen. Laß sie nichts voneinander erwarten, was sie nicht geben können.
Laß sie vertrauensvoll dich, den väterlichen und mütterlichen Gott, um Heilung ihrer Beziehung bitten. Schenke ihnen die Kraft der Vergebung und die Gnade der ehelichen Treue.

Sprecherin 2:

Mein Herr und mein Gott, ich möchte jetzt meinem *Mann* vergeben den Mangel an Liebe, Zuwendung, Aufmerksamkeit, Hilfe. Ich nehme ihn vor deinem Angesicht an mit seinen Fehlern, Einseitigkeiten und Schwächen. Ich verzeihe ihm jedes Wort und jede Handlung, die mich verletzt oder verwirrt haben. Ich verzeihe ihm, daß er mehr Zeit für sein Hobby hat als für mich und die Kinder. Ich vergebe ihm, daß er keinen Anteil nimmt an meinem Beruf.

Sprecher 1:

Ich vergebe meiner *Frau*, daß sie mich mit vielen ärgerlichen Kleinigkeiten des Alltags überfällt, wenn ich nach Hause komme. Ich vergebe ihr, daß sie Geborgenheit außerhalb unserer Familie sucht und Bekanntschaften mit anderen Männern unterhält. Ich vergebe ihr, daß sie zu unseren Nachbarn kein gutes Verhältnis hat.

Sprecherin 1:

Ich vergebe auch meinen *Kindern*, daß sie mir nicht genügend Liebe, Aufmerksamkeit, Hilfe, Wärme und Respekt entgegenbringen. Ich vergebe ihnen, daß sie nicht mehr zur Kirche gehen, einen meiner Meinung nach schlechten Umgang oder schlechte Gewohnheiten haben. Ich vergebe ihnen jedes Wort und jede Handlung, die mich verletzt haben.

Sprecherin 2:

Ich vergebe auch meinem *Schwiegersohn* jede Zurückweisung meiner Person: Worte, Handlungen oder Unterlassungen, die mir Schmerzen bereitet haben. Ich vergebe ihm, daß er mir meine Tochter genommen hat, daß er mein Kind nicht so liebt, wie ich es gerne sähe.

Sprecher 1:

Herr, hilf mir, daß ich jetzt auch meinen *übrigen Verwandten* vergebe, meinem Großvater, meiner Großmutter, daß sie sich ständig in unsere Familie einmischen, daß sie Herrschaft ausüben wollen. Ich vergebe auch allen meinen Verwandten, die lieblos und überheblich über mich geredet haben.

Sprecher 2:

Heile auch alle Verwundungen und Verletzungen, die Kinder durch das gestörte Verhältnis ihrer Eltern zueinander erlitten haben. Du weißt, wie viele Kinder nach der Scheidung ihrer Eltern lebenslange Schäden davontragen. Umgib sie mit deiner erbarmenden Liebe, berühre ihr Herz mit deiner väterlichen und mütterlichen Zuwendung.

Sprecherin 2:

Mein Herr und mein Gott, ich bitte dich jetzt auch für alle, die *alleinstehend, verwitwet oder geschieden* sind. Vielleicht hatten sie andere Pläne mit sich, haben diesen Lebensstand nicht aus eigenem Entschluß gewählt, empfinden ihn als Zwang und Unterdrückung ihrer Entfaltungsmöglichkeit. Gib ihnen die Gewißheit, daß du sie bejahst, daß sie vor dir wertvoll und kostbar sind. Heile sie an der Wurzel ihres Daseins, dort, wo sie am meisten verwundet sind. Laß sie erkennen, daß du einen Plan mit ihnen hast und ihnen Aufgaben geben willst, daß du sie brauchst, um in deiner Kirche und in der Gesellschaft anwesend zu bleiben.

Sprecherin 1 (zur Auswahl ein folgendes zweites Gebet):

Mein Herr und mein Gott, ich bitte dich jetzt auch für alle, die im *Ordensstand* leben und vielleicht gerade dort Erfahrungen gemacht haben, die sie nicht zu dir hinführen. Viele sind in ihren Erwartungen an das Ordensleben enttäuscht worden und leben nun in einer schmerzlichen Isolierung. Schenke den Ordenschristen neu die befreiende Gemeinschaft im Geist, und gib ihnen die Kraft, ihre Berufung von dir neu anzunehmen. Nimm ihnen jeden Zweifel, daß du sie in diesen Lebensstand gerufen hast, und heile gestörte Beziehungen zu Mitgliedern der Gemeinschaft und zu den Vorgesetzten.

Sprecherin 1 oder ein Ordenschrist:

Mein Herr und mein Gott, du hast mich in den *Ordensstand* berufen. Du weißt, mit welcher Freude ich dir mein Ja-Wort gegeben habe. Du weißt aber auch, daß meine Erwartungen an das Ordensleben enttäuscht worden sind. Laß mich zurückkehren zur Anfangserfahrung meiner Berufung, und nimm mir jeden Zweifel, daß du mich in diesen Lebensstand gerufen hast. Gib mir die Kraft, meine Bindung an dich und an meine Ordensgemeinschaft neu zu leben. Heile besonders die Beziehung zu *dem* Mitglied unserer Gemeinschaft, mit dem ich nicht auskomme, dem ich aus dem Weg gehe. Heile *alle* gestörten Beziehungen in unserer Gemeinschaft, damit wir neu zum Zeichen dafür werden, daß dein Reich in dieser Welt begonnen hat. Ich preise dich, daß du dies tun wirst, ich bete dich an!
Herr, ich vergebe jetzt von ganzem Herzen meinem Mitbruder (meiner Mitschwester) den Mangel an Zuwendung und Gemeinschaft. Ich vergebe ihm (ihr) jede Bemerkung, die mich gekränkt hat, jedes ungute Wort über mich in der Gemeinschaft. Ich vergebe auch meinen Oberen, daß sie keine Zeit für mich hatten, mich ungerecht behandelt und zurückgesetzt haben.

Sprecher 1 oder ein Amtsträger:

Mein Herr und mein Gott, du hast mich zu den *Amtsträgern* in deiner Kirche berufen. Ich danke dir für die Freude an meinem Dienst, die du mir geschenkt hast. Du kennst aber auch meine Enttäuschung darüber, daß trotz meiner Mühe viele die mir anvertraute Gemeinde verlassen. Manchmal verfalle ich in tiefe Resignation und denke, meine Arbeit sei vergeblich. Du kennst auch meine Enttäuschung über Streit und Eifersucht unter Mitbrüdern, über Spaltungen und Feindschaften in der Gemeinde.

Heile diese Verwundungen und erneuere in mir die Gnade, die du mir in der Priesterweihe / Ordination geschenkt hast. Laß mich deine Kirche so lieben, wie du sie liebst. Laß mich wissen, daß meine Gemeinde deine Gemeinde ist, und nimm mir alles übertriebene Vertrauen in meine eigenen Fähigkeiten, Strategien und Pläne. Gib mir die Kraft, mein Amt (die Gnade des Weihesakramentes und des ehelosen Lebens) neu von dir anzunehmen, und senke tief in mein Herz das Wort des Paulus: „Entfache die Gnade Gottes wieder, die in dir ist, seit ich dir die Hände aufgelegt habe. Denn Gott hat uns nicht einen Geist der Verzagtheit gegeben, sondern den Geist der Kraft, der Liebe und Besonnenheit." (2 Tim 1,6 f)

Sprecher 2 oder Amtsträger 2:

Herr Jesus Christus, in der Kraft deines priesterlichen Opfers vergebe ich jetzt allen, die mir meinen Dienst erschweren. Ich bekenne vor dir, daß die Ablehnung meiner Person mich mehr schmerzt als die Zurückweisung meines Dienstes.
Ich vergebe meinen Mitbrüdern den Mangel an Beziehung und Hilfe, an geistlicher Gemeinschaft. Ich vergebe allen Gemeindegliedern, die mir zu erkennen gaben, daß sie meine Predigt, meine Art, den Gottesdienst zu feiern, langweilig finden. Ich vergebe meinen Vorgesetzten jeden Mangel an Verständnis, jede ungeistliche Machtausübung. Laß mich deine Kirche nicht lieben, weil sie perfekt wäre, sondern weil du sie liebst und dich für sie hingegeben hast.

Sprecherin 1:

Und nun, mein Herr und mein Gott, bitte ich dich um die Gnade, jenem Menschen zu vergeben, der mich in meinem Leben am meisten verletzt hat, den ich als meinen größten Feind betrachte, dem zu vergeben mir sehr schwerfällt, dem ich gesagt habe, daß ich ihm nie vergeben könne. Gib mir die Kraft, dir dafür zu danken, daß du ihn geschaffen hast. Laß mich dich loben für seine guten Seiten und seine Befähigungen.

Sprecher 1:

Laß mich nicht nur vergessen, was mich verletzt hat, sondern laß mich wirklich vergeben. Dringe jetzt durch deinen Heiligen Geist ein in meine Tiefen, in meine Dunkelheiten: „Wasche, was befleckt ist; heile, was verwundet ist; tränke, was dürre steht; beuge, was verhärtet ist; wärme, was erkaltet ist; lenke, was irre geht!"
Laß meine Vergebungsbereitschaft wachsen, und vollende in mir, was du begonnen hast. Erlöse mich von dem Bösen und heile mich.

5. Kirche

Sprecherin 2:

Mein Herr und mein Gott, du weißt auch, daß in mir das Gift der *Enttäuschung über deine Kirche* arbeitet: über Streit und Eifersucht unter ihren Gliedern, über ihre Kraftlosigkeit und die Distanzierung vieler von der Gemeinde. Beseitige jetzt durch deine Vergebungskraft dieses Gift aus meinem Herzen. Laß nicht zu, daß ein gestörtes Verhältnis zu deiner Kirche mich hindert, für ihre Erneuerung mich einzusetzen; daß ein falscher Eifer mich treibt, andere Richtungen und Gruppierungen abzuwerten. Mache mich durchlässig für deinen Heiligen Geist, der allein deine Kirche erneuern kann.
Ich vergebe jetzt allen, die in mir den Eindruck erweckt haben, deine Kirche sei nur ein Verwaltungsapparat, nur eine menschliche Organisation. Ich vergebe den kirchlichen Institutionen, daß sie mir Anlaß geben, mich dem kirchlichen Leben zu entfremden.
Ich vergebe auch meinem Pfarrer, daß er mich nicht genügend unterstützt, nicht freundlich zu mir ist, keine Zeit für mich hat, mir keine Aufgaben in der Gemeinde überträgt. Ich vergebe ihm, daß er den Gottesdienst nicht so feiert und nicht so predigt, wie ich es erwarte.

Sprecherin 1:

Mein Herr und mein Gott, wir tragen jetzt auch vor dich den Schmerz, daß wir in *getrennten Kirchen* leben müssen. Nicht dein Heiliger Geist hat deine Kirche gespalten, sondern die Schuld der Menschen auf allen Seiten. Wir bitten dich jetzt: Heile die Erinnerungen an verletzende geschichtliche Ereignisse, die Aufspaltungen der Christenheit begleitet haben. Schenke uns die Kraft der Vergebung, und nimm von uns die Erbschuld der Trennung. Entgifte die Treue zu der Kirche, in der wir getauft wurden.
(Hier kann das Gebet mit einem „Amen" beendet werden)

Sprecher 1:

Du kennst alle Einzelheiten, die im Gedächtnis der Kirchen haften geblieben sind. Wir bringen vor dich hin, daß Papst Leo X. Martin Luther als einen „Eber aus dem Wald" bezeichnet hat, als ein „wildes Tier", das deinen Weinberg verwüstet, daß er von „lügnerischen Lehrern" gesprochen hat, deren Zunge „voll vom Gift des Todes" sei. Wir bringen vor dich hin, daß Luther vom Papst gesagt hat: „Der wahrhaftige Antichrist sitzt im Tempel Gottes." Du hast mit angesehen, wie zum erstenmal öffentlich Schriften Luthers verbrannt wurden und wie Luther das kirchliche Gesetzbuch und die Androhung des Papstes, ihn aus der Kirche auszuschließen, öffentlich ins Feuer geworfen hat. Du kennst alle Worte, Handlungen und Ereignisse, die seit dieser Zeit zwischen den Kirchen stehen. Du weißt um alle Vorurteile, Verwünschungen, Verurteilungen, um Haß, Groll, Feindseligkeiten und Verfolgungen durch die Jahrhunderte hindurch, um weitere Spaltungen.

Sprecher 2:

Wir bitten dich jetzt: Heile die Geschichte deiner Kirche in der Wurzel, von Anfang an. Wir bringen vor dich das Bekenntnis von Papst Hadrian VI. aus dem Jahre 1522. Nimm es jetzt an in deinem heilenden Erbarmen: „Wir bekennen, daß Gott diese Verfolgung seiner Kirche geschehen läßt wegen der Menschen und besonders der Priester und Prälaten Sünden ... Wir wissen, daß auch bei diesem Heiligen Stuhl schon seit vielen Jahren viel Verabscheuungswürdiges vorgekommen ist: Mißbräuche in geistlichen Dingen, Übertretungen der Gebote ... So ist es nicht zu verwundern, daß die Krankheit sich vom Haupt auf die Glieder, von den Päpsten auf die Prälaten verpflanzt hat. Wir alle, Prälaten und Geistliche, sind vom rechten Weg abgewichen, und es gab schon lange keinen einzigen, der Gutes getan hat ... Deshalb müssen wir alle Gott die Ehre geben und vor ihm uns demütigen."

Sprecherin 1:

Wir danken dir, daß du in unserem Jahrhundert die Ökumenische Bewegung geschenkt hast, und bringen vor dich alle gegenseitigen Bitten um Vergebung. Wir danken dir für die Erklärung Papst Pauls VI. zu Beginn der zweiten Session des Zweiten Vatikanischen Konzils (1963): „Wenn uns eine Schuld an dieser Trennung zuzuschreiben ist, dann bitten wir demütig Gott um Verzeihung und bitten auch die Brüder um Vergebung, wenn sie sich von uns verletzt fühlen." Wir danken dir für die Erklärung des Lutherischen Weltbundes vom Jahre 1970, daß „das Urteil der Reformatoren über die Römisch-katholische Kirche und Theologie ihrer Zeit oft nicht frei war von polemischen Verzerrungen, die zum Teil bis in die Gegenwart nachwirken. Wir bedauern aufrichtig, daß unsere römisch-katholischen Brüder durch solche polemischen Darstellungen gekränkt und mißverstanden worden sind".

Sprecherin 2:

Wir danken dir, daß Papst Paul VI. und der orthodoxe Patriarch Athenagoras I. 1965 gemeinsam erklärt haben,

– „daß sie die beleidigenden Worte, grundlosen Vorwürfe und verwerf-

lichen Handlungen bedauern", die die Trennung von Römisch-katholischer und Orthodoxer Kirche begleitet haben,
- „daß sie die gegenseitigen Bannsprüche, die auf sie gefolgt sind, bedauern und aus dem Gedächtnis und der Mitte der Kirche tilgen."

Sprecher 1:

Herr, unser Gott, wir danken dir, daß du trotz aller Sünden gegen die Einheit unterschiedliche geistliche Überlieferungen in den getrennten Kirchen lebendig erhalten hast. Schenke uns neu die Treue zu der Kirche, in der wir getauft wurden, und laß uns erkennen, welche Gnadengaben du in anderen Kirchen und kirchlichen Gemeinschaften geschenkt hast. Gib uns die Bereitschaft, uns von den Gaben der anderen Kirchen bereichern zu lassen. Du hast deiner Kirche die Fülle deiner Heilsgaben verheißen. Laß uns erkennen, daß wir diese Fülle nur in der Offenheit füreinander, die dein Heiliger Geist schenkt, erstreben und leben können. Wir danken dir auch für die Arbeit der Theologen und für die Erkenntnis, daß unterschiedliche Weisen des Christseins nicht zur Trennung führen müssen.

Sprecher 2:

Herr, unser Gott, wir bringen jetzt auch vor dich die *konfessionsverschiedenen Ehen*. Du weißt, daß die Glaubensspaltung für viele dieser Ehen eine tiefe Verwundung ist. Wir bitten dich: Heile sie in der Kraft deiner Liebe, die niemals aufhört (1 Kor 13,8). Stärke in beiden Ehepartnern das Bewußtsein, daß sie durch die Taufe in deine Kirche eingegliedert und so über alle Spaltungen hinweg in Christus verbunden sind. Laß sie die Charismen entdecken, die du jedem zum Dienst am anderen gegeben hast. Schenke ihnen und ihren Kindern die Freude des gemeinsamen persönlichen Gebetes, zu dem jeder etwas beiträgt. Laß in ihrem gemeinsamen Leben auch die Wirkungen deines Geistes fruchtbar werden, die in den getrennten Kirchen jeweils besonders ausgeprägt sind: Liebe zu deinem Wort, zu deinen Sakramenten, Vertrauen auf dein Erbarmen ... Laß die Treue eines jeden Ehegatten zu seiner Kirche zum Zeichen dafür werden, daß dein Heiliger Geist die Vielfalt seiner Gaben zur Einheit zusammenführen wird. Amen.

III.
Vorlage zu einer Reformliturgie während der Eucharistiefeier mit Papst Johannes Paul II. am 22. Juni 1996 in Paderborn

Liturgische Einheit nach der Predigt

Der Erzbischof von Paderborn gibt eine kurze Erläuterung zu dem nachfolgenden Geschehen.

1. Persönliche Erneuerung des Tauf- und Firmversprechens

Ein Jugendlicher steht vor dem Altar. Neben ihm stehen ein Mann und eine Frau, die patenschaftlich die rechte bzw. linke Hand auf die Schulter legen.

Der/die Jugendliche betet:
„Heiliger, barmherziger Gott, ich nehme neu den Bund an, den du durch Jesus Christus in der Taufe für immer mit mir geschlossen hast.
Ich bitte dich: Gieße jetzt deinen Heiligen Geist über mich aus und gib mir die Kraft, immer mehr dir zu gehören.
Erleuchte meinen Verstand, stärke meinen Willen, läutere mein Gefühle und meine Wünsche.
Sei du der Herr in meinem Leben und erlöse mich von dem Bösen.
Ich danke dir, daß du mich bejahst, so wie ich bin. Verändere mich so, wie du mich haben willst.
Mache mich zu einem lebendigen Glied deiner Kirche. Gib mir Kraft und Ausdauer im Einsatz für Gerechtigkeit und Frieden.
Ich will dich lieben und verehren, solange ich lebe.
Amen."
Danach stellen die beiden Begleiter sich vor den Betreffenden und zeichnen ein Kreuz auf die Stirne mit den Worten: „Dazu segne dich der Vater und der Sohn und der Heilige Geist".
Anschließend geht der/die Jugendliche zum Papst, der unter Ausbreitung der Hände ein Segenswort spricht:
„Der Herr schenke dir die Kraft, aus dem Taufbund zu leben. Er gebe dir den Mut, so wie Christus den Menschen zu dienen. Dazu segne dich der allmächtige und barmherzige Gott, der Vater und der Sohn und der Heilige Geist".
Kurze Akklamation (Chor/Alle): Lob sei dir, Allmächtiger, Lob sei dir Unsterblicher, Lob sei dir, barmherziger Gott.

2. Bekräftigung und Erneuerung des Eheversprechens

Ein Ehepaar steht vor dem Altar. Neben ihm stehen ein Mann und eine Frau, die patenschaftlich die rechte bzw. linke Hand auf die Schulter legen. (u. U. können auch die Kinder anwesend sein).
Sie reichen einander die rechte Hand und sprechen:
Ehefrau: „Ich bekräftige den Bund, den ich mit dir geschlossen habe. Ich nehme dich heute vor Gottes Angesicht neu an als meinen Mann. Ich erneuere mein Versprechen, dir die Treue zu halten in guten und in bösen Tagen, in Gesundheit und in Krankheit. Ich will dich lieben, achten und ehren, solange ich lebe."
Ehemann: „Ich bekräftige den Bund, den ich mit dir geschlossen habe. Ich nehme dich heute vor Gottes Angesicht neu an als meine Frau. Ich erneuere mein Versprechen, dir die Treue zu halten in guten und in bösen Tagen, in Gesundheit und in Krankheit. Ich will dich lieben, achten und ehren, solange ich lebe."
Anschließend zeichnen sie einander ein Kreuz auf die Stirne mit den Worten: „Es segne und behüte dich der barmherzige und gütige Gott, der Vater und der Sohn und der Heilige Geist." (u.U. können auch die Kinder ihren Eltern ein Kreuz auf die Stirne zeichnen)
Das Ehepaar geht zum Papst, der unter Ausbreitung der Hände ein Segenswort spricht:
„Der Herr festige euch in der Hoffnung und lasse euch in der Liebe wachsen. Er gebe euch die Kraft, in eurer Familie das Beispiel eines christlichen Lebens zu geben und auch in der Gesellschaft die befreiende Kraft der Treue Gottes zu bezeugen."
Kurze Akklamation (Chor/Alle): Dank sei dir, Allmächtiger, Dank sei dir Unsterblicher, Dank sei dir, barmherziger Gott.

3. Erneuerung der Bereitschaftserklärung zum priesterlichen Dienst

Ein Priester steht vor dem Altar. Neben ihm stehen ein Mann und eine Frau (oder zwei andere Priester), die patenschaftlich die rechte bzw. linke Hand auf die Schulter legen.
Der Priester betet:
„Herr Jesus Christus, bei meiner Weihe hast du mich in die Gemeinschaft der Priester aufgenommen. Heute erneuere ich vor dir und dem hier anwesenden Volk Gottes meine Bereitschaft, als dein Priester den Menschen zu dienen. Entfache neu die Gnade, die in mir ist, seit der Bischof mir die Hände aufgelegt hat. Festige in mir den Geist der Kraft, der Liebe und der Besonnenheit. Schenke mir das Charisma, den Bund